Sammlung Luchterhand 260

Über dieses Buch: »Was Härtling hier erreicht hat, füllt ein Buch ganz aus. Die Tragödie dieses Lebens wird durch Zurückhaltung einsichtig gemacht, durch die noble Weigerung, diejenigen Grenzen zu überschreiten, die der Autor sich selbst gezogen hat, und den Erwartungen von Romanlesern Gefälligkeiten zu erweisen, die einen schmackhaften Ersatz für Hölderlins schwierige Dichtkunst suchen.« *Michael Hamburger, Times Literary Supplement*
»Härtling bringt in seinem (...) Roman Sachkenntnis und literarische Phantasie, poetische Kombinatorik zueinander. Man könnte von einer großen Hölderlin-›Sinfonie‹ sprechen. Die Statik des ›Porträts‹ ist aufgehoben. Dieses Buch atmet ein Leben nach, um es poetisch auszudrücken.« *Karl Krolow*

Über den Autor: Peter Härtling, geboren 1933 in Chemnitz, Gymnasium in Nürtingen bis 1952. Danach journalistische Tätigkeit; von 1955 bis 1962 Redakteur bei der Deutschen Zeitung, von 1962 bis 1970 Mitherausgeber der Zeitschrift Der Monat, von 1967 bis 1968 Cheflektor und danach bis Ende 1973 Geschäftsführer des S. Fischer Verlags. Seit Anfang 1974 freier Schriftsteller.

Peter Härtling
Hölderlin
Ein Roman

Luchterhand
Literaturverlag

PT
2668
.A3
H6
1989
152467
May 1991

Sammlung Luchterhand, November 1979
11. Auflage, April 1989
Lektorat: Klaus Siblewski
Copyright © 1976, 1989 by Luchterhand Literaturverlag GmbH, Frankfurt am
Main. Alle Rechte vorbehalten. Umschlagentwurf: Max Bartholl. Umschlag-
abbildung: Friedrich Hölderlin nach einer Zeichnung von Immanuel G. Nast.
Foto: Deutsches Literaturarchiv, Marbach. Satz: Jung SatzCentrum, Lahnau.
Druck und Bindung: Wagner, Nördlingen. Printed in Germany.
ISBN 3-630-61260-1

Inhalt

Erster Teil
Kindheit und Jugend
Lauffen, Nürtingen, Denkendorf,
Maulbronn (1770–1788)

I *Die beiden Väter*

Am 20. März 1770 wurde Johann Christian Friedrich Hölderlin
in Lauffen am Neckar geboren –
– ich schreibe keine Biographie. Ich schreibe vielleicht eine Annäherung. Ich schreibe von jemandem, den ich nur aus seinen
Gedichten, Briefen, aus seiner Prosa, aus vielen anderen Zeugnissen kenne. Und von Bildnissen, die ich mit Sätzen zu beleben
versuche. Er ist in meiner Schilderung sicher ein anderer. Denn
ich kann seine Gedanken nicht nachdenken. Ich kann sie allenfalls ablesen. Ich weiß nicht genau, was ein Mann, der 1770 geboren wurde, empfand. Seine Empfindungen sind für mich Literatur. Ich kenne seine Zeit nur aus Dokumenten. Wenn ich
»seine Zeit« sage, dann muß ich entweder Geschichte abschreiben oder versuchen, eine Geschichte zu schreiben: Was hat er erfahren? Wie hat er reagiert? Worüber haben er, seine Mutter,
seine Geschwister, seine Freunde sich unterhalten? Wie sah der
Tag mit Diotima hinter der geschriebenen Emphase aus? Ich bemühe mich, auf Wirklichkeiten zu stoßen. Ich weiß, es sind eher
meine als seine. Ich kann ihn nur finden, erfinden, indem ich
mein Gedächtnis mit den überlieferten Erinnerungen verbünde.
Ich übertrage vielfach Mitgeteiltes in einen Zusammenhang, den
allein ich schaffe. Sein Leben hat sich niedergeschlagen in Poesie
und in Daten. Wie er geatmet hat, weiß ich nicht. Ich muß es mir
vorstellen –
– das Geburtshaus war der ehemalige Klosterhof. Einen Tag
später schon wurde das Kind getauft. Die eilige Taufe war üblich, denn man fürchtete um das Leben eines jeden Säuglings,
auch der Mutter, und war darauf bedacht, die Neugeborenen in
die Gemeinschaft der Kirche aufgenommen zu wissen. Es war
das erste Kind der Hölderlins. Seine Mutter war im Jahre seiner
Geburt zweiundzwanzig Jahre alt, sein Vater vierunddreißig.
Die Familie genoß Ansehen, sie hatte Geschichte und Vermö-

gen. Das schwäbische Bürgertum war damals, mehr noch als heute, verbunden durch Verwandtschaft und Beziehung, durch gemeinsame Erinnerungen an Lateinschulen, Seminare, Gymnasien, die Universität. Man half sich, schätzte sich, haßte sich häufig insgeheim. Der Pietismus nötigte zu Demut und Bescheidenheit. Die Pfründen blieben unter Vettern und Basen, wofür sich der zärtlich-hämische Begriff von der »Vetterleswirtschaft« bildete.

Hölderlins Vater, Heinrich Friedrich, kam aus Lauffen, war auf eben demselben Klosterhof aufgewachsen, als dessen »Meister und geistlicher Verwalter« er nun wirkte. Er hatte die Lateinschule in Lauffen besucht, das Gymnasium, in Tübingen die Rechte studiert und 1762, nach dem Tod seines Vaters, den Klosterhof übernommen, wobei von einem Kloster nicht mehr die Rede sein konnte, denn das zu Beginn des 11. Jahrhunderts und zum Andenken an ein im Neckar ertränktes Grafenkind (weshalb ertränkt?) namens Regiswindis gegründete Kloster war in der Reformation säkularisiert und später abgebrochen worden, der Wirtschaftshof hingegen, stattlich und weitläufig, blieb erhalten.

Der Hofmeister Hölderlin muß ein wenig großspurig gewesen sein. Er kleidete sich aufwendig, lebte seinem Stand angemessen oder sogar darüber hinaus, schätzte feine Gesellschaft um sich und war ein beliebter Gastgeber. Vier Jahre stand er dem Haus als Junggeselle vor, wahrscheinlich gehütet und gehätschelt von Haushälterinnen. 1766 heiratete er die Tochter des Pfarrers Heyn aus Cleebronn, Johanna Christiana, ein frommes, wohl auch scheues Mädchen, das auf dem Bild, das der Mann sogleich von ihr malen ließ, eingeschüchtert und ahnungslos erscheint. Nur die großen Augen sehen unbefangen auf den Betrachter. Sie ist achtzehn, wird einbezogen in ein an Abwechslungen, Festen reiches Leben, das sie im väterlichen Haus nicht gekannt haben wird. Ihr Mann, sich und seinen Ruf bestätigend, beschenkt sie mit Schmuck, mit Kleidern.

Vier Jahre lang müssen sie auf das erste Kind warten. Die wachsende Ungeduld der Familie läßt sich ausmalen. Im Schwäbischen nimmt die Verwandtschaft Anteil; Johanna wird von ihrer Mutter befragt und beraten worden sein; die Eltern Heinrichs waren nicht mehr am Leben, doch wird es genügend ältere Onkel und Tanten, auch Vettern gegeben haben, die ihn, die Scherze lassen sich denken, derb auf die Vernachlässigung seiner ehelichen Pflichten hinwiesen.

Der Vater Johannas war kein Schwabe. Er kam von einem thüringischen Bauernhof, studierte jedoch Theologie in Tübingen, amtierte als Pfarrer erst in Frauenzimmern, dann in Cleebronn. Aus einer der ehrwürdigsten schwäbischen Familien dagegen stammte Johannas Mutter, Johanna Rosina Sutor. Zu ihren Vorfahren zählte Regina Bardili, der nachgesagt wird, die »schwäbische Geistesmutter« zu sein, Ahnin von Hegel und Schelling, von Schiller, Mörike und Hölderlin.

Nach vier Jahren kommt Friedrich zur Welt. Der Fritz. Der Holder. Der Hölderle. Die Taufe muß, selbst wenn nicht alle Paten anwesend waren, ein gewaltiges Fest gewesen sein. Einer der wichtigsten Gäste, eine leitmotivische Figur, der Freund beider Väter, Oberamtmann Bilfinger, tat seinen Dienst damals noch in Lauffen, erst später in Nürtingen und Kirchheim.

Lang dauerte das Glück nicht. So hochgemut der Vater lebte, so gefährdet war er. Die Geburt einer Tochter freute ihn noch, doch am 5. Juli 1772 starb er an einem Schlaganfall, wie manch anderer aus seiner Familie, »schlagflüßige Leute«. Er war sechsunddreißig Jahre alt geworden. Gut einen Monat später brachte Johanna das dritte Kind zur Welt, Maria Eleonora Heinrike, »die Rike«, die Schwester. Die Ratlosigkeit der jungen Witwe wird übermächtig gewesen sein, die Tränen, der Trost der Verwandten, die Lektüre von ihr unverständlichen Papieren, wobei wahrscheinlich Bilfinger und ihre ebenfalls verwitwete Schwägerin, Frau v. Lohenschiold, zu der sie mit den Kindern gezogen war, geholfen haben. Der Dreijährige ist unruhig. Man hält ihn an, mitzubeten, die Hilfe des Herrn zu erflehen, denn der Glaube half Johanna Hölderlin, die pietistische Selbstbescheidung. Sie ließ davon nicht ab, bis zu ihrem Ende. Der Fritz, noch weniger Worte mächtig, still und wohlerzogen, ist vom allgemeinen Leid eingeschüchtert. Er hört sie reden, klagen und dies, was von den Interpreten meist vergessen wird, nicht auf Hochdeutsch, sondern im Dialekt, der seine Verse später oft merkwürdig einfärben wird.

Vielleicht hat sich Johanna Hölderlin noch als alte Frau die Verluste, Namen für Namen, Datum für Datum aufgezählt. Sie hätte an ihrem Gott zweifeln können, doch nach allem, was man von ihr weiß, hat sie sich ihm gebeugt. Was sind das für jähe Abbrüche: eben noch die Herrin eines großen Hausstandes, dann ein unvermuteter Tod, der Abschied von diesem Anwesen, das sie für ein Leben hätte aufnehmen sollen; mit vierundzwanzig Jahren Witwe, Mutter dreier Kinder, Erbin eines nicht unbeträchtlichen Vermögens. Sie durfte an nichts anderes denken als an eine neue Häuslichkeit, einen neuen Gefährten, denn mehr wußte sie nicht, hatte sie nicht gelernt. Ihr Vater, der Pfarrer Heyn, starb zwei Monate nach dem Mann.

Ihre Erscheinung war gewiß von Reiz, jugendlich, »voller Anmut« und dem unbeholfen gemalten Porträt aus dem Jahre 1767 ist abzulesen, wie in sich gekehrt sie war, einem dauernden Schmerz zugewandt, nicht ohne Lust an einer wortarmen Melancholie. »Geistig« sei sie nie gewesen, heißt es, doch überaus gütig. Es fragt sich, was mit geistig gemeint sei. Zwar war sie den Ausbrüchen des Sohnes nicht gewachsen, aber sie hat alle seine Gedichte gelesen, und diese Stimme war ihr vertraut; hochfliegenden Unterhaltungen wird sie schweigend zugehört haben. Sie dachte nicht in Metaphern. Sie dachte in engen Wirklichkeiten, wünschte, daß er Pfarrer werde. Sie war zum Dienen erzogen worden. Für eine Frau gehörte es sich so, und Gottes Wille war ihr ohnehin Gesetz.

Jetzt sitzt sie aber noch da, bei der Schwägerin Lohenschiold, und lebt ihren Jammer aus. Das kann sie. Der Sohn hatte sie später manchmal gemahnt, sie solle sich nicht derart in ihren Schmerz verbeißen. Sie wartet. Sie hat das Warten noch nicht gelernt. Die Kinder lenken sie ab: die Töchter müssen versorgt werden, und Fritz ist, wie alle Dreijährigen, ständig auf Erkundung, reißt Schubladen auf, zieht an Tischdecken, gefährdet das Geschirr.

In diesem Jahr, oder im kommenden, ist sie zum erstenmal von Johann Christoph Gok besucht worden. (Von ihm kenne ich kein Bild. Nirgendwo ist eines reproduziert in den Erinnerungsgalerien.) Nach Schilderungen muß ich ihn mir ausdenken, nach dem Schatten, der von den Sätzen anderer geworfen wird, und auch diese Sätze sind karg, als hätte es ihn nur als unaufhörlich Tätigen gegeben, den Weinhändler, Bauern und Bürgermeister von Nürtingen, den Eigner des zweiten Vaterhauses, nicht auch als Gefährten, Erzieher, als den geliebten »zweiten Vater«. Er hatte den Grasgarten am Neckar gekauft, von dem aus der Junge zum erstenmal auf seine Landschaft schaut. Vier Jahre war Hölderlin alt, als seine Mutter von neuem heiratete; zehn, als der zweite Vater starb. Das schreibt sich so hin.

Ängste konnte der Junge vor dem Neuen nicht empfinden: Gok war ja als Onkel dagewesen, in Lauffen, und unversehens war er Vater, ersetzte einen anderen, den Hölderlin nicht erinnern konnte, ein Bild, das er sich später einreden würde, zwei Vaterbilder gegen das übermächtige Mutterbild setzend.

Johanna hatte Gok als Freund ihres Mannes kennengelernt. Auch mit Bilfinger war er befreundet, mit ihm gemeinsam betrieb er eine Zeitlang in Nürtingen eine Weinhandlung. Sie kannte ihn. Kannte sie ihn gut? Vielleicht hatte er ihr schon zu Lebzeiten ihres ersten Mannes gefallen. Vielleicht hatte er weniger zum Großspurigen geneigt, war bescheidener aufgetreten. Und sie hatte insgeheim verglichen. Gok wird an der Beerdigung Hölderlins teilgenommen haben. Hat er sie gleich danach besucht, hat er sie getröstet, sie beraten? Oder hat er sich zurückgehalten und diese Hilfen Bilfinger überlassen?

Dann werden sich, im Rahmen des Schicklichen, Besuche gehäuft haben.

Er hat sich mit den beiden Frauen unterhalten. Grüß Gott, Frau v. Lohenschiold. Grüß Gott, Frau Hölderlin.

Er hat kleine Geschenke mitgebracht.

Er hat mit dem Fritz gespielt. Er hat die Rike in ihrer Wiege betrachtet und sich immer wieder darüber erstaunt gezeigt, wie gut sie gedeihe.

Er hat sich gewiß nicht eingeschlichen.

Irgendwann, im Laufe des Jahres 1773, wird er sie gefragt haben, ob sie seine Frau werden wolle.

Sie werden über eine Frist nachgedacht haben. So rasch trennt sich niemand von Erinnerungen.

Wahrscheinlich wird Bilfinger vermittelt haben.

Ja, sagt sie, gut, s' isch recht, 's wird's beschte sei.

In solchen Gesprächen versichert man sich nicht seiner Liebe.

Gok, aus der Heilbronner Gegend stammend, ist so alt wie Johanna Hölderlin. Sie sind, nach heutigem Verständnis, bei ihrer Heirat beide jung: sechsundzwanzig; sie freilich schon Mutter von drei Kindern, verstört und mißtrauisch: daher legt sie auch Wert auf eine Feststellung der Vermögen, daß eine Gütertrennung vorgenommen werde – die Familie braucht sich fürs nächste keine Sorgen zu machen; überdies ist der listigen Tatkraft Goks zu trauen.

Ich erzähle von einem Leben, das vielfach erzählt wurde, das sich selbst erzählt, aber auch verschwiegen hat. Die Daten sind zusammengetragen worden. Ich schlage nach, bekomme Auskunft, aber wenn es dann heißt, Gok kauft am 30. Juni 1774 den Schweizer Hof an der Neckarsteige in Nürtingen, tritt meine Erinnerung hinzu, denn in Nürtingen habe ich dreizehn Jahre lang gelebt, länger als Hölderlin, und ich kenne den Schweizer Hof als eine Schule, die seinen Namen trägt, die nicht mehr dem gleicht, was so beschrieben wird: »Ein sehr stattliches Anwesen, mit landwirtschaftlichen Gebäuden und Kellern« – da bin ich Tag für Tag vorbeigegangen, es ist ein mächtiges Haus, auf Felsen gebaut wie die Stadtkirche, die in den Granit geschlagenen Keller wird es noch geben, und die Terrasse wird früher der Garten gewesen sein oder der Hof. Gok hat dafür 4.500 Gulden zahlen müssen (rechnete man es um, käme man auf etwa 70.000 Mark). Das kenne ich also. Aber er kannte es anders.

Eigentümlich, daß das Kind kaum sichtbar wird. Die frühen Träume hat Hölderlin später nicht nachgeredet, er hat sie allenfalls überhöht, in Visionen hineingetrieben, in denen diese einfache Umgebung verblaßt. Er wird von niemandem verschwiegen, er ist eben dabei. Eines von drei Kindern. Keine Last, doch eine dauernde Sorge. Auch das, was rundum im Land geschieht, bleibt gleichgültig, wird nur manchmal in den Kommentaren des Vaters angedeutet, der sich mit den Finanzen der Gemeinde plagen muß, der auf die Beamten des Hofes flucht, sich in seine eigenen Geschäfte rettet.

Die Kinder hatten sich an Gok gewöhnt, manchmal fuhr die Mutter mit ihnen nach Nürtingen, und sie mußten bei der Tante Lohenschiold bleiben. Johanna hat ihnen gewiß erst kurz vor dem Umzug nach Nürtingen gesagt: Der Onkel Gok wird euer Vater.

»Der zweite Vater.« Diese Mitteilung verändert den Mann. Der Bub hat mit ihm gespielt, sich über Geschenke gefreut, doch wie hätte er über den aufmerksamen Besucher nachdenken sollen – es war eben der Onkel Gok. Nun ersetzt er den anderen, den Schatten, den »wirklichen Vater«, der immer wieder aus der Erinnerung der Mutter trat, bis auch sie sich der Gegenwart zuwandte, und die Erzählungen »von früher« spärlicher wurden. Eigensinnig hielt er an »seinem Vater« fest.

Es ist Herbst. Es kann sein, daß Johanna mit den Kindern noch einmal über den Klosterhof gegangen ist. Die Leute grüßen respektvoll.

Er reist zum erstenmal und gleich für immer von einem Ort weg. Er wird sich an die Abschiede gewöhnen, an die Furcht vor stets neuer Fremde. Der Wagen fährt vor, es ist früh, man wird den ganzen Tag unterwegs sein. Ein anderer Wagen hat schon den Hausrat nach Nürtingen gebracht. Es ist kalt. In ein paar Tagen, am 10. Oktober, wird Johanna heiraten. Dann soll alles schon im neuen Haus geordnet sein. Vielleicht hat Bilfinger, der Freund, sie abgeholt.

Bekannte kommen und bringen Abschiedsgaben. Sie laufen winkend neben der Kutsche her. Hier hat sie zu leben begonnen, mit welchem Schwung. Sie ist erleichtert, kann wieder leben.

Es ist eine andere Kindheit als die meine, alles ist anders. Wenn er Entfernung denkt, denkt er sie anders als ich; er denkt sie als Wanderer, als Reiter oder als Passagier einer Pferdekutsche. Wenn er seine Kleider fühlt, fühlt er sie anders als ich. Sie sind enger, grober. Er weiß es nicht. Wenn er warm meint, sieht er andere Wärmespender als ich, auch das Licht ist anders für ihn. Wenn er Straße sagt, sieht er andere Straßen als ich, anders bevölkert, anders befahren.

Ich muß mich in das Kind hineinfinden; ich muß es erfinden. Wenn einer 1777 sagt, er gehe jetzt über den Neckar in den Grasgarten, dann kenne ich den Weg, die Neckarsteige hinunter, doch schon das Tor ist nicht mehr da, und auch die Brücke hat anders ausgesehen. An der Neckarsteige standen kaum Häuser und nicht die, die ich erinnere, zum Beispiel aus den fünfziger Jahren die Bücherstube Hauber oder das alte Fachwerkhaus, in dem eine Elektrohandlung untergebracht ist; den Weg am Neckar kann ich mir noch vorstellen, aber das Wehr und das Elektrizitätswerk gab es nicht.

Dort, wo sich der große Garten befand, am Neckarufer gegenüber der Stadt, stehen heute Häuser, und die Asphaltstraße nach Neckarhausen hat den Bereich geteilt. Dennoch gelingt es mir, den Garten wiederherzustellen, aus eigener, nicht mehr genauer Erinnerung: Kurz nach dem Krieg spielten wir dort öfter auf einem großen verwilderten Grundstück, das Gras reichte uns übers Knie, wir fanden an Sträuchern Stachelbeeren, Johannisbeeren.

Im Nürtinger Haus wird er schwer heimisch. An die neuen Leute gewöhnt er sich allmählich, Bilfinger ist ihm vertraut, mit ihm und dem zweiten Vater sitzt er bisweilen im Weinkeller, atmet den Dunst von feuchtem Stein, Holz, Schwefel und Weinsäure. Er hört den Männern gern zu. Sie planen unentwegt. Außerdem ist er stolz auf den Vater, der beim Schultheiß auf dem Rathaus aus- und eingeht. Manchmal läuft er an der Hand des Vaters über den Marktplatz. Da ist der Brunnen. Nein, da ist der Brunnen nicht. Schon wieder trennt uns eine Erinnerung. Dieses Mal aber nur für eine Spanne von Jahren. Dann sehen wir beide den Brunnen. Denn der Zwanzigjährige, der Tübinger Stiftler, der an seine Mutter eben geschrieben hatte, er wolle bei der geistlichen Laufbahn bleiben, und dies wider Willen, nur um sie nicht durcheinander zu bringen, er hat den Brunnen gekannt, hat gehört, unter welchen Umständen er gesetzt worden ist, daß er in Königsbronn gegossen wurde, und daß Schlosser Eiselen das Schmiedeeisen angebracht hat. Das gehört zum täglichen Gerede: Kennst du den Koch von Oberboihingen, weißt du, den Orgelbauer, der hat den Brunnen vergoldet.

Jetzt erinnern wir uns beide an den Brunnen.

Es gibt kein Bild des Siebenjährigen. Erst mit sechzehn wurde er gezeichnet. Heute hätten wir ein Bündel von Fotografien. Die Hölderlins, die Goks hätten wie andere Familien ihre Chronik fotografiert. Der Kleine, der Allerkleinste, da in der Ecke, der warst du. Und der Mann lacht und wundert sich der alten Mutter zuliebe.

Oft geht er hinunter zum Garten, dort ist er für sich. Zwar heißt es, er habe durchaus rauh spielen können, doch oft zieht er sich zurück, und der Garten macht dem Kind die Flucht leicht. Nimm die Rike mit, ruft die Mutter. Manchmal gelingt es ihm, ohne die Schwester fortzukommen. Muß er Rike mitnehmen, zieht er sie in einem Wägelchen hinter sich her. Er spielt Pferd oder Reiter oder Postmeister. Er redet auf Rike ein, ohne eine Antwort zu erwarten. Irgend jemand wird damals schon festgestellt ha-

ben, daß er mundfertig sei. Einmal galoppiert er, dann wieder
schleicht er, als sei er ein alter Mann. Die Leute kennen ihn alle,
den Buben vom Gok, vom Bürgermeister.
Er ist zierlich, fast schmächtig. Später wird man ihm breite
Schultern attestieren.
Er hat braune Augen, braunes Haar.
Seine Stirn ist hoch und gerade.
Die Unterlippe aufgeworfen.
Und die Kerbe im kräftigen Kinn malt jeder.
Ich denke mir, daß er blaß war, eine feine wächserne Haut hatte,
im Gegensatz zu den anderen Buben.
Aber ich will ihn nicht verzärteln.
Paß auf deinen Anzug auf! hat ihm die Großmutter Heyn nachge-
rufen.
Er ist sehr säuberlich, doch er vergißt sich im Spiel, rasch sind
Grasflecke an Weste und Kniehose. Die Schnallenschuhe und
die wollenen Strümpfe zieht er aus. Er schlägt mit einem Stecken
die hohen Halme, verbirgt sich hinter einer Uferweide, ruft wie
ein Totenvogel, was die Rike ängstlich macht. Sei schtill, bleib
hocke, i ben ja do.
Er ist da, erzählt Geschichten, legt sich auf den Rücken, phantasiert Wolkenfiguren, mitunter ist es so spannend, daß die kleine
Schwester eine Weile zuhört. So liegt er oft. Erst sieht er nur den
Himmel, dann »das Gebirg«, den Albtrauf, den Jusi, den Neuffen
und die Teck, dann die Stadt, die Kirche auf dem Fels, darunter
die verrutschte Zeile der Häuser, das Neckartor, die Brücke: von
dort ist er gekommen.
An diese Tage wird er sich erinnern, vor allem, wenn er heimkommt, ratlos, »ohne Geschäft«, und es wird nicht die Helden-
erinnerung sein, »da ich ein Knabe war«, sondern der Drang
»heimzugehn, wo bekannt blühende Wege mir sind, / Dort zu
besuchen das Land und die schönen Tale des Neckars –.« »Törig
red ich. Es ist die Freude.«
Die Freude? Etwas wiederzufinden, das sich erholt hat, eine Um-

gebung und Menschen, die sein Gedächtnis fassen kann, auch wenn es das Kind anders erlebte. Jedesmal kehrt er *wirklich* heim, wird aufgefangen, gepflegt und von niemandem gedrängt, ein anderer, größerer zu sein.

Die Mutter sitzt an einem der Fenster zur Neckarsteige, es ist fast ein Hochsitz, und schaut hinunter auf die Häuser an der Stadtmauer, aufs Neckartor. Es gefällt ihr, wie die Ochsenfuhrwerke sich den Buckel hinaufmühen müssen. Sie kann die Rufe der Bauern hören, das Knattern der Räder auf den Steinen. Oft sitzt ihre Mutter, die Großmutter Heyn, bei ihr. Eine Magd stößt den Fritz in die Stube, er ist erhitzt und betreten, doch seine Augen triumphieren. Er habe Maikäfer gesammelt und sie im Zimmer der Mägde losgelassen. Die seien vor Angst außer sich gewesen, und der Lausbub habe noch gejubelt. Die Großmutter will für einen Augenblick lachen, sie verbietet es sich, denn ihre Tochter bleibt ernst und tadelt den Buben: Du hast den merkwürdigsten Unfug im Kopf, kannst du es nicht bleiben lassen? Muß ich dich immer wieder schimpfen? Soll ich es dem Vater sagen? Er schüttelt den Kopf, erwidert: Sie dürfen mir nichts tun, es ist die Freude, ganz einfach die Freude.

Er freut sich auf den Maientag, den der Dekan Klemm zu einem Fest der Menschenfreundschaft und der Gottesliebe erklärt hat. Es wird Wecken, Most und süßen Apfelsaft geben, die Mädchen werden Reigen tanzen, der Dekan wird über die Nächstenliebe und die Gottesliebe reden, über die täglichen guten Werke, sie werden miteinander singen, sich an den Händen fassen, die größeren Buben auf den Maienbaum klettern und Gewinne aus dem Kranz reißen, sie werden auf den Neckarwiesen spielen, der Vater wird fortwährend Leute begrüßen, die Familie ihren »eigenen Tisch« haben und dort empfangen – bis in den Abend hinein, »noch ein halbes Stündchen, bitte«, und in der einbrechenden lauen Dunkelheit wird ihn die Magd oder die Großmutter nach Hause bringen.

Von seinem sechsten Jahr an besucht er die Lateinschule. Diesen

Weg kann ich nachgehen, bin ich viele Male gegangen, so, wenn ich von der Marktstraße zur Neckarsteige wollte und durchs »Höfle« abkürzte. Viele Häuser von damals stehen nicht mehr, sogar der Verlauf der Gassen hat sich ein wenig verändert. Aber selbst auf einem Stadtplan von 1830 finde ich mich leicht zurecht.

Es ist früh, wenn er zur Schule muß. Die ersten Male haben ihn die Mutter oder eine Magd hingebracht, obwohl er sich zurechtgefunden hätte: I kann des alloi. Er muß nicht zur Neckarsteige hinunter, sondern er verläßt das Haus durch den Garten, durchs Hintertor. Ein Gäßchen führt zur Kirchstraße. Es ist verwinkelt, eng. Die Mauern geben, wenn es Nacht und still ist, die Schritte auf dem Pflaster als Echo wider. In meiner Kindheit befand sich hier das Stadtgefängnis, das es zu seiner Zeit dort nicht gab. Es wird, nehme ich an, ein Bauernhaus gewesen sein. Schon von hier aus kann er die Stadtkirche sehen, Sankt Laurentius. Man wird ihm erzählt haben, daß noch vor dreißig, vierzig Jahren unmittelbar neben der Kirche das Schloß gestanden habe, ein riesiger Bau mit vier Erkertürmen an der Neckarsteige und einem schönen Innenhof. Es ist abgerissen worden. Über den freigewordenen Platz geht er. Man hat Kastanien und Linden gepflanzt. Die kenne ich auch. Für ihn sind es junge Bäume, die noch von Pfosten abgestützt werden. Die Schule steht in geringem Abstand längs zur Kirche, schon wieder am Rand des Felsens, so daß zur Marktstraße durch die Schule hindurch ein Treppenhaus geführt werden mußte. Die Schule ist neu. Sie ist erst vor neun Jahren gebaut worden. Neben ihr, in einer Flucht, die Vogtei und Kellerei (für mich ist es das Landratsamt) und die Stadtschreiberei (dort, im Amtsgericht, habe ich als junger Journalist Tage verbracht, um über Prozesse gegen kleine Diebe, Hehler, Landstreicher zu schreiben). Der Bezirk zwischen Schule und Kirche gefällt ihm. Hier ist es im Sommer kühl, hier kann man gut spielen.

Er ist ein braver Schüler. Er muß anderes lernen als ich. Schon mit sechs Jahren repetiert er griechische, lateinische, hebräische Vokabeln, und der Magister versucht, ihm Philosophie und Theologie beizubringen. Es ist ein unvorstellbares Pensum. Der Magister Kraz ist zufrieden mit ihm. Man weiß, er wird auf das Seminar gehen, danach aufs Stift. Er soll, so wünschen es seine Eltern, Pfarrer werden.

An den Nachmittagen bringt ihm der Diakon Nathanael Köstlin, der zweite Stadtpfarrer nach dem Dekan Klemm, weiteres bei, folgen die Privatstunden; Köstlin soll ihn aufs Landexamen vorbereiten. Erst hatte er sich vor dem Diakon gefürchtet. Er war vom Vater in die gute Stube gerufen worden, die Eltern saßen mit einem dicken Mann am runden Tisch, tranken Wein, der Vater winkte ihn heran. Er zögerte. Es schien ein feierlicher Augenblick zu sein. Du mußt keine Angst haben, es passiert dir nichts, sagt Köstlin. Die Mutter sagt, während der Junge langsam zum Tisch geht: Er ist eben ein bißchen scheu. Er setzt sich. Wartet. Gok nippt am Glas, sieht seinen Stiefsohn an. So kann der Junge ihn leiden. Hör her, sagt Gok. Viele seiner Sätze beginnen so. Er ist es gewöhnt, daß man auf ihn hört. Hör her, du gehst zwar auf die Lateinschule, und der Magister Kraz ist dir ein guter Lehrer, doch dafür, daß du auf das Tübinger Stift sollst, genügt es nicht. Verstehst du? Das Kind nickt. Es versteht nichts. Doch es ist besser, es versteht.

Zweimal in der Woche, am Dienstag und am Donnerstag, wird der Diakon zum Unterricht kommen. Damit sie ungestört arbeiten können, hat man ihnen eine Stube unterm Dach eingerichtet. Unser Olymp, sagt Köstlin. Betritt er das Haus, pflegt er erst Johanna seine Aufwartung zu machen, sie unterhalten sich über die Talente des Buben, über dessen Fortschritte, ihm wird ein Glas Rotwein eingeschenkt, das er in drei Zügen leert, dann wird der Junge gerufen, der bereits im Nebenzimmer wartet. Wir wollen nichts versäumen, sagt Köstlin, verbeugt sich vor Johanna und schiebt das Kind vor sich her.

Wenn es warm ist, steht das Fenster offen. Der Diakon spricht, liest vor, fragt ab. Stimmen aus dem Hof sind zu hören, sie lenken ihn nicht ab. Köstlin legt Worte Christi aus, er ist ein Bewunderer Bengels, mitunter wird er ekstatisch, dann reißt er seinen Schüler an sich, und Tränen stehen in seinen Augen.

Wer verbürgt uns die Gegenwart Gottes?

Jesus Christus.

Weshalb?

Er ist Gottes Unterpfand für die Menschen.

Er sagt: Gottes Unterpfand, und es fragt sich, ob er weiß, was er sagt, ob es nicht Wörter sind, die er auswendig gelernt hat, die Köstlin ihm abverlangt – oder er denkt darüber nach, was »Unterpfand« bedeutet, fragt womöglich den Diakon, als er dieses Wort zum erstenmal hört:

Was heißt des?

Köstlin, versessen auf Wörter, sie abschmeckend, mit ihnen allein glücklich, mogelt sich nicht hinaus, sondern antwortet: Ein Unterpfand ist einem Pfand gleich, nein, doch nicht, weißt du, sage ich Pfand, meine ich wirklich das Pfand, etwas, eine Sache, die für einen anderen Wert steht, doch das Wort Unterpfand geht darüber hinaus, das braucht man als Gleichnis. Verstehsch, Büble, verstehsch, als Gleichnis, da ist gemeint ein »sichtbares Zeichen«, ein »greifbarer Beweis«, und an diese zweite Bedeutung sollten wir uns halten. Das ist es, nur dies. Daß Jesus eben ein greifbarer Beweis für die Gegenwart Gottes ist.

Ja, sagt er, ja. Das Bild geht ihm ein, seine Faßbarkeit, und manchmal erregt es ihn, so den Wörtern auf die Spur zu kommen, ihre Seele zu erfahren und ihren Leib zu fassen.

Wenn Köstlin seine Phantasien nur nicht immer unterbräche und ihn dann das Schulpensum repetieren ließe. Ille, illa, illud.

Er gewinnt den schweren Mann lieb. Insgeheim vergleicht er ihn mit Gok, auch mit dem phantasierten Inbild des ersten Vaters, und die Vorstellungen mischen sich, die Väter werden übermächtig, schon wieder »Unterpfänder«, unwirklich in ihrer Größe und Güte, »*Ihre* immerwährende große Gewogenheit und Liebe ge-

gen mich«, wird der Fünfzehnjährige aus Denkendorf an Köstlin schreiben, »und noch etwas, das auch nicht wenig dazu beigetragen haben mag, *Ihr* weiser Christen-Wandel, erweckten in mir eine solche Ehrfurcht und Liebe zu *Ihnen*, daß ich, es aufrichtig zu sagen, *Sie* nicht anders als wie meinen Vater betrachten kann.«
Als wie welchen Vater? Den »Führer«, den »Helfer«, den »Freund«?
Er schreibt diese Zeilen fünf Jahre nach dem Tod des zweiten Vaters.
Er macht sich Vorwürfe, um seinem Helfer zu gefallen.
»Immer wankte ich hin und her.«
Wenn er klug sein wollte, sei sein Herz tückisch geworden.
Niemanden um sich habe er leiden können.
Habe er sich seiner Menschenfeindlichkeit widersetzt, so sei er nur darauf aus gewesen, den Menschen zu gefallen, nicht aber Gott.
Er ist neun. Ganz unvermutet kann ihn Wut überkommen, aus geringstem Anlaß: er bebt, ballt die Fäuste, alles spannt sich in ihm, in sein Gesicht schießt Blut – jetzt hat er sein Wütle, sagt die Großmutter Heyn, die ihn am ehesten in einem solchen Zustand noch erreichen kann. Ein Gehilfe in der Weinhandlung hatte ihn gehänselt, als er zwischen den Fässern spielte. So dünn wie er sei, ein solch feines Herrchen, werde er sein Lebtag kein Fäßchen wie dieses stemmen können. Und er habe dazu noch herausfordernd gelacht. Das Kind sei derart in Zorn geraten, daß es, ohne zu zaudern, auf den Mann losgegangen sei, ihn mit Fäusten traktiert und am Ende in die Hand gebissen habe. Der herbeigerufene Vater habe ihn verprügelt, was freilich zur Folge hatte, daß der Bub sich als verstockt erwies und trotz dringender Mahnung nicht zum Mittagstisch erschien.
Du bist anmaßend, sagt Köstlin.
Des stimmt net.
Du kannst dich nicht beherrschen und tust darum anderen unrecht.
Die tun mir unrecht, und dann kommt's über mich.

Du mußt dich beherrschen lernen, Friedrich.

Er redete ihn als einziger mit Friedrich an.

I kann's net.

Doch, das mußt du als rechter Christenmensch lernen.

I ben doch a Chrischt, aber des kann i net.

Weil du immer besser sein willst als die andern.

Noi, net besser, bloß anders.

Das könnte er Köstlin erwidert haben, schon wieder ohne Trotz, aus einer kindlichen Selbstsicherheit. Er weiß, daß er bei Köstlin so weit gehen kann. Er war ja nicht nur der »Helfer«, sondern auch ein Verschworener. Er vermittelte ihm ein Wissen, das ihn von allen anderen abhob, auch von dem zweiten Vater, und nur Köstlin empfand wie er. Ich denke mir, daß er, als er seine erste Hauslehrerstelle bei den Kalbs antrat, sich an Köstlin erinnerte, an seine »Weisungen«, seine freundschaftliche Strenge, und daß er ihn zu kopieren versuchte; daß vielleicht die kindliche Erfahrung mit diesem klugen Mann ihn zu diesem Beruf disponierte: Er wollte dem dritten allwissenden Vater gleichen.

Manchmal hatte ihn die Schule schon so ermüdet, daß er den Belehrungen Köstlins nicht mehr folgen konnte. Der quälte ihn nicht, sagte: Laß uns miteinander singen. Sie sangen eins der Streitlieder Zinzendorfs.

Das macht wach und frisch, sagte Köstlin.

Als er zehn Jahre alt geworden war, ließen die Eltern ihm Klavierunterricht geben. Sie bewunderten seine Musikalität. Die Flöte lernte er nebenher. Später, ebenso leicht, die Geige.

Du kannst mir auch auf der Flöte vorspielen, sagte Köstlin, Musik erfrischt den Geist.

Die Mutter sagte, wenn sie Lehrer und Schüler gemeinsam singen hörte: Nun sind sie wieder fröhlich. Nun ist es dem Fritz wieder wohl. Im August 1775 hatte sie zum erstenmal in ihrer zweiten Ehe ein Kind bekommen: Dorothea (die wenige Monate später starb). Die Großmutter hatte den Fünfjährigen aus dem elterlichen Bereich gedrängt, da könne er jetzt nicht sein, hatte ihn in die Obhut einer Magd gegeben, die eigentümliche Sätze murmelte, jetzt müsse die arme Frau leiden, hoffentlich habe die Hebamme einen guten Griff, der Junge hörte aus dem Haus einige Schreie, fürchtete, der Mutter könne etwas zustoßen, versuchte aus dem Zimmer zu schlüpfen, doch die Magd erwischte ihn am Kittel, er blieb, bis die Großmutter wiederkam und sagte, er habe ein Schwesterle bekommen, bald dürfe er es ansehen.

Ein Jahr darauf kommt Karl zur Welt.

In seinem Kopf festigt sich das nicht zu Bildern. Die Sprache Köstlins löst solche nahen Wirklichkeiten in Formeln auf. Sie reinigt, wünscht die Gedanken gottgefällig. So lernt er es. Diese wenigen Jahre, ausgeglichen und voller »Knabenfreude«, werden sich ihm einprägen; sie scheinen ihm im nachhinein ohne Schatten, und die Melancholien der Mutter sind kaum spürbar. Sie enden mit einer Katastrophe.

1778 war der Winter früh und hart hereingebrochen. Eine feste Eisdecke lag über dem Neckar; oft spielte er mit Freunden, sie erkundeten eine völlig veränderte, neue Landschaft, zogen auf dem Eis hinauf bis zur Steinach-Mündung, rutschten, schlitterten, stießen sich gegenseitig um, manchmal gab es Geheul, legten sich aufs Eis und lauschten, wie es arbeitete, horchten auf dieses unheimliche Knirschen und Dröhnen.

Ende November begann es zu tauen. Sie hörten es prasseln und krachen, das Eis wurde von der schwellenden Wassermenge geschoben und getürmt. Er wachte auf, als sie den Vater in der Nacht holten. Der Neckar sei über die Ufer getreten, die Unterstadt überschwemmt. Die Mauer des Grasgartens sei teilweise vom Strom eingerissen worden.

Bleib da, sagte die Mutter, du kannsch doch nix tun. Du holsch dir den Tod.

Sie solle nicht so unbesonnen daherreden, sagte Gok. Er müsse an die Stadt denken. Dies allein sei seine Aufgabe.

Im Hof hatten sich die Männer versammelt. Sie sprachen aufgeregt, riefen sich die neuesten Nachrichten zu:

Jetzt kommt das Wasser schon in die Hundsgasse.

Dem Gonser hat es die Pferde weggeschwemmt.

Er geht zum Fenster, versucht, leise die Läden zu öffnen. Sie quietschen in den Scharnieren, so läßt er es bleiben. Er lugt durch die Schlitze im Holz, muß sich auf einen Schemel stellen. Die Luft ist laut, als rieben sich unsichtbare Wellen aneinander. Die Männer versammeln sich, schleppen lange Leitern, Seile, einer der Knechte spannt die Pferde vor den Wagen. Die Großmutter, in Tüchern vermummt, läuft ihnen ein Stück nach, kehrt aber bald zurück, wird zu einem riesenhaften Schatten im Hof: Seit einiger Zeit regnet es nicht mehr, die Wolken reißen auf, ein Gespenstermond gibt ein ungenaues Licht.

Einer der Schulfreunde, Georg Lauterbach, erzählt am anderen Tag, er sei mit seinem Vater auf den Kirchturm gestiegen und habe beobachten können, wie die Brücke über den Neckar geborsten sei.

Er hat es nur gehört. Das Getöse hat ihn aus seinem zweiten Schlaf gerissen. Es war ein einziger Lärm, und er meinte, noch schlaftrunken, die Welt stürze zusammen. Er rief nach der Mutter. Sie kam nicht, er lief zur Tür und rief wieder, da kam die Großmutter Heyn, nahm ihn zu sich aufs Zimmer, wo es immer nach Äpfeln roch.

Das kann nur die Brücke sein. Oh Gott, sagte sie. Es wird dem Gok doch nichts passiert sein.

Es war längst wieder hell, als man ihn heimbrachte; er war derart erschöpft, daß er aus eigener Kraft nicht mehr gehen konnte. Sie schleppten den Mann ins Haus. Seine Kleider waren völlig durchnäßt, seine Stimme hatte er fast verloren, er habe dauernd Befehle schreien müssen, und das Schlimmste hätte man auch verhindern können, Menschenleben seien keine zu beklagen.

Drei Monate lang lag er, heiß und kalt, phantasierte oder redete mit schwacher Stimme. Sie scharten sich immer wieder um ihn. Der Wundarzt besuchte ihn jeden Tag, legte ihm Kompressen auf und ließ ihn zur Ader. Mit einer solchen »hitzigen Brust-krankheit« sei nicht zu spaßen. Auch der Dekan Klemm war fast jeden Abend zu Gast, tröstete die Frauen, sprach einige Worte mit dem Kranken. Er solle sich schonen. Die Rekonvaleszenz sei sichtbar. Bald könne er, wenn auch mit Rücksicht gegen sich, seine Ämter wieder erfüllen.

Man solle ihm lieber aus der Bibel vorlesen.

Bringt den Karl, ich möchte ihn sehen.

Fritz und Rike stehen am Fußende des großen Bettes. Ins Schlafzimmer wagen sie sich sonst nicht.

Johanna verstummte fast, selbst mit ihrer Mutter unterhielt sie sich nicht mehr. Fritz vermied es, mit ihr allein zu sein. Um so länger arbeitete er an den Nachmittagen mit Köstlin und mit Kraz, der ebenfalls ins Haus kam, damit es an der Vorbereitung aufs Landexamen nicht mangele.

Latein.

Griechisch.

Hebräisch.

Religion.

Dialektik.

Rhetorik.

Johanna Gok bereitete sich diese ganzen Wochen auf ihre zweite Witwenschaft vor. Kein Trost erreichte sie. Ich weiß, daß er ster-ben wird, antwortete sie ihrer Mutter, die ihr Hoffnung einzure-den versuchte. Sie gäbe zu schnell, zu leicht auf. Wenn sie schon keine Lebenskraft habe, wie solle der Mann sie haben. Den älte-sten Sohn ärgerte ihr Anblick. Er erinnerte sich an die letzten beiden Jahre in Lauffen, wie die Mutter oft tagelang am Tisch in der Stube saß, Tränen in den Augen, Gebete flüsternd, mit ei-nem schlimmen Geschick allzu vertraut. So mochte er sie nicht, so fürchtete er sie: Ihre Weinerlichkeit, mit der sie alles durch-setzte. Rike versuchte, der Mutter zu gleichen, ahmte sie in allem nach, »ans Wasser gebaut« wie sie ist, sie hielt die Hände stets gefaltet, flüsterte selbst mit dem Bruder. Übertreibs net, Rike, herrschte er sie an. Was er der Mutter gern sagen würde, ließ er die Schwester wissen.

Gok stirbt mühsam und elend, als werde ihm allmählich der Atem entzogen. Die Aderlässe schwächen ihn zudem. Alle seine Seufzer sind in dem still gewordenen Haus zu hören. Es ist schon schlimm, sagt Köstlin, lern weiter, Fritz. Wie lautet der Imperativ von dormire?

Am 13. März 1779 stirbt Gok. Er ist dreißig Jahre alt geworden. Er liegt hoch aufgebettet, steif. Die Kinder werden zu ihm geführt. Nehmt Abschied von eurem Vater. Die Mutter scheint abwesend in ihrer Trauer, und die Hilflosigkeit der Kinder ist ihr gleichgültig. Wieder hilft Bilfinger. Aber auch Köstlin, Dekan Klemm und der Schultheiß. Sie ist umgeben von Gutwilligen, von Freunden.

Der Weg zum Friedhof an der Kreuzkirche ist nicht weit. Am Grab spricht der Dekan. Friedrich hört nicht, was er sagt. Es ist hell, fast schon warm. Viel Verwandtschaft ist gekommen. Sie reißen ihn an sich, legen die Hände auf seinen Kopf. Er wäre gern allein. Er hat den zweiten Vater verehrt, vielleicht hat er ihn geliebt. Aber in ihm hat er den ersten gesucht, den »wirklichen« Vater, und so schreibt er später, die Nacht gegen den Vorfrühlingstag setzend, vom Begräbnis des ersten Vaters: »Der Leichenreihen wandelte still hinan, / Und Fackelschimmer schien auf des Teuren Sarg, ... Als ich, ein schwacher, stammelnder Knabe noch, / O Vater! lieber Seliger! dich verlor.« Er war damals zwei Jahre alt, und an der Bestattung hat er bestimmt nicht teilnehmen dürfen, sie hatten ihn ins Bett gelegt, unter der Obhut einer weniger beteiligten Frau, aber danach hatten sie es ihm erzählt, wahrscheinlich die Mutter, versunken in solchen Abschieden, hat es ihm immer wieder berichtet, bis er es sah, als wäre er dabeigewesen.

Er besuchte das Grab Goks oft, ohne dazu angehalten zu werden; es war eine Station auf seinen Gängen durch die Stadt, ins Freie hinaus. Im alten Teil des Friedhofs entdeckte er das Grab vom

Schultheiß Johannes Hölderle, der ein Vorfahr des ersten Vaters war.

Er fügt sich der Weiberwirtschaft, dem zurückgezogenen Leben im Mutterhaus. Seine Phantasie bewahrte die Väter, verschwieg oder vergrößerte sie, machte sie zu Helfern, zu Führern, wiederholte sie in bewunderten Freunden oder vergeistigte sie in Sätzen, in Gedichten, diesen zweiten Vaterländern, in denen die Mütter wenig zu suchen haben.

Jetzt sind sie da, sind um ihn. Sie verwalten die Wirklichkeit. Sie planen und bereden die Zukunft. Auf sie ist Verlaß. Ihr zurückgenommener Schmerz überträgt sich auf ihn als eine dauernde Stimmung, als ein »Hang zur Trauer«.

So sehr sie auch sein Leben zu beeinflussen trachten – und jede Heimkehr ist eben auch eine Flucht ins Mutterhaus –, so wenig können sie es prägen. Stärker sind die Schatten der Väter.

Er klammert sich nicht an Weiberschürzen. Im Gegenteil – nach dem Tod des Vaters findet er endlich die »Gespielen« seiner »Einfalt«, und die Großmutter hat es schwer, ihn in der Ordnung zu halten. Wahrscheinlich hat auch Köstlin ihn gewarnt: Du kannst es dir nicht leisten, Fritz, du hast schon deine Pflichten. Er hat sie. Er vergißt sie.

In der Schule hat er sich Achtung verschafft.

Hören Sie zu, sagt er zu Johanna, und sie erinnert sich der Gokschen Eigenheit, die der Junge unwissentlich nachahmt, hören Sie zu, da ist einer frisch auf der Schule, einer namens Schelling, der kommt aus Denkendorf und ist mit dem Diakon Köstlin verwandt, bei dem er auch wohnt, dieser Schelling ist verrückt, überkandidelt, der weiß viel mehr als jeder von uns und bildet sich darauf auch etwas ein, stolziert herum, preist sich selber, also der hat sich mir angeschlossen, und wenn Sie nichts dagegen einzuwenden haben, Mamma, brächte ich ihn manchmal mit nach Haus. Der Herr Präzeptor hat dazu geraten, der Herr Diakon hält ihn schlichtweg für ein Wundertier.

Schelling zog die Wut der Mitschüler geradezu auf sich. Mit Anmaßung schien er sich zu schützen, die Furcht des Neulings verbergen zu wollen. In den Freizeiten hielt er sich abseits, den Philosophen spielend. Hölderlin war er gleich aufgefallen. Er spürte die Angst, die Einsamkeit. Aber keiner wünschte mit Schelling umzugehen, auch wenn die Lehrer dazu aufforderten. Der ist nicht bei Trost. Im Unterricht aber brillierte er. Er war allen Gleichaltrigen überlegen, wurde schon nach kurzer Zeit versetzt, provozierte um so mehr.

Ein Neunmalkluger.

Ein Spinner.

Sie übergingen ihn.

Bis sie das Schweigen nicht mehr ertrugen und es mit einem handfesten Angriff brachen. Sie umringten den Hochmütigen, schlugen ihn. Da griff »der Hölder« ein. Er stellte sich »gegen die andern, den so viel Jüngern zu mißhandeln geneigten Schüler«. Seid Ihr toll? Wenn der Präzeptor das merkt. Der ist mit Schellings Vater befreundet.

Des isch uns egal.

Der Altkluge schließt sich ihm an, redet zum erstenmal nicht nur von sich selbst, hört zu, erkundigt sich. Des Gespann, sagt man von ihnen, d'r Kloi ond d'r Lang. Johanna wird sich nie ganz mit Schelling anfreunden können, er komme ihr vor wie ein Greis, nichts Kindliches sei an ihm. Hölderlin merkt den Altersunterschied nicht, wenn sie über die Götter Griechenlands reden, von den Landschaften Homers träumen, durch das Rom Neros spazieren – zwei kundige Fremde.

Weshalb gibst du dich dauernd mit dem Kerl ab?

Weil er Schutz braucht; er ist so allein.

Du muscht di net immer aufpfludern!

Aber wenn di mi auslachet!

Der Umgang mit Hölderlin dämpfte zwar das Kind, sein Wissensdurst blieb dennoch entsetzlich, und nach zwei Jahren erklärte sich Kraz außerstande, ihm Weiteres beizubringen.

Schelling verließ Nürtingen; Hölderlin wird ihm auf dem Stift in Tübingen wiederbegegnen.

Bleib doch, sei nicht so unersättlich.

Anders macht's mir keinen Spaß.

Der Vater holt den Buben, stolz, machte seine Honneurs bei der Kammerrätin Gok, gemeinsam mit Köstlin, rühmte Wein und Most, und als sie durchs Neckartor fuhren, lief Hölderlin ihnen eine Weile hinterher, dem kleinen Schelling zuwinkend, als wäre er schon ein Freund.

Es dauert nicht mehr lange, und er wird sich von der Mutter, den Geschwistern, dem Haus verabschieden.

Er hatte die dritte Prüfung des Landexamens in Stuttgart bestanden. Eine vierte lag noch vor ihm, beunruhigte ihn freilich nicht. Er war jetzt nicht mehr Petent, er war Exspektant. Köstlin und Kraz erwarteten das Beste, während die Mutter sich und ihn immer wieder fragte, obs denn ausreiche, ob er den Forderungen der gelehrten Herren genüge. Kurz vor der Prüfung, dem Tag vor der Abreise nach Stuttgart, konnte er es vor innerer Spannung kaum mehr aushalten, und Köstlin, dem es sonst immer gelang, ihn zu bändigen, überließ ihn nachsichtig der Unruhe.

Ich versteh's. Das legt sich wieder.

Schon im Reisewagen war er wieder ruhig. In ihm befanden sich einige Prüflinge mit ihren Eltern und Kraz, der sie begleitete, sie ab und zu mahnte, den Ruf der Schule zu bestätigen, nun komme es darauf an, bei der zweiten Prüfung hätten der Faber und der Rau sich nicht sonderlich ausgezeichnet, hätten mittelmäßige Arbeiten in Latein und Griechisch geliefert. Sie hatten ihren Spaß; alle, bis auf Bilfinger, kannten die Reise, die folgende Prozedur, und bevor die Straße nach Wolfschlugen anstieg, sprangen die Jungen schon aus dem Wagen, schoben, halfen den zerrenden Pferden, vergaßen, was sie erwartete. Es war der 8. September 1783. Drei Prüfungstage lagen vor ihnen. Prüfungsängste sind vergleichbar. Ich sage mir, dem einen oder anderen war fast übel, und es gab hysterische Ausbrüche. Er sitzt unter seinen Schulfreunden. Wen hat er neben sich? Vielleicht zur Rechten Kraz, weil er ihn schätzt, ihm als Hauslehrer vertraut ist; oder doch Johanna? Zur Linken der neue Prüfling, Bilfingers Sohn, Carl Christoph, den er beruhigt: 'S isch alles halb so schlimm. Glaub mir's.

Kraz fragt ab.

Dich muß ich in Griechisch nicht prüfen. Da bist du der Erste.

Bis jetzt, sagt er.

Du bist ein arger Schwarzseher.

Er lehnt sich zurück. Ich lasse ihn sich an seine erste Reise erinnern. Oft wird er reisen. Er genießt die Angst vor dem Unbekannten. Sie waren zur Großmutter und zur Tante nach Löchgau gereist, die Mutter, Heinrike und er. Sie hatten spielen dürfen, was ihnen beliebte, im Garten, es war im April gewesen, erst vor drei Jahren, sie wurden gehätschelt, alles war ihnen gestattet. Man stopfte sie mit Gebäck, eine Zeitlang war ihm übel.

Morgen gehen wir nach Markgröningen hinüber, hatte die Mutter gesagt.

Ist es weit?

Es sei ein angenehmer Fußweg.

Aber dann war es doch weit, er trottete hinter Mutter und Schwester, grollte in sich hinein.

Du solltest dir ein Vorbild an der Rike nehmen, Fritz.

Des will i aber net.

Dann laß es und lauf.

Wieder wurden sie reich bewirtet, spielten mit anderen Kindern im Haus, die Mutter unterhielt sich mit Tante und Onkel Volmar und anderen Erwachsenen, darunter einem ständig schnaufenden Aufschneider, von dem man ihm sagte, es sei der Schreiber Blum.

Der tut sich aber wichtig, flüsterte er der Mutter ins Ohr.

Der braucht's halt, flüstert sie zurück.

Beim Mittagessen saßen sie mit am großen Tisch, mußten nicht schweigen. Onkel Volmar unterhielt sie mit lustigen Geschichten aus dem Oberamt.

Er hörte, wie sie über ihn sprachen: Das Kind sei viel zu ernst für sein Alter. Schließlich habe der Fritz schon viel Schlimmes erfahren müssen. Er solle Pfarrer werden. Das sagt die Mutter. Wie ist er denn auf der Schule? Er kommt gut voran; sein Griechisch rühmt man sogar. Ja, wenn der Diakon Köstlin ihm beisteht, dann! Ich will, daß es ihm an nichts fehle. Im Grunde ist er doch noch ein rechtes Kind. Kränkelt er denn nicht? Er hat so eine bleiche Haut? Die ist ihm von Natur gegeben.

Weil es regnet, ziehen sie sich mit den Volmar-Kindern auf den Dachboden zurück.

Macht euch nicht so dreckig.

Sie kriechen unter die Balken, verstecken sich, lauschen auf den Atem suchender »Gendarmen«, lachen, wenn sie der Staub zum Husten oder zum Niesen bringt.

Es ist Zeit! wird gerufen.

Noch ein kleines bißchen.

No a bißle.

Wir müssen aufbrechen, sonst kommen wir in die Nacht. Tante Volmar klagt, jetzt hätten sie sich da oben arg dreckig gemacht. Johanna Gok sagt zornig: Das wäscht der Regen den Kindern schon aus dem Gesicht. Sie wundert sich über den entschiedenen Widerstand ihres Sohnes. Bei dem Sauwetter mach i koin Schritt, sagt er.

So rede man nicht mit seiner Mutter.

Aber 's isch doch wahr.

Wahr sei es zwar, doch er habe sich höflich gegen seine Eltern zu benehmen.

Volmars redeten auf Johanna Gok ein, und sie beschloß, mit den Kindern hier zu übernachten.

Die Kinder umarmten sich, so sei es richtig, da könne man noch eine Weile weiterspielen.

Er durfte bei seinem Vetter im Bett schlafen. Sie erzählten sich, bis ihnen die Augen zufielen, »wüste Geschichten«.

Am anderen Morgen, sehr früh, verabschiedeten sie sich; die Mutter hatte, da sich das Wetter nicht gebessert hatte, eine Kutsche gemietet. Die Volmarschen Kinder liefen ein Stück nebenher, auch der Schreiber, dessen unverhohlen neugieriger Blick den Buben ärgerte.

Den mag i net.

Sei ruhig, solche Urteile gehören sich nicht.

Er machte die Augen zu, dachte, daß die Reise kein Ende nehmen solle. Immer so weiter.

Schläfscht du?

Noi.

Für den Schreiber Blum war der Besuch der Kammerrätin Gok durchaus eine Sensation gewesen; er notierte in seinem Tagebuch: »Vergangenen Samstag machte die verw: Frau KammerRath Gokin, mit ihren 2 Kindern, in erster Ehe mit dem verst: HE: Klosterhofmeister Hölderlen zu Lauffen, einem Bruder der Frau Ober-Amtmännin erzeugt, hier Besuch. Sie kam von Sachsenheim aus zu Fus hieher und wolte gestern wieder dahin zurük; weil es aber regnerisch Wetter war, und ihre beede Kinder nicht fort wolten, so blieb sie auf zureden des HE: Ober-Amtmans noch heute über Nacht. Diesen Vormittag aber lies sie sich nicht länger mehr aufhalten, sondern sie bestelte wegen des üblen Wetters Miethpferde und entlehnte eine Kutsche und fuhr wieder fort. Sie ist eine junge schöne Witwe von ungefähr 26–28 Jaren; voller Anmuth und scheint sehr vernünftig zu seyn. Ihre Kinder ein Knäblein von 11 und 1. Mägdlein von 8. Jaren sind sehr wohl gezogen.« Blums Beschreibung gleicht dem Bild, das man von Johanna kennt. Er wird sie angegafft haben und angezogen worden sein von dem zarten Schmelz dieser Gestalt, der Schwermut, aber auch der Tüchtigkeit. Er hat sie jünger gemacht, als sie damals war. Es ist denkbar, daß sie jünger erschien. Offenbar hat sie seine Phantasie angeregt. Vielleicht hat er sie insgeheim begehrt, die folgende Nacht von ihr geträumt. Hingehört freilich hat er nicht; was er aufschrieb, ist ungenau.

»Die Mutter war damals fast zweiunddreißig Jahre alt. Sie hatte Jahrs zuvor ihren zweiten Mann verloren, hatte seit 1770 sieben Kinder geboren und davon drei sterben sehen (ein viertes starb 1783).«

So weit hatte sich Blum nicht erkundigen wollen. Die Kirchenregister von Lauffen und Nürtingen halten alle diese Daten fest:

Johann Christian Friedrich, geboren den 20. März 1770 – der Hölderlin;

Johanna Christiana Friderica, geboren den 7. April 1771 und gestorben den 16. November 1775 bei den Großeltern in Cleebronn;

Maria Eleonora Heinrica – *die* Rike – geboren den 15. August 1772.

Das waren Hölderlins Kinder, die Lauffener, denen folgten die Gokschen, die Nürtinger:

Anastasia Carolina Dorothea, geboren den 18. August 1775, gestorben den 19. Dezember desselben Jahres »an Auszehrung«;

Karl Christoph Friedrich – *der* Karl – geboren den 29. Oktober 1776;

ein Namenloser, von der Hebamme »gäh« getauft, doch auf welchen Namen?, geboren den 16. November 1777 »und in der zweiten Stunden darauf verschieden«;

Friederika Rosina Christiane – sie hätte eine zweite Rike, die Goksche Rike für ihn sein können – geboren den 12. November 1778, gestorben den 20. Dezember 1783.

Sie lebte noch, als Blum dieser Frau nachschwärmte, kränkelte wahrscheinlich schon, stets in der Stube, in der kein Fenster geöffnet werden durfte, damit sich das schwache Wesen nicht erkälte.

Seid still, die kleine Rike braucht Ruhe.

Oder ließ man diese Kinder dahinsiechen, fatalistisch, weil man das Sterben gewohnt war, weil man wußte, daß nicht jedes durchkomme? Ich weiß es nicht.

Ich versuche nur zu korrigieren, indem ich das eine Zitat dem anderen gegenüberstelle:

»Hatte somit viel Schmerz und Leid erfahren, auch Sorge für den großen Haushalt und den Bestand des Vermögens gehabt: bemerkenswert daher, daß Blum nicht an ihr die Spuren des Kummers hervorhebt, auch nicht Züge weltabgewandter Frömmigkeit, sondern Schönheit und Anmut, wie selbst das Bildnis der Jungvermählten trotz seiner künstlerischen Schwächen verrät.«

Offenbar ist sie froh, für einen Augenblick aus der Alltäglichkeit herauszukommen, sie vergißt die Zwänge, die Toten, will sich unterhalten mit den Verwandten, nicht gefragt, nicht getröstet werden. Vielleicht ist sie aber auch ein Hausteufel und ein Straßenengel, lädt den Kummer daheim ab und will als Besuch nur erfreuen. Der Sohn hat sie oft genug ermahnt, nicht so selbstvergessen zu leiden.

Jetzt fahren sie zurück nach Löchgau, ins Pfarrhaus.

Jetzt fährt er, mit andern Schülern und Eltern, zur vierten Prüfung.

Er wird, wie gesagt, nach Denkendorf kommen, auf die Niedere Landesschule, sein Weg ist festgelegt, nur darf er von ihm nicht abkommen.

Auf seine Noten ist die Familie stolz, dreimal »sehr gut«, zweimal »recht gut«, vor allem sein Griechisch stellt die Prüfer zufrieden, hier zeige sich bereits das, »was man genium linguae heißet«.

Gut, Fritz.

Sie feiern.

Köstlin hält eine Rede. Die Mutter hat Kuchen gebacken. Du darfst haben, soviel du willst. Mit Kraz unterhält er sich über die verlorenen Schönheiten des Altertums. Köstlin, der am andren Tischende der Großmutter zugesellt ist, ist auf den Präzeptor neidisch.

Nachher noch ein Privatissimum, Fritz?

Strenget des Kind bloß net zu arg an.

Er fühlt sich nicht angestrengt, vielmehr ernstgenommen.

Einen Monat nach seinem vierzehnten Geburtstag wird seine Konfirmation gefeiert, am 18. April 1784. Den Dekan an der Spitze des Zuges von fünfundfünfzig Konfirmanden, gehen sie durch ein Spalier von Gaffern über die Marktstraße, die Treppe unter der Lateinschule hindurch bis zur Stadtkirche.

In dieser Kirche wurde ich auch konfirmiert.

Es ist nicht verbürgt, wer sein Dekan war. Es könnte Klemm gewesen sein oder Köstlin. Meiner hieß Martin Lörcher. Er schrieb mir unlängst, ich ließ seinen Brief unbeantwortet, weil es einem schwerfällt, an seine Kindheit zu schreiben.

Ich ging denselben Weg hinter dem Pfarrer her und habe diesen Zug kürzlich, als eine meiner Nichten konfirmiert wurde, wieder gesehen: der Geistliche in wehendem schwarzem Talar allen voran. Das Bild bewegte mich. Damals, als ich in einem armseligen, zu engen Anzug in der frommen Kolonne lief, dachte ich nicht an Hölderlin, an alle die Vorgänger, daß es Jahr für Jahr dasselbe sei, die erwartungsvolle Gemeinde, die Choräle und das Fragespiel zwischen Pfarrer und Konfirmanden, von denen die einen die Gebote aufzusagen haben, die andern, nach dem lauernden »Was ist das?« des Pfarrers, die Erläuterungen aus dem Katechismus. Dieses »Was ist das?«, das einem in den Ohren dröhnt, das noch nach Jahren seine Antwort will und das noch durch Hölderlins späte Gedichte geistert. Dieses mich verblüffende »aber was ist diß?«

Nach dieser Prozedur, in der jedes Steckenbleiben sich geradezu dem Vorwurf des Herrn aussetzte, las der Pfarrer die Konfirmationsprüche vor. Der meine steht im 5. Kapitel des Buches der Richter, Vers 31:

»Die den Herrn liebhaben, müssen sein,
wie die Sonne aufgeht in ihrer Macht.«

Ich habe dieses inwendige Strahlen nicht gelernt.

Sein Spruch ist nicht bekannt. Es gibt viele, die für ihn passen könnten. Doch auch bei ihm müßte von einer anderen Sonne die Rede sein.

Es ist ein rührendes Bild, wie sie zurückwandern zum Dekanat, hinter dem Pfarrer her, eingeschüchtert, aufgenommen in die Gemeinde, eingesegnet. Daran werden sie nicht denken, wie wir nicht daran gedacht haben. Sie sind schon ein bißchen müde von dem Trubel, das Fest geht weiter, das große Essen im Kreis der plappernden Verwandten. Und die Geschenke! Ich bekam ein Fahrrad und das neue Testament, herausgegeben 1947 von der Privilegierten Württembergischen Bibelanstalt, »ermöglicht durch eine Materialspende der American Bible Society New York an das Hilfswerk der Evangelischen Kirche Deutschlands«.

Sie warteten vor dem Dekanat auf ihn, die Mutter, die Geschwister, die Großmutter, der Pate Bilfinger, die Volmars aus Markgröningen, die Majers aus Löchgau. Sein neuer Anzug machte ihn steif, der Batist des Hemdes kitzelte ihn am Hals. Sein Haar hatten sie zu sehr gepudert. Er fühlte es, wie eine Haube, den ganzen Tag. Er saß an der Festtafel zwischen Oberamtmann Bilfinger und der Großmutter. Bilfinger redete, erinnerte an die beiden Väter, deren Freund er war, und der Mutter traten die Tränen in die Augen. Köstlin nickte ihm dann und wann aufmunternd zu. Kraz redete, ständig mit dem Mundtuch wedelnd, auf die Witwe des Professors Jäger aus Denkendorf ein.

Frau Jäger hatte dem Konfirmanden Hillers »Geistliches Liederkästlein zum Lobe Gottes« geschenkt, was ihn entzückte, denn es war ein weitbekanntes und von Kraz häufig zitiertes Buch, das er nun selber besaß, neben den Schulschriften, den wenigen Büchern aus Goks Besitz und denen, die ihm Tante Lohenschiold hinterlassen hatte, die von der Mutter aber in Verwahrung genommen worden waren. Köstlin las gerührt und mit allzu heftiger Betonung die Verse vor, die Friederike Jäger als Widmung hineingeschrieben hatte:

»Was hilfft uns Tugend und Vernunfft?
Beleßenheit und vieles Wißen?
Und mit der scharff gelehrten Zunfft
Stehts neue Schlüß auf Schlüße schließen,

Was lernnet man am Schluß dabei?
Daß Menschen Weißheit Thorheit sey.
Ohne, und gegen der überschwenglichen Erkentnus Jesu Christi.«
Niemand hat vorgelesen. Wer hat geredet? Hat tatsächlich einer eine Rede gehalten? Die Konfirmation in Württemberg ist ein Ritual. In Nürtingen hat sich seit meiner Feier im Jahre 1949 nichts geändert. So denke ich in Formen und Formeln zurück. Erlebt man Daten durch Imagination, kann Wahrheit zur Wirklichkeit werden, doch wiederum eine Wirklichkeit, die zwei Wirklichkeiten umschließt: die des Beschriebenen und die des Schreibenden. Die zweite Wirklichkeit wird immer überwiegen.
Also schreibe ich: Köstlin hat vorgelesen. Es ist vorstellbar; es ist auch zu denken, *wie* er vorgelesen hat.
Hölderlin hat, schon in Nürtingen, Gedichte geschrieben, und »frühzeitig entschied sich jene Vorliebe für die Classiker Griechenlands und Roms, welche einen Hauptzug seines Charakters bildet«. Den Lehrern von Denkendorf hat er wenig später, konventionell und devot, in einem Gedicht gedankt. Hat er Köstlin oder Kraz seine ersten Versuche gezeigt, vorgetragen, oder Freunden wie Bilfinger? Es ist wahrscheinlich.
Über den Winkel von Hardt hat er eines seiner ersten Gedichte geschrieben; es ging verloren; und ein zweites, als er als Dreiunddreißigjähriger von diesem rätselhaften Aufenthalt in Bordeaux nach Nürtingen zurückgekehrt war: »Da nämlich ist Ulrich gegangen.« Dorthin bin ich, in meiner Kindheit, einige Male gewandert, habe vor dem Eingang der Felsspalte gesessen und geträumt, nicht Hölderlins wegen, sondern wegen des Pfeifers von Hardt, meiner Lieblingsgestalt aus Hauffs »Lichtenstein«:
»Die Nacht, welche diesem entscheidenden Tage folgte, brachte Herzog Ulerich und seine Begleiter einer engen Waldschlucht zu, die durch Felsen und Gesträuch einen sicheren Versteck gewährte und noch heute bei dem Landvolk die Ulerichs Höhle genannt wird. Es war der Pfeifer von Hardt, der ihnen auf ihrer

Flucht als ein Retter in der Noth erschienen war und sie in diese
Schlucht führte, die nur den Bauern und Hirten der Gegend be-
kannt war.«
Damals habe ich noch nicht gewußt, daß er sich hier öfter auf-
hielt, jetzt könnte ich, damit ein Stück Wahrheit erhalten bleibe,
Karl Gok oder Gustav Schwab zitieren. Ich lasse ihn mit Karl,
dem Halbbruder, über den Galgenberg wandern, durch den
Wald, und sehe die beiden, wie sie einen Bach überqueren, über
Steine springen, es sei ein Tag im Mai gewesen, er war vierzehn
und der Bruder noch nicht ganz acht. Sie finden die Ulrichs-
Höhle, den »Winkel«, kriechen herum, Fritz erzählt vom Pfeifer,
dieser Inkarnation der Treue. Sie sind müd vom Weg; Fritz zieht
ein Bändchen aus der Tasche, Klopstocks »Hermanns Schlacht«,
und deklamiert. Mit offenem Mund lauscht der kleine Bruder.
Er versteht so gut wie nichts, und Fritz will es ihm auch nicht erklären. So sind die Wörter einfach nur schön und fremd, ein
Glück für den großen Bruder, der sie alle schon kennt.
Komm, mir müsset hoim; sonscht wird's Nacht.
In den Köpfen beider brummen die gewaltigen Sätze. Er ist auf
den Abschied vorbereitet; im Oktober wird er nach Denkendorf
gehen. Es liegt zwar nur zwei Wanderstunden von Nürtingen
entfernt; doch schon weit fort.

II *Die erste Geschichte*

Manchmal war er ohne Grund den Tränen nah. Ein allgemeiner
Schmerz ergriff ihn, und er konnte sich nicht erklären, woher er so
unvermutet kam. Dann wollte er sich zurückziehen, was ihm aber
nur selten gelang, denn er hatte zu lernen oder der Mutter zu helfen. Er schützte sich durch eine Art Erstarrung, eine Abwesenheit, die ihm als Unwillen ausgelegt wurde. Am liebsten war es

ihm in diesem Zustand, allein am Fenster seines Zimmers zu sitzen, auf die Neckarsteige zu schauen und all die Bewegungen da unten wahrzunehmen, wie aus einer übergroßen Entfernung. Er fürchtete sich vor dem eigentümlichen und nicht erklärbaren Leiden.

Komm, hatte sie gesagt, komm, Fritz, und ihn in den Garten hinterm Haus gezogen, dort hatten sie sich unter Büschen zusammengehockt und, so schien es ihm, auf etwas gewartet.

Sie hatte ihn eingefangen. Er kannte sie schon lange, nur vom Sehen; wenn er zur Schule ging, oder an den wenigen freien Nachmittagen, war sie aufgetaucht, meist mit anderen Mädchen, ihr Gesicht hinter der Hand verbergend; sie war ihm aufgefallen; sie war dreizehn, gleich alt wie er, die Tochter des Hofbeamten Breunlin, Suse gerufen, und sie gefiel ihm, weil sie herausfordernder, auch freier wirkte als ihre Spielgefährtinnen.

Ein paarmal war sie zu ihnen ins Haus gekommen, hatte Wein für ihren Vater geholt (aus Goks alten Beständen). Das ist Breunlins Suse, hatte irgend jemand eher mißbilligend bemerkt.

Er hatte keine Zeit, sich für Mädchen zu interessieren wie die Bauernbuben; es war nicht angebracht. Die Mutter und der Diakon wären über solchen Umgang sicher verärgert gewesen. Doch manche Schulfreunde redeten über ihre angeblichen Erfahrungen mit Mädchen, machten Geheimnisse daraus, und alle Andeutungen waren so, daß sie ihn beschämten und verwirrten. Namen wurden genannt von besonders Willfährigen oder Frechen oder Lüsternen.

Von denen träumte er undeutlich, denn die meisten kannte er. Mit niemandem wagte er darüber zu reden. Wenn Kraz die Sinnenlust geißelte, nickte er eifrig und nahm sich vor, noch strenger gegen die unguten und sich wie von selbst einstellenden Gedanken zu sein.

Die Grete.

Das Dorle.

Die Rike. Nicht seine Rike, sondern die Rike vom Neckartor.

Von der Suse wurde jedoch nie geredet, sie schien nicht zu denen gerechnet zu werden, und er war darüber merkwürdig zufrieden.

Wenn er im Grasgarten lag, die Rike und den Karl bei sich, malte er sich eine heimliche Zusammenkunft mit Suse Breunlin aus, und da war es ihm gleich, daß seine Phantasien hitzig wurden. Überhaupt waren ja auch die Götter Griechenlands große und kühne Liebende und in Klopstocks »Messias«, den er aus Goks Bücherschrank hatte entleihen dürfen, freilich unter den Mahnungen Köstlins, diese schöne Poesie mit Zurückhaltung zu genießen, im »Messias« fand er einiges, was seiner unruhigen Verfassung entsprach. Das las er dann den Kindern vor, die kaum zuhörten, allenfalls Karl, der sich manchmal zu ihm setzte, aber eher, um dem großen Bruder schön zu tun.

»Ach, da ichs, Cidli, noch wagte, / Zitternd zu denken, du seist mir geschaffen; wie still war mein Herz da! / Welche Wonnen erschuf sich mein Geist, wenn Cidli mich liebte! / Welche Gefilde der Ruh um mich her! Oh darf ich noch einmal, / Süßer Gedanke, dich denken? und wird dich mein Schmerz nicht entweihen?«

Des sagsch du schö, meinte Karl.

Und ihn befriedigte es, daß es sich doch um den Geist handele, der alle diese Wonnen erschafft, diese ungenauen Sehnsüchte, diese bis ins Fleisch reichenden Schmerzen. Es ist der Geist! Er wünschte sich, Sätze für Suse zu finden, die denen an Cidli ebenbürtig wären.

Jemand hatte geraten, er solle ins kalte Wasser steigen, falls er sich erhitze.

Ihm wäre es lieber, Suse erlöste ihn. Sie tat nichts dergleichen, redete ihn nicht an, lachte, lächelte, blinzelte ihm womöglich zu, was er sich vielleicht auch auslegte, rannte aus seiner Nähe fort. Er strich jetzt häufig durch die Kirchstraße, am Breunlinschen Haus vorüber und hoffte, sie würde ihn bemerken.

Sie habe ihn schon gesehen, Tag für Tag, sagte sie, doch er sei so ernst, so verschlossen gewesen, daß sie ihn nicht habe stören wollen. Als tätsch lateinisch denke, woisch?

Dennoch sprach sie ihn an, rief ihn zu sich: Fritz! Sie stand vor der Schmiede, einen mit Tuch bedeckten Korb am Arm. Er wagte nicht hinzuschauen, nein, das hatte nicht ihm gegolten. Wie kann sie es wagen, ihn beim Namen zu nennen. Der zweite Ruf, eher leiser, über die Straße zugeflüstert, hält ihn fest. Geht er zu ihr? Kommt sie zu ihm? Ist sie zu ihm gekommen? Sie ist auf ihn zugekommen, schlendernd, so, als hätte sie es viele Male geprobt.

Ja?

Kommsch mit auf'n Kirchhof?

Er nickt. Er hat nein sagen wollen. Noi, i han kei Zeit.

Trägsch mer d'r Korb?

Er nimmt ihn ihr wortlos ab.

Sie besuche das Grab vom Großvater. Das tue sie oft. Ob er nicht wisse, daß ihr Großvater vor zwei Monaten gestorben sei?

Nein.

Aber er sei Offizier des Herzogs gewesen.

Nein. Er habe es nicht gewußt. Er habe den Offizier Breunlin nicht gekannt.

Sie gehen durch die Gräberreihen. Hier ruht der Großvater, sagt sie feierlich. Stell den Korb ab und bet mit.

Er gehorcht ihr, fragt sich aber, was zu beten sei.

Er schämt sich, daß ihm kein vernünftiger Satz einfällt.

Er sagt, als sie wieder hinausgehen, dort, hinter dem großen Grab, liegt mein zweiter Vater.

I woiß, d'r Bürgermeischter Gok, antwortet sie.

I mueß hoim, sagt er.

Wege dem Herrn Diakon seiner Stond? sagt sie.

Ja, der kommt und i mueß lerne.

Willsch me wiedersehc, fragt sie.

Er nickt, gibt ihr den Korb und läuft fort.

Morge, ruft sie ihm nach.

Vielleicht, sagt er vor sich hin, daß sie es nicht hören kann. Aber am anderen Tag wird er durch den Besuch der Tante aus Markgröningen aufgehalten. Sie ist auf der Durchreise, zusammen mit Vetter und Base, und er hat sich denen zu widmen, da sie ihn doch auch seinerzeit, bei der Visite im Pfarrhaus, so lieb unterhalten hätten. Er schickt sich, muß aber fortwährend an die wartende Suse denken, überlegt, ob er Karl als Boten aussenden könne, der ist aber so neugierig wie geschwätzig und nach einer Weile – er strengt sich in der Unterhaltung nicht eben an – scheint es ihm sinnvoll, daß sie, wenigstens einen Tag, vergeblich auf ihn warten müsse und, so wünscht er ihr's, auch nach Gebühr leide wie er.

Nach der Schule macht er den kleinen Umweg über die Kirchstraße, spielt den in Gedanken Vertieften, trödelt – sie läßt sich nicht blicken. Sie nimmt mich nicht ernst, sagt er sich. Ich muß sie noch mehr strafen.

Er vergißt es, verzeiht ihr, redet mit ihr, redet sie sich in sein Zimmer, die ganze Nacht soll sie bei ihm bleiben, er wird ihr vorlesen, wird ihr huldigen, denn sie ist schön, zart, sie hat Hoheit, nur ihr dummes Lachen muß sie sich abgewöhnen, wird er ihr abgewöhnen, sie wird es ihm zuliebe aufgeben.

Sie läßt es nicht zu, daß seine Phantasie sie aufnimmt. Sie ist wirklich und anders, ein Mädchen, das er begehrt, obwohl er nicht weiß, was begehren ist, das er fürchtet – und in den Spielarten der Furcht kennt er sich besser aus.

Er will sie nicht sehen, ihr lieber schreiben. Er hört wunderbare Zeilen, es gelingt ihm nicht, sie aufzuschreiben. So trifft er sie wieder, nach einigen Tagen, sie ist ihm böse, sagt, morgen hätte sie auf jeden Fall mit ihm Schluß gemacht, einen solchen wie ihn gäbe es noch viele, er solle nicht meinen, er sei zu fein für sie. Er begreift sie nicht. Was sie von ihm denke? Es sei ihm ohnehin nicht wohl zumut. Alles schmerze ihm. Und ein Geck sei er nie gewesen. Ihr Lachen verletzt ihn. Sie merkt es. Sie berührt mit ihrer Hand flüchtig die seine und bittet ihn, nicht bös zu sein.

I han nix denkt, woisch.

Isch scho recht.

Man habe ihn und die kleine Breunlin miteinander gesehen, vorm Neckartor.

Ja, das sei wahr.

Wie er denn zu diesem Umgang komme?

Aber Herr Breunlin sei doch Hofrat.

Deswegen frage sie.

Das müssen Sie mir bitte erklären, Mamma.

Da gäbe es nix zu erklären. Er sei ein rechter Kindskopf, und es sei an der Zeit, daß er nach Denkendorf komme.

Wir unterhalten uns aber gut.

Er erzählte Suse aus dem Altertum und freute sich, daß seine Sätze so anschaulich waren, es ist, sagte er, eine eherne Welt gewesen, aber auch schön.

Du bisch g'scheit, sagte sie und machte ihn stolz.

Manchmal hielt sie ihn schon länger an der Hand. Erst scheute er sich, dann genoß er es.

Einige seiner Freunde, Bilfinger vor allem, machten sich lustig über seine Liebschaft, verdächtigten ihn eben jener Lüsternheit, die er sich auszutreiben versucht hatte und die ihn jetzt, seitdem er Suse häufig traf, auch in Gedanken nicht mehr peinigte.

Sie seien blöd, sie könnten nur dreckig denken. Sein Ernst, sein Zorn machten sie still. Wenn man's g'nau nimmt, isch d'r Holder a Heiliger, stellte Bilfinger, das Geschwätz abschließend, fest.

Er versprach, ihr aus Denkendorf zu schreiben. Jeden Tag einen Brief. Sie wiederum versprach, fleißig im Haus zu arbeiten und stets an ihn zu denken.

Im Grunde brauchte er ihre Gegenwart immer weniger, da sie längst zu einem Bild geworden war, hell, unantastbar, von einem unberührten Geist.

So war sie nicht. Sie war eher derb und frühreif, nur ihr schmaler Kopf mit den manchmal somnambulen Augen glich den Bildern, die er sich später suchte, um sie anzubeten.

Sie hatten im Breunlinschen Haus auf der steinernen Treppe

zum Garten gesessen, sie hatte ihm zugehört, ihn ab und zu selbstvergessen angestarrt, ihn plötzlich hochgezerrt, komm, Fritz, komm, ihn unter die Büsche gezogen, wo es süß und modrig duftete, ihn umarmt, daß er sie mit einemmal ganz spürte – und danach würde er sich dieses »ganz« immer wieder aus dem Schrecken wiederholen, ganz, ganz spüren –, ihr Gesicht lag an dem seinen und, nachdem er schon erstarrt war, küßte sie ihn auf die Schläfe. Er hielt still, obwohl er sich hätte losreißen wollen. Erst als sie anfing zu sprechen, faßte er sich. Du, mei Liebschter, sagte sie. Noi, sagte er, bitte net. Des net. Er stand zwischen den Sträuchern auf, klopfte sich die Erde von der Hose, lief weg. Sie sah ihm verdutzt nach.

In der Nacht darauf träumte er, daß sie nackt vorm Breunlinschen Haus gestanden habe, eine Menge von Leuten um sich, darunter auch Bilfinger, und im ruhigsten Ton berichtete, daß der Fritz Hölderlin sie ausgezogen habe, auszoge hat er mi, denket bloß, aguckt und apackt und mi aus meim Haus nausgschmisse.

Er schämte sich vor ihr und ging ihr aus dem Weg. Noch an dem Tag, ehe sie ihn nach Denkendorf brachten, sah er sie: Sie nickte ihm zu, senkte, als er sich abwandte, den Kopf. Er hätte ihr, sagte er sich, unbedingt schreiben sollen, daß sie ein Bild zerstört habe, das er sich von ihr mache und daß er sie eigentlich noch liebe, oder daß er sie eigentlich nie geliebt habe. Das wisse er sich nicht genau zu erklären. Hätte er ihr schreiben sollen, daß er sich aber besser kenne, »meine bösen Launen, meine Klagen über die Welt, und was der Torheiten mehr sind –«.

Das würde sich wiederholen.

III *Denkendorf*

Da ließe sich eine Idylle schreiben. Wer heute nach Denkendorf kommt, dem ehemaligen Chorherrenstift bei Eßlingen, wird nichts anderes annehmen, entzückt über die Abgeschiedenheit der Kirche und der ehemaligen Klosterbauten. Das Geschriebene baut nach, baut neu. Bis zum wiederholten Augenschein habe ich mir eingebildet, daß »die Ulme das alternde Hoftor umgrünt«, wie es der einstige Klosterschüler Hölderlin erinnert, aber was in der Erinnerung so mächtig und grün erschien, war die Platane auf dem Hof, waren die alten Kastanienbäume. Nicht Hölderlins Ulme. Sein Blick war zu meinem geworden. Dennoch habe ich das Kloster über Jahre mit den Augen eines anderen gesehen, der hier seine Kindheit verbracht und sie in einem Fragment gebliebenen Buch erzählt hatte. Es ist Fritz Alexander Kauffmanns Chronik: »Leonhard«.

Kauffmanns Vater hatte das Kloster erworben und in einem der Gebäude eine Senffabrik eingerichtet, die es an einem anderen Ort noch heute gibt. Kauffmann besaß eine hybride Erinnerungsgabe. Schon die Bilderwelt des Dreijährigen ist von einem immensen Reichtum. Später wurde er Kunsterzieher, während der Diktatur Hitlers aus dem Amt entlassen, schrieb ein Buch über Rom, befaßte sich meditierend mit Hokusai, dem japanischen Maler und verunglückte kurz nach dem Kriegsende tödlich. Sein Buch ist mittlerweile vergessen.

»Diese Straße kommt vielgekrümmt aus dem Dorf herunter und steigt, nachdem sie die Körschbrücke hinter sich hat, kräftig an bis zu der uralten Ulme bei der Haupteinfahrt des Klosters ...«

Weil es kein Tor mehr gibt, das ich erwartete, ist die Platane für mich wichtiger geworden als der Baum in Hölderlins Zeile. Diese zwiefache Erinnerung an einen Ort ist nicht vereinbar. Zeit und Blick trennen sie voneinander.

»Bis zu der Haupteinfahrt des Klosters, dessen Torbogen heute

verschwunden sind. Die Friedhofmauer und die Zwinghof-
mauer, welche die Rampen um den Klosterhügel in schöner
Symmetrie abschranken, ergeben zusammen mit dem sonstigen
Gemäuer die wirksamste Umrahmung. Der Eindruck einer
hochgelegenen und allen entrückten Insel wird noch vollkommener dadurch, daß der Klosterbereich nach rückwärts durch einen
Weiher wie durch einen Grenzgraben vom Hinterland abge-
trennt wird. Kunstlos, in reizvoll wechselndem Verfahren ist die
glücklichste Abgeschiedenheit erreicht.
Der Klosterhof selbst, begrenzt durch Kirche mit Klausur, das
Forsthaus und das Pfarrhaus mit der alten Scheune, öffnet sich
auf eine ganze Anzahl von Nebenhöfen. Der eine liegt links von
der Kirche und endigt gegen den Talraum hinaus in der Terrasse
des Propsteigärtchens. Der zweite ist der alte Kreuzgarten, dessen vierter Flügel mit einem Teil des alten Klausurgebäudes
niedergelegt wurde.«
Wieder kannte Hölderlin nicht alles, was ich kenne, das Forsthaus zum Beispiel, doch das Klausurgebäude war für ihn erfahrene Wirklichkeit.
»Diese mannigfachen Platzräume erhalten noch ihren Reiz durch
Bäume, Büsche, rankendes Grün. Der Klosterhof wird, in schönem Einklang mit dem Kirchturm, beherrscht durch die Kastanienbäume und eine riesige Platane; den Zwinghof erfüllen die
Wipfel alter Holunder und aus den Terrassengärten gegen den
Meierhof zu steigt eine mächtige Gruppe fast hundertjähriger
Fichten...«
Es *ist* eine Idylle. Für Hölderlin war es keine.
Ich muß von Kälte schreiben. Von Angst vor Kälte, Ratten, Lehrern, von tiefer Müdigkeit, ich muß von Kindern schreiben, die
morgens um fünf aus den Betten taumeln, nachdem sie ihr Kinn
von den bretthartern Decken gerissen haben. Buben, die, weil sie
vom Frost steif sind, zueinander in die Betten schlüpfen und
plötzlich ihren Leib entdecken, zärtlich zueinander werden und
ihr gottloses Tun vor den Lehrern verbergen. Sie werden, quer

durch Latein, Griechisch, Hebräisch, Rhetorik, in Alpträume getrieben. Freundschaften bleiben da eine Hilfe. Du derfsch mir den Chrischtoph net wegnehme. Der g'hört mir.

Die Mutter hat ihn mit dem Wagen hingebracht. Diese sieben Kilometer von Nürtingen nach Denkendorf hätte er auch zu Fuß wandern können. Aber das ist ja ein Lebensabschnitt, ein wichtiger Tag, für die Mutter ein Stolz, und ein solches Datum prägt sich einem ein. »Ich bin am 20. Oktober 1784 nach Denkendorf gekommen.« Mit ihm sind es weitere achtundzwanzig Alumnen und sechs Hospitanten.

Er hat das Kloster schon gekannt, hat die Häuser, die Bäume gegen einen Sommerhimmel gesehen, ein Bild, das ihn erwärmte, und er erwartete Freundlichkeit.

Aufregung macht ihn stumpf. Er läßt sich hin- und herstoßen. Die Mutter verhandelt mit dem Propst Erbe, dem Vorsteher, überreicht dem wohl auch ein Geschenk, das er noch als Geschenk auffaßt, bald nicht mehr, denn er wird erfahren, wie bestochen und geschmiert werden muß, damit die geistlichen Herrn wohlgesonnen sind.

Das wartet auf ihn. Mit dem einen und anderen wechselt er einige Worte. Mit Renz, mit Bilfinger, mit Klüpfel und mit Efferenn, der ihm einen wilden Eindruck macht und dem er aus dem Weg gehen will.

Geschieht das alles an diesem Tag?

Verbürgt ist vieles. Sämtliche Namen. Das Reglement. Der Tagesslauf. Beschrieben sind die elenden Unterkünfte in diesem schönen Gehäuse von Jakob Friedrich Abel und der räudige Charakter des Vorstehers von Rudolf Magenau. Bekannt ist die Lokation in Denkendorf, die Zeugnisliste: Renz ist der Erste, wird der Erste bleiben. In Maulbronn, in Tübingen am Stift. Hölderlin ist sechster. Das ist sein fester Platz. An letzter, an neunundzwanzigster Stelle steht Ferdinand Wilhelm Friedrich Rothacker, und des Letzten sollte auch gedacht werden: Hölderlin hat ihm in Maulbronn mehrfach beizustehen versucht, aber der weniger

Wendige und Kluge wurde getadelt, gestraft, dennoch sprang er nicht, wie viele andere, ab, sondern hielt dem Konsistorium die Treue, wurde Vikar, Pfarrverweser und am Ende Pfarrer in Kieselbronn bei Pforzheim. Für Rothacker war er der Fritz, ein Freund, der mehr konnte, seine Gaben ausspielte, die Poesie und das Klavierspiel. Das bleibt, bekommt Bedeutung und wird wie alles, was von diesem Leben zeugt, gesammelt. Das andere, das nichts aus sich macht, vergeht. Immerhin, weil er den Großen gestreift hat, wird er sichtbar, spielt mit, ein armer Kerl, dem der Vater, ein in schlechten Verhältnissen lebender Landpfarrer, nichts auf den Weg geben kann, keine Bestechung für den Herrn Vorsteher, also auch keine Verbesserung in der Lokation, also eher Aufmüpfigkeit und Nachlässigkeit, schlechter Umgang, womöglich Geschichten mit Frauenzimmern – aber Frauen sind es auch wieder, die Rothacker, nicht mehr in dem gräßlichen Denkendorf, sondern schon in Maulbronn helfen wollen und Hölderlin in die Intrige einbeziehen. Der wiederum erklärt seiner Mutter, nachdem sie ihn in Maulbronn besucht hatte und wegen seines Zustandes besorgt war, wie er sich um Rothacker zu kümmern gedenke, um den Letzten, der, wie eine Nebenfigur in einem Roman, danach für immer verschwinden wird; er schreibt Mitte Februar 1788 die Geschichte, die das Herz der Mutter ansprechen soll. Rothackers Vater hatte ihm in einem Brief gedankt, diesen Brief legte er bei: »Der Brief ist von HE. Pfarrer Rothacker in Hausen ob Verena. Ich muß Ihnen aber die ganze Sache erzählen. Rothacker ist arm. Einige Frauenzimmer von hier, die es wußten, und ihn gerne unbekannterweise unterstützen wollten, trugens mir auf. Die edle Handlung rührte mich« –
– da führt eine Floskel den Zeitgeist mit: Wieviele edle Handlungen bewegten in Stücken und Geschichten und wieviel Gewalttat, Tücke verbargen sich scheinheilig hinter gespieltem Edelmut. Er meint es aber ernst –
– »Beschämt nahm ich mir vor, ein Gleiches zu tun. Aber mein Beutel versagte mir damalen meine Freude. Aber – wann ich ihn

von liederlicher Gesellschaft abhalte, dachte ich, wann ich ihn in seinen Arbeiten unterstütze, ihm soviel als mir möglich im Wissenschaftlichen beibringe (da *Lehren* ja ohnehin einst meine Hauptbeschäftigung werden soll) – gefällts dem lieben Gott nicht ebenso wohl, dachte ich, als Unterstützung mit Geld oder Kleidungsstücken? – Das übrige werden Sie aus dem Brief sehen. Das aber muß ich noch hinzusetzen, daß Rothacker damals in der schlechtsten Gesellschaft war – daß der Prälat seine Streiche dem Vater schrieb, daß er auf seines Vaters drohende Ermahnungen ihm alles mit reuigem Herzen bekannte, mit den Worten, daß er ganz anders geworden seie, und dies mir zu danken habe. Aber daß es nur sonst niemand erfährt, liebe Mamma! Man würde mich verlachen – daß ich meine Pflichten-Erfüllung zur Befriedigung meiner Eigenliebe mißbraucht hätte – Ihnen schrieb ichs bloß, weil Sie eine so zärtlich besorgte Mutter sind.«

Noch weiß er nichts von Hordengepflogenheiten, Ängsten in der Gruppe, von schwarzen Schafen, daß einer aus der Gemeinschaft hinausgehöhnt, hinausgeprügelt werden kann. Er ist bisher aus der Schule immer nach Hause gekommen, und die Lehrer sind ihm dorthin gefolgt, waren ihm vertraut. Jetzt führt ihn und die anderen Alumnen einer der neuen Lehrer durchs Haus, zum Schlafsaal, dem Dormitorium, zeigt die Arbeitsräume, läßt sie auch in die Wohnräume der Lehrer sehen, während die Eltern vom Propst zu einem Vesper geladen sind, das aber, so wurde andern Tags kolportiert, vom Geiz des Gastgebers ausgezehrt gewesen sei, nichts Ordentliches habe es gegeben, den sauersten Most, den man sich denken kann.

Adieu, liebe Mamma.

Sie umarmt ihn. Erst schämt er sich, sieht jedoch, daß auch die andern zum Abschied liebkost werden.

Schreib mir nur fleißig, Fritz, sag, wenn dir etwas nicht paßt. Horch auf deine Lehrer, vor allem auf den Herrn Propst. Und lern, Büble, lern.

Sie können sicher sein, Mamma.

Beim ersten Abendessen, zu dem man sich punkt sechs im Refektorium trifft, liest noch der Lehrer Hesler aus dem Neuen Testament vor; vom nächsten Tag an besorgen dies die Schüler im Wechsel.

Die Neuankömmlinge werden an diesem Tag müde gewesen sein; die Unruhe in den Zellen wird sich bald gelegt haben, es kann sein, zwei oder drei der späteren Wagehälse haben sich jetzt schon bemerkbar gemacht, sind übers Dorment gehuscht, haben Türen aufgerissen: Seid doch endlich still. Ja, ja.

Nein, von der Idylle, die dem Nachgekommenen ein ländliches Wohlbefinden suggeriert, bleibt nichts. Die »Statuten der Alumnorum in den vier besetzten Clöstern des Herzogtums Württemberg« (Denkendorf, Maulbronn, Schöntal und Blaubeuren) wurden 1757 ausgefertig und von »Seiner Hoch-Fürstlichen Durchlaucht bestätigt«. Diese schon zu Hölderlins Zeit veraltete und überstrenge Ordnung sollte nach dem Willen des Landesherrn und der Kirchenobern »zu allen Quartalen ... vor allen Alumnis durch einen Professoren in Gegenwart des Prälaten verständlich vorgelesen und declariret werden«. Nach den Einträgen, die auf dem Umschlag der Statuten erhalten sind, waren Hölderlins Lehrer im Jahre 1785 säumig: sie haben die Paragraphen nicht ein einziges Mal verlesen. Aber sie drohten und wurden bei Verstößen angewandt. In drei Kapiteln und sechsundachtzig Paragraphen wird festgehalten, was zu beachten ist, von den »Pflichten und dem rechten Bezeugen«, was zu beachten ist gegen Gott und die Oberen, woran man sich zu halten hat und wogegen nicht zu verstoßen ist, was man fürchten soll und was, fürchtet man es nicht, gegen einen ausschlägt, nicht mehr nur Anordnung, sondern Strafe.

Und die Angst wird sie gepreßt haben, wenn sie Unerlaubtes lasen, wenn sie wider die Lehrer aufbegehrt haben, wenn sie nach der Freistunde zu spät in die Schule zurückkamen, wenn sie mit dem niederen Personal in der Schule verkehrten, denn es ist auch nicht erwünscht, »damit Reibungen mit den Closters-Officianten« – das sind die, die dienen und helfen – »vermieden und diese in ihren Verrichtungen nicht behindert werden sollen, sollen sich die Alumni der Küche, Bindhaus, Kellers, Pfisterey, Mayerey, Melkerey, Häusern, Mühlinnen, Wagenhaus, Schmitden und dergleichen enthalten, darein nicht vagiren, auch bey denen darin bestellten Personen keinen Anhang haben und machen!« Gebt euch nicht näher mit denen ab, heißt es, ihr habt zu lernen und seid die Feinen. Da werden Hierarchien vorgeschrieben und eingebleut. Wer sich gemein macht, hat mit Ärger zu rechnen. Aber es reizt. Die Buben vagieren häufig. So birst auch hier wieder das schöne Bild. Man hat sich einen autonomen Betrieb zu denken, eine Art Fabrik (also war die Einrichtung einer Senfherstellerei im späten 19. Jahrhundert durch die Kauffmanns gar kein Sakrileg, sondern eine Fortsetzung) – Geschichte bricht ab, und neue Geschichten werden erzählt.

Sie sollen sich im Gebet nicht nur öffentlich und in Gemeinschaft fleißig üben, sondern auch für sich.

Sie sollen auf die Riten und Zeremonien der Kirche achten. Sie sollen sich der asketischen Schriften, »obschon sonst gut«, enthalten (womit die pietistischen Traktate gemeint waren, die der Orthodoxie mißfielen).

Sie sollen den Prälaten und den Professoren schuldigen Respekt und Gehorsam erweisen und sich nach ihrem Abgang nicht durch unbegründete uble Nachrede und Lästerung mit schändlichem Umgang an ihnen versündigen (als hätten schon die Verfasser der Statuten den Unrat geahnt, daß die sattsam Belehrten einmal frei, nicht mehr auf der Klosterschule und nicht mehr auf dem Stift, voll erinnernder Wut »wahrreden« würden, wie etwa Jakob Friedrich Abel, der das Essen beklagte, von dem man nur weniges genießen konnte, die Kälte – das wird in einem Tageslauf noch zu beschreiben sein).

Sie sollen nicht »heimliche Schulen« machen.

Sie sollen sich des schändlichen Lasters des Zu- und Volltrinkens enthalten und anderer ähnlicher Üppigkeiten außerhalb des Klosters.

Sie sollen sich keusch und züchtig halten, vor allem das Lesen schädlicher Bücher und Romane unterlassen. Wenn einer hierüber erwischt werde, solle er von dem Prälaten mit Karzer gestraft und mit Wasser und Brot gespeist werden. (Also waren, wie immer, die Bücher das Gift, die fremden und neuen Gedanken; saufen konnte man noch ohne Kerker...)

Sie sollen untereinander friedlich und einig, gegen jedermann höflich, leutselig und bescheiden sein.

Sie sollen den Famulus bescheiden behandeln.

Sie sollen mit den nötigen Büchern gleich beim Eintritt ins Kloster versehen sein.

Sie sollen sommers um fünf, winters um sechs im gehörigen Habit geziemend erscheinen (denn manche Alumnen hätten ihre eigene Kleidung, sogar eigene Möbel und andere Üppigkeiten eingeschleppt, deshalb »wird dergleichen Übermaß und unzeitige Galanterie untersagt«. »Weltförmige Kleidung« ist innerhalb und außerhalb der Schule verboten. Sie haben die grauen, dauernd feuchten Kutten zu tragen, unförmige Säcke, deren grober Stoff auf der Haut nesselt). Sie sollen nicht umherstreunen oder ohne Erlaubnis das Kloster verlassen. Sie sind schlicht und einfach eingesperrt.

Nichts davon schrieb er nach Hause, keine Klage, nichts von der Kälte und Feuchtigkeit in den Stuben, von den Mäusen im Bettenstroh, vom morgendlichen Waschen auf dem Hof, vom Unverständnis mancher Lehrer und von der Gemeinheit und Bestechlichkeit des Priors.

Fügte er sich leichter als andere, war er williger, »bräver«, wie es auf Schwäbisch heißt? Tat er es der Mutter zuliebe oder folgte er den durch warnende Erzählungen erhärteten Vorschriften Köstlins? Das früheste erhaltene Bildnis zeigt den Sechzehnjährigen: »Der junge Hölderlin.« Es ist nicht mehr in Denkendorf, sondern im ersten Maulbronner Jahr entstanden, wahrscheinlich gemalt von einem Schulfreund. Streng im Profil. Die Locken über den Ohren, von denen er der Mutter schrieb, er trage sie nun fein gerollt, weil sie es wünsche. Es ist schwierig, alte Porträts zu schildern, sie zu beleben, auch wenn man sie gut, seit langem kennt, sie erinnert, als handele es sich um eine vertraute Person, als wüßte ich viel von ihm. So ist es nicht. Je mehr ich über ihn lese, desto mehr entgleitet er mir. Ich möchte seine Stimme hören.

Ich höre sie, wenn ich das Bild ansehe, hell, ein wenig fistelig, immer leise. Später wird sie sonorer, sicherer werden. Aber am Ende, in Tübingen, wird sie wieder flüstern.

Es wird von der »präexistenten Reinheit« dieses Gesichtes geschrieben. Es ist wahr. Sie ist gar nicht einfach zu erklären. Es scheint, als leuchte etwas unter der Haut.

Er ist noch ein Kind, doch ernst und angehalten, sich erwachsen zu benehmen. Den unbekannten Zeichner müssen die Augen gefesselt haben, von denen noch viele sprechen werden, selbst Waiblinger noch, der den faselnden Alten besucht, Augen, die merkwürdig eng liegen, unter hohen, dem Ausdruck dauernden Erstaunens nachgezogenen Brauen; Augen eines Introvertierten, eines leicht Verletzbaren; die sehr lange Nase reißt das Gesicht auseinander in die von Augen und Mund belebten Felder und ein Stück stumpfer Ausdruckslosigkeit; der Mund ist auf diesem Bildnis, unter einer kurzen Oberlippe, klein. Sonst ist es ein durchaus sinnlicher, geschmäcklerischer Mund. Aber das Kinn weicht, von einem Grübchen geteilt, zurück.

Es ist ein schönes Gesicht, fast übertrieben klar. Seine Verschlossenheit läßt es melancholisch wirken. Ein Bub, mit dem man zu reden wünscht, dessen Ansicht man ernst nehmen würde, den man, bei allem Philosophieren, gern lachen hören wollte.

Er hat sich nicht gewehrt, wie einige andere, er hat sich in die Pflichten geschickt, obwohl er vielleicht damals schon entschlossen war, nicht Pfarrer zu werden, sondern zu schreiben. Die Mutter weiß, daß er Gedichte schreibt, nicht heimlich, was in späteren Generationen üblich sein wird, denn Dichten ist ein unmännliches Geschäft, sondern von den Lehrern gefördert, angespornt durch Rivalen und Bewunderer; von »tausend Entwürfen zu Gedichten« spricht er. Sie sind, bis auf ein halbes Dutzend, nicht erhalten.

Merkt er wirklich die Kargheit nicht, den Druck, die Roheit? Oder flieht er jetzt schon in die rettende Phantasie?

Nürtingen ist nicht weit. Er hätte fliehen können. Ausgebrochen ist keiner. Diese Leben waren festgeschrieben. Wer einen anderen Text versuchte, befand sich nicht mehr im schützenden Gehege der Bürgerlichkeit. Später würde es Zusammenbrüche und Fluchten geben. Bei vielen.

In den Ferien wanderte er nach Nürtingen. Er mußte wohl erzählen. Bei Bilfingers ging er ein und aus. Kraz und Köstlin werden begierig gewesen sein, von seinen Fortschritten zu hören, an welcher Stelle er sich in der Promotion befinde. Das änderte sich nicht. Immer konnte er sagen: an sechster. Renz ist der Erste. Offenbar hatten die Lehrer sich festgelegt. Sie waren nicht willens, zu korrigieren. Es war ein bequemes Muster.

(Ich möchte erzählen. Aber diese Wirklichkeiten sind nicht übertragbar, meine Erinnerung findet keine Vergleiche. Ich lese, lese. Magenaus Beschreibungen, Hölderlins Briefe an die Mutter, Johannas Ausgabenverzeichnis, den Stundenplan der Denkendorfer Schule, es sind Wirklichkeiten von einst. Ich wünsche mir, daß er »meine« Figur sei; er kann es nur dort sein, wo er sich selbst nicht und wo ihn kein anderer bezeugt.)

Um fünf werden sie im Sommer geweckt. Im Winter um sechs. Da ist es noch Nacht. Die Zimmertüren werden aufgerissen. Der Lärm erreicht die Buben nicht, sie haben sich an ihn gewöhnt, würden auch ohne ihn aufwachen, längst schon dressiert – aber danach herrscht wieder Stille, denn sie sind noch nicht imstande, miteinander zu reden, sich zu hänseln, durch Scherze zu helfen, sie sind betäubt vom Schlaf, halb wach fügen sie sich der Ordnung. Sie schlüpfen in die Kutten, ihre Uniform, die sie den ganzen Tag anhaben werden. Sie stinken, sind nie sauber. Aber sie merken den widerlichen Geruch nicht, sie hausen in ihm. Sie tappen über die Korridore zum Morgengebet. Einer von ihnen muß ein Kapitel aus dem Alten Testament vorlesen. Sie hören ihm nicht zu, holen Schlaf nach. Den treibt ihnen die Morgenkälte endgültig aus, wenn sie danach Wasser vom Brunnen im Hof holen müssen. Im Winter schlagen sie die dicken Eiszapfen vom Rand. Sie waschen sich Gesicht und Hände. Ein paar fahren mit den nassen Händen unter die Kutte. Das geht schnell. Ebenso schnell schlingen sie die Morgensuppe herunter, einen dünnen Gerste- oder Hirsebrei. Dem einen oder anderen wird übel davon.

Hatten sie Alpträume? Flüchteten sie nachts zueinander? Fürchteten sie sich vor jedem neuen Tag? Solche Alltäglichkeiten sind nicht überliefert worden.

Sie waren abgehärtet, »dumme Ideen« wurden ihnen ausgetrieben, daß 'r bloß net ins Sinniere kommet! Noi, des gibt's net! Von sechs bis sieben Hebräisch.

Danach eine Stunde Privatstudium, was aber nicht heißt, daß sie sich hätten zurückziehen können, sie blieben unter ständiger Aufsicht, es wurde ihnen über die Schulter geschaut: Da hasch scho wieder en Fehler g'macht, Hölderlin, kannscht d'r die Konjugation net merke? Diese Fuchtel, die einen niederhält. Ja ja, i paß scho auf und danke gehorsamst. Dann wieder, von acht bis neun Hebräisch und eine nachfolgende halbe Stunde Privatstudium; von halb elf bis elf Andacht, Chorandacht, sie singen deutsch und latein, wieder wird vorgelesen.

Um elf Uhr Mittagessen, »das meistens so beschaffen war, daß man nur wenig genießen konnte«.

Sie schlingen es gegen den Hunger hinunter. Nach dem Essen dürfen sie sich zur Rekreation zurückziehen in die Zellen, auf das Dorment. Die Ruhe dauert bis eins. Dem folgt eine Stunde Privatstudium und Musikübung (Hölderlin nahm weiteren Klavierunterricht beim Speismeister des Klosters – was sich kurios anhört, und es war nicht herauszufinden, weshalb der Küchenobere auch Piano lehrte, denn er mußte, um dem Buben noch etwas beibringen zu können, über gute Kenntnisse verfügen; vielleicht ging es ausschließlich um den zusätzlichen Verdienst: jeder im Kloster, der den Schülern auch nur irgend etwas zugute tat, mußte von den Eltern entlohnt werden).

Von vierzehn bis fünfzehn Uhr wurde im Griechischen aus dem Neuen Testament gelesen, übersetzt, und in Latein mit Ovids »Tristia« gearbeitet.

Nach einer weiteren Stunde Privatstudium, in die Latein und Griechisch mitgenommen wurde, erneut Griechisch, doch diesmal die »Cyropädie« des Xenophon und Rhetorik.

Wieder Privatstudium, diese Kärrnerei unter Aufsicht. Eine halbe Stunde vor dem Abendessen, zu dem man sich pünktlich jeden Abend um sechs im Refektorium trifft, Chorandacht, die sich freilich übers Essen fortsetzt, denn da liest einer (freigestellt und sein Essen später allein einnehmend) ein Kapitel aus dem Neuen Testament, und ein gemeinsamer Choral ist selbstverständlich. Wer will (und es werden alle gewünscht haben), kann sich hernach für eine halbe Stunde auf die Stube zurückziehen, ausruhen, bis zum Gebet. Zur »Lukubratio«, Kollegien bei Licht (und einem schlechten, dauernd rauchenden dazu) trifft man sich wieder. Da widmen sich die Lehrer noch einmal den einzelnen, vor allem jenen, die sich tagsüber als verstockt und wenig wendig erwiesen hatten, den Mäßigeren, sie werden, damit die Übungen des Tages in die Träume eingehen, noch einmal unterwiesen.

Sie gehen in ihre Zellen. Sie sollten beten vorm Einschlafen. Manche werden es, Pfarrerskinder, aus Gewöhnung tun, nachdem sie, endlich, die Kutte vom Leib gestreift haben. Andere fallen, ohne jeden Gedanken an den Herrn, in einen Schlaf, in dem die Ängste nicht aufhören. Ich kann mir denken, daß in den ersten Wochen manche, die Decke übers Gesicht gezogen, geweint haben. Vielleicht auch er, der Sanfte und Nachgiebige. Der sechste.

Aus Denkendorf hat er nicht nur den nach einem neuen Vater suchenden Brief an Köstlin abgeschickt, sondern auch den ersten erhaltenen Brief an die »Liebste Mamma!«. (Er schreibt Mama mit zwei M, so wie er das Wort spricht, schwäbisch, mit zwei kurzen dumpfen A, das erste ein wenig mehr betont als das zweite. Das der Konvention entsprechende Sie ist uns fremd; es fällt mir schwer, es in erfundenen Dialogen zu gebrauchen, doch ich weiß längst, daß es sich in der zärtlich-kindlichen Nennung auflöst. Die Mamma ist der warme, immer vorhandene, in der Fremde imaginierbare Hintergrund einer labilen Existenz. Im Schwäbischen heißt man Kinder, besonders Jungen, die sehr an der Mutter hängen, in Nöten zu ihr fliehen, bildhaft »Mammasuggele«: solche also, die von der Mutter nicht losgekommen sind, die suggeln, weitersaugen. Ich weiß nicht, ob es diese Bezeichnung schon zu Hölderlins Zeiten gab. Es ist anzunehmen. Denn Buben legten seit eh und je Wert darauf, sich selbständig zu machen, männlich zu sein. Männlich in diesem stumpfen, auftrumpfenden Sinn war er nie. Vielleicht schützte ihn die Abwesenheit von der Mutter, so geschimpft zu werden, vielleicht auch die Gabe, rasch Freunde zu finden; später war es das Anderssein, das Extreme, das ihn bewahrte oder auf andere Weise verletzbar machte.)

Es ist vor Weihnachten 1785. Die Jungen bereiten sich auf das Fest vor. Auch hier haben sie sich vor den Lehrern zu beweisen. »Wann diesmal mein Brief etwas verworrener ist als sonst, so müssen *Sie* eben denken, mein Kopf sei auch von Weihnachtsgeschäften eingenommen, wie der Ihrige – doch differieren sie ein wenig: meine sind... Plane auf die Rede, die ich am Johannistage bei der Vesper halte, tausend Entwürfe zu Gedichten, die ich in den Cessationen (vier Wochen, wo man bloß für sich schafft) machen will, und machen muß (*NB*. auch lateinische), ganze Pakete von Briefen, die ich, obschon das N. Jahr wenig dazu beiträgt, schreiben muß...

Was die Besuche in den Weihnachten betrifft, so bin ich eher frei,

Sie hieher einzuladen, weil mich das Geschäft am Johannistage, wie gesagt, nicht leicht abkommen läßt. Die l. Geschwister werden sich wieder recht freuen; aber, im Vertrauen gesagt, mir ists halb und halb bange, wie sie von mir beschenkt werden sollen. Ich überlasse es *Ihnen, liebste Mamma,* wanns ja so ein wenig unter uns beim alten bleiben soll, so ziehen *Sies* mir ab, und schenkens ihnen in meinem Namen. Der l. Frau *Großmamma* mein Kompliment, und ich wolle ihr auch ein Weihnachtsgeschenk machen – – – ich wolle dem l. Gott mit rechter Christtags-Freude danken, daß er *Sie* mir auch dieses beinahe vollendete Jahr wieder so gesund erhalten habe.«

Er ist beschäftigt. Von der ihn bedrängenden Arbeit spricht er, wie es im Schwäbischen üblich ist, als »Geschäft«. Irgendeiner der Lebensinterpreten hat diesen Brief kindlich genannt. Er ist es nicht. Sein Autor versteht sich darzustellen. Einer, der unter den Lasten des Tages ächzt, sie freilich auch zu ertragen versteht und seine Bedeutung schon auszuspielen weiß: diese vielen Gedichte, die er schreiben muß und *will*, ein vor den anderen Ausgezeichneter. Es sei nicht vergessen, er ist fünfzehn Jahre alt. Sein Leben kann er ordnen. Die Last der Geschenke für die Geschwister wälzt er auf die Mamma ab, die eben, nach Maßgabe, sein »Konto« belasten soll (in solchen Kleinigkeiten zeigt sich, wie er finanziell gesichert war, sein ganzes Leben, ein durchaus Vermögender, der sich vor Not nicht fürchten mußte – er ging, weil er es hatte, mit Geld selbstverständlich um) und aus pietistischem Geist, aus der keineswegs oberflächlichen »Wohlerzogenheit« empfiehlt er sich der geliebten Großmutter Heyn. Der Brief ist abgewogen, ausgeklügelt, so spontan er sich bis auf den Tag anhört. In diesem Brief spricht ein junger Herr.

Dennoch versteckt er sich, macht sich klein. Die vielen Pflichten halten ihn in Atem. Er möchte ihnen gewachsen sein. Sein Eifer ist ehrlich, entspricht vertrauter Übung: Lerne muescht, Büble, daß d' was wirscht.

Die »Rede«, auf die er hinweist, die er am Johannistag, am

27. Dezember, zu halten hat, wird eine Predigt sein. Hat ihn die Mutter über die Festtage, gemeinsam mit den Geschwistern, Karl und Rike, besucht? Hat er ihnen probeweise seine Predigt vorgetragen? Wenn sie gekommen sind, wird es so gewesen sein. Sie wissen ja, wie er vorträgt. Er tut es gern, mit Schwung. Des wird g'falle, sagt Johanna. Oder sie sagt: Des hasch guet g'macht, zum Wohlgefalle unsres Herrn. Was sie hört, ist ihr nah. Es ist die Sprache der großen Pietisten Bengel und Oetinger, es ist der Wortschatz ihrer Welt.

Es gibt vor und nach diesem hohen Fest, dem sich die Alumnen vorbereitend widmen, Auftritte, die im Grunde unvorstellbar sind, aber verbürgt. Nur wenige Zeugnisse haben die Niedrigkeit der Erzieher festgehalten, häufiger sind Schweigen und Liebedienerei. Der Prälat Johann Jakob Erbe, der Denkendorf nach seinen Gaben regierte, zählte zu jenen, die den Oberen die Füße lecken und den Schwächeren diesen Dienst nach Kräften heimzahlen. Er muß ein Sadist gewesen sein, durch und durch verdorben und korrupt. 1778, als die Karlsschule, die »herzögliche Militärakademie«, ihren achten Jahrestag feierte, erging er sich in Anbetung vor dem Fürsten, krümmte sich nach allen Regeln der Dienerkunst, führte seinen Zöglingen vor, wie ein Knecht des weltlichen und des himmlischen Herrn sich rhetorisch zu verhalten habe: »Wir sahen *Höchst-Ihre* ausnehmendste Gnade, und Recht: *Ihre* außerordentliche Aufmerksamkeit und Gedult: *Ihre* ausbündige Weisheit, und Kenntnisse...« Diese speichelnde Sprache konnte ätzend werden, wenn es darum ging, die Zöglinge zu erniedrigen, ihren Vätern oder Müttern klarzumachen, daß es an Gaben noch fehle, denn schließlich habe, so Rudolf Magenau, ein späterer Geistlicher seine Primusstelle damit bezahlt, »daß er den Prälaten von Fuß auf kleidete«. Geiz, Heimtücke, Niedertracht und Unverschämtheit seien die Hauptzüge seines Charakters gewesen. Oft sei er unvermutet in die Zellen gestürzt, habe gescholten, auch wenn es nichts zu schelten gegeben habe, nur um die Schüler einzuschüchtern, und hätte er einmal Alumnen beim Schach oder beim Domino angetroffen, dann hätten sie nur Ablaß erhalten, indem sie ein bogenlanges Vergebungslied dichten mußten. Wehrte sich gar ein Vater eines derart kujonierten Knaben, half nur noch finanzieller Ablaß. Es sei ihm ohnedies ein Vergnügen gewesen, vor den Schülern über deren Eltern zu höhnen. Einem, dessen verwitwete Mutter wieder heiratete, bezeichnete er die Frau als »geiles Ding«.

Kein Wort über ihn bei Hölderlin.

Indirekt doch; und da eifert er eher dem Prälaten nach in seinem Dank an die Mächtigen, »an die Lehrer«, die, wie den Fürsten, »Ruhm und Ehre krönen möge«: »Und was ist wohl für Euch die schönste Krone? / Der Kirche und des Staates Wohl, / Stets eurer Sorgen Ziel. Wohlan, der Himmel lohne, / Euch stets mit ihrem Wohl.«

Die Konvention führt die Feder des Fünfzehnjährigen. Er hat es nicht anders gelernt. Noch kann er den Zorn unterdrücken, noch flieht er nicht vor den handfesten, den übermäßig Tätigen. Der Auftrag der Mutter, lieb zu lernen, macht ihn vorsichtig.

In den Tagen vor Weihnachten wird viel gesungen, die Jungen müssen beim Lesen der Geburtsgeschichte, dem Text aus Lukas, längst nicht mehr in die Bibel sehen, sie können sie auswendig. Pakete kommen, das Eintreffen von Boten wird jedesmal mit größter Spannung beobachtet, von wem?, für wen?, und die Ausflüge über den Hof in die Wirtschaftsküche, eigentlich verboten, häufen sich, denn auch dort werden »Gutsle«, das Weihnachtsgebäck, in den Ofen geschoben, eine Partie nach der anderen, der Duft ist betäubend, erinnert an zu Hause.

Die Kälte aber macht ihnen mehr denn je zu schaffen, ihre Kutten bauschen sich über doppelt und dreifach getragenem Unterzeug.

Er wird in seiner Zelle gesessen haben, in Bengels Predigten lesend, die Feder zwischen den Fingern zwirbelnd, vor dem Fenster die beschneiten Bäume: eine Idylle für junge Poeten. Manchmal schüttelte ihn der Frost. Dann zog er die Kleider fester um sich, rieb sich die Hände. Hin und wieder schaute Bilfinger, der ihm nächste Freund, zu ihm herein, setzte sich aufs Bett, sie redeten über Lehrer, Mitschüler, über daheim und die Aussicht, bald in Maulbronn zu sein, wo es, wie sie hofften, angenehmer werden würde, oder Hölderlin las eines seiner Gedichte vor, vielleicht die Strophen über die Nacht, voller angelesener Bilder und geübter Frömmigkeit: »So ruht er, allein des Lasters Sklaven / Quält des Gewissens bange Donnerstimm, / Und Todesangst wälzt sie auf ihren weichen Lagern, / Wo Wollust selber sich die Rute hält.«

Was da, am Schluß des Gedichts, unvermutet und kaum verhüllt, zur Sprache kommt, wird die Kinder oft in Not gebracht haben. Die Angst vor den Lehrern, ihrem Hohn und den folgenden Strafen, das Mißtrauen gegenüber Mitschülern – und doch, immer wieder, die Versuchung, nachts über den Gang zu huschen, sich aneinander zu wärmen, zueinander zu schlüpfen wie Tierjunge. Das Selbstverständliche, Kreatürliche wurde zum Fluch in den Drohungen der Erzieher, unter denen es wiederum den einen oder anderen gab, der heimlich nach den Buben faßte. Was für ein Satz: »Wo Wollust selber sich die Rute hält« – Lust und Strafe in einem. Aber er hatte es kindlich aus der Situation geschrieben, und so verstand es auch Bilfinger.

Nun versuchte er, Jesu Geburt in Worte zu fassen, die Botschaft, und versichert sich der Hilfe anderer. Hör zu, Christian, sagt er zu Bilfinger, findsch des guet so?

»...O! *Teuerste Zuhörer!* sollte wohl jemand unter uns so tief im Schlamm der Sünde versunken sein, daß nicht ein tiefes Gefühl des Dankes und der Freude in ihm erwachte? besonders zu der wirklichen Zeit, wo vor mehr als 17hundert Jahren dieser große Tag erschienen ist, der dem Menschengeschlecht ihren Heiland brachte. Nein! Wir wollen das Irdische fahren lassen, und die Freude über die heilreiche Geburt Jesu Christi ganz genießen. – Jede Stunde soll ihm gewidmet, jede soll des fröhlichsten Dankes und Lobes voll sein, und auch diese soll dir, ewiger Gottmensch,

63

geheiligt sein. Laßt uns aber den Herrn zuvor um seinen Segen anrufen, und also beten –:«

Und sie beteten mit ihm.

Er sprach aus einem von solchen Sätzen erfüllten Gedächtnis. Seine Kindheit tönte von ihnen wieder. Die Mutter wußte sie auch züchtigend auszuspielen. Und alles, was außerhalb dieser Wörterwelt sich befand, fremd, womöglich verlockend, wovon man mitunter träumte und was einen heiß machen konnte, diese Abenteuer, die doch noch keine Sprache hatten, alles das sammelte sich unter dem Begriff Sünde, dem sich viele Wörter rasch zuordnen ließen. Wörter wie Schlamm, Wollust, Finsternis, Gottlosigkeit, Leiblichkeit.

Sie hatten ihm zugehört, zum ersten Mal. Sie hatten ihn gelobt, er habe schön und lehrreich geredet. Die Mutter wird stolz gewesen sein, auch Rike und Karl.

Nicht, daß er sich aus alledem wegwünschte. Aber er dachte schon Wörter, Sätze, die ihn aus der lernenden Enge lösten. Einige der Freunde wußten es. »Eben so mächtigen Einfluß auf unsere Glückseligkeit hat die gewisse Hoffnung eines besseren Lebens.« Was stellte er sich darunter vor? War es die Vision eines Pietistenknaben? Was verstand er unter »Glückseligkeit«? Schrieb er auch hier nur nach?

In den Herbstferien von 1786, kurz vor dem Umzug ins Kloster Maulbronn, wanderte er mit Bilfinger, dem »Herzensfreund«, in das Uracher Tal, »dort sind die Hütten des Segens / Freund! du kennest die Hütten auch«: eine Landschaft für Kinder, die sich Vergangenes erträumen wollen, die wie aus alten Bilderbogen ausgeschnittene Stadt im tiefen Tal, hoch über ihr die Ruine der Festung und der Wall von Felsen, an denen krüppelige Bäume hochklettern, Höhlen in dem Gestein, die ihre Geschichte haben, in denen Bärenknochen gefunden wurden, und auf dem Hin- und Heimweg der Wasserfall, dieses pathetische Stück Natur. Das Gedicht, ausschwingender als alle vorhergegangenen, beschreibt einen Ausbruch, die Annehmlichkeit einer mit dem Freund geteilten Freiheit. Der Weg durch die Wälder, über Feldwege, durch Metzingen und Eningen. Rast in Wirtshäusern, hin und wieder ein Glas Wein. Unterhaltungen, bei denen man keine Mithörer fürchten mußte, zum Beispiel auch über Mädchen, denen man begegnet war, mit denen man, schüchtern, ein paar Worte gewechselt, über die man allerhand phantasiert hatte, durchaus deftig, was sich im Gedicht und in der Erinnerung wieder idealisierte: »...Stille, der Tugend nur / Und der Freundschaft bekannt, wandelt die Gute dort. / Liebes Mädchen, es trübe / Nie dein himmlisches Auge sich.«

Solche Gemeinsamkeiten, solche Zufluchten ins Unvertraute, das er sich in der Anrede vertraut machte, wird er Zeit seines Lebens suchen.

Am 18. Oktober ziehen sie in Maulbronn ein. Nach Denkendorf und Erbe atmen sie auf. In dem Gedicht auf die Lehrer blickt er zurück, eine Verbeugung vortäuschend, der Gegebenheit gehorchend.

Im Ausgabenbuch der Mutter schlägt sich das anders nieder. Da werden dem Herrn Propst gleich »bei einlieferung ins Closter« 11 Gulden zugesteckt, den beiden Herrn Professoren je 10 Gulden, dem Famulus 1 Gulden, dem Speismeister 48 Kreuzer – und so setzt sich das fort, bis sie, am Ende der Denkendorfer Zeit, an den Rand der Zahlenkolumne schreibt: »Die Kosten in Denkendorff belauffen sich auf 140 Gulden 44 Kreuzer.«

IV *Die zweite Geschichte*

Bilfinger und Fink hatten ihn überredet, am Abend nach der Andacht, heimlich das Kloster zu verlassen und mit ihnen ins Dorf, in die »Sonne« zu gehen. Dort gäbe es einen besseren Wein als den sauren, den der geizige Prior ihnen auftische, und außerdem Mädchen, die auf Seminaristen scharf seien.

Bilfinger kannte sich da aus.

Niemand könne sie erwischen. Denkler werde, wie immer, eines der Flurfenster öffnen, und sie könnten unbemerkt zurückkehren.

Nein, er habe keine Lust auf solche Abenteuer.

Von Abenteuer könne keine Rede sein. Es sei gut ein dutzendmal ausprobiert worden.

Wenn er sich anschließe, könnten sie sicher sein, daß der Ausflug mißraten würde.

Sei kein Spielverderber, Holder.

Komm.

Laß de net lompe.

Er habe erst vor kurzem die Strafe gehabt.

Wegen dem! Des isch doch koi Straf, daß oim d'r Wei entzoge wird!

»Wegen Umherstreifens in der Kirche während der Chorandacht –«

Warum er das überhaupt getan habe?

Er sei eben unruhig gewesen.

Komm Holder, mach den Spaß mit.

Sie überredten ihn, er gibt nach; es sind seine Freunde.

Sie schlagen sich rasch in die Felder, laufen eine Zeitlang geduckt, geraten außer Atem, richten sich dann auf, gehen auf den Weg zurück, beginnen lauthals zu singen, eher zu schreien, sie brüllen vor Vergnügen, der Fuchtel entronnen zu sein, und Fink, der aus Naivität oft kühn erschien, sprach es aus, was die andern beiden dachten: Nie mehr ins Seminar.

Das wär was, sagt Bilfinger.

Er langweilte sich in der »Sonne«. Der Wein schmeckte zwar tatsächlich besser, doch von Mädchen war weit und breit nicht die Spur, nur eine verhutzelte Händlerin saß an einem Tisch, war dem Einschlafen nahe. Ein paar Bauern lärmten, achteten nicht auf die Jungen.

Jetzt sauf ich mir einen Rausch an. Einer von den beiden hat es gesagt, er erinnerte sich später noch genau, denn dieser Ausbruch offenbarte die klägliche Situation. Sie tranken viel, brachen grundlos in Gelächter aus, redeten, nur um zu reden, spielten sich auf vor den Leuten, denen sie gleichgültig waren, drei ausgerissene Buben von der Klosterschule. Bilfinger bestand darauf, alles zu bezahlen, darauf komme es ihm nicht an, sein Vater sei großzügig, außerdem habe er die Idee gehabt.

Hat's dir nicht gefallen? fragen sie auf dem Heimweg. Daß du nie aus dir herausgehst, Fritz.

Nein, sagte er, das liegt mir nicht. Das kann ich nicht.

Sie lärmen nicht mehr, atmen tief, merken, daß ihr Schritt nicht sicher ist, haken sich untereinander ein, bilden gleichsam eine Phalanx, gehen nach vorn gebeugt gegen einen eingebildeten Sturm an oder gegen die Furcht, die, je näher sie der Schule kommen, um so bedrängender wird.

Wenn der Denkler nur nicht das Fenster vergessen hat. Bisher hat er immer Wort gehalten.

So redeten sie sich Zuversicht ein. Er läßt sich mitziehen, vor Angst fast schon gleichgültig und sicher, daß dieser Abend mit einem Unglück enden werde.

Mach dir's doch nicht so schwer, Fritz.

Jetzt sieht man schon die Fenster von der Schreinerei. Der schafft noch.

In einer Viertelstunde werden die Zimmer inspiziert.

Es reicht noch gut.

Jetzt müssen wir wieder ins Feld. Bilfinger pirschte ihnen voraus. Da hatten die Abendgänger schon einen richtigen Pfad gebahnt.

Im Hof suchten sie die Schatten, doch einer der Hunde begann zu kläffen, weckte die andern.

Des hat uns grad no g'fehlt.

Dann müssen sie quer über den Grashof rennen, unter dem schwarzen Laubgewölb der Ulme hindurch, und Bilfinger drückt gegen das Fenster.

Er hatte erwartet, daß es geschlossen ist. Es ist mein Fatum, flüsterte er, ich hab's euch gesagt.

Fink bemerkte als erster die Laterne, die sie gebieterisch zum Haustor winkte: Jessas, des isch d'r Alte, der hot auf uns gwartet.

Bilfinger rief: Kommet, mir hauet ab.

Er wunderte sich über die Ruhe, die ihn überkam: Des hot koin Zweck.

Sie gehen, hintereinander, aufs Tor zu, er als Letzter. (Solche Buß- und Angstgänge kennt jeder aus seiner Kindheit, wiederholt sie später in der Erinnerung und in Träumen, wie sich die Erwachsenenwelt, dieser Wall von nie artikulierter Autorität drohend aufbaut. Es fällt mir nicht schwer, mit ihm zu gehen, die Taubheit zu empfinden, eine Art Hingabe an die lauernde Übermacht, jetzt ohne Kontakt zu den Kameraden, jeder stumpf in sich selbst: dort, da vorn, wartet der große Flucher, Prügler, dem alles erlaubt ist, der nach Belieben richten kann. In solchen Zuständen werden Bilder fest; Nebensächlichkeiten treten nach vorn, bekommen eine unsinnige, doch unlöschbare Bedeutung: daß er, zum Beispiel, die steinerne Toreinfassung sieht, deren asymmetrische Verfugungen, nachgezeichnet von dem Licht der Laterne.)

Ah, der Bilfinger. Das hab' ich erwartet.

Als hätte es der Prälat nicht vorher schon gewußt, als seien ihm die Namen der Ausreißer nicht längst von Helfern genannt worden. Ihm kommt es auf den Effekt an; solche Schauspiele schätzt er.

Tretet näher, meine Herren Alumnen. Sost reißet ihr euer vorlaut's Maul doch au auf. Also, Büble. Er hat die Laterne auf einem steinernen Postament abgestellt, hält die Hände auf dem Rücken, mit ihnen den Stock versteckt. Den kennen sie. Mit dem ist er treffsicher, und häufig ist er das Instrument einer kalkulierten, genießenden Wut.

Jeder versucht, hinter dem andern zu verschwinden, der Schatten des andern zu sein. Bilfinger faßt Mut, geht als erster die wenigen Schritte nach vorn, postiert sich vor dem Prälaten, freilich wortlos, denn er weiß, jedes Wort, auch die demütigste Entschuldigung, würde die zu erwartende Tirade nur verlängern.

Fehlt euch was, Fink und Hölderlin? Fink tritt neben Bilfinger, der wiederum, ohne daß es auffällt, mit der Hand nach Hölderlin sucht, dessen Arm zu fassen bekommt und den Freund sanft zu sich zieht.

Helden seid ihr, Helden, wenn ich euch so anschau. Aber hinterhältig dazu. Dumm seid ihr nicht, aber verschlagen. Da juckt's euch zwischen den Beinen, da wollt ihr wie die Mäuse aus dem Loch schlupfen, träumt von Mädchen und traut euch nicht, euch reicht's, daß ihr heimlich mit dem Schwanz wedelt – oh, diese Materie kenn ich! Aber den lieben Eltern, so man solche noch hat, vorgaukeln, wie fleißig, wie degenmäßig man ist, wie man seinen Pflichten nachgeht, auf seine Lehrer hört und ihnen zugeneigt ist, wie man keine falschen Gedanken hat, höchstens unschuldig in Schuld gerät. Ich kenn euch Seifensieder, euch verwöhnte Burschen, – ha, Bilfinger, was meinsch?

Bilfinger hat keine Meinung. Er sieht am Prälaten vorbei, auf den kleinen Auslug in der Tür.

Nix, koi Wort? Und du Fink, koi Wort d'r Reu, d'r Einsicht? Wartet, Büble, euch werd ich einheizen. Ihr werdet euern Ovid singen können. Das versprech ich euch. Was meinsch, Hölderlin? Bisch neig'risse worde von dene zwoi Sauhund, ha? Hat d'rs d' Sprach verschlage?

Er hätte wie die beiden andern stumm bleiben sollen, doch er suchte nach einer Erklärung, mit der er sich aus dieser Szene entfernen könnte – keine Tätlichkeit, keine Annäherung, keine Strafe. Es war, sagt er, durchaus eine Unbesonnenheit. Bilfinger umfaßt mit der Hand seinen Unterarm. Sag nichts.

Es solle gewiß nicht zur Übung werden.

Der Hohn Erbes ist die Antwort: Zu Übung soll's net werde, sagt dieser Hanswurscht. Noi, Übung net. Als hätt er's net scho oft g'übt. Witscht aus em Fenschter naus und dem nächste Mädle unterm Rock. Paß auf, daß i di net zum Krüppel hau.

Er »bittet« sie ins Haus, bleibt in der Tür stehen, so daß sie nah an ihm vorüber müssen, zu seiner Freude sich unwillkürlich, schon die ersten Schläge fürchtend, zusammenducken.

Würschtle! Halt! schreit er. Keinen Schritt weiter! Des Licht reicht mir. Unter dem blakenden Öllicht hält er sie zusammen. Komm, Bilfinger, lupf deinen Rock, zieh die Beinkleider runter, wenn schon, dann auf den blanken Arsch. Oder meinst du, wir sollten etwas andres ausprobieren? Nix meinsch, des han i mer denkt. Findesch zehn Schläg passabel oder fuffzehn? Wieder meinsch nix. Also fuffzehn. Meinsch des?

Bilfinger, der bis zu diesem Augenblick Hölderlin gehalten hatte, ließ ihn los, zog, wie befohlen, nachdem er die Hose herunter gelassen hatte, die Kutte über die Hüften, beugte sich, streckte dem Prälaten seinen Hintern entgegen und ließ, ohne das Gesicht zu verziehen, fünfzehn Schläge niederklatschen; jeder einzelne Hieb zeichnete eine schwellende Strieme. Vierzehn Schläge, einen weniger, erhielt Fink. Hölderlin hatte bereits die Hose über die Knie gestreift, den Rock hochgenommen, doch der Präzeptor ließ den Stock sinken, grinste, er wolle den Alumnen Hölderlin schon wegen seiner schwachen Gesundheit verschonen, diese Schandtat vielmehr seiner Mutter in allen erdenklichen Einzelheiten mitteilen. Was, wie Erbe wußte, für den Jungen, der die ängstliche Frau vor allem behütet sehen wollte, eine ungleich gemeinere Strafe bedeutete als Schläge. Darum erwartete der Prälat auch Widerspruch. Der

kam nicht. Hölderlin starrte ihn an, wie durch einen übergroßen Schrecken verstummt, und senkte nach einiger Zeit den Kopf.
Des isch dir also recht, fragte Erbe.
Der Prälat entließ die Jungen; sie zogen die Hosen hoch, verbeugten sich, schlichen auf Zehenspitzen fort. Du bisch verrückt, sagte Bilfinger, der erzählt deiner Mutter das ärgste, lauter erfundenes Zeug.
I woiß, sagte er.
Warum hast du nichts gesagt, fragte Fink.
I woiß net, sagte er, wirklich net. I war wie krank.
Des han i g'merkt, sagte Bilfinger.

V *Maulbronn*

Ich erfinde Gestalten, die es gegeben hat. Ich schreibe das Drehbuch zu einem Kostümfilm. Längst ist er mir vertraut. Ich projiziere, nachdem ich in seinen Briefen und Gedichten gelesen habe, meine Gefühle auf seine Handlungen. Es steht alles fest: Am 18. Oktober 1786 ist seine Promotion in das Kloster Maulbronn eingezogen. Ich könnte die Namen derer aufzählen, die zu seinem Jahrgang gehören, berichten, was sie erhofft hatten, – und was aus ihnen geworden ist (meist verdrossene Landpfarrer). Die Forschung war fleißig; die Szene ist ausgeleuchtet. Und wenn es mich vergnügte, könnte ich, eine Truppe von Komparsen in Unruhe versetzend, alles zu bunten Bildern ordnen: die zeremoniellen Auszüge und Einzüge, die Spaliere beim Besuch hoher Personen. Die Kulissen sind noch vorhanden: Denkendorf und Maulbronn. Sicher, man müßte dieses und jenes erneuerte Fenster, diese allzu moderne Tür, manche Fernsehantenne kaschieren, und es fiele schwer, im Originalton zu drehen, da Autos zu hören sind und ab und zu ein Düsenflugzeug über die alten Bauten jagt; doch in den Momenten der Stille, wenn zufällig der Strom der Autos auf der nahen Straße abreißt, kein Flugzeug kommt, hört man die Vögel singen, das Wasser im Brunnen und, sehr fern, jemanden rufen. Vielleicht ist es so gewesen. Nein, so war es auch nicht. Er hörte die Welt anders als ich. Sie war leiser, hatte andere Grundgeräusche.

Ich weiß, er wird in zwei Wochen Louise Nast kennenlernen, seine erste Liebe. Ich habe die Briefe der beiden gelesen, und Louise ist vielfach beschrieben worden. Weshalb also fürchte ich mich vor dieser Geschichte? Immer wieder setze ich an, ihn zu finden. Ich möchte ihn bewegen können wie eine meiner erfundenen Figuren. Ich traue mich nicht, traue es mir nicht zu. Er widersetzt sich mit dem, was er geschrieben hat. Manchmal träume ich von ihm. Aber so, als träumte ich von einem, der gespielt wird von einem anderen. Denke ich, nach dem Erwachen, an ihn, ärgere ich mich über meine Vertrautheit mit einer bewegten Kopie.

Ich lese in Biographien: »Er setzte sich und sagt«, frage mich, weshalb der Biograph seinen längst dahingegangenen Zögling sich setzen läßt, wenn er, weil der Biograph es so will, sagen muß: »Übermorgen, meine liebe Constanze, reisen wir nach Salzburg.« Der Biograph hat sich offenbar eine Bühne eingerichtet, auf der sich seine Personen verhalten wie in einem Konversationsstück. Mir fällt ein, daß man auf den Stühlen von damals sehr gerade sitzen mußte; es fällt mir ein, doch wenn ich ihn dann sitzen lasse, später, werde ich nicht daran denken, und er wird sitzen wie ich. Solche Erwägungen holen ihn wieder näher zu mir heran.

Es ist der 28. Juli 1975; ich schreibe über den 18. Oktober 1786. Ich sitze in meinem Arbeitszimmer, die Tür zum Garten ist offen, einige Fotographien von Maulbronn liegen neben mir, ich erinnere mich der Besuche dort. Das erstemal war ich als Vierzehn- oder Fünfzehnjähriger mit der Schulklasse in Maulbronn. Ich hatte Hesses »Unterm Rad« gelesen, es gelang mir, die Erzählung sichtbar werden zu lassen, und meine Phantasie ging so weit, daß ich hoffte, auch mein Lehrer und die Mitschüler könnten sehen, was ich sah: den zarten, von der Lernwut ausgemergelten Hans Giebenrath, allein, ein Buch in der Hand, im Kreuzgang, und dann, auf einem stillstehenden Bild, in der Brunnenkapelle. Er stellt sich zwischen Hölderlin und mich, setzt andere Geschichten in meinem Gedächtnis frei.

Wäre es nicht sinnvoller, ein Tagebuch zu schreiben? Notizen über den täglichen Umgang mit Hölderlin? Und was aus dem Tag hinzukommt? Während ich die Gedichte an Stella und die Briefe an Louise lese, fällt mir die Unterhaltung mit einem Freund über die Ereignisse in Portugal ein, über die regierenden Generäle, erinnere ich mich, merkwürdigerweise, an die Lektüre von gestern, an ein Buch über Zelda, die extravagante Frau des amerikanischen Schriftstellers Scott Fitzgerald, diese Südstaatenschönheit, die zum Idol der frühen Zwanziger wurde, ein »Flapper«, ein seltsames Gemenge aus unterschiedlicher Mitteilung, undeutlichen Emotionen. Doch lasse ich, wenn ich über seine Tage schreibe, nicht eben dies weg, weil es mit ihm vergangen ist? Daß er sich, zum Beispiel, mit einem aus der Promotion über dessen Vater unterhält, der sich nicht mehr in der Gnade des Herzogs befindet, daß beide Jungen, halb im Spaß und halb im Ernst, den Herrscher zum Teufel wünschen, jedoch verstummen, weil sie Schritte auf dem Gang hören; oder daß ihm eine Zeile Klopstocks in den Sinn kommt, daß er sich, während sie auf das Dorment und in die Stuben geführt werden, an sein Zimmer in Nürtingen erinnert und an eine seltsame Angewohnheit der Mutter: Wann immer sie über die Schwelle in seine Stube trat, schob sie, als fürchte sie auf einen Widerstand zu stoßen, die rechte Schulter vor.

Ich versuche, in diese erloschene Wirklichkeit einzudringen.

Die von Erbe geschundenen Knaben, geübt in der Fron und in geheuchelter Demut, hatten sich von Maulbronn Änderung erhofft, sie träumten von mehr Freiheiten, den kleinsten nur, zuge-

neigten Lehrern und einem aufgeschlossenen Prälaten. Hölderlins späterer Freund Magenau, der zwei Jahre zuvor eingezogen
war, spricht in Erinnerungen noch von bangen »Ahndungen«, mit
denen die Eltern ihre Zöglinge dorthin geleitet hätten. (Also wird
ihn die Mutter, wie nach Denkendorf, auch nach Maulbronn begleitet haben. Er war schon sicherer, hat ihre Nähe eher gemie-
den und sich unter den Freunden aufgehalten. Die Alten sind
aufgeregter als wir. Es wird ihn auch nicht geschert haben, wenn
die Mutter sich gelegentlich mit dem Prälaten oder einem der
Professoren unterhielt. Da war manches zu regeln. Und ihm wenig nachzusagen. In seiner Promotion stand er, wie immer, an der
sechsten Stelle, und da würde er sich auch in Maulbronn halten.
Es kann sein, er beruhigte die Mutter: Laß di doch net draus-
bringe von dene Wichtigtuer! Doch in ihrer Fürsorge, die jede
Ängstlichkeit überwand, wollte sie ihm alle Wege ebnen. Du
sollst es gut haben, Fritz.)
Magenaus Prälat war ein Jahr noch die »alte Schlafmütze«
Schmidlin gewesen, die »schon ziemlich alt und für junge auf-
brausende Köpfe allzu liberal war«. Nächtliche Exkursionen
seien gang und gäbe gewesen. »Die Bürger von alters her gewöhnt, den Studenten überall die Hand zu bieten. Das Geld der
Letztern überwand alle Hindernisse.« Und gesoffen wurde über
die Maßen. Magenau schreibt das, rückblickend, ein Jahrzehnt
später, nun selbst schon über Tugenden wachend, aus seinem
Gedächtnis alle Herausforderungen, Lustbarkeiten und jungen-
haften Neigungen vertreibend.
Schmidlin, der Gleichgültige, starb, und ihm folgte Weinland, auf
den vor allem der Herzog setzte. Offenbar wetterte er in den ersten Monaten auch gewaltig, strafte Missetäter, unterband die
mit väterlichen Geldern gestifteten Kontakte zwischen Dorf und
Kloster, achtete auf sparsamen Weinverbrauch, jedoch die Ausdauer der jugendlichen Unholde und die Nachlässigkeit der
schon unter Schmidlin dienenden Professoren Maier und Hiller
war größer.

In Maulbronn wird sein Bild deutlicher. Er ist nicht mehr das fast sprachlose, ehrerbietige Kind, das immer wieder in das Schattenfeld der übermächtigen Familie zurücktritt, behütet und scheinbar unangreifbar, sondern der zum erstenmal selbständig Handelnde, der mit Stolz unerfahrene Bereiche erobert, sich aber auch wieder unversehens zurückzieht.

Das läßt sich erzählen. Er schreibt an die Mutter: »Meine Haare sind in der schönsten Ordnung. Ich habe jetzt auch wieder Rollen. Und warum? Ihnen zulieb!« Die Frisur ist in der Tat ordentlich, die zu den Schläfen führenden Rollen machen das Gesicht zart. So wird er der Mutter gefallen haben, noch kindlich und so gesittet, wie sie es sich wünscht. Er möchte so bleiben. Er fügt sich dem Bild, das sie sich von ihm macht, fügt sich aus Zuneigung, wahrscheinlich auch aus Bequemlichkeit, sicher nicht aus Berechnung.

Kaum zwei Wochen ist er in Maulbronn, und alles ändert sich für ihn. Die Jungen waren darin geübt, sich eine neue Umgebung zu erobern. Auf die Lehrer mußten sie sich einstellen. Der Tageslauf glich dem in Denkendorf. Nur geschah eben alles »eine Stufe höher«, sie wurden um einen Deut mehr als Erwachsene behandelt, es gab mehr Schlupflöcher – das nützten sie aus. Die von Magenau im nachhinein beklagte Freizügigkeit war für die Betroffenen eine Labsal. Die Kontakte zum Dorf waren schnell geknüpft, eigentlich mehr aufgefrischt, denn viele der Bürger waren darauf aus, mit den Alumnen zu verkehren, den »jungen Herren«, und die Mädchen verstanden es, zu poussieren. Eine »Liebschaft« war gestattet, natürlich im Rahmen und unter den wachsamen wie begierigen Blicken der Mütter. Es könnte ja mehr werden, und Pfarrfrau zu sein – warte muescht könne – war für die vifen Landmädchen durchaus erstrebenswert.

Er ist da ohne Zweifel mit von der Partie, vielleicht schüchterner als die Freunde, doch zum gesellschaftlichen Treiben gehört es eben, daß man in Familien, mit denen die eigene Familie entfernt verwandt oder wenigstens bekannt ist, aufgenommen wird, das

»junge Volk« zueinander findet, ein hübsches »Bäsle« nach abgeschautem Ritual verehrt und, nicht sonderlich übertrieben, umworben wird. Zu weit geht keiner, da man die Wachsamkeit der Erwachsenen einkalkuliert. Hin und wieder gibt es freilich Skandale, die geschickt vertuscht werden. Affären, die mit allgemeiner Feindschaft enden, Liebschaften, die tiefer reichen und monatelange Verzweiflungen mit sich bringen.

Er wird, gleich zu Beginn, seine Erfahrungen gemacht haben, denn Freunde wie Bilfinger oder Fink versäumten keine Gelegenheit, dem Kloster zu entkommen und in der Gemeinde ihre Artigkeiten auszuprobieren. Doch bald hatte er für die Schönheiten im Dorf kein Auge mehr. Er verliebte sich in Louise Nast, die jüngste Tochter des Klostergutverwalters Johann Conrad Nast. Es ist nicht überliefert, wie diese Geschichte begonnen hat. Aber Anfänge lassen sich erzählen.

Ich frage mich, was er gesehen hat, als er mit der Mutter ins Kloster kam. Er hatte, bei seiner labilen Verfassung, zwei Tage zuvor, in Nürtingen, unter Magenkrämpfen zu leiden und war von Großmutter Heyn mit Kamille und Brom traktiert worden. Dennoch versicherte er immer wieder: Maulbronn fürchte er keineswegs, er freue sich vielmehr. Die Reise nach Maulbronn in dem Wagen, den sie vielleicht gemeinsam mit den Bilfingers gemietet hatten, war überdies noch beschwerlich und langwierig; sie fuhren über die Filder nach Möhringen, von dort nach Leonberg und Markgröningen, wo Tante Volmar wartete und, auf einem kurzen Halt, neben heißem Most die letzten Neuigkeiten bot; über Vaihingen erreichten sie dann endlich Maulbronn. Er stieg aus, half der Mutter aus der Chaise, Bilfinger, im Geleit seines lauten, selbstsicheren Vaters, versammelt mit einem Blick die im Hof schon Anwesenden, während Hölderlin, allzu stürmische Begrüßungen fürchtend, zur Seite, in den Schatten der Bäume tritt, zusieht, wie Gruppen sich finden, die Eltern sich zueinander scharen, die Buben hingegen, oft zu zweit, sich davonstehlen, von aufmerksamen Helfern wieder zur Menge gerufen werden, hört, nebenbei, daß dieser stattliche Bau gegenüber der Klausur der Klosterhof sei, dort wohnten die Nasts, der Gutsverwalter sei ein ausgezeichneter Mann, der es zu einem Vermögen gebracht habe.

»Klosterhof« ist, denke ich mir, ein Stichwort. In solch einem Hause habe ich auch einmal gewohnt, darin bin ich geboren worden, sagt er sich, und mein erster Vater hat eine solche Stellung gehabt wie Nast. Ganz kindlich sehnt er sich fort, hinter die Fenster, in eine der Stuben, daß es wieder so sei wie früher. Nur bewahrt er sich dieses Früher nicht als wirkliches Bild, sondern als ein undeutliches, heimeliges Gefühl.

Du träumst, sagt die Mutter.

Ich träum nicht, liebe Mamma, erwiderte er, ich hab nachgedacht.

Übers neue Kloster?

Daß es hier auch einen Klosterhof gibt, wie in Lauffen. Aber in Denkendorf ist doch auch einer gewesen, sagt Johanna.

Gewiß, doch meinen Sie nicht, dieser gleicht mehr dem von Lauffen?

Dem von Lauffen? Sie sieht ihn verdutzt an. Wie kommst du darauf? Du wirst dich kaum an ihn erinnern können. Sie schaut das Gebäude abschätzend an: Zu vergleichen sind sie nicht, nein.

Wirklich nicht, Mamma?

Diese und jene Ähnlichkeit könnte bestehen, sieht man genauer hin. Aber so war es nicht in Lauffen.

Dennoch setzte sich das in ihm fest. Er nahm sich vor, in dem Haus, das ihn derart eigentümlich an eine entlegene Vergangenheit erinnerte, Gast zu sein.

Dann riß ihn der Trubel mit, alle diese Vorbereitungen aufs Neue, die Einweisung in die Zimmer, die Führung durchs Kloster, über das schöne Dorment, und als die Eltern sie verlassen hatten, trafen sie sich zum ersten Abendessen, feierlich begrüßt von den Lehrern. Weinland hielt die erste Lesung. Es war ihnen angenehm unsicher zumute, aber manches blieb vertraut: sie saßen in derselben Ordnung wie in Denkendorf. Renz ihm gegenüber, Bilfinger rechts, Fink links von ihm.

Wann immer er am Haus des Verwalters vorüberkam, betrachtete er es in einer Art von Heimweh. (Einen solchen Satz zu schreiben, ist gefährlich. Ich rekonstruiere eine psychische Regung, die durch keinen geschriebenen Hinweis belegt ist. Da ich immer wieder seine Gedichte aus jener Zeit lese, vor allem die an Stella, an Louise – »Wann ich im Tale still und verlassen, und / Von dir vergessen, wandle« – habe ich den Blickwinkel in Erinnerung: diese Lust, aus der erdachten Distanz Nähe zu machen. So kann man argumentieren. Muß ich es? Ist es nicht verständlich, daß ein Halbwüchsiger, der seit mehr als zwei Jahren in einem strengen Internat lebt, Heimweh hat. In solch einem ähnlichen Haus hat er seine glückliche Kindheit verbracht. Diese ersten Jahre, von denen er so wenig weiß, werden immer heller.)

Es ist kein Sommer mehr. Wahrscheinlich frieren die Jungen schon in diesen letzten Oktobertagen. Um so mehr neiden sie jedem die warmen Stuben, die sie, eifrige Ausbrecher, auf ihren Besuchen im Dorf auch genießen. Er ist, man darf es nicht vergessen, damit die Phantasie sich kein falsches Bild mache, noch nicht siebzehn Jahre alt. Louise ist zwei Jahre älter als er. Wann hat er sie zum erstenmal gesehen? Flüchtig sicher schon am Tag der Ankunft. Denn beim Einzug der Promotion wird Louise mit ihren Schwestern, ihren Eltern vorm Haus gestanden und die Neuankömmlinge gemustert haben. Ob sie da schon Blicke wechselten, ob ihm da schon ihr »stolzer Gang« aufgefallen ist? Er muß sie bald wahrgenommen haben. Vorbereitet auf eine »große Liebe« war er durch das Geschwätz der Freunde, diese Prahlereien, Gerüchte von Amouren und Bilfingers stetes Hochgefühl, das ihn verdroß und an dem er sich gar nicht zu messen wagte. Ich bin sicher: er idealisierte sie, noch ehe er mit ihr gesprochen hatte und es ist möglich, daß er sie, für sich, Stella nannte, noch ehe er ihren wahren Namen wußte. Aus seinen Gedichten und Briefen ist abzulesen, daß seine Empfindungen, so überschwenglich sie nach Worten suchten, nie ohne Angst waren, es könne allzu rasch vergehen.

Sie hatte ihm gefallen. Er wünschte mit ihr zusammenzutreffen. Er träumte von ihr. Er schrieb Gedichte, die seine Träume fortsetzten. Aber Nast hütete seine Töchter vor den Alumnen. Er mußte, um Louise zu erreichen, einen Helfer finden, den günstigen Augtenblick abwarten.

An Hermann Hesses Vater hatte, nach der Flucht und Heimholung des Sohnes, der Ephorus von Maulbronn geschrieben: »...gestern ist im Lehrerkonvent über die Bestrafung Ihres Sohnes beraten worden, und ich habe die Pflicht, Sie von dem gefaßten Beschluß in Kenntnis zu setzen. Wir waren darin einig, daß die Verfehlung Hermanns nicht als vorbereitetes und zweckbewußtes Entweichen anzusehen, auch nicht eine Äußerung des Mutwillens oder Trotzes sei, und daß die große geistige Aufregung und Störung, in welcher er gehandelt hat, als Milderungsgrund betrachtet werden müsse. Es wurde deshalb eine Karzerstrafe von 8 Stunden festgesetzt, welche Hermann morgens von ½1 bis ½9 Uhr verbüßen wird.«

Die Strafarten waren Hölderlin wie Hesse bekannt: vom Entzug des Weines (oder später des Kaffees), vom zeitweilig verordneten Hungern bis zu übermäßig schwierigen schriftlichen Arbeiten und Karzer. Vorm »Loch« fürchteten sich alle. Die Freundlichkeit der Hesseschen Lehrer hatte einen Grund. Sie wollten, obwohl Hesses Eltern sich von der Strenge Maulbronns viel für den unruhigen Sohn versprachen, den Jungen loswerden. »Außerdem war die übereinstimmende Ansicht des Konvents, daß das Verbleiben Hermanns im Seminar... nicht wünschenswert sei.« Ein solches Ansinnen hätte, das wußte Hölderlin, seine Mutter nie verschmerzt. Darum verschwieg er auch noch seinen Plan, nach Seminar und Stift nicht in den Pfarrdienst zu gehen. Die Sorge der Mutter bannt ihn.

Niemandem vertraute er sich an. Dennoch brauchte er einen Vertrauten, allerdings einen, den er vergessen konnte, sobald er die Verbindung geschaffen hatte. Dafür finden sich in Schwaben allemal Verwandte. Überall haben diese großen Familien ihre Stützpunkte, Tanten und Onkel, Vettern und Basen, nötigenfalls Paten. Einer der Klosterfamuli gehörte entfernt zur Familie; dessen Sohn wiederum – ich sehe ihn als ein geducktes, verdrossenes Geschöpf, immerzu ängstlich durchs Kloster huschend, unter den dauernden Drohungen des Vaters verkümmernd, dem es in Fleisch und Blut übergegangen ist, wachsam zu sein, der für den Beruf des Famulus besonders geeignet ist, ohne Murren die Professoren, Repetenten und Alumnen bei Tisch bedient, der katzbuckelnd das Klostertor öffnet, aufpaßt, daß die Schüler zur rechten Zeit zu den Stunden kommen oder sich ihren Arbeiten widmen, verbotenem Tabakrauch schnüffelnd auf der Spur ist, der sich ein Lächeln aufgesetzt hat, das den Tag über hält, der seine Fron am Gesinde ausläßt, in der Küche, in der Schreinerei, bei den Knechten und Mägden des Kammerrats Nast und daheim, bei Frau und Kindern, die nichts zu lachen haben, die für den Famulus famulieren müssen, ihn zu bedienen haben – dieser Sohn, dessen Namen nicht überliefert ist, wird von Hölderlin überredet, Bote zu sein.

So, wie ich ihn jetzt kenne, überrascht es mich, daß er dies wagt. Immer hat er das Private ausgenommen, hatte sich an den Späßen und abenteuerlichen Geschichten der Freunde delektiert, doch sich selbst zurückgehalten. Es muß ihn sehr in ihre Nähe gedrängt haben, daß er den ihm fremden Buben zum Zwischenträger machte.

Du bist doch oft bei den Nasts, nicht wahr?

…

Kannst du der jungen Dame etwas ausrichten?

…

Doch so, verstehst du, daß es niemandem auffällt.

…

Du hast mein Vertrauen.

…

Und der Junge kehrt zurück: I hans Fräulein g'sproche. Erscht wollt se net. Aber Se derfet komme. Heut mittag. Nach 'em Philosophiere. In unserm Garte.

Das ist erfunden. Immer spricht nur der eine. Das Schweigen des anderen macht mir die Erfindung leichter. Daß der Bub den Garten seines Vaters vorschlug, ist wahr. Vermutlich lag er günstig, nicht im Blickfeld der Professoren und Nasts.

Solche Vorbereitungen sind schön. Ihm werden Zeilen für Stella durch den Kopf gegangen sein: »Dann sah ich auf, sah bebend, ob Stellas Blick / Mir lächle – ach! ich suche dich, Nachtigall! / Und du verbirgst dich. – Wem, o Stella! / Seufzest du? Sangest du mir, du süße?«

Für ihn ist Stella einzigartig. Wenn er sich an Cidli oder Laura erinnert – sie sind Literatur, verbergen sich hinter Sätzen, Stella hingegen hat ihre reale Entsprechung. Sie liebt er. Die Gefühle und Gedanken, die er ihr in Gedichten aufredet, wollen ohnedies nicht viel mit der Wirklichkeit gemein haben, spielen mit Melancholie, suchen Einsamkeit, fürchten Trennung. Schreibt er das nur, weil die poetischen Muster es ihm eingeben? Oder sind die Ahnungen stärker als die Hoffnungen? Kennt er sich besser, als ich, der ich ihn aus großer zeitlicher Ferne beobachte, meine?

Von ihm wie von ihr ist je nur ein Brief aus der Maulbronner Zeit erhalten. Und ein einziger Satz aus einem weiteren Brief Louises, der nur deshalb bewahrt blieb, weil er ihn, schon in Tübingen, beim Wiederlesen, aufschrieb, ihre erste Botschaft, auch die bewegendste, wie alles ein Beginn ist, der nichts verleugnet, der alles gibt: »Sie haben mein ganzes Herz!« In allen andern Briefen duzen sie sich, hier steht noch das »Sie«. Also dürfte er tatsächlich vor dem ersten Rendezvous geschrieben sein, und der Laufjunge, der das Treffen vermittelte, hatte auch heimlich Billetts auszutauschen, was gewiß gefährlich war, denn bekannt durfte nichts werden. Wo las sie die Botschaften? Wo versteckte er sie?

Sind wir noch imstande, den Reiz solcher Heimlichkeiten zu verstehen? Wie sehr die beiden zuerst befangen waren. Keine Worte fanden. Oder redeten sie sich über den Beginn hinweg, sprudelten, sagten Sinnloses, nur um sich zu hören? Sie waren, das ist sicher, aufeinander gestimmt, warteten aufeinander, und so fielen sie sich bald in die Arme: »Unaussprechlich wohl war mirs, als ich so oben am Berge ging, und Deinen Kuß noch auf den Lippen fühlte –« Louise wird bereits nach den ersten Begegnungen bemerkt haben, wie er seine Liebe durch Ängste und Zweifel beunruhigte. Aber noch ist der Überschwang, die Entdeckung des anderen stärker. Er hat, zum erstenmal, eine Gestalt gefunden, die sich idealisieren läßt, der er Sprache aufbürdet, in die eingeht, was er sich nicht auszusprechen traut: diese Furcht, jemandem zu nahe zu kommen und die Nähe auf Dauer dulden zu müssen.

Sehen wir uns morgen, Fritz?

Es wird nicht gehen, ich muß das Huldigungsgedicht für die Herzogin zu Ende schreiben. Es wird die ganze Woche nicht möglich sein, wegen dem hohen Besuch.

Ihr im Kloster übertreibt.

Dem Ephorus ist es wichtig.

Und dir auch.

Das ist einmal etwas anderes.

Und ich?

Bald, Louisle.

Daß sie sich nun ohne größere Hindernisse sehen konnten, verdanken sie Louises Cousin, Immanuel Nast.

Und wie er in Louise die erste Liebe fand, so in Immanuel den ersten »wirklichen« Freund. Wobei schon hier, im Vergleich, deutlich wird, daß seine Freundschaften unverhohlener und in ihrer ausgesprochenen Nähe bei weitem ungefährdeter sind.

Immanuel blieb allerdings eine Zeitlang ausgeschlossen, Hölderlin vertraute sich ihm erst an, als auch die Familie Nast schon einbezogen war und, nicht ohne Wohlwollen, der sich anbahnenden Verbindung zwischen der Tochter und dem Sproß einer angesehenen Nürtinger Familie zusah. So war Immanuel unwissend der Mittler.

Es ist eine Erzählung für sich. Es gibt einen überschaubaren Zeitraum mit Anfang und Ende. Endlich gibt es auch einen Hintergrund an Zeit, Andeutungen von politischer Erfahrung, es gibt das, was wir jetzt soziales Gefälle nennen.

Ich gebe zu, daß ich Partei bin, ich stehe auf Immanuels Seite, ich wende mich, für diese Spanne, nicht gegen Hölderlin, sehe ihm jedoch mißtrauisch zu und ärgere mich über einige Leichtfertigkeiten.

Immanuel war ein Jahr älter als Hölderlin und ein Neffe des Klosterverwalters, dem unvermögenden Teil der Familie angehörend, deshalb »am Studium gehindert«, obwohl im hohen Maße dazu befähigt, aufgeschlossen, »feinfühlig« und ein besessener wie kritischer Leser. In jener Zeit arbeitete er als Skribent auf dem Leonberger Rathaus. Ein intellektueller Hilfsarbeiter, einer, der im Hintergrund auf Ordres wartet, oft beleidigt allein durch die Situation.

Zum Neujahr 1787 besuchte er seinen Onkel in Maulbronn, wo er wohlgelitten war, doch mit der herablassenden Fürsorge behandelt wurde, die reiche Verwandte für Arme so schwer erträglich machte.

Es ist anzunehmen, daß Immanuel Hölderlin im Nastschen Hause einführte. Ohne Ahnung von den Beziehungen zwischen Hölderlin und Louise.

Das ist Friedrich Hölderlin von Nürtingen.

Er ist uns bekannt.

Wir haben uns angefreundet.

Das freut uns, Immanuel, für dich.

Dieses nachgetragene »für dich« ist für ihn erneut eine Demütigung.

Solche Gespräche sind erfunden. Aber hier handelt es sich nicht um Fiktion, die Gestalten farbiger machen will, sondern um Fiktion, die tradierte Verhaltensweisen in Floskeln festhält.

Möglicherweise hatte Nast von Hölderlins poetischen Versuchen gehört, denn seit einiger Zeit schickte Hölderlin seine Gedichte an Vertraute, hatte Freunde, Verehrer durch sie gewonnen, wie den Carlsschüler Franz Karl Hiemer, der ihn malen würde. Auch an den auf dem Asperg eingekerkerten Schubart würde er bald ein Bündel Gedichte senden.

Ich lasse Immanuel, der eben aus Leonberg gekommen ist, in den Kreuzgang oder in den Klostergarten gehen; er beobachtet die neuen Alumnen, versucht bei dem einen oder anderen einen Gruß, fragt einen der Schüler nach Hölderlin. Der Angesprochene zeigt auf einen Jungen, der, die Hände auf dem Rücken, allein umhergeht, und der Anblick rührt Immanuel. So stellte er sich einen jungen Dichter vor. (Vielleicht hatte ihn die Tante auch auf Hölderlin verwiesen: wenn er schon Umgang mit den Alumnen suche, solle er sich an Fritz Hölderlin halten, das sei ein feiner, wohlerzogener Bub.) Sein Anblick hat nicht nur Nast bewegt. Häufig wird von Hölderlins Schönheit gesprochen. Noch seinen Stiftsgenossen kam es, wenn er vor Tisch auf und ab ging, vor, »als schritte Apollo durch den Saal«.

Nast wird sich nicht gleich getraut haben, den Versunkenen anzusprechen, und so malte er es sich in Gedanken aus, diesen Jungen als Freund zu erwerben. Schließlich würde es er sein, der Hölderlin aus der Maulbronner Vereinsamung löste (da konnte Louise nicht helfen), der Hölderlin zum erstenmal das Gefühl gab, bewundert und verstanden zu werden. Einen Ebenbürtigen zur Seite zu haben.

Er tritt auf Hölderlin zu, geht einige Schritte mit ihm, stellt sich vor, und bei dem Namen Nast horcht der Angesprochene auf.

Ob er mit dem Kammerrat Nast verwandt sei.

Er ist mein Onkel.

Und wo er so plötzlich herkomme?

I schaff hier in d'r Näh; i ben Skribent auf 'em Leonberger Rathaus. Er sagt es leise, sich wieder seiner Herkunft schämend.

Hölderlin sagt dazu nichts.

Was Immanuel trotzig hinzufügen läßt: I bin oiner von de arme Naschts.

Worauf sich Hölderlin, zu seiner Überraschung, bei ihm unterhakt: Wir könnten Freunde werden.

In dieser Freundschaft war Nast nicht der arme, geistig Unterlegene. Er war Hölderlin gewachsen, an Lebenserfahrung und Einschätzung von Wirklichkeiten bei weitem überlegen, und selbst als Leser schlug er den Alumnen, denn nicht die »Alten« waren seine Lektüre, sondern Klopstock, Schubart, Schiller. »Die Räuber«, den »Don Carlos« lasen sie gemeinsam. Immanuel öffnete ihm das Nastsche Haus. Er ist ihm nicht weniger wichtig als Louise; als Gesprächspartner hat er ihn nötig, als Freund, denn endlich öffnet sich um eine Handbreit der Vorhang zur Welt. Nicht, daß die Alumnen ohne Information geblieben waren; sie hatten dieses und jenes gehört, doch am häufigsten waren die Nachrichten über das Befinden des Herrscherpaars, waren die Erlasse des Herzogs, die sie faktisch betrafen, kujonierten und duckten; dagegen aufzumucken, war zu gefährlich. Weshalb Schiller fliehen mußte, das wußte Hölderlin, wie er sich gegen den Tyrannen gewandt hatte, das war schon Legende, und auf der ersten größeren Reise im folgenden Jahr würde Hölderlin einige Stationen dieser Flucht durchaus andächtig besuchen. Offen darüber zu sprechen, wagte man kaum. Es blieb Getuschel auf dem Dorment. Die Geschichte von Schubarts tückischer Gefangennahme in Blaubeuren durch den Obristen Varnbühler und seiner Kerkerhaft auf dem Asperg war selbst jedem Kind im Land bekannt. Ein Held, dem nicht zu helfen war, dessen Lieder und Gedichte man sang.

Das waren die Heroen Nasts. Die Hölderlins waren sie nicht. Und wenn, dann gleichsam ohne schmutzigen Rand. Wahrscheinlich hat er neben den Gedichten Schubarts – und die »Fürstengruft« wird ihn aufgewühlt, gegen die Gewalt aufgebracht haben – in den Zeitschriften Porträts des Geschmähten und Gerühmten gelesen. Sie kitteten, glichen aus, waren im

85

Schmeichelton der Zeit gehalten: »Übrigens ist für so einen lebhaften Geist, wie Schubarts, freilich die lezte Veränderung eine schwere Aufgabe. Aber zugleich auch Muße genug, die Gründe dazu in und ausser sich aufzusuchen, wenn er ein Denker und großer Geist ist, den Muth eines Mannes zu zeigen, und den Trost der Weltweisheit zu nüzen... Wir hoffen und wünschen, ja wir wissen es gewiß, daß Schubart und die Seinigen mit der Zeit Ursache haben werden, GOtt, ihn, den nichts geschicht und den gnädigsten Fürsten über ihre Führungen zu preisen.«

Ähnliches mochte er gelesen haben, von seinen Lehrern gehört. Dennoch, träumte er nicht damals schon von einer besseren Gerechtigkeit, dem notwendigen Ausgleich, hatte er nicht Hoffnungen für das Menschengeschlecht?

Er träumte; doch er war geübt, derart waghalsige Träume für sich zu behalten. Da tauchte nun einer auf, der offen redete, der glühen konnte, der anders sah, sehen mußte, als er. Wenn Immanuel sich erzürnte über die Prunksucht des Herzogs, über die Seelenverkäuferei des Landesherrn, wagte Hölderlin kaum zuzustimmen. Er hörte hin. Er erinnerte sich, wie er an der Hand Goks aufs Rathaus neben der Lateinschule gegangen war, stolz auf den mächtigen Vater, wie im Treppenhaus die Bittsteller zurückgewichen waren, wie nur wenige sich trauten, den großen Mann anzusprechen. Auch in Nürtigen gab es Skribenten. Die hatte er kaum bei Namen gekannt und war von Gok auch nicht aufgefordert worden, sie zu beachten. Helfende Schatten am Rand. Nun hörte er von den Leiden und Ärgernissen derer, die sich auf der Treppe drängten, von ihrer Hilflosigkeit gegenüber den größeren Bauern, Pfründeninhabern und Höflingen, die ihnen nach Belieben das bißchen Land abluchsten, wie sie übers Ohr gehauen wurden, wie sie im Besitz der Besitzer blieben und sich in ihrer Ohnmacht nur noch mehr verstrickten. Wie Mädchen mehr oder weniger verkauft wurden. Wie Jungen ohne Habe sich an die Soldatenwerber verdingten. Von dieser Welt war er weit entfernt geblieben, hatten ihn Herkunft und Fürsorge verschont.

Das mußt du wissen, Fritz, das ist auch da, sagte Immanuel.

Er wiederholte es, so, als wolle er die Ungerechtigkeit dem Sanften neben sich einprägen.

Die Neujahrstage sind frei. Er ist nicht nach Nürtingen gefahren, hat keinen Besuch von zu Hause. Immanuel, ebenfalls für einige Tage in Vakanz, war beim Onkel zwar gelitten, doch nie sonderlich geschätzt – nun konnte er Hölderlin vorführen, der ihn behandelte wie seinesgleichen, und die Aufmerksamkeit der Familie war gleich größer.

Sie wanderten viel gemeinsam, hockten in der Stube, wechselten manchmal Neckereien mit den Nast-Mädchen, doch im Grunde war ihnen die Umgebung gleich. Sie redeten, redeten, offenbarten sich einander, versicherten sich immer wieder ihre Freundschaft. Hesler und Bilfinger schlossen sich ihnen zeitweilig an. Man ereiferte sich vor allem über Schillers »Räuber«, aus denen Immanuel ganze Dialoge zitieren konnte, wobei er natürlich am liebsten in die Rolle Karl Moors schlüpfte, ein in die Wälder getriebener Gerechter, und über Schillers Genius waren sie sich einig.

Nast hatte Hölderlin befreit. Dennoch hat Hölderlin vieles, was Immanuel bewegte, kaum berührt. Nasts Erfahrungen waren nicht die seinen. Die Leiden eines Skribentendaseins gingen ihn nichts an.

Nach dem Tag, an dem Immanuel nach Leonberg aufgebrochen war, sie sich ewige Freundschaft geschworen hatten, stand Hölderlin tief in der Nacht, »morgens 4 Uhr« auf, ihm zu schreiben. Alle Briefe an Nast werden den gleichen Ton haben. In einem vertrauensseligen, hochgestimmten Stakkato, rasch, als könne der Schreiber den Worten nicht folgen: »Bester! Ich schied ganz ruhig von Dir – es war mir so wohl bei den wehmütigen Empfindungen des Abschieds – und noch, wann ich zurückdenke, wie wir so in den ersten Augenblicken Freunde waren – wie wir so traulich, so vergnügt miteinander lebten, so bin ich zufrieden – daß ich Dich nur diese etlich Tage hatte; – O mein Teurer, es waren Zeiten, ich hätte um einen Freund, wie Du, einen Finger hingegeben, und wann auch mein Erinnern an ihn sich bis aufs Kap hätte erstrecken müssen –« ich unterbreche, denn wo so beiläufig von einem »Kap« die Rede ist, läßt sich die Entfernung zwischen den Freunden ermessen. Zweimal ist in Hölderlins Briefen vom Kap die Rede, zweimal nahezu ungerührt und ohne jeglichen Bezug auf die miserable Realität. Und dies, obwohl doch der bewunderte Schubart als Gefangener voller Wut, und sich neuen Pressionen des Herzogs aussetzend, das Kaplied geschrieben hatte, das die Bevölkerung Württembergs weckte und das man sang wie ein Rebellenlied:

> »Auf, auf! ihr Brüder, und seid stark,
>   der Abschiedstag ist da!
> Schwer liegt er auf der Seele, schwer!
> Wir sollen über Land und Meer
>   ins heiße Afrika.«

Die Aufregung über die Anwerbung und den Verkauf der Männer an die holländisch-ostindische Compagnie muß bis zu Hölderlin gedrungen sein, eine politische Affäre, die jedoch nur die weniger Begüterten anging, Söhne, die kein Erbe zu erwarten hatten, mittellose, auf einen guten Sold hoffende Ehemänner, Abenteurer. Davon ist nichts bei ihm zu lesen. In einem Brief an die Mutter, in dem er sich über die Zustände im Kloster beklagt, kommt allerdings das Kaplied vor – als Parodie: »Dann das sind doch ordentliche Nahrungssorgen, wenn man so nach einem Schluck Kaffee, oder nur einem guten Bissen Suppe hungert, und nirgends, nirgends nicht auftreiben kann. Bei mir gehts noch gut; aber da sollten Sie andre sehn, die einige Pöstchem vom Winter her noch zu berichtigen hatten, und jetzt den halben Heller nimmer im Beutel haben – es ist zum Lachen, wenn die Leute aus lauter Unmut nicht ins Bett gehen, und die halbe Nacht auf dem Dorment auf und ab singen.

Auf, auf ihr Brüder und seid stark!
Der Glaubiger ist da.
Die Schulden nehmen täglich zu,
wir haben weder Rast noch Ruh,
drum fort nach Afrika – (das wär das Kap)

und so gehts fast alle Nacht, da lachen sie am Ende einander selbst aus, und dann ins Bett. Aber freilich ist dies eine traurige Lustigkeit!«

Er war ein Klosterschüler, hatte die Mentalität eines Gefangenen: erfaßte nur das, was ihn unmittelbar anging. Die weitere, ihn umgebende Wirklichkeit blieb als verschwommene Kulisse am Rande. So auch das Schicksal der fürs Kap Angeworbenen. Die Herzöge, immer knapp an Mitteln, wußten aus allem Geld zu schlagen. Die holländisch-indische Compagnie brauchte Soldaten fürs Kap der Guten Hoffnung, für die afrikanischen Scharmützel, der württembergische Herzog hatte genug Männer, denen alles recht war, bekamen sie nur einen Pfennig. So verkaufte er sie. Geworben wurde schon im frühen Winter 1786. Am 28. Februar 1787 marschierte bereits das erste Bataillon des Kapregiments, 898 Mann stark, aus Ludwigsburg ab. Am 2. September desselben Jahres folgte das zweite. Schubart hatte von der Festung darüber bitter an einen Freund geschrieben: »Künftigen Montag geht das aufs Vorgebirg der Guten Hoffnung bestimmte württembergische Regiment ab. Der Abzug wird einem Leichenconducte gleichen, denn Eltern, Ehemänner, Liebhaber, Geschwister, Freunde verlieren ihre Söhne, Weiber, Liebchen, Brüder, Freunde – wahrscheinlich auf immer. Ich hab' ein paar Klaglieder auf diese Gelegenheit verfertigt, um Trost und Mut in manches zagende Herz auszugiesen. Der Zweck der Dichtkunst ist, nicht mit Geniezügen zu prahlen, sondern ihre himmlische Kraft zum Besten der Menschheit zu gebrauchen.« Der Schreiber Blum – durch Ehe mit einer Volmar-Tochter ein Verwandter Hölderlins –, der seinerzeit Johanna so begaffte, als sie mit den

Kindern in Markgröningen zu Besuch und vom Regen überrascht worden war, Blum gibt in seinem merkwürdigen Tagebuch
auch kund, wie ein aus dem sicheren Bürgerleben lugender
Unpolitischer den Verkauf der Männer betrachtete: »Über den
heutigen Tag bin ich sehr vergnügt. Das 2te Bataillon des aufs
cap. bestimten Herzogl. Regiments von 1000. Mann und einem
corps Jäger von 200. Mann hat heute seinen Marsch angetreten.«
Ihm war es ein farbiges Schauspiel, dem er in Anwesenheit von
»Adeliche Herrschaften« beiwohnen durfte, und die Not scherte
ihn nicht, aus der die Soldaten sich hatten rekrutieren lassen.
Nicht so unbedarft, doch so unbeteiligt hätte der siebzehnjährige
Hölderlin ebenfalls notieren können. Noch bewegte er sich unter
den Unangefochtenen, den durch Stand und Vermögen Sicheren. Selbst die Klage des neuen Herzensfreundes hatte ihn nicht
erreicht. Denn die witzige-zartsinnige Anspielung aufs Kap in
seinem ersten Brief an Nast hatte einen bitteren Grund: Nast,
ohne viel Hoffnung, sich in seiner Stellung verbessern zu können,
verbittert darüber, keine akademische Ausbildung genossen zu
haben, erwog, sich für das Kap anwerben zu lassen.
Ich frage mich, wie sie darüber sprachen.
Nast wird sein Elend ausgespielt haben – und wie hat Hölderlin
erwidert? Ich nehme an, ganz privat, alle Wirklichkeit aussparend,
aus dem zärtlichen Augenblick argumentierend:
Des derfsch du net, Immanuel.
Ich bin niemand und werde nie jemand sein.
Daß du das sagst, wo du doch mehr weißt als ich.
Es ist besser, du sagst nichts mehr, Fritz.
Aber es geht doch um dich.
Du bist gescheit, aber du weißt nichts.
Immanuel, sei doch nicht so unverständig.
I bins nicht, ich bin bloß im Zweifel, ich seh kein Fortkommen.
's isch guet, daß du da bisch.
Das sagt Nast, oder das sagt Hölderlin.
Und er braucht Immanuel, er hängt sich an ihn, dessen Wissens-

durst ihn mitreißt, Nast ist der »Weltöffner«. Sie sahen sich oft, solange Hölderlin in Maulbronn war. Immanuel wurde von allen als ein Ebenbürtiger behandelt, was ihn natürlich dazu bewog, so oft wie möglich sich aus den Diensten auf dem Leonberger Rathaus zu befreien. Sie schrieben einander – auch an die späteren Freunde, an Neuffer, Magenau oder Sinclair hat Hölderlin selten so dringlich, so zugewandt geschrieben. Jedoch braucht er fast ein Jahr, ehe er Immanuel seine Liebe zu Louise anvertraut.

In Maulbronn wird er erwachsen. Er leidet unter seinen Gefühlen, flüchtet sich in Krankheiten, kann sich verschließen wie eh und je – doch seine Handlungen werden deutlich und bewußt. Man kann sich ein Bild von ihm machen. Auch weil er seine Sprache gefunden hat. Ich wollte, ich könnte diese zwei Jahre in einem langen Satz schildern, atemlos und anschaulich, nur mit den Stimmen von ihm, Immanuel, Louise und der entfernten Mutter – aber ich verlange zuviel von mir, auch wenn ich mit ihm beginnen kann, mit dem ersten Brief an Nast, gleich so, daß er, seine Leiden virtuos präsentierend, selbstbewußt auftritt: ». . . Ich will Dir sagen, ich habe einen Ansatz von meinen Knabenjahren – von meinem damaligen Herzen – und der ist mir noch der liebste – das war so eine wächserne Weichheit, und darin ist der Grund, daß ich in gewissen Launen ob allem weinen kann – aber eben dieser Teil meines Herzens wurde am ärgsten mißhandelt, solang ich im Kloster bin – selbst der gute lustige Bilfinger kann mich ob einer ein wenig schwärmerischen Rede geradehin einen Narren schelten – und daher hab ich nebenher einen traurigen Ansatz von Roheit – daß ich oft in Wut gerate – ohne zu wissen, warum, und gegen meinen Bruder auffahre – wann kaum ein Schein von Beleidigung da ist. O es schlägt nicht dem Deinen gleich – mein Herz – es ist so bös – ich habe ehmalen ein besseres gehabt – aber das haben sie mir genommen – und ich muß mich oft wundern, wie Du drauf kamst – mich Deinen Freund zu heißen. Hier mag mich keine Seele – itzt fang ich an, bei den Kindern Freundschaft zu suchen – aber die ist freilich auch sehr unbefriedigend.« Der Siebzehnjährige weiß genau, was ihm genommen, was an ihm verdorben worden ist. So, wie er sich beschreibt, könnte man ein Krankenblatt beginnen, nur wäre es falsch, ihn von nun an als Kranken durch diese Geschichte zu schleppen – er ist empfindlicher als andere, vielleicht auch wacher, auf jeden Fall verletzter und verletzbarer.

Komm, Fritz, sagt Louise zu ihm, was regsch di immer so auf, sei still, du hasch ja mi.

Aber da sind diese zwei Jahre in Maulbronn, die wirr und vielfältig in sein Gedächtnis eingehen, die er, kaum in Tübingen, zu löschen versucht, alles will er vergessen haben, Immanuel und Louise, selbst die Freunde, die wie Bilfinger, mit ihm ziehen, die er mit einem Male nicht mehr in seinen Kreis nimmt, andere bevorzugt, neue, die ihn nicht an Maulbronn erinnern. Es ist nicht nur sein Genius, der sein Gesicht klarer, reifer erscheinen läßt als das der andern Buben, daß er den Lehrern mitunter eigentümlich erwachsen vorkommt, daß er wunderbar heiter und still sein kann, daß er sich fügt und seine Fügsamkeit nicht liebedienerisch wirkt, daß er ein Dichter sein will; es ist auch die Wirklichkeit, die er um sich schafft und die ihn unterscheidet.

»Sie haben mein ganzes Herz.«

Ich will ihn nicht als Helden, und dennoch ist er eine Ausnahme. Deshalb kümmere ich mich so nachdrücklich um seinen Alltag.

Jetzt, wenn er mit Louise spricht, das erste Mal, und sie fast einen Monat nicht sehen wird, darunter leidet, ist er schon abgelenkt. Denn das herzogliche Paar wollte das Seminar besichtigen. Weinland hatte ihn zu sich rufen lassen, aufgeregt, »diese Ehre!, diese Ehre!«, das Hohe Paar, noch zu Besuch in Heidelberg, habe sich angesagt und beabsichtige, den Unterricht zu besuchen, alles zu prüfen, darum sei noch viel zu tun und er, der Poet, sei dazu ausersehen, ein Gedicht auf die Hohe Frau zu schreiben und es ihr, in angemessener Form, zu überreichen, eine Ehre, Hölderlin, eine Ehre, und es ist auf den 8. November nur mehr wenig Zeit, also streng Er sich an, nicht wahr, Er wird den Ruhm der

Schule mehren helfen, wo es doch in letzter Zeit manche Anstände und Mahnungen gegeben habe, wegen der lockeren Disziplin und des Komödienspiels, welches nun untersagt worden sei, da müsse man manches aufputzen, hasch verstande?, aber der Junge hört schon gar nicht mehr hin, er denkt sich schon Zeilen aus, huldigende Sätze für das Gedicht, »womit bei der höchstbeglückten Ankunft / Ihro Herzoglichen Durchlaucht / der Frau Herzogin von Württemberg / Franziska / in dem Kloster Maulbronn / seine untertänigste und tiefste Devotion / bezeugen / und sich Höchstdero Durchlaucht zu höchster / Huld und Gnade untertänigst empfehlen wollte / Joh. Christian Friedrich Hölderlin«, und spielt den wohlgeratenen Alumnen, reiht sich unter die Katzbuckler, überreicht der Dame sein Gedicht in einem Umschlag aus Goldpapier: »Lang wars der heiße inniggefühlte Wunsch / des Jünglings, lange –!«. So mag ich ihn nicht.

Doch er schreibt, noch in den letzten Wochen des Jahres 1786, gewissermaßen die Gegenstrophen, die keine Öffentlichkeit und keine Herrscherin brauchen, Gedichte für Louise: »Es tötete die Wonne, geliebt zu sein, / Den Schwärmer.« Daß er dann, wie in Denkendorf, nicht die Weihnachtsvakanz ausnützt, sondern im Kloster bleibt, bringt ihm die Bekanntschaft mit Immanuel, die sich festigt in Briefen, in gegenseitigen Erläuterungen von Literatur. Spricht Immanuel für Wieland und dessen »Neue Amadis«, hält ihm Hölderlin Klopstock, Schubart und Schiller entgegen, oder bemüht sich, den Freund für »Ossian« zu begeistern, »den Barden ohne seinesgleichen, Homers großen Nebenbuhler«. Die Osterferien im April 1787 verbringt er endlich in Nürtingen, bei der Mutter, reist mit Bilfinger, verabredet sich mit ihm, sie sehen sich häufig, sind »herrlich beieinander«, ich lasse sie durchs Tiefenbachtal wandern, auf die Teck, auf den Neuffen, denke mir aus, wie sie in Owen und Beuren einkehren, verbünde meine Erinnerung mit seinem Blick, »O mein Tal! Mein teckbenachbartes Tal«, bin nur nicht imstande, seinen Helden zu folgen, weil man mir, im Gegensatz zu ihm, schon in der Kindheit den Heroismus ausgetrieben hat, in meinen Phantasien trug ein Roß mich nie »zu deutscher stattlicher Fehde«.

Die Freunde finden sich wieder, und Bilfinger vergißt seine Eifersucht auf Louise und auf Nast, den von außen Gekommenen. Die Hochstimmung aber weicht – es kann nicht anders sein, würde seinem pyschischen Rhythmus widersprechen, kämen die Ängste nicht wieder, die Selbstzweifel, Ausblicke auf eine düstere, eingeengte Zukunft. Vielleicht hat Bilfinger ihn bestärkt, der Mutter klarzumachen, daß er nicht in den geistlichen Stand treten wolle. Du hasch koin Hang zum Pfarrer, Fritz, des woisch doch. Sag's. Erklär's.

Aber Johanna hat dafür wenig Verständnis.

Wozu habe sie denn alles auf sich genommen.

Und er?

Gedichte schreiben könne er auch als Pfarrer. Sie habe viel für ihn aufgewendet, er wisse es. Und was werde die Verwandtschaft denken? Er sei doch gut auf der Schule.

Ja, Mamma, sagt er, aber –

Sie hört ihm nicht zu. Er solle sich das reiflich überlegen.

Er gibt nach, wenngleich nicht ohne Ironie eine kleinliche Zukunft aufmalend, »man kann als Dorfpfarrer der Welt so nützlich, man kann noch glücklicher sein, als wenn man, weiß nicht was? wäre.«

Die Melancholien nehmen überhand.

Nast und Louise können ihm nicht helfen; er läßt es auch nicht zu.

Die gehetzten Briefe an Immanuel lassen schließen, daß er im Grunde die heftigen Stimmungswechsel genießt, eine seinem Schreiben dienliche Krankheit: »Du kannst mir glauben, Gott hat mir mein redlichs Teil Leiden beschert! ich mag keines sagen – Du möchtest meinen Brief in einer lustigen Stunde bekommen, und da würd ich mir ein Gewissen daraus machen, Dir sie zu verderben mit meinen Klagen! Ich weiß, wie sehnlich ich oft nach einem heitern Augenblick schnappe – und wie ich ihn dann so fest zu halten suche, wenn ich ihn habe, und so könnte Dirs leicht auch gehen«; er spuckt Blut, grübelt, ob er die Schule nicht, ohne die Mutter zu fragen, verlassen solle; die Zeugnisse nach dem Herbstexamen sind ein wenig schlechter als zuvor; die einmonatigen Herbstferien bis zum 20. Oktober bringt er wieder in Nürtingen zu, sich vielfältig »zerstreuend« und, wieder im Kloster, schilt er sich den »ewigen, ewigen Grillenfänger«.

Nun, nachdem Immanuel die Verbindung zur Familie Nast geworden ist, fällt es ihm leichter, mit Louise zusammenzutreffen. Die Schwestern werden Mitwisser, erhalten gelegentlich »Briefchen«. Die Beziehung hat keine Ruhe – immer wieder fragt sich Hölderlin selbstquälerisch, ob diese große Zuneigung, die ihn verwundert, glücklich macht und verändert, von Dauer sein könne. Er selbst wirft die Schatten, dazu braucht es keinen dritten. Immanuel, bisher noch immer nicht eingeweiht, obwohl er wahrscheinlich längst aus den Scharaden, die ihm die beiden gleichsam immer wieder vorstellen, die Wahrheit hat ablesen können, Immanuel wird, ein Jahr, nachdem Hölderlin Louise im Garten des Vetters getroffen hat, in zwei redseligen Briefen unterrichtet: »Ich kam hieher – sah sie – sie mich – Beide fragten wir jedes nach dem Charakter des andern – wies oft geht – bloß aus Zufall tats vielleicht zuerst Louise ... Wies da in meinem Herzen tobte – wie ich beinah kein Wort reden konnte – wie ich zitternd kaum das Wort – Louise hervorstammelte – das weißt Du – Bruder – das hast Du selbst gefühlt.« Und während er sich bekennt, kehren alle die Aufregungen der vergangenen Monate in sein Gedächtnis zurück: wie er bemerkte, daß auch Bilfinger Louise anbetete, ohne ihr freilich je zu begegnen, wie er Bilfinger gram war und der nicht wußte, weshalb, auch Louise ahnungslos seinem Verdacht ausgesetzt war; wie er Bilfinger endlich stellte und der ihr »freiwillig entsagte«; wie seine Unsicherheit immer mehr wuchs, ob sie ihn denn wirklich liebe; wie Lehrer und Mitschüler ihn für »gefährlich melancholisch« hielten; wie er endlich, nach der Entbehrung eines Monats, »mit Louise weinte«; wie er, auf dem Weg nach Ölbronn, Louise in den Garten gehen sah, über ein Mäuerchen sprang, den verdutzten Immanuel stehen ließ, ihr nachlief, »und jetzt, Bester, jetzt bin ich der Glücklichste auf Erden«, was kaum länger dauerte als die Nacht, in der er diesen Brief schrieb, denn schon hatte er Louise derart beunruhigt, daß sie in einen Gedicht die Trennung vorausahnte: »Lauert schon das bange scheiden, / Wie ein Dieb auf unser Glück, / und der frühen Trennung leiden / Trüben Deiner Freundin Blik« – in diesen Versen ist, wenn auch ärmer, eine ähnliche Melodie wie in denen Marianne von Willemers, der Suleika Goethes. Solche Lieben wissen von Anfang an ihr Ende.

Sie treffen sich. Sie beteuern sich ihr Glück. Es sind Szenen wie auf alten, nicht sonderlich guten Bildern, »nach dem Geschmack der Zeit«: sie stecken, für mich, im Kostüm, das für sie einfach Kleidung war, sie erstarren in Gesten, die mir die Bilder lächerlich genau eingeprägt haben, sie lustwandeln in Gärten, auf gekiesten Wegen, verbergen sich in Lauben und im Gebüsch. Aber was er in Briefen schreibt, ist ohne Dinglichkeit, ohne Nähe. Nur das Mäuerchen, über das er sprang, als er sie sah, kenne ich durch ihn, eine niedrige, wahrscheinlich schon verfallene Felssteinmauer, »auf dem Weg nach Ölbronn«, den ich auch kenne, ohne eine derartige Mauer gesehen zu haben. Wieder beschreibe ich, was vergangen, verschwunden ist.

Den sechzigsten Geburtstag Carl Eugens »darf« er mitfeiern, ein Gedicht vortragen, er hat die Ehre, als Dichter aufzutreten. Das Frühjahrszeugnis ist besser, die Sitten werden mit »fein« zensiert. In der Ostervakanz wiederholt er eine Reise, die er schon einmal unternommen hatte, nach Markgröningen, zur Tante Volmar. Auch die Reisebegleitung ist unverändert, Heinrike und die Mutter. Der Stiefbruder ist wieder nicht dabei. Karl, der jetzt Zwölfjährige, wird, nachdem Johanna die finanzielle Situation erwogen hatte, nicht studieren, sondern Schreiber werden, sich allerdings hochdienen, und Hölderlin wird sich immer verpflichtet fühlen, den Jüngeren zu »erziehen«. Die Spiele, an die Rike ihn erinnert, gibt es nicht mehr. Kein Versteck mehr im Garten, kein gemeinsames Getümmel mehr in der Schlafkammer. Frau Volmar ist todkrank. Sie werden empfangen von dem unvermeidlichen Blum, der vor allem darüber bekümmert ist, daß er seiner Dienstherrin nun erst recht nicht, da die Nürtinger Verwandten »beständig um sie herum« sind, seine Verlobung mit der Tochter Friederike mitteilen kann. Ein zukünftiger Schwiegersohn ohne Segen. Jedoch sieht der Stumpfsinnige, daß Johanna Hölderlin, die auf einen unterhaltsamen Besuch kommen wollte, sich nun auf ihre eigene Weise aufopfert, »die gute Frau dauert mich – daß sie hier Krankenwärterin werden muste«, aber wahrscheinlich wird er sich, eine Zukunft ohne Risiko planend, seinen Angelegenheiten gewidmet haben. Mit dem »jungen Hölderlin« machte er einen Spaziergang. Ich kann mir nicht vorstellen, daß der Schwätzer Hölderlin behagt hat, allerdings war er noch im selben Jahr mit ihm und dessen Braut auf einer Reise, die ihn bis in die Pfalz führte, auf seinem bis dahin weitesten Ausflug. Es war ein dauerndes Hin und Her zwischen dem Pfarrhaus in Löchgau und dem Volmarschen Haus in Markgröningen. Johanna war gewiß angespannt und die beiden Jüngeren ohne Aufsicht.

Ich muß, einfach um sie zu sehen, ihr Alter rekapitulieren: Johanna ist vierzig; Heinrike sechzehn (ein Schattenriß aus jenen Jahren zeigt sie als Dame, mit einem liebenswerten Pausbackenprofil, hochgeschnürtem Busen, elegantem Cul de Paris-Kleid; sie heiratet ein paar Jahre später den Maulbronner Professor Breunlin, womit sich wieder erweist, wie geschlossen diese Gesellschaft war); Hölderlin ist achtzehn.

Die Osterfeiertage verbrachten sie also in Markgröningen. Es waren Tage fast ohne Bewegung. Die Krankheit der Tante bestimmte alles. Danach fuhren sie wieder nach Löchgau; Johanna, erschöpft, hoffte sich entspannen zu können, wozu sie nur kurz kam, denn der Zustand ihrer Schwägerin wurde schlimmer, und Blum entschloß sich, Johanna zurückzurufen, woraus in seinem Tagebuch ein Husarenstück an Organisationsvermögen wird:

»...da keine Pferde im Ort zu erhalten waren um sie abzuholen, so brachte doch ich einen Kutscher auf, der aus *obligation* gegen mich mir meine Bitte nicht abschlug, und gestern die Frau Kammer-Räthin nebst ihrem Sohn in Löchgau, abgeholt, und hieher zurückgebracht hat.«

Wahrscheinlich ist er still gewesen, hat zugeschaut. »Da saß ich«, schreibt er, zurück in Maulbronn, an Nast, »ganze vier Wochen am Totenbette meiner Tante in Gröningen, und lernte dulden – von ihr! und jetzt, Bruder, jetzt ist sie tot – O Bruder! sie soll so ganz mein seliger Vater gewesen sein, ich hab ihn nie gekannt, ich war drei Jahr alt, als er starb, aber ein herrlicher Mann muß er gewesen sein, wenn er war wie sie.«

Da ist es wieder, das Bild des »ersten Vaters«, lebendig nur im Vergleich mit einer Sterbenden; »ich hab ihn nie gekannt«, doch immer wieder versucht er, ihn sich erkennbar zu machen.

Im selben Brief an Immanuel schreibt er, seine Gedichte seien »wirklich auf der Wanderschaft«. Er hat sie Rudolf Magenau geschickt, den er in Markgröningen kennengelernt hatte. Magenau zu begegnen, war nicht schwierig: er gehörte zum Kreis, war denselben Weg gegangen wie Hölderlin, nur ihm um zwei Jahre voraus, Denkendorf, Maulbronn, und studierte seit 1786 auf dem Tübinger Stift. Magenau war der Sohn des Markgröninger Stadtschreibers (es ist immer die eine Schicht, Stadtschreiber, Bürgermeister, Pfarrer, Professoren, Kammerräte, geistliche Räte, es sind die durch Privilegien geschützten, meist wohlhabenden Kirchen- oder Hofbeamten, sich absprechend, sich und die Kinder fördernd), der wiederum mit Schubart befreundet war, dem bewunderten Rebellen. Magenau, obgleich sich poetisch versuchend, war der Gegentyp zu Hölderlin, unangefochten, selbstsicher, derb und witzig; später war er Pfarrer, schon nach einigen Jahren aus der Freundschaft entlassen, sammelte Volksballaden, lokale Legenden, ein angesehener Heimatforscher. Aber jetzt ist er von Bedeutung. Seine Belesenheit, seine Urteile, nicht zuletzt, daß er, über den Vater Magenaus, mit Schubart in

Verbindung steht, beeindrucken Hölderlin. Er gibt Magenau ein Konvolut seiner Gedichte und erhält umgehend eine Antwort, in der sich Magenau als erfahrener Literat aufspielt: »Man glaubt es kaum, wie knabenmäßig die HE(rren) aus Berlin solche Sächlein belachen«, womit er Hölderlins Neigung zu »minder gewöhnlichen Wörtern« meint, die anderswo auf Unverständnis stoßen könnten, so solle er zum Beispiel nicht schreiben »jagt der Strom«, sondern tobt oder stürzt. Er rät Hölderlin gutmeinend aber falsch, versucht ihm die Klischees einzureden, die bei der modischen Kritik offenbar gängig sind, obwohl er eben dies verurteilt. Hölderlin haben die Einwürfe nicht verdrossen. Er hält sich weiter an den Älteren, wenigstens für ein paar Jahre.

Blum, nun verlobt mit Friederike Volmar, und seiner Selbständigkeit sicher, lädt Hölderlin ein, mit ihm und der Braut nach Speyer, der Heimat Blums, zu reisen. Hölderlin ist unbeschwert wie seit langem nicht mehr. Der Mamma wird er ein Tagebuch schreiben, in dem alle Ausgaben säuberlich verzeichnet sind, obwohl der »Vetter Blum« auf der Reise »die meiste Zeche« bezahlt habe. Am 2. Juni 1788 reitet er am frühen, »belebenden« Morgen los, über Knittlingen, »die gesegneten Gefilde der Pfalz«, Brettheim, Diedelsheim, Gondelsheim, Heidelsheim nach Bruchsal, wo er in einem Wirtshaus mit Blum für die gemeinsame Weiterreise verabredet ist. Ich habe den Weg auf der Karte verfolgt, nicht nach Straßen gesucht, sondern nach Wegen, Pfaden am Rand der grünmarkierten Wälder, habe mich bemüht, die Stimmung dieses ersten Aufbruchs nachzuempfinden, mir gedacht, daß es ja selbstverständlich für ihn gewesen sein muß, zu Pferde unterwegs zu sein, daß auch Morgenritte für ihn nicht ungewöhnlich waren, denn man mußte stets früh aufbrechen, um ans Ziel zu gelangen – die Reisezeiten waren länger. Dennoch war es für ihn neu, daß die Fremde, von der er gehört hatte, sichtbar wurde, alles, was seine Phantasie schon früher angeregt hatte, der Rhein, der Dom von Speyer, der Neckar bei Heidelberg. Da werden Themen angeschlagen, die ein ganzes Leben bleiben.

Blum trifft nicht zur verabredeten Zeit in Bruchsal ein. Hölderlin wartet, wartet, und die Ungeduld des frischen Reisenden treibt ihn fort. Er reitet allein nach Speyer: »Von Bruchsal aus hatte ich zwar keine Chaussee mehr, aber doch breiten, guten Sandweg. Ich passierte meist dicke, schauerliche Waldungen, so daß ich außer meinen Weg kaum drei Schritte weit um mich sehen konnte. So dick habe ich in Wirtemberg noch keine Wälder gesehn. Kein Sonnenstrahl drang durch. Endlich kam ich wieder ins Freie, nachdem ich Forst, Hambrücken und Wiesenthal passiert hatte. Eine unabsehbare Ebene lag vor meinen Augen. Zur Rechten hatte ich die Heidelberger, zur Linken die französischen Grenzgebirge – Ich hielt lange still.« Ein solches Bild macht man sich eigentlich nicht von ihm: Ein junger Mann, der auf einem Leihpferd durch die Gegend reitet, mit wenig Gepäck, von den Gastwirten, Bauern und Rheinfischern, mit denen er spricht, als Herr betrachtet. Nicht der Hölderlin in der Stube, schreibend oder im Kreis von Freunden – das sind die vertrauteren Szenen. So denkt man sich ihn. Daß er aber bald ein geübter Reisender war, versiert in diesen Geschäften, sich Pferde zu leihen, in einem Zimmer zu logieren, um den Wagenpreis zu handeln, heimlich die Barschaft zu berechnen, das will mit dem konventionellen Poetenbild nicht übereinstimmen.

Lange hielt er still. Er hatte die Rheinebene vor sich. »Wo aber ist einer, / Um frei zu bleiben / Sein Leben lang, und des Herzens Wunsch / Allein zu erfüllen, so / Aus günstigen Höhn, wie der Rhein, / Und so aus heiligem Schoße / glücklich geboren, wie jener? « Viel später schrieb er die Hymne auf den Rhein und widmete sie dem besten aller Freunde, Sinclair. Doch ist es nicht denkbar, daß er beim »unerwarteten Anblick« dieser »ungeheuren Ebene«, ohnedies die befristete Freiheit vom Kloster genießend, in einem schwärmerischen Zustand Freiheit zu ermessen

begann? Und daß das weitertönt, zu einem rätselhaften, sich wiederholenden Echo wurde? Er sieht, von Ferne, den Speyrer Dom,
läßt sich mit der Fähre über den Rhein setzen, muß auch da wieder warten, was er in dem Brief an Johanna ausdrücklich ver-
merkt, »aber so gerne habe ich noch nie gewartet wie damals«: die
Ungeduld vergeht vor solchen Bildern.

Er übernachtet bei Blums Schwager, dem Pfarrer Meyer; wieder
ist es ein Pfarrhaus, in dem er Gast ist. Den nächsten Tag mußte
er schon vier Uhr morgens aufstehen, sie besuchten nun zu dritt
und bequemer im Wagen Schwetzingen und seine »Lustgärten«.
Dann Heidelberg, wo wiederum spätere Zeilen wohl ihren Anfang gehabt haben, »die Stadt gefiel mir außerordentlich wohl«.
Am Nachmittag erreichten sie Mannheim, besuchten im Natio-
naltheater eine Aufführung von F. L. Schröders Schauspiel »Der
Fähndrich« – in jenem Theater, in dem »Die Räuber« Premiere
hatten. Ich schreibe den Titel des Stücks, ohne daß ich auch nur
ahne, worum es sich handelte. Soll ich den Schmarren seinetwegen nachlesen? Er schrieb nichts darüber, als daß man sich Theater nicht »schöner, gebildeter, vollkommener« denken kann. Das
Stück? Das Publikum? Die Schauspieler? Das Theater selbst? Es
ist sein erstes Theatererlebnis gewesen und es hat ihn nicht gereizt, ein eifriger Theatergänger zu werden. Am 4. Juni sahen sie
sich die Stadt an und fuhren über die Rheinbrücke, die mit Ma-
schinen »an verschiedenen Orten« für Schiffe geöffnet werden
konnte, nach Oggersheim: »Ich kam hier in das nämliche Wirtshaus« – das Wirthaus Zum Viehhof – »in welchem sich der große
Schiller lange aufhielt, nachdem er sich aus Stuttgart geflüchtet
hatte. Der Ort wurde mir so heilig – und ich hatte genug zu tun,
eine Träne im Auge zu verbergen, die mir über die Bewunderung
des großen genialischen Dichters ins Auge stieg.« Er redet von
Schiller, dem Neununddreißigjährigen, wie von einem, der schon
Geschichte ist – diese Geschichte deutet er freilich nur an. Der-
selbe Herzog, dem er unlängst noch zum sechzigsten Geburtstag
ein Gedicht widmete, vor dem er seinen Bückling machte, hatte

Schiller vertrieben. Wie in allen seinen Jugendbriefen bleibt Gegenwart im Grunde ausgeschlossen. Magenaus Bitternis über die Bestechlichkeit und Gemeinheit der Lehrer schrumpft bei ihm zu einer Klage über Kaffeemangel. Nichts über die Steuerpresserei des Herzogs, nichts auch über die Halsbandaffäre Rohans und Marie Antoinettes in Frankreich, über die Unruhe der Stände; er hört davon, das ist sicher, er liest es, und es ist auch anzunehmen, daß Nast oder Bilfinger oder nun auch Magenau ihre Glossen machen, vielleicht sogar mehr: er solle doch endlich frei herausreden. Er hält sich zurück. Wem jedoch würde er nicht zustimmen, der Gerechtigkeit verlangt – das ist ein allgemeiner Wunsch. Es wird Stärkere brauchen, die ihn verwunden und parteiisch machen können.

Immerhin scheint er, ohne auf Blum und Rike Volmar zu achten, die Fluchtgeschichte Schillers zu memorieren, auch in Wut, denn »von dem Lustschloß der Kurfürstin kann ich nichts eigentliches sagen – ich sah nichts – als Häuser und Gärten, dann Schiller ging mir im Kopf herum.«

Sie reisten über Frankenthal wieder zurück nach Speyer, wo er am Abend noch einmal den Rhein erlebt, »mein Geist flog ins Unabsehliche«. Zu Pferd, allein, kehrt er am 6. Juni über Oggersheim und Bruchsal ins Kloster zurück, wo er, ärger als zuvor, die Enge spürt. Er wendet sich, schwärmerisch, wieder Nast zu.

Von nun an wird die Zeit rascher.

Im Juli stirbt Weinland, der Prälat, auf den sie gehofft hatten und der nichts hielt.

Das Maulbronner Abschlußzeugnis ist gut, in Poesie ist er »vorzüglich« und im Griechischen »ferm«.

Er freut sich, bald fortzukommen. Nur Louise ist unglücklich. Sie versichern sich die Ewigkeit ihrer Liebe, »der Trennung Jahre, / Sie trennen uns nicht«.

Die Promotion feiert gebührend Abschied, er reitet nach Leonberg, zu Immanuel, dem er zuvor, in einem auftrumpfenden Brief, noch weitere Freunde versprochen hatte. Aber die geplante Reise nach Stuttgart kommt nicht zustande. Sie bleiben in Leonberg. Louise ist oft da. Er ist entspannt, glücklich. Ende September wandert er nach Nürtingen, von wo aus er gleich an Louise schreibt, und plötzlich wird seine Erinnerung dinglich, kann er einen Schauplatz sehen, wird die Bühne real, ein einziges Mal: »Es ist mir so wohl, wann ich daran denke, wie ich oft so gedultig, und doch so voll der innigsten Sehnsucht an jenem Plätzgen wartete, bis ich die Teure am Fenster sah, und wie er mich entzückte, der Gedanke, daß Du in der ganzen lieben Welt auf nichts blicktest als auf Deinen Hölderlin... und wann ich Dich aus Deinem Haus dem Kreuzgang zu gehen sah.«

Johanna stimmt der zukünftigen Verbindung mit Louise zu. Sie wird beruhigt sein, sich seine Zukunft ausmalen: ein Pfarrer mit einer braven Frau. So kennt sie es. Louise und er wechseln Ringe. Sie schreibt mehr Briefe als er.

Die Herbstferien machen ihn wieder kindlich. Er findet Freunde von früher. Sieht Bilfinger oft. Ist zur Weinlese auf den Hängen der Teck. Schreibt. Und was er gut findet, was er mitgenommen hat aus den Klosterjahren, trägt er in ein Heft ein. Er muß das Gefühl gehabt haben, eine Zeit abzuschließen.

Am 21. Oktober zieht seine Promotion in das Stift in Tübingen ein. Außer den Maulbronnern noch vier Schüler des Stuttgarter Gymnasiums, Hegel, Märklin, Autenrieth und Faber.

Mit Neuffer und Magenau wird er bald einen Freundesbund gründen. Die Freundschaft mit Immanuel Nast dagegen endet. Immanuel, der ihm geholfen hatte mit seiner Offenheit und Klugheit, ist nun zu weit entfernt. Er, der nur ein Schreiber ist, kann nicht zum Kreis gehören.

VI *Die dritte Geschichte*

Die Umgebung, die Stube, in die er mit anderen eingezogen ist, gleicht der, aus der er ausgezogen ist. Denkendorf, Maulbronn oder jetzt Tübingen – sie wären austauschbar, hätten sich nicht doch Atmosphäre und Gesichter geändert.

Ihm erscheint alles noch enger. Als käme es auf ihn zu und wollte ihn ersticken. Er plant Fluchten, wünscht Jura zu studieren, beunruhigt die Mutter, auch die Geschwister und Louise. Er kränkelt und spielt den Gekränkten.

Häufiger noch als in Maulbronn zieht er sich in den ersten Tübinger Monaten zurück, grübelt, arbeitet an Gedichten, schreibt an Louise. Und während er an sie denkt, sich ihre Erscheinung ins Gedächtnis ruft, auch, wie er sie berührte, umarmte, küßte, während er in Sätzen ihre Nähe sucht, fürchtet er sie auch.

Die Mutter hatte ihn angefleht, zu Ende zu studieren, Pfarrer zu werden. Gut, sie solle ihm den schwarzen Rock schon nähen lassen.

Er schreibt.

Er neigt zum Selbstgespräch.

Manchmal redet er auf Mutter oder Louise ein.

Wenn er ruhiger wird, sieht er sich im Handspiegel an, findet es angenehm, sich zu betrachten, fragt sich, wie Louise ihn sieht.

Er muß mit ihr reden. Er muß sie fühlen, muß sie hören, dann wird wieder gut, was ihn krank macht. Unvermittelt entschließt er sich, Louise zu besuchen, kommt beim Ephorus um eine Vakanz ein, und wandert die achtzehn Stunden Weg nach Maulbronn fast ohne Unterbrechung. Es ist einer der vielen Gewaltmärsche seines Lebens: halb wach, halb im Traum wandernd, kaum auf die Umgebung achtend – und wenn, dann mit einem vor Müdigkeit eigentümlich verschärften Blick.

Ist er angekommen, drängt es ihn wieder fort.

I han koi Zeit, Louisle.

Ruh dich aus.

Die Eltern Louises begegnen ihm freundlich, wenn auch wachsam.

Sie merken seine Verwirrung und nehmen, während er schläft, Louise ins Gebet. Er sei eben doch ein Schwieriger, wie sie's ja immer gesagt hätten.

Ihr habt schon recht.

Sie gehen am Morgen im Garten spazieren. Es gelingt ihr, ihn zu beruhigen. Sie streichelt ihn, hält ihn im Arm. Aber es kommt ihr vor, als halte sie ihn eigentlich nicht, oder als halte sie ihn so, wie in ihren Träumen.

Mit der Familie trinkt er Kaffee, Nast erzählt von der neuen Promotion, vom Nachfolger Weinlands; Hölderlin sieht hinüber zum Klosterbau, ihm geraten Vergangenheit und Gegenwart durcheinander. Jetzt schon.

Es wird, in Andeutungen, über beider Zukunft gesprochen. Er weicht aus. Erst müsse er fertig studieren. Und die Vikarsstellen seien meistens saumäßig.

Er sagt leise, für die anderen kaum verständlich: I brauch Zeit.

Er verabschiedet sich rasch; Louise geht mit ihm über den Hof.

Er hätte sich ein Pferd mieten sollen.

Das könne er sich nicht leisten.

Sie lacht, faßt seinen Arm. Er sei schon komisch.

I woiß.

Sie traut sich nicht, ihn vor den Blicken der Eltern, der Schüler zu küssen.

Ade, Fritz.

Ade, Louise.

Er schrieb ihr gleich aus Tübingen. Er wünschte, sie bei sich zu haben. Es würde gut sein, wenn sie einmal seine Frau sei. Keine andere könne er sich denken.

»O lieber Gott! was müssen das für selige Tage sein, da wir auf ewig vereint so ganz füreinander leben – Louise – was werd ich da an Dir haben ...«

Neuffer und Magenau sind ihm jetzt die nächsten.

Er ärgert sich, daß ihn Hegel und Märklin, die neu hinzugekommenen Stuttgarter, in der Lokation verdrängen: er steht jetzt an achter Stelle.

Das sture Reglement im Stift bringt ihn auf.

Es ist alles so stumpf, so unbelebt wie die vergangenen vier Jahre.

Er habe »Grillen«, sagen sie.

Ihr versteht mich nicht. Ich bin nicht fähig, ein Leben wie die anderen zu führen, sagt er zu Neuffer.

Sie gehen miteinander spazieren, über den Schloßberg, auf das den Österreichern gehörende Hirschau zu. Neuffer will ihn beruhigen: er habe doch alle Hoffnungen mit seiner Poesie. Da könne ihn auch die Pfarrtätigkeit nicht drausbringen.

I ziel höher, Neuffer, sagt er.

Neuffer erwidert: Du hast keine Geduld.

Da hast du recht.

Nun erscheint ihm Louise arm, in ihren Ansichten redlich und eng und in ihrer Liebe ahnungslos. Es war ein Irrtum. Zwar hat er diese Liebe gebraucht, dennoch war es ein Irrtum. Er deutet es ihr in Briefen an. Sie übergeht die zunehmende Unsicherheit, läßt sich auf seine Selbstzweifel nicht ein:

»Da siz ich liebe Seele, es ist so still so schauerlich, o und es ist mir so wohl wan ich ganz allein, von Menschen entfernt bin . . .«

Diese Liebe ist nur noch ein Gewicht. Er muß es abwerfen. Er tut es in einem schrecklichen Anlauf, alles auf einmal aufzugeben. Jeder Satz in diesem Brief hat einen anderen Ton. Es ist eine ausgeklügelte Dialektik der endgültigen Lösung:

»Dank, tausend Dank, liebe Louise, für Deinen zärtlichen, tröstenden Brief! Er hat mich wieder froh gemacht. Ich glaube wieder an Menschenglück. Die Blumen machten mir unbeschreibliche Freude. Ich schicke Dir den Ring und die Briefe hier wieder zurück. Behalt sie, Louise! wenigstens als Andenken jener seligen Tage, wo wir ganz für uns lebten, daß uns kein Gedanke an die Zukunft trübte, keine Besorgnis unsere Liebe störte. Und weiß Gott! Louise! ich muß offenherzig sein – es ist und bleibt mein unerschütterlicher Vorsatz, Dich nicht um Deine Hand zu bitten, bis ich einen Deiner würdigen Stand erlangt habe. Unterdessen bitt ich Dich, so hoch ich kann, gute teure Louise! Dich nicht durch Dein gegebnes Wort, bloß durch die Wahl Deines Herzens binden zu lassen. Du wirst es für unmöglich halten, gute Seele, einen andern zu lieben, wie Du mir schon so oft bezeugt hast – aber so mancher liebenswerte Jüngling wird indessen Dein Herz zu gewinnen suchen, so mancher achtungswürdige Mann um Deine Hand dich bitten, ich will heiter Dir Glück wünschen, wann Du einen würdigen wählst, und Du wirst dann erst einsehen, daß Du mit Deinem mürrischen mißmutigen, kränkelnden Freund nie hättest glücklich werden können.«

Nachdem er den Brief beim Boten wußte, kehrte jeder Satz in sein Gedächtnis zurück. Er schämte sich der Erleichterung.

Er trank: mit Neuffer, Magenau, Hegel und einigen andern verbrachte er laute, selbstvergessene Abende.

Louise wandte sich, verstört und hilflos, an Johanna, die freilich, wie auch später, sich vor den Sohn stellte, ohne ihn zu verstehen: er hat eine Zukunft ausgeschlagen, die sie für gut gehalten hatte. Sie wußte aber, daß er nicht anders handeln konnte. Dem Sohn beschrieb sie, traurig, das Unglück Louises.

Er beherrscht jetzt die Rolle des Flüchtigen. Er wird sie immer beherrschen. »Und daß ich von einer Person, die mir so teuer war, über meine Veränderung, die sie *selbst für nötig einsah,* und die mich tausend Kämpfe kostete, Vorwürfe hören muß, daß ich denken muß, du machst dem Mädchen traurige Tage – O liebe Mamma! so viel hab ich doch nicht verdient . . .«

Johanna erinnert sich, daß schon der kleine Fritz die Gabe hatte, Schuld auf andere zu wälzen. Dieser Brief tut ihr weh. Sie wird es ihm nicht sagen, nein, denn sie fürchtet seinen Jähzorn, aber sie wird um so mehr Louise zu trösten versuchen, ohne sein Wissen.

Er hat den Zustand der Gleichgültigkeit erreicht, den er mit Wohlbefinden verwechselt.

Die Mutter schreibt ihm im Sommer 1791, daß Louise sich in Köngen verheiraten werde. Er gibt sich erleichtert: »Die Neuigkeit, die Sie mir schreiben, *beruhigt* mich sehr –.«

»Ich habe mich entschlossen, von nun an in der Lage zu bleiben, in der ich bin.«

Er nimmt sich vor, ein wenig umgänglicher zu sein, aufmerksamer, und den Freunden ein guter Freund.

Zweiter Teil
Studium
Tübingen (1788–1793)

I *Freundschaften*

Am 21. Oktober 1788 zieht Hölderlins Promotion in das Tübinger Stift ein. Die Umgebung wird deutlicher, das, was geschieht, faßbarer; es treten Gestalten auf, die ihre eigene Geschichte haben: Hegel, Schelling, Neuffer, Magenau; Stäudlin, der meine Zuneigung mehr hat als die anderen, über den ich vielleicht lieber schriebe als über Hölderlin; der Ephorus Schnurrer.

Noch wissen sie nichts von der großen Revolution in Frankreich. Im nächsten Frühjahr wird der französische Finanzminister Nekker die Generalstände einberufen. Die Unruhen beginnen und reißen die Stiftler mit. Von diesem Moment an werden die Biographen Partei sein: die einen rechnen Hölderlin den Jakobinern zu, die anderen sehen in ihm den prophetischen Dichter.

Tübingen ist eine Stadt für Ansichten, für Veduten. Sie ist mir nah; die Veränderungen der letzten Jahre hat mein Gedächtnis ausgelassen. »Bäume irdisch, und das Licht, / darin der Kahn steht, gerufen, / die Ruderstange gegen das Ufer, die schöne / Neigung, vor dieser Tür / ging der Schatten, der ist / gefallen auf einen Fluß / Neckar, der grün war, Neckar«, schrieb Johannes Bobrowski. Er meint, wenn er von den Ruderstangen spricht, das »Stochern«: daß man schwere Kähne mit langen Stangen vorantreibt auf dem trägfließenden Wasser, das grün war, das noch immer ein wenig grün ist; und mit dem »Schatten« meint er den Schatten Hölderlins, diese Silhouette, die ich, wie Bobrowski, im Wasser sehe, entweder von den Anlagen aus oder auf der Brücke stehend, vorm Neckartor.

Hölderlins Tübingen war ein anderes als meines. Mit Romantik hat seine Erinnerung nichts zu tun, eher mit einem armseligen Leben. Jetzt redet Bloch hier. Damals hieß der Bloch Bök und widmete sich, ohne jegliches Ingenium, und Kant aussparend, »praktischer Philosophie«.

Ich bin nicht imstande, mir die elende, enge, stinkende Siedlung von damals vorzustellen, denn Alter und Enge sind für mich schön geworden. Ich habe mich durch den Staubgeruch in der alten Aula rühren lassen, habe am »Schimpfeck« den schwärzesten griechischen Tabak der Welt gekauft, bin, so jung wie Hölderlin damals, andächtig vor erhaltenen Vergangenheiten gewesen, vor seinem Turm, dem Presselschen Gartenhaus, der Stiftskirche, dem Stift mit dem Schloß, der Wurmlinger Kapelle.

Seine Stadt war schmutzig, die Straßen waren verwahrlost und abends ohne Licht. »In vielen Gassen, besonders in der untern Gegend der Stadt sieht man vor vielen Häusern große Misthaufen liegen. Eine Unanständigkeit, die sich doch wenigstens in einer Stadt nicht finden sollte, welche sich die zweyte Haupt- und Residenzstadt nennt.« Wahrscheinlich wurde überdies der tägliche Unrat in die Gassen geworfen, in »den Kandel«, wo er schimmelte und gärte, man zog es darum vor, in der Mitte der ohnedies morastigen Gassen zu gehen, wo einen dann die Fuhrwerke bespritzten. Nachts konnte man nicht ohne Laternen ausgehen.

Die Stadt hatte im April 1782, also sieben Jahre, ehe Hölderlin aufs Stift kam, 5554 Einwohner. Immerhin wurde ihre Moral von Friedrich Nicolai, dem auch die herbe Beschreibung der Zustände zu danken ist, gelobt: »In Ansehung der unehelichen Geburten unterscheidet sich Tübingen von allen anderen Universitäten auf eine sehr rühmliche Art; denn es ist bekannt, daß sie sonst auf Universitäten sehr zahlreich zu seyn pflegt. Unter allen geborenen Kindern zu Göttingen, zu Leipzig und Jena –«

Nicolai hatte, wenn er von Deutschland redete, von diesem Vaterland schrieb, eine andere Landkarte vor sich, zahllose Grenzbäume, Zollstationen, wußte weniger die Namen von Ministern, sondern die von Herzögen, Großherzögen, Fürsten, Königen, während ich, wird hier von Leipzig geschrieben, die Landschaft meiner Kindheit erinnere, etwas, das vergangen oder auf kindlichem Stand geblieben ist, ich rede von Republiken, von denen auch er anders und verängstigt reden würde, Bundesrepublik und

Deutsche Demokratische Republik: Landkarten wandeln sich, es braucht viele Farben zur Erläuterung –

»– ist im Durchschnitt das siebente und zu München... das vierte Kind unehelich; in Tübingen aber das dreyunddreyssigste.«

Offenbar waren die fünfhundert Studenten brav, allzu beschäftigt mit sich selbst, mit ihrer Arbeit, oder die Tübinger Mädchen gut gehütet. Allerdings waren auch die Beziehungen zwischen Universität und Stadt gespannt. Handwerker und Weinbauern verachteten den Hochmut der Stipendiaten.

Ich sage mir immer wieder: Stell dir keine Stadt vor, eher eine Landsiedlung, mit einer Bevölkerung, die zur Mehrzahl sehr arm war, Kleinbauern, Winzer, Handwerker, und ganz unten, ganz am Ende die Knechte, die Boten, die Mägde. Bei weitem in der Minderzahl, doch das städtische Leben bestimmend, die Beamten Carl Eugens und die Professoren. Für sich wiederum, gehätschelt und gescholten, die Studenten, die, wenn sie keine Stiftler, keine Theologen waren, privat wohnten und allein schon durch ihre Privilegien ihre Umgebung beeinflußten. Eigentümlich war die Stellung der Repetenten, der, würde man heute sagen, wissenschaftlichen Hilfskräfte. Sie mußten sich im Studium ausgezeichnet haben, befanden sich auf dem Weg zum Professor. Freilich verbündeten sie sich meist mit den Stipendiaten, waren mitunter unbotmäßig und den über Ruhe und Ordnung wachenden Beamten ein Dorn im Auge.

Für Hölderlin galten noch die Stiftsstatuten aus dem Jahre 1752, unbeschreiblich engstirnige, einschüchternde Verhaltensmaßregeln, die selbst vom Ephorus in manchen Passagen schlicht für lachhaft gehalten wurden:

»Alle Stipendiaten sollen sich der vergeblichen Führung des Namens GOttes, auch aller Flüche und Schwüre, als wider alle göttliche und menschliche Gesetze lauffende Frevel enthalten. Der Leichtsinn und böse Gewohnheit hierin solle mit Verweisung des Stipendii, die aus Übereilung oder Zorn geschehene Übertretung aber mit dem Carcere gestraft, das beharrliche Fluchen, Schwören und GOttes-Lästern hingegen in das fürstliche Consistorium berichtet, und anderen zum Exempel mit strenger Straffe angesehen werden. Ein jeder Stipendiat solle auch gehalten seyn, wann er solche Excesse hört, dieselbe dem Inspectorat anzuzeigen.«

Sie sind es gewöhnt, gescholten, geduckt, zur Denunziation angehalten zu werden. Diesen Preis haben sie als Stipendiaten des Herzogs und des kirchlichen Consistoriums zu zahlen. Schließlich werden sie nach vier weiteren Jahren geübter Verbeugung vor Gott und dem Landesherrn zur geistlichen und geistigen Elite des Landes zählen; und die ist mit keiner in einem andern deutschen Land vergleichbar. Von den zahllosen Gebrochenen, den psychischen Krüppeln, den neurotischen Liebedienern wird nicht mehr die Rede sein, sie werden auf ihren Pfarrstellen vegetieren, sich von den noch mehr Geschundenen anbeten lassen – und die wenigen, die ausbrachen, die zu vergessen trachteten, werden ebenso gezeichnet sein. Ihr Wissen ist zu rühmen, allerdings auch jenes, das sie sich *gegen* die verordnete Lehre aneigneten; sie sind befähigt, philosophische Systeme auszuklügeln, makellos aus dem Griechischen oder Lateinischen zu übersetzen, eigensinnig »die Schrift« auszulegen oder in Gedichten eine Welt zu entwerfen, in der die unterdrückten Hoffnungen endlich zu leuchten beginnen. »Der Schelling und der Hegel, der Uhland und der Hauff, das ist bei uns die Regel« – weiß ein stolzes Schwabenwort. Zur Regel gehört Hölderlin, scheint es, nicht.

Er ist eingezogen ins Stift. Er weiß rasch Bescheid. Er ist beliebt, die Freunde Neuffer und Magenau führen ihn ein.

Noch immer kann ich nicht erzählen. Dies alles wird für mich wenig anschaulich, bis auf seinen Ekel, den Drang auszubrechen. Viele fügen sich, ohne nachzudenken, der Ordnung. Jeder von ihnen gerät in dieses ausgeklügelte Räderwerk der Didaktik.

»Diese (die Studenten) werden gleich nach ihrer Hieherkunft in den Sprachen, der Geschichte, Logik, Arithmetik und Geometrie geprüft, und zu Baccalaurei gemacht. Sie besuchen sodann in den zwey ersten Jahren die Vorlesungen der Professoren der Philosophie, und die wöchentlichen Repetitionen der Repetenten —«

— morgens von 8 bis 11 gehen sie in die »Öffentlichen«, und dies ausgiebig, da sie so rechtens aus dem Stift herauskommen, und hocken dann entweder in den Wirtschaften oder in den Stuben der Juristen bei Most, bedenken nicht, was Bök ihnen aus seinem Schatzkästlein vorführen könnte, sondern debattieren über Kant, Schiller, Schubart; nachmittags von 2 bis 6 sind Übungen angesetzt —

»— werden von diesen alle Vierteljahre unter der Aufsicht des Superattendenten und des Ephorus examiniert und lociert, und empfangen nach ausgehaltenen Prüfungen, abgelegten öffentlichen Proben, auch vorhergehender letzter Location, welche von der philosophischen Fakultät selbst geschieht, die *Magisterwürde*.

Hierauf beschäftigen sie sich mit der Theologie, als ihrer Hauptbestimmung, und vollenden bey den Professoren dieser Fakultät den ganzen Cursus in dreyen Jahren… Nach Verfluß dieser drey Jahre werden sie vom herzoglichen Consistorio zu Stuttgart zum Hauptexamen geruffen. Wenn sie sich hier bewährt haben, so bekommen sie die Erlaubniß zu Ministerialverrichtungen, und werden gewöhnlicher weise alten oder erkrankten Geistlichen des Landes als Vikarien überlassen, oder versehen eine offen gewordene Stelle, bis zu derselben Wiederbesezung. Einige werden als Hofmeister und Privatinformatoren in und ausser dem Herzogthum… entlassen —«

— wie Hölderlin, der schon während der Studienzeit die endgültige Flucht vorbereitete, indem er, auf Antrag, die Dreijahresfrist vorzeitig unterbrach und bei Charlotte von Kalb sich zum erstenmal als Hofmeister, einfacher gesagt: als Hauslehrer versuchte —

»— Diejenige, die sich durch Wissenschaft, Fleiß und gute Sitten auszeichnen, machen sich der Repetentenstelle fähig.«

So ist es. Wer sich willig beugte, wurde befähigt, das Gelernte weiterzugeben – eine Tradition des verschwiegenen Entsetzens.

Ich frage mich, wie die Zeit in diese Köpfe einging. Sie wurden abgeschirmt. Der absolutistische Herr in Stuttgart ließ dafür sorgen, daß es nur eine von höchster Stelle genehmigte Gegenwart gab: ohne weitergehende Anregungen und ohne Aufruhr.

Noch in Hölderlins Maulbronner Zeit, im Mai 1787, war Schubart, der Bewunderte, nach zehn Jahren Kerker vom Hohenasperg entlassen worden. Die Alumnen werden, das ist sicher, darüber geredet, sich gefreut haben. Aber sie werden die Freilassung weniger als politische Handlung, mehr als Naturgeschehen betrachtet haben. Und empfanden sich manche von ihnen nicht auch als Gefangene?

In Tübingen änderte sich das vorerst nicht. Die Lehrer, meist »von wissenschaftlicher Unbeweglichkeit«, schauten zurück, wagten sich mit dem Neuen nicht auseinanderzusetzen, hielten sich ans Überkommene. Das gelang auf Dauer nicht. Vor allem unter den Repetenten fanden sich die Fortschrittlicheren, die, zum Beispiel, den verschwiegenen, geschmähten Kant studiert hatten, von seinen Ideen eingenommen waren. Der Primat des sittlichen Handelns wurde bald erbittert diskutiert, rührte die Stiftler ungleich mehr als die Dogmatik Böks, oder später, Flatts.

Der Ephorus Christian Friedrich Schnurrer war ohne Zweifel einer der Aufgeschlossensten unter den Lehrern. Er war nicht Theologe, sondern Orientalist, gestattete den Studenten eine gewisse Freizügigkeit, reagierte aufgeklärt und hielt, als das Fieber der Französischen Revolution auf Tübingen übergriff, dem Herzog durchaus souverän stand.

Hölderlin, jetzt bin ich wieder bei ihm, hatte, wenngleich er sich immer wieder der Stiftsfron widersetzte, der Mutter in Nürtingen den Abbruch des Studiums und einen Wechsel zur Juristerei vorschlug, dennoch Glück; seine nächste Umgebung war ihm stets wohlgesonnen, in Magenau wie in Neuffer, fand er Gleichgesinnte, »eine Seele in drei Leibern waren wir.«

Beide waren ihm um zwei Jahre voraus. Magenau, weniger beweglich, hatte sich Ludwig Neuffer untergeordnet, der in dem Dreierbund zwar das Wort führte, routiniert ein mittelmäßiges Gedicht nach dem anderen verfaßte, mit mancher literarischen Größe korrespondierte und dennoch in Hölderlin *den* Dichter sah, ihn zum Mittelpunkt des Freundesbundes machte.

Ich schlage die Bilder auf, als blätterte ich in einem Photoalbum. Ich kenne diese Gesichter, doch mit dem Unterschied, daß sie mir nie lebendig begegnet sind, daß ich sie nur vom wiederholten neugierigen Ansehen erinnere, Gesichter auf Gemälden, Stichen, Scherenschnitten, womöglich gar nicht »echt«, ebenfalls aus der Erinnerung gemalt oder nach einer schon miserablen Vorlage, Gesichter, die kaum etwas wiedergeben von dem, der vor eineinhalb Jahrhunderten handelte, redete, dachte, fühlte. Mein Gedächtnis projiziert, ich weiß es, Gesichtszüge mir Vertrauter, Verwandter, Freunde und Bekannter auf das Unbelebte, ich vergleiche, obgleich ich es mir verbiete. Der könnte ein wenig von dem haben, ebenso impulsiv und ein bißchen oberflächlich sein, gereizt, wenn er in seiner Eitelkeit getroffen wird; und die ist eine von denen, die immer still dabeisitzen, lächelnd, und niemand weiß, ob sie sich ihre Gedanken machen oder nur dumm sind. Es sind ausgekühlte Gesichter, gleichsam Beispiele für die Phantasie. Manche von ihnen sehe ich selbst, wenn ich die Augen schließe, sie verändern sich, werden, vor allem in Träumen, gegenwärtig.

Hölderlin, den ich jetzt wieder ganz jung sehe, als Sechzehn- oder Achtzehnjährigen, ephebenhaft, beweglich, eine Erscheinung, die mich in ihrer Verletzbarkeit rührt – oder als Alten, nach der Schreiberschen Zeichnung, diesen Greis im Tübinger Turm, mit derber gewordenen Zügen, leicht nach vorn gebeugtem Gang, oft seine Hände vorhaltend, als markiere er fürs Gegenüber einen Abstand.

Neuffer, den ein Ölbild schon als Ulmer Pfarrer vorführt, nicht mehr jung, ein leicht verfettetes Gesicht unter einer Pelzmützen-frisur. Die Eitelkeit spannt jedes Fältchen – ob er so schon in Tübingen war? So aufs eigene Aussehen versessen, so ruhmgierig? Die Briefe lassen es vermuten. Er war der Eiferer in diesem Bund, mit dem er sich selbst zu bestätigen suchte.

Magenau war gewiß zurückhaltender, vorsichtiger. Ich habe ihn mir derb vorgestellt, aber das Bild, das ihn als Neununddrei-ßigjährigen wiedergibt, zeigt einen vergrämten Träumer: Er ist Pfarrer in Niederstotzingen, läßt sich lokale Märchen und Sagen erzählen, schreibt sie auf, ein in dieser Enge geschätzter Mann, »unser Herr Pfarrer«.

Wenn ich sie ansehe, sie charakterisiere, schreibe ich meine Zweifel mit. Vielleicht trügen die Bilder. Jedes Lächeln, jede ver-zogene Miene könnte mich Lügen strafen. Und ich höre ja nicht eine einzige Stimme, auch die Hölderlins nicht, von der ich be-haupte, sie sei hell, fast fistelig gewesen, nur um der Gestalt eine winzige Spanne näher zu sein. Sie alle sind stimmlos. Wenn ich sie sprechen lasse, muß es so sein, daß man gleichwohl ihre Stimmen »hört«.

In den beiden ersten Stiftsjahren ist etwas mit ihm vorgefallen, für das es kein Datum, keinen Anhaltspunkt gibt: Er ist aufgewacht aus der Ergebenheit, aus der ihm in sechs Seminarjahren einge-redeten Demut. Mit einem Mal sieht er, was um ihn herum ge-schieht, hält sich nicht an die von Lehrern, Verwandten und der Mutter gezogenen Grenzen.

Sei lieb. Du tust es für dich und für uns.

Für wen?

Die Umgebung war ihm gleichgültig. Sie unterschied sich von Denkendorf und Maulbronn nur durch den Anspruch. Er war nicht mehr Alumne, er war Student. Dreck, Unmenschlichkeit, Bestechlichkeit waren nicht gewichen. Allerdings konnte er sich der Gemeinschaft leichter entziehen. Man verließ das Stift, wann immer es möglich war, traf sich mit Freunden. Man ließ sich in die Tübinger Gesellschaft einführen, sorgte gleichsam für privaten Schutz. Das Stift, dieser ausladende und dennoch introvertierte Bau hoch über dem Neckar, war für die Stipendiaten weniger Herberge als Durchgangsheim. Verständlich, daß sich in dem kalten Gehäuse Freunde fanden, sich gegenseitig erwärmten. Sie verbündeten sich gegen die Attacken einer Institution, mit der Magenau im nachhinein bitter abrechnete: »Das theologische Stift war mir von der ersten Stunde bis zu meinem Abschiede unerträglich. Überal Unordnung und Planloßigkeit. Tausend Demüthigungen für den guten Kopf, alte mönchische Etikette, ein Regiment nach keinem vesten Massstabe – oh wie oft seufzte ich im Stillen um Erlößung! Bald war das *einzige* Institut Deutschlands ein Zuchthaus für *Bonvivants,* die man wieder dahin zurücksandte, bald ein Tollhaus für exaltirte Vikarien, bald eine Schenke für Säuffer, bald ein Hospital für Faulpelze, die um auszuruhen hieher flüchteten! – Am meisten kränkte mich die Entfernung der Vorgesetzten, u. überhaupt aller Professoren der Universität von ihren Zöglingen. Hoch herablikten sie auf den Studenten, und war er nicht Vetter oder Anverwandter, so bemerkten sie sein Dasein gar nicht« –

– Es ist schrecklich, daß man immer wieder auf diese »Vetterleswirtschaft« zurückkommen muß, diesen Verwandtenfilz – man wird, heiratet man irgendwo ein, gleich zur allseitigen Hilfe gedungen; Verwandtschaft bedeutet absolute Loyalität; eine für Schwaben durchaus angenehme, Fremde trösteln machende Eigenart –

– »Nur die Freundschaft und ihr stiller Genuß erheiterte die Stirne, die sich runzeln wollte.«

Das ist mit großen Worten gesagt und es wollte so hoch greifen. Es fällt mir schwer, Gespräche zwischen ihnen in dieser Tonart auszudenken, ich müßte mit ihren Gedichten und Briefen reden oder aus Klopstocks Gelehrtenrepublik zitieren, die sie sich zur Verfassung gemacht haben, die »Republik besteht aus Aldermänner, Zünften, und Volke«: natürlich befinden sie sich auch hier, in der imaginierten Welt, nicht unter den Geringsten, wissen Ruhm und Ehre für sich, denn die Aldermänner werden aus den Zünften gewählt, haben *zwei* Stimmen, können anklagen und verteidigen, benötigen keinen Anwalt und haben überdies die Macht, Knechte freizulassen.

Sie lesen sich gegenseitig ihre Gedichte vor, schließen sich vor den andern ab, machen sie neidisch, auch Bilfinger ist verstimmt, der gute Genosse der Klosterjahre, er steht plötzlich abseits, verläßt das Stift auch früher, um Jura zu studieren, wie Hölderlin es sich für sich selbst erhofft hatte.

Sie wehrten sich mit ihrer Hochstimmung. »Eine Seele in drei Leibern!« Und doch war er seinen Freunden im Anspruch und in der Hoffnung voraus. Noch war, im Winter 1788, von der großen Revolution nichts zu ahnen. Es muß aber Unruhe um sich gegriffen haben, Unwillen über die Zustände, Sehnsucht nach Gerechtigkeit und Freiheit, Menschenwürde. Ich wage es kaum, diese Wörter zu schreiben. Sie sind so abgenutzt und mißbraucht. Für ihn waren sie blank, neu, und ich müßte, um mit ihm arglos sprechen zu können, alle verratenen Hoffnungen vergessen.

Ein paar Jahre später weiß er mehr.

Doch in diesem Augenblick, schon aus dem Glück, Gleichgesinnte gefunden zu haben, bricht er ganz naiv in Männerjubel aus: »Und du, o Freiheit! heiliger Überrest / Aus Edens Tagen! Perle der Redlichen« – er fordert die Despoten heraus und rühmt die »löwenstolze« Liebe des Vaterlandes. Er umarmt mit seinen Sätzen, zieht mit ihnen die Freunde an sich. Im Wort wird alles groß.

Und ich frage mich: Was ist das für ein Vaterland, das er immer wieder, als würde es wirklicher in der Wiederholung, besingen wird? Es ist gleichermaßen Märchen, in dem beschönigte Vergangenheit gesammelt wird, wie ein intellektueller, die Wirklichkeiten umstürzender Entwurf. Sie haben sich die Köpfe heiß geredet, wenn es um die Heroen der alten Zeit ging, und es waren ihre Helden immer dann, wenn sie gegen Ungerechtigkeit, Unredlichkeit, Unfreiheit ins Feld zogen. Wenn sie ritterlich waren. Einen solchen neuen Ritter erwarteten sie. Das eine Vaterland nämlich, das märchenhafte, breitete sich als Spielzeuglandschaft aus, bestückt mit Burgen und Schlössern, überzogen von Wäldern, eine Vergangenheit aus schierer Phantasie, während in dem anderen Vaterland allein die mächtigen Begriffe herrschten.

Neuffer, im literarischen Treiben des Landes kundig, sorgt für Verbindungen, weist dringlich auf den begabten Freund hin, der fürs »Ernsthafte, Erhabene und Schwärmerische eingenommen« sei. Das ist ein Bild nach dem Geschmack der Zeit.

Im Februar und März des neuen Jahres hält Hölderlin sich zu Hause auf. Er ist krank, ein »wundes Bein« macht ihm zu schaffen. Vielleicht war das Leiden nur Vorwand, um dem Stift zu entkommen, bei der Mutter, den Geschwistern zu sein, Kind zu spielen, gehütet zu werden. Er macht sich gern klein, kauert sich schutzsuchend zusammen. Er ist mürrisch, hat eben endgültig mit Louise gebrochen. Johanna begreift diese Sprünge nicht, auch daß er sie wiederholt zu überreden versucht, ihn bei den Juristen studieren zu lassen, geht ihr nicht ein:

Daß du nie ruhig sein kannscht, Bub.

Er verhalte sich besonnen, nur zwinge man ihn fortwährend, gegen seine Vorstellungen zu handeln.

Des isch net wahr; sag's em, Rike, daß des net wahr isch.

I seh des au net, Fritz, Mamma hat wirklich recht.

I woiß, daß i net vertraglich bin.

So schließt er Gespräche oft ab, macht die Mutter hilflos.

Er liest viel Klopstock, mit Karl, den er häufig zu sich aufs Zimmer ruft; für ihn rezitiert er Klopstock, philosophiert über die Unsterblichkeit, den Ruhm.

Des isch wie e Sucht, verstehsch?

Der Junge nickt.

Des kannsch net verstehe, des woiß bloß oiner, der schreibt.

Lies vor, bittet Karl.

Hörsch au wirklich zu?

Ganz g'wiß.

»Reizvoll klinget des Ruhms lockender Silberton / In das schlagende Herz, und die Unsterblichkeit / Ist ein großer Gedanke, / Ist des Schweißes der Edlen wert!«

Des isch schö, des klingt guet.

Des isch von Klopstock.

Für Johanna bleibt er in diesen Wochen fast unerreichbar. Zu Bilfinger sagt sie: Er ist einfach maßleidig. Er kommt nicht richtig zu sich.

Im April besucht er Neuffer in Stuttgart. Es sind zwei Tage voller Anregungen, Aufregungen, erste Berührungen mit den »Großen«, und es kann sein, daß sich einige der Szenen ihm auf Dauer einprägten, womöglich in Sätzen wiederkehren, die sich für den späteren Leser nicht erschließen. Es ist seine Erinnerung, es sind seine Erfahrungen. Aber ich ahne, wenn ich davon erzähle, seine Erregung. Das ist nun doch neu. Das ist, was er sich wünschte.

Neuffer bringt ihn zur Wohnung Schubarts. Seit zwei Jahren ist Schubart frei. Herzog Carl Eugen hatte ihn, bedrängt von vielen, vom Hohenasperg entlassen, und nicht nur das, nun überschüttete er den Gebrochenen mit Vergünstigungen, machte ihn zum Theaterdirektor, gestattete ihm sogar, die »Vaterländische Chronik« fortzuführen, freilich unter Zensur und mit dem Wissen, daß Schubart es kaum mehr wagen würde, die ihm so huldvoll geschenkte Freiheit erneut schreibend zu gefährden.

Sie wurden von einer Bedienerin in einen elegant möblierten Salon geführt, der gar nicht bewohnt schien, wohl eher zum Vorzeigen gedacht war. Jetzt sollte er ihm begegnen, dem feurigen Schreiber der Freiheit, dem Bewunderer Voltaires und Oetingers, dem Verfasser der »Fürstengruft« und des »Ahasverus«, den er besonders liebte. Sie müssen längere Zeit warten. Schubart scheint aufgehalten. Sie wagen sich nicht zu setzen, reden nicht miteinander. Neuffer sieht aus dem Fenster. Hölderlin geht mit kleinen Schritten auf und ab.

Schubart habe eben viel zu tun jetzt, sagt Neuffer unvermittelt und ein bißchen ironisch.

Kurz danach tritt er auf. Hölderlin hatte sich ein anderes Bild von dem Mann gemacht. Er ist aufgeschwemmt, sein Gesicht wulstig und rot. Er bewegt sich schwerfällig, man hört seinen Atem. Die zehnjährige Gefangenschaft hat ihn sichtbar zerstört, und auch nun nimmt er keine Rücksicht auf sich. Seine Kleidung ist unordentlich, die Weste falsch geknöpft. Er riecht nach Wein, ein halbwüchsiges Mädchen, vielleicht die Tochter, bringt auch, kaum ist er eingetreten, auf einem Tablett einen Krug Roten und drei Gläser.

's isch recht, sagt er, begrüßt Neuffer vertraut, wendet sich Hölderlin zu: Des isch also der junge Mann mit dem große Talent.

Mit einer fahrigen Armbewegung lädt er sie ein, sich zu setzen, läßt sich selbst schnaufend auf die Chaiselongue fallen:

's ist arg, 's ist arg, sagt er, und Hölderlin weiß nicht, was damit gemeint ist, ob die Leiden, die diesen schweren Leib plagen oder die Talente der jungen Leute.

Er hatte sich beim ersten Anblick des aus den Fugen geratenen Helden geekelt und sich vorgenommen, sobald es auch nur ginge, aufzubrechen, doch, ihm gegenüber sitzend, den Blick der geröteten, durch die gequollenen Lider fast blinden Augen aushaltend, begriff er, daß dies ein Opfer maßloser, menschenverachtender Macht war, einer, den der Tod gezeichnet hatte und der nun von seinem Henker ausgehalten wurde.

Neuffer bemühte sich, mit einigen Bemerkungen über die Stuttgarter Gesellschaft das Gespräch zu eröffnen, nachdem Schubart das Glas gehoben, daraus einen tiefen Zug getrunken und geschwiegen hatte. Nur der rasselnde Atem war zu hören.

Er achtete nicht auf Neuffer.

Eine Zeitlang starrte er Hölderlin an, dann sagte er:

Des isch alles a Saustall, gell?

Sie lächelten und nickten.

Das gehört aufgeräumt. Jetzt sprach der Hochdeutsch.

Mein Freund Neuffer hat Ihnen, Euer Hochwohlgeboren, einige
meiner Gedichte zur Prüfung gegeben.
Du bisch gut, Büble, Euer Hochwohlgeboren, laß doch den
Schmalz weg.
Er hätte den alten Mann weiter fragen können nach den Gedich-
ten, doch der hatte anscheinend keine Lust, sich darüber zu
äußern. Er sagte vielmehr:
Nach Frankreich muß man gucken.
Ja, wollte er antworten, dort beginnt man über den Menschen
nachzudenken, aber Schubart ließ keine Antwort zu:
Hat Er Voltaire gelesen? Noi, g'wiß net. So oiner wie der wird auf
Eurer Schul net g'führt.
Er wollte deklamieren, doch schon der erste Satz geriet in Unord-
nung, er brach ab. Das ist der Kopf, den hat unser gnädiger Herr
kaputt gemacht.
Hölderlin wollte ihn trösten, auf ihn einreden, ihm erklären, daß
sie ihm nachzueifern trachteten, daß er ein anfeuerndes Beispiel
sei, Schiller und er, und als sei das Verschwiegene in die Unter-
haltung eingegangen, sagte Schubart sehr zärtlich: Ach, der
Schiller, der ist für mich alles, der hat's weit gebracht. Liest Er
wenigstens den?
Beide nickten eifrig.
I will Euch net examiniere. Des liegt mer net.
Wieder bekümmerte sie sein Schweigen. Er trank hastig.
Hölderlin schenkte ihm nach.
Ja, des Saufe...
Es sei ausgezeichneter Wein.
Der isch von Uhlbach, jaja. Was machet Eure Eltern, Herr Höl-
derlin?
Sein erster Vater sei gestorben, sein zweiter auch, der sei Bürger-
meister von Nürtingen gewesen. Jetzt sorge seine liebe Mutter
für ihn.
Man muß nämlich wissen, sagte Schubart, daß man fürs Poeten-
dasein Geld braucht, und das schon in Mengen.

Schubart erhob sich, hatte keine Lust, länger mit ihnen zusammen zu sein. Man merkte ihm, obwohl es noch vor dem Mittag war, Müdigkeit an. Seit zwei Jahren war er frei; noch zwei Jahre hatte er zu leben.

's isch gut, sagt er, wenn oiner schreibt. Aber jeder Firlefanz wird g'merkt, glaubet mers. Er winkt sie vor sich her, zur Tür hin. Es hat mi g'freut.

Sie verbeugten sich vor ihm.

Ade! Send wach, Bube.

Im Hauseingang stießen sie mit einem jungen Mann zusammen, der Neuffer zuwinkte und hineinging. Es schien einer der Vertrauten Schubarts zu sein.

Ob er ihn erkannt habe, fragte Neuffer.

Nein.

Das sei Stäudlin gewesen.

Stäudlin!

Dieses Gesicht mit der hohen »wehenden« Stirn wird er nicht vergessen, die ganze Erscheinung nicht. Den würde er lieben können, wie einen Bruder.

Schubart sah er nicht mehr. Was er der Mutter von der Begegnung berichtete, »o es wär eine Freude, so eines Mannes Freund zu sein«, ist schon wieder stilisiert; der unter die Unsterblichen geratene Sohn trumpfte auf:

Du siehst, ich werde als Dichter akzeptiert, als Gleichgesinnter verstanden.

Er ist doch groß, sagte er zu Neuffer, auch wenn sie ihm alles genommen haben.

Den Abend bei Neuffer und dessen Mutter hat er Johanna nicht geschildert. Ich erfinde ihn. Ich weiß, daß er öfter bei der Mutter Neuffers zu Besuch war, sie verehrte. Es heißt, daß er, nachdem ihn Schubart empfangen hatte, gleich nach Tübingen aufgebrochen sei, ohne Aufenthalt bei Neuffer.

Ich lasse ihn in Stuttgart bleiben.

Neuffer hatte ihn eingeladen, bei sich zu übernachten. Den Tag über würden sie wohl unterwegs sein, er solle nur mit leichtestem Gepäck kommen. Als er am späten Vormittag das Neuffersche Haus erreichte, erwartete der Freund ihn bereits, so eifrig wie stets, schwätzend, und er wurde Neuffers Mutter nur kurz vorgestellt. Sie würden sich ja am Abend sehen, es seien noch einige Freunde des Hauses geladen. Neuffer packte ihn am Arm, zog ihn fort.

Den Vater Neuffers, Sekretär am Consistorium und von beträchtlichem Einfluß, bekam er noch nicht zu sehen.

Von seiner Mutter hatte Neuffer viel und ausschmückend erzählt. Ihretwegen nannte er sich manchmal »der Pelargide« und wurde auch von den Stiflern, allerdings eher spöttisch, so gerufen. Sie war eine geborene Pelargos, stammte aus einer Familie griechischer Flüchtlinge, die vor der türkischen Gewaltherrschaft geflohen war und sich in Stuttgart angesiedelt hatte.

Der Besuch bei Schubart hatte ihn angestrengt. Sie hatten danach in einem Gasthof etwas gegessen, getrunken und waren erschöpft sitzen geblieben. Selbst Neuffer, der nur sah, was er sehen wollte, war bestürzt über die schreckliche Hinfälligkeit Schubarts.

Sie kamen ins Haus, als es schon dämmerte. Er hatte kaum Zeit, sich auf seinem Zimmer Gesicht und Hände zu waschen, die Kleidung in Ordnung zu bringen, als ihn Neuffer schon holte. Sie würden zum Abendessen erwartet, und der Vater dulde keine Verzögerungen im Tagesablauf. Das war Hölderlin nicht gewöhnt.

Man ging gleich zu Tisch. Die »Freunde des Hauses« waren zwei ältere Ehepaare, ohne Zweifel von Ansehen in der Stuttgarter Gesellschaft. Er wurde von allen neugierig abgeschätzt; wahrscheinlich hatte Neuffer in seiner Ankündigung übertrieben. Er saß zur Linken der Hausherrin. Mit Neuffers Vater hatte er einige Wort gewechselt, man war steif und gehemmt geblieben, auch die andern trugen nicht zur Belebung der Unterhaltung bei.

Nur Neuffer ereiferte sich und wurde mehrfach mit Blicken von seinem Vater zurechtgewiesen.

Die »Griechin« gefiel ihm. Als Mädchen mußte sie zierlich gewesen sein, nun war sie fülliger und in den Gesten behäbiger. Dennoch hatte sie sich die Grazie bewahrt. Ihre dunkelbraunen, ganz rund geschnittenen Augen, konnten, wenn sie ein Gespräch fesselte, wunderbar glühen.

Er hatte sich, noch während er die Dame zu Tisch führte, überlegt, wie er das Gespräch einleiten solle. Dazu kam es nicht, denn Frau Neuffer fragte ihn gleich nach Tübingen, nach den Zuständen am Stift, was er von dem Ephorus Schnurrer halte und von den anderen Professoren, zum Beispiel Bök, über den man sich hier ziemlich lustig mache, wie denn der Ludwig sich schlage und wie vorteilhaft sie es finde, daß die Poeten sich verbündet hätten – sie sprach ohne jeglichen Akzent, eher schwäbisch eingefärbt, und darum unterbrach er sie, sie möge seine Neugier entschuldigen, ob sie denn noch Griechisch könne?

Aber natürlich! Wollen Sie's hören? Sie redete ein paar Sätze und fügte rasch, seinen Einwand vorausahnend hinzu: Jetzt wollen Sie, wie der Ludwig, sagen, daß dies nicht Ihr Griechisch sei.

Er nickte, nur weniges habe er verstanden.

Wir sind aber Griechen, erwiderte sie.

Er bat sie, von der verlorenen Heimat zu erzählen.

In dem Moment hob der alte Neuffer die Tafel auf: Mir scheint, meine liebe Frau ist von unserem jungen Gast wieder einmal aufs Griechenthema gebracht worden. Ich schlage vor, die beiden in einer Ecke des Salons für sich zu lassen, denn uns sind diese Geschichten geläufig, nicht wahr?

Ludwig jedoch bestand darauf zuzuhören. Er sei, wenn die Mutter von Griechenland erzähle, unersättlich, und sie langeweile ihn nicht.

Es gefiel ihr, die Aufmerksamkeit der beiden jungen Männer zu haben; die Freude machte sie jung.

Sie berichtete umständlich, hielt sich an Kleinigkeiten fest, von der für die Schwaben exotischen Kleidung, daß man dort Weinblätter esse, was sich die Weingärtner hier gar nicht vorstellen könnten, die Blätter seien doch zu nichts nutze, als den Trauben Schatten zu geben; und daß dort nur die Männer miteinander tanzten und daß es Instrumente gebe, die für die hiesigen Ohren Katzenmusik machten.

Und die Tempel der Götter? fragte er.

Die finde man überall, auf den Bergen und in den Hainen, im Land und am Meer.

Wenn sie sagte: am Meer, mußte er sich das Meer ausdenken, er hatte es nie gesehen, und eben erst hatte er über Kolumbus gelesen, seine endlose Reise und die Ankunft auf einem neuen Kontinent; er sah eine bewegte Wasserfläche, Schiffe darauf, die Luft dem Wasser gleich und einen endlosen, milden Horizont. Sie sagte: Manches ist so wie anderswo, nicht vieles, und nirgendwo ist das Licht wie bei uns in Griechenland.

Das Licht? Sie meinen die Sonne? Das Tageslicht, die Helligkeit.

Ja, das meine ich für euch, und doch etwas anderes.

Ich kann mir's denken, sagte er leise.

Wirklich? antwortete sie ihm, ich glaube, man muß es gesehen, es muß einen umgeben haben.

Das ist ein Licht, das man spürt.

Sie sagen es so, als wären Sie bei uns gewesen. Es ist Ihre Phantasie.

Ein Licht, das fester ist als anderes Licht.

Ja, wie ein Körper.

Er nickte heftig, war versucht, sie an den Händen zu fassen, lehnte sich aber zurück, preßte seine Hände aneinander: Ein Licht, das sich so verfestigen kann, daß Gestalt daraus wird.

Neuffer sagte: Sehen Sie, Mama, so ist er, hochgestimmt oder traurig.

Wie es bei Schubart gewesen sei, fragte sie, ob er ihnen Ratschläge für ihre Poesie haben geben können? Er ging auf die

Frage nicht ein, wollte vielmehr wissen, ob sie die Rebellion gegen die Türken erlebt habe.

1770, beim großen Aufstand, seien sie nicht mehr im Lande gewesen, doch sie habe vorher schon Rebellen gekannt; sie hätten sich stets beim Popen getroffen.

Daß ein solches Volk so lange ohne Freiheit sein müsse.

Es wird nicht mehr lange dauern.

Und nicht wahr, Madame Neuffer, sagte er ein wenig zögernd, das ist ja nicht das einzige Land, in dem der Mensch ohne Freiheit atmen muß.

Gehören Sie auch zu denen, die nach Frankreich schauen?

Sollte es unsereiner nicht?

Ach, lieber Magister Hölderlin, das bringt uns doch nur unnötige Erregung.

Aber wie können Sie, eine Griechin, so etwas meinen?

Sie erhob sich, es sei an der Zeit, sich den anderen anzuschließen, sie hätten sich ja auch ausgiebig über Griechenland unterhalten, und es hat mich sehr entzückt, wie Sie übers griechische Licht gesprochen haben, Herr Hölderlin.

Den weiteren Abend war er melancholisch, nicht gelaunt, Gespräche zu führen, Neuffer tadelte ihn, er solle sich nicht wie ein Holzbock benehmen.

Er habe heftige Kopfschmerzen, dieser Tag sei doch sehr lang gewesen.

Die Hausherrin gestattete ihm, sich früher zurückzuziehen.

Oben, in der Stube, legte er sich nicht hin, setzte sich ans Fenster, probierte Sätze aus: über das Meer, die Berge Griechenlands, die guten Götter und Geister, über die Freiheit, die die geborene Pelargos so ungleich abwog.

Anderntags wanderte er Neuffer voraus; er könne nicht bis in den Vormittag hinein warten. Er sei doch wunderlich, wenngleich wohl mit großen Gaben ausgestattet, fand Frau Neuffer. Manchmal muß man ihn spinnen lassen, sagte Neuffer, der ungern ohne Begleitung durch den Schönbuch nach Tübingen gehen wollte.

Es ist das Jahr der Revolution. Er hat, es ist anzunehmen, viel über die Ereignisse in Paris gelesen, gehört, hat debattiert, sich ereifert. Im Juli 1789 wird die Bastille gestürmt. Zuvor hatten sich die drei Stände vereinigt, der König, unter Druck, darin eingewilligt. Die Nachrichten verbreiteten sich rasch, wurden, je nach politischem Standort, kommentiert. Viele Briefe, Tagebuchblätter, Aufrufe bezeugen die Stimmung des Aufbruchs, einen Rausch der Hoffnung, der die jungen Männer packte – bei ihm, bei Hölderlin, ist wenig davon zu finden. Aber seine Umgebung muß ihn mitgerissen haben, die ihm Nächsten waren aufgewühlt, dachten und handelten mit. Ich denke weniger an Neuffer und Magenau, sondern an jene, denen er sich besonders verbunden fühlte, an Stäudlin, Conz, Hegel. Ihre Leidenschaft bezieht ihn ein. Und doch wird er auch sie fürchten. Keiner darf ihm auf die Dauer zu nah kommen. Wie schon im Seminar wird er sich den allzu Tätigen entziehen. Der handelnde Zorn, die öffentliche Tat sind ihm unheimlich. Zwar träumt er, wie alle, von Menschlichkeit, Gerechtigkeit und Freiheit, und diese Träume gehen in seine Gedichte ein, doch das Ideal und die eroberte Wirklichkeit, Poesie und Leben, versteht er geradezu ängstlich auseinanderzuhalten. Es ist die Lehre der Kindheit, sich nicht einzumischen. Wie erreichte ihn das Unerhörte, wie reagierte er? Gab es Stunden, in denen er alle die neuen Formen nachstammelte, gemeinsam hoffte, auf das erwartete Menschenglück bedenkenlos setzte? So, wie ich ihn jetzt kenne, bin ich sicher. Nur wird er manchmal über sich selbst erschrocken gewesen sein. Er wußte, daß er über die Grenzen denken und leben konnte und mußte – doch mit anderen und für andere vermochte er es nicht. Neuffer erzählte ihm, mit nicht geringer Anteilnahme, von den »Umtrieben« Stäudlins, und Hölderlin ergreift Partei für den, dessen Erscheinung ihm unvergessen geblieben war, den er sich zum Freund wünscht, weil der, wie so häufig seine Freunde, ein Entschlossener ist, einer, der Idee und Tat zu verbünden versteht. Solche Männer sind ihm lieb.

Erzähl mir von ihm, bittet er.

Lies, was er in Schubarts »Chronik« schreibt, erwidert Neuffer, es ist nicht nach meinem Geschmack, doch Kraft steckt dahinter.

Die »Neue Vaterländische Chronik« hat er gewiß gelesen, auch Schubarts Strophen »Auf eine Bastillentrümmer von der Kerkerthüre Voltaires (die dem Verfasser von Paris geschickt wurde)«. Es entzückte ihn, wie der auf den Tod kranke Poet seine brüderliche Erinnerung an den Aufklärer mit der Zustimmung zu dem lang erhofften Aufruhr verbindet: »Dank Dir, o Freund, aus voller Herzensfülle / Für die Reliquie der greulichen Bastille, / Die freier Bürger starke Hand / Zermalmend warf in Schutt und Sand. // Zertrümmert ist die Schauerklause, / Die einst, *o Voltaire,* dich in dumpfe Nacht verschloß. / Kein Holz, kein Stein, kein Nagel bleibe von dem Hause, / Wo oft der Unschuld Zähre sich ergoß! – // Drum, Biedermann, empfange meinen Segen / Für diese Trümmer, die du mir geschickt; / Sie ist mir theurer als ein goldner Degen, / Womit einst ein Tyrann die Freien unterdrückt.«

Ich lasse Hölderlin denken, was ich denke: daß Schubart sich sehnlichst wünschte, es ergehe dem Asperg, seinem Kerker, so wie der Bastille, kein Stein solle auf dem anderen bleiben, und Hölderlin bewunderte den sich wieder erhitzenden Mut des alten Mannes, der die Großzügigkeit des Landesherrn genoß, sich aber die Wahrheit nicht aus dem Kopf zahlen ließ.

Der Alltag sieht anders aus. Im Stift wagen sie es noch nicht, offen zu reden. Man lernt, man schweigt. Die Professoren übergehen, was geschieht. Es hat alles so zu bleiben, wie es ist. Und er, er flieht. Dulon, ein berühmter Flötenvirtuose, hält sich in Tübingen auf. Bei ihm nimmt er Unterricht, gemeinsam mit ihm musiziert er. Es fällt ihm leicht, sich in die Phantasie zurückzuziehen, seine Gedanken zu beleben mit Gestalten, die man lieben und anbeten kann. Wie zum Beispiel Thill.

Thill war zur Anbetungsfigur, zum guten poetischen Geist des

Freundesbundes geworden. Neuffer hatte die Gedichte Thills vorgelesen. Wieder ist Stäudlin in die Geschichte verquickt: er hatte in seinen ersten Musenalmanachen – über die Schiller sich zutiefst ärgerte, weil sie mit seinen Almanachen konkurrierten, und die er wütend provinziell schalt – Gedichte Johann Jakob Thills gedruckt und mit Verve auf den Begabten hingewiesen. Thill, Magister an der Tübinger Universität, war mit fünfund-zwanzig Jahren, 1772, im selben Jahr wie Hölderlins »erster Va-ter«, gestorben. Der frühe Tod verlieh dem Werk eine Aureole. Thill hatte, wie Neuffer und Hölderlin, patriotische Gesänge ge-schrieben, die große, ritterliche Vergangenheit gerühmt: »Noch werd ich weinend deinen Unfall sehen, / Noch wird ein Sturm dein Haupt umziehn, / Germania! Und von den stolzen sichren Höhn / Der edle Frieden fliehn.« Diesen Geist konnten sie schwärmerisch in ihre Mitte nehmen. Mit Neuffer wanderte Hölderlin ins Remstal, nach Großheppach, zum Grab des Idols. Weinberge säumten ihren Weg, dörfliche Idyllen. Solche Bilder schätzten sie, in sie ließ sich fliehen, mit ihnen ließ sich's träu-men. Bald war das Andenken an den früh Gestorbenen kaum mehr als ein Vorwand für exaltierte Fluchten aus dem Stift, für die Beschwörung der Dreierfreundschaft, des Aldermannbun-des. Diese Zwanzigjährigen waren Schwärmer, sie lebten ihre Gefühle, das Glück einer beständig scheinenden Gemeinschaft ohne Hemmungen aus, genossen das gegenseitige Verständnis. Alle Wege, die Thill rings um Tübingen gewandert war, alle Orte, an denen er geschrieben hatte, wurden zu Wallfahrtszielen, das Wankheimer Tälchen, »rings umtanzt von dem liederreichen Volke des Wäldchens«, wie Magenau noch aus der Erinnerung euphorisch schreibt, oder der Spitzberg zwischen Tübinger Schloß und Wurmlinger Kapelle.

Diesen Weg bin ich vor mehr als zwanzig Jahren auch oft gegan-gen, von Thill und den Aldermännern nichts ahnend, doch ange-regt von einer Landschaft, die Geschichte selbstverständlich auf-nimmt. Da haben sie gelagert, unter einem gewaltigen Baum oder auf einer Wiese am Waldrand, haben debattiert, sich vorgelesen, über Bücher geredet, übers Stift, die anderen Studenten.

Woisch, d'r Dichter muß elles wage, sei Bahn gleicht der eines G'stirns.

Des isch e gueter Vergleich.

Er darf sich nicht aufhalten lassen durchs Tägliche.

Wenn ich an Renz denke, der für seine Kleinmütigkeit ein gutes Zeugnis nach dem andern kriegt.

Das ist falsch. Der ist nicht kleinmütig. Der hat bloß keinen Stern.

Neuffer sagt: Wisst ihr was, jetzt rennen wir runter an die Neckarwiesen und baden.

Sie laufen nebeneinander den Hügelweg hinunter, aufs Tal blickend, in dem der Mäander des Flusses glänzt. Sie baden oft nachts, nackt, gegen den Strom schwimmend, und dann halbnaß in die Kleider schlüpfend.

Da dampft m'r wie a Gaul.

Läßt es sich so außerhalb der Zeit leben? Kann man seine Freundschaft vor der unaufhörlichen Wandlung abschirmen? Die Gegenwart wird sie bald fassen. Dazu braucht es nur den quälenden Alltag im Stift, den sich in den Vorlesungen wiederholenden Stumpfsinn der Lehrer, deren Unmenschlichkeit.

Und seine Anfälligkeit, die jähen Zornesausbrüche, daß er sich unvermittelt gegen Kerkerwände stemmt. Aus solch einem Aufbegehren schreibt er das schönste, ehrlichste Gedicht dieser Jahre. Endlich redet er nicht nach Muster, verschwindet seine Eigenheit nicht im allzu groß gedachten Entwurf. Seine Bitterkeit findet genaue Wörter. Er wehrt sich mit seiner Sprache: »Ich duld es nimmer! ewig und ewig so / Die Knabenschritte, wie ein Gekerkerter / Die kurzen, vorgemeßnen Schritte / Täglich zu wandeln, ich duld es nimmer! // Ists Menschenlos – ists meines? ich trag es nicht, / Mich reizt der Lorbeer, – Ruhe beglückt mich nicht, / Gefahren zeugen Männerkräfte, / Leiden erheben die Brust des Jünglings. // Was bin ich dir, was bin ich, mein Vaterland? / Ein siecher Säugling, welchen mit tränendem, / Mit hoffnungslosem Blick die Mutter / In den gedultigen Armen schaukelt.«

Drei seiner Themen schlägt er in diesen Strophen krass an: Die seelische Verkrüppelung des Kindes, das in den Schulen nach Vorschrift leben muß; die Sehnsucht nach dem gefährlichen Ruhm, den nur der Mann, nicht der Knabe (und sei es auch der, der im Gedächtnis noch immer so bedrängend nah ist) gewinnen kann; die Beziehung zur Mutter, die ihn für sich kleinzuhalten versucht – ein Wechsel aus tiefer Liebe und furchtsamer Entfernung; er wird sie brauchen, wird zu ihr zurückkehren, denn sie hat ihn allzu lange in den »gedultigen Armen« geschaukelt.

In den Herbstferien von 1789 versucht er erneut, wenngleich gedämpft, der Mutter seinen Zwiespalt zu erklären. Das »erschütterte gepreßte Herz« macht ihm zu schaffen. Tagelang wandert er allein in der Umgebung. Die Freundschaft mit Bilfinger ist, nicht ohne Schuld der Aldermänner, zu denen Bilfinger nicht gehört, abgekühlt. Er besucht ihn nur mehr selten.

Der Grasgarten gehört noch der Familie. Dorthin nimmt er manchmal Karl und Rike mit, denkt an früher.

Karl ist dreizehn, verständig, bisweilen überraschend schlagfertig, noch an der Lateinschule, aber die Mutter hat beschlossen, ihn nicht auf die Universität gehen zu lassen, es würde einfach zu viel Kosten machen, und ihr genügten die Erfahrungen mit dem Fritz; er solle Schreiber werden, da habe er auch seine Reputation, und beim Nürtinger Schultheiß werde sie ihm eine Stelle verschaffen. Schließlich sei er der Sohn vom Gok.

Die Rike hingegen ist eine junge Dame, siebzehn Jahre alt, sie putzt sich aufwendig, was Johanna mißfällt, sie solle ein bißchen demütig sein.

Die Geschwister kennen seine Nöte.

Heinrike hatte ihm geraten, sich mit der Mutter auszusprechen, ihr die Zustände am Stift ohne Beschönigung zu schildern.

Das habe wenig Wert, meint er. Außerdem verstimme er sie,

wenn er zusätzlich um Geld bitten müsse, das Leben in Tübingen sei teurer, sie werde der Meinung sein, auf dem Stift komme er in jeder Hinsicht aus.

Rike fragt ihn nach Louise.

I han nix mehr von ihr g'hört.

Des find i net schö, Fritz.

Ich kann net bloß Sache mache, die du schö findesch, Rike.

Sei net immer glei so beleidigt.

Karl verfolgt, ohne sich einzumischen, angespannt die Unterhaltung zwischen den älteren Geschwistern.

Auf dem Heimweg, sie bleiben eine Zeit auf der Neckarbrücke stehen, und er erzählt, wie schnell er als Bub über den Neckar geschwommen sei, kaum mehr als fünf Minuten habe er gebraucht, auf dem Heimweg fragt ihn Heinrike, ob sie in Tübingen über die »Sach« in Paris sprächen und fährt, unsicher, fort: Ist es richtig, einfach so einen Aufstand ohne den König zu machen? Er lacht, nimmt sie bei der Hand: Oh Mädle, wenn auch sonst nichts richtig ist, das war es, das kannst du mir glauben, Kerker aufzubrechen, so etwas kann auch das ganze Volk befreien. Und wenn Frankreich ein Freistaat wird, eine Republik, dann breitet sich die Lust nach Freiheit wie ein Feuer aus.

I hab Angst davor.

Vor der Freiheit kann man auch Angst haben.

Kraz, der im Vorjahr von seiner Lehrstelle an der Lateinschule abgegangen und nun Pfarrer in Oberensingen war, besuchte ihn, wie auch Köstlin. Nicht, daß sie ihm fremd geworden wären, er merkte jedoch, wie er sich aus ihrer Welt entfernte. Sie redeten mit ihm, als sei er noch der Bub, dem es in Latein und Griechisch zu helfen gilt.

Erst in den letzten Ferientagen wagt er es, die Mutter auf seine Zweifel am Theologiestudium anzusprechen. Es ist Abend. Sie sitzt, wie er es von seiner frühesten Kindheit kennt, am Fenster, stickt. Wie er sie so sieht, empfindet er die Ruhe, Festigkeit, die von ihr ausgeht, aber auch die Melancholie. Er liebt sie wie keinen zweiten Menschen.

Sie hat ihn bemerkt, er nimmt einen Stuhl, trägt ihn zum Fenster, setzt sich zu ihr. So haben sie oft gesessen. Johanna erzählt ihm von Bekannten, von Rikes Freundeskreis. Das ist ihm vertraut. Allzu lange bleibe die Rike nicht mehr im Hause, es werde dann einsamer werden, Karl freilich solle, solange er in Nürtingen die Schreiberei lernt, bei ihr wohnen.

Du willsch mir ebbes sage, Fritz, gell?

Des isch scho vorbei, des waret so Gedanke...

Hasch di no immer net ans Stift g'wöhnt?

Noi, des werd i au nie.

Später wirsch m'rs danke.

I hoff, Sie behaltet recht.

Glaub m'rs, Fritz.

Die Wechsel zwischen heftiger Reaktion und Lethargie nehmen zu. Im Oktober 1789, während der Herbstferien, hält er sich mit Neuffer für eine Woche in Stuttgart auf, lernt endlich Stäudlin kennen. Nicht allein der Mann, der zwölf Jahre älter war als er, literarisch bekannt und mit Schiller noch immer im Streit, zog ihn an, auch dessen häusliche Umgebung, vor allem die Schwestern, die belesen waren, sich an den Unterhaltungen beteiligten, und von denen eine, Rosine, sich mit Neuffer verlobte.

Ich kenne Stäudlin von dem Ölbild Philipp Friedrich Hetschs. Ganz einfach könnte ich sagen: Das ist ein schönes, sehr empfindliches Gesicht. Doch ich denke auch an die Zeit des Porträtierten: Hier ist ein fast angestrengt Aufmerksamer gemalt, jemand, der grübelt und handelt in einem. Die übermäßig hohe Stirn nimmt beinahe die Hälfte des Gesichts ein. Auf dem Bild leuchtet sie. Die Augen sind nicht groß, wirken ein wenig verkniffen, doch der Blick ist fest. Unter der schmalen Nase ein breit auslaufender, durchaus genießerischer Mund. Der Schädel ist schmal. Dieses Gesicht ist verwandt mit den Gesichtern der französischen Aufrührer, dasselbe Glühen wie bei Robespierre, bei Desmoulins oder Brissot, ausgemergelt vom Denken, vom Hoffen, Ich weiß, daß ich interpretiere. Aber nur wenige Bilder, die ich aus Hölderlins Umgebung kenne, sind mir so nahe. Ich möchte ihn in Bewegung sehen, beim Reden zuhören, beim Zuhören zuschauen. Als einen »herrlichen Mann« beschreibt ihn Hölderlin. Er muß es gewesen sein. Stäudlin verdiente sich sein Geld als Advokat. Auf eigene Kosten gab er Almanache heraus, in denen er »Talente des Landes« versammelte. So wurde er zum »Oberpriester der schwäbischen Musen«, in seinem Einfluß auf die jungen Dichter Schubart ebenbürtig. Stäudlin setzte auch, nach dem Tode Schubarts, dessen »Vaterländische Chronik« fort, allerdings schärfer und ganz auf die Sache der Revolution setzend. Dies führte dazu, daß er, Carl Eugen war eben gestorben, von dem neuen Herzog des Landes verwiesen wurde. In Mainz versuchte er sich als politischer Journalist zu etablieren. Es gelang ihm nicht. 1796 ertränkte er sich im Rhein bei Straßburg.

Es ist eines jener Leben, das mit all seinen Auftrieben und Verzweiflungen eingeht in Hölderlins Gedächtnis.

Er wird Stäudlin auch später nicht vergessen, sich eher erinnert haben an seinen schönen Zorn, wie er die Menschenrechte vortrug oder mit ihm von Griechenland schwärmte, wie sie über seine Gedichte redeten, die Stäudlin dann in drei Almanachen druckte.

Hier hatte er einen Freund, der ihn das erstemal ausschließlich auf dem Weg förderte, den er zu gehen sich vorgenommen hatte. Und es war der erste in einer Reihe von Freunden, die ihre Existenz in der Politik aufs Spiel setzten, für die dieser Aufbruch nicht allein Frankreich galt, sondern der ganzen Menschheit.

In den Gesprächen wird sich vieles vermischt haben: Die gemeinsame Zuneigung zu Griechenland, der antiken Landschaft, dem Götterhimmel und seinen edel gesehenen Gesetzen; die gegenseitige Prüfung eigener Arbeiten; Mitteilungen über Lektüre,

daß er, wie die anderen, Rousseau für sich entdeckt habe; Nachrichten aus den Zeitungen: am 26. August waren die Menschenrechte erklärt worden.
Die Freunde nahmen es ihm nicht übel, wenn er sich nicht selten
ihren Umtrieben entzog, nicht zuhörte, oder wenn er es vermied,
im politischen Gespräch allzu deutlich zu werden. Er war es oft
genug. Sie kannten längst seine Furcht, als Täter auftreten zu
müssen.

Im späten Herbst beginnt das neue Semester. Griechisch, He-
bräisch und Logik stehen nicht mehr auf dem Lehrplan. Die Stipendiaten hören jetzt Physik, Metaphysik und Moral.
Neuffer ist krank, darf zu Hause bleiben; Hölderlin ist mit
Magenau allein.
Die Einsamkeit tut ihm für Tage wohl, in »einigen glücklichen
Stunden« arbeitet er an einer Hymne auf Kolumbus, den Entdek-
ker, den er ins Mythische entrückt. Das Gedicht geht verloren,
das Thema kehrt wieder, dreizehn Jahre später, in Nürtingen und
Homburg, in jenem Entwurf auf »Kolomb«, der an der Sprache
zerrend, Weite einholen will und, als erinnere sich der früh Ge-
alterte an das flüchtige Wohlgefühl des schreibenden Studenten,
sich wünscht, »der Helden einer zu seyn / Und dürfte frei, mit der
Stimme eines Schäfers, oder eines Hessen, / Dessen eingeborner
Sprach, es bekennen / So wär' es ein Seeheld.«
Am Nachmittag des 5. November besuchen Herzog Carl Eugen
und Franziska von Hohenheim das Stift. Die Herrscher haben
die Zeichen verstanden. Sie kommen, das befürchtete Feuer
auszutreten. Die Stipendiaten aller Jahrgänge, Repetenten und
Professoren werden zusammengerufen. Das Landesherr erklärt
nachdrücklich dem Ephorus und den Repetenten ihre Pflichten,
sodann verteilt er Prämien und Tadel. Vor ihm werden die
Examina abgelegt, Hölderlins Jahrgang wird »über das Dasein
Gottes« geprüft.
Der herzogliche Auftritt läßt sich spielen nach einem überliefer-

ten Text. Man hat sich alles unter Zeitdruck zu denken, und alle, außer dem fürstlichen Paar, bewegen sich devot, buckeln und dienern, führen ihre feinen Leistungen vor. Carl Eugen und Franziska werden von Schnurrer samt Anhang im Klosterhof empfangen, sind jedoch derart in Eile, daß sie das Komitee zur Seite wischen und sich ohne Aufenthalt in den Speisesaal begeben, wo alles sich bereits versammelt hat.

Alle erheben sich.

Der Ephorus ist außer Atem, versucht gleichwohl hinterm Rükken des Fürsten zu dirigieren.

Der merkt es, wendet sich den Repetenten zu und fragt noch ohne Süffisanz: Kennen die Herren Repetenten auch ihre Pflichten?

Im Chor tönt es zurück: Ja.

Wissen die Herren auch, fragt er weiter und mit erhobener Stimme (denn nun braucht es patriotisch anrührendes Pathos), welchen wichtigen Einfluß ihr Amt nicht nur auf das Wohl meines Stiftes hat (er betont die Besitzanzeige, macht sich mit diesem einen Wörtchen alles lebende und tote Inventar zu eigen), sondern auch auf das ganze Vaterland?

Der Chor erwidert: Ja.

Wissen die Herren auch, daß sechshunderttausend Seelen – soviel habe ich in meinem Land (und er verfügt nicht nur in Worten über sie) – treue Seelsorge von ihren Händen erwarten?

Der Chor bejaht.

Der Landesherr wendet sich dem Ephorus zu: Nicht wahr, Herr Ephorus, die Repetenten können Ihm auch die Arbeit erleichtern?

Ja, antwortet der Ephorus.

Der Herzog ruft den Repetenten Bardili zu sich: Wenn Er einen schlechten Menschen bessern will, nicht wahr, Er warnt ihn zuerst liebreich? Und wenn dies nichts nützt, schreitet Er zu Strafen?

Und damit die Szene gespannt bleibe, gleich wieder zum Ephorus: Nicht wahr, Herr Ephorus, die Repetenten können auch einschreiben?

Ja, antwortet der.

Der Herzog ruft den Stipendiaten Sartorius zu sich: Nun höre Er, mein lieber Herr Sartorius! Wenn Ihm ein Herr Repetent das sagt, so ist's ebenso viel, als wenn ich's sage: Der Repetent ist in meinem Namen da – und (jetzt wird seine Rede rasch und drohend) wenn der Repetent nicht auskommen kann, so sagt er es dem Inspektorat – dies meinem Consistorio – und mein Consistorium sagt es mir.

Alle vierzehn Tage sollen »die schuldhaft Erfundenen« dem hohen Herrn gemeldet werden.

Auf den Stuben zurück, flüstern sie miteinander, manche sind sogar gegeneinander argwöhnisch.

Neuffer fehlt ihm. So schieben sich die Mauern wieder um ihn zusammen, er möchte ausbrechen. Nichts ist von der hohen Stimmung des Sommers geblieben, die Heiterkeit der gemeinsamen Ausflüge auf Thills Spuren liegt weit zurück. Er schreibt. Beklagt in einem Brief an die Mutter den »immerwährenden Verdruß, die Einschränkung, die ungesunde Luft, die schlechte Kost« auf dem Stift, spricht von »Mißhandlungen, Druck und Verachtung«. Wiederum bittet er, das Stift verlassen und sich dem Jurastudium zuwenden zu dürfen: »Ist meine Bitte Schwachheit, so haben Sie Mitleiden mit mir; ist meine Bitte vernünftig und überlegt, o so lassen Sie uns nicht durch allzuängstliche Zweifel an der Zukunft abgehalten werden, einen Schritt zu tun, der Ihnen vielleicht im späten Alter noch so viele Freuden macht.« Dieser Brief ist nur die Fortsetzung zermürbender Zwiste zwischen Mutter und Sohn. Es wird ihm auch in dem folgenden Krankenurlaub und in den Herbstferien nicht gelingen, sie umzustimmen.

Des isch e vorgezeichneter Weg, Fritz. Den haben wir eingeschlagen und den mußt du gehen. Die paar Jahre.

Du verstehst mich nicht.

Das kann sein.

Das alles bringt mich um.

Du bist exaltiert. Das bessert sich. Glaub mir's. Das war doch oft schon so.

Er rennt aus dem Haus, Verwünschungen gegen die Mutter murmelnd, schämt sich später. Aber er schreibt auch Gedichte, in denen der Haß sich nicht mehr maskiert, die unverhohlen auf die fürstlichen Pressionen antworten: »Elender Tor! Schon schleichet der Tod in dir, / Es naht, Tyrann, der furchtbaren Rache Tag, / Er naht mit schröcklich leisen Schritten, / Daß er dich hin vor den Richter schmettre! // Wie da der große Geist um den Thron sich krümmt / Mit heulendem Gewinsel Erbarmung fleht! / Hinweg! Tyrannen keine Gnade! / Ewige Rache den Völkerschändern!«

Die Erregung versuchte sich in Hohn und Drohung zu lösen. Wörter, die sie fast täglich hörten, Wörter wie Völkerschänder, wurden aus der eigenen Anschauung faßbar und brauchbar. Dazu kam die individuelle Not, er wußte, daß es ihm an Kraft fehlte, ohne Verlust an Leib und Seele durchhalten zu können. Für seine Freunde war er ein Empfindsamer, allzu schnell Verletzter, den es zu schützen galt. Für Fremde ein hochmütiger Student, der auf seine Privilegien pochte.

II *Die vierte Geschichte*

Er geht die Münzgasse hinunter, zum Stift hin. Der Kopf schmerzt ihm, schon seit Tagen. Oft hat er das Gefühl, daß der Schmerz von einem über seinem Schädel schwebenden Punkt ausstrahle. Manchmal entfernt sich dieses Zentrum seiner Leiden ein wenig, meistens ist es sehr nah. Er hat dem Schmerz davonlaufen wollen oder ihm sehr ruhige Gedanken entgegengehalten. Vergebens. Er weiß, diese Pein würde ohne sein Zutun verschwinden und ebenso grundlos wiederkehren. Es dämmert schon, vom Neckar steigt Nebel hoch. Ihm ist kalt. Vor ihm geht ein Mann, dessen Name und Beruf er kennt. Er heißt Majer, ist Hilfslehrer an der Mädchenschule. Er kann den Mann nicht ausstehen. Denn wann immer man ihn trifft, grinst er höhnend, zieht nicht, wie es sonst der Brauch ist, vor den Stipendiaten den Hut. Eigentlich ist ihm solche Mißachtung gleichgültig. Die Schmerzen wollen es anders.

Der Mann geht vor ihm her. Er beeilt sich, den Provisor einzuholen. Er ist auf seiner Höhe, Majer sieht ihn von der Seite herausfordernd an, grinst, grüßt nicht, zieht nicht den Hut.

Hölderlin sagt: Des wirsch lerne, Provisor. Er schlägt dem Mann den Hut vom Kopf.

Er hatte nicht erwartet, daß der Angegriffene sich widersetzen würde; aber der liest, wieselflink, seinen Hut auf, bleibt neben ihm, sagt: Halt, i geh glei mit. I möcht Euch beim Ephorus azeige.

Es sei ihm recht, antwortet Hölderlin.

Sie erreichen das Stift, gehen über den Hof der alten Burse, doch vorm Ephorat trennt sich Hölderlin von Majer, der ihm nachruft, wie er denn heiße.

Er erhält die ruhige Antwort: Hölderlin.

Majer wird sogleich vom Ephorus vorgelassen, berichtet die seltsame Geschichte, der Ephorus versichert ihm, er werde, nicht zuletzt weil er an einer öffentlichen Schule tätig sei, Genugtuung bekommen. Allerdings habe er künftig den Hut vor den Stipendiaten zu ziehen, wie es sich gehöre.

Majer verspricht es.

Nach dem Abendessen bittet Schnurrer Hölderlin zu sich.

Ob diese Sache zutreffe?

Ja, so sei es gewesen. Jedoch habe der Provisor die Stipendiaten schon lang geärgert. Er habe nicht zum ersten Mal den Gruß unterlassen.

Weshalb er denn jetzt, unverzeihlicher Weise, ausfällig geworden sei?
Das hätten die Tage so mit sich gebracht.
Das kann ich nicht verstehen.
Es ist auch nicht zu erklären.
Ich will nicht in Ihn dringen, sagt Schnurrer.
Hölderlin wird aus dem Gespräch entlassen, erfährt später die Strafe. Er hat sechs Stunden Karzer abzusitzen.

III *Neue Freunde*

Ich weiß, was in diesem Jahr, 1790, auf ihn wartet. Er weiß es nicht. Ich bemühe mich zu erinnern wie er, ihn Schritt für Schritt zu begleiten, aber mein Gedächtnis, das seines sein will, reicht eben nach vorn, bis zu seinem Ende. Das läßt ihn zur Kunstfigur werden. Wie oft schreibe ich »später«, verweise auf seine Zukunft, die für mich geschriebene Vergangenheit ist. Wenn er »später« sagte, zielte er ins Ungewisse. Kierkegaards Erläuterung der Wiederholung umfaßt diese Spannung zwischen den beiden Erinnerungen am ehesten, der des Erzählenden und der des Erzählten: »Wiederholung und Erinnerung sind dieselbe Bewegung, nur in entgegengesetzter Richtung. Denn was da erinnert wird, ist gewesen, wird nach rückwärts wiederholt, wo hingegen die eigentliche Wiederholung nach vorwärts erinnert wird.«
Neuffer ist fürs erste der gute, belebende Geist. Er sorgt mit Magenaus Unterstützung für die Einhaltung der Bundesrituale, denn Hölderlin schickt sich nicht immer in die ihm aufgegebenen Pflichten, ist mitunter wehleidig und verstimmt. Die »Capricen« des Freundes machen den beiden anderen anscheinend häufig zu schaffen; läßt er sich freilich auf das Spiel ein, so ist es sein Feuer, das die Freunde zum Schwärmen bringt.

An jedem Wochenbeginn wurde einer der drei zum Aldermann gewählt, dem es aufgetragen war, ein Thema für eine »ästhetische Abhandlung« zu finden, über das jeder, auch der Auftraggeber, arbeiten mußte. Donnerstags traf man sich dann, die Arbeiten wurden besprochen, korrigiert, Gedichte vorgetragen. Alles, was sie geschrieben hatten, bewahrten sie auf. Es war Material für die Geschichte ihrer Freundschaft, die ihnen unvergänglich erschien. Viele Male versicherten sie einander Treue auf Dauer.

Meistens trafen sie sich außerhalb des Stiftes, vor dem Gespött neidischer Studenten sicher, auf dem Österberg oder im Wankheimer Tälchen, oder sie kehrten ein zu Wein und Most.

Im »Lamm« waren sie Stammgäste.

Er hatte, als Aldermann, aufgefordert, über die »Würde« als nächstes Thema nachzudenken.

Wenn er an die Menschenrechte denke – aber die Würde, sagt Neuffer, dürfe niemandem, auch dem Herrscher nicht, abgesprochen werden.

Der freilich über Würde und Unwürde gebietet, wie es ihm eben einfällt.

Du bist ein Enragé, Hölder.

Meinst du nicht, Neuffer, daß man erst einmal über die Würde derer nachdenkt, die auf oberstes Geheiß keine haben dürfen?

Magenau hält sich zurück. Einmal sagt er: Jedes Menschen Würde werde im Laufe des Lebens verletzt, oft ohne Wissen dessen, der so schlecht handle.

Aber Würde ist doch mehr!

Wie meinst du das?

Es ist eben aus dem Ganzen zu denken, verstehst du, sie ist nicht nur ein Ideal, eine Auszeichnung. Sie kann auch etwas sein, das den Menschen gleich sein läßt, und das ihm verbürgt ist durch Recht und Gesetz.

So wie in Talleyrands Menschenrechten?

Nicht Talleyrand – in den Menschenrechten der Revolution.

Du bist unverbesserlich, Hölder.

Ich bin's nicht. Wir wissen's doch. Wir haben es doch schon einmal erfahren. Bei den Griechen. Da war die Würde eine selbstverständliche Antwort des Menschen auf die Götter – oder nicht?

Den ersten Aldermannstag, das Fest ihres Bundes, feierten sie am 9. März 1790. Zweimal begehen sie es noch danach. Sie weihten das Bundesbuch ein, in das jeder ein Gedicht »seiner Muße« schreiben mußte, Hölderlin das Lied der Freundschaft, das er, ehe die anderen es lasen, voller Leidenschaft rezitierte, als einen Aufruf zur Gemeinsamkeit: »Frei, wie Götter an dem Mahle, / Singen wir um die Pokale, / Wo der edle Trank erglüht, / Voll von Schauern, ernst und stille, / In des Dunkels heilger Hülle / Singen wir der Freundschaft Lied.« Das hört sich nach Männerbund an, romantischem Gelage, Liedertafel – und von alledem ist die Phantasie der Freunde auch angeregt, nur hat der hochfliegende Sinn Hölderlins, seine Sehnsucht nach der idealen Existenz, diesen engen, freundlichen Zirkel immer wieder durchbrochen.

Es war im Sommer desselben Jahres. Magenau hat den Nachmittag geschildert. Er sagt, es sei ein überaus heiterer Tag gewesen. Sie hatten sich im Garten des Lammwirts verabredet, droben am Österberg. In dem Pavillon, dem »niedlichen Gartenhäußgen«, war alles bereits vorbereitet, Wein und Brot, und gegen Abend sollte ein Punsch aufgetragen werden. Sie alberten, ihr Gelächter klang bis ins Tal, in die Stadt. Man wußte, oben im Wirtsgarten feiern die Studenten. Es waren jene Augenblicke, in denen sie sich aufgehoben und mächtig fühlten. Keiner wäre imstande, ihr Einverständnis zu brechen, und ihren Übermut genossen sie.

Woisch, Neuffer, jetzt könnt i in hohem Boge d'r Berg nonter bis in dc Neckar brunze.

Tu's doch!

Es isch z'weit.

Noi, er kann's net.

Später. I brauch no a Viertele.

Sie sangen. Die schmalen Fenster des Gartenhauses standen offen, die warme Luft war vom Abendwind ein wenig bewegt.

Jetzt solle er gehen und den Punsch holen.

Magenau versicherte, so rasch wie möglich wieder zurück zu sein. Saufet inzwischen net z'viel Wei!

Er wußte jedoch, daß nun, vor dem Höhepunkt gemeinsamer Glückseligkeit, nach Hölderlins Vorstellung Stille herrschen sollte.

Das war sein Ritual.

Neuffer räkelte sich auf dem Sofa; Hölderlin sah aus dem Fenster, die Landschaft vor sich, die ähnlich wie auch in Nürtingen seinen Blick beruhigte – die in Bläue aufgehenden Hügel und Berge, Neuffen, Jusi, Achalm, Hohenzollern, Raichberg und der von Bäumen gesäumte Neckar; ganz zur Rechten das Schloß.

Der Magenau kommt, sagt er.

Neuffer steht auf, tritt neben ihn, sie sehen beide dem Freund zu, wie er die Gartenstaffel hochsteigt, vorsichtig die dampfende Schüssel vor sich hertragend. Sie öffnen ihm die Tür, geleiten ihn feierlich zum Tisch. Gemeinsam gehen sie dann durch den Garten, den vorgeschriebenen Weg, aus dem Garten hinaus, bis zu einem Brunnen, dem »Philosophenbrunnen«, den Hölderlin zum »Kastalischen Quell« ernannt hatte. Er achtete darauf, daß sich die Freunde Gesicht und Hände in dem eiskalten Wasser wuschen, tat es dann selbst. Sie trockneten sich nicht ab; das war verboten. Mit von der Kühle gereinigten Gesichtern gingen sie zurück zum Häuschen, hoben die Gläser, und auf ein Zeichen Hölderlins begannen sie Schillers »Lied an die Freude« zu singen. Neuffer hatte es, als es vor Jahren in der »Thalia« erschienen war, abgeschrieben; Hölderlin hatte die Hymne erst auf dem Stift kennengelernt. Seither galt sie ihm »als heiliges Lied«.

Ihre Emphase drängte sie, laut zu werden. Magenau erzählt später, bei der Strophe, die dem gemeinsamen Pokulieren gilt, »Freude sprudelt in Pokalen«, habe Hölderlin, Tränen in den Augen, den Becher aus dem Fenster gegen den Himmel gehalten und »dieses Glas dem guten Geist« mit einer Macht gebrüllt, daß das ganze Neckartal davon widergehallt habe.

Es sind Stimmen und Stimmungen aus der Zeit. Schon Schillers Lied, in dem Männerbund und Männerfreundschaft sich fast lächerlich verquicken, in dem gleichsam als Ursprung für eine weltumspannende Empfindung die Liedertafel gelten könnte, schon dieses Lied entspricht den Emotionen der Jungen ganz. Sie brechen auf. Aber sie schleppen verständlicherweise viel mit. Nicht zuletzt alles, was ihnen anerzogen wurde und worin sie sich, selbst im Aufbegehren, sicher finden. Das Vaterländische, das Teutsche, so sehr es hernach noch als zeitlos interpretiert wird, hat einen realen Hintergrund. Der dritte Stand ist noch ausgeschlossen. Er wird aber davon profitieren. An diesem frühen Abend jedoch, an dem ein Student das Gefühl des Augenblicks über die Welt verströmen will, sind nicht viele dem Zeitgeist nahe.

Der isch außer sich, sagt Magenau, manchmal isch m'rs fast z'viel.

Laß en no, 's isch sei Genius, sagt Neuffer.

Aber sie betrachten ihn wie einen, der aus ihrer Mitte nach vorn getreten ist, an die Rampe, vor ein Publikum, das sie noch nicht kennen und vor dem sie sich uneingestanden fürchten.

Ich sehe sie durch den Hof vor der alten Burse kommen, entlang der Mauer, die aus den Gärten am Neckar aufsteigt. Der Abend ist lau. Sie gehen, schweigsam, durch das steinerne Tor ins Stift, aneinandergedrängt, als schämten sie sich ihrer großen Gefühle.

Die Tübinger Jahre müssen sich im nachhinein in seinem Gedächtnis verkürzt haben zu einer Reihe dauerhafter, sein Leben bestimmender Bilder. Er war, trotz aller »Capricen«, noch im Lot. Nach den Aldermännern kam die Freundschaft mit Hegel und Schelling, vor allem die Verbindung zu Stäudlin und seiner Familie, die sich weitenden Beziehungen, der erste Ruhm.

Der Druck des Herzogs aufs Stift wird immer stärker. Neue Statuten werden vorbereitet. Der Stipendiat Rümelin wird »wegen schlechten Verhaltens« entlassen. Verweise werden erteilt, die auch Hölderlin treffen. Der Primus Renz muß in den Karzer. Alle diese Maßnahmen können die wachsende Unruhe nicht dämpfen. Carl Eugen hofft es. Auf der Carls-Schule herrscht Grabesruhe. Sie steht unter der täglichen Fuchtel des Herrschers. Tübingen ist weit entfernt. Da helfen ihm Consistoriumsmitglieder ebenso wenig wie die eingesetzten Spitzel, die Horcher und Flüsterer.

Ich hatte angenommen, daß Hölderlin in den beiden ersten Jahren mit Neuffer eine Stube teilte, die Aldermänner ohnedies zusammen waren, doch aus Einträgen im Stipendiaten-Taler-Register läßt sich nachweisen, daß er auf der »Rattensphäre«, wahrscheinlich schon gemeinsam mit Hegel, gewohnt hat. Sie waren direkt in der Benennung ihrer Behausungen. Ratten wird es überall gegeben haben, doch ihr Trakt lag über dem Neckar, und dort werden die Ratten im Graben, nachts, geraschelt und gequietscht haben, die Studenten das Fürchten lehrend.

Es ist kaum verständlich, weshalb Hegel, der sein Stubengenosse war, nicht in den Freundesbund einbezogen wurde. Vielleicht hatte sich Hölderlin darüber geärgert, daß die vom Stuttgarter Gymnasium kommenden Hegel und Märklin bessere Zeugnisse als er hatten und ihn deshalb vom sechsten auf den achten Platz verdrängten. Vielleicht mißfielen Hegel auch die Schwärmereien der Aldermänner.

Viele der Stipendiaten lernten nicht so, wie es der Ephorus, einige Professoren und der Landesherr sich wünschten. Sie bequemten sich nicht der Orthodoxie an. Eben weil ihnen – und das wußten sie – auf den Seminaren jeglicher neue Gedanke vorenthalten worden war, nahmen sie jede Anregung von außen auf. Zwei Repetenten hatten auf diese Entwicklung beträchtlichen Einfluß: Conz und Diez.

Karl Philipp Conz war Stiftler gewesen und mit dem Eintritt Hölderlins Repetent geworden. 1791 verließ er das Stift, hielt aber

Kontakt. Er konnte geradezu halluzinatorisch über Griechenland reden, ging auf in der alten Mythologie und Dichtung. Oft verhaspelte er sich in seinen Vorlesungen, geriet ins Stottern, vermochte Sätze nicht zu vollenden, wedelte hilflos mit den Armen, überdies auch als Erscheinung wunderlich, klein und feist, das Gesicht aus Wülsten von Speck, aus denen wasserhelle Augen brannten – die Studenten liebten ihn, denn er lebte, was er dachte. Oder: Er lebte aus dem Denken. Seine Gedichte kannten sie – und weil er in seiner Kindheit ein Spielgefährte Schillers gewesen war, hatte er schon darum mythischen Rang für sie.

Einer, der sich schwer bewegt, der seinen Geist ausschicken muß, um Bewegung zu haben. Er liest über die Tragödien des Euripides, läßt sich von seiner Eingebung tragen, beschreibt, ein Reisender nur in Phantasie, wie auch sein Hörer Hölderlin, die Schönheit Griechenlands: »Was mich am meisten dann anzieht, sind entweder die kolossalischen Schönheiten der Morgenwelt, oder mehr und öfter die großen Anfänge der Menschenkraft unterm schönen jonischen Himmel, auf jenen lieblichen Insuln, im Lande, das die Mutter Cytherens ward, weil es das Land der Schönheit und ihr großer allgemeiner Altar – war, ich meine – *Griechenland.*« Dieser Enthusiasmus packt die nur um wenig Jüngeren. Aus dem Lehrer wird ein Anstifter. Nicht, daß er wie Diez, der Kantianer, die politische Stimmung unmittelbar beeinflußte, da ist er allzu sehr ins Schonvergangene versponnen, aber gerade durch den Vergleich mit der Gegenwart, die Beschreibung gelebter Menschlichkeit, fördert er das Aufbegehren. Was er, nachdem er Tübingen verlassen hatte, hinter sich brachte, war eine gute Stiftlerlaufbahn: Erst Bildungsreisen, dann Diakon in Vaihingen an der Enz und in Ludwigsburg, endlich, ab 1804 Professor für klassische Literatur und Beredsamkeit in Tübingen, wo er Hölderlin, der nur wenige Jahre später auf seine Weise in die Stadt zurückkehrte, im Zimmerschen Haus besuchte.

Er schart eine kleine Gruppe um sich, Kenner und Eiferer. Sie trinken, rauchen, kommen sich als Auserwählte vor, als Fortgeschrittene.

Er atmet schwer, schwitzt, wischt sich dauernd mit einem Tuch das Gesicht.

Aber hier, auf dem Zimmer, vor wenigen, stottert er nicht, redet im Zusammenhang, setzt die Vorlesung fort, läßt sich auf Unterhaltungen ein, fördert die Leidenschaft seiner Hörer.

Sie reden, mitunter wirr durcheinander, über die Hekuba des Euripides, daß es hier allein um die Mutter gehe.

Ums Mutterbild.

Wesentlich aber auch um Agamemnons Schuld.

Den mag i net, sagt Hölderlin.

Wen? Den Agamemnon?

Nein, ich meine den Euripides. Mir sind Aischylos und Sophokles lieber. Die sind härter. Und wirklicher.

Was er unter »wirklich« verstehe?

Daß die Beziehungen schrecklich deutlich werden.

Das geschehe auch bei Euripides.

Des find i net.

Und was ist mit dem? Neuffer zieht einige Blätter aus der Tasche, faltet sie auseinander, fängt pathetisch an zu lesen: »Ich leide mit um deinen Sohn, und dich, / Um deines Schicksals willen, Hekuba, / Und reiche gnädig meine Hand, und will, / Daß um der Götter willen, kraft des Rechts, / Der böse Gastfreund dir die Strafe zahle.«

Des isch guet!

Conz ruft: Von wem ist das?

Vom Hölderlin, sagt Neuffer, legt, betont, die Blätter wieder zusammen, steckt sie ein. Der hat's übersetzt.

Und du magst ihn nicht?

Bei Diez ist es anders. Er handelt mit Schmuggelgut. Die Lektüre Kants war im Stift lange Zeit verboten. Und gelehrt werden durfte Kant weiterhin nicht. Diez verbreitete sie in abgeschriebenen Auszügen und vor allem in Gesprächen. Kants Bücher wurden von den Studenten gekauft. Fraglich ist, ob sie die Bücher auf ihren Zimmern aufbewahren konnten, ob sie nicht zu jenen verdammten Lesegütern gehörten, die sie unten am Neckar unter Steinen versteckten. So erzählt man es sich heute noch.

Carl Immanuel Diez, vierundzwanzig Jahre alt, kaum älter als die Studenten, und als Repetent längst nicht so angesehen wie Conz, gab schon 1792 die Theologie auf und wurde, wie sein Vater, Mediziner.

Noch aber entfesselte er als ein Advokat der Aufklärung Diskussionen. Kant war für ihn ein Messias. Und er meinte es ernst. In zahlreichen Aufsätzen, in denen er Kant auslegte, sich entschieden gegen die orthodoxen Professoren wendete, versuchte er die Studenten zu bestimmen. Es ist sicher, daß Hegel, Schelling und Hölderlin mehr oder weniger unverhohlen zu seinen Anhängern gehörten, wenn auch sein Rivale Conz ihn schmähte. Er vereinfache, er habe sich zu entehrenden Äußerungen hinreißen lassen, wie dieser: Kant sei der Weltbeglücker, Jesus hingegen ein Betrüger. Das sei Sprengstoff fürs Stift.

All dies geschah unter dem Mantel der Geheimhaltung, denn hätte das Consistorium oder der Herzog von Diezens Umtrieben Kenntnis bekommen, wären er und einige seiner Treuen unverzüglich vom Stift entfernt worden.

Ein Famulus weckt Hölderlin und die anderen neuen Stubenkameraden. Es ist fünf. Der Tag deutet sich noch nicht einmal an. Es ist der erste Tag der Herbstferien, der 23. September 1790. Seit gestern ist er Magister. Er hat über all diesen Pomp der Verleihung und die Nutzlosigkeit der Würde gespottet; die fast einen Monat dauernde Prüfungszeit hat ihn erschöpft. Er will so rasch wie möglich nach Hause, das Stift hinter sich lassen. Er kann morgens nicht reden. Er kleidet sich an, trägt die Sachen zusammen, die er mitnehmen will, rollt und schnürt sie zum Bündel. Es ist möglich, daß er sich an die vergangenen Monate erinnert, daß seine Gedanken eigentümlich hastig, fahrig sind. Nein, es war nicht alles widrig gewesen, nicht die Gemeinsamkeit mit Neuffer und Magenau, die herzliche Aldermännerei, nicht die endlosen Debatten über Kant, auf den er durch Diez gekommen war und den er für sich gewonnen hatte, nicht einmal die Vorlesungen von Conz oder Flatt oder Bardili, dessen Pantheismus ihn anrührte und von dem er auf Leibniz hingewiesen worden war – er hatte, sogar gegen den Widerstand Neuffers und Magenaus, in den letzten Monaten denken gelernt, philosophieren, hatte erfahren, wie der Gedanke und das Sein der Dinge zueinandergehören, wie die Vernunft zum Gradmesser der Existenz werden kann. Also hätte sich ja alles lohnen können. Aber da waren der Drill, die Mißgunst und vor allem die Enge der Lebensführung, die ihm das Vergnügen an der Arbeit verleideten.

Dann hatte er, im Sommer, Elise kennengelernt, die Tochter des Universitätskanzlers Lebret. Sie hatte ihm gefallen. Freilich ging er mit ihr mehr in seiner Phantasie um, da er sie kaum sah, und wieder idealisierte er sie, wie Louise. Sie wurde zu seiner Lyda: »Daß ich wieder Kraft gewinne, / Frei wie einst und selig bin, / Dank ich deinem Himmelssinne, / Lyda, süße Retterin!«

Er hatte sich vorgenommen, die Prüfungen gleichmütig zu überstehen. Es war üblich, daß zu Beginn kleinere Gruppen Dissertationen, die von Professoren geschrieben worden waren, verteidigen mußten. Der Professor leitete zugleich die Disputation. Zu Hölderlins Erleichterung und zu seinem Stolz – denn es waren nicht die schlechtesten aus seiner Promotion – zählten, neben ihm, zu seiner Gruppe Hegel, Autenrieth und Fink. Die Auseinandersetzung war öffentlich. Er war, gegen seinen Vorsatz, sehr aufgeregt. Hegel mußte ihn beruhigen. Außerdem brachte die Prüfung eine Menge Ausgaben mit sich, das Geld fehlte ihm, und er hatte die Mutter um Hilfe bitten müssen.

Ihr Professor war Bök. Sie schlugen sich offenbar gut. Zwei Wochen später disputierte die ganze Promotion mit dem Ephorus Schnurrer über die Apostelgeschichte und über die Psalmen. Schnurrer hatte die Eigenart, nicht den Studenten die Verteidigung der Thesen zu überlassen, sondern höchst eigen sich einzumischen und seine Ansichten zu »defendieren«.

Beim folgenden »Thesenschmaus«, zu dem, damit er halbwegs reichlich ausfalle, die Stipendiaten aus eigener Tasche beisteuern mußten, hatte er sich betrunken.

Längst waren sie geübt in der Verteidigung von Thesen. Fast täglich hatten sie anzutreten. Die Thesen Röslers, Pfleiderers, Bloucquets.

Karl Reinhard, der große Anhänger der Französischen Revolution und später Diplomat Napoleons, einer der Vorgänger Hölderlins am Stift, hat die Plage anschaulich wie kein anderer beschrieben: »Zwanzig bis dreißig Kandidaten stehen vier Stunden lang in einer dreifachen Reihe auf dem Katheder aneinandergereiht, wie Ruderknechte und fächeln sich die Langeweile mit dem Bogen Papier, auf dem die Thesen gedruckt stehen.«

Hast du die Geschichte vom Conz gehört?

Welche? Der macht viele Geschichten.

Sie hätten ihn im Wald bei Bebenhausen getroffen, er habe sie nicht wahrgenommen, denn er habe lauthals mit den Göttern geredet über das gesegnete Dasein auf den Inseln.

In dem dicken Kerl steckt eben doch ein Seher.

Am 22. September wurde die Magisterwürde an seine Promotion feierlich verliehen. Die Einladung dazu war in der Aula öffentlich angeschlagen. Schaulustige waren erwünscht, wenn Professoren, Repetenten und Studenten in feierlichem Ornat in die neue Aula einzogen. In der Reihenfolge, die ihnen die Zeugnisse vorschrieben. Renz wieder als erster. Hölderlin, der beiden Stuttgarter wegen, als achter. In seinem Lebenslauf für die Promotionsliste hatte er den »zweiten Vater« nicht erwähnt, jedoch Kraz, der mittlerweile Pfarrer in »Supra Ensingensi«, in Oberensingen, war und den einstigen Helfer, Köstlin. Die Ersatzväter drängten in seinem Gedächtnis nach vorn.

Die Prüflinge hatten es hinter sich. So entspannt wie sie waren, ergriff sie nun doch die Feierlichkeit.

Jetzt rührt's mi doch.

Sei still, Fink, schwätz net.

Sie werden einzeln aufgerufen, erhalten ihren Magisterbrief und werden, nach Vorschrift, in die Promotionsliste eingetragen.

Der Magister Hölderlin.

Er wird den Titel selten gebrauchen.

Und wenn er als Magister angeredet wird, untersagt er's mitunter. Das habe keine Bedeutung.

Später, in seinem Turm, war ihm die Anrede Bibliothekarius die liebste.

Die erste, die schwierigste Stufe war genommen. Nach den Ferien wird die Theologie in der Lehre den Vorrang haben. Andererseits ist ihnen als Magister mehr Freiheit gewährt.

Bist du fertig, fragt er den noch schlaftrunkenen Bilfinger, hast du gepackt?

Es ist Tau gefallen. Die Luft ist feucht. Von Neuffer und Magenau hatte er sich verabschiedet. Hegel hatte sich ihm zuerst anschließen wollen, dann aber doch von einem Wagen erfahren, der ihn anderntags nach Stuttgart bringen könnte, zu einem annehmbaren Preis. Sie gehen über den Hof, durchs Tor, wo sie sich sonst vor gemeinsamen Ausflügen versammeln.

Unterwegs, auf dem Weg über Lustnau durchs Neckartal, reden sie kaum miteinander. Bilfinger ist, seitdem Hölderlin sich von ihm abgewandt und den Aldermännern angeschlossen hat, verstimmt geblieben.

Auf der Neckarbrücke vor der Stadt fragt er Bilfinger, ob er sich nicht bei einem Vesper erholen wolle, auch die Familie werde sich freuen, die Mutter, Karl und Rike, aber Bilfinger schlägt die Einladung aus. Die Zurückhaltung des alten Freundes schmerzt ihn.

Er muß von der Prüfung, der Magisterfeier erzählen. Alle sind neugierig. Köstlin ist zu Gast. Hölderlin überbietet sich im Ausschmücken der verachteten Prozeduren. Das Gelächter spornt ihn an.

Er habe die Angelegenheit wohl nicht übermäßig ernst genommen.

Doch doch, nur müsse man ihm schon den Spaß erlauben.

Wenn's dem Herrn Magister behagt.

Laß Er doch die Anrede bitte, Herr Diakonus, für Ihn bin und bleibe ich der Fritz.

Den größten Teil seiner Zeit verwendet er für Karl, der inzwischen als Skribent am Rathaus zu arbeiten begonnen hat und aus seiner Unzufriedenheit keinen Hehl macht. Im Frühjahr war der Bub konfirmiert worden, und Hölderlin hatte in einer improvisierten Rede, sich seiner Konfirmation erinnernd (auch Köstlin waren manche Einzelheiten des Festes wieder eingefallen: Woisch no, des Büchle vom Hiller?), nicht nur aus schlechtem Gewissen, sondern aus brüderlicher Zuneigung für Karl, versichert, er werde für dessen geistige Ausbildung sorgen. Was er auch über Jahre tat, freilich nicht ahnend, daß der Bruder aus eigener Kraft vorankommen und später ähnliches Ansehen genießen werde wie der Vater Gok. Oft gehen sie miteinander spazieren, auf den Galgenberg, den Säer und gelegentlich auch zur Ulrichshöhle, wo der Jüngere jedesmal davon schwärmt, wie der Fritz ihm den Klopstock vorgelesen habe. Das ungleiche Paar ist in der Stadt wohlbekannt, die Buben von der Gokin.

Die Mutter verwirrten die Ereignisse in Frankreich sehr, und an den Abenden unterhielten sie sich, meist in größerem Kreis, über deren mögliche Auswirkungen.

Daß das Fieber bloß nicht auf unser Land übergreift!

Aber Mamma, das ist nicht nur ein Fieber, das ist eine Rebellion und notwendig für das ganze Menschengeschlecht.

Für uns nicht, Fritz, wir leben ruhig und brauchen die Unruhe nicht.

Und die Rechte des einfachen Mannes?

Die haben wir doch.

Wenn Sie auch meinen, liebe Mutter, die Leute hätten Freiheit, so irren Sie sich, denn die meisten haben gar keine Rechte, sondern befinden sich rechtlos im Besitz des Despoten.

Jetzt redest du so kompliziert, wie du es auf der Schule gelernt hast. Als Pfarrer wirst du das nicht dürfen.

Ich weiß.

Karl war begierig, über Paris zu hören. Auf dem Rathaus rede man ängstlich über den Aufstand.

Das ist nur der Anfang, sagte Hölderlin, paß auf.

Wenn nur dem König nichts passiert, sagte Karl.

Die Hauptsache ist das Volk. Und daß sich die Stände vereint haben, sogar Priester sich ihnen anschließen.

Dann fragte er den Bub in praktischer Logik ab.

Am 1. Oktober wanderte er von Nürtingen nach Stuttgart, wie immer über die Filder.

Er hatte sich mit Neuffer verabredet. Sie wollten gemeinsam Stäudlin besuchen, und darauf hatte er sich seit Wochen gefreut.

In Nürtingen hatte er seine Gedichte geordnet; besonders wichtig war ihm, daß Stäudlin die »Hymne an die Unsterblichkeit« läse; mit ihr fand er sich am weitesten. Auch das ist schon eine Heimkehr.

Es fällt mir nicht schwer, mir seine Besuche im Stäudlinschen Haus auszumalen. Sicher war er zu Beginn der Bekanntschaft befangen, doch hier erwartete ihn einer, dem er sich anvertrauen konnte. Ihn mußte er sich als Freund wünschen wie keinen andern. Stäudlin lebte mit seinen Schwestern im elterlichen Haus. Charlotte, Christiane (Nanette) und Rosine werden im Umgang mit den Freunden ihre Rolle spielen. Neuffer verlobt sich mit Rosine, die früh stirbt; Charlotte empfindet ohne Zweifel Zuneigung für den jungen, in seiner Zurückhaltung anziehenden Hölderlin. Auch Nanette soll, so weiß es Neuffer in einem Brief, ein Auge auf ihn geworfen und ihre älteren Schwestern damit »sekirt« haben.

Nichts verrät dieses Bürgerhaus in Stuttgart von seinem Bewohner, dem Rebellen gegen das Herrscherhaus, gegen Pfründen und Privilegienwirtschaft. Stäudlin, der Advokat, nützt die Vorzüge seiner Stellung und seiner Herkunft aus. Man ist unter Bürgern. Und die Konventionen werden gewahrt. Kaum haben sich Hölderlin und Neuffer gemeldet, sind in die Wohnstube oder in das Arbeitszimmer Stäudlins geführt worden, tauchen die Mädchen auf, für den Anlaß hübsch gekleidet. Später, nach der Verlobung mit Rosine, zieht sich Neuffer manchmal mit seiner Braut zurück, doch Charlotte und die anderen lassen sich nicht so leicht vertreiben, bis Stäudlin ein Machtwort spricht: Nach einer weiteren Tasse Kaffee möchten die Männer sich zu ihren Geschäften zurückziehen. Das löst Klagegeschrei aus. Gut denn, nur Lotte dürfe da bleiben. Immer die Lotte! Wo es doch vielleicht ein neues Gedicht vom Hölder zu hören gibt! Das ist immer gleich, das ändert sich nicht, das bleibt. Auch die gemeinsamen Spaziergänge in die Umgebung der Stadt, unterbrochen von der Einkehr in eine ländliche Gaststätte, gehören dazu. Wenn ich dies schreibe, fallen mir Bilder ein, Genreszenen, Herren mit gepuderten Haaren oder in kunstvoll gerollten Perücken gruppiert um zwei oder drei Damen, die in ein wenig artifizieller Haltung auf einer Bank sitzen. Die strenge Fassade eines Hauses im Hintergrund, der Schatten von hohen Bäumen.

Warum soll das bei den Stäudlins anders gewesen sein? Und warum sollte Hölderlin sich in solcher Gesellschaft nicht wohlgefühlt haben?

Man kann nicht nur über Poesie und Politik reden. Also bekommen die Mädchen Komplimente zu hören, also lästert man über gemeinsame und weniger liebenswürdige Bekannte. Also flüstert man über diesen oder jenen kleinen Skandal, daß sich die Mademoiselle Autenrieth mit dem badischen Offizier eingelassen habe, nachdem sie doch bereits dem Professor Weißlieb versprochen sei . . . Wenn sie aber den einen wirklich liebe, den anderen nicht . . .? Also hänselt man sich gegenseitig wegen gewisser Liebeleien. Also tauscht man Neuigkeiten über Mode aus.

Wissen Sie denn, was man derzeit in Paris trägt?

Ich habe Abbildungen gesehen.

Ach, diese griechischen Kleider.

Ja, die, Herr Hölderlin.

Sind die nicht zu offenherzig, zu frei?

Mir gefallen sie, sagt Hölderlin, sie scheinen mir eine weibliche Bekundung der Freiheit zu sein.

Da kommt ihm gleich die Freiheit in den Sinn, sagt Stäudlin.

Warum nicht auch da?

Sie haben ja recht.

Aber zeigen müsse man sich in solchen Gewändern schon können. Einen Buckel, einen Bauch dürfe man nicht haben, sagt Nanette.

Unwillig bricht Stäudlin die Unterhaltung ab.

Ihr könnt euch ja zeigen, wie ihr wollt. Doch jetzt laßt uns ernsthaft werden und geht. Du kannst bleiben, wenn du magst, Lotte.

Sie sitzen zu dritt um den zierlichen runden Tisch. Diesmal ist Neuffer nicht dabei. Hölderlin genießt die jäh eingebrochene Ruhe, die sich wieder steigernde Spannung. Stäudlins blasses, von Eifer geprägtes Gesicht, daneben der hübsche, aufmerksame Kopf Lottes.

Stäudlin erzählt von Schubart, daß dessen Zustand sich verschlechtere, ein mühseliges Ende zu erwarten sei. Er werde nach dem Tode Schubarts, den keiner seiner Freunde wünsche, die »Chronik« fortsetzen, und, das können Sie von mir erwarten, mein Freund, heftiger und schärfer, als man es dem großen Alten noch zumuten kann. Ja, das fürchten sie alle, nur mein Schubart nicht, der nicht.

Langweilen wir dich nicht, Lotte? fragt er, doch die Schwester schüttelt den auf die Hände gestützten Kopf.

Ich plane, fährt Stäudlin fort, auf das Jahr 92 einen Almanach, habe bereits einige ausgezeichnete Beiträge von Conz, Neuffer, anderen. Möglicherweise wird sich auch Schiller wieder beteiligen. Haben Sie mir denn neue Gedichte mitgebracht?

Hölderlin zieht aus der Weste einige Blätter, will sie Stäudlin geben, der bittet ihn, sie vorzulesen, damit auch Lotte etwas davon habe.

Neuffer hat mir von einer »Hymne an die Unsterblichkeit« vorgeschwärmt, sagt Stäudlin.

Ja, die möchte ich auch lesen.

Er las sie, seiner sicher, denn wüßte er ein Thema, das ganz seines ist, dann dieses:

> »Heil uns, Heil uns, wenn die freie Seele,
> Traulich an die Führerin geschmiegt,
> Treu dem hohen göttlichen Befehle,
> Jede niedre Leidenschaft besiegt!
> Wenn mit tiefem Ernst der Denker spähet
> Und durch dich sein Wesen erst begreift,
> Weil ihm Lebenslust vom Lande wehet,
> Wo das Samenkorn zur Ernte reift! ...
> Wenn die Starken den Despoten wecken,
> Ihn zu mahnen an das Menschenrecht,
> Aus der Lüste Taumel ihn zu schrecken,
> Mut zu predigen dem faulen Knecht!
> Wenn in todesvollen Schlachtgewittern,
> Wo der Freiheit Heldenfahne weht,
> Mutig, bis die müden Arme splittern,
> Ruhmumstrahlter Sparter Phalanx steht!«

Stäudlin fällt ihm, kaum ist die letzte Zeile gesprochen, fast ins Wort: Des isch guet, Sie! Ihn zu mahnen an das Menschenrecht...! Und au des: Jede niedre Leidenschaft besiegt. Was hat Rousseau gesagt? Ohne Tugend kann die Republik nicht sein. Die Einfachheit der Sitte. Kein Luxus und keine Lüsternheit.

Und dann, das kann ich auswendig: »Schließlich will ich noch bemerken, daß keine Regierung in so hohem Grade Bürgerkriegen und inneren Erschütterungen ausgesetzt ist als die Demokratische oder Volksregierung, weil keine andere so heftig und so unaufhörlich nach Veränderung der Form strebt und keine mehr Wachsamkeit und Mut zur Erhaltung ihrer bestehenden Form verlangt. Namentlich in dieser Verfassung muß auch der Staatsbürger mit Kraft und Ausdauer sich waffnen und jeden Tag seines Lebens im Grund seiner Seele nachsprechen, was ein edler Woiwode auf dem Polnischen Reichstage sagte: Malo periculosam vitam quam quietum servicium.«

Weißt du, was das heißt, Lotte?

Nein.

Ich ziehe eine gefahrvolle Freiheit einer ruhigen Knechtschaft vor.

Das ist, sagte Hölderlin fast träumerisch, ein wahres Wort und es trifft mich im Herzen, doch ich fürchte, daß es kein Antrieb sein kann für die meisten, die ängstlich die ruhige Knechtschaft vorziehen. Vielleicht ist die Freiheit schwerer zu ertragen, als wir es wissen.

Damit regte er Stäudlin auf: Das ist der reine Defätismus, Hölderlin, wer das annimmt und sich daran hält, der wird das Volk nie bewegen können.

Schon. Aber ob es sich je ganz bewegen lassen wird?

Sie werden sehen! rief Stäudlin. Lotte sah ihm lachend ins Gesicht, unterbrach ihn: Wir sind bloß zwei, Friedrich, wegen uns mußt du nicht brüllen, wir sind keine Volksmenge, weißt du . . .

Du machst dich bloß lustig.

Überhaupt nicht.

Gut, sagte er, nun zurückhaltender, gut, mein lieber Freund, lassen Sie uns die kommenden Ereignisse in Paris abwarten, in Frankreich. Sie werden uns alle umwühlen.

Mir ist auch ein wenig Angst, sagte Hölderlin.

Denken Sie, wenn sich hier die Stände vereinigen und den Fürsten entmachten – nur dies, dann rühren sich von allein die Kräfte.

Stäudlin spürte die Zurückhaltung Hölderlins, wechselte das Thema, fragte, ob er Conzens neue Gedichte kenne? Lotte bat kurz darauf, die Schwestern doch wieder zuzulassen, es sei ein Punsch angesetzt, und man solle solche Vergnügungen nicht durch übermäßige Nachdenklichkeit beschweren.

Schlau bisch, sagte Stäudlin.

Abends, bevor Hölderlin das Haus verließ, gab er Stäudlin noch die beiden anderen Gedichte, die er mitgebracht hatte, und einige Wochen später ließ ihn Stäudlin durch Neuffer wissen, er habe sich nicht entschließen können, die »Hymne an die Unsterblichkeit« in den Almanach aufzunehmen, sich vielmehr für »Meine Genesung« entschieden, für die Hymnen an die Muse, die Freiheit und die Göttin der Harmonie. Was Hölderlin verwunderte. Aber er ließ Stäudlin ohne Widerspruch die Wahl, schließlich wußte Stäudlin Bescheid, war er ihm an Kenntnis und Weltläufigkeit überlegen, und er hoffte, ihn noch mit einem Roman zu überraschen, den er zu schreiben begonnen hatte, die Erzählungen der Griechin auf eigener Bühne ausspielend, den »Hyperion«.

Jetzt wandert er, mitten im Oktober 1790, wieder nach Tübingen. Er ist ohne Gepäck; das wird mit dem Wagen geschickt. Er hat sich von Mutter, von Rike herzlich verabschiedet, versprochen, oft zu schreiben, hat Karl versichert, er wolle sich, so gut es aus der Ferne gehe, um ihn und sein geistiges Wohl kümmern.

Er geht durch die Tübinger Unterstadt, die Gassen sind auffallend leer. Die Bauern arbeiten in den Weinbergen. In dem sich anschließenden Judenviertel herrscht das übliche Leben. Hier unten sind die Studenten nicht geschätzt. Sie haben den Leuten allzu oft böse Streiche gespielt, deren Feste gestört, selbst Hochzeiten. Nur die Gastwirte profitieren von ihnen. Auf der ganzen Stadt aber lastet die Universität, auch ökonomisch, denn sie zieht den größten Teil der Steuern auf sich und ohnedies alle Zuwendungen des Hofes.

Die Leute grüßten ihn nicht. Sie hätten ihn, wie der Provisor Majer, grüßen müssen. So bestimmte es der Brauch. Als Magister war er eine Amtsperson. Die stumme Abwehr störte ihn nicht. Er beeilte sich nur.

Auf dem Stiftshof traf er sicher schon Bekannte, denn, so unfreundlich das Wetter war, man nutzte die freie Zeit vor dem Studienbeginn, erzählte, was man in der Vakanz erlebt hatte, begrüßte sich, wie es unter jungen Männern üblich ist, oft ein wenig zu überschwenglich. Auch der eine oder andere Repetent ließ sich sehen, wurde sogleich ausgefragt, was es für Neuigkeiten gebe, wer auf welche Winterstube eingeteilt sei und mit welchen Professoren man zu rechnen habe.

Von Conz erfährt er, daß er für den Winter auf die Augustinerstube im neuen Haus umquartiert worden sei, die einen guten Ofen habe und darum stets angenehm warm bleibe. Denn diese Häuser waren im Winter elend kalt, nur wenige Räume konnten beheizt werden, der Stein kühlte aus, wurde feucht, die Folge war dauernde Erkältung, Anfälligkeit auf den Lungen oder frühe Gicht.

Von Conz könnte er auch gehört haben, daß Schelling, der Fünfzehnjährige, der Neunmalgescheite, nun auf dem Stift sei und außerdem noch zu seiner Stubengemeinschaft gehöre.

Er verabredet sich mit Conz, man wolle das Wiedersehen feiern, mit den anderen Freunden auch, er geht nicht gleich zur Augustinerstube, sondern besucht Neuffer und Magenau.

Sie wohnen zu zehnt auf der Stube, die an dem Gang liegt, der seit je die »Jägerssphäre« genannt wird. Zu seiner Schlafstube ist der »Ochsenstall« bestimmt. Die Arbeit wird jetzt gedrängter, schwieriger, da die Theologievorlesungen am Stift gehalten werden, Ablenkungen, Fluchten in Gaststätten nicht mehr in dem Maße möglich sind wie zuvor beim Studium der »artistischen Fächer«, und die Lehrer größten Wert auf die Präsenz der Stipendiaten legen. Schelling freilich und ein anderer Neuling auf der Stube leben nach dem alten, für die fortgeschrittenen Studenten vergangenen Rhythmus, »D'r Kloi« war viel unterwegs, kehrte abgekämpft und überwältigt zu den »Augustinern« zurück. Bald aber wurde er respektiert wegen seiner phänomenalen Denkkraft und seiner rhetorischen Gaben.

Hölderlin trifft, auf einer Auktion, Elise Lebret. (Aber das muß eine Geschichte für sich sein, sie paßt nicht in die Chronologie, die ich, die Stift-Szene überschauend, herstelle.)

Sie geben sich Ratschläge, helfen sich bei den schriftlichen Arbeiten, erhitzen sich aber vor allem über die Lektüre, die nicht erwünscht, wenn nicht gar verboten ist, wobei Hegel sich in der Kenntnis Rousseaus hervortut, Schelling sich um Kant bemüht und Hölderlin, wenigstens für einige Wochen, von Leibniz besessen ist. Es sind Bilder angeregter, selbstsicherer Jugendlichkeit, wenn man sie, argumentierend auf und ab gehen sieht, zu zweit oder in Gruppen, wenn sie sich um den scharen, der etwas gelesen hat, das ihn so erregt, daß er es den Freunden mitteilen muß.

Das gesellschaftliche Leben beschränkte sich auf den Umkreis der Universität. Hölderlins Freundeskreis ist größer geworden. Aber kein Haus nimmt ihn so auf wie das Städtlinsche, nirgendwo fühlt er sich so angesprochen. Die förmlichen Besuche bei Lebret bedrücken ihn eher, er vermeidet sie, wann immer er kann. Neuffer und Magenau haben, was sie betrübt, nicht mehr den Vorrang wie früher. Es gibt keine Aldermann-Versammlungen mehr. Im »Lamm« jedoch sitzen sie weiter zusammen, genießen die karg bemessene Freiheit vom Studium, reißen derbe Witze, imitieren behagliche Bürgerlichkeit. Hölderlin bittet die Mutter, seinen Degen nach Tübingen zu schicken. Er hat sich im Ballhaus beim Fechtlehrer angemeldet.

Bei der ersten Begegnung mit Elise Lebret hatte er sich eher abweisend verhalten. Sie war ganz anders als Louise. Er versuchte, die Erinnerung an Louise aus seinem Gedächtnis zu drängen. Manchmal sah er Elise, sprach kaum mit ihr. Er hörte, sie halte ihn für hochmütig. Das war ihm, obwohl er ungerührt tat, nicht gleichgültig. An Neuffer, der, Krankheit vorschützend, öfter zu Hause in Stuttgart blieb, schrieb er aus dieser Verworrenheit:

»Ich bin zum Stoiker ewig verdorben. Das seh ich wohl. Ewig Ebb und Flut. Und wann ich mir nicht immer Beschäftigung verschaffte – oft aufzwänge, so wär ich wieder der alte. Du siehst, Herzensbruder! ›mein beßres Selbst willig‹ – wirst mir also verzeihen, wirst mich leiten, wo es not ist, aufheitern, wo es not ist.« Er fragt auch nach Stäudlin, sehr zurückhaltend nach dem Almanach, obwohl er doch nun mehr als hoffen kann, dort einige seiner Gedichte gedruckt zu sehen.

»Ewig Ebb und Flut« – im November 1790 hatte der Herzog mit größerem Gefolge das Stift besucht, die endgültige Formulierung und Verabschiedung der neuen Statuten gefordert. Unruhe unter den Studenten war die Folge. Dies alles bedrückte ihn, widerte ihn an. Der Wechsel der Stimmungen wurde noch heftiger. Im Schreiben aber gewann er, fast wie mit einem Sprung, größere Sicherheit. Er beschäftigt sich mit Leibniz, ohne philosophieren zu wollen, wie es ihm Schelling vorwirft, sondern als lernender Poet. Er nimmt die für ihn neue, seine Erfahrungen und Einsichten erweiternde Gedankenwelt im Gedicht auf: »Leibniz und mein Hymnus auf die Wahrheit hausen seit einigen Tagen ganz in meinem Capitolium.« Von Kant hatte er bereits die Trennung der Natur vom Geistigen gelernt; daß man die Natur als eine kausalmechanische Bewegung betrachten müsse, den Geist hingegen als eine aufs Endlich-Unendliche. Nun lernt er hinzu, daß das Mögliche, die Idee von etwas, der Entwurf, dem Wirklichen vorangehe. Das entspricht den politischen Erwägungen einiger Freunde, mehr aber noch dem Ziel seiner Poesie: der Entwurf, der die Wirklichkeit schafft. Seinen »Hymnus an die Wahrheit« nennt er um in »Hymnus an die Göttin der Harmonie«. »Geister! Brüder! unser Bund erglühe / Von der Liebe göttlicher Magie. /

Unbegrenzte, reine Liebe ziehe / Freundlich uns zur hohen Harmonie.« Ist das die beste aller möglichen Welten? Oder möchte er, wie später, den Menschen mit der Natur versöhnen, die sich widersprechenden Gesetzlichkeiten aufheben? Er weiß, er hat mit dieser Hymne eines seiner ersten großen Gedichte geschrieben. Stäudlin wird es in den Almanach aufnehmen. Er entdeckt Hölderlins Leitmotiv. Das ist deine Figur, sagt er, dein Traum: der »Göttin Sohn«, der Friedliche, der den großen Bund stiftet, der unvermutet aus den Hainen tritt. Die Gestalt läßt Hölderlin nicht mehr los, sie begleitet ihn, sie ist der Herr der Friedensfeier ebenso wie der freie Mensch, der Wahre, sie wandert durch den Hyperion, durch die der besseren Menschheit gewidmeten Gesänge, und sie wird zum rätselhaften Geist in den späten, kryptischen Niederschriften. Eine pietistisch-hellenische Schöpfung, ein Entwurf, wie Leibniz ihn sich wünschte.

Mitte November 1790 wandert er mit Hegel zur Wurmlinger Kapelle. Der Weg über den Spitzberg ist ihm vertraut, vor allem die wechselnden Ausblicke, nach Süden über den Neckar auf die Alb, nach dem Norden in die Täler und Tälchen von Jesingen und Schwärzloch. Die zu Bismarcks Ehre nach der Reichsgründung im ganzen Land gebauten Aussichtsürme hat es noch nicht gegeben, also auch nicht den Turm zwischen dem Schloß und dem Hügel, mit dem eigentümlichen Namen Buß.

Sie hatten sich schon einige Tage zuvor verabredet. Sie wollten dem »großen Markttag« entgehen. Viele der Studenten freuten sich schon lange auf das Ereignis, stürzten sich mit Lust in den Trubel. »Ich werde«, schreibt er an Karl, »statt mich von dem Getümmel hinüber und herüber schieben zu lassen, einen Spaziergang mit Hegel, der auf meiner Stube ist, auf die Wurmlinger Kapelle machen, wo die berühmte schöne Aussicht ist.«

Sie unterhalten sich über Freunde, besonders über Renz, den Primus, von dessen Verstand Hegel tief beeindruckt ist, von dessen geistiger Beständigkeit. (Weshalb es Renz dann nicht schafft wie einige der anderen, womöglich weniger Begabten, weshalb er zurückfällt, dieser »geniale Mann von allseitiger Kenntnis und Anlage«, wortlos auf mittleren Pfarreien darbt, ist kaum zu erklären. Sicher ist er ein Opfer dieser jeden Widerstand brechenden Erziehung. Einmal, am Ende des Studiums, hat er aufbegehrt; dann nie wieder.)

Was mir an dem Renz gefällt, sagt Hegel, ist seine Nüchternheit. Er läßt sich von niemandem dreinreden. Er schafft.

Hölderlin hat Renz nie übermäßig geschätzt. Und die angesprochene Nüchternheit stört ihn auch an Hegel, dieser Frost, der jeden Gedanken umschloß, der kalte Stolz.

Ihn ärgerte es, daß Hegel sich, zum Beispiel, kaum in die Unterhaltungen über Kant und Leibniz einließ, hartnäckig auf Rousseau beharrte und, wenn es um Dichtung ging, stets auf das Buch Hiob verwies, das er in seiner rauhen Sprache und krassen Einsicht für unüberbietbar hielt.

Darüber traute Hölderlin sich jedoch mit dem Freund nicht zu sprechen.

So wie Hölderlin sich für Renz nicht erwärmen konnte, hielt Hegel sich bei Neuffer zurück. Neuffer habe, so tadelte er, ein flaches Gemüt wie einen seichten Verstand. Er vermöge es, sich überall lieb Kind zu machen, nicht allzu sehr aufzufallen und sich beiseite zu halten, wenn's hitzig wird.

Hölderlin widersprach ihm, ein so geschilderter Mann könne mit Stäudlin nicht befreundet sein.

Woisch, der Stäudlin merkt in sei'm Feuer gar net, wer am End für ihn oder gege ihn isch.

Wie Kinder schoben sie bisweilen ihre Schuh durchs Laub.

Vor Hirschau, auf der Straße, die den Neckar entlangführt, sahen sie als bunte Tupfer einen Trupp österreichischer Soldaten. Hirschau gehörte bereits zu Vorderösterreich.

Man sagt, denen geht's besser.

Das ist auch nur Geschwätz. Die Österreicher üben arge Pressionen aus.

Ob er die Schwärmerei von Conz nicht leid sei? Bald fährt dem sei Seel auf'n Olymp und kommt nimmer hoim.

Ich weiß keinen, widerspricht Hölderlin, der sich bei den Griechen besser auskennt als Conz. Er macht sie mir anschaulich. Er ist eben selbst ein Dichter.

Mir greift der zu hoch.

Von schöner Aussicht kann, als sie die Kapelle erreichen, nicht die Rede sein. Inzwischen breitet sich Nebel im Tal aus. Sie machen kaum Halt, kehren um.

Mich ärgert an Conz, sagt Hegel, daß er nicht denken kann. Metaphysik ist für ihn alles. Aber die reicht zum Denken nicht aus.

Doch, Hegel.

Nein. Das Denken hat seine eigene Bewegung, seine eigenen Gesetze, wie die Wirklichkeit auch. Und das müssen wir zusammenbringen. Im Denken.

Das ist aber anders als bei Kant.

Ja, sicher. Weißt du, erklärt Hegel, Hiob kommt nicht zum Denken, weil die Wirklichkeit ihn fortwährend überholt.

So reden sie weiter.

So lasse ich sie weiterreden.

Sie kehren ein. Es ist das erste Mal, daß er mit Hegel allein beim Wein sitzt. Jetzt zöge er es vor, Neuffer dabei zu haben, der das Schweigen mit Scherzen durchbrechen, die Stimmung leichter machen könnte.

Hegels Ausfall gegen die Metaphysik hat ihn verwirrt. Er fragt den neuen Freund, ob er das wunderbare Gedicht Klopstocks im »Museum« gelesen habe.

Das über den Reichstag Galliens?

Ja, das, worin es heißt, Gallien krönet sich mit einem Bürgerkranze, wie keiner war.

Des isch scho guet, daß der alte Knoche sich so weit wagt. Des wird g'hört.

Sie gehen zum Stift zurück. Im Hof, vor dem Haus des Ephorus, verabschiedet sich Hegel unvermittelt. Er habe was vergessen.

Hölderlin fragt sich, ob er ihn durch eine Bemerkung verletzt habe. Er erinnert sich an eine wütende Bemerkung Magenaus, daß Hegel mit seiner Unhöflichkeit selbst unter Sauen auffiele. Solche Eigenheiten scherten ihn kaum. Hegels abfälliges Urteil über Conz geht ihm freilich weiter durch den Kopf. Er hätte ihm heftiger widersprechen sollen und er widerspricht ihm auch, jedoch verspätet und für sich, ständig neu ansetzend, den »Genius Griechenlands« beschwörend: »Im Angesichte der Götter / Beschloß dein Mund, / Auf Liebe dein Reich zu gründen. / Da staunten die Himmlischen alle.« Er wurde nicht fertig mit dem Gedicht und gab Hegel die Schuld: der rede ihm frostig in die Sätze.

In Hegels Stammbuch schreibt er aus der Iphigenie den Satz: »Lust und Liebe sind Die Fittige zu großen Taten.« Hegel fügt das pantheistische Symbol für »Eins und All« hinzu.

Magenau sah ihm manchmal beim Schreiben zu. Dessen Anwesenheit duldete er. Gell, du störsch mi net, Magenau.

IV *Die Reise in die Schweiz*

Den Einfall, in den Osterferien in die Schweiz zu wandern, hatte Christian Friedrich Hiller, jener Maulbronner Gastschüler, der für Verbindungen nach Stuttgart hatte sorgen wollen, der Hölderlin mit seiner Betriebsamkeit gelegentlich befremdete – hier, in Tübingen, wo er als Externer Theologie hörte, also nicht zum engen Kreis zählte, hatte er den Vorzug, seine Stube anbieten zu können. Obendrein war er stets von einer Schar junger Leute umgeben, genoß die Kumpanei, war einer der ersten, der den Mömpelgardern, die Jakobinergesinnung unter die Studenten brachten, folgte. Das Wort Freiheit ging ihm leicht über die Lippen; in seinem Freiheitsdurst wollte er 1793 nach Amerika auswandern, ließ es jedoch bei der Ankündigung, wurde Lehrer, landete schließlich in Nürtingen, wo er seit 1808 an der Realschule, der ersten des Landes, tätig war.

Er hatte Hölderlin nicht aus den Augen gelassen, sich ihm, kaum war er in Tübingen, angedient. Denn Hölderlin war für ihn in jeder Hinsicht ein »Besonderer«.

Hiller hatte vor, Verwandte in Zürich zu besuchen, zusammen mit Friedrich August Memminger, einem Medizinstudenten, der mit Hiller in einem Hause wohnte. Hölderlin mußte gewonnen werden. Das war nicht schwierig. Als Reisegenossen konnte er sich die beiden gut denken, sie würden hilfsbereit sein, ihn aufzuheitern verstehn. Nach einigem Hin und Her, nachdem er sich mit den Aldermännern beraten hatte, sagte er zu. Ich mach mit. Ich werde mir Adressen besorgen.

Er heuchelte Gelassenheit. Doch die Aussicht auf die Wanderung regte ihn auf. Das bekamen vor allem die Nürtinger, die Mutter, die Geschwister, die alten Lehrer, Köstlin und Klemm, zu spüren. Er plant, verwirft, will dies mitnehmen, jenes nicht. Daß Neuffer und Magenau verstimmt sind, sich aus seiner Aufregung zurückziehen, ärgert ihn. Um sie aufzuheitern, macht er sich über den Infantilismus von Hiller und Memminger lustig. Das alles reibt ihn auf.

Der dumpfe Schmerz, der Druck hinter der Stirn nimmt wieder zu.

Der Aufbruch wird auf den 14. April festgelegt.

Im März war er in Nürtingen gewesen. Zur Fastnacht hatten sie frei. Er hatte sich, mehr noch als sonst, Heinrike zugewendet, auf deren Tüchtigkeit Verlaß war, wenn sie auch, gegen seinen Rat, die Hand von Clemens Christoph Camerer ausgeschlagen hatte, den er ihr zum Mann wünschte, einen Juristen aus Reutlingen, dem er mehrfach in Tübingen begegnet war und der ihn mit seinem Selbstbewußtsein beeindruckt hatte.

Wen sie liebe, müsse sie schon selber wissen, sagte Rike. Hölderlin erzählte stolz von einer zusätzlichen Einkunft. Auf Empfehlung Lebrets unterrichtete er einen jungen Schweizer Jurastudenten namens Philipp Emanuel von Fellenberg in Latein und Griechisch. Fellenberg, später ein fortschrittlicher Pädagoge, gründete die Erziehungsanstalt Hofwil und hielt freundschaftliche Beziehungen zu Goethe. Für die Reise hat er von Fellenberg zahlreiche Ratschläge und Anschriften bekommen.

Der Schwester versuchte er noch einmal wegen Camerer gut zuzureden.

Des isch net der, den i fürs Lebe möcht.

So entschieden hatte er die Schwester noch nicht erlebt. Sie kam ihm wie ein neuer Mensch vor. Mit solcher Gewißheit, fand er, sollte man mit sich umgehen. Sie war wie ein Geschöpf Rousseaus. Wenige Tage später schrieb er ihr aus Tübingen: »Und sieh! liebe Rike! hätt ich ein Reich zu errichten, und Mut und Kraft in mir, der Menschen Köpfe und Herzen zu lenken, so wäre das eines meiner ersten Gesetze – Jeder sei, wie er wirklich ist. Keiner rede, handle anders, als er denkt und ihms ums Herz ist. Da würdest Du keinen Komplimentenschnack mehr sehen, die Leute würden nimmer halbe Tage zusammensitzen, ohne ein *herzliches* Wort zu reden – man würde gut und edel *sein,* weil man nimmer gut und edel *scheinen* möchte, und dann würd es erst Freunde geben, die sich liebten bis in den Tod, und – ich glaube auch bessere Ehen und bessere Kinder. *Wahrhaftigkeit!* Gottlob! Schwester! daß wir Geschwister Anlage genug zu dieser herrlichen Tugend von unserer teuren Mutter geerbt haben. –«

Das ist ganz seine Stimme. Alles, worüber er in den letzten Monaten gegrübelt, mit Hegel und Neuffer und Stäudlin gesprochen hat, sammelt sich hier in einigen klaren Sätzen. Es sind dieselben Ideale, die ihm später als Erzieher vorschweben und mit denen er scheitert.

Johanna läßt sich von seiner kindlichen Vorfreude anstecken. Sie schickt ihn zum Schuster, damit er sich neue feste Schuhe für die Reise anfertigen lasse, näht selbst einen Überrock. Hölderlin ist gut ausgestattet. In einem kleinen Felleisen will er drei Hemden, drei Schnupftücher und drei Paar Strümpfe mitnehmen. Seinen Dornenstock hat er zu Hause vergessen; er bittet, ihm das unentbehrliche »Meuble« zu schicken.

Adressen haben die drei genug gesammelt. Jeder von ihnen hat Verwandte und Bekannte auf dem Weg; bei den Bedeutenderen, Pfarrern oder Gelehrten, wird man nur für ein oder zwei Stunden vorsprechen können. Von Köstlin war er Lavater empfohlen worden. Sein alter Lehrer stand bereits seit längerer Zeit in Verbindung mit dem berühmten Mann in Zürich. Der weiß, wenn er dich einmal angesehen hat, wer du bist, hatte Köstlin gesagt, als schildere er einen Magier.

Hiller schlug vor, so kenne er es von seinem Vater, an den größeren Orten einen Mann zu dingen, der wegkundig sei und sie bis zur nächsten Gemeinde führe und das Gepäck trage. Dann sind wir leichter zu Fuß und verirren uns nicht.

Isch des net z' teuer?

Wenn wir's unter uns dreien teilen?

Was sie, zumindest auf dem Hinweg, nicht konnten, da Hiller einige Tage zuvor von einem Verwandten mit nach Schaffhausen mitgenommen wurde, und Hölderlin und Memminger ohne den Initiator Hiller aufbrechen mußten. In Schaffhausen wollten sie sich treffen.

Am 14. April machten die beiden sich früh morgens auf den Weg. In drei Tagen wollten sie Schaffhausen erreicht haben. Über welche Stationen, weiß man nicht. Die kürzeste Strecke werden sie nicht gewandert sein, da sie auf Unterkünfte bei Verwandten oder Empfohlenen angewiesen waren, sicher häufig gastfreundliche Pfarrhäuser, Cousinen der Eltern, Onkel oder Tanten oder ehemalige Seminaristen, Stiftler.

Der angenehmste, bekannteste Weg führte bis Rottweil den Neckar entlang; über Rottenburg, Horb, Sulz und Oberndorf. Papiere brauchten sie für die Grenzposten ins Vorderösterreichische und in die Schweiz. Von Rottweil werden sie über Schwenningen und Donaueschingen nach Schaffhausen gegangen sein. Vielleicht hat sie manchmal ein Wagen mitgenommen, zwei junge, wohlanständige Herren unterwegs, die sich dem Fuhrmann als Tübinger Magister auswiesen und respektvoll behandelt wurden.

Ich kann, was mir gegenwärtig ist, nicht ausschalten, die Geräusche und Ansichten meiner Welt. Keine Straße, kein Weg war damals asphaltiert. Die Gemeinden waren bei weitem kleiner, anders belebt. Es gab keine Flugzeuge am Himmel, keinen Schienenstrang zwischen den Orten. Alles war stiller. Sie hörten entfernte Menschenstimmen früher und genauer. Oder, wenn Fuhrwerke sich näherten, das Hämmern der Hufe, das Poltern der Wagenräder. Ihr Ohr war daran gewöhnt wie das meine an den Autolärm. Auch ihre Landschaft war anders, die Straßen und Wege schmaler, die Wälder größer, das Unterholz dichter. Sie kürzten ab. Es gab markierte oder von Bekannten empfohlene Pfade. Manchmal verirrten sie sich. Doch sie waren geübt, sich zu orientieren. Bei Donaueschingen erreichten sie die herbe Landschaft der oberen Donau mit ihren Felsvorsprüngen, Winkeln, Klüften. Die junge Donau hat hier schon eine große Kraft. Es kann sein, sie halten öfter an, schauen, weisen sich gegenseitig auf die Schönheiten hin. Er wird sich daran erinnern, Jahre danach, an eine Rast über dem Tal, erschöpft vom Aufstieg, undeutliche Gedanken im Kopf, als schwimme er auf dem Fluß dahin, ließe sich von ihm tragen, weit, bis hin nach »Asien«.

Am 17. April treffen sie Hiller im Haus seiner Freunde. Er führt sie, diese Attraktion dürfe nicht ausgelassen werden, zum Wasserfall bei Schaffhausen. Sie stehen lange, andächtig vorm »donnernden Rheinsturz«. Dann versuchen sie, sich unterfassend, gegen das Getöse anzusingen.

Am selben Tag verabschieden sie sich von ihren Gastgebern, bekommen üppige Wegzehrung mit und wandern, jetzt zu dritt, bis Winterthur. Am Tag darauf bis Zürich.

Sie waren hochgestimmt. Hiller, dem es schwerfiel, für eine Weile zu schweigen, faselte von der freiheitlichen Gesinnung der

Schweizer, die sie seit Hunderten von Jahren gegen anrennende Despoten verteidigten, Demokraten aus dem Herzen, für die der Rütlischwur nicht nur eine schöne Geschichte sei.

Schwätz net so viel.

Als sie vor Schaffhausen von den Zollsoldaten abgefertigt worden waren, hatte Hölderlin zu Memminger gesagt: Jetzt können wir studieren, wie dem Menschen die Freiheit bekommt. Wie weit sind wir von alledem entfernt.

In Zürich fanden sie, nahe der Limmat und dem Münster, einen ordentlichen Gasthof, erfrischten sich, aßen, machten sich unverzüglich auf den Weg zu Lavater. Lavater war zum Zeitpunkt ihres Besuchs fünfzig Jahre alt. Nicht nur der Ruhm des weisen und menschenkundigen Mannes zog sie an. Sie kannten seine Auseinandersetzung mit dem Zürcher Landvogt Grebel und waren ganz Lavaters Partei, wenn er mit der Ungerechtigkeit dieser tyrannischen Natur ins Gericht ging. Sicher, das war lang vorüber, hatte sich vor ihrer Geburt zugetragen, doch diese Legende gehörte zu ihrem Wissen.

Schon Köstlin hatte sie ihm, zwar verkürzt und abgeschwächt, erzählt: Der große Lavater! Und ein gewaltiger Prediger dazu. Und vor allem der Autor der »Physiognomischen Fragmente«.

Er war nun doch beklommen. Einem Mann von solchem Ruhm war er bisher noch nie gegenübergetreten. Dazu noch jemandem, von dem behauptet wurde, er könne jeden Menschen auf den ersten Blick beurteilen.

Was sie nicht wußten, was ich mir nur mit Mühe vorstellen kann, daß er, wie Goethe, längst ein Schaustück war, ein Ausstellungsgegenstand im Museum seines Lebens, und daß der Besucherstrom nicht abriß. Sein Besucherbuch, in das sich jeder einzutragen hatte, hielt Namen für Namen fest.

Er saß in seinem Arbeitszimmer, empfing, hatte Floskeln parat, die sich klug anhörten, für ihn aber längst abgenützt waren und wurde nur dann aufmerksam, wenn ihm ein Gesicht auffiel.

Sie wurden von einer Bedienerin zu Lavater geführt. Einzeln

stellten sie sich vor, der unbefangenere Hiller zuerst. Lavater gab ihnen die Hand, leicht, ohne Druck. Er saß, klein und zierlich, in einem großen, ihn gewissermaßen erhöhenden Sessel, schwarz gekleidet, ein schwarzes Käppchen auf dem kaum gepuderten Haar. Sein Gesicht, gefältelt, glich dem eines alten Weibes, erschien ihnen hexenhaft.

Keiner der Beteiligten hat ein Wort über das Gespräch notiert. Es hat auch wenig Verbindendes gegeben. Fragen zu stellen, haben sie kaum gewagt.

Vielleicht verlief der Besuch so.

Lavater bot den jungen Herren mit einer ein bißchen salbadernden Stimme Stühle an. Das Empfehlungsschreiben Köstlins war ihm bereits von der Bedienerin gegeben worden. Er hatte es nicht gelesen, nur hineingesehen, die Signatur zur Kenntnis genommen.

Sie befänden sich alle drei auf dem Tübinger Stift. Er höre, daß die Zustände dort beklagenswert seien.

Mehr Freiheit wünschen wir uns schon, sagt Hiller.

Mit Freiheiten muß man umzugehen verstehen.

Wir werden es lernen. Hier, im Schweizer Bund, haben wir ja die Anschauung, sagt Hölderlin.

Lavater lächelt: Sie werden genügend Fehler bei uns finden. Sehen Sie denn nicht auf Frankreich?

Alle drei nicken, wie Schüler im Examen.

Lavater wendet sich ganz Hölderlin zu, schweigt, sieht ihm in die Augen, nimmt dann den Brief: Geht es denn meinem Freund Köstlin gut?

Ich sah ihn erst unlängst. Er ist in bester Verfassung.

Ich bitte, sagen Sie ihm meine innigste Empfehlung, auch dem Herrn Diakonus Klemm.

Hölderlin verspricht es.

Die Bedienerin kommt herein, flüstert Lavater etwas ins Ohr, gibt ihm ein Billett. Er liest es, nickt, steht auf, entschuldigt sich, schon wieder habe sich ein Besucher gemeldet, ein angehender

Mediziner aus dem Badischen. Sie möchten es ihm nicht verübeln, daß er sie verabschiede. Sie verlassen das Haus.

Als der Medizinstudent Bernhold das Zimmer betrat, schaute Lavater nur flüchtig auf, wies ihn mit einer Handbewegung, vielgeübt, zu einem Stuhl, las in dem Besucherbuch weiter, in dem die drei Tübinger sich während der Unterhaltung eingetragen hatten, nahm eine Feder und schrieb neben den Namen Hölderlins »NB«, notabene!, was er sonst nie tat, als wäre ihm in der Erscheinung oder in der Rede des Besuchers etwas besonderes aufgefallen und als wollte er es festhalten: Auch er ist bei mir gewesen.

Davon wissen die Freunde nichts. Sie fühlen sich bedrückt, gehen schweigsam zum Gasthof; sie haben sich vorgenommen, gegen Abend noch am See zu spazieren. Anderntags machen sie, wieder in bester Stimmung, eine Bootsfahrt bis Wädenwil.

Sie hatten sich, schon in Tübingen, in den Kopf gesetzt, zum Vierwaldstätter See zu wandern, zu den »Heiligtümern der Freiheit«. Ohne die Stätten kennengelernt zu haben, wäre, darin waren sie sich einig, eine Schweizreise sinnlos. Dort, am Morgarten, hatten die Schweizer Leopold von Österreich geschlagen, dort hatte eine Geschichte begonnen, die sie auf ihre Weise und in ihrem Lande fortzuführen hofften.

Am 20. oder 21. April wanderten sie nach Kloster Einsiedeln, hielten sich über Nacht und den folgenden Tag dort auf, konnten schon gelöster die Eindrücke bei Lavater besprechen, der eben doch ein großer Mann und bedeutender Geist, nur gefesselt und entstellt vom Ruhm sei. I woiß net, ob der sich net bloß versteckt, sagt Hölderlin, worauf Hiller ihm antwortet: Des isch au Attitüde, woisch, wenn oiner täglich aguckt wird wie a Weltwunder.

Haben sie im Rosengarten des Klosters gesessen? Aber im April sind die Rosen noch nicht aufgeblüht. Sind sie am Ufer entlanggegangen? Vermutlich haben sie sich nach dem Essen schlafen gelegt, denn bei Anbruch der Nacht wollten sie über den Haggenpaß, vorüber am Großen Mythen zum Vierwaldstätter See.

Nur dieses eine Mal hat Hölderlin eine Wanderung so ausführlich, detailliert beschrieben. Die enthusiastischen Gespräche, Ausrufe der Freunde klingen wie ein Echo mit, die Angst, die sie im nächtlichen Gebirgswald packte, das Glück, die legendären Orte in der Wirklichkeit zu finden. Das Gedicht »Kanton Schweiz« schrieb er, kaum in Tübingen zurück, nieder, widmete es Hiller, dem launigen Cicerone. Es ist ein Erinnerungsstück.

Das Hochgebirge erlebte er zum erstenmal. Die verschneiten Berge hatte er schon Tage vor Augen. Jetzt war er ihnen nah. Das auch noch zur Nacht, wo das Mondlicht die Dimensionen verzerrte. Sie wußten, hatten es bei Tag prüfend betrachtet, daß der Haggenberg von einem schroffen, pyramidenähnlichen Fels, dem Mythen, gekrönt wurde. Halb im Schatten, halb im Licht wurde er zu einer grandiosen vorzeitlichen Figur.

»Schaurig und kühl empfing uns die Nacht in ewigen Wäldern, / Und wir klommen hinauf am furchtbar-herrlichen Haken. / Nächtlicher immer wards und enger im Riesengebürge... / Und der Wolken Hülle zerriß, und im ehernen Panzer / Kam die Riesin heran, die majestätische Myten.«

Bei Tag erreichten sie Schwyz. Von dort wanderten sie zum See, nach Brunnen, zur Tellsplatte und nach Altdorf. Vielleicht ließen sie sich auch mit dem Boot nach Küßnacht rudern. Hölderlin erwartete eine idealische Landschaft. Und da er diese Seen- und Gebirgsansicht, abgegrenzt von dem theatralischen Wall der Alpen, nicht gekannt hatte, entsprach sie seinem Traum. Inmitten dieser von einem klaren Morgen gefaßten Herrlichkeit hatte sich ein Gebirgsvolk die Freiheit erkämpft: »Ihr Väter der Freien! / Heilige Schar! nun schaun wir hinab, hinab, und erfüllt ist, / Was der Ahndungen kühnste versprach; was süße Begeistrung / Einst mich lehrt' im Knabengewande...«

Aus der Reise war eine Wallfahrt geworden. Hillers Enthusiasmus hat sie sicher angetrieben. Sie erzählten sich gegenseitig die in der Kindheit gehörten, erlernten Geschichten.

Ich frage mich, ob sie viel mit den Einheimischen sprachen, sich erkundigten, wie sie ihre Freiheit nutzten, wie diese Freiheit im Alltag aussähe. Ich fürchte, sie taten es nicht, übertrugen ihre Empfindungen auf alles und alle. Das Erlebte wurde erst in seinem Gedächtnis zu dem, was er sich wünschte. In der hymnischen Anrede wird die Wirklichkeit zum Ideal. Kein Schweiß. Keine Angst. Kein durchgelaufener Schuh. Keine Mitteilung über Streit zwischen den Freunden. Nichts von schlechten Unterkünften, betrügerischen Wirten und anderen unangenehmen Reiseerlebnissen.

Hölderlin freute sich, auf der Heimreise die »junge Donau« wiederzusehen. In Tübingen machte er nur kurz Halt, wanderte nach Nürtingen weiter.

Die Mutter war glücklich, ihn »heil« umarmen zu können.

In der Schweiz hätte mir nichts zustoßen können.

Überall gibt es Bösewichter, auch in der Schweiz.

Er erzählte, Karl und Rike hörten ihm zu, ihn mit Ausrufen des Staunens unterbrechend.

So hohe Berge gibt's?

Das ist nicht wahr.

Die ich gesehen habe, sind noch lange nicht die höchsten. Für den Abend haben sich Köstlin und Klemm angesagt, selbst Großmutter Heyn hat beschlossen, »ein Stündle« über ihre Zeit wach zu bleiben, und Johanna holte eine der bessren Flaschen aus dem Gokschen Keller.

Der kommt scho rum, der Bub, sagt die Großmutter.

Für Köstlin bleibt er der zwölfjährige Lateinschüler von einst. Kaum sitzen sie rund um den Tisch in der guten Stube, fragt er »den Fritz« aus.

Jetzt erzähl vom Lavater.

Dieser Name ist auch Johanna bekannt. Sie ist stolz darauf, daß ihr Fritz von dem großen Mann empfangen worden ist. Er war – als er ansetzt zu reden, merkt er, daß es nichts zu erzählen gibt, daß er eine seltsam eingeschüchterte Stimmung wiedergeben müßte – er war… er könne es nicht sagen. Ja, Lavater sei eine wunderbare Erscheinung, er werde ihn nicht vergessen. Unterhalten habe man sich kaum. Nach Köstlin, auch nach Klemm habe er gefragt, sich herzlich über sie geäußert.

Wie?

Das wisse er nicht mehr. Wie er überhaupt nichts mehr wisse von dem, worüber sie gesprochen hätten. Lavater werde ständig besucht und begafft von Fremden und habe wenig Lust, aus sich herauszugehen.

Dann jedoch berichtete er von der Wanderung an den Vierwaldstätter See. Er redete sich so ins Feuer, trank dazu eine Menge, daß er am Ende ernsthaft berauscht war, und Karl, der so lang hat dabei sein dürfen, den älteren Bruder auf die Kammer führen mußte.

Du bisch scho e Dichter, Fritz, sagte er, als er ihm eine gute Nacht wünschte.

I woiß.

V *Die Revolution*

Die Szene erregt sich, andre treten auf, denen er zuvor wenig Beachtung geschenkt hatte, deren Gedanken ihm unausgegoren erschienen waren, nun überzeugten sie ihn mit ihrem Mut, ihrer kalkulierten Unbotmäßigkeit. Die Ideen der »Franken« griffen um sich. Die Revolution erreichte das Stift. Die Kolporteure kamen von außen, es waren einige Stipendiaten aus Mömpelgard, das noch, bis Napoleon es zurückholte, eine württembergische Exklave war, Montbéliard, ein Stück herzoglichen Landes, und die Brävsten von dort durften auch die Hohen Schulen des guten Herrn besuchen. So brav waren sie nicht mehr.

Es fragt sich, wohin die Stipendiaten hofften, für wen sie handelten. Auf den Schulen hatten sie Unfreiheit in vielfältigen Spielarten erfahren, sich mitunter zu wehren versucht. Der Druck, dem sie sich unterwarfen, wurde durchaus subtil gehandhabt, die Lehrer verstanden ihr Geschäft. Die Aufgeweckteren unter ihnen – denn nicht wenige kuschten, paßten sich an, ließen sich willig verkrüppeln für ein späteres dienendes Leben – die Aufgeweckteren bewunderten Männer wie Schubart oder Schiller, Idole, die spektakulär rebelliert hatten. Und allmählich gerieten sie, denen auf den Seminaren jegliche »falsche« Lektüre untersagt war, unter den Einfluß der Aufklärer, der Grübler, der Weltverbesserer. Sie begannen zu denken. Sie taten es mit Rousseau, Voltaire, Kant, Spinoza, Leibniz. Schillers »In Tyrannos«, Schubarts Despotenfluch bekamen Hintergrund. Nicht, daß sie alle gleich zu entschiedenen Republikanern geworden wären – sie waren unter Monarchen aufgewachsen, wie die Eltern auch und konnten sich kaum etwas anderes vorstellen. Deswegen wurde die Schweiz auch zum bestaunten Beispiel. Und sie hatten, wenngleich sie um Freiheiten fochten, Pfründen zu verteidigen, Privilegien, die sie aus der Masse hervorhoben, denn viele von ihnen kamen aus begüterten und nicht selten vom Herzog höchst eigen unterstützten Elternhäusern, in denen Wohlverhalten tägliche Übung war. Sie kannten allein ihre Unfreiheiten und Bedrückungen, vermochten sie nicht zu vergleichen mit denen anderer Stände, wußten zwar, daß man litt, nah aufeinandersaß, erfuhren im täglichen Umgang die Lebensbedingungen von Handwerkern, Bauern, Taglöhnern, aber deren Ängste und Hoffnungen waren ihnen unbekannt. Die Stände hatten ihre Grenzen gezogen. Selbst in der Unruhe überschritt man sie nicht. Also war es, stritten sie auch für allgemeine Menschenrechte, allgemeine Freiheiten, erst einmal ihre Revolution. In ihrer Herkunft veränderte sich die Gruppe der Rebellen, der Gegendenker über die Jahre, bis zum Schock der napoleonischen Kriege, kaum. Theologen, Juristen, Literaten und einige wenige Beamte, wie der Ludwigsburger Bürgermeister Baz, der Homburger Hofrat Sinclair, der Regierungsdirektor Seckendorf. Es ist ein Zirkel, in dem Verständigungen, weil sie gelehrt und geübt wurden, einfach sind.

Dieser Kreis umgibt Hölderlin bis zu seinem traurigen Einzug in den Tübinger Turm. Manche Gespräche wiederholen sich leitmotivisch. Er muß da gar nicht mehr mitreden.

Wieder trennt er sich mit einem Abschied von einer Lebensphase. Dieses Mal wendet er sich nicht ab, wie von Immanuel Nast, sondern Magenau verläßt vorzeitig das Stift, und Neuffer wird zwei Monate danach eine Vikarsstelle am Stuttgarter Waisenhaus übernehmen. Der Bund der Aldermänner löst sich auf. Den Traditionen, die sie sich selbst gesetzt hatten, waren sie ohnehin nur noch leger nachgekommen, keiner hatte mehr Gedichte ins Bundesbuch eingetragen, keiner Referate geschrieben.

Schon Tage vor Magenaus Auszug bereiteten die Freunde das Fest vor. Vor allem für einen ordentlichen Wein mußte gesorgt werden. Auf Neuffers und Magenaus Stube trafen sich am frühen Abend ein gutes Dutzend Stipendiaten, Freunde mehr oder weniger, einer hatte sich bereit erklärt, die Tafel zu richten, so daß, als sie lärmend eintraten, alles schon bereitet war und sie sich »zum brüderlichen Mahl« setzen konnten. Die drei Aldermänner, der Kern der Freundesrunde, hatten sich nebeneinander gesetzt, Magenau zwischen Neuffer und Hölderlin, und aus Wehmut waren sie nicht imstande, sich zusammenhängend zu unterhalten.

Ich lasse Neuffer, weil ich mir Hölderlin in dieser Rolle nicht denken kann, aufstehen, das Glas in der Hand; er legt die linke Hand auf die Schulter Magenaus, beginnt zu sprechen:

Brüder! Aus unserer Freundesrunde bricht einer aus. Magenau nimmt Abschied. In acht Wochen werden die meisten von uns gehen. Faßt euch der Kummer? Oh ja. Nicht dieser Stätte, diesem Kloster weinen wir nach, sondern einem Bund, der uns half, auch in kältester Bedrängnis auszuhalten. Was war uns das alles, wenn wir unsere Herzen vereinten? Nichts! Und nun, da sich die

Geister der Freiheit selbst in diesen Mauern regen, verlassen wir die Schule. Es soll sein. Den Zurückbleibenden aber, lieber Hölder, versichern wir herzliches Gedenken und häufigen Besuch. Nichts wird den Bund brechen können! Das aufkommende Morgenlicht, die göttliche Freiheit wird uns gemeinsam führen in eine Menschengesellschaft, die unsere Marter nur noch als finstre Geschichte sich erzählen wird.

Die Zuhörer wunderten sich. Bisher hatte sich Neuffer aus den Streitgesprächen über die Revolution zurückgezogen, vorsichtig, um seine Zukunft besorgt. Zwar waren weder Professoren noch Repetenten anwesend, aber diese unvermutete Bemerkung würde sich herumsprechen.

Hölderlin sah lächelnd zu ihm auf.

Neuffer sagte: Dem Hölder isch ganz anders. Und, als könne er sich damit erklären, begann er Klopstocks Ode auf »Das neue Jahrhundert« zu rezitieren. Sich selbst unterbrechend, hob er den Becher, rief: Laßt uns die Freundschaft halten! Und Magenau, der sich inzwischen wie die anderen erhoben hatte, umarmend: Ade, lieber Magenau! Sie tranken, Magenau begann zu singen: »Traurig sehen wir uns an, / Achten nicht des Weines! / Jeder schlägt die Augen nieder, / Und der hohen Freuden Lieder / Schalle heute keines.« Es war längst Nacht; »es war eine schöne mondhelle Nacht, da ich Tübingen verließ... Wir schieden; an der Pforte des Closters umarmten wir uns noch einmal und Klopstoks hohes ›Freiheit Silberton dem Ohre‹ im Munde zog ich fürbaß. Es schien, als hätten die Sternlein des Himmels den Triumf unsrer Freundschaft mitansehen wollen, so vollzälig standen sie am Gewölbe des heiteren Himmels. Wie mir so wol u. so weh war, Trennung u. Freiheit, nie fühlt ich diese gemischten Gefühle so innig.«

(Ob sich dem scheidenden Magenau nicht die Gefühle der Trennung und Freiheit »innig« gemischt haben? Er schrieb bemüht, und die Sprache war ihm oft nicht zu Willen. Meinte er es so, wie er es schrieb, wäre es, gerade nach diesem Abend, an dem aus ungemischtem Gefühl auf die Freiheit gesungen und geredet wurde, höchst verräterisch: die Ersehnte ist, scheint es, gar nicht so willkommen. Sie beunruhigt, macht unsicher. Die gemischten Gefühle haben ihren Grund.)

Den Sommer teilt Hölderlin noch mit Neuffer.

Er ist lustlos, schreibt wenig, meidet es, Elise zu sehen, ihre Koketterie verstärkt seinen Trübsinn; es verstimmt ihn, nicht Herr seiner Existenz sein zu können.

Warum brauche ich Abschiede, um mein Leben zu ändern, fragt er Hegel, bin ich zu schwach, zu feige?

Hegel versucht vergebens, ihm seine Grübeleien auszureden.

Ich bin zu nichts fähig, nicht zu Liebe, nicht zu Freundschaft.

Er wisse niemanden, der zum Freund mehr begabt sei als er, sagt Hegel.

Dann aber nicht zum Liebhaber.

Hegel, mit dem er viel unterwegs ist, weicht allen Andeutungen, die Elise meinen, aus.

Die Freunde haben diese Affäre längst als ein schleichendes Leiden definiert. Es dauert nun schon das dritte Jahr. Hölderlin fällt es ohnehin nicht schwer, in Krankheiten zu fliehen, sich mit einer morgendlichen Kolik und nachmittäglichen Kopfschmerzen vor den Forderungen seiner Umgebung zu schützen. Da sie ihn gern haben, spielen sie mit seinen Eigenarten.

Manchmal, im Sommer, flieht er die andern, sucht sich einen geschützten Platz am Waldrand, legt sich ins Gras, auf den Rücken, die Hände unterm Kopf, und sieht sich, wie damals im Grasgarten, in den Himmel hinein, schiebt mit seinen Blicken die Wolken, spürt den unendlichen Raum, holt Landschaft in die Augenwinkel, nur Fragmente, grüne und braune Sicheln, und wenn er die Lider schließt, hört er Karl und Rike, sie betteln, wollen eine Geschichte von ihm erzählt bekommen, jetzt net – er ist krank, er sagt sich, ich bin krank, ich bin aus dem Gleichgewicht, ich spüre mich wie einen Fremden, ich denke die Gedanken eines andern, »ich bin wenig traurig, und wenig lustig. Ich weiß nicht, ob dies der Gang des Charakters im allgemeinen ist, daß wir, so wir dem männlichen Alter uns nahen, von der alten Lebhaftigkeit verlieren . . .«

Ist so Leben? Kann ich es so beschreiben? Erreiche ich ihn, wenn ich ihn denke und wie von selbst in seine Gedanken gelange? Er ist eine Gestalt ohne Schatten; den Schatten muß ich werfen. Finde ich ihn, wenn ich mir seine Sätze vorsage oder wenn ich, wie vor einigen Wochen, mich in Tübingen an die Mauer des alten Klinikums lehne, sie ist warm von Sonne, wärmt meinen Rücken, und den Passanten nachsehe, ohne sie zu sehen, nur um die Augen zu bewegen, und Stimmen höre, ohne Wörter und Sätze verstehen zu wollen. Ist meine Abwesenheit seine Anwesenheit?

Das Interesse des Herzogs am Stift wird immer bedrückender. Die Stipendiaten erfahren, daß die neuen Statuten besprochen wurden und nur einer, das weltliche Consistoriumsmitglied Georgii, Einspruch erhob. Georgii sei überstimmt worden. Das kommt erst als Gerücht durch, beruhigt die einen, macht die anderen still. Die Derben, und es sind viele, werden noch derber und spielen ihre Kraft aus. Sie machen es dem Herzog im übrigen leichter, die einengenden Paragraphen durchzusetzen. Saufereien sind an der Tagesordnung. Der Widerstand kommt nicht aus dem Kopf, sondern aus dem Bauch.

Während andere sich über diese dumpfen Störenfriede beklagen, schweigt er sich in seinen Briefen über sie aus. Er wird ihnen aus dem Weg gegangen sein, ein von nahezu allen respektierter »Sonderbarer«. Manchmal hänseln sie ihn. Das hat ihn noch auf dem Seminar verletzt oder erzürnt; darüber ist er jetzt hinaus. Er hat seine eigenen Spielregeln.

Ihr seid schrecklich, sagt er, wenn es ihm zuviel wird, und lacht.

Anfang September, endlich, hält er das Belegstück von Stäudlins »Musenalmanach« in der Hand. Wer hat es ihm gebracht? Neuffer, der zufällig in Stuttgart war? Ein Bote, dem er aus Freude einen Kreuzer mehr als nötig gab?

Erst bleibt er für sich, blättert, doch er muß nicht suchen, das

Bändchen beginnt mit seiner »Hymne an die Muse«. Stäudlin, der Freund, hat ihn vor allen anderen, selbst vor Conz, bevorzugt. Er ist stolz. Ob die Welt sein Erscheinen wahrnehmen wird? Schubart rezensiert schon in den nächsten Tagen den Almanach in seiner »Chronik« und weist nachdrücklich auf »Hölderlins ernste Muse« hin. Das ist in diesem Moment viel, doch ihm zu wenig. Er wünscht sich, daß sie ihn tiefer verständen, daß sie ahnend und vorausschauend läsen.

Immerhin, er hat sich als Dichter ausgewiesen. Und kein Geringerer als Stäudlin fördert ihn.

Auf dem Gang vor der Stube unterhält sich eine Gruppe von Stipendiaten. Er hört Conzens Stimme heraus, reißt die Tür auf, ruft, das Bändchen vorzeigend: Des isch Stäudlins neuer Almanach! Er sagt nicht: Habt Ihr's schon gesehen, gelesen? Meine Gedichte! Jede witzelnde Bemerkung über den Poeten würde ihn jetzt verletzen. Conz nickt nur: I komm glei. So wartet er, seine Freude teilen, mitteilen zu können. Conz beeilt sich nicht, schwätzt und schwätzt, und er zwingt sich, gelassener zu sein, denn für Conz ist es selbstverständlich, sich gedruckt zu sehen. Er setzt sich an den Tisch, auf dem die Bücher und Papiere der Studiengefährten herumliegen. Die Unordnung verdrießt ihn mit einemmal. Sonst hatte sie ihn nie gestört. Aber für diesen Augenblick möchte er's aufgeräumt, wohnlich haben. Es wäre schön, zu Hause zu sein, bei der Mutter. Sie wäre stolz auf ihn, vielleicht auch ein wenig ängstlich. Denn trennt er sich nicht mit diesen Gedichten für alle Welt sichtbar von ihr, hatte nicht damit seine Schwärmerei, seine Kindheit ein Ende? Übertreib net, sagt er vor sich hin.

Doch dann übertrieb Conz, von dem er es, nachdem er zuvor auf dem Gang so zerstreut getan hatte, nicht erwartete. Conz stürmte herein, und jede seiner Bewegungen wirkte, weil er sich in seiner Schwere anstrengen mußte, ein bißchen lächerlich. Er riß ihn vom Stuhl hoch, umarmte ihn.

Des mueß g'feiert werde, Hölder!

Die Heftigkeit genierte ihn.

So wichtig isch's au net.

A was. M'r wird von dir sprechen. Der Hölderlin! sei g'wiß, denk nur an Schnurrer oder an Lebret. Für die wirsch du plötzlich wer sein.

Ja, der Lebret, sagt er. Wie du auf solche Sachen kommst?

Du ändersch di net, Hölder. D' Welt isch für di e schmerzliches Rätsel. Komm, m'r gucket nach deine Auguschtinerbrüder.

Und mit denen, mit Hegel, Schelling, Breyer und dem später hinzukommenden Neuffer wird nun »Hölderlins Auftreten als Dichter«, wie Schelling es bedeutungsvoll nennt, gefeiert, eines jener Feste, deren Hochstimmung sie gewissermaßen erzeugen können, bereit, sich Gefühlen hinzugeben, sich mitreißen zu lassen, auch, gerührt, in Tränen auszubrechen. Neuffer, ebenfalls mit einigen Gedichten in dem Bändchen vertreten, ein »guter Tugendsänger«, ermuntert ihn, alle vier Hymnen vorzulesen, selbst wenn jeder sie schon kannte, nun erst hätten sie ihre Prüfung bestanden.

Hölderlin stellt sich hinter seinen Stuhl, die linke Hand auf der Lehne, in der rechten das Buch: »Dann am süßen heißerrungenen Ziele, / Wenn der Ernte großer Tag beginnt, / Wenn verödet die Tyrannenstühle, / Die Tyrannenknechte Moder sind, / Wenn im Heldenbunde meiner Brüder / Deutsches Blut und deutsche Liebe glüht, / Dann, o Himmelstochter! sing ich wieder, / Singe sterbend dir das letzte Lied.«

Die Freunde applaudierten ihm, er habe Mut, mit dieser Hymne verbünde er sich Schiller, nur Breyer gab zu bedenken, ob es nicht gefährlich sei, gerade als Stipendiat des Herzogs solche Verse zu publizieren. Das erzürnt Hegel, der sich gern kämpferisch gebärdet: Mußt du denn dauernd auf Zehenspitzen daherkommen, Vetter Breyer? Hölderlin hätte ihm anders antworten können: Ja, als ich es jetzt wieder las, schwarz auf weiß, ist mir durchaus Angst geworden. Ich geb's zu. Aber weißt du, dieses Gedicht ist aus der Nähe zu Stäudlin entstanden, aus meiner

Wertschätzung für ihn, und er freute sich, daß ich wenigstens hier seine Sprache finde.

Das Gedicht »Meine Genesung« ließ er aus, las er nicht. Jeder wußte, wen er mit seiner Lyda, die er in dem Gedicht anspricht, meinte, Elise Lebret. Er wollte Hänseleien nicht provozieren. Er hatte sich auch von dem Gedicht fortgelebt. Zwar überfielen ihn Mißmut und Lebensunlust noch immer, doch damals vergaß er Louise, und dabei half ihm Elise.

Ob er merkte, wie weit er sich von den Gedichten entfernt hatte? Daß er weiter war, seine Empfindungen treffender fassen konnte? Die Widmung an die Mutter läßt es ahnen. Selbstverständlich schickt er ihr gleich ein Bändchen. Sie war seine *erste* Leserin. Und wenn er seine Freude weitergeben wollte, dann ihr: »Lassen Sie mich, liebste Mutter! das Wenige, das Sie hier von mir finden werden, Ihnen weihen. Es sind Jünglingsversuche. Sie würden, wenn auch die Art von Gedichten unserm Zeitalter angemessener wäre, wenig Glück machen bei unsern Lesern, und Leserinnen. Aber vielleicht einmal etwas Besseres! Dann werd ich stolz und dankbar sagen: dies dank ich meiner Mutter – ihrer Erziehung, ihrer fortdauernden Mutterliebe, ihrer Freundschaft zu mir.«

Neuffer nimmt Abschied. Er rät Hölderlin, der schon seit Wochen über die kommende Vereinsamung klagt, eine Furcht, die ihn schweigsam und finster macht, er rät ihm, häufig nach Stuttgart zu kommen, ihn in den freien Tagen zu besuchen, bei ihm zu logieren. Hölderlin beneidet den Gefährten um die Selbstsicherheit, wie er, obwohl er doch auch an seinen Gaben zweifeln könnte, unangefochten lebte. Neuffer fiel alles leicht: Kaum zurück in Stuttgart, das großzügige Elternhaus im Hintergrund, versammelte er einen großen Kreis Angeregter und Anregender um sich, in den er Hölderlin, wann immer er anwesend sein konnte, herzlich einbezog. Dennoch scheint Hölderlin auf einige wie ein Fremdling gewirkt zu haben.

Die Zurückbleibenden haben es nicht leicht mit ihm. Er gibt sei-

nen Launen nach, verschließt sich, lehnt es ab, mit ins »Lamm«
zu ziehen. Sie lärmten doch nur und ersäuften ihre Ängste in sau-
rem, billigem Most. Am 10. Oktober 1791 stirbt Schubart. Die
Nachricht verbreitet sich rasch im Land. D'r Schubart isch tot!
Hölderlin weiß über Stäudlin seit längerm, daß Schubarts Zustand, vor allem durch das maßlose Saufen und Fressen bedenk-
lich sei.
Von nun an liest Hölderlin die »Chronik« als Botschaft Stäudlins.
Wenn er einem in seinen politischen Gedanken traut, ihm zu folgen bereit ist, dann ist es Stäudlin. Schon nach einem Monat ruft
Stäudlin in der »Chronik« die Dichter des Landes zu einer »Lyrik
hohen Stils« auf. Er hatte dabei sicher auch an Hölderlin gedacht, an dessen neue Hymnen, wie die an die Menschheit mit
dem Motto aus Rousseaus »Contrat social« die er schon kannte
und die am ehesten seinem Ideal einer dem Zeitgeist verbundenen Dichtkunst entsprachen: »Wie... reichen Stoff zu kühnen
auf alle Welt wirkenden Dichterwerken gibt nicht seit mehrern
Jahren der Geist der Zeiten.«
Für Hölderlin setzen sich die Stuttgarter Unterhaltungen im
Geschriebenen fort.
In der Herbstvakanz hatte er Stäudlin besucht, gemeinsam mit
Neuffer, ihn in einer kleinen Runde angetroffen, die ihm nicht
vertraut war. Allerdings kam wenig später Conz hinzu, den er bat,
sich neben ihn auf die Chaiselongue zu setzen, »damit ich einen
Halt habe, weil ich noch ein wenig fremdle«. Dann jedoch glich
alles ihren Sitzungen auf der Augustinerstube. Immer gab es Be-
wegung. Stäudlin wanderte, während er redete, ruhelos hin und
her, Conz sprang dann und wann auf, wobei er jedesmal mit einer
Geste, die ihm nicht mehr bewußt war, die Weste über den Bauch
zog. Neuffer blieb gelassen und behaglich sitzen.
Ludwig XVI. war, nachdem Lafayette einen Vorführungsbefehl
gegen ihn erlassen hatte, nach Varennes geflohen. Sie hatten darüber in Flugschriften und in der »Minerva« gelesen, in anderen
Blättern, die vor allem von den Mömpelgardern gegen das Verbot

des Ephorus ins Stift eingeschmuggelt und über Nacht unterm Stein im Garten am Neckar deponiert worden waren. Sie kannten die verschiedensten Ansichten. Neuffer war emigrierten Aristokraten begegnet und erzählte, zögernd, von den Greueltaten des Pöbels. Sie hätten Menschenköpfe auf Spieße gesteckt.

Das hätten die feinen Herren doch nur erfunden, um die Republik zu beschmutzen.

Und Lafayette, ist der nicht ebenso von Adel, oder der Herzog von Agouillon?

Sie waren belesen, waren kundig.

Außerhalb des Stifts trugen manche von ihnen die Kokarde und grüßten sich mit »vive la liberté« und »vive la nation!«

Ja, es gebe Ausschreitungen, doch auf den Enthusiasmus aller, auf die neuen Ideale komme es an.

Conz versucht zu beschwichtigen. Es ist wahr, der Enthusiasmus, dem du so ergeben bist, Stäudlin, war nützlich, hat schnell gewirkt. Eine solche große Sache kann man nur mit seiner Hilfe beginnen und fortsetzen. Doch ebenso hat dieses Ungestüm geschadet. Diese jungen Männer, denkt nur an Robespierre, sind voll Feuer und Genie, doch es mangelt ihnen an Erfahrung und Kenntnis.

Dies werde der Jugend stets vorgeworfen.

Und von den einzelnen zu sprechen, sei müßig. Alle, Adlige, Bürger und Geistliche, seien ergriffen.

Ja, ich hab's mit eigenen Augen gesehen, mit eigenen Sinnen erlebt. Das ist nicht nur ein Rausch, Freunde, das ist eine Angelegenheit für den prüfenden Verstand.

Der das sagt, und so die Aufmerksamkeit aller auf sich zieht, hatte am Rande gesessen, sich geradezu versteckt gehalten neben dem Schreibtisch Stäudlins, ein schmächtiger Mann von etwa dreißig Jahren, elegant gekleidet, mit einem früh gealterten Gesicht, in dem sich Augen, Nase und Mund auf engstem Raum drängten, als zöge sie ein immerwährendes säuerliches Gefühl zusammen. Der Mann mußte diesen Eindruck, den er auf andere machte, kennen, denn er warf sich in Positur, wollte mächtiger erscheinen, was ihm auch gelang, da er ein außerordentlicher Redner war.

Wer ist das? fragte Hölderlin leise Conz.

Des isch d'r Wilhelm Gerber. Der ist mit dem Reinhard in Paris gewesen und geht wohl wieder zu ihm zurück.

Erzähl, bat Stäudlin ihn. Du weißt es aus eigener Anschauung. Wir können hier nur lesen, träumen. Erzähl von der Bundesfeier. Das geht mir immer wieder ans Herz.

Da habe man viel gelesen. Auch bei Humboldt.

Aber so nicht, wie ich es erlebt habe, sagt Gerber, nicht ohne Hochmut. Erinnert ihr euch, wie die Föderation anfing, wie das Volk begriff, daß es eine Nation sei? Ein Bretone hatte da für alle gesprochen und ich habe es mir bis aufs Wort gemerkt: Wir erklären feierlich, daß wir nicht Bretonen und nicht Angevins sind, sondern Franzosen und Bürger desselben Reiches. Wir verzichten deshalb auf alle unsere Sonderrechte und schwören ihnen als verfassungswidrig ab. Wir sind froh und stolz, frei zu sein.

Gerber hatte seine Umgebung vergessen. Er stand vor einer unüberschaubaren Menschenmenge und rief mehr als daß er sprach. Sie hätten ihn kurios finden können, aber sein Ernst, die auch sie ergreifende Gegenwart der Erinnerung, gestatteten es nicht.

Wenn's hier nur schon so weit wäre, sagte Stäudlin nach einer Pause, nicht Württemberger und nicht Hesse.

Das wird den Preußen nie schmecken, sagt Conz.

Jaja, warum du nur deine Vernunft stets fütterst und uns die Mutlosigkeit läßt.

So habe er's nicht gemeint. Er wünsche sich, wie die Franzosen, ein freies Vaterland.

Zum ersten Mal sprach Hölderlin: Ich frag mich, ob das Vaterland, so wie wir es jetzt meinen, auch das Vaterland sein wird für unsere Enkel. Vaterland ist die große Heimat der Gerechtigkeit und der Freiheit, es ist ein Ideal, und es kann nicht eingeengt sein durch Sprache und Grenze. So wie das Griechentum –

Stäudlin unterbricht ihn: Er habe recht und so wie er dächten wohl alle in diesem Kreise, nur sollte Gerber jetzt das Föderationsfest schildern, diese arkadische Feier, diese wunderbare Begründung eines Bundes der Freien.

Wenn der nicht auch ein Schwärmer ist.

Laß dich durch unsere Unruhe nicht drausbringen, Gerber.

Gerber lief, erzählend, zwischen ihnen hin und her, kaum auf sie achtend, manchmal hob er die Hände, um den vergangenen, dennoch ganz präsenten Eindruck so zu beschwören, daß auch sie unmittelbar daran beteiligt seien: Eigentlich hätte es ja ein Fest der Nationalgarde mit den Bürgern sein sollen. Am Ende ist es viel mehr geworden, gegen den Willen des Königs und Talleyrands – ein Versöhnungsfest des Volkes, die Feier der Einheit. Schon im Morgengrauen war ich, in Begleitung einiger Freunde, unterwegs zum Marsfeld. Das ist ein weiter Platz unmittelbar vor der Militärschule und nicht weit vom Hôtel des Invalides. Die Luft sang, ich kann es nicht anders sagen, sie prickelte, sie glühte noch ohne Licht. Die halbe Stadt war auf den Beinen. Man rief sich Grüße zu, Scherze, immer wieder hörte man Lieder. Ein jeder genoß die Brüderlichkeit, über die nicht mehr gesprochen wurde, die sich, wenn ich nur wüßte, wie ich es ausdrücken soll, ausgebreitet hatte, wie ein heilsames Fieber. Verzeiht, das ist kein glücklicher Vergleich. Herr von Brissot hatte uns gebeten, beim Aufwerfen der Rasenwälle rings um das Feld zu helfen. Von denen aus sollte das zuschauende Volk einen weiten Blick über das Schauspiel haben. Außerdem schleppten wir ein Zelt mit uns, das wir, wie viele andere, aufrichten wollten, um das Fest in die Nacht ausdehnen zu können. Mir kam es vor wie ein Ausflug in ein neues Zeitalter. Und nicht allein ich empfand so. Viele! Von älteren Milizionären wurden wir zur Arbeit eingeteilt. Lachend, Witze erzählend, schickten wir uns in die uns ungewohnte Tätigkeit. Vornehme Damen schenkten Wasser und Wein aus. Manche waren trunken, ohne daß sie nur einen Schluck Wein zu sich genommen hätten. Vom Glück, das sie atmeten. Vor der Militärschule, an dem kleinen Fluß, der das Marsfeld abgrenzt, waren winzige Gärten angelegt und ein großes Zelt aufgestellt worden, in dem sich der König, die Königin und der Hofstaat würden aufhalten können. In einem weiten Kreis standen dreiundachtzig Masten, an denen die Fahnen der Departements wehten. Ihnen und dem Königshügel gegenüber der Altar, an dem dann Talleyrand die Messe las. Welche Farben! Welches Licht, das dieser heilige Tag seinen freien Bürgern schenkte! Bald verbreitete sich die Nachricht, daß der Zug der Föderierten, die gewaltigen Kolonnen der Nationalgarde sich auf das Feld zubewege. Rufe wurden laut: Vive la liberté! Vive la nation! Auch vive le roi! war zu hören. Das klang nicht für alle Bürgerohren lustig. Die königliche Familie hatte inzwischen ihr Zelt bezogen. Die Höflinge hielten sich zurück. Endlich sah man die Kolonnen. Sie marschierten rasch, ungeduldig, strömten unter dem Jubel aller in das Karree ein, die Milizen rissen die Arme hoch, schwenkten die Mützen, Frauen und Männer brachen in Tränen aus, Kinder faßten sich an den Händen und tanzten. Nachdem Talleyrand, der mir und meinen Freunden zuwider war, ein Götzendiener, glatt und schlau, seine fromme Pflicht erfüllt hatte, trat der wunderbare Lafayette, der Befehlshaber der Nationalgarde, vor den Altar. Den Hut mit der Kokarde in der Hand. Alle nahmen die Hüte ab. Ein Schweigen, das die Luft still machte, legte sich über die unüberschbare Menge. Er, unser Lafayette, sprach den Eid für die Nation, das Gesetz und den König. Hätten wir nur hinter seine Stirn sehen können, wie hinter die des Königs. Wußte er damals schon, daß dem Monarchen der Bund des Volkes gleichgültig war, daß er ihn verraten würde? Ach nein, denn wir alle befanden uns in einem Zustand neu gewonnener Arglosigkeit, wir, die Kinder der Revolution. Die Zeremonie war beendet, das Fest aber nicht. Die Marschsäulen zerbröckelten unter der Freude. Man lustwandelte, verbrüderte sich, traf sich in den Zelten, aß, trank, spielte mit den Kindern. Gruppen tanzten, wanden Girlanden um andere. Frauen warfen Blumen über die Seligen – bis zur Nacht die Zelte von unzähligen Lichtern hell wurden, bunte, durch die Finsternis treibende Inseln, und die Brüder sich um die langen Tafeln setzten, noch einmal den vergangenen Tag zu feiern. Reden wurden gehalten, Lieder wurden gesungen, erst von wenigen, bis sich die Melodie den Weg übers ganze Feld brach und ein tausendstimmiger Chor zu den Sternen donnerte. Kennt ihr das? Gerber fing an zu singen, und da die meisten von ihnen das Lied kannten, fielen sie ein:

> Du législateur tout s' accomplira...
> Celui qui s' abaisse, on l'élévera,
> Celui qui s' élève on l'abaissera,
> Ah! ça ira, ça ira, ça ira!

Conz fing sich als erster, spottete über die Befangenheit, die sich nach dem Singen eingestellt habe: Also, Freunde, so rechte Revolutionäre sind wir alle nicht. Außer, natürlich, Herrn Gerber. Nur möchte ich zu bedenken geben, daß Lafayette sich nicht mehr in Paris aufhält, der König dafür zurückgeholt worden ist, daß die Nationalgarde diesmal, lieber Monsieur Gerber, auf dem Marsfeld auf die Bürger schoß und daß um der lieben Freiheit willen ein beträchtliches Durcheinander herrscht. Dann wandte er sich Hölderlin zu, faßte ihn: Du sagsch nix? Du schweigsch? I hör lieber zu.

Er hätte sagen können, daß ihm Gerbers Erzählung wie die Vision eines kommenden, nicht eines vergangenen Festes erschienen war, die Feier eines endgültigen Friedens – daß es nur an der einen Stimme fehle, an der Stimme des Einen, Einenden, auf die er und die anderen warteten. Sie hätten ihn nicht verstanden.

Mit Neuffer brach er auf. Bei Gerber bedankte er sich fast überschwenglich. Des isch mir wichtig g'wese, Monsieur. Stäudlin forderte ihn noch unterm Tor auf, alle neuen Gedichte zu schikken.

Jede Zeit hat ihre Sprache. Diese irrt zwischen Himmel und Erde. Sie sucht nach Göttern und Geistern, baut arkadische Landschaften, modelt an einem Menschenbild, das bieder und hochfahrend in einem ist. Sie findet Wörter, Begriffe, die sich von dem lösen, was sie fassen sollen. Eine Sprache, die der Dürftigkeit, der Gemeinheit mißtraut; die Wörter wollen rein bleiben, verleugnen Schmutz und Schweiß – so rein, wie es ihre Hoffnung auf den neuen Menschen ist.

Die bevorstehende Änderung der Statuten hält sie zusammen, selbst die Gleichgültigen und Leichtfertigen – sie haben keine andere Wahl. Sie wissen, daß Schnurrer, der Ephorus, mit dem Herzog Briefe in dieser Angelegenheit wechselt, daß es einen Entwurf geben soll, aber die Angelegenheit zieht sich hin. Bengel, einer der Repetenten, schreibt an Neuffer: »Den Stipendiaten ist es gegenwärtig wegen der bevorstehenden Reform bänger als je; sie wollen sichs aber nicht nachsagen lassen, sondern behaupten *hautement*, sie werden durch ihre Protestationen dem Ding schon eine andere Gestalt geben.«
Das Ding nahm, ein knappes Jahr darauf, die Gestalt an, wie sie sich der Herzog wünschte.
Zur gleichen Zeit, die Gerüchte müssen alle hysterisch gestimmt haben, schreibt Hölderlin an Heinrike: »Die neueren Nachrichten lauten gar nicht gut ... Wir müssen dem Vaterlande und der Welt ein Beispiel geben, daß wir nicht geschaffen sind, um mit uns nach Willkür spielen zu lassen. Und die gute Sache darf immer auf den Schutz der Gottheit hoffen.«
In solch einem Brief, der nicht nur an Heinrike gerichtet ist, auch an die Mutter, Köstlin und Kraz, nicht zuletzt an Karl, den er nach seinen Vorstellungen führen und erziehen will, in solch einem Brief sprechen die Gefährten mit, er bündelt alle Erregung, faßt Debatten zusammen, läßt zu Schlagworten werden, was sie bedrängt, tatsächlich empfinden: Daß sie nicht mehr allein, daß Unruhe und Widerstand gewachsen sind, daß der Herzog nicht

nur mit einer Handvoll Stipendiaten zu rechnen hat, sondern mit dem Zeitgeist.

Im Frühjahr 1792 kam der achtzehnjährige Leo von Seckendorf nach Tübingen, um sein Jurastudium zu beginnen. Also kein Stiftler. Lang blieb er dem Freundeskreis nicht erhalten. Bereits im Herbst desselben Jahres rief ihn sein Vater nach Hause, die Tübinger Universität bot dem Ehrgeizigen zu wenig. Nichtstun und ablenkende Lustbarkeiten seien an der Tagesordnung.

Erst einmal aber ließ er sich auf alles ein, was ihm geboten wurde. Neugierig und abenteuerlustig fand er Anschluß. Dazu halfen ihm schriftliche Empfehlungen des Vaters. Im Lebretschen Haus war er bald ebenso gern gesehener Gast wie bei anderen Professoren. Man fand ihn gescheit, wendig, schätzte seine Höflichkeit. Daß er mitunter vorlaut sei, hielt man seinem Alter zugute.

Er rede jedem nach dem Maul. Hegel mochte ihn nicht. Hölderlin hingegen gefiel gerade das Weltmännische. Er hätte sich gern so leicht, gefällig bewegen wollen. Diesem Burschen wurde nichts schwer, zu verletzen war er kaum, da er dazu keinen Anlaß bot. Bei den Mädchen gewann er ebenso wie bei den Studenten.

Er führte Hölderlin nicht in den politischen Klub ein, in den Jakobinerzirkel. Denn Hölderlin war mit Hegel schon einige Male Gast gewesen, hatte sich aber zurückgehalten, und die groben Späße der Mömpelgarder hatten ihn abgestoßen. Es mißfiel ihm, wenn sie ihrer Überzeugung mit Bubengebrüll Nachdruck verliehen.

Des g'hört dazu. Hegel hielt seine Ablehnung für übertrieben.

Die beiden Stiftler Fallot und Bernard, die neben einem undurchsichtigen, sich stets in Andeutungen ergehenden Studenten namens Wetzel die wichtigste Rolle spielten, kannte und schätzte er. Sie waren Feuerköpfe, keine brillanten Theologen, doch verständig, und wenn es um die Sache ging, ohne Hehl. Sie waren parteiisch und gaben es – im Gegensatz zu vielen andern, die sich geschickt tarnten – offen zu. Das hatte sie bei einigen Professoren unbeliebt gemacht, und die orthodoxen Repetenten plagten sie mit zusätzlichen, vertrackten Aufgaben. Da man sich immer privat traf, die Wohnungen hin und wieder wechselte, konnten sich ungebetene Schnüffler kaum anschließen. Dennoch vermutete Hegel, stets mißtrauisch, Aushorcher des Consistoriums oder des Kanzlers in der Runde. Besonders hatte er ein Auge auf Knebel, einen vorlauten, übereifrigen Apotheker, der älter war als alle anderen und sich durch sein künstliches Feuer verdächtig machte.

Nur die Jungen dürften so übertreiben, bei den Älteren sei es entweder dumm oder falsch.

Er war ein Verräter, ein Spitzel. Es stellte sich später heraus, als Wetzel, von wem auch immer gewarnt, überstürzt das Stift verließ; nach ihm gefahndet wurde, er jedoch heil Straßburg erreichte.

Tübingen ist klein, eng: Es lauscht auf alles, was seiner Ruhe gefährlich werden könnte. Die in der Stadt die Macht haben, hüten den Frieden. Sie haben mit der Republik nichts im Sinn. Demokratie, Gleichheit, Brüderlichkeit sind für sie Erfindungen des Teufels. Also lassen sie – nicht mehr ganz sicher, denn die französischen Zustände könnten in der Tat um sich greifen – die Aufrührer beobachten. Gut, es sind Kinder, ganz selten Beamte. Und die kann man, wie auch die Repetenten, unter Druck setzen. Schwieriger ist es schon mit den Advokaten, den Schreibern. Doch Mittel, sie zur Räson zu bringen, finden sich genug. Wenn sie »übertreiben«, werden sie eingekerkert oder des Landes verwiesen.

Leute wie Seckendorf treiben es in ihrer Leidenschaft oft weit, liieren sich mit unsicheren Kantonisten, reden unvorsichtig in den Gastwirtschaften, schneiden auf, doch ihr Engagement, ihre Kenntnisse sind ernsthaft.

Die Mömpelgarder sind am besten über Neuigkeiten unterrichtet, sie bringen französische Flugblätter und Zeitungen mit, lesen pathetisch daraus vor, und, wenn er Lust dazu hat, kommentiert Hegel. Was auf sie einstürzt, übersteigt ihr Verständnis. Vieles bleibt unvorstellbar. Es sind große und blutig gemalte Gemälde einer Zukunft, die sie sich heller, menschlicher, freundlicher erhoffen. Manchmal überschreien sie das eigene Erschrecken.

Aber als Preußen und Österreich sich gegen die Revolution verbündeten, als Brissot zum Krieg gegen diese Koalition trieb, als ihnen Fallot weinend die Proklamation »Das Vaterland ist in Gefahr« vorlas, als die Tuilerien gestürmt und der König gefangen genommen wurde, als Lafayette schändlicherweise zu den Österreichern überlief, als die Revolutionsarmee bei Valmy der preußischen Kanonade standhielt, waren sie sich einig in Empörung und Zustimmung. Das alles kam näher und ging sie unmittelbar an. Selbst als im September 1792 tausend »Verdächtige« im Namen der »Einen und unteilbaren Republik« umgebracht wurden, verstanden sie sich gegenseitig zu beschwichtigen: es seien Feinde gewesen, Schädlinge, sie hätten die junge Republik ruinieren können.

Komm, guck, was d'r Cotta schreibt, lies den Reinhard! Das waren zwei, denen sie trauten. Sie hatten mit Tübingen zu tun gehabt, Reinhard war sogar Stiftler gewesen, und beide waren, unglücklich und unfrei im eigenen Land, aufgebrochen in die Revolution, nahmen teil. Christoph Friedrich Cotta war der jüngere Bruder des Tübinger Buchhändlers und Verlegers. Einige von ihnen, vor allem die älteren Repetenten, hatten Umgang mit ihm, ehe nach er Straßburg ging, dort das »Politische Journal« herausgab – sie schwiegen sich aber lieber aus, da die Bekanntschaft mit Republikanern ihrem Ansehen hätte schaden können. Cotta verpflichtete sich ganz und gar der republikanischen Sache. Später diente er als Kanzlist dem General Custine in Mainz, schrieb Aufklärungsbroschüren, die in ungeheuren Mengen unters Volk verteilt wurden, sorgte für das Postwesen in den besetzten Rheingebieten und verschwand, als Napoleon die Herrschaft antrat, ohne weitere Spuren zu hinterlassen. Vielleicht hielt ihn sein inzwischen berühmter Bruder verborgen – einen frühgealterten Namenlosen, der sich ein wenig um die Buchhaltung des florierenden Verlags kümmerte, den keiner zu fragen wagte, wer er sei, woran er so schrecklich leide. Reinhard hatte es leichter. Er war neun Jahre älter als Hölderlin. Am Stift hatte er sich ausgezeichnet. Noch jetzt wurden seine Gaben, seine geistige Beweglichkeit gerühmt. Professoren wie Bök, Schnurrer, Lebret konnten es nicht verstehen, daß er sich auf eine solch windige Karriere eingelassen hatte. Der könnte, hätte er es wollen, schon einer der wichtigsten Berater des Herzogs sein.

Da gibt es eine unerhebliche Station in Reinhards Lebenslauf, die zu erwähnen sich nicht lohnt, mich aber sentimental werden läßt: Reinhard diente, wie Hölderlin, für kurze Zeit als Hauslehrer in Bordeaux. Ob Hölderlin in den wenigen Monaten seines Aufenthalts von seinem Wirken gehört hat? Einige müßten sich erinnert haben. Daß jetzt wieder jemand ein Französisch mit diesem kuriosen Akzent sprach, ein Schwabe. Hat man ihm erzählt, wie Reinhard dann nach Paris aufbrach, um der Republik zu dienen, und dies mit Glanz, mit Erfolg? 1802, als Hölderlin in Bordeaux weilte, war Reinhard schon Außenminister der Republik, berühmt, gefeiert und danach amtierte er, als ihn Talleyrand verdrängt hatte, als Botschafter beim Niedersächsischen Kreis in Hamburg. Da kreuzen sich Bahnen, und doch bleiben diese Existenzen ganz unvereinbar. Der Jüngere, auf seiner letzten Reise, schon verstört, schon über die Grenze; der andere, noch lange nicht am Ende, sich intelligent und lebenskundig den Verhältnissen fügend und anbietend, von der wiederhergestellten Monarchie mit dem Grafentitel ausgezeichnet, Gesandter in Deutschland, geschätzter Briefpartner Goethes und endlich Pair von Frankreich, Mitglied der Akademie – der war aus einem anderen Stoff.

Reinhard zog die Jungen an, denn er hatte zugepackt, die Zeit beim Schopf genommen. Stäudlin hielt enge Verbindung zu Reinhard, die ihm jedoch, als er die Heimat verlassen und nach Mainz gehen mußte, nichts half. Da verhallten Stäudlins verzweifelte Rufe in den Vorsälen des nun Mächtigen, und vielleicht bemerkte Reinhard in einer gelangweilten Unterhaltung: Ja, er kenne den Stäudlin, der sei aus der Bahn geraten, sei eben ein Querulant.

Was Cotta und Reinhard berichteten, haben die Studenten gelesen. Und Stäudlin wiederum unterrichtete Reinhard über die Zustände im Lande: »Gewiß ist, daß es unsern hohen Häuptern vom Kaiser biß auf den Bürgermeister zu Reutlingen herunter gewaltig bange ist u. daß sie entgegenarbeiten, ohne zu wissen, wie sie's eigentlich angreifen sollen. Überall erscheinen nach und nach Censuredicte – aber man läßt die Schriften anderswo druken. Der Kaiser dingt einen Prof. Hoffmann, um eine Zeitschrift gegen die um sich greifende Freiheit zu schreiben. Dises Journal wird vorläuffig in allen... Zeitungen u. Journalen mit großem Pompe angekündigt u. man läßt es die Leute merken, daß der Kaiser die Hand im Spiele habe. Sie erscheint – u. die Wiener sagen laut, der Kaiser sei der vornehmste Mitarbeiter daran. Sie wird dem König von Preussen zugeschikt. Er antwortet in den gnädigsten Ausdrüken u. versichert, selbst alles Mögliche zur *Verbreitung derselben beizutragen* – u. diser Brief wird in öffentlichen Zeitungen gedrukt. Du siehst, wie dumm es unsre Fürsten angreifen.«

Eine Verschwörerrunde war der Studentenklub nicht, obwohl es der Hof und das Consistorium vermuteten. Sie schwärmten, gaben ihren Empfindungen nach, verquickten das Griechenideal mit dem der Franzosen, wurden ängstlich, wenn die Gewalttaten überhand nahmen, waren eher Parteigänger Brissots und seiner Freunde, die später Girondisten genannt wurden, als Robespierres, Dantons und Marats. Je näher die Revolution rückte, desto beunruhigter waren sie. Sie hätten, wäre es den Truppen der Revolution gelungen, den Süden zu erobern, Baden, Hessen und Württemberg, sich zurückgezogen, hätten vorsichtig zugeschaut und nur einige, die sich ins Spiel bringen wollten, wie eben Wetzel oder Seckendorf, wären auf die Straße gegangen, hätten sich als Jakobiner zu erkennen gegeben.

Hölderlin stand zwischen den reinen Denkern und denen, die handeln wollten. Stäudlin und Reinhard, die ihre Existenz wissentlich einsetzten, bewunderte er. Dazu war er nicht fähig. Seine Ideen wollten das Gemeine, den blutigen Rand nicht wahrnehmen, vielleicht auch nicht wahrhaben, obwohl er, im November 1792, nach dem wider alle Erwartungen raschen Einmarsch der französischen Truppen in Mainz, in einem Brief an die Mutter geradezu kühl abwägt, wen es treffen werde und wen nicht. Er bittet die »liebe Mamma« sich wegen des Kriegs nicht allzu viele Sorgen zu machen, denn: »Was auch kommen mag, so arg ists nicht, als Sie vielleicht fürchten mögen. Es ist wahr, es ist keine Unmöglichkeit, daß sich Veränderungen auch bei uns zutragen. Aber gottlob! wir sind nicht unter denen, denen man angemaßte Rechte abnehmen, die man wegen begangener Gewalttätigkeit und Bedrückung strafen könnte. Überall, wohin sich noch in Deutschland der Krieg zog, hat der gute Bürger wenig oder gar nichts verloren, und viel, viel gewonnen. Und wenn es sein muß, so ist es auch süß und groß, Gut und Blut seinem Vaterlande zu opfern, und wenn ich Vater wäre von einem der Helden, die in dem großen Siege bei Mons starben, würde ich jeder Träne zürnen, die ich über ihn weinen wollte.«

Sie hatten, von Anfang an, die Entwicklung idealisiert, selbst der Königsmord hatte sie nicht irritieren können, denn schließlich war mit der Verurteilung Ludwigs XVI. der Republik der Weg freigegeben – erst als die Revolution sich selber zerstörte, die Tage der Schreckensherrschaft anbrachen, zogen sie ihren hohen Anspruch an die Republik zurück. Aber sie wußten: Sie hatten gesehen, erlebt, was keiner Generation vor ihnen vergönnt war, und es würde nicht verloren sein. Jeder ging seinen Weg: Stäudlin in den Tod; Conz wurde Professor; die beiden Mömpelgarder, Bernard und Fallot, bestanden immerhin ihr Examen mit Erfolg, wurden als Theologen bestätigt; Hegel wurde der wichtigste Denker seiner Zeit, Staatsphilosoph Preußens; Schelling, der Reichbegabte, verschloß sich nach einem sprühenden Beginn, ein verbitterter Reaktionär; Seckendorf blieb, wie auch Sinclair, der noch auf kurze Zeit zur Tübinger Runde stoßen sollte, den Ideen der Jugend treu bis hin zum Vorwurf des Landesverrats.

Und Hölderlin? Seine Erinnerung bewahrte am genauesten die Sätze der Hoffnung, des Aufruhrs. Sie kehren in seinen Gedichten immer wieder. Nur vermied er es, sich unmittelbar auf politische Umtriebe einzulassen. Er setzte sich zwar nicht von seinen Freunden ab, nahm weiter an ihren Treffen teil, später in Homburg, Rastatt, Stuttgart, hat sicher aufmerksam zugehört, doch gefragt hat ihn, dessen verletzliche Sympathie sie ernst nahmen, keiner mehr: Was moinsch, Hölder?

VI *Die fünfte Geschichte*

Im frühen Sommer 1792, einige Wochen nach Ausbruch des Krieges zwischen Frankreich und Österreich, brach Fallot atemlos in die Ruhe der Augustinerstube ein und rief: In Hirschau und in Rottenburg liegen Franzosen, doch er erklärte gleich weiter: Es sei ein Corps von Réfugiés, von Emigranten, das unter dem Befehl von Mirabeau stehe und sich den Österreichern angeschlossen habe. In diesem südwestlichen Zipfel des Habsburgischen Reiches wurden, um einen möglichen Angriff der Franzosen abzuwehren, Truppen zusammengezogen.

Die Stipendiaten schrien durcheinander: Verräter! Aristokratenbrut! Feiglinge! Blutsauger der Nation! Geschmeiß!

Hegel faßte sich, es gelang ihm nur mühsam, die Freunde zu beruhigen.

Bernard schlug vor, auf der Straße nach Hirschau bis zu den Posten zu wandern und, falls sie einem der Réfugiés begegneten, mit ihm zu debattieren.

Die lassen doch nicht mit sich reden.

Versuchen sollte man es. Sie hätten sicher Heimweh, und die einfachen Chargen könnte man vielleicht überzeugen, die Truppe heimlich zu verlassen und in die Heimat zu fliehen.

Weißt du, was denen dort blüht?

Wenn sie guten Willens sind?

Ich bin im Zweifel, ob der gute Wille so gerecht verteilt ist, Fallot.

Dennoch, schon aus Neugier, zogen sie nachmittags auf Hirschau zu. Sogar zwei Repetenten hatten sich ihnen angeschlossen. Hölderlin mußten sie überreden. Er fand das Unternehmen geschmacklos und auch gefährlich.

Guck dir's an, Hölder.

Sie fielen in dem Rummel rund um die Postenstellen vor Hirschau gar nicht auf. Die Uniformen der Franzosen stachen von denen der Österreicher ab, und die Schaulust der Einheimischen konzentrierte sich auf sie. Die Franzosen fanden auch das Interesse der Fliegenden Händler und Gelegenheitskrämer. Wein wurde in Krügen angeboten, frische Milch, gebratenes Fleisch. Mädchen kokettierten, radebrechten Französisch. Seckendorf entdeckte einige Juristen, die sich jedoch weigerten, sich ihnen anzuschließen. Sie wollten mit den Klosterbrüdern nichts zu tun haben.

Hölderlin sagte: Es ist wie auf einem Jahrmarkt. Man merkt gar nicht, welcher Ernst hinter dem liegt.

Kann einer dem Gesicht des Verräters ablesen, daß er ein Verräter ist? fragte Seckendorf.

Hegel erwiderte ihm, trocken wie eh und je: Du irrst dich, Seckendorf, sie sind, wenigstens die meisten, keine Verräter. Sie verteidigen die Sache des Adels und der reichen Bürger. Es sind eingeschworene Royalisten oder Klerikale.

Sie versuchten, Franzosen ins Gespräch zu ziehen. Es gelang ihnen selten, und wenn, dann machten sich die Offiziere und Soldaten über ihren Eifer lustig oder meinten, sie sollten froh sein, daß sie die Revolution nicht im Lande hätten. So ließe es sich leicht reden.

Den Grafen Mirabeau möchte ich sehen, rief ein Mädchen.

Guck, auch hier sind die Grafen begehrt.

Jemand, der ihnen fremd war und eine Weile bei ihnen gestanden hatte, flüsterte ihnen zu, in Hirschau und in Rottenburg hielten die Franzosen auch einige Republikaner gefangen. Sie hätten sie aus Frankreich mitgeschleppt. Der Mann verschwand, ehe sie ihn weiter fragen konnten.

Des isch G'schwätz, des kann net sei, sagte Hölderlin. Er möchte gehen.

Vor dem Abendhimmel vergrößerte sich die Silhouette des Schlosses unwirklich, die Stadt schien aus der Verankerung gerissen, schwebend. Das stumpfe, algengrüne Wasser des Neckars begann unter dem brechenden Licht zu glänzen. Schelling und Hölderlin gingen langsamer, blickten auf die sich ständig wandelnde Kulisse. Der Lärm war mittlerweile hinter ihnen geblieben, nun hörten sie nur noch ab und zu Stimmen, eigentümliche, sich selbst geltende Rufe, Vogelschreie. Er sagte, wie nebenher, zu Schelling: In solchen Augenblicken weiß die Natur, daß sie endet.

Die nächsten Tage wich er den Mömpelgardern aus, ließ sich im Klub nicht sehen, bis Hegel ihn dringlich einlud, doch wieder an den Treffen teilzunehmen. Er könne sich zurückhalten, müsse sich ja nicht einmischen. Hitzköpfe gebe es genug. Du fehlst uns einfach, Fritz.

Was in diesem und dem nächsten Jahr sich ereignete, die Besetzung von Mainz durch die republikanischen Truppen; das Dekret des Konvents, allen Völkern, die frei sein wollten, Brüderschaft und Hilfe zu gewähren; die Hinrichtung des Königs, die Ermordung Marats durch Charlotte Corday; die Girondistenverfolgung, die Verhaftung und Hinrichtung Dantons und endlich die Hinrichtung Robespierres – alle diese Ereignisse waren ihm so nah, so unmittelbar, als spielten sie sich in seinem Kopf ab. Als erfände er den großen Anfang einer Geschichte, die an seiner zeitweiligen Mutlosigkeit scheiterte.

Er liest den Don Carlos. Schillers Ton packt ihn. Sein ganzes Wesen hallt davon wider. Oft, wenn sie zum Österberg gehen oder auch nur, um den Modergeruch des Stifts hinter sich zu lassen, für eine halbe Stunde am Neckar spazieren, spricht er auswendig, was ihm verwandt ist: »Der Freundschaft arme Flamme füllt eines Posa Herz nicht aus. Das schlug der ganzen Menschheit. Seine Neigung war die Welt mit allen kommenden Geschlechtern.«

An Karl, der von alledem wenig ahnt, nur das Wissen und die Vorausschau des älteren Bruders bewundert, schreibt er, Schillers Gedankenflug fortsetzend: »Meine Liebe ist das Menschengeschlecht... Das Geschlecht der kommenden Jahrhunderte... Die Freiheit muß einmal kommen, und die Tugend wird besser gedeihen in der Freiheit heiligem erwärmenden Lichte als unter der eiskalten Zone des Despotismus...«

Philipp Lerouge wurde, wenn auch nur für einige Tage, zum Geschöpf seiner Zukunft. Von ihm hörte der Klub – allerdings längst nicht alle, die sich ihm zurechneten, da die Mömpelgarder darauf achteten, daß nur die Zuverlässigen, die gut Bekannten eingeweiht waren – zum ersten Mal durch den Musiker Eduard Greiner. Auch Greiner hatte man eine Zeitlang mißtraut. Er redete wenig über sich selbst, seine Herkunft blieb undurchschaubar, sein übertriebener republikanischer Eifer erschien ihnen eher verräterisch. Seine Existenz bestritt er mit Hausstunden. Greiner hatte die besten Verbindungen zu Österreichern in Rottenburg.

Hölderlin mochte ihn nicht. Er warnte Hegel, der Greiner zu einem seiner Vertrauten machte, vor ihm. Alles an dem Kerl sei undeutlich, das müsse doch Gründe haben. Hegel hielt diese Vorsicht für übertrieben. Du denkst über Menschen oft engherzig, Fritz.

In Greiners Wohnung trafen sie sich meistens. Sie war geräumig, und da sie mitunter auch musizierten, blieben ihre Gesellschaften für Nachbarn unverdächtig.

Greiner war der Drahtzieher bei der Befreiung des jungen Republikaners Lerouge. Er hatte erfahren, daß Lerouge in Hirschau gefangengehalten werde. Lerouge habe sich im Auftrag des Mainzer Armeestabs ins Österreichische geschmuggelt, um die Stimmung unter den Emigranten zu erkunden. Dabei sei er entdeckt und gefaßt worden. Greiner plante, ihn mit Hilfe einiger Vertrauensleute zu befreien. Gelänge dies, werde man ihn eine Weile in Tübingen versteckt halten müssen.

Es gelang tatsächlich. Die Verwirrung war groß, obwohl der Klub damit gerechnet hatte. Wo sollte man Lerouge vor dem Zugriff der Beamten verbergen?

Es war nicht schwierig, Lerouge ins Stift zu bringen. Die Bauarbeiten, die auch den Trakt am Portal in Mitleidenschaft gezogen hatten, und die der Ephorus bei jedem öffentlichen Auftritt beklagte, hatten das Terrain unübersichtlich gemacht. Kontrollen waren so gut wie unmöglich. Einer der Stiftler hatte behauptet, ein Mädchen über Nacht beherbergt zu haben, was ihm aber niemand glaubte, denn ein solches »Renommiermädle« hätte er, möglichen Karzer einkalkulierend, vorgezeigt.

Sie hatten an der Rattensphäre – »Sphären« nannten sie die Gänge – eine leerstehende Kammer provisorisch eingerichtet. Stuhl, Tisch und ein Strohlager auf dem Boden.

Zwei der Repetenten waren eingeweiht. Auf dem Korridor trieben sich stets unauffällige Wächter herum, die im Notfalle warnen konnten, was jedoch nicht nötig wurde.

Lerouge war klein, schmal, sah ganz und gar nicht so aus, wie Hölderlin sich einen republikanischen Soldaten oder einen Späher vorstellte. Ein blutarmes, kränkliches Bübchen. Doch sein Gesicht war das eines erfahrenen Mannes, herb, bäurisch, mit wachsamen, ein wenig wässrigen Augen. Die Verhöre hatten ihn sichtbar mitgenommen.

Auf den nächsten Morgen war Lerouges Abreise festgelegt. Ein Wagen bis Mannheim war gemietet. Von dort aus mußte Lerouge ohne Hilfe sich bis Mainz durchschlagen.

Nun, vor dem Abschied, wollte Hölderlin den Franzosen doch sprechen, allein, ohne die wißbegierigen, aufgeregten Freunde. Er legte sich schlafen, stand nach Mitternacht auf, scharrte an der Tür des verbotenen Zimmers. Er bekam keine Antwort, trat leise ein, Lerouge schlief. Er lag, entspannt, auf der Seite, den Kopf auf den Arm gebettet, erwachte aber, als Hölderlin einen Schritt auf ihn zutrat.

Ah, Sie sind es, Monsieur Hölderlin, sagte er. Sie sind bisher nie gekommen. Mißtrauen Sie mir?

Aber nein. Er suchte nach einer Erklärung. Lerouge wies auf den Stuhl. Wollen Sie sich nicht setzen? Er saß, kam sich vor, als solle er examiniert werden.

Sie müssen nichts sagen. Es war Ihnen, vermute ich, zuviel Wirbel. Ihr Kamerad Hegel sagte mir, Sie schreiben sehr schöne Gedichte.

Er nickte.

Solche über die Liebe der Menschen zueinander, über die zukünftige Freiheit.

Ich gebe mir Mühe, Monsieur Lerouge.

Sie sind zart und traurig, Herr Hölderlin. Lerouge sagte das so ruhig, so sicher, daß Hölderlin nicht überrascht war, doch auch keine Antwort fand.

Wollen Sie mich nicht nach meinen Erlebnissen in Paris fragen?

Seckendorf und Hegel haben mir viel davon erzählt, Monsieur.

Aber Sie haben es nicht von mir gehört.

Es ist bekannt. Und es ist nun auch nicht so wichtig.

Worüber wollen wir uns unterhalten?

Ich möchte Sie fragen, ob Sie an die Zukunft der Republik glauben, Monsieur Lerouge.

Der Franzose schaute ihn lächelnd an: Wie sollte ich es nicht? Sind Sie denn sicher, daß der Mensch, die Menschheit der Freiheit schon gewachsen, für die Freiheit ausgebildet sind?

Ist die Freiheit denn ein Lehrstoff?

Aber ja, ich wüßte keinen größeren und schwierigeren.

Und Sie meinen, wir haben sie noch nicht gelernt?

Wir lernen sie, jeder nach seinen Gaben. Und viele verstehen sie nicht, andere wollen sie nicht verstehen.

Sie haben in diesem Land keine Freiheit, Monsieur Hölderlin.

Haben Sie sie?

Das fragen Sie mich, einen Bürger der Republik, einen Schützling der Verfassung?

Verargen Sie es mir nicht.

Nein, doch Ihre Nachdenklichkeit schmerzt mich, Herr Hölderlin.

Ich wüßte, Monsieur, sehr gerne, ob es einen Augenblick gab, in dem Sie Ihrer Freiheit ganz sicher waren.

Ja! Lerouge setzte sich ganz auf, verschränkte die Arme vor der Brust. Ja. Als sie mich faßten, gefangenhielten in diesem Loch unter der Kirche von Rottenburg, dann nach Hirschau verschleppten, als sie mich schlugen, piesackten, mit heißem Wasser übergossen, da habe ich meine Freiheit an der ihren messen können. Und ich habe sie nie so sicher gehabt.

Hölderlin ging auf ihn zu, beugte sich zu ihm nieder, gab ihm die rechte Hand, legte die Linke leicht auf seine Schulter, sagte: Sie haben mich aufgeklärt, Monsieur Lerouge. Ich wünsche Ihnen, daß Sie heil in Ihre Heimat kommen, und daß Sie die Freiheit, die Sie haben, behalten. Vive la liberté!

Er konnte nicht schlafen, hörte, noch vor der Dämmerung, wie Türen auf und zu gingen, hastige Schritte. Man begleitete Lerouge aus dem Stift, bis vor die Stadt, wo der Wagen wartete.

Nach einer Woche erhielt Seckendorf Nachricht von Lerouge. Der Republikaner hatte Mainz ungeschoren erreicht.

Wetzel, der sich in der Lerouge-Affäre zurückgehalten hatte, da er nicht an der Befreiung beteiligt gewesen war, und, beleidigt, für diesen Streich keine Verantwortung auf sich nehmen wollte, was auch keiner von ihm verlangte, Wetzel genügten die Streitreden im Klub nicht mehr. Im Frühjahr 1793 mehrten sich die Gerüchte, der Herzog wolle die neuen Statuten verkünden. Im Januar war Ludwig XVI., der Bürger Louis Capet, öffentlich hingerichtet worden. Das Ereignis bedrückte die Freunde im Klub. Zwar jubelten manche über das blutige Ende, das der Monarchie gesetzt wurde, über den Tod des Tyrannen, doch die meisten fürchteten, daß der Mord nur ein Anfang sei.

Den verwirrten Hölderlin, der sich aus der Debatte heraushielt, trieb Hegel in die Enge:

Hast du nicht den Tod des Despoten gewünscht, Fritz, hast du nicht Gedichte geschrieben, in denen du ihn forderst? Und sobald es geschieht, wirst du schwach und wehleidig. Gilt er dir nur als Idee, nicht als Tatsache?

Du hast Recht. Ich weiß es nicht. Beim Anblick der Wirklichkeit beginne ich mich zu fürchten.

Und deine Unfreiheit?

Könnte es nicht ohne Gewalttätigkeit geschehen?

Und die Gewalt, die der König ausübte?

Sie war entsetzlich, Hegel, sie nützte wenigen und unterjochte viele.

Wie wäre sie anders aufzuheben?

Ich weiß es nicht.

Hegel merkte, daß sein Freund aus lauter Zweifeln den Tränen nahe war, und antwortete für ihn: Der König hätte, am Leben, immer wieder versucht, die alte Macht zu gewinnen.

Und die Macht der Jakobiner? fragte Hölderlin leise: Ist sie die des Volkes? Wem nützt sie, Lieber? Werden sie nun nicht Brissot und seine Freunde umbringen?

Wir brauchen Zeit, Hölder. Und das Volk muß lernen.

Angesichts der Gewalt, des strömenden Bluts?

Gegen die Einsicht und den Willen des Klubs begann Wetzel unter den Studenten zu schüren. Wetzels Plan war, sämtliche Stipendiaten zur Rebellion gegen den Herzog und die neuen Statuten zu bewegen. Alle auf einmal könne der Herrscher nicht vom Stift werfen, also werde er es, da er einzelne nicht herausgreifen könne, gar nicht tun.

Diese Dialektik leuchtete den Stiftlern ein, sie rotteten sich an einem Abend im Stiftshof zusammen. Hölderlin, der an dieser »nutzlosen Büberei« nicht hatte teilnehmen wollen, war von Wetzel als Feigling beschimpft und von Seckendorf und Hegel bewogen worden, wenigstens mit hinunter zu kommen. Dann erregte ihn die Gemeinsamkeit doch, dieses schweigende Einverständnis, die Nähe aller, die Empfindung einer unerklärlichen Macht. Wetzel hatte es verboten, Lichter und Fackeln mitzubringen, damit keiner erkannt werde. Die Professoren und der Ephorus sollten nichts sehen als eine große, zusammenhaltende dunkle Menge.

Schelling, der Kindskopf, begann zu kichern. Ihm kam die Versammlung von »Dunkelmännern«, die sich nicht zu reden und nicht zu handeln trauten, lächerlich vor.

Sei schtill, Kloiner, wurde er angeherrscht. Alle, selbst die Feigen und Zurückhaltenden, die Unpolitischen und Strebsamen nahmen plötzlich Wetzels Aufruhr ernst. Wetzel stand auf einem Gerüst, so daß er den Hof übersah, die Menge unter sich hatte. Lange schwieg er. Unvermittelt schrie er, mit sich überschlagender Stimme: Liberté! Wider die Statuten des Despoten!

Nach einer Weile merkten sie, daß Ephorus Schnurrer unter ihnen stand. Er war ohne Licht heruntergekommen und hatte sich zwischen sie gestohlen. Seine Stimme war über den ganzen Hof zu hören: I glaub, da sind a paar b'soffe, sonscht tätet 'r merke, daß der Ephorus da isch. Oder, wie wär's, wenn ihr wieder auf eure Zimmer ginget. Solche Frühlingsnächt bringen die jungen Leute bloß auf dumme Gedanken. Sie gingen auseinander, ohne zu murren.

Wetzel verschwand aus dem Stift. Er setzte sich nach Straßburg ab. Für den Herzog ein Beweis für die revolutionären Umtriebe im Stift.

Die Revolution ließ Hölderlin nicht aus. So sehr er sich auch wehrte gegen Übertreibung, unsinnige Konfrontation. Am dritten Jahrestag des Bundesfestes der Franzosen, am 14. Juli 1793, zogen sie früh, es war ein lichter, aufwiegelnder Morgen, auf eine Wiese in der Nähe von Lustnau, richteten den Freiheitsbaum auf, die Jakobinermütze auf dessen Spitze. Sie sangen laut das »Ça ira«, zu siebt oder acht, die Gefährten aus dem Klub, denen zu trauen war und die nicht nur nachplapperten, was aus Paris und Mainz an modischem Geschwätz eingeführt wurde. Und zum Schluß sangen sie die Marseillaise, erst auf Französisch, danach in der Übersetzung Schellings.

VII *Privates vorm Aufbruch*

Ich setze neu an. Es ist eine kurze Zeit, die zu beschreiben ist, die Jahre 1792 und 1793, die Zeit vor dem Aufbruch.

Ich möchte Erfahrungen ausbreiten, alltägliche Anekdoten, die beginnen und abbrechen, will neue Geschichten anfangen, die wiederum aufhören, Gespräche in Nürtingen, Tübingen, möchte mit ihm reagieren, denken wie er, dieses von niemandem nachvollziehbare Geflecht von Fühlen und Handeln sichtbar machen, ich möchte die Tage erleben wie er.

Er hatte an einem Roman zu arbeiten begonnen, dem »Hyperion«, und schreibt für ein Jahr keine Gedichte. Stäudlin, Magenau und Neuffer, denen er aus dem Manuskript vorliest, sind angetan, fördern den Plan. Stäudlin, den er häufig sieht, fordert ihn auf, er solle den Zeitgeist in diesen Roman aufnehmen, und Magenau, der nur noch bewundert, dem der Freund fast ein wenig zu groß geworden ist, rühmt den »Hyperion« als einen freiheitsliebenden Helden, einen echten Griechen, »voller kräftiger Prinzipien«.

Hölderlin hält sich oft zu Hause auf, schützt Krankheiten vor, kränkelt tatsächlich, ist aber auch unterwegs, in Stuttgart bei Stäudlin und Neuffer, in Vaihingen bei Magenau. Stäudlins Zustand macht ihn besorgt. Die »Chronik« ist eingegangen, nicht nur wegen wiederkehrender Eingriffe der Zensur, fortdauernder Auseinandersetzung mit dem Hof, sondern auch weil die Leser abtrünnig wurden. Die waren auf Schubart eingeschworen. Einem Patrioten, der zehn Jahre im fürstlichen Kerker sitzen durfte, nimmt man Schärfen und auch Ungereimtes ab, nicht aber einem Advokaten, der sich mit Jakobinern und anderem Gesindel gemein macht, bis morgens in den Wirtshäusern schwadroniert, hitzige Reden hält, der in der »Chronik« berichten läßt, wie die Preußen in Frankreich hausten, wie armselig das Los der Soldaten ist, während die adeligen Offiziere noch die letzte Habe der Bauern requirieren. Das will man nicht hören.

Es ist nicht mehr der Stäudlin, der im Kreis seiner Schwestern und Freunde geistreich hastig erworbene Kenntnisse ausbreitet; es ist ein Trinker, der am Morgen schon zur Flasche greift, für seine Mutlosigkeit kaum mehr Worte findet. Welches Feuer war von ihm ausgegangen.

Dennoch plant Stäudlin eine neue Zeitschrift. Sie solle nur noch Poesie enthalten, auch Übersetzungen. Hölderlin müsse dazu beitragen, und er übersetzt Stücke aus Hesiod.

Das ist gut, sagt Stäudlin, das kann ich brauchen. Aber jetzt lies aus dem »Hyperion« vor, laß uns nicht warten. Es ist wie ehedem. Neuffer wird, so ist es der Brauch, von Stäudlin gebeten, »die Mädle« zu holen, die längst schon in dem kleinen Salon warten, Rosine, Charlotte und Christiane und deren Freundinnen, die Begrüßung ist turbulent, wieder rührt ihn die Gestalt Rosinens, sie ist noch durchscheinender, hinfälliger, »Edles Herz, du bist der Sterne / Und der schönen Erde wert«, wird er, an sie denkend, schreiben.

Jetzt liest er vor.

Er liest, was niemand mehr kennt. Die erste Fassung des »Hyperion« hatte er selbst verworfen, und keiner weiß, welche Gedanken, welche Sätze, welche Passagen eingingen in die Arbeit, die er in Waltershausen, bei Charlotte von Kalb, und in Frankfurt fortsetzte.

Er spricht noch zurückhaltender als sonst, als wolle er jeden Satz zur Prüfung vorlegen, achtet nicht auf das herausfordernde Nicken Neuffers, bis Stäudlin ihn unterbricht: Sei doch nicht so scheu, dein Hyperion braucht Feuer.

Das macht ihn frei. Beim Lesen erinnert er sich an den Besuch Matthissons in Tübingen. Friedrich Matthisson! Der berühmte Dichter war mit Stäudlin und Neuffer nach Tübingen gekommen, um mit Cotta zu verhandeln, doch auch, wie er liebenswürdig vorgab, um den »hoffnungsvollen Hölderlin« kennenzulernen. Alle Jungen fürchteten den Einfluß dieses Mannes. Sein Wort galt am Hofe Carl Eugens ebenso wie in der literarischen Welt. Stäudlin wußte, daß Hölderlin Matthissons Gedichte nicht ohne Widerwillen las: ihn störte ihre mechanische Gefälligkeit. Dem fällt's leicht. Der betet nach Belieben an, die Armut des Landmanns oder den Glanz des Herrschers. Doch nun, als der elegante, nach der neuesten Mode gekleidete Herr – dem würde es nie einfallen, Pantalons, die langen Hosen der Revolutionäre zu tragen – ihn begrüßte, fühlte er sich geschmeichelt, entschuldigte die Kargheit der Umgebung, war befangen. Er nahm anfangs kaum an der Unterhaltung teil. Herr Matthisson erwarte, daß er eines seiner neuen Gedichte vortrage. Die müsse er in der Schlafstube holen, er habe die Blätter in seinem Schrank aufbewahrt. Matthisson bat ihn darum.

Er las die Hymne an den Genius der Kühnheit vor. Matthisson, der offenbar nicht allzu viel Zeit hatte, forderte ihn höflich auf, sogleich zu beginnen. Das gezierte Gehabe des Gastes forderte ihn heraus. Er las rauh, voller Emphase, gegen seinen berühmten Zuhörer: »Wer bist du? wie zur Beute, breitet / Das Unermeßliche sich vor dir aus, / Du Herrlicher!« Kaum hatte er geendet, sprang Matthisson auf, ging die wenigen Schritte auf ihn zu und umarmte ihn. Neuffer und Stäudlin klatschten in die Hände. Er hatte Matthisson wohl falsch eingeschätzt, der war doch der Begeisterung fähig, ließ sich aufwühlen. Welcher Geist! Welche Reinheit! rief Matthisson. Sie sind auf einer steilen Bahn, mein junger Freund. Noch einmal schloß er ihn in die Arme, murmelte, die Zeit dränge zu seinem Bedauern, gern hätte er noch eine weitere Probe gehört. Er verabschiedete sich, in Gedanken wohl schon bei Cotta, wieder der zerstreute, Devotion beanspruchende Hofmann.

Stäudlin geleitete ihn hinaus.

Das ist ein Triumph, sagte Neuffer.

Hölderlin schien es ebenso.

Der wird dir helfen!

Ich glaub's auch.

Matthisson rührte keine Hand.

Hier nun, bei Stäudlin, in der ihm lieben Umgebung, las Hölderlin unbeschwert.

Das kann groß werden, fand Stäudlin.

Es ist besser, bat Hölderlin, nicht weiter über den »Hyperion« zu reden. Ich bin noch nicht weit genug.

Also warten wir ab.

Sie gingen spazieren. Charlotte und Christiane nahmen ihn in die Mitte, hakten sich bei ihm ein, fragten ihn nach der Schwester, der Rike. Sie hätten gehört, sie werde sich demnächst verheiraten.

Ja, schon die nächste Woche. Und denken Sie, ich habe mich malen lassen.

Von wem denn?

Von Hiemer.

Das ist eine gute Wahl.

Nicht wahr? Das Bild will ich ihr schenken.

Und Sie, fragte Christiane, können Sie uns denn nichts von einer Liebsten erzählen?

Von zahllosen, Mademoiselle.

Sie drückte seinen Arm.

Die ich mir einbilde, das genügt mir.

Sie verspotten uns.

Aber nein. Ich huldige Ihnen, merken Sie es nicht?

Sie behandelten ihn mit liebevoller Nachsicht, da sie von Neuffer erfahren hatten, daß Hölderlin neuerdings wieder sehr unter Kopfschmerzen litt.

Davon merkten sie nichts. Er war heiter, beweglich und aufmerksam. Noch nach Jahren erinnerten sich die Städlin-Mädchen an die »herrliche Erscheinung des jugendlichen Hölderlin«.

Können Sie uns, fragte Christiane, nicht einmal Ihre Rike vorführen?

Vorführen, liebes Fräulein, wird sie sich nicht lassen und ihr Vorführer kann ich nicht sein. Das muß ich dem Herrn Breunlin überlassen.

Breunlin kannte er flüchtig. Er entsann sich eines Besuches der Blaubeurener Professoren in Maulbronn, und unter denen hatte sich Breunlin befunden. Er war ihm aufgefallen, weil er, trocken und gewissenhaft, ungleich mehr gefragt hatte als seine Begleitung. Den Korinthenscheißer möcht i net zum Lehrer han, hatte damals Bilfinger gesagt.

Jetzt sollte der sein Schwager werden.

An der Verlobung hatte er, zum Ärger Johannas, nicht teilnehmen wollen, Arbeiten für Prüfungen vorgeschützt, die Hochzeit aber war auf seine und Breunlins Herbstferien gelegt worden. Er hatte sich überlegt, was er Rike schenken könne und war, als Hiemer, der Maulbronner Kumpan, ihn im Stift besuchte, eben auf die Idee gekommen, sich von ihm malen zu lassen. Er saß ihm ein paar Mal in Tübingen und in Stuttgart.

Es ist wohl das bekannteste Porträt von ihm. Es zeigt den Dreiundzwanzigjährigen so, wie ihn die Städlin-Mädchen gekannt haben: einen sorgfältig gekleideten jungen Herrn, den Kragen des Hemds bis zum Jabot geöffnet, auch die Weste nicht ganz geschlossen, das glatte, nackenlange Haar sorgfältig gepudert. Die Stirn ist jedoch die von allen Bildern, selbst den späten: sehr hoch und die Augenpartie eigentümlich mit einbeziehend. Ein Gesicht von geradezu herausfordernder Klarheit.

Er hatte Hiemer gebeten, das Gemälde »Zu Magister Hölderlins Händen« gleich nach Nürtingen zu senden.

Dort, in seiner einstigen Stube, sah er es zum ersten Mal. Er fand sich getroffen.

Zur Hochzeit versammelte sich das vertraute Personal. Neben Verwandten Breunlins und den eigenen aus Löchgau und Markgröningen waren es Kraz, Köstlin und Klemm, die Geister seiner Kindheit. Klemm sollte Heinrike und Breunlin in der Stadtkirche trauen.

Die Aufregung erfaßte mehr oder weniger die ganze Stadt. Die junge Gok heiratet! Jeder nahm Anteil. Die Geschenke häuften sich. Mutter und Großmutter waren kaum mehr in der Lage, den Ablauf des Festes vorzuschreiben.

Laßt das den Fritz machen.

Das kann ich nicht.

Am Ende nahm Breunlin, selbstbewußt, alles in die Hand. Karl, der sich von dem kräftigen, nicht uneitlen Mann angezogen fühlte, half ihm: Der Schwager! Als wäre der Verwandtschaftsgrad für ihn zum Titel geworden. Hölderlin mißfiel das, er versuchte einige Male, den Bruder aus dem Trubel zu ziehen, vergebens. Mit Breunlin wurde er nur zögernd warm. Immerhin war Breunlin achtzehn Jahre älter als er, ein »gestandener Mann«, und hielt sich auf seine Erfahrung, seine Menschenkenntnis viel zugute. Gesprächen mit ihm wich Hölderlin aus, und wenn, dann bezog er den vierjährigen Buben ein, den Breunlin aus seiner ersten Ehe hatte und der während der ganzen Feier unwissentlich die Hauptperson war: allzu ernst, gegen Tränen und Furcht ankämpfend und stets die Nähe des Onkel Fritz suchend. Mit dem

Kind ging er häufig spazieren. Er erzählte Geschichten, freute sich über die Zärtlichkeit, zu der er fähig war und war ruhig, weil er von dem Buben keine Ansprüche fürchten mußte.

Als er, schon am ersten Tag, um den Schlüssel zum Grasgarten gebeten hatte, gestand ihm die Mutter, nach einigem Hin und Her, daß sie das Grundstück habe verkaufen müssen. Sie und Großmutter Heyn hätten sich nicht mehr um den Garten kümmern können, Hilfen hätten sie keine mehr, und das »Stückle« sei arg verwildert, vor allem die Bäume hätten längst schon geschnitten werden müssen.

Des versteh i net. Des isch schad.

Das trifft ihn: Den Grasgarten gibt es nicht mehr, das große Geschenk des »zweiten Vaters«, den Fluchtpunkt seiner Kindheit. Allmählich endet, verschwindet alles, was ihm über Jahre Sicherheit gewährt hatte. Das Haus würde die Mutter auch nicht lange halten können. Karl ist erwachsen, die Schwester zieht fort.

Aber i ben doch da, sagt Johanna.

Ja, Mamma, Sie sind da.

Heinrike trägt bereits das Hochzeitskleid, sie hat ihn zu sich gerufen, »weil wir ja dann nicht mehr für uns sein können«. Das Kleid verändert sie. Er hatte erwartet, sie würden sich, wenigstens für diesen Augenblick, gemeinsam erinnern, doch Heinrike, als wolle sie die Rolle der Hausfrau und Mutter proben, will mit ihm die Zukunft Johannas besprechen, ob man ihr die Verwaltung des elterlichen Vermögens zutrauen könne. Breunlin zweifle daran. Ihre planende Kälte erschreckt ihn. Vielleicht ist es nur Besonnenheit, es ist möglich, so aber kennt er sie nicht. So will er sie auch nicht im Gedächtnis halten.

Die Mutter ist die ganze Zeit zurecht gekommen, warum mit einem Mal nicht?

Wir machen uns Sorgen um sie, sie wird älter.

Ich bin unbesorgt.

Sie hatte sichtlich nicht mit seiner Heftigkeit gerechnet. Es isch guet, Fritz.

Die Stadt steht Spalier zwischen dem Haus an der Neckarsteige und der Stadtkirche. Breunlin übertreibt seine Gravität, und die Braut wirkt sehr jung neben ihm. Hinter dem Paar geht Johanna, geführt von Karl. Ihnen folgt Hölderlin, der den kleinen Breunlin an der Hand hält.

Er hört, wie jemand hinter ihm sagt: Der Magister Hölderlin ist ein lieber Mensch.

Er sieht sich um, Köstlin lächelt ihm zu.

Wäre es nur so, dachte er. Sie rechnen nicht mit meiner Bitterkeit und diesem Frost, der mich manchmal steif macht. Jetzt friere ich wieder.

Klemm hatte ihn gefragt, ob er nicht ein paar Worte von der Kanzel sprechen wolle, nachdem er letzthin häufig in den Gemeinden rundum gepredigt habe, und wie man hörte, mit Erfolg. Er hatte es abgelehnt.

Das Bild überreichte er nach dem Essen. Heinrike war überrascht, freute sich, betrachtete es lange, meinte, es entspräche nicht ganz dem Vorbild.

Wer isch schöner? fragte er.

Schöner?

Alle lachten.

Bis Johanna entschieden sagte: Mein Fritz. Er nahm erst die Mutter, dann die Schwester in den Arm. Als er sich dann mit Kraz, Köstlin, Klemm und dem Schwager zurückzog, Köstlin einen Brief Lavaters vorlas und Breunlin über die Saububen in Blaubeuren lästerte, saß der kleine Breunlin wieder auf seinem Schoß.

Du hasch en Onkel g'funde, sagte Kraz.

Das Haus wurde leerer. Mir wird es zuviel, klagte die Mutter.

Sehen Sie sich doch nach einer vernünftigen Wohnung um, Mamma.

Er verabschiedete sich diesmal nur schwer. Wenn er zurückkehrte, würde womöglich alles verändert sein.

Über die Brücke ging er am Grasgarten vorbei, blieb stehen, sah einem ihm unbekannten Mann zu, der das hohe Gras sichelte. Der richtete sich auf, wischte sich mit dem Unterarm die Stirn, sagte Grüß Gott und setzte seine Arbeit fort.

In Tübingen kommt er kaum mehr zu sich. Die Abschlußprüfungen rücken nah. Am stärksten bedrückt ihn die Aussicht, als Vikar oder Pfarrverweser in einen entlegenen Ort gesetzt zu werden. Er hat seine Freunde gebeten, sich für ihn nach einer Hofmeisterstelle umzusehen, er habe zu wenige Verbindungen und seine Familie könne er nicht bemühen, da es so seine Mutter erführe. Das wolle er nicht. Stäudlin, der immer Hilfsbereite, sprang ein.

Ich bin nicht sicher, ob Stäudlin gleich gesagt hat, daß er vorhabe, sich an Schiller zu wenden. Seine Eitelkeit wird es ihm verboten haben. Erst einmal die Angelegenheit mit Erfolg einfädeln und dann dem Freund eröffnen, mit *welchem* Mittelsmann er um seinetwillen korrespondiere. Ich kümmere mich, hatte er gesagt. Du kannst sicher sein. Hab Geduld. Dennoch hätte es Hölderlin ahnen können. Hegel, der inzwischen eine Hofmeisterstelle in Bern gefunden hatte, sich auf den vorzeitigen Weggang aus dem Stift vorbereitete, hatte nämlich von Jenaer Bekannten erfahren, Schiller suche im Auftrag einer Freundin nach einem Hauslehrer. Freilich hätte Hölderlin es nie gewagt, sich an Schiller zu wenden. So nahm Stäudlin die Anregung auf. Auf diese Weise ließ sich mit dem mächtigen Gegner privat wieder eine Korrespondenz beginnen. »Unter meinen Mitarbeitern an dieser Blumenlese«, schreibt er, »ist einer, für welchen ich eine sehr angelegentliche Bitte an Sie zu bringen habe. Es ist *Hölderlin,* der gewiß nicht wenig versprechende Hymnendichter. Er tritt mit diesem Herbste aus dem Kloster und wünscht nichts so sehr, als über die enge Sphäre seines Vaterlandes und eines Pfarrvikariats in demselben hinauszutreten. Da er nun zu Erreichung dieses Endzweks nicht Mittel genug hat; so will er sie auf dem Wege einer Hofmeisterstelle suchen...«

Da wird er wieder angesprochen, der »arme« Hölderlin. Als fehlte es ihm an Mitteln, als nagte die Familie am Hungertuch.

Johanna hat jedoch ein beträchtliches Vermögen gehortet, einen guten Teil zu seinen Gunsten, angelegt in Wertpapieren und Darlehen. Niemals wird er daraus einen größeren Betrag fordern, nur stets jene kleinen Hilfen, die sie akkurat in das Ausgabenbüchlein »Für den lieben Fritz« einträgt. War das so ausgemacht? Mißtraute ihm die Mutter? Wollte sie das Erbe bis nach ihrem Tod zusammenhalten? Oder ahnte sie das kommende Desaster und daß der Sohn das zurückgelegte Geld in seiner Hilflosigkeit würde brauchen können? Eigentlich war der arme Hölderlin ein reicher Mann.

Stäudlins Brief hatte Folgen und versetzte den Empfohlenen in beträchtliche Aufregung. Carl Eugen war erkrankt, man erwartete seinen Tod. Jedermann hoffte, daß der Eiswind des Absolutismus nicht mehr so scharf wehen würde. Es war eine Täuschung. Der Nachfolger, Carls Bruder Ludwig Eugen, der nur zwei Jahre regierte, war ein Schwächling und ließ sich vom Hof bestimmen. Und der wich vom scharfen Kurs nicht ab. Als man bei Carl Eugen nachfragte, ob er etwas gegen den Besuch Schillers in seiner Heimat einzuwenden habe, ließ der Hof wissen, man werde den Besucher ignorieren. Das sei alles. Schiller traf am 8. September 1793 mit seiner Frau in Ludwigsburg ein. Charlotte brachte schon sechs Tage später ihr erstes Kind zur Welt. Grund genug, daß sich die ganze Schillersche Familie um den berühmten Sohn und den neuen Enkel versammelte. Die Jahre davor hatte Schiller gekränkelt, unter Mühen seine Schrift »Über die ästhetische Erziehung des Menschen« begonnen – jetzt wendete sich scheinbar das Blatt. Das so oft angeflehte, angepriesene Glück kommt nah. Er hält Hof. Lange dauert das Behagen nicht. Die »Dürre« um ihn herum deprimiert ihn, macht ihn unlustig. Er kann nicht arbeiten.

Über Stäudlin erhält Hölderlin die Nachricht, er solle am 1. Oktober, nachmittags, bei dem großen Mann vorsprechen. Er habe gute Aussichten, die Stelle zu bekommen.

Am liebsten würde er absagen. Die ein wenig neidischen Freunde reden ihm die Ängste aus.

Wie soll ich ihn ansprechen?

Ja, wie?

Kürzlich hat ihm der Weimarer Fürst den Hofrat verliehen.

Also Herr Hofrat?

So wird es richtig sein.

Er übernachtet bei Neuffer, schließt die Freunde in seine Aufregung ein, wandert am frühen Morgen los und ist viel zu früh in Ludwigsburg. In einem Wirtshaus wartet er die Zeit ab.

Ein junger Mann öffnet ihm die Tür. Er nimmt an, es sei ein Verwandter Schillers.

Magister Hölderlin – er werde erwartet.

Was ich jetzt schreiben müßte, wäre eine Theaterszene: Zwei Helden treffen aufeinander. Ich müßte Schiller charakterisieren, ihn in der etwas zu engen Stube auf und ab gehen lassen, einen »feurigen Geist«, um in der Sprache seiner Verehrer zu reden.

Für Hölderlin war er, wie auch Schubart, schon eine Gestalt der Geschichte. Hölderlin kennt Porträts von Schiller. Der ihm entgegenkommt, sieht den Abbildungen zwar gleich, doch er ist kleiner, hinfälliger, seine Gesten sind fahrig, und die überwundene schwere Krankheit ist ihm noch anzusehen.

Ich schreibe das, um den Gegensatz zwischen Vorstellung und Wirklichkeit zu verdeutlichen, den Schock, den der junge Besucher empfand. Große ist nicht unbedingt sichtbar.

Aber die Stimme überrascht ihn – dunkel, voller Musikalität. Schiller genießt es, sich reden zu hören. Übrigens erwartet er in diesem Fall auch nicht, daß sein Gegenüber mehr als das Abgefragte sage.

Hölderlin setzt sich.

Schiller fragt ihn aus.

Nach seinen Eltern.

Nach den Schulen, Lehrern und Freunden.

Nach der Lokation.

Nach den Sprachkenntnissen. Ein gutes Französisch sei Voraussetzung.

Nach seiner Meinung über Professoren und Obrigkeit.

Nach seinen Ideen als Erzieher.

Er antwortet, leise, so genau wie möglich, so vorsichtig wie möglich.

Schiller philosophiert über die Schönheit und die Regeln der Dichtkunst. Ob er sie auch beherzige?

Er gebe sich Mühe mit jedem Vers.

Es stellt sich heraus, daß der große Mann keines seiner Gedichte gelesen hat. Er könnte traurig sein, doch er empfiehlt Schiller Stäudlins neuen Almanach, der demnächst mit einigen Proben seiner Arbeit erscheinen werde.

Schiller verspricht, sie aufmerksam zu lesen.

Sie wissen, bei wem Sie die Hofmeisterstelle antreten sollen, Herr Magister?

Nein, Herr Hofrat.

Es handelt sich um den Hausstand des Majors von Kalb. Die Majorin ist mit unserer Familie gut befreundet. Ihr Sohn, Fritz, macht ihr einigen Kummer. Ihn zu erziehen und zu belehren, wäre Ihre Aufgabe. Das Gut der Kalbs befindet sich in Waltershausen.

Er weiß nicht, wo Waltershausen zu suchen ist, wagt aber nicht zu fragen. Das herauszufinden, wird er genügend Zeit haben.

Im Thüringischen, bei Meiningen, sagt Schiller. Sind Sie ein Anhänger der Republik?

Ja, antwortet er. Er könnte hinzusetzen: Sehr entschieden. Ich denke nach. Die Ereignisse verwirren mich.

Schiller sagt: Die Nationalversammlung hat mir das republikanische Bürgerrecht geschenkt. Das ist bekannt. Doch die Republik hat mich mit dem Mord an Ludwig enttäuscht. Der Mensch ist zu schwach für die Rechte, die er sich gegeben hat. Stimmen Sie mir zu?

Er antwortet zögernd: Es ist mir zu kompliziert, Herr Hofrat, und dann fragt er, seine Vorsicht vergessend: Haben Sie Näheres über die Schicksale der Deputierten Guadet, Vergniaud und Brissot gehört?

Sie werden den Weg vieler anderer gehen, sagt Schiller. Hängen Sie ihnen an?

Sie verteidigen unsere Ideen, Herr Hofrat.

Schiller, dem die Unterhaltung zuviel wird, erhebt sich. Hölderlin folgt ihm zur Tür. Er werde bald in der Angelegenheit Bescheid erhalten.

Er dankt, schämt sich seiner Überschwenglichkeit.

In Stuttgart macht er nicht Halt, sondern wandert weiter nach Nürtingen. Auf den Fildern nimmt ihn ein Wagen mit, und er grübelt über die unwirkliche Szene. Er fragt sich, ob die Begegnung tatsächlich stattgefunden habe.

Schiller schreibt noch am selben Tag an Charlotte von Kalb: »Einen jungen Mann habe ich ausgefunden, der eben jetzt seine theologischen Studien in Tübingen vollendet hat, und dessen Kenntnissen in Sprachen und den zum Hofmeister erforderlichen Fächern alle die ich darüber befragt habe, einen gutes Zeugniß ertheilen. Er versteht und spricht auch das Französische und ist (ich weiß nicht, ob ich dies zu seiner Empfehlung oder zu seinem Nachtheile anführe) nicht ohne poetisches Talent, wovon Sie in dem schwäbischen Musenalmanach vom Jahre 1794 Proben finden werden. Er heißt Hölderlin und ist Magister der Philosophie. Ich habe ihn persönlich kennen lernen und glaube, daß Ihnen sein Aeußeres sehr wohl gefallen wird. Auch zeigt er vielen Anstand und Artigkeit. Seinen Sitten giebt man ein gutes Zeugniß; doch völlig gesetzt scheint er noch nicht, und viele *Gründlichkeit* erwarte ich weder von seinem Wissen noch von seinem Betragen . . .«

Charlotte von Kalb, die sich in Jena aufhält, läßt mit der Antwort auf sich warten, schreibt erst achtzehn Tage später, sie müsse sich mit ihrem Mann noch wegen des Herrn Hölderlin besprechen und bittet Schiller, er solle Hölderlin, wenn es ihm nicht lästig sei, noch einige Male in Unterhaltungen prüfen. Ihr scheint der junge Herr nach Schillers Charakterisierung nicht ganz geheuer, sie fürchtet ein »erregtes Gemüth«.

Hölderlin wartet ungeduldig. Seine Promotion, auf die Schnurrer und das Konsistorium gesetzt hatten, enttäuscht. In diesen letzten Wochen kommt ihm ein Gefährte näher, dem er sich nie sonderlich gewidmet, den er eben respektiert hatte als Primus, als besonders Gescheiten und Strebsamen. Nun mußte er sich vorwerfen, daß er sich in Renz getäuscht, sich allzu wenig auf ihn eingelassen hatte. Denn Karl Christoph Renz schien wie Stäudlin einer zu sein, der handelte und für seine Ideen einstand.

Renz war zur öffentlichen Prüfung nicht erschienen. Das war ein Skandal. Die Lehrer waren außer sich, die ganze Stadt schwätzte mit. Dem Ephorus Schnurrer gelang es nicht, Renz umzustimmen. Renz beharrte darauf, aus dem Geiste Kants zu handeln, und einen Tag nach dem Examen erläuterte er in einem Brief an den Ephorus sein Verhalten: Er wolle nicht einmal den Anschein erregen, daß »kleinliche äußere Vortheile« ihn zu einer besseren Ausübung seiner Pflichten bewegen könnten. Renz will aus seiner Position als Erster keinen Nutzen ziehen, doch die Prüfungsordnung würde es gar nicht anders gestatten. Also lehnte er kategorisch ab. Er wurde vom Herzog bestraft, mußte am Stift bleiben, weigerte sich im Frühjahr 1794 der Verlesung der neuen Statuten zuzuhören, wurde wiederum bestraft und degradiert, jedoch schon im März geprüft – und drei Jahre später kehrte er als Repetent ans Stift zurück; da waren die Studenten schon ruhiger.

Hegel erlebte diesen Aufruhr nicht mehr. Da befand er sich schon in der Schweiz. Aber er wußte, daß Renz den Affront plante, und unterstützte ihn. Wenn überhaupt einer, könne es sich der »große Renz« leisten.

In wenigen Tagen würden sie sich trennen müssen. Hegel war zärtlicher, leiser und weniger bestimmend als sonst. Er forderte

Hölderlin auf, aus dem »Hyperion« vorzulesen, begleitete ihn zu einer Predigt, die er in Lustnau halten mußte, sagte nicht ein kritisches Wort, lobte den Freund. Sie übten sich noch einmal, spielerisch, im »griechischen Denken«.

An dem Morgen, an dem Hegel abreiste, begleitete Hölderlin ihn nicht bis zur Poststelle, sondern sie verabschiedeten sich an der alten Aula, umarmten sich, und Hegel fragte ihn, wie abgemacht, nach der Losung, die auf immer für sie gelten sollte:

Was ist die Losung, Fritz?

Reich Gottes!

Reich Gottes!

Leb wohl. Schreib mir bald. Sag, wie dir's geht, wie sich's lebt.

Und du laß mich wissen, ob die Majorin dich will.

Ade.

Er besteht die Prüfung mit guten Zeugnissen.

Da taucht am Rande, für ihn noch ohne Bedeutung, einer auf, der zu *dem* Freund werden soll; jetzt noch nicht, jetzt zeigt er Interesse, ist angetan von Hölderlin, beobachtet ihn, ohne mit ihm ins Gespräch zu kommen. Dieser gespannte, elegante Achtzehnjährige, der eben sein Jurastudium beginnt und von dem gesagt wird, er sei der Schärfste unter den Jakobinern, spiele in dem Geheimbund der »Schwarzen Brüder« die treibende Rolle, dieser junge Mann ist Isaac von Sinclair. Seckendorf hatte Hölderlin in diese Verschwörung einbeziehen wollen. Aber dem genügte der Klub. Die absoluten Meinungen der Eiferer störten ihn.

Die Zeit läuft, die Geschichte rennt – und die merken es nicht, wehrte Hölderlin ab. Sie wollen, um ihrer Hoffnung willen, den Augenblick festhalten. So kann ich nicht denken.

Nicht für ihn, für Sinclair ist die Entscheidung wohl schon gefallen. Er kann Hölderlin nicht vergessen, will ihn nicht aus den Augen verlieren. So empfiehlt er ihn für eine Homburger Hauslehrerstelle, ohne nachgefragt zu haben, ob dies auch Hölderlins Wunsch sei, und erfährt dann von den Stiftlern, daß Hölderlin bei dem Major von Kalb seinen Dienst antreten werde.

Er ist enttäuscht. Nun wird er den, mit dem er sich hatte verbünden wollen, wieder verlieren.

So unscheinbar, so peripher tauchen Hauptfiguren auf.

Anfang Dezember bekam Hölderlin endgültig Bescheid: Der Major von Kalb erwarte ihn als Hofmeister. Er solle seine Stelle so bald wie möglich antreten.

Das Consistorialexamen in Stuttgart empfand er als das Ende eines Weges, den er nicht weitergehen wollte. Die Prüfungspapiere halten fest: »...Dem M. Hölderlin gestattet eine Parastatur – eine Hofmeisterstelle – bei dem v. Kalb auf 3 Jahre anzunehmen wobei er zum Predigen und Fortsetzung s. Studien erinnert...«

Er räumt seinen Schrank auf der Stube aus, sucht seine Sachen zusammen. Er trödelt. Die meisten der Freunde sind schon fort. Schelling, der noch zwei Jahre Studium vor sich hat, hilft ihm.

Er muß sich noch von Elise verabschieden.

Er verabschiedet sich auch in Nürtingen. Die Mutter hat für neue Kleider, neue Wäsche gesorgt.

Er freut sich auf die Reise. Johanna ist besorgt. Ob er denn unbedingt ein Dasein als Hauslehrer einer Pfarrstelle vorziehen wolle?

I woiß net.

Er weiß es wohl.

VIII *Die sechste Geschichte*

Nicht ein Brief ist erhalten, erzählt die Liebesgeschichte von Hölderlin und Elise Lebret.

Was er an die Mutter und an Neuffer über sie schreibt, kommt aus trüben Launen. Sie ist mir nicht wichtig. Ich werde sie nicht brauchen. Ich kann mich nicht binden. Seine Gedichte auf sie, auf Lyda, jedoch erhoffen Gemeinsamkeit, Dauer der Zuneigung und der Leidenschaft.

Solche Geschichten kann man nur seinen Stimmungen entlang schreiben. Dazu kommt die Handvoll Sätze, die das Erfundene wahr machen.

Professor Bök hatte ihn zu einem Sommerfest eingeladen, das er mit seinem Flötenspiel bereichern sollte.

Die Gesellschaft war nicht groß. Er kannte die meisten zumindest vom Ansehen. Bök oder Neuffer stellten ihn vor.

Trotz dieses Schutzes fühlte er sich nicht wohl, nahm sich vor, bald und ohne Aufsehen zu verschwinden. Er war für niemanden wichtig.

Ich habe gehört, Er wird uns mit seiner Kunst erfreuen?

Ist Er ein Freund des jungen Herrn Neuffer?

Ah, von Nürtingen kommt Er.

Die Frau Kammerrätin Gok, seine Mutter, ist mir bekannt. Sag Er ihr bitte einen Gruß.

Aber er weiß nicht von wem, denn dieser überfreundliche Mann, dieser »Schmalzhafen«, wie er ihn für sich nennt, ist ihm nicht vorgestellt worden. Von dem die Mutter zu grüßen, hatte er keine Lust.

Bök bittet ihn, sein Instrument zu holen. Er werde gleich beginnen können.

In der Tür trifft er auf Lebret, den Kanzler der Universität, den er ebenso höflich grüßt wie dessen Frau. Hölderlin abschätzend, tritt eine junge Dame hinzu. Sie sei seine Tochter Elise, sagt Lebret.

Ob er die Gesellschaft schon verlassen wolle? fragt Frau Lebret.

Nein, er müsse nur sein Instrument holen, da der Professor Bök ihn aufgefordert habe, vorzuspielen.

Er also sei der angekündigte Flötist.

Ja, nur ist es mit meiner Kunst nicht weit her.

Wir werden hören.

Die junge Lebret hat ihm Eindruck gemacht.

Bök bittet die Plaudernden um Ruhe, sich einen Platz zu suchen, zuerst würde Herr Hölderlin auf der Flöte und danach der Magister Niethammer auf dem Klavier einige Stücke zur Unterhaltung vortragen. Als er geendet und Niethammer sich schon ans Klavier gesetzt hatte, blieb er an die Wand gelehnt stehen, hörte zu, schaute immer wieder zu Elise hin, deren hübsches Gesicht sich vor Konzentration anspannte. Er bildete sich ein, daß sie Louise ähnle, nur im Ganzen tüchtiger, lebenszugewandter erscheine.

Sie kam nach dem Konzert zu ihm, als man sich in Gruppen unterhielt, die älteren Männer sich zu einem Kartenspiel ins Rauchzimmer zurückgezogen hatten, fragte ihn nach Breyer, der ein Vetter von ihr sei und den sie heute Abend auch hier erwartet hätte.

Er hat für eine Woche um Krankenferien gebeten und ist daheim in Stuttgart.

Das habe sie nicht erfahren.

Hölderlin redete nur, um sie festzuhalten.

Am anderen Morgen konnte er sich nicht mehr an das erinnern, worüber sie gesprochen hatten.

Aber zu Neuffer sagte er: Es ist besser, ich sehe sie eine Zeitlang nicht mehr.

Der Freund bestärkte ihn in diesem Vorsatz: Laß des bleibe, Fritz, die paßt net zu d'r.

Gelegentlich sah er sie, grüßte, mehr nicht.

Dennoch träumte er von ihr. Es waren Träume, die er sich verbot. Er hielt sie in den Armen. Manchmal war sie nackt, preßte ihren großen kräftigen Körper gegen ihn. Oft schreckte er aus diesen Träumen hoch, lauschte auf den Atem der Freunde und befriedigte sich selbst. Es fielen ihm die heimlichen Spiele ein, die er mit Bilfinger und einigen anderen in Denkendorf getrieben hatte, deren Arglosigkeit ihnen von den Lehrern bald ausgeredet worden war – oder er dachte an die »entsetzliche Lust«, die ihn jedesmal nach dem Zusammensein mit Louise überkam und derer er nicht Herr werden konnte.

Nun kommt diese Krankheit wieder.

Bei Tag, wenn er mit Vernunft sich die Alpträume ausreden konnte, gelang es ihm, eine andere Elise zu phantasieren, unangefochten von den schwülen Phantasien, eine Seele eher als ein Geschöpf, eine Erscheinung mehr als eine Gestalt. Wieder idealisierte er die Geliebte, um ihr fern bleiben und ihr nur in Gedanken alle Sehnsucht aufladen zu können: »Daß ich wieder Kraft gewinne, / Frei wie einst und selig bin, / Dank ich deinem Himmelssinne, / Lyda, süße Retterin!«

Der Zufall führte sie wieder zusammen. Er war mit einigen Studenten zu einer Auktion gegangen, nicht, um etwas zu ersteigern, sondern um sich zu belustigen, gesellig zu sein.

Er sah sie gleich, mit ihrer Mutter, wollte den Saal verlassen, aber sie hatte ihm lächelnd zugenickt, Frau Lebret hatte ihn ebenfalls bemerkt, so daß er sich entschloß, zu bleiben und nach der Veranstaltung auf die beiden Damen zu warten.

Sie gefiel ihm wieder, kam ihm reifer vor als die andern Mädchen ihres Alters. Von Neuffer wußte er, daß sie sechzehn sei. Die Mutter lud ihn zu einem gemeinsamen Spaziergang ein, ließ ihn und Elise einige Schritte vorangehen, damit sie sich ungestört unterhalten konnten. Er erzählte von seiner Lektüre, daß er eben Herders »Ideen zur Philosophie der Geschichte der Menschheit« lese und Rousseaus »Contrat social«, merkte, daß er das Mädchen langweilte, und schilderte Rikes Alltag in Nürtingen, den Kreis der Mädchen, so anschaulich, daß Elise lachte: Sie erzählen schön.

Ja? Nur, weil ich mich angenehm erinnere.

Wollen Sie mich besuchen kommen? Mein Vater sähe es gern.

Er wunderte sich, wie ungeniert sie ihn einlud.

Wenn es die Zeit mir erlaubt. Ich danke Ihnen.

Nicht wahr, hier in Tübingen ist es doch oft sterbenslangweilig.

Wir müssen so viel lernen, daß es uns gar nicht auffällt.

Auf einem der Feste im nächsten Winter tanzte sie fast ausnahmslos mit einem anderen, einem Juristen, der bekannt war für seine Amouren. Sie himmelte ihn vor den Augen aller an. Er hätte nicht erwartet, so eifersüchtig zu sein. Er saß am Rand des Saals, sah ihr zu. Manchmal streifte sie ihn mit einem neugierigen Blick. Lebret, dem das Verhalten seiner Tochter sichtlich peinlich war, verwickelte ihn in eine gelehrte Unterhaltung und winkte nach einiger Zeit Elise zu sich. Sie habe noch kaum mit dem Herrn Hölderlin getanzt.

Der Herr Sutor ist aber ein exzellenter Tänzer.

Herr Hölderlin steht auch nicht in dem Ruf, schlecht zu tanzen.

Er könne, sagte Hölderlin, für sich selber sprechen.

Dann tu Er's.

Sie tanzten. Erzählen Sie, bat ihn Elise, schweigen Sie nicht so. Sie zog ihn, nach dem Tanz, aus dem Saal, kommen Sie, sagte sie, ich mag die Leute nicht mehr sehen, sie gerieten in einen engen Flur, der voller Gerümpel stand, unvermittelt zog sie ihn an sich, küßte ihn auf Wange und Lippen, preßte sich gegen ihn, sagte: Warum muß ich denn alles selber machen, Fritz, warum nimmst du mich denn nicht in den Arm.

Sie vertreibt ihn. So weit hatte er nur in den Träumen gehen wollen. Außerdem fürchtet er Verwicklungen, Vorwürfe Lebrets, auch daß die Gefühle banal werden könnten. Er sah sie wieder weniger. Sie schrieb ihm viel. Ihre Briefe sind dringlich.

Er wollte ihr aus dem Weg gehen. Es gelang ihm nicht, denn Neuffers Mutter, die Griechin, hatte Elise ins Herz geschlossen und lud das Mädchen immer häufiger nach Stuttgart ein. Sie gehörte bald fest zu dem munteren Zirkel der Schwestern. Allerdings hielt sie sich meist zu anderen Zeiten in Stuttgart auf als er, so begegnete er ihr nur zwei- oder dreimal.

Einmal gelang es ihr, ihn ohne Begleitung zu einem Spaziergang zu entführen. Sie schlenderten nebeneinander, er achtete auf den Abstand. Während er sprach, dachte er unablässig daran, daß sie sich sicher wünsche, er solle sie küssen. Ihr Gesicht war von Spannung und einer sich steigernden Ungeduld schön, er fürchtete, sie könnte ihn wieder überfallen, hielt an, umarmte sie sanft. Ihren Körper spürte er kaum. Das duldete sie jedoch nicht, sie nahm ihn fester, küßte ihn, legte ihren Kopf an seine Brust, begann eine für ihn »furchtbare« Wärme auszusenden. Er machte sich los. Sie fing an zu lachen. Er wollte ihre Hand nehmen, sie zog sie zurück, lief vor ihm den Abhang hinunter. Am Abend, mitten unter den anderen, setzte sie sich neben ihn und sagte, so daß es alle hören konnten: Du bist mir nicht mehr bös, lieber Fritz – gell net?

Er verglich Elise mit Charlotte Stäudlin, stellte fest, daß Charlotte seinem Wesen viel verwandter war, auch Christiane. Warum sollte er nicht auch andern Mädchen gegenüber aufmerksam sein? Könnte er sich nicht in eine zweite verlieben?

Elise spürte sein Interesse für Charlotte, warf es ihm vor. Von seiner Affäre mit Wilhelmine Maisch erfuhr Elise nichts.

Stäudlin hatte die junge Frau entdeckt. Sie kam aus einem Pfarrhaus aus der Gegend Heilbronns, hatte früh Gedichte zu schreiben begonnen und sie Stäudlin geschickt, dem die unkomplizierten, sich nicht anbiedernden Verse gefielen. Im Winter 1792 hielt sich Wilhelmine bei Verwandten in Stuttgart auf, stellte sich vor, gehörte bald zum Kreis. Rasch paßte sie sich der städtischen Geselligkeit an, übertrieb sie sogar, genoß die Freiheit, belustigte sich über ihre ländliche Vergangenheit, überrumpelte die Männer mit einer unverdeckten Sinnlichkeit. Als die Stäudlin-Mädchen sich noch scheuten, die legeren Pariser Kleider zu tragen, machte sie Mode, trug Kleider aus leicht gewebtem Stoff, hoch in der Taille und mit tiefem ungeschnürtem Ausschnitt.

Mit ihrem Charme trieb sie Hölderlin in die Enge, und er ließ es zu, spielte mit. Außerdem verfocht sie die politischen Ideen Stäudlins, bewunderte Madame Roland, die Frau des französischen Deputierten, und warnte Hölderlin nicht wie Elise vor dem gefährlichen Advokaten, der den guten Herzog stürzen wolle.

Die Freunde verfolgten das Getändel zwischen den beiden mit Beifall. Zum ersten Mal waren keine Komplikationen zu fürchten, ging »der Hölder« unbefangen mit einem Mädchen um.

Sie hatte ihm ihre weiteren Pläne offenbart. Sie wolle keineswegs zurück nach Neipperg ins Elternhaus, vielmehr einige Jahre reisen und sich vergnügen. Dazu werde sie sich ihrer Verwandten in Karlsruhe, Heidelberg und Wien bedienen. Ihre Kühnheit beeindruckte ihn. Sie beherrschte ihre Sehnsüchte und verstand es, wenn es darauf ankam, mit Eifer auch für sie zu kämpfen.

Von ihr lernte er, ohne jede Angst zärtlich zu sein, nichts zu erwarten, nichts zu befürchten. Die Freunde waren mit zwei Wagen ins Remstal gefahren, eingekehrt, und danach, je nach Belieben, spazierengegangen. Wilhelmine hatte sich ihn eingefangen und war mit ihm den anderen davongelaufen.

Sie fanden eine Waldnische, setzten sich ins Gras. Er breitete seine Weste aus, damit sie ihr hübsches Kleid nicht beschmutze.

Sie lehnte sich gegen ihn, plauderte, als handle es sich um Stickereien, über ihre neuesten Gedichte, daß sie in zwei Almanachen erscheinen würden, solchen Gefallen hätten sie gefunden. Mit Ihnen will ich mich aber nicht vergleichen.

Alles, was sie sagte und tat, war überraschend selbstverständlich.

Sind Sie oft traurig?

Jetzt bin ich's nicht.

Er zog ihren Kopf zu sich, küßte sie, sie legte sich hin, hielt ihn fest, sie küßten sich wieder, sie nahm seine Hand, führte sie zu ihrer Brust. Er begann sie zu streicheln, wünschte sich mehr, aber es gelang ihr, die Zärtlichkeiten zu dämpfen, und als er müde wurde, seinen Kopfschmerz stärker spürte, ließ er sie los, verschränkte die Hände unterm Kopf, sah in den Himmel, wartete darauf, daß sie einen Satz sage, der ihm die gewonnene Leichtigkeit erkläre.

Woisch, weil mir uns net brauchet, verstehe mer uns, sagte sie.

Es blieb nicht das einzige Mal, daß sie sich so in ihrer Zuneigung übten.

Später, als er schon in Waltershausen diente, erreichte ihn ein

Gedicht: »Denn ach! mir schwebte / Die schöne Zeit / Voll Se-
ligkeit, / Die ich bei Dir / So froh verlebte, / Auch träumend
für.«

Er antwortete ihr nicht, weil er sicher war, sie würde sein
Schweigen, seine Entfernung verstehen.

Elise schrieb er von Waltershausen und Jena aus weiter. Er tat
es ohne Gefühlsüberschwang, und es traf ihn nicht, wenn sie gelegentlich andere Männer erwähnte.

Sein Gedächtnis nahm alle diese Bilder nicht mit. Sie verblaß-
ten mit dem Abschied. Nur eines nicht, und das war, wie der
kurze Auftritt Sinclairs, eine Botschaft aus der Zukunft. Die
Griechin hatte zu einem geselligen Abend geladen, wahrscheinlich von ihrem Sohn angeregt, der ihr klar gemacht habe, daß
der liebe Hölderlin wieder einmal Anregung für seine Grie-
chenschwärmerei brauche. In drei Räumen unterhielt man sich.
Es gab Wein und Brezeln. Stäudlin war anwesend, Conz, die
Freundinnen der Stäudlin-Mädchen, Bekannte des alten Neuffer. Er hatte sich gleich Frau Neuffer zugewandt, die ihm
bereitwillig das Neueste aus Briefen griechischer Bekannten
vorlas. Erst als er merkte, daß seine Neugier ihr lästig wurde,
entschuldigte er sich, ging zu einer anderen Gruppe, die ihn
gleich sehr in Anspruch nahm.

Er sah sie, als er seine Blicke gleichgültig, halb nach innen ge-
wendet, über die Gäste wandern ließ.

Ein blasses, wie aus farblosem Stein geschnitztes Gesicht mit
großen runden Augen, ohne Perücke, das lackschwarze Haar
fest an den Kopf gekämmt.

Er hatte den Eindruck, er bilde sie sich ein, sie könne auf der
Stelle verschwinden; ein Geschöpf aus seinem »Hyperion«.

Wer ist sie?

Wen meinst du, Fritz?

Das Mädchen, das neben dem alten, gebückten Mann steht.

Es ist die Tochter eines Bankiers. Gefällt sie dir? Soll ich dich
vorstellen?

Nein! Er sagte es ganz entschieden.

Neuffer, neugierig geworden, fragte: Hast du dich in sie verguckt?

Wenn's das wäre, Lieber.

Verliebt, so auf einen Blick?

Ja.

Sie kommt manchmal. Willst du sie nicht sprechen?

Nein!

Er traf sie ein zweites Mal in Gesellschaft, diesmal bei Stäudlin, lehnte es erneut ab, mit ihr bekannt gemacht zu werden. Über Stäudlin erkundigte er sich dennoch, ob sie seine Freundschaft wünsche, was aber, so der ausgesandte Freund, nicht auszumachen sei.

Neuffer schrieb er von ihr, von der »holden Gestalt«, dem »Adel und der Stille in ihrem Wesen«.

Neuffer wollte von ihr erzählen, wer sie sei, was sie mache.

Ich will es nicht wissen.

Elise versprach er beim Abschied, einmal die Woche einen langen Brief zu schreiben, wenn es gehe, mehr. Er tat es aus Pflicht und seltsamerweise wohl auch aus schlechtem Gewissen, denn noch sechs Jahre später erinnerte er sich dieses Verhältnisses so, als habe er Elise, die inzwischen geheiratet hatte, mitgespielt: »Ich hab es genug abgebüßt durch die Frivolität, die sich dadurch in meinen Charakter einschlich, und aus der ich nur durch unaussprechlich schmerzliche Erfahrungen mich wieder loswandt.«

Dritter Teil
Hofmeister und Philosoph
Waltershausen und Jena
(1794 bis 1795)

I *Die siebte Geschichte*

Man hatte ihn nicht erwartet. Er war nicht angekündigt worden. Charlotte von Kalb, die in Jena war, hatte es vergessen. In der Abenddämmerung hielt der Wagen, den er in Coburg gemietet hatte, vorm Waltershauser Schloß, einem dreigeschossigen quadratischen Bau mit lustigen, ein wenig zu klein geratenen Türmchen an den Ecken. Seit vierzehn Tagen war er unterwegs, hatte die Kutschfahrten unmutig ertragen, sich jedoch in Nürnberg bei Ludwig Schubart, dem Sohn des Dichters, der dort als preußischer Diplomat diente, aufgeheitert, am Heiligen Abend in der Erlanger Universitätskirche eine »herrliche, schön und hell gedachte« Predigt des jungen Theologen Ammon gehört, zwischendurch an seinem »Hymnus an das Schicksal« geschrieben – nun war er angelangt, ohne daß er erwartet wurde.

Als sie durchs Dorf fuhren, die Straße anzusteigen begann, rief der Kutscher: Dort vorn sehen Sie das Schloß! Dessen mächtige, ruhige Konturen, vor allem aber die Lichter, die hinter einigen Fenstern brannten, machten ihn froh – das könnte ein neues Zuhause sein.

Der Wagen hielt an. Er sprang hinaus, half dem Kutscher, das Gepäck abzuladen. Erst nach einiger Zeit kam ein Diener aus dem Schloß, der ihn aus einigem Abstand hochmütig beobachtete. Hölderlin herrschte ihn, während er dem Kutscher das Reisegeld auszahlte, an, er möge ihn gefälligst bei seiner Herrschaft melden.

Es werden keine Gäste erwartet.

Das ist unmöglich. Melde Er mich beim Herrn Major von Kalb.

Aber ich weiß, daß niemand angesagt ist.

Die Frau Majorin hat mich angestellt. Ich bin der neue Hofmeister.

Der Lakai schüttelte den Kopf. Dies könne ganz und gar nicht der Fall sein. An einem Hofmeister fehle es nicht. Der des Hauses heiße Münch und sei anwesend.

Soll er den Kutscher bitten, ihn zurückzunehmen nach Coburg? Soll er an dem Domestiken vorbei ins Schloß gehen? Ist das ein Spiel? Was hat die Majorin mit ihm vor? Will sie ihn prüfen? Meld Er mich dennoch der Frau Majorin von Kalb.

Der Diener fiel ihm geradezu heiter ins Wort. Die Frau Majorin ist seit Wochen nicht anwesend.

Dann melde Er dem Herrn Major von Kalb, der Herr Doktor Hölderlin aus Tübingen sei eingetroffen.

Wenn es sein muß, sagte der Diener, machte kehrt, ging ins Haus hinein. Wenn es denn sein muß, sagte er.

Der offenbar unerwartete Gast stand hilflos zwischen seinem Gepäck, Aufregung und Wut unterdrückend, befahl dem Kutscher, gleichwohl aufzubrechen, er komme sonst tief in die Nacht. Der fragte, ob es nicht besser sei, wenn er warte. Nein, nein, ich bin gemeldet. Fahr Er nur. Adieu.

Der Wagen verschwand in der Nacht. Nun war er allein. Doch schon kam der Diener wieder, nahm das Gepäck und sagte: Der Herr Major will den Doktor Hölderlin empfangen.

Er will es!

Er will den Hereingeschneiten, den Unangekündigten sprechen!

Es ist klüger, ich amüsiere mich, sagt er so laut, daß es der Lakai hören muß.

So könnte einer seiner Zeitgenossen eine Komödie beginnen. Mir ist der Auftritt vorgeschrieben. Er hat so stattgefunden. Zwar ist in seinen Briefen von keinem Diener die Rede, überhaupt spielt er die Angst, die ihm dieser Empfang bereitet haben muß, herunter, doch es ist undenkbar, daß ihm der Major selbst die Tür öffnete. Also laß ich den Lakaien kommen. Nicht meine Erfindung, sondern eine Figur derartiger Szenen.

Was folgte, war nicht minder seltsam und verwirrend. Ein unscheinbarer, wohl von Gicht gekrümmter Mann im Morgenrock empfing ihn in einem unordentlichen, aber hübschen Salon, den ein Kaminfeuer gut wärmte. In der Halle, wo der Diener die Reisekisten abgestellt hatte, war es eiskalt gewesen.

Die Vorstellung entwickelte sich zu einem hölzernen Tanzstück. Der Major umkreiste ihn lauernd, seinen Namen murmelnd, Majorvonkalb, er wiederum wiederholte die Bewegungen des konsternierten Hausherrn, sagte seine Formel auf: Ich bin der Doktor Hölderlin, Hölderlin, aus Tübingen. Ich weiß, antwortete ihm zustimmend der Major. Aus Tübingen, ich weiß. So so. Ja ja. Also nein. Also nein. Die Frau Majorin. Ja. Die Frau Majorin. Sie hat. Ja. Sie hat. Sie hat die Güte gehabt. Die Güte gehabt. Ich weiß ich weiß – brach der Major seinen Rundlauf ab, ließ sich auf einen Fauteuil fallen, wies ihn an, sich zu setzen, schrie: Lisette, der Punsch. Mit zwei Gläsern!, worauf sich, ohne jede Pause, die Tür öffnete, die gerufene Lisette, den Punschtopf und zwei Gläser auf einem Tablett vor sich tragend, hereinkam. Erst vermutete der atemlos gewordene Gast Hexerei, nahm dann aber zu Recht an, daß die Bedienerin schon längere Zeit lauschend vor der Tür gestanden hatte, um in dieser an Ereignissen gewiß armen Gegend wenigstens diese Aufregung ausgiebig genießen zu können. Der Punsch dürfte deshalb auch nicht mehr ganz heiß sein. So ist es, stellte er mit dem ersten Schluck fest.

Der Major gestand: Ich habe alles vergessen, verehrter Herr Doktor, obwohl ich Ihretwegen mit meiner Frau habe mehrere Briefe wechseln müssen, lehnte sich, bereits wieder beruhigt, zurück: Lassen Sie uns auf Ihre Ankunft einen Schluck trinken, erkundigte sich nach der Fahrt, wollte aber weiteres nicht hören, denn draußen kündigte sich lärmend neues Unheil an. Eine Männerstimme war laut, eine Frauenstimme mühte sich, sie zu dämpfen.

Warum läßt sie mich mit all dem Kram allein, sagte der Major, mehr zu sich und sah erwartungsvoll zur Tür, ein Offizier, der auf die Attacke des Gegners nicht ganz gefaßt ist. Den Rock zog er, als fröstele es ihn, um die Brust zusammen.

Die Tür wurde aufgerissen von einem dünnen, schon für die Nacht gekleideten Mann, dem solche Heftigkeit nicht zuzutrauen war. Seine Wut wurde gleichsam aufgesogen von dem sofort einsetzenden Gemurmel des Majors, dem der neue Hofmeister entnehmen konnte, daß es sich um den bisherigen Hofmeister, Herrn Münch handle, der wohl erst durch das Auftreten des Herrn Doktor Hölderlin erfahren haben muß, daß ihm seine Position aufgekündigt sei. Er gebe zu, ein peinliches Versehen, peinlich, sicher nicht gutzumachen durch eine gewisse Abfindung. Auf die wolle er hoffen, sagte, hellhörig geworden, Herr Münch. Dieser Ton mißfiel dem Major. Es liegt ganz in meinem Ermessen – worauf Herr Münch nicht hören wollte, er wandte sich Hölderlin zu, versicherte ihm, daß sein Zorn nicht ihm gelte, da er ja kaum habe ahnen können, daß sein Vorgänger nicht über den Wechsel unterrichtet sei, sondern den Zuständen im Hause. Jawohl, sagte er, jawohl und schaute herausfordernd zum Major, der sich schon wieder entspannt hatte. Hölderlin zog es vor, zu schweigen. Herr Münch gefiel ihm nicht. So ausgehungert wie feinfühlig er auf den ersten Blick erschien und so berechtigt seine Aufregung war, wahrscheinlich war er als Erzieher nicht weniger jähzornig. Was sich später bestätigte: Herr Münch hatte seinen Zögling nicht selten verprügelt.

Wir wollen alles in Ruhe besprechen, sagte der Major. Diese Ruhe können Sie von mir nicht erwarten, antwortete Herr Münch. Das ist verständlich, doch unnütz, sagte der Major und war sichtlich froh, nicht weiter reden zu müssen, denn das Zimmer betrat nun eine junge Frau und ein Bub, der kein anderer sein konnte, als der von zwei Erziehern unfreiwillig umkämpfte Fritz von Kalb.

Dies ist, sagte der Major, ohne sich aus dem Fauteuil zu erheben, der neue Hofmeister, Herr Doktor Hölderlin aus Tübingen, und dies die Gesellschafterin meiner Frau, Madame Kirms.

Madame Kirms ließ den Jungen von der Hand und sah Hölderlin abwartend an.

Münch hatte sich inzwischen gesetzt.

Der Bub lief auf Hölderlin zu, stellte sich neben ihn und sagte, durchaus aufsässig: Das ist mein neuer Lehrer. Er ist lieb.

Wenn du es meinst, sagte der Major. Frau Kirms begann zu lachen.

Was gibt es da zu lachen? fragte Herr Münch.

Sollte ich es nicht? Nun setzte sich auch Madame Kirms, die mit ihrer Ruhe, ihrer ganzen Erscheinung Eindruck auf Hölderlin gemacht hatte.

Ich werde Frau von Kalb schreiben. Der Major sagte es so, als sei dies der alles lösende Einfall.

Niemand wußte etwas dazu zu bemerken.

Der Bub fragte: Wann kommt die Mama?

Worauf er von seinem Vater keine Antwort bekam, jedoch von Madame Kirms, die »bald« sagte und hinzufügte: In welches Zimmer soll, solange Herr Münch sich noch im Hause aufhält, Herr Hölderlin einziehen?

Ich weiß es nicht, sagte der Major.

Dann kümmere ich mich darum, sagte Madame Kirms.

Herr Münch wird uns in den nächsten Tagen ohnedies verlassen, stellte der Major mehr für sich fest. Es hörte sich endgültig an, und von einer Abfindung war nicht mehr die Rede.

Fein, sagte der Junge, und Herr Münch fuhr zusammen.

Sie werden müde sein, sagte Madame Kirms, ich werde den Diener rufen, daß er Sie aufs Zimmer führt. Lisette wird Ihnen dann noch einen Imbiß bringen.

Sie verließ das Zimmer, wenig später erschien der Diener, der Major wünschte Hölderlin eine gute Nacht, auch Herrn Münch, der damit aufgefordert ist, den Salon zu verlassen.

Fritz nahm Hölderlins Hand, fragte, ob er ihn auf die Stube begleiten dürfe.

Ja, sagte er, verbeugte sich vor dem Major, ging mit Fritz dem Diener nach, der ihn die Treppe hinauf, ins zweite Stockwerk führte.

Fritz blieb noch eine Weile bei ihm. Es klopfte. Frau Kirms holte Fritz, sagte: Ich hätte Ihnen ein weniger aufregendes Entree gewünscht. Der Junge streichelte ihm die Hand, was ihn rührte, obwohl ihn das gedunsene, stumpfe Gesicht des Kindes erschreckt hatte.

Angekleidet legte er sich aufs Bett. Immerhin war er solchem Wirrwarr gewachsen!

Drei Tage danach verließ Herr Münch das Schloß. Ob mit oder ohne Abfindung, erfuhr sein Nachfolger nicht.

II *Ein Anfang*

Es ist seine erste Anstellung, zum ersten Mal hat er nicht Freunde um sich, muß er sich nicht in den Schul- oder Studienbetrieb schicken, sondern sich und seinem Zögling selbst den Tagesablauf bestimmen. Alles, was er erfährt, ist ihm neu. Er lernt seine Unabhängigkeit – und eine andere Abhängigkeit. Aus den Briefen, die er in der ersten Hälfte des Jahres der Mutter, dem Bruder und Neuffer (der ihm aus der Entfernung wieder zum besten aller Freunde wird) schreibt, lese ich einen Überschwang, dem es gelingt, alles zu harmonisieren. Auch Fritz von Kalb wird in dieses Wohlempfinden einbezogen, und es wird heilsam auf das störrische Kind gewirkt haben. Hölderlin weiß noch nicht, daß die Bereitwilligkeit und Freundlichkeit des Buben nicht von Dauer sein, daß Krankheit und Renitenz bald wieder durchbrechen und ihm zu schaffen machen werden. Sicher, das Leben im Schloß ist »ziemlich einsam«, doch »günstig für die Bildung des Geistes und Herzens«. Er will alles ausgeglichen betrachten. Nie mehr wird er danach so unangefochten sein, die Tage so leicht, so seiner selbst sicher verbringen. Ich versuche ihn mit den Augen derer zu sehen, die um ihn sind: Wilhelmine Marianne Kirms, der Major, Fritz, die Dienerschaft, der Pfarrer Nenninger und, später, da sie erst Mitte März nach Hause zurückkehren wird, Charlotte von Kalb. Lisette, die Bedienerin, nennt ihn einen Engel, und Wilhelmine Kirms erinnert er, wie schon seine Tübinger Freunde, an Apoll.

Du mußt ihn liebhaben, sagt Wilhelmine zu dem Buben. Sie sagt es beschwörend, als wisse sie, daß das Kind allein die Macht hat, alles zu zerstören.

»Meine Zeit ist geteilt in meinen Unterricht, in die Gesellschaft mit meinem Hause, und in eigne Arbeiten«, schreibt er an die Mutter. Er führt ein Leben zwischen den Domestiken und der »Herrschaft«. So nennt er die Kalbs auch in seinen Briefen. Gewiß hat er vor dieser ersten Anstellung darüber nachgedacht, wie er sich zu benehmen habe, wie er behandelt werde und sich gefürchtet, ein höhergestellter Dienstbote zu sein. Doch er wird wohl durch seine Erscheinung und seine Selbstsicherheit überzeugt haben. Außerdem freute sich der Major, in dem Haus, das noch eine Weile ohne Herrin war, einen vernünftigen, anregenden Gesprächspartner zu haben. Bisher hatte ihn nur der Pfarrer Nenninger unterhalten, der freilich kein verstockter Dorfpastor war, sondern ein dem theologischen Fortschritt aufgeschlossener Geist. Und Nenninger wiederum war froh, mit jemandem debattieren zu können, der theologisch beschlagen war, die aktuellen Philosophen ebenso kannte wie die alten Griechen. Er und Hölderlin freundeten sich rasch an und mußten darauf achten, daß der Major nicht aus ihrer Vertraulichkeit ausgeschlossen blieb. Wann immer aber sie sich auf theologische Finessen einließen, unterbrach Kalb sie und verstand, die Aufmerksamkeit seines jungen Hofmeisters zu gewinnen, indem er, zum Beispiel, von seiner Teilnahme am amerikanischen Krieg und seiner Bekanntschaft mit Lafayette erzählte. Für Hölderlin war Lafayette, obwohl der sich von der Revolution abgewandt hatte, eine bewegende Gestalt geblieben, denn immer erinnerte er sich an die Schilderung des ersten Bundesfestes, an Lafayettes Auftreten, der nicht nur den Franzosen die Menschenrechte geschenkt hatte. Über die Republik mit dem Major zu reden, unterließ er nach einem tastenden Versuch. Der Major wetterte ohne Unter-

241

schied gegen alle, die die Monarchie verraten hatten, er denke als
Soldat und nun, nachdem er sich »lange genug unter Menschen,
zu Land und zu Meer, herumgetummelt« habe, als Gatte und
Vater, als redlicher Hausherr und Gärtner.

Von Kind auf war Hölderlin es gewohnt, daß der Tag nach Regeln verlaufe, und so legte er, gleich zu Anfang, die Unterrichts-
zeiten für Fritz fest: Vormittags von 9 bis 11 und nachmittags von
3 bis 5. Was er in der anderen Zeit tat, stand ihm frei: ob er sich
mit Kalb unterhielt, Nenninger unten im Dorf besuchte (der ihn
übrigens bewog, gelegentlich zu predigen – auf diese Weise war
er bald auch im Dorf bekannt und geschätzt), ob er mit Fritz
spazierenging oder sich Wilhelmine Kirms anschloß, die eine
leidenschaftliche Botanikerin war und die man selbst an unwirt-
lichen Tagen im Garten antraf.

Fritz bestand in den ersten Wochen darauf, so oft wie möglich bei
ihm zu sein, ihn zu begleiten, auch bei den Besuchen im Pfarrhaus saß er, zur Verwunderung Nenningers, still dabei, ohne zu
stören. Der Bub sei wie umgewandelt, anschmiegsam und lieb.
Unter Münch und dessen Vorgänger habe er sich aufgeführt wie
ein vom Teufel Besessener. Manchmal erzählte ihm der Junge
von Münch, und sprach von sich wie von einem anderen. Als sei
alles ein Lebensalter her und nicht eben noch geschehen. Münch
habe ihn regelmäßig geschlagen. Wenn er seine Aufgaben nicht
ordentlich gemacht habe. Wenn er etwas nicht gewußt habe.
Wenn er habe schreien müssen. Schreien müssen? Wenn er sich
beschmutzt habe. Beschmutzt? Hölderlin schien das unvorstellbar. Zwar konnte Fritz mitunter verstockt sein und mit seiner Intelligenz war es nicht weit her, es würde nicht einfach sein, ihn,
wie es die Majorin gewünscht hatte, für ein Studium zu bilden,
doch Hölderlin rechnete mit der gegenseitigen Zuneigung und
den Wirkungen beharrlicher Freundlichkeit. Diese ersten Eindrücke teilte er Charlotte von Kalb mit, die ihm enthusiastisch
antwortete: »Sie erzeigen der Menschheit einen Dienst durch die
Bildung eines ächten denkenden Menschen – und mir ist es vor-

behalten, Ihnen die Dankbarkeit zu äußern, die sie Ihnen schuldig ist.« Und: »Bald werd ich das Glük haben, Sie kennen zu lernen.« Ihre Briefe schüchterten ihn ein. Sie waren stets exaltiert, voller die Welt umschließender Empfindung, manchmal aber auch weinerlich im Ton, und aus dem Geschwätz der Dienerschaft war ihm klargeworden, wie launenhaft, anstrengend, wie aber auch in ihrer Sympathie überschwenglich die Majorin sein mußte. Er erwartete ihre Ankunft fast ungeduldig, denn er hoffte, sie würde erzählen von ihren berühmten Freunden, von Schiller, Goethe, Herder, Fichte.

Morgens, nachdem ihm Josephine, die österreichische Köchin, das Frühstück aufs Zimmer gebracht und er ein bißchen mit ihr geschwatzt hatte, da ihn ihr Dialekt vergnügte und er sich nach der Bedeutung mancher Wörter erst erkundigen mußte – was heißt »G'selcht's«? –, bereitete er sich, wenigstens in den ersten Monaten, mit Ernst und Akribie auf den Unterricht vor. Er wollte diesen verstörten, wenn nicht schon verkrüppelten Geist fördern und bilden. War es nicht vernünftiger, sich aus ganzer Kraft einem vielleicht doch noch unverdorbenen Menschen zu widmen als auf einem Pfarrposten die Menschenliebe im Vielfältigen zu vergeuden? Nenninger widersprach ihm:

Sehen Sie, wie jeder einzelne Bewohner an mir hängt, zu mir kommt?

Zu solch einer Aufgabe tauge ich nicht.

Das ist eine Selbstbescheidung und hat nichts mit der Einsicht in die Welt zu tun.

Vielleicht muß ich mich auf mich zurückziehen.

Der Fritz wird es Ihnen nicht danken, sagte Wilhelmine Kirms.

Vor Schiller – und vor sich – legte er jedoch Rechenschaft ab über seine erzieherischen Ziele: »Er verstand mich, und wir wurden Freunde. An der Autorität dieser Freundschaft, die unschuldigste, die ich kenne, sucht ich alles, was zu tun oder zu lassen war, anzuknüpfen. Weil aber doch jede Autorität, woran des Menschen Denken und Handeln angeknüpft wird, über kurz oder lange große Inkonvenienzen mit sich führt, wagt ich allmählig den Zusatz, daß alles, was er tue und lasse, nicht bloß um seinet- und meinetwillen zu tun oder zu lassen sei, und ich bin sicher, wenn er mich hierin verstanden hat, so hat er das Höchste verstanden, was not ist.«

Am liebsten ist Hölderlin die freie Zeit zwischen 5 und 7 Uhr nachmittags, vor dem Abendessen, das, nach dem Brauch des Hauses, ausgiebiger ist als das Mittagessen, und bei dem in beträchtlichen Mengen Bier getrunken wird. Er sitzt auf seinem Zimmer im zweiten Stock, am Fenster; den kleinen, wackligen Tisch hat er sich so gerückt, daß ihm auch das Dämmerlicht noch genügt. Meistens liegen rund um ihn die Blätter des Hyperion-Manuskripts ausgebreitet, das er die letzten Monate in Tübingen für die Freunde abgeschrieben hatte. Schon während dieser Arbeit war er zeitweilig unzufrieden gewesen, die Entwicklung des Hyperion war ihm zu unvermittelt erschienen, der Sprung aus den Kinder- und Jugendjahren in die Existenz des »freiheitsliebenden Kriegers«, wie ihn Magenau charakterisiert hatte. Er mußte noch einmal von vorn beginnen, zusammendrängen, mußte sich, wenigstens in diesem Entwurf, bescheiden: »Vom Gegenwärtigen ein andermal! Auch von meiner Reise mit Adamas ein andermal!« Noch keine Diotima, noch kein Kampf gegen die Türken, noch nicht der furchtbare Schrecken vor den brandschatzenden plündernden Horden, deren Anführer Hyperion ist, noch nicht das Entsetzen über den Bruch zwischen Gedanken und Tat. Das ganze Wohlbefinden dieser abendlichen Schreibstunden am Fenster spricht sich aus, wenn er im letzten Brief des Fragments sagt: »Meinem Herzen ist wohl in dieser Dämmerung. Ist sie unser Element, diese Dämmerung?« Er weiß, daß diese paar Monate ihm geschenkt sind, daß es so nicht bleiben kann.

Mehr noch als in Tübingen liest er Kant. Als müßte er den Freunden noch Rede und Antwort stehen, arbeitet er Kants

Schrift »Die Religion innerhalb der Grenzen der bloßen Vernunft« Satz für Satz durch.

Die Nachrichten von draußen kommen verspätet, oft erst als Gerücht. Im Juli 1793 wurden die Abgeordneten des Gironde unter Hausarrest gestellt. Brissot wird im Oktober hingerichtet, Roland nimmt sich im November das Leben. Dann, ein halbes Jahr danach, im April 1794, wird Danton guillotiniert. Im Juni läßt sich Robespierre auf dem »Fest des höchsten Wesens«, einer gräßlichen Verzerrung des Bundesfestes, als Oberpriester feiern.

Mit dem Major und Charlotte ist darüber nicht zu sprechen. Höchstens über die Bewegungen der französischen Truppen am Rhein. Da glaubt der Major sich auszukennen, prophezeit, prophezeit falsch und findet ohnehin, daß es gut sei, so weit vom Schuß zu liegen. Nenninger flüchtet sich, wenn von draußen das Böse, das Unbekannte droht, in seine auf die dörflichen Grenzen beschränkte Menschenliebe. Vielleicht hat Hölderlin mit Wilhelmine Kirms darüber gesprochen, hat die vergangenen Tübinger Aufregungen beschworen, Seckendorfs und Stäudlins politischen Furor, alle die Unruhen wegen der herzoglichen Willkür und Schnurrers Taktieren. Das war interessant für sie, bedeutete Welt, Handeln und einen Abglanz von Freiheit, nach der zu greifen sie nicht wagte.

Aber diese Geschichte begann anders, mit einigen Blicken, flüchtigen Wortwechseln, einem Besuch auf seinem Zimmer, der Frage, ob er ihr den neuesten Kant, den er erwähnt habe, ausleihen wolle.

Aber diese Geschichte kann so nicht beginnen, weil ich hineinreden, zum ersten Mal die Undeutlichkeiten und die Vielfalt der Überlieferungen und der Kommentare ausbreiten und beklagen muß. Da ich an dieser Figur anschaulich vorführen kann, wie und zu welcher Geschichte ich mich entscheide.

Wilhelmine Marianne Kirms. In dem von Adolf Beck herausgegebenen und kommentierten Briefband der Stuttgarter Ausgabe wird über sie knapp Auskunft gegeben: ». . . geb. in Meißen am 21. Mai 1772, Tochter des Procuraturamtmanns Kemter (1733–77). Wilhelmine wurde Ende 1791 in Weimar getraut mit dem mehr als doppelt so alten, kränklichen und hypochondrischen Kammersekretär Kirms, der nach sehr unglücklicher Ehe schon am 7. Februar 1793 starb. Pfarrer Nenninger bezeichnet sie als eine der *vorzüglichen Personen ihres Geschlechts.* Bei wem sie (gegen Ende 1794) *in Meinungen Gouvernante* wurde, ist nicht bekannt. Mitte Juli 1795 gebar sie eine Tochter, die am 20. September in Meiningen starb. Weiteres über ihr Leben – und über die Fragen, zu denen es führt – s. im Hölderlin-Jahrbuch 1957, S. 46–66.« Ich hatte mich vor einiger Zeit noch nicht näher mit Wilhelmine befaßt, konnte nicht ahnen, daß sie mir wichtiger würde als viele andere Gestalten in diesem Buch (so, wie es mir auch mit Stäudlin erging); doch ich erinnere mich der Vermutungen und Nachweise, die für den Herausgeber der neuen Frankfurter Ausgabe, D. E. Sattler offenbar so schlüssig waren, daß er in seiner ohnehin verkürzenden biographischen Übersicht unter »Juli 1795« mitteilt: »Geburt der Louise Agnese Kirms, mglw. Hölderlins Tochter.« Wilhelm Michel erwähnt in seiner Hölderlin-Biographie Frau Kirms nicht ein einziges Mal. Wilhelmine hat das Kind im Oktober 1794 empfangen. Um diese Zeit hielt sie sich in Waltershausen auf, war mit Hölderlin eng befreundet. Es ist nicht zu denken, daß sie zur selben Zeit Umgang mit anderen Männern hatte. Mit wem? Der Major, der Hausherr, scheint ausgeschlossen. Sie war, nach allem, was man von ihr weiß, stolz, hatte ihre Prinzipien. Und ich glaube, sie war auch ausschließlich in ihrer Zuneigung. Der Verwalter der Kalbschen Güter? Von ihm weiß ich nichts, er wird nirgendwo geschildert. Aber könnte sie überhaupt ihre Freundschaft, ihre Liebe zu Hölderlin gleichsam mit einem Sprung verraten haben? So, wie ich sie mir vorstelle, wie ich mir seine und ihre Geschichte erzähle, ist das nicht möglich. Also war Hölderlin doch der Vater der kleinen Agnese?

Hat er es je erfahren? Und wenn er von dem Kind hörte, hat er es sich so erklärt? Hat sie es ihm geschrieben? Haben sie Briefe gewechselt? Erhalten geblieben sind keine. Mir bleibt nichts anderes übrig, als anzunehmen, daß Wilhelmine, kurz ehe Hölderlin Waltershausen für immer verließ, als er mit seinem Zögling längst nicht mehr zurecht kam und wieder unter heftigen Anfällen von Kopfschmerz litt, daß Wilhelmine ihre Schwangerschaft feststellte und ihm verschwieg. Kurz darauf verließ auch sie das Kalbsche Haus und nahm in Meiningen eine neue Stelle an. Die Spuren einer tiefen Zuneigung wurden verwischt. Und es muß eine gewesen sein, denn nie sonst hat Hölderlin so gelöst, frei und warmherzig über eine Frau geschrieben, wie über Wilhelmine, wenngleich nur an zwei Stellen in den uns erhaltenen Briefen: Am 16. Januar berichtet er Rike, der Schwester: »Die Gesellschafterin der Majorin, eine Witwe aus der Lausitz, ist eine Dame von seltnem Geist und Herzen, spricht Französisch und Englisch, und hat so eben die neuste Schrift von Kant bei mir geholt. Überdies hat sie eine sehr interessante Figur. Daß Dir aber nicht bange wird, liebe Rike! für Dein reizbares Brüderchen, so wisse 1) daß ich um 10 Jahre klüger geworden, seit ich Hofmeister bin, 2) und vorzüglich, daß sie versprochen und noch viel klüger als ich. Verzeihe mir die Possen, Herzensschwester! Das nächste Mal was Gescheideres! Ewig Dein Fritz.« Dieser aufgeräumte selbstironische Ton kehrt in keinem seiner Briefe wieder, und nicht ein einziges Mal sonst weist er kokett und die Schwester aufreizend – auf die äußere Erscheinung einer Frau hin. Er idealisiert nicht wie bei Louise Nast, Elise Lebret, Lotte Stäudlin, Susette Gontard. Er gibt, in vergnügter Anschauung, Auskunft über einen Menschen, den er mehr als nur schätzt. Vor dem »Mehr« fürchtet er sich noch – er versteckt sich hinter Schwüren. Ein Jahr später, er ist als Erzieher bereits gescheitert und hat seine Stellung aufgegeben, schreibt er aus Jena an Neuffer: »Hier lassen mich die Mädchen und Weiber eiskalt. In Waltershausen hatte ich im Hause eine Freundin, die ich ungerne verlor, eine junge

Witwe aus Dresden, die jetzt in Meinungen Gouvernante ist. Sie ist ein äußerst verständiges, gutes und festes Weib, und sehr unglücklich durch eine schlechte Mutter. Es wird Dich interessieren, wenn ich Dir ein andermal mehr von ihr sage, und ihrem Schicksal.« Vielleicht hat Neuffer danach mehr erfahren. Ich weiß nicht mehr, kenne kein Bild von ihr, keine Briefe von ihr an ihn. Mich überraschen nur die Zärtlichkeit, Wärme und der Wirklichkeitssinn, mit denen er über sie urteilt. Sie muß ihn aufgenommen und in den Verzweiflungen über Fritz viel geholfen haben, sie muß ihn ganz ruhig und ihrer selbst sicher verstanden haben. Das war eine neue Erfahrung. Wilhelmine kehrte nach Dresden zurück, wo sie am 8. Januar 1799 einen Gotthelf Zeis heiratete. Am 9. Januar 1800 brachte sie einen Sohn zur Welt, August, doch der starb bereits als Siebzehnjähriger, ein »guter, praver, hofnungsvoller Jüngling«. So ist diese lebenstüchtige, den Schwächeren Kraft schenkende Person offenbar stets von Verlust und Unglück verfolgt gewesen.

III *Die achte Geschichte*

Er hatte, nach dem mißratenen Empfang und Wilhelmines schlichtendem Auftritt, am anderen Tag Lisette, Josephine und den Diener nach ihr ausgefragt. Wie lang sie der Majorin schon als Gesellschafterin diene, woher sie komme, mit wem sie, zum Beispiel, im Dorf verkehre? Er genierte sich seiner Neugier, doch seine Aufmerksamkeit für diese Frau, die so gelassen und freundlich die Situation geklärt hatte, war größer.
Sie sei Witwe, hörte er.
Ihr Mann sei erst im vergangenen Jahr gestorben.
Sie komme aus Dresden.
Sie sei erst ein paar Wochen im Hause.

Frau von Kalb sei sehr zufrieden mit ihr.

Es heißt, sie sei jemandem versprochen.

Wem?

Das wisse hier keiner.

Bei den Mahlzeiten saßen sie nebeneinander. Meistens sprach der Major, später war es Charlotte, die die Tafel unterhielt, doch manchmal gelang es ihm, Wilhelmine in ein flüchtiges Gespräch zu ziehen, und es freute ihn, wie belesen, wie orientiert sie war.

Ihre Stimme war die eines nachdenklichen Knaben. Sie verstand es, sich zurückzuhalten, doch nicht duckmäuserisch zu erscheinen. Im Gegenteil: Ihre Präsenz war allen angenehm. Ihr Aussehen erinnerte ihn ein wenig an Heinrike. Nur war Wilhelmine reifer, üppiger, ungleich bestimmter als die Schwester. Ihre Gestalt, die »interessante Figur«, mußte den Männern ins Auge fallen – hochgewachsen, größer als er, fast zu stark und gleichwohl graziös. Sie trug stets schwarze Kleider, das Dekolleté mit einem Schleier bedeckt.

Manchmal schaute sie ins Zimmer, wenn er mit Fritz lernte, setzte sich für einige Minuten wortlos hinzu, ermunterte ihn allein durch ihre Gegenwart.

Dennoch wagte er es nicht, sie zu einem Spaziergang einzuladen oder auf ihrem Zimmer zu besuchen, sich mit ihr zu unterhalten. Er war sich nicht im klaren, was im Kalbschen Hause noch als schicklich galt.

Er dachte in den ersten Tagen fast nur an sie, nannte sie für sich Wilhelmine und wünschte, daß sie, wenn es ihm schon nicht erlaubt war, von sich aus auf ihn zukomme. Das tat sie auch.

Zwei Wochen waren vergangen, er hatte viele Briefe geschrieben, Mutter und Schwester und dem Freund Neuffer ausführlich, alles Neue nachträglich noch einmal auskostend, hatte den Hymnus auf »Das Schicksal« Zeile für Zeile korrigiert, dessen letzte Strophe die Stimmung seines Aufbruchs ins Allgemeine übertrug: »Im heiligsten der Stürme falle / Zusammen meine Kerker-

wand, / Und herrlicher und freier walle / Mein Geist ins unbekannte Land!...«, er hatte die Blätter des »Hyperion« geordnet, sich auf eine langwierige, aber beschwingende Arbeit
vorbereitet, er hatte sich in der Fremde eingerichtet – zwei
Wochen waren vergangen, als es abends so leise an seine Tür
pochte, daß er es erst überhörte, dann jedoch aufsprang. Herein rief, bereits wissend, welchen Besuch er zu erwarten
hatte.

Sie bat, wie er es Heinrike erzählte, um den Kant.

Wenn Sie nicht eben noch darin lesen wollen?

Aber nein. Nur hätte ich nicht gedacht –

Daß ich mich für den Kant interessiere, nicht wahr?

Verzeihen Sie –

Wieso, Herr Magister, es muß ja nicht so sein; nur habe ich im
letzten Jahr mich bemüht, die »Kritik der Urteilskraft« zu
lesen, bin recht gut vorangekommen und unlängst sah ich Ihr
Bändchen auf der Gartenbank und dachte mir, ich könnte es
wieder einmal versuchen.

Wollen Sie sich nicht setzen?

Es wird gleich zum Abendessen gerufen.

Ach ja.

Er gibt ihr das Buch. Sie sagt: Aber hernach oder morgen
könnten Sie mir, wenn es Ihnen keine Mühe macht, den Kant
ein wenig erklären.

Nach dem Essen?

Gut.

Es war ihm um eine Spur zu hastig gewesen. Sie ließ es sich
nicht anmerken.

Wenn ich nicht störe?

Gewiß nicht. Ich würde mich freuen.

Weshalb sollte er einen solchen Anfang mit Förmlichkeiten ersticken. Da der Major nach dem Abendbrot zum Plaudern einlud, konnte er seine Ungeduld kaum bändigen. Wilhelmine
warf ihm mitunter beobachtende und beruhigende Blicke zu.

Die Zeit wurde ihm lang, er antwortete unaufmerksam, der Major konstatierte nach einer Weile, die Beschäftigung mit Fritz habe den Magister heute wohl besonders müde gemacht.

Sie reden dann gar nicht über Kant, sondern nur über Fritz, dessen Benehmen sie erstaune; wenn sie sich an die letzten Wochen mit Münch erinnere, fahre ihr jetzt noch der Schrecken in die Glieder.

Ich kann mir das gar nicht denken.

Man muß es auch sehen! Die Bösartigkeit entstellt ihn. Er ist nicht mehr bei Sinnen.

Sie erzählt, wie er um sich schlägt, sich vorsätzlich beschmutzt, seinen Lehrer verleumdet, ihm alle erdenklichen Gemeinheiten nachredet.

Und Münch?

Er hat es erst im Guten versucht, dann hat er das Kind geprügelt, Tag für Tag.

Und die Majorin?

Sie hat es nicht mehr mit ansehen können. Sie ist verreist.

Ich glaube nicht, daß er sich das bei mir erlaubt.

Ich will es Ihnen wünschen.

Sie geht, damit das Haus nicht falsch von ihnen denke. Aber nun spazieren sie häufig miteinander und Abend für Abend sehen sie sich.

Sie sind vertraulich, doch sie vermeiden es, zärtlich zueinander zu sein. Er scheut sich vor allem, weil er ihre Trauer respektiert, ihr Andenken an den verstorbenen Mann. Bis er von ihr erfährt, daß sie nichts von ihm gehabt habe als ein ewiges Gezeter, Selbstmitleid und Krankheit.

Er ist um so vieles älter gewesen als ich. Es wäre nicht schlimm gewesen, hätte er diesen Abstand an Wissen und Erfahrung nicht immer hervorgekehrt.

Er liest vor, aus dem »Hyperion«, und Gedichte, die sie bereits kannte, denn Charlotte von Kalb hatte ihr den Stäudlinschen Almanach zu lesen gegeben.

Es ist ein Glück, sagte sie, daß die Majorin Sie engagiert hat – für mich und vielleicht auch für Fritz.

Noch ehe Charlotte von Kalb im März zurückkommt, Hölderlin ihre beherrschende, das Haus verwandelnde Gegenwart genießt, sich von ihrem Charme, ihrer Lebenslust mitreißen läßt, ihren »nach Umfang und Tiefe, und Feinheit, und Gewandtheit ungewöhnlichen Geist« bewundert, noch ehe Charlotte dieses Verhältnis stören konnte, hatte er sich mit Wilhelmine eingelassen, ohne daß er, wie sonst, vor einer Bindung zurückschreckte, da Wilhelmine eigentümlich auf ihre eigene Freiheit bedacht war – und sei es nur ihm zuliebe.

Manchmal hatte er ihre Hände gehalten, währenddem sie sprachen, mehr nicht.

Wenn er wach war, dachte er an sie, sehnte sich nach ihrer Wärme, ihrem ungekünstelten Zutrauen.

An einem Abend, sie kannten sich ungefähr drei Monate, sagte sie, sie wolle ein wenig länger bleiben, wenn er nichts dagegen einzuwenden habe.

Sie sagt: Ich wünsche mir das schon lange.

Er nickt nur.

Sie sagt: Sie müssen nicht annehmen, daß ich unbedingt nach einem neuen Ehemann suche.

Er sagt: Sie sind ja auch schon jemandem versprochen.

Sie lacht. Das ist ein schönes Gerücht, das mich schützt.

Er sagt: So haben Sie niemanden?

Sie sagt: Ich habe Sie.

Das macht ihm Angst.

Sie merkt es, sagt: Jetzt hab ich Sie, für meine Zeit in Waltershausen. Für unsere Zeit.

Sie zieht sich ohne Hast aus. Er sieht ihr konsterniert zu. Sie beobachtet ihn, nicht lauernd, sondern heiter und gelassen.

Er denkt sich: Für sie ist das ja nicht neu. Und er will diesen Gedanken nicht denken.

Kommen Sie, sagt sie. Ich kann nicht die ganze Nacht bleiben.

Er löscht die beiden Öllampen, zieht sich aus, legt sich zu ihr. Sie ist anders, sie erschreckt ihn nicht, sie gehört ihm nicht, sie gehört zu ihm. Ihre Zärtlichkeit ist die, an die er sich erinnert und die er noch nicht erprobt hat.

Sie achten darauf, daß das Haus nichts bemerkt. Wilhelmine verläßt das Zimmer vor dem Morgen, sie reden sich weiter mit Sie an, was ihm so gefällt, daß er es auch in der Heimlichkeit tut.

Ich liebe Sie.

Ich liebe Sie.

Charlotte konnten sie auf die Dauer nicht täuschen. Sie ist von Hölderlins Schönheit beeindruckt, in der sie, die stets überspannt nach großen Geistern sucht, einen Widerschein des Genies zu erkennen glaubt. Sie wirbt um ihn, spielt ihre Weltkenntnis, ihre zerstreute Grazie, ihre Gescheitheit aus, versucht ihn ins Vertrauen zu ziehen.

Sie habe mit Schiller in seiner Angelegenheit gesprochen.

Ob er Goethe nicht treffen wolle, der ihm gewiß helfen werde.

Auch bei Fichte könne sie ihn einführen.

Manchmal streichelt sie ihm so, als sei es zufällig, über die Hände.

Sie ist eine große Frau, eine schwierige, sagt Wilhelmine. Sie spielt mit Ihnen. Sie spielt auch mit sich selbst. Sie weiß zuwenig von sich, zuviel über andere.

Das versteht er nicht. Erst später, als Fritz sich gegen ihn wendet, den Versuch einer liebevollen Erziehung mit Vorsatz zerstört, erst als er sich entschließt, die Stelle aufzugeben, seine Niederlage einzugestehen, Charlotte nur noch hysterisch reagiert, nach Auswegen, Ausflüchten sucht, sieht er die Warnung Wilhelmines ein. Dennoch denkt er mit Zuneigung an sie: Ihre Unruhe ist ähnlich der seinen. Sie sind sich verwandt.

Sie ist eifersüchtig, sagt Wilhelmine.

Ein wenig schon, sagt er nicht ohne Stolz.

Und sie weiß, daß Sie im Grunde noch ein Kind sind.

Ja?

Für das man fürchten muß.

Im Herbst, in der Auseinandersetzung mit Fritz, nahmen die Kopfschmerzen zu. Sie waren nicht mehr wie früher. Es waren Krämpfe, die sich in sein Hirn wühlten, ihn fast ohnmächtig machten. Er schrie, schrie das Kind an aus Schmerz und Wut. Das Kind trieb ihn in die Enge, nützte seine Schwäche aus. Nachts beruhigte ihn Wilhelmine. Aber sie war ihm schon wieder fremd.

Von Jena aus wollte er ihr schreiben, ich werde nicht nach Waltershausen zurückkommen, er wollte ihr danken. Er unterließ es.

Er hörte, sie habe Waltershausen verlassen, und man wisse nicht, wohin sie gegangen sei. Jetzt, nach der Trennung, kehrte ihr Bild in sein Gedächtnis zurück: »In Waltershausen hatt ich im Hause eine Freundin, die ich ungerne verlor...«

IV *Der Zögling*

Der monotone Tageslauf ist gestört, seitdem Charlotte das Haus wieder beherrscht. Überall taucht sie auf, ist sie zu hören, regt dieses und jenes an. Nie ist sie ohne Gefolge, Lisette oder Josephine oder ihre Zofe, die sie nach Weimar begleitet hatte. Einige Male nahm sie am Unterricht ihres Sohnes teil und äußerte sich danach überschwenglich über Hölderlins Empfindsamkeit und Gelehrsamkeit. Er habe tatsächlich an dem Buben Wunder bewirkt.

Der Major wurde zur Randfigur. Selbst bei Tisch konnte er nicht mehr Anekdoten aus den Kriegen erzählen, wurde von Charlotte meist unwillig unterbrochen, diese Geschichte kenne man bereits, brütete vor sich hin, der Major, so wie ihn Charlotte haben wollte.

Geradezu eifernd nahm sie Anteil an Hölderlins Poesie. Er dürfe sich nicht verstecken, müsse Anschluß suchen an die Großen, an

Schiller und Goethe, und in ihren Schilderungen erschienen die beiden wie Göttergestalten, makellos, unerreichbar ein unirdisches Leben führend. Er gewöhnte sich an Charlottes Exaltationen, ihre Reizbarkeit. Jeden Tag machte sie aufregend. Dennoch war er ans Haus gefesselt, kam nicht fort, nicht einmal in das nahe Meiningen. Wäre nicht Nenninger gewesen, der ihn manchmal ins Dorf holte, ihn veranlaßte zu predigen, hätte er niemanden außer den Schloßbewohnern gesehen. Er versuchte sich zufrieden zu stimmen, indem er nachdrücklich die Stille rühmte, in der man »sich durch nichts zerstreut«. Die Freundschaft Wilhelmines und die Erwartungen, die Charlotte für ihn hegte, genügten ihm noch. Charlotte erwog, ihn im Winter, mit Fritz, nach Weimar und Jena mitzunehmen. Sie wolle sich dem Kind noch dringlicher widmen, und er hätte Gelegenheit, viele Stunden im »Zirkel der großen Männer« zu verbringen. Ihren Versprechungen sei nicht immer zu trauen, warnte ihn Wilhelmine. Sie habe hochfahrende Pläne, sei aber sprunghaft und vergeßlich.

Der Herzog von Meiningen sagt sich an; der hohe Besuch bringt das Haus durcheinander. Charlotte möchte mehr oder weniger alles selbst vorbereiten. Sie ist überall zu finden, und, wenn's darauf ankommt, nirgends zu erreichen. Der Major erscheint nur noch zu den Mahlzeiten. Fritz wird mit Verhaltensregeln traktiert. Das steigert die Nervosität des Buben. Noch ist Hölderlins Einfluß auf ihn so stark, daß er sich zur Ruhe rufen läßt.

Reg dich nicht auf. Bleib bei mir. Ich les dir vor.

Charlotte will Hölderlin dem Herzog vorstellen. Er hat von Ihnen gehört, von Ihren Dichtungen. Ich will ihn auf Sie neugierig machen. Sie vergißt es. Er hört Fritz lateinische Vokabeln ab; der Junge ist nicht imstande, sich mehr als drei oder vier Wörter zu merken, Hölderlin unterdrückt seinen Zorn, sieht zum Fenster hinaus: Im Park spazieren der Herzog, Charlotte, Major von Kalb und einiges Gefolge, darunter Wilhelmine. Charlotte wird ihn sicher zum Kaffee rufen. Sie tut es nicht. Die Chaisen fahren vor, er lauscht den Stimmen, geht zu Wilhelmine, die ihn fragt, weshalb er denn wieder so mürrisch sei.

Es ist nichts. Ich bin nur müde.

Er fragt sich, ob er Charlotte auf die Unterlassung ansprechen solle. Sie selbst kam nicht darauf. Gram konnte er ihr nicht sein. Als sie von Wilhelmine hörte, er lese Schillers »Anmut und Würde«, drängt sie ihn, jenes Stück aus seinem Roman, das er ihr vorgelesen habe, Schiller sofort zu schicken.

Ich fühle mich nicht sicher.

Seien Sie nicht so skrupulös.

Aber zu Schiller, der sich drei Tage, aus Schwaben nach Weimar zurückreisend, beim Herzog von Meiningen aufhält, nimmt sie ihn nicht mit. Wieder wagt er es nicht, sie ausdrücklich zu bitten. Den großen Schiller will sie für sich haben, sagt Wilhelmine. Arglos sagt Charlotte nach der Heimkehr, Schiller und sie hätten sich ausführlich über ihn unterhalten, der Hofrat halte große Stücke auf ihn, er solle ihm, so bald wie möglich, das Romanfragment für die »Thalia« senden. Übrigens habe ich jenes Gedicht, das Sie mir unlängst abschrieben, an Herder geschickt. Sie sollen allen, die ich liebe und verehre, bekannt sein.

Warum beklagen Sie die einsame Lage, fragt Wilhelmine, wo sonst hätten wir uns finden können?

Es ist gut so. Doch ich muß mich auch beeilen, die Welt kennenzulernen.

Sie haben so viel Zeit.

Ich hab sie nicht. Das sagt er so entschieden, daß sie nicht weiter darüber spricht, sondern, für sich, die kurze Frist erwägt, die für ihre Liebe bleibt.

Endlich wird, für Pfingsten, die Aussicht geboten, Waltershausen für einige Tage zu verlassen. Charlotte will über das Fest mit der Familie nach Völkershausen in der Rhön zu ihrem Onkel, dem Freiherrn von Stein, reisen. Allein die Vorfreude auf diesen Ausflug erleichtert ihn, läßt den Unterricht für Fritz müheloser verlaufen.

In zwei Kutschen brachen sie auf. Fritz hatte darauf bestanden, bei ihm, Wilhelmine und der Dienerschaft zu sitzen. Charlotte gab nach. Der Bub hänge eben an ihm. Er hingegen hatte sich darauf gefreut, eine Zeitlang ohne das Kind sein zu können.

Unterwegs kam es zur ersten Machtprobe zwischen ihm und seinem Zögling. Zwar war mit keiner langen Fahrt zu rechnen, kaum mehr als ein halber Tag, und Fritz kannte den Weg; dennoch begann er nach kurzer Zeit zu quengeln. Hölderlin solle ihm vorlesen.

Ich habe kein Buch zur Hand.

Dann erfinden Sie eine Geschichte.

Ich möchte die Landschaft betrachten, Fritz. Diese Gegend kenne ich noch nicht.

Wilhelmine erklärte sich bereit, anstelle Hölderlins zu erzählen.

Deine Geschichten sind alleweil dumm.

Das war ungehörig, Fritz.

Vielleicht von Ihnen.

Bitte, hab Geduld, bald werden wir bei deinem Onkel sein. Kannst du uns nicht von ihm und seiner Familie erzählen, von deinen Cousins und Cousinen?

Ich mag sie allesamt nicht.

Das wirst du wohl so nicht sagen können.

Doch.

Der Junge befahl, den Wagen anzuhalten. Ich will pausieren.

Das sei unmöglich, die Chaise mit den Eltern fahre ohnedies schon zu weit voraus und man würde es ihnen verübeln, kämen sie zu spät.

Hier sag ich, was gemacht wird.

Du irrst dich, sagt Wilhelmine, in dieser Kutsche bestimmt Herr Hölderlin. So hat es dein Vater gewünscht.

Ich, schrie Fritz, ich hab hier den Befehl.

Nun versuchten ihn auch Lisette und der Diener zu beschwichtigen.

Plötzlich klammerte Fritz sich weinerlich an Hölderlin, stieß mit den Füßen gegen die beiden, sagte, das Pack soll mich in Frieden lassen!

Er preßte das Kind zornig gegen sich, war nahe daran, es zu schlagen.

Er will mich prügeln, wie der Herr Münch!

Hölderlin ließ ihn erschrocken los, und Lisette, sich das getretene Bein reibend, wünschte dem Jungen den eben beschworenen Herrn Münch zurück, denn bei ihm fruchteten die Geduld und die Liebe ja nichts, die der Herr Magister aufbringe.

Schau, Fritz, sagte Hölderlin, nach draußen zeigend, ist das Bergland nicht schön? Da läßt es sich herumstreifen, da können wir Ritter spielen und aufregende Geschichten aus der alten Zeit ausdenken.

Fritz achtete nicht auf ihn. Er war bleich geworden, sein Körper versteifte sich, er lag wie ein Brett. Zwischen seinen Lippen bildeten sich Bläschen. Es trat ein triumphierender Ausdruck auf sein von Gemeinheit früh gezeichnetes Gesicht. Die anderen wußten, was geschehen war. Hölderlin nicht. Er merkte es erst an dem abscheulichen Gestank. Fritz hatte in die Hosen gemacht.

Hilflos sagt er: Ein so großer Junge wie du.

Fritz fing an zu kreischen, zu lachen, sich in dem Kot hin- und herzuräkeln.

Es ist wie früher, sagte Lisette traurig.

Als der Weg einen Bach schnitt, ließ Wilhelmine den Wagen halten, Lisette ging mit dem Jungen zum Wasser hinunter – nein, nein Herr Magister, mit Widrigkeiten dieser Art sollen Sie nicht belästigt sein – und wusch ihn.

Der Gestank hatte sich im Wagen festgesetzt. Fritz blieb still, bis sie Völkershausen erreicht hatten.

Charlotte, die über die Verspätung schimpfte, erfuhr von den

Ärgernissen und bat Hölderlin inständig, es dem Jungen nicht anzurechnen. Es sei, hoffe sie, ein einmaliger Rückfall.

Die kinderreiche Steinsche Familie erwies sich als eine wahre Labsal. Ihre Unbekümmertheit schluckte alles. Fritz, der sich betont abseits halten wollte, wurde, ohne daß man lange verhandelte, in die tagelangen Spiele einbezogen, und die Erwachsenen unterhielten sich, ohne Anspruch. Dietrich Philipp August von Stein, allgemein der »Fürst der Rhön« genannt, legte Wert darauf, daß nicht allzu viel philosophiert, poetisiert werde, dazu sei er nicht ausgebildet, also erging man sich in Gruppen im Park, traf sich zum Essen, zum Wein, und Hölderlin hatte genügend Zeit, mit Wilhelmine allein zu sein.

Da Fritz wohlversorgt und sicher froh sei, einige Zeit nicht unter seiner Fuchtel lernen zu müssen, bat er Charlotte um einige freie Tage. Er wolle, allein, in die Rhön wandern. Es sei eine gute Gelegenheit, zur Besinnung, auf neue Gedanken zu kommen. Eh die Familie abreiste, werde er sich wieder einstellen. Charlotte gestattete ihm den Ausflug nach einigem Hin und Her. Ihr wäre es im Grunde lieber gewesen, Fritz auch hier unter seinem »wohltuenden Einfluß« zu wissen. Aber vielleicht brauche er nach dem »Mißgeschick«, wie sie den Vorfall im Reisewagen bezeichnete, einen gewissen Abstand. Er ließ sich beim Wandern Zeit, rastete häufig, genoß die Ausblicke, wünschte manchmal Wilhelmine neben sich, empfand, zu seiner Überraschung, häufig Heimweh nach Nürtingen und auch nach Blaubeuren, nach Heinrike. »Neulich machte ich eine kleine Exkursion übers Rhöngebirge hinein ins Fulderland. Man glaubt auf den Schweizerbergen zu sein, den kolossalischen Höhen und reizenden fruchtbaren Tälern nach, wo die zerstreuten Häuserchen am Fuße der Berge, im Schatten der Tannen, unter Herden und Bächen liegen. Fuld (er meint Fulda) selbst hat auch eine recht liebliche Lage. Die Bergbewohner sind, wie überall, etwas barsch und einfältig.« Das schreibt er, wieder in Waltershausen, an Hegel. Es ist, seit dem Fortgang aus Tübingen, der erste Brief an ihn. Es kann sein, er will den Freund mit seinen übertreibenden Schilderungen daran erinnern, wie er damals der Tübinger Runde von der Schweiz erzählt hatte, denn: »Ich bin gewiß, daß Du indessen zuweilen meiner gedachtest, seit wir mit der Losung – Reich Gottes! voneinander schieden«. Sicher ist aber, daß er sich mehr und mehr nach den alten Freunden sehnt, denen in Tübingen und Stuttgart, nicht nach dem Stift und dessen täglichen Pressionen, sondern nach dem Umgang, nach den gemeinsamen Aufregungen und Ansichten. Welchen Aufruhr hätte unter ihnen die Nachricht von Robespierres Hinrichtung ausgelöst! Hier, in Waltershausen, weicht Charlotte dem Gespräch über das Ereignis aus, die gräßlichen Franzosen versetzten ohnehin die ganze Welt in Unruhe! Wilhelmine, die von einem Streit mit ihrer Mutter geradezu aufgezehrt wird, will er damit nicht behelligen, und der Major kommentiert beim Mittagessen den Tod des Revolutionärs mit dem schlichten Satz: Gottlob, daß der Schurke hin ist. Er war versucht, dem Hausherrn zu antworten, unterließ es aber unter dem mahnenden Blick Charlottes. Das nicht, nein, das nicht. So fragte er sich, wie Hegel oder Schelling oder Neuffer reagiert haben könnten. Hegel würde vom umfassenden Geist der Geschichte sprechen, vom unvermeidlichen Unglück, das allenfalls den Mord bestätige, nicht die Geschichte selbst, er würde betroffen sein, doch dem Denken, dem Gedanken den Vorrang geben wie immer. Aber Stäudlin? Es schmerzte ihn, wenn er an ihn dachte, den stets Aufgewühlten, von dem er sich, gegen seinen Willen, zunehmend entfernte und dessen Stelle wieder der ältere Freund, Neuffer, einnahm. Stäudlin würde weiter hoffen! Er würde nicht resignieren. Er würde vielmehr den Nachfolgern des schrecklichen Robespierre alle Zukunft zutrauen.

Die Zeit des Direktoriums begann.

Charlotte hatte aus Jena Fichtes neueste Schrift, die »Wissenschaftslehre« zugeschickt bekommen und gab sie ihm, damit er sich von den Bagatellen des Tags ablenke. Sie überraschte ihn damit. Sie war klug, handelte intuitiv, suchte nach einem Ausgleich, und tatsächlich ging er im Pathos Fichtes auf. In einem Brief an den Bruder versuchte er sich, ohne den Zuspruch der Kameraden, allein mit seiner Verwirrung, Klarheit zu schaffen: »...unter dem unablässigen Bestreben, seine Begriffe zu berichtigen und zu erweitern, unter der unerschütterlichen Maxime, in Beurteilung aller möglichen Behauptungen und Handlungen, in Beurteilung ihrer Rechtmäßigkeit und Vernunftmäßigkeit schlechterdings keine Autorität anzuerkennen, sondern selbst zu prüfen, unter der heiligen, unerschütterlichen Maxime, sein Gewissen nie von eigner oder fremder Afterphilosophie, von der stockfinstern Aufklärung, von dem hochwohlweisen Unsinne beschwatzen zu lassen, der so manche heilige Pflicht mit dem Namen Vorurteil schändet, aber ebenso wenig sich von den Toren und Bösewichtern irre machen lassen, die unter dem Namen der Freigeisterei und des Freiheitsschwindels einen denkenden Geist, ein Wesen, das seine Würde und seine Rechte in der Person der Menschheit fühlt, verdammen möchten oder lächerlich machen, unter all diesem, und vielem andern reift man zum Manne.« Und, alles Erfahrene zwischen zwei Fäuste pressend: »Daß Robespierre den Kopf lassen mußte, scheint mir gerecht, und vielleicht von guten Folgen zu sein. Laß erst die beiden Engel, die Menschlichkeit und den Frieden, kommen, was die Sache der Menschheit ist, gedeihet dann gewiß! Amen.« Während er dies, seine Kräfte zusammennehmend, formulierte, denke ich jetzt, wenn ich die im Widerspruch unerhört strengen Sätze abschreibe, daß er flüchtig abgelenkt war von einem Bild, das durch seinen Kopf ging, eine zarte, gegen die Zeilen des Briefes laufende Erinnerung. Mehr ein Gefühl als ein Bild. Für Momente befand er sich wieder im Grasgarten, lag auf dem Rücken, hörte das Rauschen der Luft und hatte Kindergeschmack auf der Zunge. Und dieses Bild brach ein in das, was er dachte, fiel als Licht auf die Wörter. Er hatte sich, schon im Frühjahr, fest vorgenommen, sich aus der »Region des Abstrakten« zurückzuziehen. Die Korrekturen am »Hyperion« stimmten ihn zuversichtlich. Noch einmal las er das Stück, das er nun endgültig »Fragment vom Hyperion« nannte, Charlotte und Wilhelmine vor. Ihre Begeisterung bestärkte ihn; Charlotte entschied, so, wie es sei, solle er es Schiller für die »Thalia« zugehen lassen. Noch heute, mit dem Boten, sonst zögern und zaudern Sie bloß wieder.

Das geschah.

Neuffer hatte ihm geschrieben, wie krank Rosine Stäudlin sei, die Schwindsucht zehre sie auf. Das traf ihn. Wilhelmine erzählte er von den drei Stäudlin-Mädchen, den Gesellschaften in Stäudlins und Neuffers Haus, wie Neuffers Mutter, die Griechin, ihn mit Anekdoten aus der Heimat erfreut habe.

Ach, das ist lange her, sagte er.

Wilhelmine lachte. Sie reden wie ein Greis über seine Jugendzeit.

Mir kommt es auch so vor.

Hat Ihnen eines der Stäudlin-Mädchen gefallen?

Wenn ich mich recht erinnere: alle drei.

Sie sind ein Filou, ein Nimmersatt.

Es kann sein, ich übertreibe, und es sind nur Nanette und Charlotte gewesen.

Nur diese beiden?

Möglicherweise nur Charlotte.

Mit ihr war es Ihnen ernst?

Möglicherweise auch mit Wilhelmine.

Nun verspotten Sie mich.

Nein, es war eine andere.

Warum reden Sie in Rätseln?

Weil es Rätsel sind.

Sie liegen nebeneinander, sie reden beide, als träumten sie, spielerisch, ohne den andern zu verletzen.

Seien Sie leise, man darf uns nicht hören.

Nein, das ganze Haus will unser Geheimnis wissen.

Im Sommer mußte er einsehen, daß die Kraftprobe zwischen ihm und Fritz zu seinen Ungunsten ausgehen würde. Der Major hatte sich schon in den ersten Wochen, die Hölderlin in Waltershausen zubrachte, mehrfach in Andeutungen über unangenehme Eigenheiten des Kindes ergangen, worauf Hölderlin den Buben noch aufmerksamer beobachtete. Es fiel ihm nichts auf. Von den Frauen, Charlotte oder Wilhelmine, erfuhr er nichts dergleichen. Sicher, manchmal war Fritz bockig, heimtückisch, doch meistens anschmiegsam und auch lernwillig; allerdings merkte Hölderlin, daß es mit der Intelligenz des Kindes nicht weit her war. Es *wollte* auch nicht lernen. Er war sich nicht sicher, ob das Kind dumm war oder sich nur dumm stellte.

Der verstärkte Widerstand des Jungen brachte ihn aus dem Gleichgewicht. Er schrie Fritz öfter an, vermied es aber, sich an die Untaten Münchs erinnernd, ihn zu schlagen. Es konnte vorkommen, daß Fritz sich in seinem Zimmer einschloß und auch auf Bitten Hölderlins oder seiner Mutter nicht öffnete.

Es ist wieder, wie es war, jammerte Charlotte. Das war für ihn ein Vorwurf.

Wilhelmine, der er das sagte, beruhigte ihn: Der Junge ist unheilbar und ruiniert sich selbst.

Weshalb, fragte er. Sie wissen mehr als ich.

War dem so, verschwieg sie es ihm. Weshalb, verstand er, als er selbst darauf kam, als er Fritz bei dem von dem Major apostrophierten Laster erwischte.

Er hatte vergessen, Fritz gute Nacht zu sagen, war – leise, um den Buben, falls er schon schliefe, nicht aufzuwecken – in dessen Zimmer gegangen. Fritz lag nackt auf dem Bett und befriedigte sich selbst. Er fuhr zusammen, zog sich hastig das Hemd über den Kopf, grinste hilflos. Hölderlin, betroffen und beschämt, sagte nur: Schlaf jetzt, Fritz. Gute Nacht. Nun wußte er, warum alle geschwiegen hatten. Darüber ließ sich nicht reden. Er gab dem Major anderntags zu erkennen, daß er über die »Krankheit« des Jungen Bescheid wisse. Der Major wiederum machte das offenbar Charlotte klar, denn sie zog Hölderlin gleichsam ins Vertrauen. Er solle den Jungen nicht mehr aus den Augen lassen. Er solle, wenn nötig, auch nachts bei ihm bleiben.

Fritz dagegen, einmal gestellt, machte keinen Hehl mehr aus seiner verbotenen Freude. Ja, ich tu das. Ich mach das. Es ist schön. Wenn ich will, kann ich das oft. Es ist schön.

Du wirst krank, beschwor ihn Hölderlin. Wenn du es arg treibst, wirst du schwach, wirst dich nicht mehr rühren können, kannst du sterben.

Er fand es ekelhaft, mit dem Jungen darüber reden zu müssen. Er dachte, wie sie es in Denkendorf und Maulbronn getrieben hatten, nachts, in den Schlafsälen, sich gegenseitig anfeuernd, und daß Renz sich dabei besonders hervorgetan hatte. Keiner von ihnen war schwach oder gar siech geworden. Doch nach der medizinischen Lehrmeinung war Selbstbefriedigung ein gefährliches, Leib und Seele ausdörrendes Laster.

Er konnte es nicht besser wissen, weil es seine Zeit nicht anders wußte (und wissen wollte). Hätten die Kalbs und ihre Hauslehrer, sage ich mir, nicht auf Fritz geachtet, ihn gewähren lassen, wäre er von dieser Lust bald abgekommen. So aber konnte er sich gegen seine Umgebung wehren, entzückte sich an ihrem Ekel und an ihrer Sorge. So war der Junge böser, finsterer, kranker Mittelpunkt.

Er konnte mit Fritz nicht mehr unbefangen umgehen. Die »Erziehung« wurde zur täglichen und – immer häufiger – nächtlichen Qual. Der war er auf die Dauer nicht gewachsen. Er hatte den Eindruck, als übertrage sich die Krankheit des Kindes auf ihn. Selbst Wilhelmine gelang es nicht mehr, ihn abzulenken.

Nach dem Unterricht machte er weite Wanderungen mit Fritz.

Das könne ihm wohltun.

Er ritt oft mit ihm aus.

Er ging mit ihm schwimmen.

Es half alles nichts.

Während der Nachtwachen hatte er erst gelesen und war dabei

eingeschlafen. Einmal hatte er die Flöte geholt und zu musizieren begonnen, was Fritz gefiel. Dabei könne man sich Sachen ausdenken, träumen. Von da an spielte er häufig.

Der Frieden hielt nicht lange. Fritz begann seinen Lehrer schlecht zu machen. Er spiele nur den lieben Hölderlin. Er sei ein Säusler. Er rede dauernd unverständliches Zeug. Ich komme nicht mit ihm aus.

Er lügt.

Er verleumdet die Eltern.

Das ist nicht wahr.

Er geht nachts zu Frau Kirms aufs Zimmer.

Sei still.

Lassen Sie sich von ihm nicht verwirren, bittet ihn Charlotte. Sie müssen bei uns bleiben. Niemand hatte bisher diesen segensreichen Einfluß.

Er läßt sich überreden.

Wilhelmine sagt: Das Leben trennt uns ohnehin bald. Solange Sie dieses Ekel noch ertragen, bleiben Sie hier. Im Herbst nehmen die Neurasthenien zu. Er ist seiner Stimmungen nicht mehr Herr. Bei Tisch schwätzt er, müht sich zu lächeln, aufmerksam zu sein, doch in seiner Kehle staut sich der Schrei.

Seit Wochen liest er Fritz in kleinen Stücken »Hermanns Schlacht« von Klopstock vor, die gleiche Wirkung wie auf Karl erhoffend. Bei einer dieser Lesungen kommt es zum Eklat. Er schaut aus dem Buch auf, Fritz sitzt ihm auf dem Stuhl gegenüber, sieht ihn herausfordernd an, hatte die Hose geöffnet und hält sein Glied. Er will das Kind in aller Ruhe auffordern, sich die Kleider zu ordnen.

Ich bitte dich, lieber Fritz...

Aber das Blut schießt ihm mit einer solchen Heftigkeit in den Kopf, daß er fürchtet, der Strom könne ihm die Adern zerreißen. Der Schmerz breitet sich rasend unterm Schädel bis zu den Schläfen hin aus. Er springt auf, schreit, es wird ihm schwindlig, er stürzt hin.

Charlotte und Lisette waren rasch zur Stelle. Ein wenig später kamen der Major und Wilhelmine hinzu. Fritz hatte seine Kleider längst wieder in Ordnung. Er stand da, sah zu, Betroffenheit heuchelnd, wie sein Lehrer sich mühsam aufrichtete. Der Major faßte ihn unter den Armen. Was denn, um Himmels willen, ist denn geschehen? Er konnte nicht antworten. Der Junge sagte: Plötzlich hat der Magister geschrien und ist vom Stuhl gefallen. Vorher war nichts. Und leiser setzte er hinzu: So war's schon ein paar Mal.

Diese Perfidie machte ihn wehrlos. Der Major führte ihn auf sein Zimmer. Später ließ ihm Charlotte durch Wilhelmine ausrichten, er solle für zwei Tage pausieren. Wilhelmine erzählte er, was vorgefallen war; genauer genommen: Er umschrieb es. Sie verstand und erklärte es Charlotte, die es so nicht glauben wollte. Herr Hölderlin sei doch sehr empfindlich, etwas überspannt. Außerdem neige er dazu, mit sich selbst unzufrieden zu sein. Das mache ihn reizbar.

Dennoch war Charlotte aufmerksamer, ja fast zärtlicher als sonst. Sie bat Hölderlin abends zu sich in den Salon, in dem sie sich meistens aufhielt, Briefe schrieb, den Verwalter empfing, las oder Klavier spielte. Sie gab ihm Briefe von Herder und Schiller zu lesen, war vertraulich, äußerte sich allerdings ab und zu abfällig über Wilhelmine Kirms, und er hatte den Eindruck, sie verüble ihm das Verhältnis mit Wilhelmine, das sie bisher einfach nicht zur Kenntnis genommen hatte. Charlotte war zwar nicht schön, Unruhe und Lebensgier prägten ihr Gesicht, doch ihr Wesen strahlte unmittelbare, unverhohlene Sinnlichkeit aus. Einen Moment spielte er mit dem Gedanken, sich auf ihre Zärtlichkeit einzulassen, eine Affäre mit ihr zu beginnen.

Wilhelmine blieb für ihn Zuflucht. In den letzten Monaten, in denen Fritz ihm schrecklich mitspielte, mehr denn je. Sie machten keinen Hehl mehr daraus, daß sie die Nächte miteinander verbrachten. Lisette bestärkte ihn darin. Frau Kirms sei eine gute Frau. Pfarrer Nenninger, dem er als einzigem ohne Verklausulierung die Untaten des jungen Kalb geschildert hatte, wünschte sich, Wilhelmine und ihn trauen zu dürfen.

Er wich all dem aus. Mit Wilhelmine sprach er nicht über die Zukunft. Ich brauche Zeit, sagte er. Ich brauche Zeit für mich.

Ihr Körper war ihm vertraut. Er wunderte sich, daß er sie ohne jede Angst lieben, daß er zu ihr sagen konnte: Komm, wir gehen schlafen. Die Liebe war nicht alltäglich geworden, aber sie gehörte zum Tag.

Im Oktober mußte er jede Nacht bei Fritz wachen. Das Kind war besessen von seinem Trieb. Was zuerst aus blanker Abwehr geschah, verselbständigte sich.

Es war ein Laster, es ist eine Krankheit geworden. Charlotte erwog, ihn und den Jungen für einige Wochen nach Jena zu schikken. Dort könnten sie beide sich ablenken.

Was halten Sie von einer Tanzstunde?

Das könnte gut tun.

So wurde die Reise, die Umsiedlung, wie er es nannte, vorbereitet.

Wenn Fritz endlich eingeschlafen war, ging er zu Wilhelmine, sie lagen halbe Nächte wach, redeten aufeinander ein, streichelten sich, wußten, daß sie sich wahrscheinlich nie wieder sehen würden.

Sie hatte sein neues Gedicht, das ihm viel Mühe gemacht und an dem er lange korrigiert hatte, auswendig gelernt, sagte es manchmal, als wäre es ein Refrain vergangener Strophen: »Noch lächelt unveraltet / Des Herzens Frühling dir, / Der Gott der Jugend waltet / Noch über dir und mir.«

Fritz murrte. Gegen die Reise habe er nichts; doch machte er sie lieber mit einem anderen Hofmeister.

Der Major verdrosch ihn ausgiebig. Es half nichts. Oft kauerte er in einer Ecke der Stube, der Speichel troff ihm aus dem Mund, und er war nicht zu bewegen, auch nur ein Wort zu sagen.

Dann schweig! Schweig! Solche Szenen raubten Hölderlin die Fassung.

Ich bitte Sie, Herr Hölderlin, gehen Sie dennoch mit ihm fürsorglich um.

Ich will es versuchen.

Er hatte den Nachmittag vor der Abreise gepackt.

Allein wanderte er durch den Park.

Von fern sah das Schloß anheimelnd aus: Dort möcht ich wohnen, arbeiten.

Er hatte es probiert.

Er besuchte Pfarrer Nenninger, sie tranken Bier, der Pfarrer be-
dauerte sein Scheiden: Mit wem soll ich mich in diesem verlasse-
nen Nest unterhalten?

Sie haben es auch vorher ertragen, mein Lieber.

Ja, nun weiß ich aber, daß es besser sein kann.

Er ging zu Josefine in die Küche, ließ sich ein Brot mit dem
»göttlichen Gänseschmalz« streichen.

Wo wird man mir das wieder auftischen?

Josefine und Lisette hatten Tränen in den Augen.

Der Major lud ihn zu einem zweiten Spaziergang ein. Sie gingen
schweigsam nebeneinander her. Meine Geschichten kennen Sie
ja schon alle, sagte der Major. Und hier erlebe ich nichts Neues.

Charlotte versprach, möglichst bald nachzukommen.

Der Wagen fahre um fünf Uhr vor. Die Reise dauere einen guten
Tag. Die Pferde würden gewechselt, und der Junge müsse nach
dem Mittagessen ruhen.

Haben Sie schon gepackt? fragte Wilhelmine.

Es ist alles fertig.

Hier haben Sie noch den Kant. Ich brauch ihn nicht mehr.

Wenn Sie das Buch nicht ausgelesen haben? Sie könnten es mir
nachschicken.

Nein. Danke.

Sie war anders, riß ihn an sich, hielt ihn fest.

Warum geben Sie mir nicht nach?

Ich tu es doch, sagte er.

Nein. Sie sind schon fort.

Er schlief ein, obwohl er sich vorgenommen hatte, die Nacht mit ihr wach zu bleiben. Sie weckte ihn. Die Vögel schrien, die Luft war lau, es dämmerte.

Sie müssen gehen. Der Wagen steht bereit. Frau von Kalb hat Fritz schon hinuntergebracht.

Kommen Sie nicht mit nach unten?

Sie schüttelt den Kopf, er nimmt den Koffer, ruft nach dem Diener, der offenbar bereitstand, sie schleppen den schweren Reisekasten gemeinsam die Treppe hinunter. Er hört, wie Wilhelmine die Tür schließt.

Das ist vorüber, ohne daß er es so gewollt hatte.

Fritz sitzt im Wagen, in Decken eingehüllt.

Als er sich neben ihn setzt, rückt der Junge von ihm weg.

Freust du dich auf die Reise, fragt er, bekommt keine Antwort.

Charlotte, die ihm ein Bündel Briefe in die Hand gedrückt hatte, er möge sie in Weimar und Jena verteilen, winkt. Die Bäume nehmen ihm den Blick. Wilhelmine steht nicht am Fenster. Er lehnt sich zurück. Schließt die Augen.

V *Die Großen von Weimar und Jena*

Manche der Städte, in denen er für eine Zeitlang lebte, kenne ich nicht, Jena zum Beispiel. Ich sehe mir Bilder an, Stiche aus seiner Zeit. Oft gleichen sich die Ansichten. Im Hintergrund die Stadt, eingebettet zwischen Hügeln und Baumgruppen, und am vorderen Rand des Bildes stecknadelgroße Spaziergänger, die sich zu malerischen Gruppen finden. Es ist hübsch, aber nicht anschaulich. Eine Photographie des Schlosses Waltershausen, in dem sich heute Postbeamte erholen, hilft mir mehr. Sie gibt nur den schlichten, dreistöckigen Bau wieder und ein verwildertes Stück des ehemaligen Parks. Ähnliche Gebäude kenne ich, sie lassen sich aus eigener Anschauung – vielleicht falsch – beleben.

Welche Landschaft? Soll ich mir den Thüringer Wald so vorstellen wie den Harz, doch nicht so dunkel, so kompakt – eher wie die Schwäbische Alb? Wie den südlichen Schwarzwald? Ich muß mich an Hölderlin halten, er hilft mir, er weist hin. Ich sollte mich bemühen, so zu sehen wie er. Mein Blick hat vielleicht eine ähnliche Herkunft und Erinnerung: Er mißt das Neue an dem, was er kennt. Und das kenne ich auch: Die Silhouette der Schwäbischen Alb von Nürtingen, von Tübingen aus. Von dem Gartenhaus, das er zwei Monate gemeinsam mit Sinclair bewohnte, kann er »das ganze herrliche Tal der Saale« überschauen: »Es gleicht unserem Neckartale in Tübingen, nur daß die Jenischen Berge mehr Großes und Wunderbares haben.« Ich habe auch andere Zeilen im Gedächtnis, die nichts mit ihm zu tun haben, deren Pathos überzogen klingt: »›Jena vor uns im lieblichen Tale‹, / schrieb meine Mutter von einer Tour / auf einer Karte vom Ufer der Saale, / sie war in Kösen im Sommer zur Kur; / nun längst vergessen, erloschen die Ahne, / selbst ihre Handschrift, Graphologie, / Jahre des Werdens, Jahre der Wahne, / nur diese Worte vergesse ich nie.« Gottfried Benn hat die Verse geschrieben. »Vor uns im lieblichen Tale« hat sich mir eingeprägt, eine Floskel, die mir eine eigentümlich kindliche Wirklichkeit baut, Sommerfrischen-Landschaft.

Doch Hölderlin kommt nicht im Sommer nach Jena. Es ist Anfang November 1794. Sie haben auf der Reise gefroren, werden im Gartenhaus frieren, das sie vor dem Löbder Tor beziehen. Das Gartenhaus gehörte dem Buchhändler Voigt. Wahrscheinlich hatte Charlotte alles vorbereitet; sie kannte Voigt und dessen Leseinstitut, das Hölderlin im übrigen eifrig benutzte. Hölderlin mußte sich um die Mietdinge nicht kümmern, das Häuschen stand zur Verfügung. Ebenso war eine Bedienerin engagiert, die den Jungen versorgte, wenn Hölderlin außer Haus war. Er wollte Fichtes Vorlesungen hören und Schiller besuchen, wann immer es der Verehrte gestattete. Es waren nicht die einzigen Bekannten. Niethammer, den er aus Tübingen kannte, lehrte an der Universität Philosophie. Und Sinclair taucht bald auf.

Die Zeit in Jena beginnt jedoch mit einem Malheur, das er nicht wieder gutmachen kann und das Folgen hatte. Er fieberte darauf, Schiller zu sehen. Schon in den ersten Tagen hatte er sich mit einem Billett angesagt und zu seiner Freude sofort eine Einladung bekommen. Im Mai war Schiller, verdrossen über die Ludwigsburger Enge, nach Jena zurückgekehrt. Im Sommer hatte dann die denkwürdige Unterhaltung mit Goethe über die Urpflanze stattgefunden, die als Beginn der Freundschaft zwischen den beiden »Titanen« angesehen wird, und im September hatte sich Schiller bei Goethe in Weimar aufgehalten. Goethe war fünfundvierzig, Schiller fünfunddreißig Jahre alt. Für den vierundzwanzigjährigen Hölderlin nicht nur berühmte, sondern gestandene, durchs Alter entfernte Männer. Sie waren ihm in allem voraus.

Neuffer beichtet er die unglückliche Geschichte: »Auch bei Schiller war ich schon einigemale, das erstemal eben nicht mit Glück. Ich trat hinein, wurde freundlich begrüßt, und bemerkte kaum im Hintergrunde einen Fremden, bei dem keine Miene, auch nachher lange kein Laut etwas Besonderes ahnden ließ. Schiller nannte mich, nannt ihn auch mir, aber ich verstand seinen Namen nicht. Kalt, fast ohne einen Blick auf ihn begrüßt ich ihn, und war einzig im Innern und Äußern mit Schiller beschäftigt; der Fremde sprach lange kein Wort. Schiller brachte die Thalia, wo ein Fragment von meinem Hyperion und mein Gedicht an das Schicksal gedruckt ist, und gab es mir. Da Schiller sich einen Augenblick darauf entfernte, nahm der Fremde das Journal vom Tische, wo ich stand, blätterte neben mir in dem Fragmente, und sprach kein Wort. Ich fühlt es, daß ich über und über rot wurde. Hätt ich gewußt, was ich jetzt weiß, ich wäre leichenblaß geworden. Er wandte sich drauf zu mir, erkundigte sich nach der Frau von Kalb, nach der Gegend und den Nachbarn unseres Dorfs, und ich beantwortete das alles so einsilbig, als ich vielleicht selten gewohnt bin. Aber ich hatte einmal meine Unglücksstunde. Schiller kam wieder, wir sprachen über das Theater in Weimar, der Fremde ließ ein paar Worte fallen, die gewichtig genug waren, um mich etwas ahnden zu lassen. Aber ich ahndete nichts. Der Maler Meyer aus Weimar kam auch noch. Der Fremde unterhielt sich über manches mit ihm. Aber ich ahndete nichts. Ich ging, und erfuhr an demselben Tage im Klub der Professoren, was meinst Du? daß *Goethe* diesen Mittag bei Schiller gewesen sei. Der Himmel helfe mir, mein Unglück und meine Streiche gut zu machen, wenn ich nach Weimar komme.« Der Himmel half ihm nicht. Schiller, der helfen wollte, gelang keine Versöhnung. Wie muß Hölderlin auf Schiller fixiert gewesen sein! Mit welcher Hingabe muß er jedes Wort seines Protektors aufgenommen haben. Neben dem galt keiner. Und selbst ein Bedeutender wurde offenbar unscheinbar in Schillers Nähe. Kannte er kein Bild von Goethe? War ihm nicht aufgefallen, wie würdevoll der Mann auftrat, wie ostentativ bedeutend er sprach? Vielleicht ärgerte ihn gerade das. Daß sich einer bei seinem Schiller so aufblies. Mir erspart die groteske Episode, die womöglich eine sein Leben ändernde Verbindung zerstörte, den Weimarer in meine Erzählung aufnehmen zu müssen. Zwar wären leicht Zitate zu finden, die ich Goethe sprechen lassen könnte, doch Entrückung und Gravität gehören nicht in die Geschichte Hölderlins. Goethe bleibt eine Randfigur, entgegen der Hoffnung Hölderlins. Kann es nicht auch sein, daß er den Gast instinktiv schnitt, daß sich etwas in ihm gegen die Übermacht wehrte? Was dem, von Goethes Seite, folgte, war im Grunde eine Beleidigung nach der anderen. Und dies verzögert, erst nach drei Jahren. Hölderlin ist es nicht bekannt geworden, da sich der kurze Kampf um ihn und sein Fortkommen in einem Briefwechsel zwischen Schiller und Goethe abspielte.

Er hatte Schiller zwei Gedichte zur Ansicht und zur Veröffentlichung geschickt – »An den Äther« und »Der Wanderer« – und der wiederum hatte sie, ohne den Autor zu nennen, an Goethe weitergegeben. Sie seien für den Almanach eingesandt worden. Goethe reagierte hinhaltend, einen Rat zu geben, traue er sich nicht: »Ich möchte sagen, in beiden Gedichten sind gute Ingredienzien zu einem Dichter, die aber allein keinen Dichter machen.« Dennoch meinte er, man solle den »Äther« in den Almanach, den »Wanderer« »gelegentlich« in die »Horen« aufnehmen. Was auch geschah. Schiller klärte, erfreut, daß Goethe seinem »Freunde und Schutzbefohlenen nicht ganz ungünstig« sei, auf, um wen es sich handle: Es ist »Hölderlin, den Sie vor etlich Jahren bei mir gesehen haben«. Goethe hat die sonderbare Begegnung nicht vergessen. Er war in seiner Eitelkeit verletzt worden. Er trägt nach. In seiner Antwort geht er auf den Hinweis nicht ein, schreibt den Namen nicht hin: Er läse aus den Gedichten eine Verwandtschaft zu Schiller, »allein sie haben weder die Fülle, noch die Stärke, noch die Tiefe Ihrer Arbeiten«. Im August 1797 hielt sich Goethe in seinem Vaterhaus in Frankfurt auf und Hölderlin durfte ihn besuchen: »Gestern ist auch Hölderlein bey mir gewesen, er sieht etwas gedrückt und kränklich aus, aber er ist wirklich liebenswürdig und mit Bescheidenheit, ja mit Ängstlichkeit offen... Ich habe ihm besonders gerathen, kleine Gedichte zu machen und sich zu jedem einen menschlich interessanten Gegenstand zu wählen.« Dieses Urteil wird immer dann zitiert, wenn man die Unvereinbarkeit von Genies verdeutlichen mochte. Man kann es sich auch weniger verstiegen erklären. Goethe hatte eben nicht vergessen. Der junge Mann erschien ihm, trotz aller Demut und Schüchternheit, überspannt, mit den Gedichten konnte er nichts anfangen, also hielt er Abstand, legte es mit dieser kühlen Charakterisierung auch Schiller nahe. Und Schiller zog sich zurück.

Hölderlin paßt nicht unter die Meister von Weimar. Die Ehrfurcht krümmt ihn, er wird klein, häßlich, tritt er vor die großen Herren, während seine Freunde von seiner Schönheit bewegt sind und von der Freiheit seines Wesens. So hat er die beiden

Klassiker gestreift, ist von ihnen auch wahrgenommen, von dem einen, Schiller, sogar eine Zeitlang gefördert worden, doch erkannt haben sie ihn nicht. Er sprach eine andere Sprache als sie; er verstand seine Zeit anders. Er hatte keinen festen Grund unter den Füßen, er konnte nicht in Ruhe von Bürger zu Bürger reden – er war unterwegs und das beunruhigte jene, die sich sicher glaubten.

Noch Waiblinger erlebte es, daß der kranke alte Hölderlin außer sich geriet, wenn Goethes Name erwähnt wurde. Die freundliche Mißachtung hatte ihn fürs Leben verwundet.

In Jena raffte er erst einmal alle seine Zuversicht zusammen. Die Stadt glich Tübingen nicht. Hier beherrschte die Universität auch die Gesellschaft. Es gab keine Kluft zwischen Studenten und Bürgern. Die akademischen Zirkel übten im Gegenteil große Anziehung aus, machten Stimmung und Moden. Der Klub der Professoren stand den Interessierten offen, ein wenig namhaft mußten diese freilich schon sein. Salons entstanden, verschwanden rasch wieder. Man diskutierte über Philosophie und Politik, hielt sich auf der Höhe der Zeit, hütete sich jedoch vor gefährlichen Verbindungen wie zu dem »Bund der freien Männer« um Fichte.

Auch der studentische Aufruhr von 1792 wirkte noch nach. Er übertraf die Tübinger Rebellion bei weitem. Wie hatten sie sich dort vor den Professoren hüten müssen, wie hatten sich die Professoren den Verordnungen des Herzogs gefügt. Wie heimlich, zaudernd machten sich ihre Umtriebe gegen den offenen Aufstand der Jenenser aus. Begonnen hatte es im Frühjahr 1792 mit den Vorlesungen des Staatsrechtlers Gottlieb Hufeland über die neue französische Verfassung. Die Studenten, nicht nur Juristen, drängten sich. Sie erfuhren von verbrieften Freiheiten, an die sie nicht einmal zu denken wagten. Hufeland, der beherzt und begeistert auslegte, schürte ein Feuer, das er wahrscheinlich in dem Ausmaß gar nicht wollte. Die Studenten dachten weiter. Sie forderten die Selbstverwaltung, die Autonomie der Universität. Immer häufiger rotteten sie sich zusammen, machten in Versammlungen die Öffentlichkeit mit ihren Wünschen vertraut. Es kam zu Tätlichkeiten zwischen Bürgern und Studenten. Die Unruhe erfaßte die ganze Universität, es bildeten sich Parteien. Der Universitätsverwaltung gelang es nicht, Ruhe zu schaffen, so daß Herzog Karl August von Weimar am 17. Juli Truppen in Jena einrücken ließ. Empört stellten sich die Studenten auf dem Marktplatz den Soldaten. Die Soldaten trieben die Versammelten mit Gewalt auseinander. Sie prügelten, sie nahmen fest. Acht Tage blieben die Studenten aus Protest den Lehrveranstaltungen fern. Nun hatte die Regierung auch Bürger, die sich bisher zurückgehalten hatten, gegen sich. Der Widerstand war jedoch nicht mehr offen. Die Rebellen sammelten sich in Geheimbünden, Orden und Logen, die ihre Mitglieder in strengen Ritualen verpflichteten. Die Wichtigsten waren die Harmonisten, die Schwarzen Brüder und die Constantinisten. Die jakobinische Gesinnung verquickte sich mit elitärem Aberglauben. Der Bund der freien Männer verfocht ebenfalls das Republikanertum, war in seiner Auswahl nicht minder elitär.

Obwohl Hölderlin sich vorgenommen hatte, neue Freunde zu gewinnen, am Leben der Studenten und der Stadt teilzunehmen, hielt er sich beobachtend am Rand. Er durchschaute die Parteiungen nicht, und die kleinlichen Zwistigkeiten waren ihm zuwider. Wieder fanden Gedanke und Tat nicht zusammen. Selbst bei Fichte war es nicht anders. Noch nie zuvor hatte er Vorlesungen von solcher Intensität und Anschauung gehört.

Zum ersten Mal erlebte er, wie eine Idee sich entwickelte, wie sie zur Sprache wurde. Er schrieb mit, las, dachte in der Sprache des Bewunderten. Nur die Lektüre Kants setzte er korrigierend dagegen. Und dennoch gelang es auch Fichte nicht, Gedanke und Handlung zu vereinigen. Hölderlin fand sich in seiner Zurückhaltung bestätigt.

Von Fichte hatte er gehört, daß der freie Mensch »Glied zweier

Ordnungen« sei, »einer rein geistigen, in der ich durch den bloßen reinen Willen herrsche, und einer sinnlichen, in der ich
durch meine Tat wirke. Der ganze Endzweck der Vernunft ist
reine Tätigkeit derselben, schlechthin durch sich selbst und ohne
eines Werkzeugs außer sich zu bedürfen, – Unabhängigkeit von
allem, das nicht Selbstvernunft ist, absolute Unbedingtheit«.
Fichte genügte seinem eigenen gewaltigen Anspruch nicht. Er
verwickelte sich in das Intrigenspiel an der Universität, entschied
noch vernünftig, als er sich für die Harmonisten und Constantinisten verbürgte und so die Straffreiheit der Geheimbündler
durchsetzte. Mit deren Hartnäckigkeit hatte er nicht gerechnet.
Sie gingen auf seine Angebote gar nicht ein. Darauf fand er, daß
die »Orden ausgerottet« werden müßten. Die Angegriffenen
schlugen zurück; sie störten seine Vorlesungen, pöbelten vor
seinem Haus. Er klagte, seine Person werde zu lässig, zu schwach
geschützt und zog sich am Ende für einige Monate aus Jena zurück.
»Die Nähe der wahrhaft großen Geister, und auch die wahrhaft
großer, selbsttätiger, mutiger Herzen schlägt mich nieder und erhebt mich wechselweise.« Diesem Spiel ist Hölderlin nicht gewachsen. Zum einen die geradezu unwirkliche Gegenwart Schillers, Goethes, Fichtes, Herders (den er einmal besucht und der
sich ihm »herzlich« widmet), zum andern die politischen Umtriebe einiger Freunde und Bekannter. Und wie stets entzieht er
sich, indem er die Situation idealisiert: »Ich habe jetzt den Kopf
und das Herz voll von dem, was ich durch Denken und Dichten,
auch von dem, was ich pflichtmäßig, durch Handeln, hinausfüh-
ren möchte, letzteres natürlich nicht allein.«
Niethammer und Camerer, die Schwaben, waren sein täglicher
Umgang. Niethammer führte ein gastfreundliches Haus, für die
anwesenden wie die durchreisenden Württemberger ein Mittelpunkt. Johann Caspar Camerer, zwei Jahre jünger als Hölderlin,
studierte Medizin. Sein Vater war Pfarrer in Sindelfingen. Camerer zog ihn nicht nur als Landsmann an – auf Schwaben stieß

er in Jena fortwährend –, dessen Ruhe, Besonnenheit taten ihm wohl. Camerer gehörte keinem Geheimbund an, äußerte dennoch republikanische Ansichten und verkehrte in der besten Gesellschaft. Die Freundschaft wurde rasch geschlossen und brauchte sich nicht zu bestätigen. Ihm vertraute Hölderlin sich an. Camerer stand ihm auch in den alltäglichen Reibereien bei. Fritz von Kalb schien jetzt entschlossen, seinen Lehrer aus dem Haus zu treiben. In den Stunden, die sie nach den Waltershauser Gepflogenheiten fortsetzten, redete er entweder vor sich hin, heuchelte Krämpfe, schiß in die Hose oder schlief oder onanierte, selbst wenn Camerer anwesend war, den Hölderlin um Beistand gebeten hatte.

Blind vor Wut hatte Hölderlin den Jungen einige Male geprügelt. Fritz, die Gelegenheit nutzend, hatte gebrüllt wie kurz vorm Tode und die Nachbarn aufgeschreckt, die sich beim Buchhändler Voigt über die grauenvolle Behandlung des Kindes beschwerten. Man könne es ja sehen, der Hofmeister sei am Ende der Kräfte, kränklich, allzu empfindsam und sicher kein tauglicher Erzieher für den armen Buben. Camerer, bei dem Hölderlin nach den Fichteschen Vorlesungen, die abends von sechs bis sieben dauerten, manchmal schlief, auch auf Anraten der Haushälterin, die sich zutraute, mit dem Flegel allein zurechtzukommen, Camerer ging zu Voigt, versuchte den irritierten Mann zu bereden, es handele sich um bösartige Gerüchte. Manchmal müsse der Herr Magister eben härter zupacken. Aber Voigt hatte Charlotte schon informiert. Auch von anderer Seite war sie auf die »äußerst harte Behandlung« ihres Sohnes durch Hölderlin aufmerksam gemacht worden. Sie bat Schiller um ein Treffen in Erfurt, wo man die Trennung von Hölderlin »auf die ruhigste, delikateste Weise« besprechen könne. Schiller war nicht bereit zu vermitteln.

Fritz, dem es nun doch vor einem neuen Hofmeister Angst ist, steckt zurück; er wolle brav sein und außerdem möge er es, wenn Herr Camerer zu Besuch komme. Der habe einen guten Einfluß auf ihn. Er könne so lustige Geschichten erzählen. Es gelingt dem Jungen, Charlotte umzustimmen. Hölderlin solle mit Fritz zu ihr nach Weimar kommen. Hölderlin weiß, daß Fritz aus Not heuchelt, daß es ihm nicht mehr gelingen wird, dessen Vertrauen zu gewinnen.

Camerer redet ihm zu, in Jena zu bleiben.

Weimar ist Goethes Stadt. Dorthin möchte er eigentlich nicht. Er ahnt, daß die Allgegenwart des großen Mannes ihn bedrücken wird. Er kann aber Charlottes dringlichem Bitten nicht widerstehen, reist mit Fritz nach Weimar. Kaum ist Fritz bei der Mutter, verfällt er in die alten Unarten.

Endlich erkennt Charlotte, daß eine Fortsetzung dieses Verhältnisses sinnlos sei. Mit Fassung setzt sie allem ein Ende. Goethe war kurz zu Besuch gewesen, er hatte Hölderlin begrüßt, sich mit ihm unterhalten, worauf er in seinen Briefen über Hölderlin nie zurückkommt, Charlotte war froh, daß alles ohne Spannung verlaufen sei, und Hölderlin findet im nachhinein, Goethe habe etwas von einem »herzguten Vater«.

Sie werden sich auf Goethe berufen können, sagt Charlotte, und natürlich auf mich! Sie läßt Hölderlin tatsächlich nicht aus ihrer Aufmerksamkeit, selbst verfolgt vom Unglück, und in Armut geraten. Immer wieder wird sie sich nach ihm erkundigen.

Sie redet offen, auch über seine finanzielle Lage; macht es ihm leicht.

Es ist betrüblich. Es lag nicht an Ihnen. Das Kind – Sie wissen es ja besser.

Es stecken gute Gaben in Fritz, antwortet er. Ich war nur nicht fähig. Meine Ungeduld.

Das ist wahr, sagt sie, geduldig sind Sie nicht. Werden Sie nach Nürtingen gehen, nach einer neuen Hofmeisterstelle suchen? Empfehlen Sie mich Ihrer Mutter, der ich noch schreiben werde.

Sie und Johanna hatten Briefe gewechselt, Charlotte wußte, wie ängstlich Johanna den Weg ihres Sohnes beobachtete, wie behutsam man ihr diese Entscheidung, diese Nachricht über das erste Scheitern im Beruf, erklären mußte.

Ich danke Ihnen, Frau Hofrätin. Ich werde gleich nach Hause schreiben. Meine Mutter macht sich zu viele Sorgen.

Sie gehen also nicht nach Nürtingen?

Ich werde in Jena bleiben. Vielleicht kann ich an der Universität lesen. Oder hier, in der Gegend, Hauslehrer sein. Ich habe Freunde, und Herr Hofrat Schiller wird mich empfehlen.

Sie gibt ihm, als Entschädigung, Geld für ein Vierteljahr mit. Er werde es brauchen können.

Und Sie müssen uns oft besuchen kommen, da wird sich dann Fritz auch von seiner besseren Seite präsentieren.

Vielleicht hat sie ihn geliebt, hat mit dem Gedanken gespielt, ihn für sich zu gewinnen. Aber er war ihr zu ähnlich, und sie fürchtete seine Unruhe, seine Verletzbarkeit, seinen unberechenbaren Zorn. Aus dieser Verwandtschaft kannte sie ihn besser als viele andere. »Und ruhe selbstgenügsamkeit – u stätigkeit werde doch endlich den Rastlosen!« schreibt sie Schiller, ihn über den Abschied von Hölderlin unterrichtend. »Er ist ein Rad welches schnell Läuft.«

Der Mutter, die sich wohl in ihren Befürchtungen bestätigt sieht, erläutert er in aller Ruhe die Gründe seines Abschieds, und Charlotte hilft ihm, sie versucht der skeptischen Johanna klarzumachen, weshalb Hölderlin, entgegen ihrem Wunsch, nicht nach Hause kommt, sondern in Jena bleibt; »Hölderlin muß sich so bilden das er einst zum Vorteil des algemeinen guten und schönen mitwürken kann! . . . – Er ist jetzo in *Jena* – Auf der Universität in Deutschland die so wohl durch Aufklärung – als durch die *Energie* der *idéen* die dort vorzüglich im Schwunge sind sich auszeignet.«

Johanna hatte im Laufe des vergangenen Jahres mehrfach den Versuch unternommen, ihn nach Hause, auf eine Pfarrstelle zu locken. Sie hatte ihren Traum nicht aufgegeben. Doch diesmal erwiderte der Sohn nicht, wie früher, ungenau und ausweichend. Als Johanna ihm mitteilte, in Neckarhausen, einem zwei Kilometer von Nürtingen entfernten Ort, sei eine Pfarre freigeworden und er solle sich um sie bewerben, antwortete er ungewöhnlich entschlossen: »Sie fragen mich, ob ich nicht Lust hätte zur Pfarre in Neckarhausen? Ich gestehe, daß es mir sehr schwer werden würde, jetzt schon von meiner Wanderschaft, und meinen Beschäftigungen, und kleinen Planen zurückzukehren, und mich in ein Verhältnis einzulassen, das doch, soviel Ehrwürdiges und Angenehmes es hat, mit meinen jetzigen Beschäftigungen und mit dem Fortgange meiner Bildung zu unvereinbar ist, als daß es nicht eine mißliche Revolution in meinem Charakter bewirken müßte.« Und er kappt auch gleich eine zweite Verbindung in die heimatliche Vergangenheit. Johanna, bemüht, ihn durch Erinnerungen zu fesseln, hatte ihm Elise Lebret genannt. Auch diesem Mädchen könne er so wieder näherkommen. Sie wußte nicht, welche unmittelbare Liebe er inzwischen mit Wilhelmine erfahren und wie weit er sich von den Studentenliebeleien entfernt hatte. Er ist unterwegs. Niemand, auch Johanna nicht, wird ihn heimholen können: »Meiner Freundin in Tübingen schreibe ich heute noch. Ich gesteh Ihnen, daß ich nach allem, wie ich sie beurteilen *muß*, nicht wünschen kann, ein engeres Verhältnis mit ihr geknüpft zu haben, oder noch zu knüpfen.« Johanna, unanfechtbar in ihrer Hoffnung, stellt sich um. Sie will den Sohn nicht verlieren. Sie weiß, daß er sie, wie keinen anderen Menschen, braucht. »Gönnen Sie mir den ungestörten Gebrauch meiner Kräfte«, bittet er sie aus Jena. Sie versichert ihm, nach ihrem Vermögen zu helfen. Und sie hilft.

Alles verläuft anders, als er es sich zurechtgelegt hatte. Er besucht zwar regelmäßig die Vorlesungen Fichtes, wird auch hin und wieder in den Professorenklub eingeladen, wo er einmal Goethe und Maler Meyer begegnet, Niethammer nimmt sich seiner weiter an, und Camerer bleibt der Freund, bei dem er sich aussprechen, ausruhen kann. Vermutlich hatte Hölderlin sich mehr erwartet. Er zieht sich zurück, arbeitet an der erweiterten Fassung des »Hyperion« oder schützt diese Arbeit vor, verbringt

Abende grübelnd auf seinem Zimmer, ekelt sich vor der Heftigkeit, dem tatenlosen Geschwätz der Studenten.

Was sich in Frankreich ereignete, verfolgte er aufmerksam, doch gleichsam verschwiegen. Er freute sich über die Siege der französischen Truppen, wunderte sich über das Ausscheiden der Preußen aus der Phalanx der Gegner, bis er begriff, daß sie es nur ihrer polnischen Interessen wegen getan hatten. Es zeichnete sich noch nicht ab, was geschehen würde, nachdem die großen Revolutionäre sich gegenseitig umgebracht hatten. Über Buonaparte wurde schon geredet. Das Direktorium herrschte. Vieles, worauf er, Stäudlin und Hegel gesetzt hatten, schien verloren, verraten. Ein Abglanz davon blieb.

Und er sagte es sich und Camerer viele Male, daß nichts, was je in die Welt getreten sei, je wieder verschwinden könne. So auch dieses neue, alles umfassende Verständnis von Menschlichkeit nicht. Das ist uns alles neu, wie es den Griechen neu war, Camerer.

Noch hilft ihm Schiller. Er überredet Cotta mehr oder weniger, den »Hyperion« in den Verlag zu nehmen, obwohl Hölderlin die Arbeit nicht beendet hat. Cotta sagt zu, »da Sie ›Hölderlin's Hyperion‹ empfehlen, so wollen wir ihn verlegen.« Er bietet das kärgliche Honorar von hundert Gulden – was Hölderlin irrtümlich nur aufs erste Bändchen bezieht, nicht auf beide – und Hölderlin akzeptiert, weil er nicht feilschen möchte. Er ist noch keiner von denen, die fordern können. Der Verlauf der Verhandlungen deprimiert ihn, dennoch ist er angespornt: Es ist ihm ein Ziel gesetzt, er wird bei Cotta mit seinem ersten Buch erscheinen.

Das Gerücht darüber macht ihn angesehener. Man lädt ihn gerne ein. Er kann sich dennoch, auf die Arbeit verweisend, zurückziehen.

Hätte ich Wilhelmine hier, sagt er zu Camerer. Er weiß nicht, wo sie sich aufhält. Angeblich habe sie Charlotte nichts darüber hinterlassen.

Genüge ich dir nicht? fragt Camerer.

Solche Anzüglichkeiten erträgt er.

Sinclair macht ihn Camerer abspenstig. Er hatte Sinclair bei Niethammer, der ihn vor dem Wirrkopf und Anstifter aus Homburg gewarnt hatte, wiedergesehen. Zuerst war es nur die Freude, einen Bekannten aus Tübingen zu treffen. Aber der Zauber, der für ihn von Sinclair ausging, war übermächtig. Wieder war es ihm, wie bei Stäudlin, als habe er sich gespalten, als verkörpere Sinclair den tätigen, den aufbegehrenden Teil seines Wesens. Sinclair könnte ihn vorantreiben. Im April zieht er mit ihm in ein einsames Gartenhaus auf einer Anhöhe über der Stadt.

Ich schreibe von Sinclair, als wäre er wenigstens gleichaltrig mit Hölderlin. Ich sehe, höre ihn so. Wie er sich, zum Beispiel, mit seinem Vorschlag, gemeinsam zu wohnen durchsetzt, wie er die Führung übernimmt. Aber ich muß mich korrigieren, gegen den Widerstand der Phantasie: Sinclair ist erst zwanzig Jahre alt, fünf Jahre jünger als Hölderlin. Dennoch dominiert er. Er ist anspruchsvoll, packt zu, und sein manchmal schneidender Hochmut schüchtert Hölderlin eher ein. Auf die Dauer aber findet er mit seinem leisen, geduldigen Widerspruch Gehör. Sinclair begreift, daß er den Freund nicht treiben kann. Ihre Lebensgeschwindigkeit ist unterschiedlich. »Es wird wenige Freunde geben, die sich so untertan sind.« Es ist wahr. Nicht, daß sie immer miteinander glücklich wären, daß der eine den anderen stets verstünde und sie sich nicht auch verletzten – aber sie sind aufeinander gestimmt, zwei Stimmen, die sich ergänzen.

Im Homburger Schloßmuseum hängt ein Porträt Sinclairs. Es wurde gemalt, als er dem Landgrafen diente. Er ist wahrscheinlich um die Dreißig. Kein so offenes Gesicht wie das von Stäudlin. Verhangen und arrogant in einem. Ein eigentümlicher, fast deformierter Schädel. Die Stirn hoch, breit ausladend, und darunter drängen sich in einem engen Dreieck, an dessen Spitze ein kleines wulstiges Kinn sitzt, Augen, Nase und Mund. Die Augen liegen, durch eine kräftige Nasenwurzel getrennt, weit auseinander. Der Mund ist überraschend klein, süffisant zugespitzt.

Ein interessanter Mann, werden die gesagt haben, die ihn zum ersten Mal sahen, aber kühl und verschlossen. Vielleicht mußte er Freund sein, um sich unverhohlen zu erkennen zu geben. Die Homburger Bürger mochten ihn nicht. Sie erlebten ihn meist abweisend, rechthaberisch, anmaßend. Er verstand sein Feuer zu verbergen. Sinclair stammte aus einer alten schottischen Adelsfamilie. Sein Vater war Prinzenerzieher am Homburger Hof gewesen. Und die Beziehungen zum Hof blieben auch stets eng, geradezu verwandtschaftlich. Der Landgraf sah dem jungen Sinclair die revolutionären Absichten nach. Wahrscheinlich hielt er sie für Jugendtorheiten, wußte nicht, wie ernst es Sinclair damit war. Andererseits war Sinclair auch nicht bereit, die ihm gebotene Stellung bei Hofe auszuschlagen. Sein Homburger Mentor, der Hofrat Franz Wilhelm Jung, ein entschiedener Republikaner, der ihn politisch beeinflußte und dem er aus Tübingen wie aus Jena über seine Erlebnisse und Begegnungen berichtete, war als fast Vierzigjähriger, seinem Gewissen folgend, aus den Diensten des Landgrafen ausgeschieden. Das war nicht nach Sinclairs Geschmack. Er nützte dialektisch die gebotene Gelegenheit. An jeder Stelle konnte er die gute Sache vertreten. Er tarnte seine Ideen, er verleugnete sie nicht.

Solche Extravaganz blieb Hölderlin im Grunde unheimlich. In seiner ersten Homburger Zeit pflegte er, begann Sinclair von irgendwelchen Hofintrigen zu erzählen, abzuwinken: Davon verstehe ich nichts, Sinclair.

Hier, in Jena, mußte sich Sinclair eher den Eigenheiten Hölderlins beugen. Sinclair war es gewöhnt, mittags und abends in Gasthäusern zu essen. Die Mittel, die er von zu Hause bekam, reichten für ein sorgloses Leben, so war es ihm auch selbstverständlich, beim besten Schneider Jenas nähen zu lassen. Hölderlin jedoch hatte den ganzen Winter über täglich nur einmal warm gegessen, sich meistens selber gekocht, was er nun, in der neuen Wohnung, wieder tat. Sinclair wagte es erst nicht, nach den Gründen dieser Sparsamkeit zu fragen, lud Hölderlin

manchmal ein. Kurz bevor Hölderlin, auch für Sinclair überraschend, Jena verließ, fragte Sinclair ihn, ob er gehen müsse,
weil er kein Geld, keinen Verdienst mehr habe. Sie saßen in
dem kleinen Aussichtszimmer des Gartenhauses, das Hölderlin
so genannt hatte, weil man von ihm aus auf die Stadt blicken
konnte.
Hölderlin antwortete: Auch deshalb.
Bekommst du von daheim kein Geld?
Ein wenig. Ich will keines.
Wieso, hat deine Mutter kein Vermögen?
Doch. Nur will ich es nicht beanspruchen. Ich habe mich selbständig gemacht, gegen den Willen meiner Mutter. Nun will ich
nicht auf ihre Unterstützung angewiesen sein.
So spielst du lieber den armen Reichen.
Kannst du es nicht verstehen, Sinclair?
Er stimmte zu, obwohl er die Zurückhaltung des Freundes eigentlich nicht einsah. Sie war seinem Wesen fremd. Er nahm,
was er bekam, genoß, was er hatte.
Sie hatten sich rasch aneinander gewöhnt. Sinclair übte, was ihm
nicht leicht fiel, besondere Rücksicht, stand, wie Hölderlin, früh
auf, machte die Betten, reinigte die Stube, verließ das Haus, um,
wie er lachend sagte, dem Studium und dem Leben nachzugehen, während Hölderlin tagsüber daheim blieb, am »Hyperion«
schreibend, und sich beide erst am späten Nachmittag, vor Fichtes Vorlesung, in der Stadt trafen. Abends übernahm Sinclair die
Führung. Er schleppte den Freund in Nebenzimmer von Gasthäusern, wo er sich mit Gleichgesinnten traf, und nahm es hin,
daß Hölderlin stumm und aufmerksam in der Runde saß, allenfalls mit einem Nicken sein Einverständnis gab. Sich einem Bund
anzuschließen, worauf Sinclair drängte, weigerte er sich.
Das ist nichts für mich. Das kenne ich schon.
In einem nachtlangen Gespräch hatten sie ihre Freundschaft begründet. Vor allem Sinclair erinnerte sich sein Leben lang an die
ernste Leidenschaft Hölderlins, an seine Entschiedenheit, das

Denken dem Handeln vorzuziehen: Es ist mir schwergeworden, Sinclair, ich hätte ein Täter sein wollen, ich habe es auch versucht, doch immer erschrak ich darüber, daß ich im Handeln die Idee vergaß.

Hölderlin hatte eine siebentägige Fußreise hinter sich, zu der er sich von einem Tag auf den anderen entschlossen hatte, nach einer der üblichen Visiten bei Schiller, die ihm jedesmal, selbst wenn nur Belangloses zur Sprache kam, Auftrieb gaben. Ohne ein Ziel zu wissen, ohne bei jemandem angesagt zu sein, war er aufgebrochen.

Warum gerade jetzt, Hölderlin? Behagt dir meine Gegenwart nicht?

Er wolle, sagte Hölderlin, das Land sehen, mit sich allein sein. Oh nein, ich bin glücklich, dich zu haben, Sinclair. Du mußt meine Einfälle eben hinnehmen.

Er wanderte die Saale entlang nach Halle, spazierte durch Dessau, verbrachte einen »herrlichen Tag in den Gärten von Luisium und Wörlitz«, besuchte, ohne angekündigt zu sein, in Leipzig den Philosophen Heydenreich und den Verleger Göschen. Er genoß es, von niemandem erwartet zu werden, notierte abends in den Gasthäusern die Sätze, die ihm am Tag, aus dem Rhythmus der Schritte eingefallen waren, befand sich in einer Art behaglicher Trance: Er sah die Landschaft, die er durchwanderte, und sah sie auch wieder nicht oder sah sie erst, wenn er schon weiter war.

Sinclair stellte fest, daß er sich auf der Reise tatsächlich erholt habe.

Siehst du, ich hab's gebraucht, Lieber.

Sie lagen auf ihren Betten. Die Nacht war so hell, daß Hölderlin die Lampe gelöscht hatte. Diese Stimmungen schätzte er: Ein wenig erschöpft von der abendlichen Vorlesung, den Debatten im Gasthaus, durch die Müdigkeit eher angeregt, Pfeife rauchend, wartend, bis auch Sinclair zur Ruhe gekommen ist, und dann, mit einem Satz, die Unterhaltung beginnend, die, wenn sie Glück hatten, wie von alleine bis in den Morgen dauern würde.

Warum bist du gestern nicht mit zu Muhrbeck gekommen, Fritz?

Das ist einer von Sinclairs Freunden, denen er hier in Jena ausweicht, die in Homburg für ihn wichtig werden: Muhrbeck, Siegfried Schmid und Böhlendorff.

Ich will arbeiten, Sinclair, will mich nicht ablenken lassen.

Aber was du schreibst, dein Hyperion, hat doch mit uns zu tun.

Mit euch? Das wäre zu wenig. Mit euch auch. Mit mir. Mit dem, wozu ich nicht tauge, was ich mir erträume, mit Griechenland. Mit meiner Erinnerung. Mit dem, was ich erlebe.

Immer ziehst du dich zurück. Machst du mir etwas Tabak, Hölder? Mir ist er ausgegangen.

Hölderlin wirft ihm den Lederbeutel zu, Sinclair füllt eine Handvoll Tabak um, wirft den Beutel, zugeschnürt, zurück.

Ich weiß, dich erschrecken unsere Mißerfolge. Und du hast recht. Ich habe viele Freunde verloren, Hölder, nur weil die den Druck, die Verfolgung, die Androhungen der Universität und des Großherzogs nicht aushielten. Sie zogen es vor, brave Studenten zu sein. Wer will schon gern von der Universität gewiesen werden.

Ich bin nicht feige, Sinclair.

Nein, das bist du nicht. Manchmal meine ich, du bist mutiger als wir alle, doch dein Mut ist ein anderer als der unsere.

Du übertreibst.

Es ist ein Glück, daß wir uns getroffen haben, Hölder. Du lehrst mich anders denken.

Ja?

Du bist der einzige, der mir deutlich macht, daß die Tat allein nicht genügt. Ich habe es auch Jung geschrieben.

Aber die Tat ist wichtig.

Das sagst du?

Ohne sie kann der Gedanke für die Allgemeinheit nicht sichtbar werden, Sinclair.

Das sagst du?

Der Täter in mir, Sinclair, ist zu schwach ausgebildet.

Manchmal redest du, als wärest du zwei.

Vielleicht könnte ich mich in noch mehr teilen.

Sinclair setzt sich auf, sieht den Freund ruhig liegen, die Hände unterm Kopf, beginnt zu lachen.

Du lachst über etwas, sagt Hölderlin ernst, das mir körperlichen Schmerz macht. Ich fühle diese Trennung im Kopf und in der Brust. Ich versuche mit Mühe, mich zusammenzuhalten.

Verzeih, daß ich lache, Hölder.

Mich bedrücken die Ereignisse in Frankreich, Sinclair, dieses schauderhafte mörderische Hin und Her – aber kann es denn anders sein? Wird es je anders sein? Es ist gut, daß ihr die Freiheit nennt, für sie nach Begriffen sucht. Weshalb ist Fichte euer Gegner geworden? Weil die Freiheit ein seltsamer Stoff ist, Sinclair. Er scheint überall zu sein, wie Atemluft, und atmet man ihn ein, verändert er sich und das Individuum. Er wird zu einem Stoff, der allein diesem einen Individuum angemessen scheint. Und der einzelne sagt: Meine Freiheit. Er mißt sie an der Freiheit des anderen, der anderen, entdeckt Unterschiede. Vielleicht aber muß man den Stoff in seiner Zusammensetzung wandeln, ehe er eingeatmet wird. Das ist noch keinem gelungen.

Du nimmst einem den Mut, Hölder.

Das will ich nicht. Du wirst immer handeln wollen, und ich bin froh, dich als Freund zu haben, denn du machst mir klar, daß wir Denker nachhinken, daß wir nur beschreiben, was ihr anrichtet und einrichtet, was ihr als Möglichkeit anbietet und dieses Mögliche kann zu der Idee werden, der wir beide huldigen, Täter und Denker.

Also verurteilst du mich nicht?

Du könntest mich verurteilen, Sinclair, ich halte dich auf.

Ach, Hölder, ich hab dich ja finden müssen, damit ich nicht im Handeln verkümmre.

Die Universität versuchte mit aller Gewalt die Orden aufzulösen. Unabhängige Studenten schlugen sich auf die Seite der Geheimbündler, es kam immer häufiger zu kleinen und großen Demonstrationen. Sinclair rechnete man zu den Rädelsführern. Der Senat der Universität entschloß sich zu einer Untersuchung. Sinclair, wieder ganz in der Rolle des Aufrührers, doch auch bereit, für die anderen einzustehen, bat, vor den Prorektor gelassen zu werden, was ihm für den 30. Mai 1795 gestattet wurde. Es war ein kurzes Gespräch voller verdeckter Schärfen. Der Prorektor empfing ihn, umgeben von einigen Senatsmitgliedern. Er bat ihn, auf der anderen Seite des Tisches Platz zu nehmen, doch Sinclair beharrte darauf, stehenzubleiben: Ich sehe mich als Delinquent.

Die Herren setzen sich.

Dem Prorektor fällt es schwer, das Gespräch – oder das Verhör, wie Sinclair es bezeichnet – zu eröffnen. Er mustert Sinclair erst eine Weile schweigend, schaut dann fragend auf die Herren des Senats.

Man hat Sie, Herr Sinclair, bei den Tumulten am 19. und am 27. Mai beobachtet. Sie sollen die Menge durch Reden aufgewiegelt haben.

Das entspricht nicht der Wahrheit, Magnifizenz. Die Menge war aufgebracht. Ich bemühte mich, sie durch Zurufe zu beruhigen.

Wir haben andere Aussagen.

Ich lege für mich Zeugnis ab, Magnifizenz.

Sie haben um Gehör gebeten.

Magnifizenz, ich verbürge mich für die redlichen Ansichten derer, die Sie beschuldigen.

Die Herren am Tisch stecken ihre Köpfe zusammen.

Das ist Ihre Auslegung.

Ja, Magnifizenz. Ich gebe zu bedenken.

Wir sind anderer Ansicht.

Gleichwohl bitte ich um Straflosigkeit aller Teilnehmer, vor allem jener, die Sie als Rädelsführer bezeichnen.

Also zum Beispiel Bauer und Sie, Herr Sinclair.

Wenn Sie so unterrichtet sind, Magnifizenz.

Sie verlangen viel, nachdem Sie die Universität angegriffen und beleidigt haben.

Sie kennen, Magnifizenz, unsere Forderungen.

Ja, den Umsturz.

Das ist, ich bitte um Nachsicht, Magnifizenz, ein Gerücht.

Ein Gerücht, das sich als Pöbel zusammenrottet.

Es handelt sich um Studenten, Magnifizenz.

Ein Pöbel, Herr Sinclair, der irregeleitet wurde.

Werden Sie unserer Bitte entsprechen, Magnifizenz?

Dafür ist der Senat zuständig.

Sinclair kann gehen. Die Herren schauen ihm zufrieden nach.

Die meisten studentischen Anführer fliehen aus Jena, allen ist die Relegation sicher, auch für Sinclair wird sie ausgesprochen, der sich freilich in einem Brief zu rechtfertigen sucht, worauf die Strafe zum Consilium abeundi abgeschwächt wird. Das schert ihn nicht mehr. Er befindet sich schon zu Hause, in Homburg, und der Senat legt ihm seine Abwesenheit als Flucht aus.

Es bleibt nichts davon, Sinclair.

Wir haben sie herausgefordert, Hölder!

Sie werden triumphieren und die, die euch gefolgt sind, werden sich ducken, bedenkenlos die Freiheit aufgeben, um eine Stellung zu erobern.

Aber es bleibt eine Erinnerung in ihren Köpfen.

Es kann sein, Sinclair, darauf können wir vielleicht setzen.

Er besucht wieder öfter Niethammer und Schiller. Bei Niethammer trifft er Fichte und Novalis. Dieses Gespräch bleibt ohne Stimmen, eine Unterhaltung zwischen Geistern. Es kann sein, daß er nur zuhörte, daß ihn das klare Gesicht von Novalis entzückte, er eine Verwandtschaft zu dem Mann empfand. Er schrieb niemandem über diese Begegnung. So wie er auch Sinclair in seinen Briefen verschwieg, den »Gefährlichen« noch ausließ.

Die Stadt schrumpfte, rückte von ihm weg. Er erfaßte sie nicht mehr. Schon ehe er mit Sinclair umgezogen war, hatte er den Eindruck, er ginge unter Schatten, die Häuser, die Landschaft, die Menschen seien nur Abbildungen von sich selbst, Erfindungen eines anderen.

Ich geh, sagte er, als Sinclair, erfüllt von den Auseinandersetzungen mit dem Rektorat, in sprühendster Laune, nachts nach Hause kam.

Du gehst? Willst du ausziehen?

Ich geh nach Nürtingen, such mir eine Hofmeisterstelle.

Überleg es dir.

Ich hab's die ganzen letzten Wochen mit mir herumgeschleppt.

Warum hast du mir nichts gesagt?

Ich *muß* gehen.

Weiß es Schiller?

Ich werde ihm schreiben.

Also fliehst du?

Du hast recht. Ich fliehe.

Aber nicht vor mir.

Nein.

Sinclair schreibt ihm eine Adresse auf: Besuch diesen Mann in Heidelberg. Er ist Arzt, Gelehrter und ein Freigeist dazu. Bei dem mußt du nicht hinterm Berg halten.

Er liest: Johann Gottfried Ebel.

Ebel hat viele Beziehungen, sagt Sinclair, es ist möglich, daß er dir eine Stelle vermitteln kann.

Sie wollten die Nacht durch reden, wie so oft, doch Sinclair schlief bald ein, Hölderlin packte leise, bündelte die Kleider, verließ das Haus, ohne den Freund zu wecken. Der würde es begreifen.

Vor Schillers Wohnung blieb er stehn. Die Fenster waren dunkel, dennoch glaubte er Stimmen zu hören.

Er lauschte eine Zeitlang, dann ging er weiter.

Vierter Teil
Ein Zwischenstück
Nürtingen (1795)

Er kann schlecht warten. Er hat keine Geduld. Seine Erinnerung ist hastig, zerfahren. Er ist wie versteinert, wird man von ihm sagen. Er braucht Zeit. Laßt ihn in Frieden. Aber er möchte gar nicht in Frieden gelassen werden. Er möchte spüren, wie die Zeit vor ihm davonläuft, durch ihn hindurchrennt. Ich ertrage den Menschen nicht mehr, sagt er, bei einem Besuch in Markgröningen, zu Magenau. Ich weiß nicht, ob Gott, ob die Götter ihn als Verräter seiner selbst angelegt haben. Es ist so. Sie entwerfen und verwerfen in einem. Ich bin noch nicht so weit, das hinzunehmen. Werde ich es je begreifen, dann werde ich anders schreiben als jetzt, auch anders leben.

Wie anders schreiben, Fritz?

Es kann sein, daß das Endgültige, Vollkommene, Geformte nicht mehr wichtig sein wird. Daß ich die auseinanderredenden Stimmen schreibe, wie keiner vorher, obwohl wir sie alle hören. Daß der Entwurf wichtiger sein wird als das Resultat, Magenau.

Ich habe ihn noch weiter fragen, ihn aus der schrecklichen Starre lösen wollen, erzählt Magenau, es gelang mir nicht.

Das war später. Während der Wartezeit.

Er hatte sich aus Jena fortgestohlen. Wie blind war er unterwegs gewesen, erst zu Fuß, danach, einige Wegabschnitte, mit der Post. Die Landschaft nahm er nicht wahr, mit Mitreisenden unterhielt er sich nicht, abends, in den Gasthöfen, saß er stumpf an seinem Tisch, so daß man ihn für krank hielt, und ging stets sehr früh auf sein Zimmer, wo er wiederum stundenlang auf dem Bettrand hockte, die Hände steif auf den Knien. Er sah nichts, hörte nichts. Sein fühlloser Körper transportierte eine verstörte Seele. »Ein vertriebener Wanderer, / Der vor Menschen und Büchern floh.«

Noch in Heidelberg fragte er sich, ob er Ebel überhaupt sehen sollte. Jeden würde er in diesem Zustand vor den Kopf stoßen. Aber der Anblick der Stadt, der Brücke über den Neckar – diese Kulisse –, machte ihn leichter und ein wenig heiterer. Sinclair hatte von Ebel geschwärmt.

Er läßt sich Zeit. Es könnte ihm guttun, nun nach Tagen das Schweigen zu brechen.

Er schlendert zwischen den Leuten, hält auf der Brücke an, wiederholt sich die vertrauten Bilder: »Lang lieb ich dich schon, möchte dich, mir zur Lust / Mutter nennen...«

Gegen Mittag geht er zum »Ritter«, wo Ebel logiert. Er fragt nach ihm. Der Doktor Ebel sei nicht zu Hause, werde aber zum Mittagessen zurückerwartet.

Sagen Sie ihm bitte, daß ich in der Gaststube auf ihn warte.

Wen sollen wir ihm melden?

Magister Hölderlin aus Jena.

Er muß sich nicht lange gedulden. Ebel tritt auf, es ist ein Auftritt, denn der Mann weiß, daß er wirkt, auffällt, obwohl er klein gewachsen ist. Es ist der Kopf: der ist mächtig, überwältigend in seinen Dimensionen. Die lange, sehr schmale Nase springt mit einem Höcker aus der hohen fliehenden Stirn. Die Augen scheinen in ihrer Größe wie aufgerissen. Der Mund ist breit, fleischig, spaltet die Wangen.

Er denkt erst: Das Gesicht eines Zwergs. Als Ebel lächelt, er sich erhoben hat und sie sich gegenüber stehen: Das Gesicht eines Heroen.

Ebel erkundigt sich nach der Reise, und Hölderlin verschweigt ihm die Unpäßlichkeiten.

Wie geht es unserem Freund Sinclair?

Die Auseinandersetzungen mit der Universitätsverwaltung nehmen ihn schon mit.

Er sollte nicht nachgeben.

Aber billigen Sie denn auch die Geheimbündelei?

Wenn es für die Republikaner keine anderen Möglichkeiten gibt?

Sind Sie denn keiner?

Aber ja.

Nur sind Sie vorsichtiger und scheuen die Gewalt, nicht wahr?

Ein anderer hätte ihn beleidigen können, nicht Ebel.

Ebel sprach seine Situation an: Sie suchen eine neue Stelle?

Ich bin in einer prekären Lage. Kann ich nicht bald wenigstens die Aussicht auf eine Hofmeisterstelle vorweisen, muß ich den Forderungen des Consistoriums nachgeben und eine Pfarrei annehmen. So ist es eben bei uns.

Gehen wir spazieren? fragt Ebel.

Sie gehen am Neckar lang, Ebel hakt sich bei ihm unter, Hölderlin erzählt von der Gemeinsamkeit mit Sinclair, Ebel von seiner Idee, nach Paris umzusiedeln, um dort an Ort und Stelle die Entwicklung des republikanischen Denkens zu verfolgen, und am Schluß sagt Ebel, der sich entschuldigt, sich ihm nicht noch länger widmen zu können, da er für den Abend eingeladen sei:

Vielleicht, lieber Hölderlin, vielleicht weiß ich etwas für Sie, in Frankfurt, bei Freunden, den Gontards. Ich werde es Sie wissen lassen, bald, damit Sie sich nicht vor Ihrem Consistorium fürchten müssen.

Im »Ritter« holt er sein Gepäck. Sie umarmen sich. Ebel empfiehlt ihm eine schnelle Post bis Mannheim.

Dort finde ich mich dann zurecht, sagt Hölderlin, dort bin ich zu Pferd gewesen, in Mannheim, in Speyer, am Rhein.

Wir müssen uns wiedersehen, sagt Ebel.

»Ich fühle, ... wie viel Sie mir vom ersten Augenblicke waren«, schreibt ihm Hölderlin.

Er hat Auftrieb. Es muß ihm ein zweites, ein drittes Leben gelingen. Allmählich ist er in Anfängen geübt.

Aber Nürtingen wärmt ihn nicht auf, wie er es erwartet hatte. Rike fehlt. Die Mutter ist unstet, jammert, sie hat das Haus, den Schweizer Hof verkaufen müssen, zu einem Preis, der sie grämt. Schon beim Grasgarten habe sie verloren, jetzt wieder. Nur die Großmutter Heyn ist sich gleich geblieben, sorgt sich um seine Gesundheit, behandelt ihn wie ein Kind, streicht ihm das Frühstücksbrot dick mit Stachelbeermarmelade. Karls Unzufriedenheit drückt auf alle. Er hofft, mit Hilfe des Schwagers Breunlin bald fortzukommen.

Wann werden Sie ausziehen, Mamma?

Des ischt net sicher.

Sie werden es aber müssen.

1798 zog sie in die Kirchstraße, wohnte zur Miete bei einem Bruder Breunlins, das war für alle, für Rike, die früh verwitwete, auch für Karl und ihn das neue Zuhause, nicht weit weg vom Schweizer Hof, und nahe dem anderen Breunlinschen Haus, in dem seine erste Liebe gewohnt hatte, das Mädchen, das ich für ihn erfand.

Es ist gut, daß wir das Haus loshaben, sagte Johanna. So habe ich ein bißchen Geld übrig für dich, du mußt dich nicht sorgen, doch lieber wär's mir schon, wenn du dich dem Consistorium fügtest.

Nicht wieder das, Mamma.

Noi, net wieder des.

Er besucht Kraz und Klemm. Allen kommt er verstockt vor, als fiebere er dauernd.

»Ich friere und starre in den Winter, der mich umgibt. So eisern mein Himmel ist, so steinern bin ich.«

Bei Schiller entschuldigt er sich für die Flucht in einem selbstquälerischen Brief: »Ich sehe wohl, daß ich mit dem Schmerze, den ich so oft mit mir herumtrug, notwendigerweise meine stolzen Forderungen büßte; weil ich Ihnen so viel sein wollte, mußt ich mir sagen, daß ich Ihnen nichts wäre«, und sendet ihm mit einem weiteren Brief zwei Gedichte für den Musenalmanach. Schiller antwortet eineinhalb Jahre nicht, und im Musenalmanach erscheint nur eines, »An die Natur«.

Er zieht das Unglück, die Beleidigungen an.

Das Lauern Johannas auf eine Nachricht »wegen der neuen Position«, auf Veränderung, ihr vorwurfsvolles Schweigen, treiben ihn aus dem Haus. Er flieht in die Umgebung, holt die alten Plätze ins Gedächtnis zurück, den Weg am Neckar, die Ulrichshöhle, den Galgenberg, er sieht, gegen die Kirchmauer gelehnt, den Lateinschülern beim Spielen zu, Schelling fällt ihm ein, wie er hier alle mit seinem Hochmut gegen sich einnahm, und am anderen Morgen bricht er früh nach Tübingen auf, um den Freund zu sehen, von dem er seit langem nichts mehr gehört, dem er jedoch auch nicht geschrieben hatte.

Du bisch e Treuloser, hätt mir der Hegel net von dir geschriebe, i könnt meine, du seischt tot.

Vielleicht bin ich's.

Der Ton von einst stellt sich ein. Im Stift kennen ihn viele, er wird gegrüßt, Schelling wohnt jetzt auf der Rattensphäre, und als er auf den Gang geht, auf Schelling wartet, der für einen Repetenten rasch noch etwas zu besorgen hat, scheint es ihm, als hätte er in Waltershausen und Jena ein gutes Jahrzehnt zugebracht. Daß er hier gewesen ist, ist lange her. Noch vor einem Jahr haben sie die Zeit geteilt. Jetzt ist seine Zeit eine andere. Mir ist viel lieber, wir bleiben nicht hier im Stift, sagt er zu Schelling. Der ist einverstanden, er könne ihn gut verstehen, er sei auch froh, wenn er diesen gräßlichen Kerker hinter sich habe.

Weißt du, wir gehen ins »Lamm« etwas essen, schlägt Schelling vor, und ich begleit dich dann ein Stück auf Nürtingen zu. Ich bin begierig, von Fichte zu hören.

Hölderlin referiert, so gut es geht, Fichtes Vorlesungen, schweift jedoch immer wieder auf Alltägliches ab, wie er habe sparen müssen, um in Jena zurechtzukommen, wie selbstlos Sinclair ihm geholfen habe – so gelingt es Schelling nicht gleich, von seinen eigenen philosophischen Versuchen zu sprechen.

Sie brechen auf.

Wenn dir der Weg nicht zu langweilig wird?

Wie kannst du das sagen, Hölder, ich bin glücklich, ein paar Stunden mit dir zu sein.

Durchs Neckartal oder über den Schönbuch? fragt Hölderlin.

Schelling findet den Weg am Neckar bequemer.

Die Landschaft, die ihm gleichgültig gewesen ist, wird wieder sichtbar. Üppig und reif, die Albberge im Dunst, die Mauern der Teck und des Neuffen. Vor Neckartenzlingen baden sie im Fluß, plantschen, bespritzen sich, liegen im Gras, lassen sich von der Sonne trocknen.

Hegel habe ich meine philosophischen Sachen geschickt, dir nicht, sagt Schelling. Ich wußte nicht einmal deine Adresse.

Wirf mir bloß nichts vor, ich war so sehr mit dem neuen Leben beschäftigt.

Weiber? Da fragt wieder der altkluge Junge, der die Welt zu kennen meint.

Das nicht so sehr. Ich hatte Schwierigkeiten mit meinem Zögling, und der Umgang danach mit Schiller und Fichte war anstrengend.

Erzähl mir, wie Fichte ist.

Ein gewaltiger Redner. Wenn er spricht, glaubt man ihm alles. Man sieht zu, wie seine Gedanken zu Sprache werden, das ist wunderbar. Im übrigen ist er ein wenig eitel und achtet sehr darauf, daß sein Umgang ihm angemessen ist.

Soll ich dir meine neuen Abhandlungen schicken, Hölder?

Ja, jetzt hab ich Zeit, sie zu lesen.

Vor allem »Vom Ich als Prinzip der Philosophie« solltest du lesen. Es ist mir wichtig. Ich bin weit hinter Fichte zurück, mir fehlt die Klarheit.

Fichte ist nicht weiter als du, Schelling.

Du bist gut.

Mir ist's ernst.

Sie müssen zwischen den Sträuchern am Fluß hintereinander hergehen. Schelling, gebückt, sich vor den stachligen Ästen hütend, geht voraus. Hölderlin genießt die Stunde: Einmal nicht an die Zukunft denken, auf irgendwelche Botschaften warten zu müssen, einen guten Freund bei sich und die Landschaft der Kindheit um sich zu haben, frisch vom Bad, träg von der Wärme.

Bei Fichte hatte ich manchmal die Vorstellung, sagt Hölderlin, die Philosophie könne an ein Ende gelangen. Aber das kann nicht sein. So wie ein Gedanke dem anderen folgt, ihn korrigiert, ersetzt. Verstehst du? Philosophie ist für mich unendlicher Fortschritt, und die Poesie begleitet sie, oft unwissend.

Und die Geschichte?

Sie zehrt von beiden. Robespierre oder vielmehr noch Empedokles, von dem ich gelesen habe, die Tribunen, haben die Einheit mit dem Göttlichen ausgespielt und sind als Menschen an die Stelle der Gottheit getreten. Nur so haben sie dem Volk das Neue auch sichtbar, spürbar machen können. Dann folgt der ungeheure Bruch. Soll das Neue sich verwirklichen, müssen sie aus dem Göttlichen zurücktreten, da der Mensch, jeder einzelne, sich selbst im Gemeinsamen verstehen muß. Die Entzweiung der Welt muß wieder sichtbar werden. Darunter leidet der Mensch und wird ewig darunter leiden. Empedokles verzichtet auf den Triumph und versucht so zu sühnen und zu vereinen. Im »Hyperion« sag ich ähnliches.

Und du meinst, daß es nie eine Versöhnung zwischen Anspruch und Hoffnung geben kann?

Vielleicht, Schelling. So weit habe ich noch nicht zu denken gewagt. Daß ich die Spaltung verstanden hab, ist mir im Moment genug.

Zwischen Neckarhausen und Nürtingen will Schelling umkehren. Sonst komm ich in die Nacht.

Bleib doch bei mir. Hölderlin muß ihn nicht lang überreden.

Johanna ist über den Besuch froh. Sie werde Karls Zimmer für ihn bereitmachen. Karl sei für einige Tage in Stuttgart. Er habe gute Aussichten auf eine bessere Position.

Aber Mamma, Herr Schelling kennt den Karl gar nicht.

Doch, isch des net des Düble g'wese, mit dem du oft spaziere gange bisch?

Ja, der war's. Der ist inzwischen Schreiber.

Schelling sagt, er müsse auf das Angebot verzichten, da seine Verwandten in der Brunnsteige es ihm verübelten, schliefe er nicht bei ihnen.

Aber e Stündle bleibsch no.

Sie saßen bis in die Nacht.

Endlich, im August, erhält Hölderlin von Ebel den Bescheid, daß der Bankier Gontard ihn einstellen wolle.

Gontard werde ihm schreiben. Er solle sich ausschließlich um den neunjährigen Sohn des Geschäftsmannes kümmern. Die Madame Gontard, das wolle er noch hinzufügen, sei eine wahrhaft verehrungswürdige Person.

Kann er überhaupt Erzieher sein? Ist er nicht viel zu wenig mit sich selbst im Reinen, um ein Kind überzeugen, leiten zu können? Aber hat er nicht Herz, mehr Liebe als viele andere, die er kennt? Und seine Ungeduld?

Köstlin redet ihm die Zweifel aus.

Du bist zart, Fritz, du gehst auf Kinder ein, du bist kein Berserker und du hast Geist. Und den braucht man als Pädagoge. Denk an deinen Rousseau.

Er hatte sich, als er noch auf dem Stift war, mit Köstlin und Kraz über Rousseau gestritten. Sie hatten über seine »schwelgerischen Ideen« gespottet. Die Vernunft komme nicht aus der Natur, denn Tiere hätten ebensowenig Vernunft wie Pflanzen – Vernunft sei einzig und allein das Resultat von Wissen. Da sich das »unvernünftige Kind« dem Wissen widersetze, seien Strenge, ja Unerbittlichkeit nötig.

Hatten sie nicht recht? Haben seine Erfahrungen mit Fritz sie nicht bestätigt? Nein. Diesem Jungen waren die Wurzeln der Vernunft mit groben Werkzeugen herausgehauen worden. Er hatte ihm gar nicht helfen können. Ebel hatte ihm jetzt von einem sanften, verständigen Kind geschrieben, von einer angenehmen Häuslichkeit. Hier könnte es ihm doch noch gelingen, den Rousseauschen Anspruch zu erfüllen. Und, wie bei Fritz von Kalb, entwirft er ein Programm für sich und seinen Schüler, allerdings weniger aufs Sittliche pochend, denn dieses Mal ist der Empfänger des Briefes nicht Schiller, das Vorbild, sondern Ebel, der ebenbürtige Freund: »Grausam fehlgeschlagene Bemühungen hätten mich vielleicht bestimmt, mich mit Erziehung nimmer so leicht zu beschäftigen, wenn ich nicht glaubte, daß es unerlaubt und unzweckmäßig wäre, einzig auf sich zurückzuwirken, und daß in unserer jetzigen Welt die Privaterziehung noch beinahe das einzige Asyl wäre, wohin man sich flüchten könnte mit seinen Wünschen und Bemühungen für die Bildung des Menschen. So sehr wirkten mir in meinem vorigen Verhältnisse die Menschen und die Natur entgegen.« (Als Schüler und als Student hatte er nie aufbegehrt. Höchstens die Rebellion der Gefährten unterstützt. Hier verurteilt er zum ersten Mal die Ausbildung, die er genoß, die ihn einengte, verkrüppelte, die ihm Demut anbot und Vernunft vorenthielt, die auf Gemeinsinn pochte, doch in der Strafe schrecklich vereinzelte, die ihn für die Theologie tüchtig, fürs Leben untüchtig gemacht hatte. Seine pädagogische Antwort ist einfach. In der »jetzigen Welt«, in der es noch keine Schulen gibt, die das Rousseausche Ideal wenigstens erproben, muß sich der Erzieher dem Kind in seinem privaten Bereich zuwenden, es dort, wo es zu Hause ist, zum selbständigen selbsttätigen Individium formen): »Ich muß das Kind aus dem Zustande seines schuldlosen, aber eingeschränkten Instinkts, aus dem Zustande der Natur heraus auf den Weg führen, wo es der Kultur *entgegenkömmt,* ich muß seine Menschheit, sein höheres Bedürfnis erwachen lassen, um ihm dann erst die Mittel an die Hand zu geben, womit es jenes höhere Bedürfnis zu befriedigen suchen muß; ist einmal jenes höhere Bedürfnis in ihm erwacht, so kann und muß ich von ihm *fordern,* daß es dieses Bedürfnis ewig lebendig in sich erhalten und ewig nach seiner Befriedigung streben soll. Aber darin hat Rousseau unrecht, daß er es ruhig abwarten will, bis die Menschheit im Kinde erwacht, und indes sich größtenteils mit einer negativen Erziehung begnügt, nur die bösen Eindrücke abhält, ohne auf gute zu sinnen. Rousseau fühlte die Ungerechtigkeit derer, die das Kind, wo nicht mit dem Flammenschwerd, doch mit der Rute aus seinem Paradiese, aus dem glücklichen Zustande seiner Tierheit herausjagen wollten, und geriet, wenn ich ihn anders recht verstehe, auf das entgegengesetzte Extrem. Wenn das Kind von einer andern Welt umgeben wäre, als die gegenwärtige ist, dann möchte Rousseaus Methode besser sein.«

Er formuliert Grundsätze einer humanistischen Erziehung, die sich einschränken muß, weil die Umgebung Widerstand übt. Doch er weiß, daß diese Umgebung nur dann aufgebrochen werden kann, wenn man die »höheren Bedürfnisse« zum Gemeingut macht. Es ist bis heute nicht so weit. Noch immer übertreffen Anstrengung und Hoffnung die Wirklichkeit, noch immer kann Rousseaus Methode eigentlich nicht »zweckmäßiger sein.«

Wahrscheinlich hat Ebel diesen Brief den Gontards zu lesen gegeben, und das Ehepaar hat ihn besprochen. Vielleicht hat Gontard schon hier der jugendliche Überschwang gestört, vielleicht fühlte sich Susette schon hier von der Suche nach dem besseren, freidenkenden Menschen angesprochen.

Sie ließen Hölderlin warten.

Seine Stimmung hatte sich nicht gebessert; den großherzigen pädagogischen Entwurf hatte er gegen sie geschrieben.

In der Stadt hatte man sich an den rastlosen Spaziergänger gewöhnt. Manchmal schloß sich ihm der eine oder andere Bekannte an; er vertrieb sie mit seinem Schweigen oder seinen Klagen.

Er ist krank, sagte Johanna, es kann gar nicht anders sein. Sein Gemüt ist verwirrt.

Kraz und die Großmutter Heyn redeten es ihr aus: Er sei jung, habe keine Geduld, ein solcher Wartestand sei für jeden eine Zumutung.

Ich weiß es besser, widersprach Johanna. Des hört nimmer auf.

Er lebt seine Unruhe aus, reist, besucht Neuffer in Stuttgart, wiederholt Vergangenes, läßt es zum beruhigenden Ritual werden, nur ist auch das schwer möglich, denn Stäudlin hat fliehen müssen, Rosine ist tot, Charlotte und Christiane wagt er nicht aufzusuchen. Er lernt bei Neuffer den Stuttgarter Kaufmann Christian Landauer kennen, unterhält sich gut mit dem aufgeschlossenen, praktischen Mann. Landauer wird zu denen gehören, die ihn später auffangen. Er wandert nach Vaihingen, zu Conz, sie legen Heraklit aus, streiten, versöhnen sich, er kommt erschöpft zu Blum, der inzwischen Amtmann geworden ist, ihn mit seiner Anmaßung anwidert, flieht zu Magenau nach Markgröningen, fühlt sich ausgekühlt, abgestorben, verhöhnt die Gutgläubigkeit des Freundes, er solle vom Menschen nichts erwarten als Eigensucht und Niedertracht. Dann spricht er überhaupt nicht mehr, sitzt erstarrt am Tisch, ißt nicht, verläßt am nächsten Tag wortlos das Haus, und Magenau schildert Hölderlin als einen, »der nicht mehr sprechen« konnte, »er war abgestorben allem Mitgefühl mit Seines Gleichen, ein lebender Todter«.

So schleppt er sich nach Maulbronn zu den Breunlins, zu Heinrike.

Was ist mit dir, Fritz?

Ich bin ein Stein, Rike, in mir regt sich nichts mehr.

Komm, ruh dich bei uns aus.

Breunlin zweifelt an der Gesundung seines Schwagers. Der Fritz sei schon immer überspannt, närrisch gewesen. Jetzt breche das auf.

Rike macht ihm ein Zimmer frei. Wenn er Tabak benötige oder Wein, müsse er es sie nur wissen lassen.

Er sitzt am Fenster, starrt hinaus, einige Tage, danach verläßt er, ohne Begründung, ohne sich zu verabschieden, den Schwager und die Schwester, wandert heim nach Nürtingen.

Sein Zustand erschreckt Johanna.

Er läßt sich von ihr nichts sagen. I will koin Dokter.

Den Doktor Planck kennsch doch.

Noi, ihr sollet mi in Ruh lasse.

Mitte November mahnt er Ebel. Ihn treibe die Not. Er müsse erwarten, besonders da die Weihnachtstage heranrückten, vom Konsistorium zu einem Pfarrer geschickt zu werden. Außerdem sei ihm, gibt er vor, eine Erzieherstelle in Stuttgart angetragen.

Er reist nach Stuttgart, um sich für die zukünftige Arbeit auszustatten, wohnt bei Neuffer.

Du weißt doch noch gar nichts, sagt Johanna, warte doch ab, Fritz.

Es ist egal. Wenn ich Pfarrer werde, brauche ich das Gelumpe eben nicht.

Am 5. Dezember kommt Ebels Bescheid. Er sei angestellt.

»Ich hoffe, mit nächster Woche abreisen zu können«, antwortet er. »Ich bin zwar schon einige Zeit nicht wohl, aber, allem nach, wird es wenigstens keine Woche mehr dauern.«

Am 15. Dezember nimmt er Abschied. Die Weihnachtstage verbringt er bei dem Pfarrer Majer und den Verwandten der Mutter in Löchgau. Es ist schon Nacht, als er am 29. Dezember in Frankfurt ankommt. Von der Stadt sieht er wenig. Er hört sie mehr. Das Geräusch vieler Wagen, die noch unterwegs sind. Er steigt im Gasthof »Zur Stadt Mainz« ab, den ihm Ebel empfohlen hatte, er liege nicht weit vom Weißen Hirsch, dem Wohnsitz der Gontards.

Ebel erwartet ihn. Die Starre ist, trotz der Reisestrapazen, von ihm gewichen. Von Ebel erfährt er, daß er am Sylvestertag sich bei den Gontards vorstellen solle. Aber den Tag zuvor besucht ihn, unangesagt, der neunjährige Henry Gontard. Von einem Diener begleitet, tritt der Junge unbefangen auf, neugierig und fröhlich, fragt ihn aus: Woher kommen Sie? Sind Sie schon einmal Lehrer gewesen? Kennen Sie Frankfurt? Haben Sie auf der Reise Franzosen gesehen?

Sie lachen miteinander.

Der Diener mahnt zum Aufbruch. Hölderlin begleitet das Kind bis vor die Gasthaustür, blickt ihm nach. Ihm ist jetzt wohler. Das ist ein verheißungsvoller Anfang. So könnte eine gute Geschichte beginnen, eine, in der er »mein Holder« gerufen wird.

Fünfter Teil
Diotima
Frankfurt (1796–1798)

I *Die Stadt*

In die Stadt, die er sah, in der er wohnte, über die er kein Wort schrieb, kann ich nicht zurück. Ich vergleiche alte Bilder mit meiner Erfahrung. Sein Frankfurt muß ich erfinden. Es bleibt ohnehin im Hintergrund, als Schatten, so wie er es wahrnahm.
Es ist kalt. Der Ofen auf dem Gang heizt die Zimmer im ersten Stock des Gasthofs nur unzureichend. Die Gäste lassen die Türen offen; er hört Gelächter, Tuscheln, Schneuzen, Schnarchen. Lange steht er am Fenster. Über Nacht hat es wieder geschneit.
Ehe er sich, gegen vier Uhr nachmittags, bei den Gontards vorstellt, schlendert er durch die Stadt. Sie ist mit Tübingen, Jena, auch mit Stuttgart nicht zu vergleichen. Die Häuser sind üppiger, es gibt, um die Zeit, viele Werkstätten und Fabrikationen; Wagen und Droschken sind unterwegs mit feinen Leuten, Arme betteln. Das Gedränge macht ihn unsicher. Einem abgerissenen, bettelnden Mann, der behauptet, ein Invalide des großen Preußenkönigs zu sein, bei Torgau sein Bein verloren zu haben, weicht er aus, sucht ihn dann beschämt, findet ihn nicht mehr. Österreichische Soldaten sind überall. Die Garnison war kurz zuvor verstärkt worden. Man erwartete einen Vormarsch der französischen Armee unter General Jourdan.
Ebel, der verhindert war, ihn zu begleiten, hatte ihn über den Gontardschen Haushalt aufgeklärt. Der »Weiße Hirsch«, so heiße der Wohnsitz der Gontards, gehöre nicht Jakob Friedrich Gontard, dem »Kobus«, dem er dienen werde, sondern dessen Onkel Heinrich Gontard-du Bosc. Dies sei das Ergebnis einer Erbteilung. Jakobs Vater wohne im Stammhaus der Gontards, in dem großen Kaufhaus an der Neuen Kräme, dem Ursprung des Familienwohlstands. Jakob selbst habe es vorgezogen, in dem weitläufigen Anwesen des Weißen Hirsch für sich und die seinen eine Wohnung zu nehmen.
Das ist zuviel auf einmal, Ebel.

Du solltest es auswendig lernen, die Familie legt Wert auf solche Formalien.

Schon wird es kühl. Ebel spürt, wie Hölderlin sich zurückzieht, beginnt zu bagatellisieren: Das geht im Nu, Friedrich. Jakob heißt der Herr, gerufen wird er von den Freunden Kobus. Susette ist der Name der Dame, deren Liebreiz, ich bin sicher, dich erobern wird. Deinen Zögling Henry kennst du bereits. Er ist ein warmherziger, aufgeschlossener Bub. An ihm wirst du dich freuen. Die kleinen Mädchen sollten dich nicht kümmern, um sie sorgt sich Demoiselle Rätzer. An Schönheit mangelt es diesem Hause nicht. Außerdem wirst du noch häufig Johanna Margarethe Gontard begegnen, genannt Gredel, die zwar bei den Eltern in der Neuen Kräme zu Hause ist, doch sehr an ihrem Bruder Kobus hängt. Und ihretwegen, Ebel versuchte seine Verlegenheit nicht zu vertuschen, halte ich Verbindung zu den Gontards. Die Gredel hab ich gern. Das Ebenmaß ihres Gesichtes haben zwar die Blattern schon in der Kindheit verdorben. Aber die schöne Seele ließen sie unversehrt. Ich hätte sie auch zur Frau genommen.

Und weshalb nicht?

Weil ich, schlicht gesagt, den Gontards von zu geringer Herkunft bin, mein Lieber. Daß ich im Hause verkehre, sie unterhalte, ist mir gestattet.

Ebels Ironie tat ihm weh. Sei nicht ganz pünktlich, aber fast, hatte ihm Ebel geraten.

Deshalb hat er erst einmal nach dem Weißen Hirsch gefragt, sich das große Haus, das durchaus ein Palast war, angesehen und war erst dann durch die Stadt spaziert. Dennoch stand er zu früh vor dem Portal. Die Uhr der Katharinenkirche hatte noch nicht vier geschlagen. Er beschloß fünfmal den Großen Hirschgraben auf und ab zu gehen. Das tat er, dann schlug er den schweren, schön gehämmerten Klopfer gegen die Tür.

Ein Lakai in prächtiger Livree öffnete, ging ihm, nachdem er seinen Namen gesagt hatte, durch eine weite, überaus nobel ausgestattete Halle die breite Treppe zum ersten Stockwerk voraus. Der Prunk schüchterte ihn ein. Waltershausen war dagegen schlicht, geradezu bäurisch gewesen. Hier spiegelte sich der Glanz, brach sich das Licht vielfach im Glas, betonte selbst der kleinste Gegenstand seine Kostbarkeit.

Er wurde in der Tat von allen erwartet, die ihm Ebel erzählend vorgestellt hatte. In einem kleinen Saal oder großen Salon, der nicht so aufwendig eingerichtet war wie die Eingangshalle und in dem ihm gleich ein Klavier auffiel, standen und saßen mehrere Personen, unterhielten sich, lasen, drei Kinder bauten miteinander auf dem Teppich einen Turm aus bemalten Holzklötzen. Für einen Moment stand er, von dem Lakai allein gelassen, in der Tür, dann kam ein großer, etwas fülliger, dunkel gekleideter Herr auf ihn zu: Jakob Gontard. Magister Hölderlin. Er verbeugte sich. Gontard gab ihm die Hand. Hölderlin schaute in ein etwas grob geschnittenes Gesicht, das ganz von den Augen beherrscht wurde: Augen, die nichts anderes konnten, als prüfen, ob Dinge, ob Menschen, Augen, die abschätzten. Er fragte sich, welchen Wert er für Herrn Gontard habe. Kommen Sie, meine Frau und Henry erwarten Sie mit einiger Ungeduld. Doktor Ebel hat nur Freundliches über Sie berichtet.
Susette Gontards Anblick muß ihn getroffen haben, denn wenige Tage danach schreibt er von ihrer »ewigen Schönheit«. Sie war schön. Die Büsten, das Relief, die der Bildhauer Landolin Ohnmacht von ihr anfertigte und die ihr Bild überliefern, geben ein offenes, wunderbares Gesicht wieder. Es hat den Anschein, als erinnere sich der Stein noch an die Haut, eine Tizianhaut, die der Schriftsteller Heinse rühmte. Ihr Haar ist kastanienbraun, rötlich. Susette ist feingliedrig, aber sie neigt ein wenig zur Fülle. Seit zehn Jahren ist sie mit Jakob Gontard verheiratet. Sie hat vier Kinder zur Welt gebracht. Als sie sich zum ersten Mal sehen, ist sie siebenundzwanzig Jahre alt, ein Jahr älter als Hölderlin. Sie trägt ein weißes Kleid mit lila Besatz. Er wird es nicht vergessen.

So möchte er sie immer sehen. Noch dem aus dem Hause Gejagten schreibt sie, sie nähe sich ein Kleid, »ganz nach Deinem Geschmack, lila und weiß«.

Henry kennen Sie schon? Hat er sich gut betragen? Hölderlin wird den übrigen Anwesenden vorgestellt. Marie Rätzer gefällt ihm besonders, ihre Aufgeschlossenheit, ihre Offenheit.

Sie unterhalten sich, er erfährt, daß sein Zimmer noch nicht bereit sei und er erst um den 10. Januar ernsthaft mit der Arbeit beginnen könne.

Aber besuchen Sie uns, Henry wird sich freuen.

Ja, sagt Henry. Es tät mich wirklich freuen.

Er wird verabschiedet, ist froh, gehen zu dürfen und unglücklich, nicht in Madame Gontards Nähe sein zu können.

So hat es angefangen. So kann es angefangen haben.

Das Milieu irritierte ihn. So viel vorgeführter Reichtum war ihm neu. Auf den Gedanken, doch noch die Stelle auszuschlagen, kam er nicht. Jakob Gontard hatte ihm 400 Gulden fürs Jahr angeboten. Das war eine großzügige Entlohnung. Um der inneren Unrast zu entgehen, wanderte er nach Homburg, zu Sinclair, der, aus Jena heimgekehrt, mittlerweile am Homburger Hof als Kammerjunker und Vertrauter des Landgrafen diente. Der Weg nach Homburg, noch nie gegangen, war ihm dennoch vertraut: Die sich nicht schroff buckelnden Taunusberge glichen, wenigstens von weitem, denen der Alb. Er wanderte ohne Hast, die Vorfreude auf den Freund genießend, der zwar wußte, daß er in Frankfurt angelangt war, doch seinen Besuch nicht erwartete. Er überraschte Sinclair. Sinclair, stürmisch wie immer, bot ihm die ganze Wohnung als Unterkunft an, führte ihn als liebsten seiner Freunde der Mutter vor, bei der Hölderlin an Neuffers Mutter, die Griechin, dachte (solche Frauen nehmen ihn auf, schützen ihn, setzen selbstverständlich fort, was Johanna begonnen hat, als hätten sie deren Auftrag), sie lädt zum Kaffee ein, doch Sinclair wünscht Wein, auf dieses Wiedersehen müsse man trinken, außerdem müßten Jung und Leutwein gleich verständigt werden.

Ich bitte dich, eins nach dem andern, sagt Frau Sinclair. So kennen Sie ihn auch, nicht wahr, Herr Magister?

Hölderlin bittet sie, ihn nicht bei diesem »dummen Titel« zu nennen. (Im Tübinger Turm ist der alte, verstörte Mann noch grimmiger, redet man ihn mit »Magister« an; den »Herrn Hofbibliothekarius« duldet er, und diesen Titel wird er, ohne die Pflichten dazu, in Homburg erhalten.)

Du mußt bei mir auf der Stube schlafen.

Aber das kleine Eckzimmer ist doch frei, Isaac, dort hätte Herr Hölderlin es bequemer.

Sie müssen verstehen, Mama, wir haben viel nachzuholen. Wie vergingen die ersten Tage in Frankfurt? War Ebels Empfehlung richtig?

Er erzählt zögernd, es gelingt ihm nur schwer, die sich widersprechenden Eindrücke zu fassen.

Kennst du sie?

Wen?

Madame Gontard.

Nicht vom Ansehen, aber ihren Ruhm als Schönheit, als Stern der Frankfurter Gesellschaft.

Ist sie viel in Gesellschaft?

Die Gontards führen ein großes Haus. Von Hofrat Jung wisse er manches über Madame Gontard, daß sie zum Beispiel... Hat sie dich schon gefesselt, Fritz?

Ich muß fortwährend an sie denken, als setzten wir ein Gespräch fort, das wir noch nicht einmal begonnen haben.

Daß sie nach der Geburt ihres ersten Kindes längere Zeit krank war, sich ihr Gemüt verdüsterte, sie hat geweint, wirr gesprochen, selbst ihren Mann nicht erkannt.

Sie war heiter.

Sie ist auch wieder gesund.

Am Abend lernte er endlich Jung kennen und den Pfarrer Leutwein. Beide sind erklärte Demokraten, Anhänger der Republik. Sinclair hatte in Jena so oft von Jung gesprochen, sich auf ihn bezogen, ihn einen väterlichen Anstifter genannt, daß Hölderlin ihn »wegen seinem Jung« verspottet hatte. Sinclairs Vater, ein schottischer Adliger, der den Landgrafen beriet, war schon 1778 gestorben, als Sinclair drei Jahre alt war, und Jung, ebenfalls am Hofe und mit der Witwe bekannt, die sich nach einer Zeit mit einem Herrn von Proeck wieder verheiratete, hatte sich des frühreifen Kindes angenommen, Isaac mehr oder weniger erzogen.

Als wäre er mein zweiter Vater.

Ich hatte auch einen zweiten Vater.

Erzählte Figuren treten tastend ins Leben. Nach den Schilderungen Sinclairs hatte er einen anderen Jung erwartet, einen gutaussehenden, großen, schlanken Feuerkopf, leicht und heftig in seinen Bewegungen. Jung aber war ein gedrungener, fast schon fetter Mann, zu sorgfältig und zu jugendlich gekleidet und das Gesicht matt, schlaff, mit liebevollen Augen und einem wehleidigen Mund. Die Stimme widersprach der äußeren Erscheinung. Ein rabiater, triumphaler Baß. Leutwein hingegen, der Pfarrer, hatte etwas von einem Offizier, sich straffhaltend, mit einer knappen, fahrigen Gestikulation.

Sie unterhalten sich über ein Thema, das mir bei der Beschäftigung mit den Briefen und Gedichten Sinclairs auffiel: mit welcher absonderlichen Ausschließlichkeit er seine Mutter liebte. Sie blieb die einzige Frau in seinem Leben, sie vergötterte er. Sein Bedürfnis nach Nähe, erotischem Einverständnis, erfüllte sich wahrscheinlich in seiner Freundschaft mit Männern. Manchen von ihnen – so Hölderlin, Seckendorf und Muhrbeck – hielt er die Treue. Ohne seine Mutter jedoch glaubte er nicht leben zu können. Daß sie dennoch einige Tage vor ihm starb, erfuhr er nicht. Er selbst starb auf dem Wiener Kongreß, im April 1815, beim Besuch eines Kleidermagazins, wo er sich, eben zum Major befördert und begierig darauf, mit den Österreichern gegen Napoleon zu kämpfen, seine neue Uniform abholen wollte. Der merkwürdige Tod eines Revolutionärs, der sich, wie viele seiner Kameraden, durch den Fortgang der Geschichte verraten sah.

Jung war auf ein Sonett zu sprechen gekommen, das Sinclair seiner Mutter, »der Frau Hofrätin«, gewidmet hatte, und Hölderlin hatte Sinclair aufgefordert, es vorzulesen. Es war ein naives, in Schwärmerei mißlungenes Gedicht: »Dich Mutter, schmück' ich mit dem Blumenkranze, / Den ich mir wandt im Berge und im Tal, / So strahlt auch deiner Jahre ernste Zahl / In ewiger Jugend liebevollem Glanze«, über das es sich kaum zu debattieren lohnte. Leutwein begann ein Bildnis der Heldenmütter zu entwerfen, der aus Leidenschaft Tätigen, die Zukunft ihrer Kinder bereitenden Frauen. Die Bibel kenne sie ebenso wie die griechische Mythologie. Weiber, deren Schatten riesenhaft über die Geschichte fällt, Verzweifelte, Rächerinnen, Liebeshungrige und Haßerfüllte. Löwinnen!

Er übertreibe, wirft Jung lachend ein, der große Gedanke schrumpfe meistens kläglich auf Tagessorgen, finanziellen Druck und Zwistigkeiten. Die ohne Zweifel bewunderungswürdigen Frauen seien nicht in der Lage, über den Tag hinaus zu planen.

Das ist nicht wahr! Hölderlin hatte während Leutweins Ausbruch sich vorgestellt, was die Mutter eben treibe. Vielleicht verhandelt sie mit einem Bauern über den Winterkohl. Vielleicht sitzt sie mit der Großmutter und stickt. Vielleicht schreibt sie einen Brief an Breunlin wegen Karl, dessen Unzufriedenheit sie quält. Vielleicht näht sie ein Hemdchen für das Enkelkind. Das ist nicht wahr! Wahrscheinlich haben sie schon heimlich gegen die Väter gelebt, behutsam korrigiert. Allein, sind sie zum größeren Plan, zum Entwurf gezwungen. Sie beginnen den Lebensweg ihrer Kinder über den eigenen Tod hinaus abzustecken. Sie übertragen Hoffnung und Liebe wie Elixiere. Ihre oft wortlose Geduld wird zum festen Grund, auf dem wir die ersten Schritte in die Selbständigkeit gehen. Und die Mädchen wiederum lehren sie die Liebe, die sie verloren haben. Sie zehren von einer Erfahrung, an die sie sich nur noch in schlaflosen Nächten erinnern und schaffen damit Welt.

Leutwein gestand ihm zu, daß er damit der Wirklichkeit näher gekommen sei. Doch meinen Sie nicht, Herr Hölderlin, daß die Größe, die wir aus der unerforschten Vergangenheit lesen, unvergleichlich wichtig ist?

Wenn sie, fällt ihm Sinclair ins Wort, für die menschlichen Maße, die wir für unsere Zukunft erhoffen, noch gelten kann, dann wohl.

Sie gehen schlafen. Sinclair nötigt Hölderlin, in seinem Bett zu schlafen; für ihn sei der Diwan ebenso bequem. Hölderlin ist müde. Er schläft bald ein. Er wacht daran auf, daß ihm eine Hand über den Kopf fährt. Er kann Sinclairs Gesicht in dem Schneelicht erkennen.

Habe ich dich erschreckt?

Nein. Ich bin ganz allmählich aus einem angenehmen Traum aufgewacht.

Aber du hast im Schlaf geseufzt.

Vielleicht hat deine Hand den Traum geändert?

Ich wüßte niemanden, den ich lieber zum Freunde haben möchte als dich.

Geh schlafen, Isaac.

Sinclair beugt sich über ihn, küßt ihn auf die Stirn.

Gute Nacht, Hölder.

Ob es nicht besser ist, ich zeige mich ab und zu bei den Gontards? fragt er in den nächsten Tagen. Sinclair beschwichtigt ihn. Auch wenn Madame Gontard dies gesagt haben sollte, erwarte sie es nicht. Tagsüber, wenn Sinclair seine Pflichten am Hof erfüllt, holt ihn Jung zu Spaziergängen ab. Hölderlin ließ sich von ihm die politische Situation auseinanderlegen. Jung hatte offenbar gute Kontakte zu den Franzosen. Er sei sicher, daß die republikanischen Armeen in den nächsten Monaten weiter vorstoßen würden, nachdem die Preußen die Koalition verlassen hätten und nun das arme Polen unterjochten. Die Maas-Sambre-Armee unter Jourdan werde kaum aufzuhalten sein. Dann, junger Freund, wenn ich meinem eigenen Land nützen kann, werde ich mich den Republikanern verpflichten.

Jung hatte den »Ossian« aus dem Englischen übersetzt. In seiner Wohnung las er Hölderlin weite Partien daraus vor.

Von Sinclair erfuhr ich, Sie stünden bei Cotta unter Kontrakt?

Ohne ihn erfüllt zu haben.

Man wartet auf Ihre Erzählung, den »Hyperion«.

Ich muß erst in Frankfurt Fuß fassen.

Das versteh ich. Die Poesie ist empfindlich. Doch könnten Sie bei Cotta nicht für meinen »Ossian« sprechen?

Mein Wort wird ihm nicht viel gelten.

Jungs Listigkeit ernüchterte ihn. Dennoch sicherte er ihm zu, sich für ihn zu verwenden, denn die Übersetzung hatte ihn beeindruckt, auch die Besessenheit, mit der Jung sich ihr widmete.

Beim Abschied versicherte er Sinclair, bald wiederzukehren.

Oder wenn du bekümmert bist, Hölder.

Ich hoffe es nicht.

Es ist kein weiter Weg hierher.

Am 10. Januar tritt er seine Stelle an, einige Tage danach zieht er aus dem Gasthaus in sein Zimmer im Weißen Hirsch. (Das abstrahiert sich als ein Datum in einem durch nachgeprüfte, abgesicherte Daten markierten Lebensweg. Hat ihm am Tag zuvor ein Diener die Botschaft gebracht? War er dann angespannt? Ist er abends am Weißen Hirschen vorbeigegangen? Haben ihn die wenigen, doch starken Eindrücke, die er von seinem Antrittsbesuch hatte, geängstigt? Überkamen ihn plötzlich Zweifel, ob es die richtige Entscheidung war, nach Frankfurt zu gehen und nicht doch der Mutter zu folgen, in Neckarhausen oder sonstwo eine Pfarre zu übernehmen? War er wankelmütig? Über solche Stimmungen hat er nie der Mutter oder dem Bruder geschrieben. Er hätte ihr Mißtrauen gegen dieses Wanderdasein bestätigt, sie aber auch in Sorge versetzt. Daß er sich zu Beginn fremd fühlte, spricht er Neuffer gegenüber, die Stimmung verallgemeinernd, aus: ».. . auch jetzt noch wirst Du die Folgen des Umherirrens, des unsteten, geteilten Interesses, das einem so eine Lage unwillkürlich gibt, an mir finden. Ich weiß wohl, daß es einmal Zeit wäre, mich weniger durch Neuheit beunruhigen zu lassen; aber ich mußte wieder finden, daß, bei aller Vorsicht, das Unbekannte für mich sehr leicht mehr wird, als es wirklich für mich sein kann, daß ich bei jeder Bekanntschaft von irgendeiner Täuschung ausgehe, daß ich die Menschen nie verstehen lerne, ohne einige goldne kindische Ahndungen aufzuopfern.«)

»... daß ich bei jeder Bekanntschaft von irgendeiner Täuschung ausgehe«: Er ist seit fünf Tagen im Haus, zu den Kindern hat er ungewöhnlich leicht Zugang gefunden, Henry läßt ihn kaum mehr aus den Augen, ist lern- und wißbegierig, entzückt ihn durch seine arglose Anschmiegsamkeit; Madame Gontard verfolgt die ersten Schritte aufmerksam, nimmt an den Stunden teil, erklärt manchmal, was Henry schon wisse, wie weit er bei den Lateinern und in der Geschichtskunde sei; ihre Schönheit und verschleierte Sanftmut verwirren Hölderlin ebenso wie ihr Gesellschaftston, der ungezwungene Umgang mit Gästen des Hauses. Ihm ist keine Frau begegnet, von deren Reinheit und Naivität er so überzeugt gewesen wäre. Wieso aber beherrscht sie dann so elegant die Gesellschaft, weshalb läßt sie sich sichtlich vergnügt auf diesen Betrieb ein, schmückt sich für die anderen, schmeichelt ihrem Mann? Täuscht er sich doch? Bildet er sich ein Wesen ein, das es – wieder – gar nicht gibt?

Er zweifelt nicht lang. Madame Gontards Anwesenheit prägt den Tag. Es ist anders als in Waltershausen. Ständig ist das Haus belebt, Gontard lädt Geschäftsfreunde ein, Susette empfängt Freundinnen, selbst die Kinder bekommen Besuch von der Großmutter, von Tanten – dabei wird ihm zwar immer wieder bewußt, daß er ein gehobener Domestik und von vielem ausgeschlossen ist, aber Susette bezieht ihn ein, wenn es ihr schicklich scheint, außerdem freut ihn der unbeschwerte Umgang mit Marie Rätzer, die ihn, gebildet und neugierig, in literarische Debatten verwickelt, über die Gepflogenheiten im Hause aufklärt, mitunter recht kritische Anmerkungen über Gäste macht und ihn vor Susettes Haushälterin Wilhelmine warnt:

sie sei intrigant und versuche mit jedem Hofmeister anzubändeln.

Es war abgemacht, daß er Henry und gelegentlich auch Jette vormittags unterrichte. Der Nachmittag stand ihm zur Verfügung. An den Mahlzeiten nahmen er und Marie, wenn Gontard keine Gäste hatte, teil. Gontard führte das Gespräch, war er übelgelaunt, lastete über der Tafel ein Schweigen, das zu brechen nur Henry ein Vorrecht hatte. An den anschaulichen, drolligen Erzählungen des Buben freuten sich alle, und sie gaben Susette Gelegenheit, dieses und jenes Ereignis zu kommentieren. Am Anfang hatte Gontard den neuen Hofmeister manchmal ins Gespräch gezogen, sich verbindlich nach seinem Aufenthalt in Jena erkundigt, ob er Goethe begegnet sei, man habe mit der Familie über die Schönemanns Verbindung, ob Fichte tatsächlich derart beeindrucke? Herder kenne er. Auf Hölderlins Poesie ging er nie ein. Wenig später, als man sich an den Hofmeister gewöhnt hatte, überging Gontard ihn ebenso wie Marie Rätzer. Sie saßen schweigend, hörten zu.

Nachmittags hielt Hölderlin sich meist in seinem Zimmer auf, das behaglich eingerichtet war, ihn nicht beengte. Es fiel ihm leicht, am »Hyperion« zu arbeiten, er wurde nicht ständig durch Anforderungen von außen abgelenkt. Der Text weitete, veränderte sich. Es störte ihn nicht, wenn Henry neben ihm spielte, Figuren aus Papier ausschnitt oder kindliche Landschaften malte, immer Garten mit Kastanienbäumen und Pappeln.

Manchmal merkte er, daß Henry ihn beim Schreiben anschaute, gern etwas gefragt hätte – er gewöhnte sich an die Anwesenheit des Buben, sie wurde ihm lieb.

Susette und Marie musizierten viel. Beide spielten gut Klavier. Sie fragten ihn, ob er ein Instrument beherrsche. Er hatte die Flöte in Nürtingen gelassen.

Musik ist für mich mehr als eine Wohltat, sagte er. Ich höre Musik, wenn ich schreibe. Beim gemeinsamen Musizieren böte sich eine Gelegenheit, unverfänglich mit den Damen zusammenzusein, und die Zeit verginge noch angenehmer. Er hatte keine Schmerzen mehr, war überzeugt, sie würden so bald nicht wiederkehren. Ein solches Wohlbefinden könnte von Dauer sein. »Es war auch Zeit, daß ich mich wieder etwas verjüngte; ich wäre in der Hälfte meiner Tage zum alten Manne geworden. Mein Wesen hat nun wenigstens ein paar überflüssige Pfunde an Schwere verloren und regt sich freier und schneller, wie ich meine«, schreibt er Karl, den er zu sich nach Frankfurt wünscht, nicht nur, damit der Bruder sich von seiner Wandlung überzeuge, sondern um ihm, der den Sprung aus seiner erbärmlichen Tätigkeit nicht geschafft hat, Zuversicht einzuflößen, ihn vielleicht mit Menschen zusammenzubringen, die ihm weiterhelfen könnten. »Hat Schiller noch nichts an mich geschickt?« fragt er; Schiller schweigt. In einer anderen, weniger begünstigten Lage wäre er niedergeschlagen gewesen, hätte nicht schreiben können. So verwand er den Affront. »Sei doch so gut, mir meine Flöte, sicher gepackt, zu schicken.« Immer stärker wünscht er sich, in Susettes Nähe sich aufzuhalten, findet Vorwände, bedient sich Maries und Henrys: Sag deiner Mama, ich wollte mit ihr dein neues Pensum besprechen. – Sollten wir heute nachmittag nicht ein bißchen musizieren, Demoiselle Rätzer? Vielleicht hat auch Madame Gontard Zeit. Stets sind die Kinder Zuhörer. Nichts macht Geist und Seele so geschmeidig wie Musik. Es ist ihm damit Ernst. Aber die Kinder, die enthusiastisch Konzert spielen, sich Stühle zusammenrücken und dann, wenigstens für eine Zeit, still, die Hände im Schoß, als Publikum posieren, die Kinder sind auch ein Schutz gegen Neugier und Verdächtigungen aus dem Hause. Der Hofmeister Hölderlin und die Damen.

Marie entging Hölderlins Zuneigung zu Susette nicht. Und sie merkte eher als er, daß sie von Susette erwidert wurde. Wenn auch versteckt, hinter den Attitüden der interessierten Hausherrin, der Liebhaberin von Poesie und Musik. Es ist denkbar, daß Marie eifersüchtig war, sich bemühte, seine Aufmerksamkeit auf sich zu ziehen, daß sie ihren Vorteil, nicht verboten lieben zu müssen, ausnützen wollte. Hölderlin fiel das nicht auf. Er brauchte sie als Mittlerin zu Susette. Er mochte Marie, ihre Behutsamkeit, Diskretion, und er bezog sie später auch als Mitwisser ein. Das fiel ihr schwer, kränkte sie, denn sie war mindestens ebenso schön wie Susette, freilich nicht ätherisch, sondern von einer weichen, herausfordernden Sinnlichkeit. »Die blühende Schweizerin« nannte Heinse sie, sie »braucht sich nur zu zeigen, um zu gefallen«. Marie stammte aus Bern und hatte vier Jahre vor ihm, 1792, ihre Stelle als Erzieherin der Mädchen bei den Gontards angetreten. Sie wußte Bescheid, war in dem großen Bekanntenkreis der Gontards eingeführt, von jungen Männern umschwärmt; sie war auch beim Personal geachtet und konnte, wenn es darauf ankam, Stimmung machen.

»Unsere Seelen lebten nun immer freier und schöner zusammen.« Aus der Melite der ersten Hyperion-Versuche wird Diotima. Sie folgt Stella und Lyda, wiederum eine idealisierte, in die Anbetung entrückte Figur, freilich handelnd einem Helden zugeordnet, ihm auf diese Weise schon verbunden: Geliebte und Verwalterin einer scheinbar unzerstörbaren Kindheit, einer intakten, den Menschen aufnehmenden Natur.

Es war mittlerweile zur Regel geworden, daß Susette, Marie und er, falls die Hausherrin nicht andere Pflichten hatte, eine gute Stunde am Nachmittag musizierten. Ab und zu unterbrachen sie ihr Spiel, unterhielten sich, Susette fragte ihn nach Nürtingen, der Mutter, weshalb Karl nun doch nicht gekommen sei, und Marie wußte die neuesten Aussprüche der Kinder.

Noch wurde er »Herr Hölderlin« genannt, von allen.

Anfang April tauchte unvermutet Schelling auf, der seit einem Vierteljahr ebenfalls als Hofmeister untergekommen und nun mit seinen »beiden Riedeseln«, wie er seine Zöglinge nannte, und deren Vormund unterwegs nach Leipzig war. Er meldete sich vormittags, als Hölderlin Henry im sogenannten Balkonzimmer Stunden gab, platzte in die Stille, derart aufgedreht, daß Henry, der sich über den drolligen Schwaben lustig machte, seine Mutter und Marie Rätzer holte: Sie müßten unbedingt kommen, der Herr Hölderlin habe einen kuriosen Besuch. Der ist vor lauter Aufregung krebsrot im Gesicht und sagt dauernd: 's isch recht, 's isch recht, 's isch recht.

Hölderlin stellte den Freund, angesteckt von dessen Witz, als kommenden Philosophen vor, jenen, der ohne Zweifel den großen Fichte ablösen werde.

Wenn des net d'r Hegel isch, fügte Schelling hinzu.

Wir sind miteinander auf dem Stift gewesen.

Sie werden keine Lust haben, sich jetzt weiter mit Henry abzugeben, sagte Susette.

Henry erhob Einspruch.

Wenn du willst, komm halt mit auf mein Zimmer. Die Philosophiererei wird dich schon langweilen. Susette versuchte den Buben zurückzuhalten, aber er ging mit den beiden, blieb auch nach dem Essen bei ihnen. Er verhielt sich so ruhig, daß sie ihn vergaßen.

Ich lasse den Jungen hartnäckig sein, weil ich er sein möchte, weil ich in einer Ecke der Stube sitzen und zuhören will. Ich bin neugierig. Meine Phantasie ist aufgestört. Ich weiß, was viele andere auch wissen, die sich mit Hölderlin beschäftigt haben, daß er und Schelling in Frankfurt wahrscheinlich einen Text besprochen haben, der in der Philosophiegeschichte als »Das älteste Systemprogramm des deutschen Idealismus« gilt, als jenes Fundament aus gedankenvollen Sätzen, auf denen nicht nur Schelling und Hegel ihre Ideengebäude bauten. Und Hölderlin, mit Hyperion unterwegs, den Plan für den »Empedokles« schon gefaßt, hat daran entscheidend mitgewirkt. Der die Tat scheuende Poet als Denker. Ein Teil dieses Programms ist in Hegels Handschrift überliefert. Die Vorlage dazu hat er von Schelling bekommen.

Es sind kaum mehr als zwei Druckseiten.

Begonnen hat das Gespräch, als Schelling den Freund von Tübingen nach Nürtingen begleitete. Schelling war dann noch einmal, ein halbes Jahr danach, kurz ehe Hölderlin nach Frankfurt abreiste, in Nürtingen gewesen, und sie hatten weiterdiskutiert.

Ich will anfangen, hatte Schelling gesagt, ich will wissen, wohin ich denke.

Alles, was Kant, Fichte, die Griechen, Rousseau, die Ereignisse der Revolution in ihnen ausgelöst, woran sie sich gerieben hatten, wurde wiederholt, tastend formuliert, und es kam hinzu, was den einzelnen bewegt hatte, worin sie sich unterschieden – alle drei Stimmen. Die Blätter, der »Entwurf«, summieren ihre Tübinger Gemeinsamkeit, sie verklammern den Anfang. Von hier aus trennen sie sich, doch jeder nimmt sein Thema mit.

Ob Schelling ein Manuskript mitbrachte, das er langsam, Satz für Satz, vorlas, das sie dann korrigierten, neu schrieben, ob einer von ihnen während des Gesprächs notierte oder ob sie am Ende gemeinsam formulierten, das ist gleich. Es geht mir um den Geist der Dialoge, dem Henry lauschte. Das meiste verstand er nicht, aber der Ernst der Männer, ihre Leidenschaft fesselten ihn.

Sie haben fast gestritten, erzählte er Susette, doch nicht richtig, und Herr Schelling hat gesagt: Es geht mir um mein Leben! Und sie haben furchtbar Schwäbisch gesprochen.

Schelling gab wieder, was Hegel ihm aufgetragen, worüber er sich mit ihm auseinandergesetzt hatte.

Du woisch doch, das isch dem Hegel sei Vorstellung von d'r sinnlichen Religion. Grad weil er so knochetrocke isch, moint er des. Des isch ja au richtig.

Des trifft aber erscht zu, wenn von d'r Mythologie d' Red isch, sonsch bleibt's e platter Spruch –

Des hem'r au g'sehe. Und weil die Ethik – so wie mer se ons denkt, – guck, des han i scho g'schriebe: »Diese Ethik wird nichts andres als ein vollständiges System aller Ideen, oder, was dasselbe ist, aller praktischen Postulate sein«, weil eben die Ethik als System genommen wird, in dem der Mensch, das absolut freie Wesen, die Mitte ist, wendet sich auch die allgemeine Ansicht von der Mythologie.

Das ist klar. Die Mythologie, unsere Mythologie, muß der Idee unterstellt sein, muß ihr dienen.

So ist es, Hölder, das nimmt ihr das Vorväterg'rüchle, die Ungenauigkeit. Die Schwafler werden keine Freude mehr haben an solch einer Mythologie.

Hölderlin stand auf, preßte die Hände gegeneinander, sah zum Fenster hinaus, stellte sich hinter Schelling, der am Tisch saß, die Feder in der Hand, wartete: Das heißt aber, Schelling, daß wir die Prinzipien einer Geschichte der Menschheit entwickeln müßten, daß wir das elende Menschenwerk wie Staat, Verfassung, Regierung, Gesetzgebung durchschauen und auf die Idee einer moralischen Welt kommen müßten, auf die absolute Freiheit der Geister, daß wir weder Gott noch Unsterblichkeit außerhalb uns selbst suchen dürften.

Das wird dem Hegel nicht ganz passen.

Macht nichts. Laß mich weiterdenken. Da geht es ja um Ästhetik. Wenn der Mensch vernünftig ist, dann ist das höchste Streben seiner Vernunft, Wahrheit und Güte in der Schönheit zu verschwistern. Nur so läßt er alle Tabellenesel und Registeraffen hinter sich. Nur so kommt er über die Buchstabenphilosophie hinweg. Ich kann Geschichte nicht denken und verstehen ohne ästhetischen Sinn. Und das, Schelling, setzt die Poesie wieder in ihren Rang, den sie verloren hat: Lehrerin der Menschheit zu sein.

Und Philosophie?

Die geht in der Poesie auf.

Oder die Poesie wird philosophisch.

Das ist sie immer schon gewesen, sagte Hölderlin.

Du übertreibst.

Ich übertreibe der Poesie zuliebe.

Jetzt kann der Hegel auch wieder zufrieden sei, Hölder. Denn die Mythologie kann man mit deinen Gedanken definieren. Gesetzt, der Mensch in seiner absolute Freiheit und unter deinem ästhetische Reglement, will Geschichte begreifen, so kann er sich nicht mehr mit der von den Dogmatikern ruinierten Mythologie abgeben, er braucht eine neue, eine vernünftige, eine Mythologie der Vernunft. Da findet sich dann Aufgeklärtes und Unaufgeklärtes in *einer* Vorstellung, paß auf, das schreib ich gleich: »Die Mythologie muß philosophisch werden um das Volk vernünftig, und die Philosophie muß mythologisch werden, um die Philosophen sinnlich zu machen.«

Gut, des heißt: Ästhetische Anschaulichkeit ist eine Handlung der Vernunft.

Und dann erst, Hölder – Schelling sah zu ihm hoch und nahm seine Hand –, dann erst herrscht Einheit, dann erst kann sich jeder einzelne gleich ausbilden, dann erst wird keine Kraft mehr unterdrückt, dann erst herrscht allgemeine Freiheit und Gleichheit der Geister. *Das* ist die neue Religion. Und sie ist das Werk vom vernünftigen Menschen.

Ist das nicht zu hoch gegriffen? Hast du keinen Zweifel?

Und hätte ich Zweifel, Hölder, die bessere Zukunft kannst du mit Zweifeln nicht bereiten.

Gut, na schreibsch des zum Schluß.

Er setzt sich wieder. Henry muß niesen, unterdrückt es.

Du bist da? Ist es dir nicht langweilig gewesen?

Nein. Der Junge schüttelt heftig den Kopf.

Schelling lacht. Jetzt haben wir dem Buben seine Zukunft philosophiert.

O nein, nicht einmal die seiner Urenkel, Schelling.

Kannst du deine Melancholie nicht lassen?

Weißt du was, Henry, jetzt gehen wir, dich zu entschädigen, zu dritt in den Garten, und du zeigst Herrn Schelling die Blumen, die du selbst gesetzt hast.

Es war üblich, daß die vermögenden Familien im Sommer die Stadt verließen und Landhäuser außerhalb Frankfurts bezogen. 1796 hatte Gontard ein Haus auf der Pfingstweid, im Osten der Stadt, gemietet, die Jahre darauf den Adlerflychtschen Hof. Sie bereiteten sich tagelang auf den Umzug vor. Marie Rätzer wanderte, Listen in der Hand, von Zimmer zu Zimmer, ließ die Dinge, die mitgenommen werden sollten, in großen Körben stapeln. Mit den Kindern, vor allem den Mädchen, kämpfte sie geduldig um jedes einzelne Spielzeug. Dort hätten sie viel mehr Gelegenheit, im Garten, auf den Wiesen und im Wald zu spielen. Da sei ein Püppchen zuviel nur hinderlich.

Aber die Bücher sollen alle mit, grollte Henry. Ja, sicher, der Unterricht werde fortgesetzt. Sonst muß Herr Hölderlin in der Stadt bleiben! Oh nein, das wäre schade. Bisweilen unterbrach Marie ihre ordnende Wanderung und besuchte Hölderlin auf seinem Zimmer. Sie gefiel ihm so außer Atem, er sagte es ihr.

Verteilen Sie Ihre Komplimente nur nicht allzu ausgeklügelt, Herr Magister.

Sie machte ihn mit diesem Scherz nachdenklich.

Oh nein, ich wollte ...

Habe ich Sie durcheinandergebracht?

Ich wollte ...

Sehen Sie, da gehen sogar einem Poeten die Wörter aus.

Er war ihrer Unbefangenheit dankbar.

Diese Sommerferien sind ja eine löbliche Einrichtung, erklärte sie, den Kindern und Frau Gontard bekommen sie auch stets, Monsieur Gontard genießt sie auf seine Art, aber für unsereinen sind sie eher eine endlose Folge von Aufregungen. Sorgen Sie nur gleich zu Beginn dafür, daß Sie Ihre eigene Zeit haben, daß man sie respektiert, sonst taumeln sie von einer kleinen Exkursion zur andern und finden gar nicht zu sich selbst.

Er verbeugte sich übertrieben. Haben Sie Dank, Demoiselle Rätzer, für Ihren Rat. Ich werde mir ein gemütliches Versteck aussuchen, und man wird mich den Unauffindbaren schelten.

Sie machen sich lustig. Aber haben Sie nicht vor, Ihr Buch für Cotta zu beenden? Den »Hyperion«?

Das weiß anscheinend alle Welt.

Bin ich alle Welt?

Das sind Sie nicht, Demoiselle.

Sie werden uns daraus vorlesen, hoffe ich.

Ich bin nicht sicher.

Sie werden es gewiß, Madame Gontard wünscht es sich. Sie sagte: Auf der Pfingstweid, wenn wir ungestört sind, soll uns der Magister Hölderlin aus seinem Buch vortragen.

Das hat sie gesagt?

Ja. Und Sie werden uns vorlesen, wie ich vermute?

Nun gehen Sie lieber.

Fünfmal mußten Wagen hin- und herfahren, bis alle und der Hausrat sich in den Ferien befanden.

Das ist mir neu, daß man sich einfach in eine Chaise setzen und in den Sommer reisen kann.

Henry wiederholt den Satz, findet ihn sonderbar, möchte ihn sich merken, auch solche Sätze erfinden. Daran kann man erkennen, daß Herr Hölderlin ein Dichter ist, sagte er zu Susette.

Das reicht wohl nicht aus, Henry.

Oh doch, widerspricht ihr Hölderlin, beinahe heftig, nur müssen sich Henrys Verstand und Phantasie darin üben, und ein solcher Satz darf ihm nicht bloß apart vorkommen, sondern er muß den Sommer als Gegend sehen, als Landschaft, er muß das Leben eines solchen Begriffes empfinden und alle vergangenen Sommer mitdenken.

Henry schüttelt sich, schlägt gespielt die rechte Hand vor den Mund, eine Geste, die ihm eigen ist: Puh, das ist viel!

Es ist nicht viel; es ist, merkwürdigerweise, ein einziger Gedanke.

Dann will ich lieber Kaufmann werden, wie der Vater.

Du hast Zeit, sagt Susette. Und Jette setzt spöttisch hinzu: Wo der Henry so schlecht rechnet.

Sie sind rasch eingerichtet. Hölderlin bekommt ein enges, vom Schatten hoher Bäume feuchtes Stübchen zugewiesen, das nur durch die beiden Kinderzimmer getrennt ist von dem Salon und dem Schlafraum Susettes.

Die erste Woche könne er ganz ungestört seiner Tätigkeit nachgehen; sie habe Henry versprochen, daß er nicht die ganze Zeit strapaziert werde. Und danach könne er unterrichten, wie es ihm beliebe. Die früheren Hauslehrer hätten den Morgen vorgezogen, da seien die Gärten noch nicht voller Leben und Lärm, sogar in der Laube könne man noch ungestört lernen. Dorthin zog er sich dann auch mit Henry zurück, der ihn bereits nach einigen Tagen aufforderte, wieder ein wenig in die Bücher zu sehen. Sie müssen ja nicht streng mit mir sein, und wenn es uns zuviel wird, plaudern wir ein wenig.

Henry faßte leicht auf, reagierte oft witzig auf den übertriebenen Ernst seines Lehrers und ging mit ihm wie mit einem großen Bruder um. Hölderlin genoß die Vertraulichkeit, nützte sie aber nicht aus, ließ den Jungen die gegebene Distanz spüren: Ich bin als dein Lehrer engagiert, Henry, und nicht als dein Freund.

Sie können beides sein.

Ich bin es ja auch. Komm, laß uns den Ablativ noch einmal üben.

Cotta hatte ihm nahegelegt, den »Hyperion« so zu kürzen, daß man mit einem Band auskomme; er hatte sich das Manuskript noch einmal zurückerbeten. So ist er beschäftigt. Susette wird ihn beobachtet haben; und er sie. Sie verbringen Tage im Garten: mit Spielen, mit Picknicks, sie lassen sich im Schatten von Bäumen nieder, werden zu Bildern, an die sich jeder von uns erinnert.

Gontard wird, wenn er abends aus der Stadt kommt, zum Hiobsboten. Am 6. Juni hatte die französische Armee die Lahn erreicht. Man fürchtete den Vorstoß auf Frankfurt. Doch zehn Tage danach sprang Gontard strahlend aus der Kutsche, von allen schon erwartet: Erzherzog Karl habe die Republikaner bei

Wetzlar geschlagen. Es war nur ein Aufschub. Hölderlin unterließ es, mit Gontard oder den Damen über den Krieg zu reden, aber als er einmal, auf einem Spaziergang mit Susette und Marie, bemerkte: im Grunde wünsche er sich ja den Sieg der Franzosen, auch wenn er den Krieg hasse, denn erst nach ihm könne das Volk seine Freiheit finden, seine Rechte bekommen, als er das eher beiläufig sagte, entgegnete ihm Susette erschreckt und mit aller Schärfe: Sie wünschen doch wohl nicht, Herr Hölderlin, daß die Kinder, mein Mann und ich unsere Existenz verlieren.

Aber nein! Das kann ich nicht wünschen. Und das ist auch nicht zu erwarten.

Es ist besser, wir vergessen den Krieg, sagte Marie, dann vergißt er auch uns. Er hätte ihr antworten wollen, daß sich ein solcher Krieg um solche Leichtfertigkeit nicht kümmre, aber sie hatte einen Punkt setzen wollen, so gab er nach.

Ich weiß nicht, wie es begann, ob sie sich schon hier, in diesem sommerlichen Refugium, ihre Liebe gestanden. Ob sie die gegenseitige Aufmerksamkeit, die wachsende Spannung auskosteten, ohne sie auszusprechen. Es sind, das kennt man, einfache Dinge, die ihn aufregen und schmerzen: Daß ihre Schulter beim Spazierengehen seinen Arm berührt; daß ihr Lächeln anders ist als sonst; daß sie ihn, gar nicht wissentlich, mein Lieber nennt; daß sie, nachdem er vorgelesen hat, für einen Augenblick seine Hand hält.

Sie muß wachsam sein, wird es bleiben. Geredet wird bald; die Gerüchte dringen nicht bis zu Gontard. Und Marie, die ein offenes Ohr fürs Haus hat, Stimmungen abschätzt, gelingt es zu dämpfen, zu korrigieren. Sie erpreßt sogar: Wer solche Gemeinheiten weiterrede, müsse mit seiner Entlassung rechnen. Da verstünde Madame Gontard keinen Spaß.

Es könnte eine Liebesgeschichte sein wie viele andere: Heimlich und kompliziert, gegen die Moral und geschützt von einigen Verständigen. Doch er schlägt einen anderen, einen hohen Ton an, und sie akzeptiert ihn. Er macht aus dem Bild der Geliebten ein Inbild: Diotima. Schon ist sie, ohne es zu ahnen, eingegangen in seine Poesie. Das Kümmerliche, das Tägliche packt sie erst, nachdem er aus dem Haus vertrieben ist, sie sich heimlich treffen und schreiben. Die Heimlichkeit jetzt dagegen ist natürlich.

Neuffer offenbart er als erstem seine neue Liebe: »Ich bin in einer neuen Welt. Ich konnte wohl sonst glauben, ich wisse, was schön und gut sei, aber seit ichs sehe, möcht ich lachen über all mein Wissen. Lieber Freund! Es gibt ein Wesen auf der Welt, woran mein Geist Jahrtausende verweilen kann und wird, und dann noch sehn, wie schülerhaft all unser Denken und Verstehen vor der Natur sich gegenüber befindet. Lieblichkeit und Hoheit, und Ruh und Leben, und Geist und Gemüt und Gestalt ist Ein seliges Eins in diesem Wesen.« Die Stilisierung wappnet ihn gegen die einfachen Empfindungen und Wünsche. Es scheint, als entziehe er sich schon jetzt, versuche gar nicht, sich zu nähern. Der Altar ist zu hoch. Keine Begehrlichkeit, keine erotische Wendung, nicht Haut noch Wärme: ein idealisches Paar in einem drei Jahre dauernden platonischen Verhältnis. Erfüllung für dürre Philologenphantasie.

So kann es nicht gewesen sein. So war es nicht. Sie sagten vermutlich schon in diesem ersten Jahr Du zueinander. Was vorausging, läßt sich erfinden, erzählen. Es kann eine Geschichte sein von Flucht; von schlimmer und dennoch genossener Anspannung; von geteilter Angst und Selbstvergessen.

II *Die neunte Geschichte*

Die Gartentage gingen zu Ende. Gontard holte die Familie in die
Stadt zurück. Die kaiserlichen Truppen müssen an mehreren
Fronten kämpfen. In Italien operiert Buonaparte erfolgreich; im
Mai hatte er Mailand erobert. Ende Juni rückt Moreau mit seinen
Truppen bei Straßburg über den Rhein, dringt in Württemberg
ein. Jourdan, der mit seiner Nordarmee aufgehalten wurde, ist
nun entlastet, wirft die Österreicher zurück. Am 8. Juli besetzt er
Wetzlar, am 10. steht er vor Friedberg. Frankfurt ist nicht mehr
weit. Die Stadt hört den Schlachtenlärm. Der Wirrwarr ist unge-
heuer, die Furcht vor den Soldaten der Revolution macht kopf-
los. Wer es sich leisten kann, plant die Flucht oder ist schon fort.
Die Fahrigkeit erfaßt auch Hölderlin. Er packt und packt wieder
aus. Susette ist kaum ansprechbar. Oft zieht sie sich weinend in
ihren Salon zurück. Gontard, der mannhaft erscheinen will, gibt
Anweisungen, die er im nächsten Moment widerruft. Allein Marie Rätzer bewahrt die Ruhe, nimmt sich der Kinder an, die sich
unter den Franzosen blutrünstige Kannibalen vorstellen und Todesangst ausstehen. Gontard belehrt sie nicht eines Besseren,
bestärkt sie eher, wenn er von den französischen Teufeln spricht,
diesen Banditen und Mordbrennern. Hölderlin wagt es nicht, zu
korrigieren, den Kindern zu erklären, wofür die Truppen Frank-
reichs kämpfen, weshalb er auf ihren Sieg hoffe. Gontard hatte
angeordnet, daß die Familie, außer ihm, die Stadt vor der Ein-
nahme verlasse und zu Verwandten nach Hamburg reise. Der
Tag der Abreise wurde von Mal zu Mal aufgeschoben. Diese
Unentschiedenheit erhöhte die Nervosität. Selbst Susette
herrschte mitunter die Kinder an. An den Nachmittagen verließ
Hölderlin häufig das Haus, um die Unordnung in der Stadt, die
»unbeschreibliche Verwirrung« zu studieren. Hier wurde, in einer Art Fieber, Geschichte sichtbar. Befestigungen am Wasser-
graben wurden von österreichischen Soldaten und rekrutierten

Bürgern ausgebessert. Offiziere tauchten, offenbar ohne Plan und Vorsatz, in allen Gassen, auf allen Plätzen auf. Viele Reisewagen waren unterwegs, vor allem gegen Abend: Die Vermögenderen räumten das Feld. Zufällig geriet er in einem Gasthaus mit einem Gerbergehilfen ins Gespräch, der laut über die vollen Hosen der Reichen spottete. Die hätten von den Republikanern nichts Gutes zu erwarten.

Ach wissen Sie, sagte Hölderlin, in Mainz oder Paris florieren, wie ich höre, die Banken.

Also auch da, sagte der Gerber mißmutig. Unsereinem werden sie die Felle stehlen. Und die Freiheit, mein Herr, kommt auch nicht aus den Kanonen.

Was verstehen Sie denn unter Freiheit?

Die Frage machte den Mann verlegen, er stand vom Tisch auf, trank den letzten Schluck Bier im Stehen, ging.

Am Mainufer, in Sachsenhausen, lagerten Flüchtlinge aus der Wetterau. Die Frauen klagten. Es sei alles vergebens, nun würden sie doch von den Franzosen eingeholt. Sie wären besser daheim geblieben.

Zu Marie Rätzer sagte er: Es ist sonderbar – für den, der nicht betroffen ist, hat Elend geradezu etwas Malerisches.

Solange man nur zusieht, Herr Hölderlin.

Den Tag darauf waren sie auf der Flucht. Die Zeitungen hatten weitere Vorstöße der Truppen Jourdans gemeldet, Gontard war überdies noch privat unterrichtet. Sie müßten unverzüglich abreisen. Der Wagen werde in einer halben Stunde vorfahren. Gontard ließ sich nicht dazu bewegen, mitzukommen. Er könne das Geschäft nicht verlassen, müsse vor allem dafür sorgen, daß im Haus nicht geplündert werde. Jetzt, als alles entschieden ist, steht kein Koffer fertig gepackt. Die Kinder heulen, werden von der Haushälterin im Souterrain zusammengetrieben, festgehalten. Ihr müßt hierbleiben, sonst findet man euch nachher nicht, und die Kutsche muß ohne euch fahren. Susette und Marie laufen, von einem Hausmädchen begleitet, unaufhörlich über den

Flur, Kleider, Hüte, Taschen in den Händen. Hölderlin hat nicht viel zu packen. Damit die Mutter Nachricht bekommt, reißt er einen Brief an den Bruder, den er hatte absenden wollen, auf und fügt hinzu: »Die kaiserliche Armee ist jetzt auf ihrer Retirade von Wetzlar begriffen, und die Gegend von Frankfurt dürfte demnach zunächst einen Hauptteil des Kriegsschauplatzes abgeben. Ich reise deswegen mit der ganzen Familie noch heute nach Hamburg ab, wo sich Verwandte meines Hauses befinden... Man sagt, die Franzosen seien in Württemberg... Sei ein Mann, Bruder! Ich fürchte mich nicht vor dem, was zu fürchten ist, ich fürchte mich nur vor *der Furcht*. Sage das der lieben Mutter. Beruhige sie!«

Sogar Gontard hilft, das Gepäck hinunterzuschleppen. Der Kutscher bringt das sperrige Zeug mühelos unter. Male, die Jüngste, jammert, man habe ihr die falsche Puppe gebracht.

Sei still. Küß den lieben Vater.

Henry, wo hast du dein Plaid?

Jette, das Körbchen mit dem Garn!

Gontard nimmt ihn zur Seite. Er habe als einziger Mann auf das Wohl der Reisegesellschaft zu achten, seinen Anweisungen sei Folge zu leisten, ihm obliege es, nach Abschätzung der Lage den Reiseweg festzulegen. Seien Sie mir ein guter Freund! Gontard, dessen Kühle und Besonnenheit ihn geradezu aufgebracht hatten, war nun ebenfalls erregt. Er umarmte seine Frau, schluchzte auf. Es ist zu eurem Besten, sagte er mehrmals.

Sie fahren, mit kurzen nächtlichen Aufenthalten, in denen die Pferde gewechselt werden und die Reisegesellschaft ausruht, durch bis Kassel, das sie nach drei Tagen erreichen. Bei Hanau waren sie in die Nähe der Kämpfe geraten, von fliehenden österreichischen Truppen aufgehalten worden, und Susette hatte erwogen, umzukehren, es sei doch vernünftiger, die Franzosen zu Hause zu erwarten und nicht so ohne jeglichen Schutz und Rückhalt, doch Hölderlin bestand, an die Mahnungen Gontards denkend, auf Weiterreise. Die Spannungen, die Ängste trieben sie zusammen. Sie achteten nicht mehr auf Konventionen; was daheim für unmöglich gegolten hätte, wurde üblich; und die Kinder, vor allem die beiden älteren, Henry und Jette, genossen es, nützten es aus. In einem Gasthof in Fulda ließ sich Henry nicht bewegen, mit seinen Geschwistern schlafen zu gehen; er sei überhaupt nicht müde, schlafe besser in der Kutsche, möchte viel lieber noch ein wenig reden und zuhören. In der Gaststube befanden sich noch andere Flüchtlinge, man tauschte Erfahrungen und Nachrichten aus, spottete über die eigenen Ängste, tröstete sich mit Galgenhumor. Die Franzosen konzentrierten sich ohnedies auf Frankfurt. Hier im Osten sei man sicherer. Nein, gefallen sei die Stadt noch nicht. Aber in Hanau, denk, Hölder, sind jetzt die Republikaner!

Was hast du da gesagt, Henry? fragt Susette.

Daß die Franzosen in Hanau sind, ein Herr hat vorher davon gesprochen.

Nein. Nicht das. Wie hast du Herrn Hölderlin gerufen?

Hölder.

Hölderlin, der neben Henry auf einer Bank sitzt, zieht den Jungen an sich: Woher weißt du, daß man mich so nennt?

Der Herr Schelling hat Sie so gerufen.

Das geht nicht an, daß du mit Herrn Hölderlin so sprichst.

Aber ja, Madame, und wenn du magst, kannst du auch du zu mir sagen, Henry.

Du – Hölder.

Siehst du.

Sie wiederholen die Anrede, lachen einige Male, Henry spielt seine Eroberung aus, Susette, verlegen, sagt nach einer Weile: Hölder – das hört sich hübsch an. Und Marie, die am ehesten mit der Rolle des Flüchtlings zurechtkommt, besonnen bleibt, freilich dazu neigt, Gefahren sich einfach auszureden, Marie sagt im leichtesten Ton: Gestatten Sie es auch mir, Sie Hölder zu nennen, wenn ich Ihnen erlaube, zu mir Marie zu sagen?

Er freut sich über das »liebenswürdige Angebot«. Susette schimpft Henry im Spaß aus: Das hast du nun angerichtet, betont aber eher am nächsten Tage die Anrede »Herr Hölderlin«, bis sie, noch vor Kassel, wie zufällig Hölder sagt und dabei bleibt. Manchmal, während der Fahrt, hat sie für Augenblicke ihre Hand auf die seine gelegt, er hat nicht versucht, sie zu halten, weil er nicht sicher war, ob die Furcht sie zu dieser flüchtigen Geste veranlaßte oder sie ihm, heimlich, ihre Zuneigung zeigen wollte. Diese Ungewißheit war ihm angenehm.

Kassel schien weit fort vom Krieg und ihn auch nicht zu erwarten. Allerdings hatten sich viele Flüchtlinge nach hier zurückgezogen und erschreckten die Gastgeber mit wilden Geschichten von räuberischen, mordwütigen Sansculotten. Die Stimmung war gereizt und ausgelassen in einem. Es wurde nur noch von einem Tag auf den anderen geplant, und die Ordnung, die man überstürzt verlassen hatte, galt nicht mehr.

Gontard hatte ihnen einen Gasthof empfohlen, den sie erst nicht fanden und dessen Wirt es dann ablehnte, sie aufzunehmen. Das Haus sei bis unters Dach voll, gleiche einem Notlager. In einem bescheideneren Gasthof am Rande der Stadt bekamen sie ohne weiteres vier Zimmer. Hier war der Wirt offenbar geschmeichelt, so vornehme Gäste beherbergen zu können. Hölderlin durfte als einziger Mann eine Kammer, wenn auch die kleinste, für sich beziehen, mußte Susette aber versprechen, sie ihr tagsüber gelegentlich zu überlassen. Susette war nicht willens, die nächsten Tage weiter nach Hamburg zu reisen. Sie kenne Kassel, hier gäbe es viel zu sehen, sie wisse einige Bekannte und Freunde, Marie Rätzer ebenso, und außerdem wolle sie die Kinder nicht noch mehr strapazieren. Sie erkundigten sich, wie es um Frankfurt stehe. Am anderen Tag erfuhren sie, Frankfurt sei gefallen. General Jourdan habe den Rat aufgefordert, die Stadt zu übergeben, was aber die Österreicher der Bürgerschaft nicht zugestanden hätten. In der Nacht zum 14. Juli hätten die Franzosen dann mit einem gewaltigen Bombardement begonnen und gut 180

Häuser seien abgebrannt. Die Österreicher hätten aufgeben müssen.

Susette machte sich Sorgen um ihren Mann. Sein Schicksal blieb für die Flüchtlinge ungewiß, bis nach einer halben Woche über einen Kasseler Geschäftsfreund die Botschaft kam, Gontard wie auch das Haus hätten die Schlacht unbeschadet überstanden.

Susette wünschte, die gute Nachricht mit einem Ausflug zu feiern. Das Warten hatte sie kraftlos werden lassen. Sie hatte die Kinder schützend um sich geschart und geschwiegen, war nur selten zu den Mahlzeiten erschienen und hatte sich, meist den Tränen nahe, gleich wieder zurückgezogen. Nun war alles gut, auch die Kinder atmeten auf, besonders Jette, die unter den Melancholien der Mutter am meisten litt.

Susette hielt eine Landpartie dann doch für zu gewagt, man entschloß sich, in den Anlagen auf der Wilhelmshöhe spazierenzugehen. Der sich über Hügel hinziehende Park, mit gewundenen Pfaden und vielen sehr alten Bäumen war die richtige Kulisse für die »seelische Wiederherstellung«, wie es Marie ausdrückte, sie schwärmten von der »großen und reizenden Natur«, redeten Belangloses, ließen sich von den Kindern necken, spielten Ball, boten den Passanten den Anblick einer glücklichen Familie. Jeder ihrer Blicke, ihrer Zurufe – Hölder, Sie müssen fangen! – wurde für ihn wichtig. Er war verwundbar geworden, offener, er wußte, daß er dieser Liebe nicht mehr würde entkommen können, daß er jedem ihrer Winke folgen müßte. Er wollte es auch nicht anders. Marie, die, verspielt, seine Aufmerksamkeit auf sich zu ziehen versuchte, resignierte, schloß sich einem Kreis von Künstlern an, die sie mit ihrer schönen Unbefangenheit entzückte. Susette wiederum fand diesen Umgang zu gewagt, widmete sich der »heiteren Bande« erst, als Heinse sich aus einer generösen Laune zu deren Schirmherrn erklärte.

Wilhelm Heinse, der berühmte Verfasser des »Ardinghello«, Idol der fortschrittlich denkenden Jungen und der alten Libertins (Goethe freilich lehnte die Freizügigkeit des Buches ab), war

Susette als Beschützer von Gontard angekündigt. Heinse werde sich ihrer annehmen und sie in die Kasseler Gesellschaft einführen. Heinse war damals fünfzig, sein »Ardinghello« vor zehn Jahren erschienen. Hölderlin hatte das berüchtigte Buch, das zur verbotenen Literatur gehörte, auf dem Stift gelesen, einige Sätze daraus einem seiner Gedichte als Motto vorangestellt. Er war außerordentlich gespannt, dem Dichter, dessen Mut und Freiheitssinn ihn so beeindruckt hatten, leibhaftig zu begegnen.

Heinse tritt auf wie ein Halbgott. Die beiden Frauen, Susette und Marie, übernehmen gerne die Rollen der Grazien. Sie hätscheln, vergöttern ihn. Der Weltmann, der Hölderlin als einen Domestiken am Rande geradezu übersieht, kann nicht ahnen, daß seine eingebildete Zauberkraft wahr wird, Grenzen schwinden läßt und Hölderlin und Susette endgültig zusammenführt; daß mit seiner poetischen Hilfe Susette sich entschließt, Diotima zu werden.

Sie sind schon zehn Tage in Kassel, ehe Heinse eintrifft. Hölderlin hatte Susette noch nie so frei, angeregt, fast frivol erlebt. Sie hielt ihn von dem Unterricht der Kinder ab, ließ sich von ihm durch den Park begleiten, hatte nichts dagegen einzuwenden, wenn Marie ihre eigenen Wege ging, sie besuchten, obwohl Heinse es angekündigt hatte, sie zu führen, die Gemäldegalerie auf der Wilhelmshöhe, freundlich empfangen und geleitet von J. J. Tischbein, dem Inspektor der Galerie und Bruder von Goethes Malerfreund. Alle diese Bilder von Rembrandt, Rubens, Lorrain, auch von Schaffner und anderen früheren deutschen Malern waren ihm unbekannt gewesen, die Erfahrung, soviele Bilder auf einmal zu sehen, neu.

Hier, für diese Zeit, wurde er von ihr und von den neuen Bekannten, Heinse ausgenommen, wie ihresgleichen behandelt. Er mußte nicht zurücktreten in die Rolle des Dienenden. Und sie war nicht beengt durch Komment und Pflichten. Sie traute sich, offener zu reden und ihm auch, in vielen kleinen Andeutungen, zu zeigen, wie sehr sie ihm geneigt war. Sie nannte ihn ohne Scheu Hölder; den Kindern gefiel es.

Weil das eigentlich dein richtiger Name ist, sagte Jette. Es brauchte seine Zeit, bis er ihre Anspielungen begriff. Sie war es gewohnt, es war ihre Sprache. Seine war es nicht. Und noch immer war eine Grenze gezogen, die er ernst nahm. Doch er lernte es, er spielte, ein wenig gegen seine Natur, mit. Vor einer der antikisierenden Statuen, einer nackten Diana, hielt sie ihn auf, obwohl es ihm peinlich war; sie belustigte sich über seine Sittenstrenge, die er wohl weniger bei Städlin und seinen Freunden gelernt habe, sondern auf den Seminaren und auf dem Stift. Dann aber sprach sie von der schimmernden steinernen Haut, von der wunderbar naiven Vorstellung, die solche Göttinnen in die Welt entlasse, von einer Freiheit, die sie sich in Träumen wünsche, und es fiel ihm leicht, mitzureden.

Es war sein Einfall gewesen, sich mit der gemeinsamen Lektüre des »Ardinghello« auf Heinse vorzubereiten. Sie kannte das Buch, wie er, doch sie hatte bei einem der Spaziergänge beiläufig gesagt, sie könne diese forcierte Sinnlichkeit nicht ertragen. Er hatte nichts erwidert.

Sie hatte ihn für den Abend, das Nachtessen ließen sie häufig ausfallen, auf ihr Zimmer gebeten. Marie habe bei einem ihrer Malerfreunde Heinses Buch auftreiben können, so daß man mit der Lektüre beginnen könne. Marie unterhielt noch die Kinder, die sich in der neuen Umgebung nicht zur Ruhe bringen ließen. Susette rückte ihren Stuhl ans Fenster, bat ihn, dasselbe zu tun.

Sie saßen sich gegenüber. Ihre Knie berührten sich beinahe. Er solle lesen, er kenne das Buch besser und sie werde ihn, wenn ihr etwas einfalle, unterbrechen.

Er beginnt nicht, sondern blättert, sucht. Sie sieht ihm zu.

Wahrscheinlich wollen Sie auf eine unserer Unterhaltungen zurückkommen?

Es ist diese Stelle, sagte er, ich habe sie, und denken Sie an die steinerne Diana – »mit einem Worte, die Schönheit nackender Gestalt ist der Triumph bildender Kunst, viel für Auge und den ganzen körperlichen Menschen, wenig für den innern. Sie allein ergreift das Unsterbliche nicht. Dazu gehört etwas, was selbst gleich wie unmittelbar von der Seele kommt und ihrer regenden, unbegreiflichen Kraft: Leben, Bewegung. Und dies haben unter allen Künsten allein Musik und Poesie; neigt euch, ihr andern Schwestern, vor diesen Musen.«

Das ist hübsch, sagt sie, es muß Ihnen ja auch der Poesie wegen gefallen, aber ich bin entschieden anderer Meinung. Die Poesie besitze nämlich auch ich, selbst Kobus, es ist ganz einfach unsere Einbildungskraft, und sie kann, wenn sie angeregt ist, jede leblose Gestalt bewegen. Meinen Sie das nicht?

Er lacht, blättert einige Seiten weiter: Es ist auch nicht Heinses oder Ardinghellos Ansicht, sondern die eines, wie gesagt wird, »hämischen Gegenredners«. Heinse schreibt darauf und bestätigt sie: »Man kann die Natur nicht abschreiben, sie muß empfunden werden, in den Verstand übergehen und von dem ganzen Menschen wieder neu geboren werden.«

Ja, so hätte ich es sagen können.

Marie Rätzer kommt hinzu, läßt sich ohne Mühe ins Gespräch ziehen, sie lachen viel, genießen die Unbeschwertheit, hin und wieder liest er eine Passage vor, doch nicht im Zusammenhang, eher um Appetit zu machen, zu stimulieren.

Heinses Ankunft setzte dem Leseabend fürs erste ein Ende. Susette hielt sich wieder an die gesellschaftlichen Regeln. Mit dieser Eleganz, dieser Weltläufigkeit konnte Hölderlin sich nicht messen. Er trat in den Hintergrund. Susette lud ihn zu manchen Veranstaltungen gar nicht erst ein, während Marie, an der Heinse großen Gefallen hatte, sie überallhin begleitete. Susette und Marie hatten Heinse darauf aufmerksam gemacht, daß Hölderlin schreibe, in Neuffers und Schillers Almanachen veröffentlicht habe, doch bei dem großen Mann damit kein Interesse geweckt. Er behandelte den Hofmeister nach dessen Stellung.

Hölderlin grübelte, ob er sich in Susette getäuscht, ob sie nicht ein leichtfertiges, in diesen Kreisen übliches Spiel mit ihm getrieben habe. Aus ihrer raschen Abkehr konnte er es schließen. Marie sah öfter zu ihm aufs Zimmer, schimpfte, er solle sich nicht dauernd mit den Kindern abgeben, seine Verdrossenheit sei für alle augenfällig.

Nicht für Madame Gontard.

Ach, Hölder, Sie übertreiben, Sie benehmen sich kindisch. So gradaus, wie Sie es sich denken, lebt unter uns keiner. Und Madame Gontard macht es sich schon schwer genug.

Den Eindruck habe ich nicht.

Sie kennen sie zu wenig. Herr Heinse lenkt sie ab, und darüber ist sie froh.

Wovon lenkt er sie ab, Marie?

Wollen Sie das unbedingt von mir wissen? Warum denken Sie so ausschließlich, warum urteilen Sie so ernst und kränken sich selbst?

Alles, was aus den Kasseler Tagen in sein Gedächtnis eingeht, ist widersprüchlich. Er wird getreten, übersehen. Der einzige Mensch, von dem er annimmt, daß er nie einen gemeinen Gedanken fassen könnte, verletzt ihn, ohne es zu bemerken. Und Marie wiederum, die er für oberflächlicher, gedankenloser gehalten hatte, versucht ihn in seiner Demütigung zu trösten. Gut, sie steht auf demselben Rang wie er, sie hat zu dienen und wahrscheinlich selber Nachlässigkeit und Demütigung erfahren, aber sie hat ein empfindliches Gemüt, übersieht die Kränkung nicht. Er fragt sich, warum er sich nicht mehr um sie gekümmert hat. Sie handelt warmherzig, geht verständnisvoll mit den Kindern um, hat einen wachen Geist, Sinn für Poesie, und nicht wenige halten sie für schöner als Susette. Doch er kann nicht einmal abwägen. Er wird auf Susette warten müssen. Es ist eine andere Liebe. Marie gleicht Wilhelmine. Das läßt sich nicht wiederholen. Er will sich nicht mehr überlegen müssen, ob es nicht doch einen Sinn hätte, eine Pfarre bei Nürtingen zu übernehmen, Ehemann zu sein, Vater zu werden. Er weiß nicht, weshalb ihn solche Gedanken verstören. Jeder hat sie. Er darf sie nicht haben.

Marie holt ihn zu Spaziergängen, lenkt ihn ab, sie erzählt und erwartet keine Antworten. Als er, besorgt über die Kämpfe der französischen Truppen in Württemberg, auf seine Begegnung mit Lerouge im Stift zu sprechen kommt, ist sie still; sie hört ihm zu, wie er über die Missetaten der Réfugiés flucht, die aus dem Geist der Inquisition handelten und ein vergangenes Zeitalter zu retten suchten. Die Zeitung hatte die letzten Nachrichten gebracht. General Saint-Cyr verfolgte mit seinen Truppen die Österreicher über Tübingen, Reutlingen, Blaubeuren. Nürtingen könnte in die Kampfhandlungen geraten sein. Ihm ist weniger bange wegen der republikanischen Soldaten, denen er mehr Menschenfreundlichkeit zutraute, weil sie ihnen gelehrt worden sei, als »wegen der Condé'schen Untiere, die noch die Erde verunreinigen und so häßlich unter Euch hausen«. Die Emigrantentruppe unter dem Prinzen Condé war tatsächlich gefürchtet, hauste brutal, requirierte, vergewaltigte. Er weiß, wie sehr seine Mutter, die nichts mehr schätzt als häusliche Ruhe, unter all diesen Wirren leiden wird. In einem Brief an Karl, dessen berufliche Situation ihn mehr und mehr bedrückt, spricht Hölderlin es aus: »Unsere gute Mutter bedaur ich herzlich, und ich bin besorgt für sie, weil ich weiß, wieviel sie unter solchen Umständen durch ihren Sinn und ihre Demut leidet.« Dem Halbbruder möchte er, ganz aus dem Tübinger Geist und die Lehren Jenas zusammenfassend, den Blick schärfen für die gewaltige Umwälzung: »Dir, mein Karl, kann die Nähe eines so ungeheuren Schauspiels, wie die Riesenschritte der Republikaner gewähren, die Seele innigst stärken.« Es ist ihm gleichgültig, ob es ihm noch gelingen wird, die Aufmerksamkeit Heinses zu erringen oder wenigstens Susette zurückzugewinnen.

Das geschieht ohne sein Zutun, und eben doch, wenn auch auf dem Umweg über den »Ardinghello«, mit Heinses Hilfe. Susette hatte ihn mit der Mitteilung überrascht, sie würden, auf Anraten ihres Mannes und in Begleitung Heinses, nach Bad Driburg in Westfalen weiterreisen. Das Klima dort solle ihrer immer geschwächten Gesundheit aufhelfen. Ob denn seine weitere Begleitung erwünscht sei? fragt er. Sie nimmt ihn, als hätte sie ihn nicht tagelang warten lassen, beiseite: Sie habe von Marie gehört, wie verstimmt er gewesen sei, auch ihretwegen, das wolle sie eilends gutmachen. Heinse habe für die letzten Tage noch viele Verpflichtungen, brauche also keine Unterhaltung mehr. Sie sagte: So können wir wieder für uns sein, Hölder – und Sie werden mir nichts verübeln, nicht wahr?

Es waren kleine Schritte, die nichts verrieten von der Hast, mit der sie aufeinander zuliefen.

Susette hatte keine Geduld mehr.

Marie hatte Müdigkeit vorgeschützt und sich zurückgezogen. Er las weiter, Susette nahm ihm das Buch aus der Hand, so, als wüßte sie endlich ihren Part.

Mich langweilt dieser Dialog über Raphael. Erinnern Sie sich, wie er seine Fiordimona schildert, mit welcher Leidenschaft? Das will ich Ihnen vorlesen. Sie hatte anscheinend bereits am Nachmittag ein Lesezeichen zwischen die Seiten gelegt, denn sie fand sie, ohne zu suchen. Sie las wenig betont, dennoch anzüglich, als sei sie an der Erzählung beteiligt: »Du solltest sie sehen! Eine erhabne Gestalt, die das Auslesen hat; bei Lüsternheit sprödes Wesen. Ein froh und edel wollüstiger Gesicht gibt's nicht. Mit Adleraugen schaut sie umher und bezauberndem, doch nicht lockendem Munde. Das stolze Gewächs ihres schlanken Leibs schwillt unterm Gewand so reizend hinab, daß man dieses vor Wut gleich wegreißen möchte, und die Brüste drängen sich heiß und üppig hervor wie aufgehende Frühlingssonnen. Nur Wangen und Kinn sind in frischer Blüte und bilden das entzückendste Oval, woraus das Licht der Liebe glänzt. O wie die braunen Locken im Tanz bacchantisch wallten, der himmlische Blick nach der Musik und Bewegung in Süßigkeit schwamm, die netten Beine in jugendlicher Kraft sich hoben, wie schnelle Blitze verschwanden und wiederkamen! Doch warum beginn' ich ein unmögliches Unternehmen! Der genießt das höchste Glück des Daseins, den ihre zarten Arme wie Reben umflechten. Mehr hat kein König und kein Gott!«

Sie schob das Buch aufs Fensterbrett, lehnte sich zurück, sah ihn an. Die Sätze hatten ihn wie Finger berührt, er hatte gesehen, was beschrieben wurde, er hat es so gesehen, wie sie es wollte: Susette in der Rolle der Fiordimona.

Sie sind mit einem Mal so blaß, sagt sie.

Das macht das Talglicht. Mir ist gut.

Haben Sie sich erinnert?

Sehr gut. Man vergißt diese Szene nicht.

Mich regen diese Sätze auf, sie bringen mich zum Träumen. Und sie setzt, sich vorbeugend, hinzu: Zum Wachträumen. Sind Sie nie ohne Furcht, Hölder?

Wovor sollte ich mich jetzt fürchten?

Sie sollten nicht fragen: Wovor, sondern: Vor wem.

Vor wem?

Vor uns.

Meinen Sie? Sie nickt, sie spielt ein Kind, das altklug nickt, alles besser weiß als das andere Kind und fragt leise: Kann ich das sein?

Er steht auf, geht in die Stube hinein, bleibt mit dem Rücken zu ihr stehen, antwortet ebenso leise: Nein. Und wiederholt sein Nein.

Kommen Sie zu mir, bittet sie ihn. Er stellt sich, mit einem kleinen Abstand, neben sie. Sie schaut zu ihm hoch, nimmt seine Hand, zieht ihn zu sich herunter. Dann legt sie ihr Gesicht an das seine, nimmt seinen Arm, legt ihn um ihre Schulter, reibt ihre Wange an der seinen, kommt seinem Mund langsam näher, küßt ihn.

Er erschrickt nicht nur, er wird ganz plötzlich kalt und starr.

Das ist die Furcht, sagt sie. Siehst du, ich habe recht, Hölder.

Sie küßt ihn wieder; er legt den Kopf in ihren Schoß.

Wenn es anders ginge, sagt sie. Ich hab es ja nicht so gewollt. Es ist so. Jetzt ist es so. Nun will ich es nicht anders.

Sie legt seine Hand auf ihre Brust: Sind sie wie die von Fiordimona?

Nein.

Sind sie nicht so schön?

Doch.

Bin ich dir fremd?

Nein.

Er setzt sich neben sie auf den Boden. Nach einer Weile hockte sie sich zu ihm, sagte: Denk, ich bin die Jette, küßte ihn, sagte: Nein, denk es nicht.

Susette hatte ihm noch an dem Abend eine Litanei von Maßregeln aufgegeben:

Du darfst in der Anwesenheit anderer nicht du zu mir sagen, liebster Hölder.

Du darfst nicht du zu mir sagen.

Du darfst, sind andere dabei, mich nicht hitzig ansehen.

Du darfst mir nicht vertraulich zublinzeln.

Du darfst mich nicht an der Hand nehmen.

Du darfst mir nicht mehr aus dem »Ardinghello« vorlesen.

Geh, sagt sie, du mußt schlafen gehen. Nun fürchte ich mich.

Er sagte: Nicht Fiordimona, sondern Diotima.

Deine?

Meine auch.

III *Hyperion*

Aufbrüche beherrschte er inzwischen. Er ließ sich auf die Unruhe, die Ungewißheit ein. Am 9. August reisten sie nach Bad Driburg ab. Heinse war dabei und beachtete ihn, wie gewöhnlich, kaum. Während der Fahrt »durch wilde schöne Gegenden« beschäftigte sich Hölderlin vor allem mit Henry und Jette, erklärte ihnen, so gut er es vermochte, die auch ihm unbekannte Gegend. Marie und Susette unterhielten sich mit Heinse. Oft lehnte er sich zurück, schloß die Augen, dann hörte er, wie Henry, dessen Gutherzigkeit ihn anrührte, leise zu den Geschwistern sagte: Pst, der Hölder will schlafen! Er dachte an die entsetzliche Reise mit Fritz von Kalb in die Rhön. Längeren Gesprächen mit Susette wich er aus. Er wollte sich vor Heinse nicht verraten.

Die vier Wochen in Driburg schmelzen zu einem sommerlichen Tag zusammen. Er kann noch einmal aufatmen, ärgert sich nicht mehr über Heinses Hochmut, findet ihn in dieser Umgebung vielmehr witzig und gewandt. Sie wohnen im Hotel neben dem Badhaus, wo er das »stärkende und reinigende Mineralwasser« ausprobiert, wandern zum Knochenberg, von wo aus sie bis hin zum Brocken sehen können, spielen mit den begeisterten Kindern König und Königin auf der Feste. Da Heinse sich abends früh zurückzieht und Marie sich jungen preußischen Offizieren angeschlossen hat, finden sie viel Zeit für sich, halten sich aber daran, nicht weiterzugehen als, wie Susette es ausdrückt, bis an den Rand des Glücks. Die Kinder, wenn auch ahnungslos, erscheinen ihnen wie Mitverschworene.

In dieser Umgebung lasse ich ihn einen Brief bekommen, den er nicht bekam, und ein Gedicht lesen, das er wahrscheinlich nie kennenlernte. Es hätte eine jener Botschaften sein können, die ihn so regelmäßig wie rätselhaft erreichen. Gleich zu Beginn hatte er in Frankfurt Johann Noël Gogel, einen Geschäftsfreund Gontards, kennengelernt. Gogel, der überdies mit Gontard verwandt war, besaß die größte Weinhandlung der Stadt und bewohnte mit seiner Familie das prächtige Haus Zur Goldenen Kette am Roßmarkt, »einem der schönsten Plätze« Frankfurts. Hölderlin schildert Gogels als »anspruchslose, unbefangene, vernünftige Menschen«, die sich »mit den Frankfurter Gesellschaftsmenschen und ihrer Steifigkeit und Geist- und Herzensarmut nicht ... befassen und verunreinigen und ihre häusliche Freude verderben mögen.« (So früh drückte sich seine Verachtung für diese Gesellschaft, zu der Susette gehörte, schon aus.) Gogel suchte für seine Kinder einen Lehrer, einen Hofmeister, und Hölderlin schlug Hegel vor, der noch in der Schweiz diente. Gogel bat ihn, Hegel auszurichten, er möge sich bewerben. Aber Hegel ließ nichts von sich hören, und wenig später mußten sie Frankfurt verlassen. Das Gedicht, das ich meine, »Eleusis«, schrieb Hegel im August, also zu der Zeit, als Hölderlin sich in Driburg aufhielt. Es ist nur als Entwurf erhalten, und wohl auch Entwurf geblieben. Hegel hat es an Hölderlin, den Freund, gerichtet, und es ist nicht nur eine Huldigung, sondern eine Vergangenheit und Zukunft zusammenfassende Verständigung über das, was sie vereinte: die Liebe zu den Griechen und die Verbundenheit mit dem aufgewühlten Zeitgeist. Das Gedicht enthält auch die Mitteilung, daß Hegel nach Frankfurt kommen, daß sie sich wiedersehen würden. Was gewesen war, was Hölderlin fast schon als verloren glaubt, die Zeit jugendlicher Freundschaft, wird ihm hier erneut versprochen: »... dein Bild, Geliebter, tritt vor mich, / und der entfloh'nen Tage Lust; doch bald weicht sie / des Wiedersehens süssern Hofnungen –/ Schon mahlt sich mir der langersehnten, feurigen / Umarmung Scene, dan der Fragen des geheimern / des wechselseitigen Ausspähens Scene, / was hier an Haltung, Ausdruk, Sinnesart am Freund / sich seit der Zeit geändert, – der Gewisheit Wonne, / des alten Bundes Treue, fester, reifer noch zu finden, / des Bundes, den kein Eid besigelte / der freyen Wahrheit nur zu leben, Frieden mit der Sazung / die Meinung und Empfindung regelt, nie nie einzugehn.« Das ist der vertraute, geliebte Ton.

Neuffer, Schelling, Stäudlin kehren mit ihm zurück. Das fängt ihn auf. So hatten sie ihre Zukunft entworfen. Und die Glut hat niemand austreten können.

Hegel wird kommen, sagt er zu Susette. Du weißt, mein Tübinger Freund. Er will bei Gogel Hofmeister werden. Wir müssen Menschen um uns haben, die nicht freundlich sind, um zu gefallen, sondern um des Menschen willen. Er ist nun ganz sicher.

Am 8. September hören sie von dem Sieg des Erzherzogs Karl, und daß die republikanischen Truppen Frankfurt geräumt hätten. Sie können nach Hause. Heinse, der vorhatte, länger zu bleiben, schließt sich ihnen an. Susette gelingt es, den Abschied von einer halben, doch selbstvergessen genossenen Freiheit aufzuschieben. Jakob Gontard war nämlich aus Frankfurt geflohen, aus Angst vor einer Rückkehr der Franzosen, und hatte seine Flucht mit Geschäften in Nürnberg verbunden. Susette meinte, schon deshalb noch einige Zeit in Kassel verbringen zu können. Sie sind viel beieinander. Marie nimmt Rücksicht darauf, lenkt die Kinder ab. Von Ebel erfährt er, daß dieser nach Paris gehen wolle, die Republik zu studieren, und, wenn es ihm möglich sei, teilzunehmen. Zufällig stößt er in einer Zeitung auf eine Notiz über Stäudlins Selbstmord. Susette wünscht, daß er, dem Andenken des Freundes zuliebe, von ihm erzähle. Er kann es nicht. Die Trauer staut sich in ihm, macht ihn ratlos. Der eine Freund bricht auf, die Freiheit zu suchen, der andere ist gescheitert. Er denkt an seine letzten Aufenthalte in Stuttgart, wie Stäudlin, aufgedunsen, schon verwüstet vom Saufen, dennoch voller Zuversicht war; an die Mädchen, deren gutherzige Neugier ihn jedesmal beflügelt hatte. Es ist vorbei. Ein Stein ist aus dem großangelegten Muster gebrochen.

Manchmal legen sich Susette und er nebeneinander auf das schmale Bett. Sie berühren sich kaum. Sein Verlangen nach ihr ist groß, doch die angespannte Stille, die sie ihm entgegenhält, ist stärker.

Es muß nicht sein, Hölder. Wir würden an uns umkommen. Laß uns leben.

Heim! Den Kindern ist es nun doch recht.

Das unstete Dasein in den Gasthöfen und unsere Nachlässigkeit haben sie verwildern lassen, meint Marie. Heinse verabschiedet sich mit großem Aufwand, kündigt seinen baldigen Besuch in Frankfurt an; er wolle auf der Reise nach Aschaffenburg haltmachen. Die Fahrt von Kassel nach Frankfurt geht ihnen viel zu langsam. Unterwegs und vor allem in Hanau sehen sie schon Spuren der Kämpfe. Ausgebrannte Häuser, aufgerissene Wege, zur Seite geworfene, zerbrochene Wagen. Die Kinder zeigen aufgeregt aus den Fenstern. In Frankfurt sieht es noch ärger aus. Viele Ruinen, Menschen, die Schutt beiseite räumen, Handwerker, die bereits an den Häusern arbeiten. Alle Farbe ist verlorengegangen. Über die Stadt hat sich Grau gesenkt. Selbst die Menschen kommen ihnen versehrt, mutlos, apathisch vor. Wieder dominiert das Militär in allen Straßen.

Der Hirschgraben ist unverändert. Die Kinder brechen in Geschrei aus, als sie vorfahren. Ob der Papa da ist? Sicher noch nicht. Auch Susette fragt als erstes den Schwager: Wo ist der Kobus? Ist er zurück? Hölderlin, der das Willkommen aus dem Wagen verfolgt, wird von diesen Fragen verwundet, redet sich ein: Es ist ihr gutes Recht. Er ist ihr Mann, er ist der Vater Ihrer Kinder.

Henry ruft nach ihm: Hölder!

Sie tragen Gepäck ins Haus, er zieht sich, mit dem Jungen, auf sein Zimmer zurück, wartet auf einen Ruf von ihr. Sie kommt, holt ihn zum Abendessen, bei dem Gontard-du Bosc verworren von Greueltaten der Franzosen, der Österreicher berichtete. Er war über die Dummheit des Rats erzürnt, konnte sich nicht darüber beruhigen, daß die Österreicher mehr noch als die Franzosen requirierten, den Preis nach Gutdünken bestimmten und außerdem noch mit Papieren zahlten, die erst in fünf Jahren fällig würden, also gerade gut für die Katz seien. Ja, geängstigt hätten sie sich die ganze Zeit. Nein, die Geschäfte des Hauses gingen nicht übel. Der Krieg hatte für gute Kaufleute seine Vorteile, gewiß. Und die Bauern rundum sind reich geworden.

Obwohl Gontard nicht zu Hause ist, bittet Susette ihn, zurückhaltend, wachsam zu sein, vor allem auf Wilhelmine, die Haushälterin, zu achten, deren Neugier und Geschwätzigkeit gefährlich seien. Sie treffen sich, manchmal mit Marie, die freilich sehr abgelenkt ist, da sie auf einem Fest bei den Bethmanns einen kaiserlichen Offizier, den Freiherrn Rüdt von Collenberg, kennengelernt und sich in ihn verliebt hat.

Susette hat wieder ihre Pflichten. Fast jeden Tag werden Besucher zum Tee oder zum Abendessen erwartet, die Gogels, die Schlössers, die Borkensteins, die Bethmanns, die Gontards. Hölderlin hält das Geschwätz über die vergangenen Leiden, denen man eben und doch durchaus mit Gewinn entkommen sei, kaum aus. Mit Henry streift er durch die Stadt, betrachtet die Verwüstungen, die allgemeine Mutlosigkeit erfaßt auch ihn. »Du wirst mich weniger im revolutionären Zustand finden, wenn Du mich siehst«, bekommt Karl zu hören, den er nach den Verhältnissen in Nürtingen fragt. Die Republikaner haben ein miserables Andenken hinterlassen, vor allem bei den einfachen Leuten. Sie haben niemanden geschont, haben geplündert, erpreßt und von Würde und Freiheit keine Spur hinterlassen. Aber vielleicht ist das im Krieg nicht möglich, vielleicht setzt der Krieg solche Hoffnungen außer Kraft, vielleicht haben sie eine Wirklichkeit ersehnt, die sich erst in Generationen entwickeln kann, wie auch die Ideen reifen müssen und nicht mit einem Schlag hervortreten. Es kann nicht umsonst gewesen sein. Ebel schreibt einen kläglichen Brief aus Paris, sieht sich in allen seinen Erwartungen betrogen. Susette, der er den Brief zeigt, freut sich über die bessere Einsicht, zu der »unser gescheiter Ebel« gelangt sei, doch er widerspricht ihr, zum ersten Mal, heftig. Er habe sich Gedanken gemacht; er werde Ebel erwidern, ihr den Brief zu lesen geben, ehe er ihn abschicke. Es ist eine seiner großen, unverhüllten Antworten auf die Zeit. Da die Gegenwart die Gedanken über Demokratie, Weisheit, Vernunft des Menschen ausschlägt, muß man sie in die Zukunft werfen. Verlorengehen können sie nicht mehr, verraten dürfen sie nicht werden. Er wägt jeden Satz ab, denn er möchte Ebel von seinem Widerruf abbringen: »Es ist herrlich, lieber Ebel! so getäuscht und so gekränkt zu sein, wie Sie es sind. Es ist nicht jedermanns Sache, für Wahrheit und Gerechtigkeit sich so zu interessieren, daß man auch da sie hat, wo sie nicht ist, und wenn der beobachtende Verstand vom Herzen so bestochen wird, so darf man wohl sich sagen, daß das Herz zu edel sei für sein Jahrhundert. Es ist fast nicht möglich, unverhüllt die schmutzige Wirklichkeit zu sehen, ohne selbst darüber zu erkranken; ... Aber Sie halten denn doch es aus, und ich schätze Sie ebenso sehr darum, daß Sie jetzt noch sehen mögen, als darum, daß Sie zuvor nicht ganz so sahen. – Ich weiß, es schmerzt unendlich, Abschied zu nehmen, von einer Stelle, wo man alle Früchte und Blumen der Menschheit in seinen Hoffnungen wieder aufblühn sah. Aber man hat sich selbst, und wenige Einzelne, und es ist auch schön, in sich selbst und wenigen Einzelnen eine Welt zu finden. – Und was das Allgemeine betrifft, so habe ich Einen Trost, daß nämlich jede Gärung und Auflösung entweder zur Vernichtung oder zu einer neuen Organisation notwendig führen muß. Aber Vernichtung gibts nicht, also muß die Jugend der Welt aus unserer Verwesung wiederkehren. Man kann wohl mit Gewißheit sagen, daß die Welt noch nie so bunt aussah wie jetzt. Sie ist eine ungeheure Mannigfaltigkeit von Widersprüchen und Kontrasten ... Aber so soll es sein! Dieser Charakter des bekannteren Teils des Menschengeschlechts ist gewiß ein Vorbote außerordentlicher Dinge. Ich glaube an eine künftige Revolution der Gesinnungen und Vorstellungsarten, die alles Bisherige schamrot machen wird. Und dazu kann Deutschland vielleicht sehr viel beitragen ...«

(Ich zitiere diese Sätze so ausführlich, weil sie jenen entgegnen, die ihn ins Poetische, ins rein Geistige zu entrücken versuchen. Er war ein politischer Kopf, ein radikaler Demokrat. Es ist müßig, sich zu streiten, ob er Jakobiner oder Girondist gewesen sei. Ohne Zweifel hatten ihn die Täter enttäuscht. Seine Verdikte gegen Marat und Robespierre kommen aus einem gekränkten Herzen. Aber es sind nicht Verdikte gegen die Sache. Sie wiederum war für ihn von nun an Gegenstand eines Prozesses, an dem er denkend ein Stück teilnehmen konnte, der jedoch noch lange nach ihm kein Ende haben würde. Die Täter flößten ihm zeit seines Lebens Angst ein und zogen ihn gleichermaßen an. Er brauchte sie für sein Denken, doch sein Denken verließ sich nicht auf sie. Sein Brief an Ebel ist auch an die Späteren gerichtet.)
Susette will seine Übertreibungen nicht einsehen. Du verlangst zuviel von uns allen, Hölder, wir sind kleiner, kleinlicher. Doch Ebel wird deine Aufmunterung brauchen.

Es gibt Stunden, in denen sich die Unbeschwertheit wiederholt, die ihnen in Kassel gelang, nur läßt es die Umgebung kaum mehr zu, sie ist wachsamer und gefährlicher.
Komm heute Abend, wir wollen zusammen lesen.
Dann aber ist sie aufgehalten, durch zufällige Gäste, durch die Ansprüche Gontards, den sie ihm gegenüber in Schutz nimmt: Sei nicht unduldsam. Ich kann den Kobus nicht alleine mit den Schlossers lassen. Sie wurden sich nach meinem Befinden erkundigen, ob ich krank sei; ich will ihm keine Ungelegenheiten bereiten.
Er hofft auf Hegel, der inzwischen zugesagt hat und seine Stellung im Januar 1797 bei Gogel antreten will. Mit ihm wird er ohne Vorsicht auch die Zeit besprechen können. Aber es war ein kränklicher, trübsinniger Hegel, der in Frankfurt ankam. Die Schweizer Einsamkeit hatte ihm zugesetzt. Er sei am Ende fast an sich selbst erstickt. Und der Hypochondrie.
Bei Gogels jedoch, deren Lebensstil ihm zusagte, erholte Hegel

sich schnell. Sie besuchten einander, sooft es die Pflichten zuließen, machten sich auf Zeitungsartikel und Bücher aufmerksam; die alte Debattierwut stellte sich wieder ein. Sie gerieten gleich zu Beginn, durchaus angeregt, aneinander. Hegel hatte Hölderlin eher spaßeshalber nach dem Gedeihen »seiner Philosophie« gefragt; der winkte ab: Nein, die Philosophie ist für mich bloß noch eine magere Verwandte der Poesie.

Das habe ich mir gedacht. Der Schelling und ich haben dir schon gefehlt. Ins Konkrete möchte der Schlauberger. Aber das kannst du ohne das Abstrakte gar nicht fassen. Es kommt mir auf den Begriff der Sache an. Man muß gleichermaßen analysieren wie abstrahieren. Du mußt dich von dem, was du kennst, was du gewöhnt bist, entfernen und entfremden. Die beiden letzten Wörter sagte er mit übertriebener Betonung.

Für Hölderlin war das neu. Sein Freund hatte in der Schweizer Einsiedelei weitergedacht, er war ihm davongerannt. Nun mußte er aufholen, und er tat es willig. Jedes Treffen inspirierte ihn. Wenn sie müde vom Denken, vom Streiten waren, kramten sie in Tübinger Erinnerungen, die sich allmählich zu Andeutungen verkürzten: Woisch no, wie d'r Bök den Breyer...?

Es verblüffte ihn, wie mühelos Hegel sich in der Frankfurter Gesellschaft etablierte. Er hatte, was ihm selbst nie gelungen war, bald einen Anhang von jüngeren Bewunderern. Allerdings konnte er Hegel nicht dazu überreden, mit ihm die Konzerte zu besuchen, die regelmäßig im »Scharfen Saal« stattfanden. Für ihn waren es Erholungen, er hätte sich den Freund gern in seiner Begleitung gewünscht. Bei einem dieser Konzerte traf er zufällig den Kaufmann Schwendler, dem er flüchtig in Waltershausen bei Kalbs begegnet und der, wie es sich herausstellte, nun in Frankfurt tätig war. Es war ihm keineswegs angenehm, denn Schwendler hätte auf Wilhelmine zu sprechen kommen können. Und seit er Susette liebte, erschien ihm die Affäre mit Wilhelmine unerlaubt derb und direkt. Diese selbstverlorene Nähe könnte er jetzt nicht ertragen. Er redete, was sonst seine Art nicht war, pausenlos auf Schwendler ein, ließ sich über die Qualität des Orchesters aus, daß es doch erstaunlich sei, dreißig gute Musiker zu versammeln, und Schwendler konnte gar nicht anders als nicken und zustimmen. Sie trennten sich, sobald es die Höflichkeit zuließ, Hölderlin sah ihn nicht wieder, da Schwendler nicht bei den Gontards verkehrte und anscheinend auch kein ständiger Konzertgänger war. Dennoch hatte Hölderlin auf Schwendler Eindruck gemacht:»Ein hübscher Mann ist es«, schreibt er an die Hofrätin Heim nach Meiningen und fügt nachdenklich hinzu: »Ich wünschte selbst zu wissen, wie er jetzt wegen der Kirms gestimmt ist, möchte aber nicht gerne gerade zu ihm sagen, daß ich davon weiß.« Was hat er gewußt? Daß sich Hölderlin mit Wilhelmine eingelassen hatte? Das war wohl allen, die bei den Kalbs verkehrten, bekannt. Doch auch, daß sie niederkam und daß das Kind nur wenige Monate, bevor Schwendler mit Hölderlin gesprochen hatte, gestorben war? Auf jeden Fall waren ihm auch in Frankfurt bereits Gerüchte zu Ohren gekommen; er teilt nämlich in einem weiteren Brief mit, er habe Hölderlin nicht wiedergesehen, da er mit niemandem Umgang pflege, »sondern lebt bloß sich, seinen Studien, – und einige setzen hinzu – der Mutter seiner Zöglinge, die ein angenehmes Weib sein soll.«

Das Netz der Gerüchte zieht sich um ihn zusammen. Er weiß es nicht. Hegel warnt ihn. Selbst die Dienerschaft im Gogelschen Hause flüstere über Hölderlins Liebe zu Madame Gontard.

Ich liebe sie ja auch.

Du bist naiv, Hölder. Meinst du, der gute Herr Gontard guckt dem lang zu?

Das ist mir gleich.

Doch die Stadt wisse es. Gut, Gontard werde es wohl verschweigen, aber böse Mäuler gäbe es genug.

Sie ist ein Engel.

Das mag ja sein. Aber daß auch du die Hofmeisterkrankheit kriegst, kann ich nicht verstehen.

Was ist das?

Das kennst du nicht? O Hölder, leben lernst du nie. Das ist, knapp gesagt, daß die Hofmeister, weil die Hausherrinnen am besten zu erreichen sind, denen auch gleich verfallen.

So ist es bei mir nicht.

Das hab ich mir gedacht.

Das habe ich geschrieben, Hegel.

Er hatte lange vergebens auf die Belegexemplare des »Hyperion« gewartet, von Cotta keinerlei Bescheid erhalten. Dann brachte ihm, an einem Nachmittag im April 1797, die Haushälterin das Paket, das über Nürtingen gegangen war. Er wird die elf Bändchen vor sich aufgestapelt haben.

Ich weiß nicht, ob er nur glücklich war.

Er wollte das Buch Susette aufs Zimmer legen, sie überraschen, unterließ es, da es jemand hätte finden können, so brachte er ihr es am Abend, als Gontard aus dem Hause war.

Sie sagte: Da hast du nun dein Buch. Lies mir daraus vor. Er ging jedoch zur Tür, sie rief ihm nach: Bist du verstimmt? Er bat, ihn für einen Augenblick zu entschuldigen, sie solle inzwischen jene Stellen lesen, die er unterstrichen habe. Es ist wie ein Brief an dich. Als er wiederkehrte, zog sie ihn zu sich, streichelte ihn, führte seine Hände, flüsterte, als könnte einer mithören: Einmal werde ich für dich da sein, Hölder, sei sicher, wir brauchen Zeit, obwohl wir gar keine haben. Du mußt es einfach glauben wie ich. Sie werden alle wissen, wer du bist. Alle, und ich werde stolz auf dich sein.

Er brauchte ein Echo, er ist ausgehungert nach Erfolg. Die Freunde bittet er um ihre Meinung, Neuffer, Conz. Mit Hegel wird er gesprochen haben, von Heinses Sympathie hörte er über Doktor Sömmering, den Arzt der Gontards, mit dem er sich anfreundete. »Es sind Stellen drin, ..., so warm und eindringend, daß sie selbst den alten Kant ergreifen und von seinem bloßen Schein aller Dinge bekehren sollten. Meinen Segen dem jungen Helden auf seiner Laufbahn«, schreibt er an Sömmering, erwartend, daß er dies dem Gontardschen Hofmeister weitersage.

Vielleicht als Entschuldigung dafür, daß er ihn in Kassel und Driburg übergangen hatte.

Viel mehr hört Hölderlin nicht. Die Rezensenten erwarten, nimmt er an, den zweiten Band, dessen Manuskript er Ende des Jahres an Cotta schickt. Kein Wort von Schiller, auf das er wartete, das ihn aus der zunehmenden Verkapselung hätte befreien können.

Ich wachse zu, sagte er zu Susette. Ich komme nicht mehr aus mir heraus.

Sie vertröstete ihn auf den Sommer, Gontard hatte als Landhaus den Adlerflychtschen Hof gemietet, im Norden vor der Stadt, nicht weit vom Eschenheimer Tor, so daß er ohne Last ins Geschäft gehen konnte.

Bis dahin war noch lang. Und Susette, üble Nachrede befürchtend, riet ihm, sie »gewissermaßen zu vergessen«, sie weniger zu besuchen, die Kinder würden es ihm danken. Daß er jetzt seine schlechte Stimmung fast immer mit Nervenschmerzen begründete, erschreckte sie, aber sie konnte ihm, ohne ihre Liebe zu verraten, nicht helfen, veranstaltete Tees mit Freunden, zu denen er nur geladen war, wenn Sömmerings, Gogels oder Maries Verlobter kamen. Es fiel ihm dann nicht leicht, sich unbefangen zu geben, sie nicht länger als nötig anzusehen, nicht wenigstens versteckt zärtlich zu werden. Er spielte den Zurückhaltenden, den Hypochonder, der auf Mitleid angewiesen ist. Er spielte es schon gar nicht mehr. Er drohe, meinte Sömmering, der ihn gründlich untersuchte und ihm beruhigende Mittel verschrieben hatte, ernsthaft krank zu werden. Sömmerings Idee, die menschliche Seele sitze in der Zirbeldrüse, werde also von Organischem bestimmt, von Säften und Sekreten, hatte ihn erst belustigt, ihm dann zu denken gegeben. Hegel hielt diese Ansicht für schlichten Mumpitz.

Aber was ist die Seele sonst? Wo befindet sie sich? Ist sie Gas? Oder das, was die Gedanken bindet? Das Nichts zwischen dem Schönen und Bösen?

Die Seele ist auf unser Empfinden zurückzuführen. Das ist alles. Sömmering, dem er von dieser Auseinandersetzung erzählte, blieb beharrlich: Wissen Sie, Lieber, sicher könnte man die Seele auch so definieren wie Sie oder Ihr Freund Hegel, es fänden sich zahllose weitere Erklärungen, aber als Mediziner bin ich auf die Natur des Menschen, auf seine Physis verwiesen.

Und wenn ich manchmal denke, meine Seele wird an den Rändern schwarz und trocken und rollte sich allmählich auf wie ein Blatt?

Dann ist es vielleicht das Erscheinungsbild einer realen Krankheit.

Bin ich krank?

Sie sind es gewiß nicht, Herr Hölderlin, sie könnten es werden.

Sömmering verordnete ihm Ablenkung vom Hause. Sie verlassen ja kaum den Weißen Hirsch. Ich weiß, Sie schreiben an der Fortsetzung Ihres Buches, und vormittags haben Sie sich Henry zu widmen. Lassen Sie sich freigeben von Madame Gontard. Sinclair würde sich freuen, wenn Sie einige Tage in Homburg verbrächten. Oder holen Sie sich Ihren Bruder her. Das hatten Sie doch vor.

Es geht auf und ab. Die Beruhigung, die er sich in den ersten Frankfurter Wochen erhofft hatte, wird nie eintreten. Er lädt den Bruder ein, bezahlt ihm die Reise, und im April kommt Karl an. Er staunt über alles, die große Stadt, die Menschen, die Pracht der Häuser, und Hölderlin unterstützt ihn darin, obwohl er Lust hätte zu korrigieren, zu sagen, wie dürftig, oberflächlich, hinfällig sich das alles nach genauerer Kenntnis offenbart.

Hier isch's schö. Du hasch's schö.

I woiß, Karl.

Susette sorgt, gegen den Widerstand ihres Mannes – wenn das so weitergeht, haben wir bald seine ganze Familie am Hals –, dafür, daß Karl ohne Einschränkung am Leben der Familie, an einigen Gesellschaften teilnehmen kann. Beim Unterricht sitzt Karl dabei, zu Henrys Vergnügen, der meint, es solle so bleiben.

So, wie du aus dem Livius die Geschichte erzählst, Fritz, möchte ich sie auch lernen.

Bei euch heißt er Fritz? fragte Henry.

Und bei euch?

Bei uns ist er der Hölder.

Henry ist traurig, als er erfährt, daß Hölderlin und Karl für einige Tage verreisen wollten, und er bedrängt Susette, das »nicht zu erlauben«. Oder ich will mit.

Auf dem Weg nach Homburg erzählt Karl, welche Ängste die Mutter bei den Kriegshandlungen ausgestanden habe. Selbst den Réfugiés traue Johanna mehr als den Republikanern.

Sinclair behandelt Karl wie seinesgleichen. Sie sprechen offen vor ihm. Der Junge hört schweigend zu, antwortet nur auf Fragen.

Nein, über die Republikaner könne man nicht klagen, doch in Reutlingen hätten sie, hörte man, beim Durchmarsch übel gehaust, ebenso schlimm wie die Condé'schen Truppen. Da dreht m'r d' Hand net rum.

Sinclair korrigiert Karl. In seinem noblen Hofanzug beeindruckt er den Jungen ohnedies.

Der Krieg, Karl, und sei es einer, den eine große Idee entfacht hat, entstellt den Menschen, entfesselt Kräfte, die sonst nicht wach werden, und in der rauhen Horde wird gerade der Schwache, der Geknechtete häufig gemein. So kann die Idee, die sie ausgesandt hat, aus den Köpfen verlorengehen. Nicht aus allen, nicht aus jenen, die die Freiheit erwarten. Und so hoffen wir, daß sie dennoch in die Wüsteneien einzieht.

Sinclair, der im Auftrag des Landgrafen nach Darmstadt mußte, riet ihnen, nach Mainz zu wandern und dort anzusehen, wie die Republikaner ihr Regime ausübten. Es war eine zweischneidige Empfehlung. Sie durchquerten den Taunus, stiegen auf den Feldberg, wo Karl die »unermeßliche Fernsicht« verblüffte und Hölderlin Mühe hatte, alle Dörfer und Weiler, nach denen der Bruder fragte, zu benennen.

Das könnt Bonames sei. Ich bin net sicher.

Bonames? Heißt des Dörfle wirklich so?

Aber vielleicht isch's des gar net.

Vor Mainz mußten sie mehrfach ihre Ausweise zeigen. Karls Angst legte sich, als er sah, daß die Gardisten freundlich blieben, der Bruder sich auf Französisch mühelos verständigte. Der Zustand der Stadt erschreckte sie. Ungleich mehr Häuser waren zerstört als in Frankfurt. Die meisten Ruinen überwucherte Grün, kleine Bäume wuchsen zwischen den Steinen. Sie erfuhren, daß ein Bombardement der Preußen vor vier Jahren den größten Schaden angerichtet habe und man sich seitdem, da die Stadt immer wieder von den Kaiserlichen bedrängt wurde, kaum habe erholen und etwas aufbauen können.

Die Einheimischen schienen gleichgültig gegen alles. Ob Kaiserliche oder Republikaner, es sei ihnen egal. Überall stießen sie auf Kinderbanden, die sich oft in der Nähe von Troßwagen zu schaffen machten, von den Milizen mit Hieben und Flüchen vertrieben wurden – unbeschreiblich verdreckte, verwilderte Gestalten, deren Wendigkeit und Frechheit Karl erstaunten.

So ebbes könnt's bei uns nie gäbe.

Sei net so sicher.

In Nürtinge, Fritz?

Selbsch da.

Sinclair hatte ihnen eine Empfehlung für Professor Nikolaus Vogt geschrieben, den großen Historiker, der ein Gesinnungsfreund sei, sie gewiß gern empfangen werde. Er ist ein Jakobiner und doch keiner. Und dieser sonderbaren Charakterisierung hatte er die Geschichte Vogts hinzugefügt. In der Hektik des Jahres 1792, als in Mainz die Jakobinerklubs nur so aus dem Boden schossen, Listen herumgereicht wurden, geriet Vogt, ohne daß er es wußte und wollte, mit seinem Namen auf eine solche Liste. Zwar war er durchaus republikanisch und stand möglicherweise auch den Vorstellungen der Jakobiner nah, doch dieser Bubenstreich verwirrte, verärgerte ihn derart, daß er die Heimat verließ und in der Schweiz Exil suchte. Erst vier Jahre danach kam er, da er in der Schweiz kein Auskommen fand, nach Mainz zurück und lehrte seither, von den Studenten verehrt, an der Universität.

Vor der Wohnung Vogts hielt ein Gardist Wache. Sie zögerten. Vielleicht stand der Professor unter Arrest und sie würden mit ihrem Besuch unliebsam auffallen. Karl wollte umkehren, Hölderlin fragte den Soldaten, ob hier der Professor Vogt wohne, ob man ihn besuchen dürfe. Weshalb nicht? Der Professor erhalte viel Besuch. Sie atmeten auf, Vogt selbst öffnete ihnen die Tür. Hölderlin stellte sich und seinen Karl vor, überreichte Sinclairs Brief. Wer von Sinclair komme, sei stets vertrauenswürdig. Alles an diesem Mann war zu groß geraten, selbst Stirn, Augen, Nase. Sein Überschwang riß sie mit, das folgende Gespräch verlief eigentümlich gleichgestimmt und wirkte lang in Hölderlin nach.

Er könne sie bei sich nicht unterbringen, seine Wohnung sei zu klein. Ich werde Sie, wenn wir genug an uns haben, zu einem passablen Gasthof bringen. Er fragte sie aus, sie mußten über sich berichten. Ah, bei den Gontards, es heißt, er ist ein tüchtiger Mann und Madame ein Engel. Ist es so? Die Examinierung ist Hölderlin ein wenig peinlich.

Vom »Hyperion« habe ich nur gehört – Gutes! Bestes – das Fragment in der »Thalia« kenne ich, und einige Gedichte. Dann schildert Vogt, Unterbrechungen nicht erwartend, »seine Welt«. Auch wenn es für unsereinen so nicht aussieht, meine jungen Freunde, sucht die Welt doch unaufhörlich nach ihrem Gesetz, ihrem Gleichgewicht. Es ist ihr gegeben. Sie weiß es nicht. Sie ist nämlich ein Spiegelbild des Kosmos und seiner herrlichen, von einer Gotteskraft geschenkten Regel. Der Mensch ist der bewußte Teil des Kosmos. Das heißt noch lange nicht: sein wissender. Erst allmählich werden wir erkennen und diese Gesetze annehmen, werden wir imstande sein, das Kosmische wiederzugewinnen.

Hölderlin fragt: Das heißt also, daß der Menschengeist nach einer Übereinstimmung mit der Natur streben sollte?

Die Natur ist ein getreuerer Spiegel des Kosmos als der Mensch, der zurückfinden muß.

Und wenn die Kluft tiefer wird?

Dann fragt es sich, lieber Herr Magister, ob der Mensch den Widerspruch aushält und erklären kann.

Das geht in ihn ein. Zwar arbeitet er noch am »Hyperion«, aber seine Gedanken sind abgelenkt von einem vagen Plan, eben diese Ideen dramatisch vorzuführen, am Beispiel einer Figur, die ihn, seitdem er über sie in Hambergers »Zuverlässigen Nachrichten von den vornehmsten Schriftstellern« ausführlicher gelesen hatte, fast brüderlich anzog: der Philosoph Empedokles.

Vogt führte sie, wie versprochen, zu dem Gasthaus, wo sie in eine turbulente Szene gerieten: Ein angetrunkener republikanischer Offizier verlangte, gegen den Widerspruch des Wirts, noch mehr Wein. Der Offizier drang auf den Wirt ein, hätte ihn geschlagen, wären ihm nicht seine Begleiter in die Arme gefallen, er fluchte, fing unvermittelt an zu weinen.

Es sollte ein Glas zum Abschied sein. Sie verstehen uns nicht. Ihr Deutschen seid gegen uns. Weiß ich, ob ich morgen noch am Leben bin? Wir rücken aus, wir marschieren auf Frankfurt. Was hab ich von dem Rest Leben, wenn ich mich nicht einmal besaufen kann? Der Wirt gab den anderen Soldaten eine Flasche, legte ihnen aber nahe, nicht im Wirtshaus weiterzutrinken, sonst gerieten sie an eine Streife.

Hölderlin hatte die Auseinandersetzung, mit Mitleid für den Offizier, verfolgt.

Er fragte den Wirt: Ist es wahr, daß die Franzosen wieder ins Gefecht ziehen?

Ja, vor der Stadt hat Jourdan den größten Teil der Truppen versammelt.

Er fand, sie müßten den Aufenthalt abbrechen, zurück nach Frankfurt. Ich will nicht, daß sich die Mutter deinetwegen Sorgen machen muß, Karl. Es ist am besten, du packst in Frankfurt gleich deine Sachen, und ziehst weiter.

Auf dem Heimweg liefen sie zwischen die Linien. Die Kaiserlichen zogen sich auf Frankfurt zurück, in kleinen Trupps, denen die Verstörung anzumerken war. Viele Soldaten trieben requiriertes Vieh vor sich her. Die »Physiognomie« dieses Rückzugs, schrieb er, »sagte uns genug«.

Die Frankfurter Messe, die eben begonnen hatte, schwemmte Fremde ins Haus, Susette mußte sich um immer neue Gäste kümmern, fand nicht einmal Zeit, Karl zu verabschieden, außerdem drückte Gontard die Sorge, die Franzosen könnten erneut die Stadt erobern, ihm das Messegeschäft verderben.
Sie drangen mit ihrer Kavallerie vor und standen am 22. April vor dem Bockenheimer Tor. General Hoche, der diesen Armeeteil befehligte, hatte seiner Truppe nicht folgen können. Die Stadt, in der sich, der Messe wegen, unzählige Auswärtige aufhielten, rückte ängstlich zusammen. Gontard saß mit Geschäftsfreunden im kleinen Saal, bemühte sich, sie mit Kartenspiel abzulenken, Susette spielte Klavier, Hölderlin und Marie hatten die Kinder zu sich genommen, man wartete auf Gefechtslärm, auf die Eroberung. Man richtete sich ein, in dieser Belagerung gemeinsam den Mittag zu verbringen, als Gontard-du Bosc die erlösende Nachricht brachte. Ob sie das Geschrei auf der Straße nicht hörten? Die Stadt sei außer sich. Es sei alles vorüber! Es herrsche Frieden! Soeben habe ein Bote Buonapartes die Stadt erreicht. Der General habe mit den Österreichern in Leoben einen vorläufigen Frieden geschlossen. Die Kämpfe würden eingestellt.
Man prostet sich zu. Susette hängt sich an den Arm ihres Mannes. Marie und Hölderlin werden gerufen, mitzufeiern. Die Kinder rennen zwischen den Erwachsenen umher, fragen mit großer Ausdauer, ob denn die Franzosen nun nicht mehr kämen?
Nein!
Wirklich nicht?
Wenn ich es dir sag, Jette.

Und wer hat das gemacht, daß sie stillhalten?

Buonaparte!

Ist der ein Kaiserlicher?

Nein, ein Franzose, ein Republikaner.

Warum macht der Frieden?

Er hörte anders auf seine Umgebung. Die Ferne zu Susette verletzte ihn. Sie mußte ihre Rolle spielen. Sie spielte sie glänzend. Er sah ihr ungern dabei zu. Es kann sein, daß er wieder das Gefühl hatte, von innen zuzuwachsen. Henry muß er von Buonaparte erzählen. Buonaparte – dieser Name wird von nun an in aller Munde sein. Ein Held, vielleicht die Wiedergeburt der Revolution. Endlich der strahlende, der geborene Sieger, auf den sie gewartet haben, der ungebrochene Täter. An diesem Tag, vielleicht, als er bei Henry und Jette saß und das wenige, was er von Buonaparte und dessen Siegeszügen in Italien wußte, geduldig wiederholte, als der Jubel durchs Haus klang und er angestrengt lauschte, ob nicht Susette zu hören sei, ihre Schritte auf dem Gang, an diesem Tag änderte sich seine Stimme. Solche Sätze hatte er bisher nicht gehört und gekonnt. Sie überrumpelten ihn. Es war, als springe er von einer treibenden Scholle auf die andere. Er hatte sich gedulden müssen. Noch während der Unterhaltung mit den Kindern sagte er sich die Wörter unaufhörlich vor, und nachdem die Haushälterin die Kinder geholt hatte, setzte er sich an den Tisch, wendete ein Blatt, auf das er vor kurzem Zeilen über den Empedokles notiert hatte, und schrieb in einem Zug die Ode an Buonaparte, ein Gedicht, das nichts mehr zu tun hat mit denen, die vorausgingen, das sich schroff abwendet vom geläufigen Hymnenton, vom glättenden Reim, das endlich seine Gegenwart, seine Mitwisserschaft und dieses dumpfe fortdauernde Leid in die Sprache aufnimmt: »Heilige Gefäße sind die Dichter, / Worin des Lebens Wein, der Geist / Der Helden, der sich aufbewahrt, // Aber der Geist dieses Jünglings, / Der schnelle, müßt er nicht zersprengen, / Wo es ihn fassen wollte, das Gefäß? // Der Dichter laß ihn unberührt wie den Geist der

Natur, / An solchem Stoffe wird zum Knaben der Meister. // Er kann im Gedichte nicht leben und bleiben, / er lebt und bleibt in der Welt.«
Diese Friedenserfahrung, diese Erlösung ist elementar. Er vergißt sie nicht, bis hin zu dem großen Gedicht, das er »Friedensfeier« nennt.

IV *Die zehnte Geschichte*

Im Mai zieht der Haushalt ins Landhaus, den Adlerflychtschen Hof. Er liegt im Norden, am Oederweg, vorm Eschenheimer Tor. Auf einer Gouache, die zwanzig Jahre vor Hölderlins Aufenthalt von Johann Georg Meyer gemalt wurde, liegt das spätbarocke, behäbig noble Hauptgebäude hinter einem Pappelspalier versteckt. Der niedere Wirtschaftsbau mit sich verschachtelnden Walmdächern steht zurückgesetzt, alles ist von einer hohen Hecke eingefaßt. Am Himmel beginnen sich sommerliche Wolken zu türmen. »...Man wohnt mitten im Grünen, am Garten unter Wiesen, hat Kastanienbäume um sich herum und Pappeln, und reiche Obstgärten und die herrliche Aussicht aufs Gebirg.« Er redet sich den Frieden, die Ruhe ein; er schreibt wieder mit offenen Händen, für ein paar Monate kann er die Bedrückungen der Stadt vergessen, daß er sich vor Gontard hüten muß, daß man ihn, wie einen Dienstboten, ausschließt, daß Susette oft unerreichbar ist. Das ist vorüber. Er redet sich Heiterkeit ein. »Je älter ich werde, ein desto größeres Kind bin mit dem Frühlinge wie ich sehe. Ich will mich noch aus allen Herzenskräften an ihm freuen.«
Den Tag über hält sich Gontard in dem Geschäft an der Großen Kräme auf. Meistens kommt er spät heim. Susette teilt den Tag auf. Den Morgen haben sie für sich, wenn das Haus still ist, die

Kinder im Garten spielen, das Personal beschäftigt. Am Nachmittag lernt er mit Henry. Abends warten sie, gemeinsam mit Marie, auf die Heimkehr des Hausherrn. Marie ist längst Mitverschworene, schützt sie, warnt sie, sollte sich irgendeiner zu neugierig in ihrer Nähe herumtreiben. »Den ganzen Morgen ist Frau Gontard mit Hölderlin oben in der Laube und im Cabinet, die Kinder verlassen diese Gegend«, schreibt sie an eine Freundin in Frankfurt. Sie leidet unter dieser geheimen Liebe, weil sie sich ihre eigene nicht erfüllen kann: Ihr Louis, der Freiherr Rüdt von Collenberg, steht mit seiner Truppe nicht weit entfernt, könnte sie gelegentlich besuchen, doch sie fürchtet die Entrüstung Gontards, wohl auch Susettes. Nur einen, Hölderlin, weiht sie in ihre Qualen ein.

Meinen Sie denn, daß Madame Gontard Verständnis für ein Rendezvous hätte, Hölder?

Ich bin nicht sicher.

Sie gehen vor der kleinen Laube auf und ab, zu der Susette gleich kommen wird.

Und Madame selbst? Und Sie?

Sie fragt nicht aufsässig, eher traurig. Das rührt ihn. Er hatte sich manchmal eingeredet, sie ersetze ihm Heinrike, seine Schwester, der er sich anvertrauen könne, doch er hatte auch mit dem Gedanken gespielt, mit ihrer Hilfe Susette zu vergessen, zu verleugnen. Bei ihr müßte er nicht auf der Hut sein. Warten Sie, Marie, sagte er, läuft über den Rasen zum Haus, auf sein Zimmer, sucht unter den säuberlich geschichteten Blättern, zieht eines heraus, rennt wie ein Kind, dem ein wunderbares Geschenk für den Freund eingefallen ist, außer Atem zurück. Er war nicht darauf gefaßt, Susette schon anzutreffen. Die beiden Frauen stehen in weißen Kleidern auf dem Rasen, unterhalten sich. Er hält inne. Geht langsam auf sie zu, wünscht Susette einen guten Morgen, gibt Marie wortlos das Blatt. Sie liest, sieht ihn fragend an, wagt nicht zu reden, Susette nimmt es ihr aus der Hand: Was ist das, Hölder, ich kenne es nicht?

Doch, ihr kennt es, beide, ich las es in Driburg vor.

Das ist lange her, sagt Marie, als rede sie von einem anderen Leben.

Ja, lange, sagt er, und meint es wie sie.

Kommt in die Laube, und lies es, dann werde ich mich sicher erinnern.

»Nun laß dich nur das Mitleid nimmer irreführen. Glaube mir, es bleibt uns überall noch eine Freude. Der echte Schmerz begeistert. Wer auf sein Elend tritt, steht höher...«

Jetzt weiß ich es wieder, Wort für Wort. Weshalb liest du es vor?

Ich wollte Marie trösten.

Marie? Wüßte ich eine, die keinen Trost braucht, dann ist es doch Marie.

So ist es nicht, sagt Marie, durchaus scharf und zurechtweisend.

Du? Weshalb muß unser Hölder dich trösten?

Kannst du es dir nicht denken?

Nein.

Hölderlin legt für einen Moment Marie die Hand auf den Mund: Sagen Sie nichts. Ich will es erklären. Sie hat ihren Louis, Susette, und sie hat ihn nicht. Sie will ihn aber haben. Und sie traut sich nicht, ihn wenigstens für eine verborgene Minute haben zu dürfen.

Aber du wirst doch bald heiraten, Marie.

Bald? Das dauert noch Wochen.

Dann mußt du dich gedulden.

Und ihr?

Das ist etwas anderes. Du erwartest dir ein langes gemeinsames, ehrbares Leben.

Und du?

Darauf kann ich dir keine Antwort geben.

Ich will weiterlesen, sagte er leise, fuhr fort, hin und wieder vom Blatt aufschauend, und als er zu Ende war, sagte er: Sie können sich Ihrer Zukunft sicher sein, Marie, doch fragen Sie einen Hofmeister nie nach der seinen.

Marie geht zu den Kindern. Von fern sind deren Stimmen zu hören. Susette lehnt sich zurück. Sie schließt die Augen.

Die sommerlichen Geräusche sickern in sein Bewußtsein, manchmal geschieht es, daß es sich gegen alles sperrt, taub wird und bei Sinnen bewußtlos ist.

Wenn es geht, schickt Marie alle aus dem Haus, die Kinder, die Diener, jene mit dem Wagen fort und die auf den Markt. Er geht zu Susette, ist derart angespannt, daß es ihn schüttelt. Sie reißt ihn an sich, er küßt ihr Gesicht, ihren Hals, ihre Arme, ihre Hände, sie beteuern sich Dauer, beklagen die Kürze ihres Lebens, schmieden Pläne, verwerfen sie, belauern sich, und immer, wenn er seiner nicht mehr Herr ist, drängt sie ihn von sich, weint, das nicht, er habe sie ja ganz, ihre Vernunft und ihre Unvernunft, ihr Herz und ihren Verstand, doch so weit könne sie nicht gehen, wenn es sie auch mehr noch verlange als ihn.

Danach gerät er bisweilen in einen Zustand, von dem er auch träumt: Daß nicht nur die Wände seines Zimmers um ihn zusammenrücken, ihn zu ersticken drohen, sondern auch die Luft um ihn fest wird, oder daß ihn Gontard verfolgt, er über eine Wiese flieht, die sich vor ihm unendlich aufrollt. Die Nervenschmerzen, die solchen Tagen folgen, hält er kaum aus.

So verbringen sie den Sommer.

V *Die Krise*

Die mit ihm umgehen, sind besorgt. Susette und Marie schelten ihn wegen seiner zunehmenden Empfindlichkeit. Selbst Henry flüchtet vor seinen Stimmungswechseln. Er ist dagegen machtlos. Die Krankheit, für die er keinen Namen hat, frißt sich in ihn hinein. Hegel, den er nur noch selten sieht, dringt auf ihn ein, er solle sich von Sömmering behandeln lassen. Doch von dem bekommt er bereits beruhigende Mittel. Es ist ein wachsender Widerstand gegen alles und alle. Seine Vorstellung von der Welt ist unvereinbar mit der Wirklichkeit. In nahezu allen Briefen, auch in seiner Poesie spricht er es wütend, mit erhobener Stimme aus. Auf dem Adlerflychtschen Hof, das gefährliche Spiel mit Susette fortsetzend, beendet er den »Hyperion«. Er liest Susette und Marie nichts mehr daraus vor. Er weiß, die Frauen würden über den maßlosen Zorn erschrecken. Aus Homburg wird er Susette das Buch schicken, schon eine späte Auskunft über das, was er, scheinbar ein heiterer Gast des Sommers, erlitten hat. Für sie schreibt er, im Aufatmen, die Augenblicke der Beruhigung festhaltend, Gedichte: »Komm und siehe die Freude um uns; in kühlenden Lüften / Fliegen die Zweige des Hains, / Wie die Locken im Tanz; und wie auf tönender Leier / Ein erfreulicher Geist, / Spielt mit Regen und Sonnenschein auf der Erde der Himmel...« Susette versteht sie als Zeichen der Genesung. Er hat sich dem Licht doch nicht verschlossen. Aber Hegel liest er den vorletzten Brief aus dem »Hyperion« vor, die unerhörte wilde Schmähung der Deutschen: »So kam ich unter die Deutschen. Ich forderte nicht viel und war gefaßt, noch weniger zu finden. Demütig kam ich, wie der heimatlose blinde Oedipus zum Tore von Athen, wo ihn der Götter Hain empfing; und schöne Seelen ihm begegneten – Wie anders ging es mir! – Barbaren von alters her, durch Fleiß und Wissenschaft und selbst durch Religion barbarischer geworden, tiefunfähig jedes göttlichen Gefühls, verdorben bis ins Mark zum Glück der heiligen Grazien, in jedem Grad der Übertreibung und der Ärmlichkeit beleidigend für jede gutgeartete Seele, dumpf und harmonielos, wie die Scherben eines weggeworfenen Gefäßes – das, mein Bellarmin! waren meine Tröster. – Es ist ein hartes Wort und dennoch sag ichs, weil es Wahrheit ist: ich kann kein Volk mir denken, das zerrißner wäre, wie die Deutschen. Handwerker siehst du, aber keine Menschen, Denker, aber keine Menschen, Priester, aber keine Menschen, Herrn und Knechte, junge und gesetzte Leute, aber keine Menschen – ist das nicht, wie ein Schlachtfeld, wo Hände und Arme und alle Glieder zerstückelt untereinander liegen, indessen das vergoßne Lebensblut im Sande zerrinnt?«

Hegel hatte ihn unterbrechen wollen. Er ließ sich nicht abbringen, las, fast schreiend, in Hegels winziger Kammer auf und ab gehend, – und als er geendet hatte, traute sich Hegel nicht, gleich die Stille zu brechen. Dann sagte er, zwischen jedem Wort eine Pause lassend:

Des – bisch – du net – Fritz.

Das bin ich geworden. Des habt ihr aus mir gemacht.

Wer?

Die Menschen und die Zeit, Hegel.

Kehr doch um, Fritz, an dem gehst du zugrunde, an dem erstickst du.

Ich seh es aber so.

Und was sagt deine Madame?

Die weiß es nicht, soll es auch nicht wissen. Das ist vielleicht . . .

Was?

Ach, nichts.

Weißt du, als du gelesen hast, habe ich an Tübingen gedacht, an alle diese kindlichen Aufregungen, aber auch, wie uns niemand die Zuversicht nehmen konnte, daß dem Menschen ein Gutes mitgegeben ist. Du konntest dich genauso alterieren und bist flammend hin und her gegangen vor uns, und Neuffer hat sich an Apoll erinnert. Du hast dich nicht verändert, Hölder. Nur der Bub in dir ist verstockt und mutlos.

Laß es sein.

Wie lange bleibt ihr noch draußen?

Ich weiß es nicht. Bis zum September.

Dann sehen wir uns weiter wenig.

Ohne Hölderlins Wissen beriet sich Hegel mit Doktor Sömmering, der jedoch keine Möglichkeit sah, seinen unwilligen Patienten fürs nächste aus dieser »schweren Hypochondrie« zu befreien.

366

Er will es ja gar nicht, Herr Hegel, er flieht, rettet sich in das, was ihn zerstört. Und darüber haben wir keine Macht. Bei seinem Anspruch müßte sich die ganze Menschheit ändern.

Bei einem Gartenfest, zu dem Gontard nahezu alle bedeutenden Frankfurter Familien eingeladen hatte, hörte er, wie eine Dame zu einer anderen sagte: Das ist der Hölderlin, der Hofmeister der Gontards und, wie es heißt, der Geliebte der Madame.

Er lief auf sein Zimmer, schloß sich ein. Susette sagte er nichts.

Ich gehe, hatte Marie ihm, beiläufig, während einer Unterhaltung, gesagt.

Du gehst, Marie? Hast du denn Ärger mit dem Haus?

Aber nein, Hölder, ich heirate im Juli endlich meinen Louis. Er ließ sie unvermittelt stehen.

Sie rief ihm erschrocken nach: Aber freust du dich nicht?

Er antwortete nicht.

Von nun an würde er mit Susette allein sein. Es würde keine freundliche Mitwisserin mehr geben, niemanden, der ihn, wenn Susette unter einem Wust von Gästen verschwindet, beiseite zieht, fröhlich beschwatzt.

Er verliert immer mehr.

Die Hochzeitsvorbereitungen versetzen die Kinder in höchste Aufregung. Sie reden von nichts anderem; die beiden kleinen Mädchen, Lene und Male, sollen die Schleppe tragen, Henry und Jette in der Kirche Blumen streuen.

Und was machst du, Hölder, fragt Male.

Ja, was mach ich?

Er macht ein Gedicht für die Marie, sagt Jette.

Das kann ich nicht.

Das kannst du, entscheidet Henry.

Wenn ich's nur könnte.

Zur Hochzeit in der Katharinenkirche und zum Fest im Weißen Hirsch ist er geladen. Er fährt mit den Kindern in die Stadt. Maries Louis, der Freiherr Rüdt von Collenberg, gefällt ihm. Er trägt allerdings die Uniform der kaiserlichen Armee.

Marie hatte sich am Abend zuvor von ihm verabschiedet, Tränen in den Augen, hatte seine Hand an die Lippen gezogen, von seiner »zarten Seele« gesprochen und Schutz für ihn erfleht. Er hatte sich wie ein hilfloses Kind benommen.

Er geht am Schluß des Zuges. Die Kinder erfüllen ihre Aufgaben, werden von andern beaufsichtigt. Er setzt sich in die letzte Bank, denkt an nichts, denkt sich das ganze vergangene Jahr in einem einzigen Satz, den er nicht festhalten kann, sieht der Zeremonie zu, meint, obwohl die Orgel braust, daß es ein Fest unter Stummen sei, eine unaufhörliche, sinnlose Folge von Umarmungen, Gratulationen, Umarmungen. Susette steht neben dem Freiherrn. Auch sie könnte eine Braut sein. Sie soll das Glück der anderen bezeugen. Nicht seines. Sie hat nicht ein einziges Mal zu ihm hingesehen. Beim Auszug ruft Marie ihm zu: Adieu, Hölder. Die es hören, sehen sie erstaunt an. Der Freiherr lächelt. Sie wird ihm erzählt haben. Er wird viel wissen. Aber Susette schaut wieder nicht auf. Er läuft über die Zeil zum Eschenheimer Tor. Es ist still da draußen. An einem Zaun lehnt ein Gärtner, schimpft mit sich selbst. Das Sommerhaus ist leer. Alle sind zur Hochzeit, auch das Personal. Das Fräulein Marie heiratet einen Freiherrn! Er besitzt ein Schloß in Bödigheim im Badischen! Das Fräulein Marie wird Schloßherrin! Das Fräulein Marie hat Glück gehabt! Dem Fräulein Marie wollen wir es nicht neiden!

Nein.

Er setzt sich in die Laube. Wieder legt sich Tonlosigkeit über alles. Die Vögel singen; er hört sie nicht. Der Wind bringt die Blätter zum Rascheln; er hört es nicht. Er sieht den alten Diener Weidemann zum Tor gehen; er hört die Schritte nicht. Er hat Papier und Feder mitgenommen.

Nach Hause kann er nicht schreiben, doch Neuffer gegenüber will er sich aussprechen. Wenigstens einer muß ihm zuhören: »Ich habe Dir lange nicht geschrieben. Es ist auch oft unmöglich. Indes ich Dir sagen will: so ist es! ist es schon anders geworden.

Das Schicksal treibt uns vorwärts und im Kreise herum, und wir haben so wenig Zeit, bei einem Freunde zu verweilen, wie einer, dem die Rosse davongegangen sind... Du fehlst mir oft, mein Bester! Philosophieren, Politisieren u.s.w. läßt es sich mit manchem. Aber die Zahl der Menschen, denen man sein Schwächstes und sein Stärkstes offenbart, die mag man nicht so leicht verdoppeln. Ich hab es auch fast ganz verlernt, so ganz vertrauend einem Freunde mich zu öffnen. Ich möchte bei Dir sitzen, und erst an Deiner Treue mich recht erwarmen – dann sollt es wohl von Herzen gehn! – O Freund! ich schweige und schweige, und so häuft sich eine Last auf mir, die mich am Ende fast erdrücken, die wenigstens den Sinn unwiderstehlich mir verfinstern muß. Und das eben ist mein Unheil, daß mein Auge nimmer klar ist, wie sonst... O! gib mir meine Jugend wieder! Ich bin zerrissen von Liebe und Haß.«

Susette fragt ihn jetzt nicht aus. Ihre Zärtlichkeit ist heftiger als sonst.

Mehr und mehr nimmt der Plan des »Empedokles« Gestalt an. Es soll ein Trauerspiel werden, und Empedokles sieht er als »einen Todfeind aller einseitigen Existenz«.

Von Schiller erhält er, nach langem, Nachricht; er freut sich, tröstet sich an dem Zuruf des Bewunderten. Die »Freiheit und Ruhe«, die er sich wünscht, kehren aber nicht ein.

Susette verläßt mit den drei Mädchen das Sommerhaus. Die Messe hat begonnen. Kobus Gontard braucht sie, er will sie in dem Umtrieb neben sich wissen, sie macht aus ihrer Vorfreude keinen Hehl.

Er bleibt mit Henry zurück. Sie behandeln Plutarchs Demosthenes-Porträt. Henry ist der Stoff zu schwierig, zu langweilig, er versucht, seinen Lehrer davon abzubringen.

Warum bist du immer so traurig, Hölder?

Komm ich dir so vor?

Du bist es ja. Das sieht jeder.

Aber ich scherze doch mit dir, ich kann lustig sein.

Das ist nicht richtig lustig.

Ich kann es dir nicht erklären, Henry.

Fühlst du dich bei uns nicht wohl? Hast du Heimweh?

Heimweh? Wie kommst du darauf?

Du hast so lieb von Nürtingen erzählt, von Karl, wie er klein gewesen ist.

Deswegen habe ich nicht Heimweh. Vielleicht habe ich Fernweh.

Willst du fort? Wohin?

Wenn ich es wüßte.

Was weißt du denn überhaupt, fragt der Junge und schlägt lachend die Hände zusammen.

Fast nichts mehr, Henry.

Dann mußt du ja lernen wie ich.

Ja.

Überraschend kündigt Neuffer seinen Besuch an. Er werde ganz offiziell im Gontardschen Haus auftreten können, da er Landauer, einen Stuttgarter Geschäftsmann, begleite, der sich mit Herrn Gontard für die Messe verabredet habe. Am 11. September 1797 treffen beide ein, er holt sie aus dem Gasthof ab, ist selig, Neuffer in die Arme schließen zu können, auch Landauer, der ihn mit seiner Gelassenheit und Festigkeit wieder beeindruckt. Landauer ist sehr herzlich und sagt ihm, noch auf dem Weg zum Weißen Hirsch, daß er, sollte er einmal Hilfe benötigen, sich ohne Bedenken an ihn wenden könne; oder wenigstens Neuffer verständigen. Ich bitte Sie dringlich, Herr Hölderlin.

Sehe ich aus, als müßte ich um Hilfe flehen?

Man weiß es nie.

Sie haben einen ausgezeichneten Menschenverstand, Herr Landauer.

Landauers Gegenwart bewirkt, daß Gontard ihn zum ersten und auch zum letzten Mal ernst nimmt. Er darf dabeibleiben. Wird nicht weggeschickt. Er merkt Susettes Stolz, die sich mit Geschick unbefangen gibt, obwohl sie weiß, daß Neuffer – und damit wohl auch Landauer – eingeweiht ist. Kennen Sie den Hofmeister Hölderlin schon lange, erkundigt sich Gontard bei Landauer, und der antwortet betont überschwenglich: Das nicht, doch er ist mir ein lieber Freund und ein verehrungswürdiger Dichter.

Was Gontard verlegen macht. Er kommt auf die Geschäfte zu sprechen. Susette geht hinaus. Hölderlin hört zu, bis Neuffer bittet, mit dem Freund spazierenzugehen. Für solche Dinge sind wir Theologen nicht präpariert. Gontard lädt für den Abend ein, selbstverständlich sind auch Sie gebeten, Herr Hölderlin.

Wie der Ton wechseln kann. Wie einer sich verändert, wenn ein Schatten von Macht auf ihn fällt.

Neuffer ist von Susettes »hoher Schönheit« überwältigt. Und sie liebt dich?

Ja.

Weiß es Gontard?

Es wird viel geschwätzt. Die ganze Stadt schwätzt. Vielleicht.

Und warum –?

Sprich nicht weiter, Neuffer.

Er genießt die vier Tage unter dem Schutz Landauers.

Du brauchst deine Freunde, stellt Susette fest, gleich bist du ganz anders.

Ich nicht, Liebe, die anderen sind es, die sich ändern. Ich bin nicht schuld, daß Landauer vermögend und angesehen ist. Ich habe Schuld daran, daß ich es nur zum Hofmeister gebracht habe, zu nicht mehr.

Und gleich wird es dir wieder kalt sein, sagt Susette. Ihr Hamburger Bruder Henry Borkenstein und dessen Frau haben sich zu einem mehrwöchigen Besuch angekündigt. Susette muß für deren Zerstreuung sorgen, eine Gesellschaft folgt der andern. Er ist ausgeschlossen. Kein Landauer zieht ihn hinter sich her. Susette läßt sich weniger sehen, abgelenkt, planend, »...dieses ganze Jahr haben wir fast beständig Besuche, Feste und Gott weiß!

was alles gehabt, wo dann freilich meine Wenigkeit immer am schlimmsten wegkommt«.

(Manchmal kündigt sich in seinem Leben etwas an, das erst kommen wird. Ein Vorbote. Jeden Tag, ehe ich zu schreiben anfange, blättre ich in der »Chronik seines Lebens«, die Adolf Beck mit unvergleichlicher Kenntnis, jedem durch Briefe von und an Hölderlin oder durch andere Dokumente verbürgten Datum folgend, aufgeschrieben hat. Das ist Hölderlins Spur, das hat er erfahren, erlebt. Ich kann es, wenn ich mich anstrenge, an einem Tag lesen, sein ganzes Leben. Während des Lesens beginne ich mich an diesen und jenen Hinweis zu erinnern. Meine Phantasie will sich mit einem Satz nicht zufriedengeben, kombiniert, stellt um, verklammert, wiederholt, läßt von Personen nicht ab, die nur kurz auftauchen, verschwinden und erst später wichtig werden. Das hat alles nichts oder nur sehr wenig mit dem zu tun, was in dem Augenblick, den ich schreibend zu rekonstruieren versuche, in seinem Kopf vorging. Also nehme ich Abstand, erfinde ihn, bewege ihn, lasse ihn so wenig wie möglich wissen von dem, was ich weiß, schreibe, zum Beispiel, in Klammer: Mitte Oktober 1797 besucht ihn der dreiundzwanzigjährige Literat Siegfried Schmid aus Friedberg in der Wetterau. Er ist mit Sinclair bekannt, bringt dessen Empfehlung mit, ist auf dem Weg nach Basel, wo er sich nach einer Stellung umsehen möchte. Die Urteile über Schmid gleichen sich: sein schwärmerischer Größenwahn, sein ungestörtes Selbstbewußtsein müssen jeden mehr oder weniger enerviert haben. Allerdings gelang es ihm stets, Interesse auf sich zu ziehen. Schiller förderte ihn eine Zeitlang, bis, wie auch im Falle Hölderlin, Goethe sich scharf äußerte, und Schiller sich wieder zurückzog. Goethes Verdikt ist genauer und ausführlicher als bei Hölderlin und, denkt man den späteren Lebensweg Schmids hinzu, bemerkenswert hellsichtig: »Schmid von Friedtberg ist bey mir gewesen, es war keine unangenehme aber auch keine wohlthätige Erscheinung ... ich fürchte, es ist nicht viel Freude an ihm zu erleben. Voraus also gesetzt, daß es kein gedrückter Mensch ist, so ist es ein böses Zeichen, daß sich keine Spur von Streben, Liberalität, Liebe, Zutrauen an ihm offenbart. Er stellte sich mir in dem philisterhaften Egoismus eines Exstudenten dar...«

In Basel hielt Schmid es ein Jahr als Hofmeister aus, schloß sich dann als Kadett dem österreichischen Heer an, erhielt nach einem weiteren Jahr den Abschied, war wiederum Hofmeister, promovierte während dieser Zeit in Erlangen, kehrte 1804 nach Hause, nach Friedberg zurück, wo ihm die Familie offenkundig wegen seines unsteten Lebens Vorwürfe machte und ihn dermaßen in die Enge trieb, daß er für ein halbes Jahr ins Hospital mußte und dann von Sinclair aufgenommen wurde. Sinclair sorgte auch dafür, daß er 1808 wieder in die österreichische Armee, in das Husarenregiment des Erbprinzen von Homburg, eintreten konnte. 1819 wurde er als Rittmeister auf eigenen Wunsch pensioniert und lebte bis zu seinem Tode, 1859, in Ungarn und in Wien. Mit seinen Dramen, die er im Alter schrieb, hatte er keinen Erfolg. – Dieser Mann besuchte Hölderlin, und ich frage mich, weshalb ihn dessen Anmaßung und allzu rasche Vertraulichkeit nicht abschreckten. Vielleicht war er damals über jeden Besuch froh. Vielleicht blendete es ihn, daß Schmid seine Gedichte rühmte und sich vorgenommen hatte, den »Hyperion« zu lesen, was er dann in seinem ersten Brief an Hölderlin bestätigt: »Ich fange an den Hyperion zu lesen, – Bruder! Bruder! – *der Sinclair* sah in dem Buch ein personifiziertes Moralsystem. Das Gott erbarm! was werden die Andern alle drinn erblicken!« Dieser Ton war ihm vertraut, erinnerte ihn an den stürmischen Austausch zwischen Nast oder Neuffer oder Magenau und ihm. Mit Schmid kam Jugend in seine Einsamkeit. Darum war er willkommen, die Verbindung würde halten. Und für mich, der ich eben mehr weiß, tritt er als Bote auf. Dieser unpolitische Schwärmer kündigt mit seinem Besuch alle jene an, die, nur ein Jahr darauf, zum Homburger Kreis zählen, die neuen Freunde: Muhrbeck, Böhlendorff, Baz, Horn, Georgii. Sie alle sind Denker und Täter. Sie alle leben jene Spannung bis zum äußersten aus, die Hölderlin zunehmend schreckt, für die er aber gerade jetzt, im »Empedokles«, den Grundtext schreibt. – Da bleibt dann der junge Herr aus Friedberg aufgeregt am Rand.)

Hölderlin weiß, daß seine Lage sich nicht mehr verbessern kann. So sehr er sich mit seiner Liebe zu Susette auch dem Anspruch der Wirklichkeit widersetzt, so sehr er sich wehrt gegen die zahllosen Kränkungen. Es ist nicht lange her, daß er darüber hinwegsehen, sich mit der allgemeinen Hoffnung verschwören konnte. Nun zieht sich alles um ihn zusammen. Wenn er Gesellschaft sagt und schreibt, meint er die, die ihn unmittelbar umgibt. Er opponiert gegen diese Bedrückung, gegen diesen »herrschenden Geschmack«: »Je angefochtener wir sind vom Nichts, das, wie ein Abgrund um uns her uns angähnt, oder auch vom tausendfachen Etwas der Gesellschaft und der Tätigkeit der Menschen, das gestaltlos, seel- und lieblos uns verfolgt, zerstreut, um so leidenschaftlicher und heftiger und gewaltsamer *muß* der Widerstand von unserer Seite werden. Oder *muß* er es nicht? Das ists ja eben, was Du auch an Dir erfährst, mein Lieber! Die Not und Dürftigkeit von außen macht den Überfluß des Herzens Dir zur Dürftigkeit und Not. Du weißt nicht, wo Du hin mit Deiner Liebe sollst, und mußt um Deines Reichtums willen betteln gehen. Wird so nicht unser Reinstes verunreinigt durch Schicksal, und müssen wir nicht in aller Unschuld verderben? O, wer nur dafür eine Hilfe wüßte?«

Susette will ihm helfen. Sie wird immer unvorsichtiger, um ihm nah sein zu können. Gleichwohl kann sie ihm nicht helfen, da sie zu dem gehört, was ihn krank macht. Lauter Karikaturen, klagt er, mich umgeben lauter Karikaturen. Nicht du, nicht die Kinder, alle anderen! Sie verfolgen mich in meine Träume, blähen sich auf, triumphieren über meine Schwäche. Sie vertröstet ihn aufs Frühjahr, mit dem Umzug ins Sommerhaus.

Manche Neuigkeiten lenken ihn ab. Aus Blaubeuren kommt die

Nachricht, Heinrike habe ihr zweites Kind geboren, einen Buben, der nach ihm genannt werde, Fritz. Er solle Pate sein. Er
könnte reisen, Frankfurt wenigstens für ein paar Tage den Rükken kehren. Gontard gestattet es nicht. Er unterrichte Henry
ohnehin schon recht nachlässig. Das stimme nicht. Das stimme
wohl. Er ziehe, wie man höre, andere Unterhaltungen vor. Jedes
einzelne Wort verletzt ihn. Wenn Sie auf meiner Anwesenheit
bestehen, Monsieur, sagte er leise, und Gontard antwortet: Ich
bestehe darauf, Sie als Hofmeister engagiert zu haben und nicht
als Gesellschafter, Herr Hölderlin.

Halte dich zurück, bittet ihn Hegel, den die Gerüchte über
Susette und Hölderlin bekümmern.

Noch mehr? Hölderlin schrie ihn an. Er war außer sich. Jede Bemerkung über seine Beziehung zu Susette erregte ihn. Noch
mehr! Die halten mich zurück. Die haben mich so weit gebracht,
daß sich meine Seele von meinem Leib verabschiedet und den
Tag über dahinkümmert. Sie haben schon alles erreicht, Hegel.
Sie haben einen Apparat als Hofmeister, ein gefügiges Maschin-
chen. Mich dauert nur mein Henry, der das spürt.

In der Sylvesternacht 1797, schon nach Mitternacht, kommt Susette zu ihm. Er liegt angekleidet auf dem Bett, lauscht auf das
heitere Getöse. Im Garten brennen sie ein Feuerwerk ab. Die
Kinder dürfen aufbleiben. Gontard hatte ihn eingeladen, doch er
hatte, Nervenschmerzen vorschützend, abgelehnt. Susette ist erhitzt, ihr Haar hat sich aufgelöst. Es sei ein gewaltiger Spaß.

Ihr habt ihn.

Du hättest teilnehmen können.

Ich konnte nicht.

Ich bin doch bei dir.

Du wirst gleich wieder gehen. Deine Abwesenheit wird deinem
Mann auffallen.

Sie sind alle beschäftigt und angeheitert.

Sie legt sich neben ihn, nimmt ihn in die Arme. Er versucht sie zu
küssen, doch sie wehrt ab.

Man würde es mir anmerken, Hölder. Nicht jetzt. Ich wollte einfach bei dir sein.

Er sagte träumerisch, in einem angestrengt heiteren Ton:

Ich habe kürzlich ein Stück gelesen, Susette, von einem Hofmeister namens Läuffer, der sich, weil es ihm so ging wie mir, kastriert hat, um nicht in die Versuchung zu kommen, seiner Herrin unter die Röcke zu gehen.

Er machte, da er ihre Entrüstung erwartete, eine Pause. Aber sie lag still. So fuhr er fort.

Er hatte Glück, der Hofmeister Läuffer. Ihn liebte ein Mädchen, das sich nicht einmal um diesen entscheidenden Mangel scherte. Als er ihr bekannte: Lise, ich kann bei dir nicht schlafen, antwortete sie ihm: So kann er doch wachen bei mir. – Ist es so zwischen uns, Susette, ist so unsere Liebe?

Sie setzte sich auf, fuhr sich mit der Hand übers Gesicht und durchs Haar, das so noch mehr durcheinandergeriet, und sagte nichts.

Mußt du nicht hinunter? Das Feuerwerk ist zu Ende.

Gleich. Lies mir vor, Hölder.

Hast du meine Geschichte begriffen?

Lies mir vor.

Ich will nicht, Susette, ich kann nicht. Geh hinunter.

Ich geh nicht, ehe ich nicht, wie sonst, dich gehört habe.

Ich habe die ganze Zeit geredet.

Du weißt, was ich meine.

Ich weiß. Du meinst meine Poesie als deine Einbildung.

Kränke mich nicht.

Verzeih, ein tausendfach Gekränkter kann gar nicht mehr wissen, wann er kränkt.

Sie stand auf, ging (auf Zehenspitzen; sie konnte es schon gar nicht mehr anders) zur Tür.

Hör her, sagte er, ich kann es auswendig, doch dann geh, ich will nicht, daß wir das neue Jahr mit Streit beginnen. »Komm und besänftige mir, die du einst Elemente versöhntest, / Wonne der

himmlischen Muse, das Chaos der Zeit, / Ordne den tobenden
Kampf mit Friedenstönen des Himmels, / Bis in der sterblichen
Brust sich das Entzweite vereint, / Bis der Menschen alte Natur,
die ruhige, große, / Aus der gärenden Zeit mächtig und heiter
sich hebt.«
Laß sie nicht warten, Susette.

Das neue Jahr beginnt er bei Doktor Sömmering, der ihm zugesi-
chert hat, das »Nervenkopfweh« zu lindern, wenn nicht gar zu
heilen. Allerdings muß ihm der Arzt nach einigen Konsultatio-
nen und nachdem die verschriebenen Mittel wirkungslos blieben,
gestehen, daß höchstens ein radikaler Wechsel Abhilfe schaffen
könne. Wenn er gesund werden wolle, müsse er Frankfurt verlassen, andere Menschen um sich haben. Hölderlin vermutete hinter dem Rat Gontards Einfluß, den Sömmering bestritt. Er gäbe
zwar zu, in diesem Falle Gontards Partei zu sein, und er wünsche
sich nichts sehnlicher, als daß diese Affäre aus der Welt wäre,
doch dies sei eine ärztliche Einsicht. Kränkungen machten
krank.
Er könne nicht fortgehen. Es werde sich von selber entscheiden.
Sömmering rügte diesen Fatalismus. Wie oft haben Sie, bester
Freund, gerade über den Mut der Abkehr nachgedacht. Denken
Sie an Ihren Hyperion.
Doch über die Unansprechbarkeit des Schicksals auch, Herr
Doktor.
Inmitten einer Kampagne von Unfreundlichkeiten, an der nahezu das ganze Haus, von Kobus Gontard über dessen Verwandte im Parterre bis zu den Haushälterinnen und Dienern beteiligt ist, die selbst die Kinder verwirrt und unsicher macht, gelingt es Susette, einen Ausweg zu finden. Sie überredet Kobus,
Henry mit seinem Lehrer in die Schweiz, nach Genf zu Verwandten zu schicken. Dort könnte Henry sein holpriges Französisch
aufbessern. Gontard stimmt dem Plan zu. So hatte er den Stö-

renfried aus dem Haus und Susette bei sich. Diese Aussicht belebt Hölderlin. Er wird wenigstens für einige Tage zu Hause sein können, in Nürtingen, Blaubeuren. Er schreibt der Mutter, Heinrike, schmiedet mit Henry Pläne.

Du bist ganz anders, Hölder. Wieder so wie zu Beginn.

Ist das schon so lange her?

Ganz ewig lange.

Henry meint es ernst. Auch wenn er seinen Lehrer bittet, ein solcher Hölder zu bleiben.

Aber die Zeit läßt die Flucht nicht zu: Französische Truppen marschieren in die Schweiz ein. Man verhandelt, es besteht Aussicht auf eine helvetische Republik.

Wir können nicht reisen. Nun ist auch in der Schweiz Krieg, Henry.

VI *Die elfte Geschichte*

Der kleine Schreibtisch, in den er sich gleich am Anfang seiner Frankfurter Zeit verguckt, den er ans Fenster gerückt hatte, um bei gutem Licht arbeiten zu können, an dem er jeden Morgen mit Henry saß, die Bücher ausgebreitet, an dem er abends schrieb, dessen Intarsien er auswendig wußte, über dessen Politur er oft mit der Hand rieb, bis Holz und Hand heiß wurden; vor dem sitzend, er auf den Garten hinuntersehen konnte, auf den er oft müde den Kopf gelegt hatte und in dessen Fächern er seine Manuskripte aufbewahrte – der kleine Schreibtisch sollte ihm genommen und durch ein einfaches, ungeschlachtes Möbel, das bislang im Keller gestanden hatte, ersetzt werden. Das war eine ausgeklügelte Gemeinheit. Man wußte, daß er an dem Tisch hing, daß er ihm die Stube wohnlich machte, daß er mit ihm lebte.

Zuerst hatte ein Diener von Gontard-du Bosc, einer von »denen aus dem Parterre«, den Schreibtisch zurückverlangt. Monsieur Gontard benötige ihn für den kleinen Salon.

Er hatte ihn abgewiesen. Das Möbel sei ihm von Herrn Jakob Gontard zur Verfügung gestellt worden, er könne es nicht so ohne weiteres abgeben.

Der Diener verschwand.

An seiner Stelle erschien die Haushälterin. Sie klopfte nicht einmal an. Warum er sich so ziere? Schließlich gehöre der Schreibtisch nicht ihm. Er könne an jedem Tisch seine Arbeit besorgen. Das neue Möbel stehe bereits auf dem Flur. Ob er es sich nicht ansehen wolle? Es reiche für ihn aus, für den Lehrerkram, sie sagte, mit erhobener Stimme: Das ist genügend für Sie!

Er weigerte sich, das Ersatzstück anzusehen.

Was erlauben Sie sich, Demoiselle Schott. Verlassen Sie meine Kammer, ich bitte Sie. Ich möchte nicht ausfällig werden.

Die Haushälterin antwortete ihm: Was wollen Sie nicht werden? Ausfällig? Das sind Sie doch jeden Tag. Wäre ich der Herr Gontard, ich hätte Sie längst entlassen.

Gehen Sie!

Sie nimmt sich Zeit, um zu verschwinden.

Offenbar hat Gontard ihren Rückzug nur abgewartet, denn jetzt betritt er die Szene, genauer gesagt, er tritt in die Tür, die die Haushälterin offengelassen hatte, räuspert sich und befiehlt kurzentschlossen: Dieses Möbel, Monsieur Hölderlin, sollte spätestens in einer halben Stunde im Salon meines Bruders stehen. Ich rechne damit, daß Sie dem Lakaien beim Transport helfen.

Aber wieso?

Es wird gebraucht.

Weshalb bis jetzt nicht?

Es ist ein Erbstück und gehörte eigentlich gar nicht auf Ihre Kammer.

Ich hänge daran.

Es gehört Ihnen nicht.

Nein, es gehört mir nicht.

Also ich bitte Sie –

Sollte man nicht Madame fragen?

Madame wird in dieser Angelegenheit nicht behelligt.

Ich verstehe –

Was verstehen Sie, Monsieur?

Diese –

Gontard tritt einen Schritt in die Stube hinein, spannt sich: Was wollen Sie sagen?

Ich wollte, Herr Gontard, sagen: Diese Entscheidung.

Gontard kehrt sich abrupt ab, geht.

Er räumt die Schubladen aus, legt die Papiere in säuberlichen Stapeln aufs Bett. Der Lakai ruft vom Flur, er solle ihm gefälligst helfen.

Der neue Tisch ist sperrig, viel zu groß für das kleine Zimmer. Dann tragen sie »seinen« Tisch durch das Haus, die Treppe hinunter. Gontard-du Bosc erwartet sie, weist an, wo das Möbel stehen solle. Hölderlin verläßt den Salon ohne ein Wort.

Er wird an dem neuen Tisch einige Tage nicht arbeiten können. Er hat keine Schubladen mehr, in denen er seine Manuskripte verwahren kann. Henry fragt verblüfft: Wo ist dein Schreibtisch?

Und Hölderlin, den verwunderten Ton nachahmend, fragt ebenfalls: Wo ist mein Tisch? Wo ist mein Stuhl? Wo ist mein Haus?

Henry läßt sich nicht ablenken. Hölderlin erklärt ihm, sein Onkel, Monsieur Gontard-du Bosc, habe ihn dringend gebraucht.

Aber der Onkel braucht doch keinen Schreibtisch.

Oh, er weiß schon, was er getan hat.

Henry ruft Susette, die freilich von dem Tischetausch schon weiß. Haben sie denn keinen besseren finden können, fragt sie.

Es ist ein Anschlag auf mein Befinden, sagt er.

Nehmen Sie es als Bagatelle, Hölder.

Müßte ich alle Bagatellen sammeln...
Ich bitte Sie, über den häßlichen Vorsatz hinwegzusehen.
Soll ich denn blind werden?
Henry beginnt zu lachen. Du bist komisch, Hölder.
Begleitest du mich in den Garten? Er nimmt den Buben an der Hand, entschuldigt sich für seine Laune.
Susette wischt, nachdem die beiden gegangen sind, mit einem Taschentuch über die staubige, rissige Tischplatte.

VII *Vorahnungen*

Auch Hegel begann mißmutig zu werden. Anfangs hatte er die Gogels und deren Freunde nur gelobt, rasch Bekanntschaften geschlossen, mit ihnen renommiert, doch inzwischen wurde ihm der Betrieb zu viel, der ihn von seiner Arbeit ablenke, zu nichts und wieder nichts führe. Die beiden hatten sich seltener getroffen. Hölderlin entfernte sich kaum mehr aus dem Haus, und Hegel ängstigte sich vor den »krankhaften Anwandlungen« seines Freundes, dem seiner Meinung nach nicht zu helfen sei. Die politischen Ereignisse führten sie wieder zusammen. Im März 1798 war der Württembergische Landtag nach zwanzigjähriger Suspendierung erneut zusammengetreten. Herzog Friedrich Eugen wollte mit seiner Hilfe Steuern festlegen und für eine Verteilung der Kriegslasten sorgen. Die Stimmung im Land war gereizt. Man hatte genug von der harten österreichischen Besatzung, genug von den Eigenmächtigkeiten des Fürstenhauses. Abgesandte des Direktoriums in Paris schürten die republikanischen Hoffnungen. Sie hatten ohnehin Anhänger und Freunde und fanden neue. Der Landtag sollte mehr sein als nur ein willfähriges Instrument des Herzogs. Mit ihm könnte man den Fürsten entmachten. Das Wunschbild einer alemannischen Republik setzte sich in den Köpfen der Demokraten fest. Einer ihrer Wortführer war Christian Friedrich Baz, den Hölderlin beim Rastatter Kongreß kennenlernen sollte. Sie alle veröffentlichten Schriften, in denen sie ihre Vorstellungen von Reformen entwikkelten. Hölderlin, begierig, das Neueste aus der Heimat zu erfahren, glücklich über den sich anbahnenden Umschwung, läßt sich vom Bruder Flugblätter und Broschüren senden. Baz' Abhandlung »Über das Petitionsrecht« mit dem stolzen Untertitel »Für alle und zu allen Zeiten lesbar« stand noch in seiner kleinen Tübinger Bibliothek. Als Studenten hatten sie sich gewünscht, Sätze wie diese zu lesen: »Nichts ist der Pflicht und dem Zweke der Regenten, folglich auch dem Emporkommen der Nation mehr entgegen, als wenn man noch immer alte Einrichtungen und Geseze geduldet und in Kraft sieht, die nur in der Barbarei und Unwissenheit ihren Ursprung und Grund haben, wo die Rechte der Menschheit nach der trüglichen Zufälligkeit der Stärke und Anmaßung gewogen wurden ...«

Sie setzten ganz auf die Zusammenarbeit der Landstände und des Direktoriums. Dieser immer größer werdenden Kraft würde der Herzog auf die Dauer nicht widerstehen können. Alles, was sie in Tübingen geträumt hatten, schien sich nun zu verwirklichen. Hegel, der Hölderlin mahnte, nicht andauernd in Tübinger Erinnerungen zu schwelgen, oder nach Analogien zwischen den Unruhen der Gegenwart und besseren Zuständen im alten Griechenland zu fahnden, wollte sich »einmischen«. Nun zeige sich, daß sie nicht vergebens unter der Fuchtel Carl Eugens denken gelernt hätten. Jetzt ließe es sich gegen diese Brut anwenden. Er wolle mit ihm zusammen einen Aufruf schreiben und ihn als Flugschrift unter die Leute bringen. Hölderlin lehnte ab. Er sei kein Politiker, er verstünde von den Angelegenheiten viel zu wenig, er sei ein aufgeschlossener, beteiligter Zuschauer, nicht mehr.

Hast du wieder Angst?

Ich habe keine Angst. Ich will mit dir nicht streiten. Du kennst mich. Ich halte mich nicht aus Feigheit zurück. Die Wirklichkeit hat mich krank gemacht, und ich werde an ihr krank bleiben, wenn sie sich nicht bessert. Also müßte ich eigentlich nachhelfen. Ich kann's nicht, Hegel.

Hegel fand niemanden, der seine Schrift druckte, aber Hölderlin schrieb sie ab, schickte sie Sinclair, der sie immerhin unter seinen Freunden in Rastatt kursieren ließ: »Die ruhige Genügsamkeit an dem Wirklichen ist in Hoffnung, in Erwartung, in Mut zu etwas anderem übergegangen. Das Bild besserer, gerechterer Zeiten ist lebhaft in die Seelen der Menschen gekommen, oder eine Sehnsucht, ein Seufzen nach einem reinern, freiern Zustande hat alle Gemüter bewegt und mit der Wirklichkeit entzweit.«

Sinclair bedrängt ihn längst nicht mehr so, wie der ungeduldig gewordene, seine Stellung anzweifelnde Hegel. Wenn er Sinclair in Homburg besuchte, erfrischt von der Wanderung durch die Wäldchen und Wiesen zwischen Bonames und Homburg, mußte er zwar auch gleich politisieren, sich Sinclairs Wutausbrüche über die Homburger Bürger anhören, die gegen ihn, den »Hofdemokraten« stänkerten, doch Sinclair verlangte von ihm keine Stellungnahme. Du gehörst ja zu uns, Hölder, bekennen mußt du es nicht.

Im Dezember hatte der Rastatter Kongreß begonnen. Er war im Friedensvertrag von Campoformio zwischen Österreich und der Französischen Republik beschlossen worden. In Rastatt sollten die endgültigen Friedensregelungen formuliert und über die Abtretung der linksrheinischen Gebiete an Frankreich verhandelt werden. Von den Verhandlungen erwarteten sich besonders die Republikaner Anstöße und Veränderungen. Neben den offiziellen Delegationen hielten sich darum viele republikanische Beobachter in Rastatt auf, versuchten, den Verhandlungslauf zu beeinflussen. Der Landgraf von Homburg hatte Sinclair als seinen Vertreter für Rastatt bestimmt. Die

Aussicht, mit den Ersten Diplomaten Europas als seinesgleichen umgehen und verhandeln zu können, beschwingte Sinclair. Nein, er wolle nicht gegen seinen Fürsten handeln, aber auch nicht für ihn. Er wolle ihn nicht verraten, doch ihn auch nicht unbedingt schützen. Die Entwicklungen würden ihm helfen, der Landgraf werde ein Einsehen haben müssen. Wahrscheinlich wußte Friedrich V., welchen Widersprüchen er Sinclair mit diesem Auftrag aussetzte. Hatte er keinen Besseren, Gewandteren? Wollte er Sinclairs Loyalität auf die Probe stellen?

(Ich schreibe: Sinclair vertritt den Landgrafen in Rastatt. Ich sehe ihn unter den Delegierten der Republik und des Reichs, male mir die Szene eines solchen Kongresses aus. Sicherlich nicht so prächtig wie später der von Wien. Rastatt ist klein. Das Schloß ist neu und nobel, und man bringt vieles zur eigenen Bequemlichkeit mit. Man hat gelernt zu glänzen. Auch die Vertreter der Republik sind darin nicht ungeübt. Diplomatie braucht Flitter. Sinclair ist ein Diplomat. Er ist geschickt und weiß das bißchen Macht, für das er einsteht, auszuspielen. Dabei habe ich ganz vergessen, wie alt er ist. Seine Pflicht und das Gewicht seines Auftrags haben ihn für mich älter werden lassen. Tatsächlich war er, als er in Rastatt seinen Fürsten vertrat, noch keine dreiundzwanzig Jahre alt. Ein sehr junger Mann. Für unsere Vorstellungen einer, der im sechsten Semester Jura studiert oder einer, der, das Studium abgebrochen, als unscheinbarer Helfer einem Staatssekretär die Tasche trägt, gelegentlich Einfälle zu Reden beisteuert – doch nie einer, der vorn am Tisch sitzt, vorschlägt, verwirft, entscheidet.

Dieser Kongreß muß im Ganzen überaus jung gewesen sein, in seinem Eifer, seinen Vorsätzen, seinen Entwürfen. Die Länder wollten nach sechs Jahren Krieg nichts als Frieden. Viele Landschaften waren verwüstet und verarmt. Unter welchen Bedingungen der Friede zustandekomme, war den meisten gleichgültig; nicht den Jungen: Sie dachten an eine neue, menschenwürdigere Verfassung des Friedens, erhofften sich die Ausbreitung republikanischen Denkens, ersehnten den Umsturz. Dennoch waren die Rastatter Unterhändler, die sich für die wahren Friedenssprecher hielten, nur Spielpuppen der Mächtigen. Buonaparte wird bald herrschen. Und die Österreicher mißtrauen der Stärke des Direktoriums. 1799 beginnen die Kämpfe wieder, der angekündigte Frieden konnte nicht einmal ausprobiert werden. Der Kongreß wird abgebrochen.)

Es könnte doch ein erträgliches Jahr werden. Sinclairs Enthusiasmus springt über. Doktor Sömmering, von dem Hölderlin sich weiter regelmäßig untersuchen läßt, wundert sich über die unvermutete Gesundung, empfiehlt ihm spaßeshalber noch einige Atemzüge Homburger Luft mehr.

Hölderlin weiß es besser: Manchmal, wenn er allein durch die Stadt geht oder mit den Kindern im Garten spielt, hat er das Gefühl, die Erde breche unter ihm auf und er laufe über eine Schaumschicht, lautlos, alle Geräusche entfernen sich; er meint, er spreche und werde nicht gehört. Er schämt sich und verflucht die Halluzinationen, wenn ihn dann die kleine Male zurechtweist: Brüll nicht so, Hölder. Ich bin doch nicht taub wie die Tante Borkenstein.

Sie können nicht, wie Susette es versprochen hatte, schon im frühesten Frühling auf den Adlerflychtschen Hof ziehen, sondern, weil Gontard die Geschäfte in der Stadt halten und die Miete ihm zu hoch wurde, erst im Mai. Es läßt sich ohnehin nichts wiederholen, auch die sommerliche Erinnerung an das Landhaus nicht. Von Beruhigung, Zurückgezogenheit und heimlicher Gemeinsamkeit mit Susette kann kaum die Rede sein. Gontard installierte ein Netz von Spitzeln, zog viele der Bediensteten ins Vertrauen, sicherte ihnen Prämien zu für jede nützliche Information, »den Hofmeister Hölderlin betreffend«. Das reichte. Wo immer sie sich begegneten, auch in Begleitung der Kinder, machten sich Leute zu schaffen; saßen sie in ihrer Laube, tauchte prompt ein Gärtner auf; war er abends bei ihr im Salon, wurde ab und zu »versehentlich« die Tür geöffnet, wollte die Haushälterin unbedingt zu diesem Zeitpunkt wissen, ob denn am nächsten Sonntag Gäste erwartet würden.

Sie trieben ihn vor sich her. Ihre Neugier fühlte er wie einen häßlichen Ausschlag auf der Haut. Susette, die sich über die Gemeinheiten hinwegsetzen wollte, wurde kleinlaut, vorsichtiger. Sie ertappten sich dabei, daß sie, selbst wenn einmal niemand in der Nähe war, flüsterten, lachten hilflos darüber und ließen sich, gegen ihren Vorsatz, einschüchtern.

Die Kinder, ausgespart aus dem perfiden Spiel, litten dennoch unter der Nervosität und Angespanntheit ihres Lehrers. Male, die Kleinste, die hin und wieder im Zimmer spielte, wenn er mit Henry Plutarch las, schnitt ihm ein Papierdeckchen nach dem anderen aus, und er legte sie alle sorgsam auf das Fensterbrett. Du bist lieb. Es geht mir wieder viel besser.

In einer letzten Anstrengung, als wolle sie ihren Mann herausfordern, verlangt Susette, daß er die Abende wieder bei ihr verbringe. Sie möchte, daß er ihr, wie früher, vorlese, daß man sich ohne Furcht und Bedrückung unterhalte.

Sie spielen, was gewesen ist und halten es nicht lange aus. Vor der Tür wird getuschelt, sind Schritte zu hören. Susette geht hinaus, schickt die Spione fort. Die freilich werden von ihrem Herrn angespornt und sind darum so frech, daß sie bald zurückkommen.

Lies laut, sagt sie, sie sollen es hören. Sie werden es nicht verstehen.

Er liest. Sie spricht es nach: »Schönes Leben! Du liegst krank, und das Herz ist mir / Müd vom Weinen und schon dämmert die Furcht in mir, / Doch, doch kann ich nicht glauben, / Daß du sterbest, solang du liebst.«

Lies es noch einmal, damit sie es begreifen. Es ist still vorm Zimmer. Er beugt sich über den Tisch, zieht sie zu sich. Sie küssen sich, wissen, daß sie jemand, mit angehaltenem Atem, durchs Schlüsselloch beobachtet. Sie lassen sich nicht los, antworten mit ihrem Schweigen auf die hechelnde Stille draußen.

Er kann sich bei niemandem aussprechen. Hegel, der ihm

manchmal Bücher und Zeitschriften hinausbringt, deutet er die ausweglose Lage an.

Ich werde mich wohl bald verabschieden müssen.

Hegel wagte nicht, weiterzufragen. Es wäre Hölderlin auch unmöglich gewesen, dem Freund in verständlichen Sätzen Bescheid zu geben. Daß seine Liebe, je mehr er bedrängt werde, sich desto unfaßbarer abstrahiere; daß diese Abstraktion aber nicht seine Leidenschaft mildere; daß es ihm gelang, die Diotima von Susette zu trennen und daß er dennoch Susette heftiger als je begehrte; daß er sich selbst zu teilen verstand: in den, der listig gequält wurde und sich nicht wehrte und in den, dessen Geist sich kalt und mächtig über jede Beleidigung erhob.

Neuffer würde ihn begreifen. Er gab sich Mühe, Neuffer ohne Beschönigung zu schreiben. Jeder Satz mißlang ihm, erschien ihm falsch, unwahr. Er brachte den Brief nicht fertig, zerriß ihn, schrieb, damit Neuffer noch rechtzeitig die neuen Gedichte für seinen Almanach erhalte, einige Zeilen, entsann sich, daß Neuffer ihn gebeten hatte, sich mit Sophie Mereau in Verbindung zu setzen und daß man ihm auch hier ein Verhältnis nachredete; er hatte sie nur einige Male in Jena getroffen und wohl auch vor Freunden über ihre Grazie und ihren Eros geschwärmt. Mehr nicht; solche Böswilligkeiten zog er nun wohl an. Sein Zorn bricht unvermittelt auf, Neuffer wird sich gewundert haben. »Der Mereau konnt ich nicht wohl schreiben, weil man sagt, ich habe einen Liebeshandel mit ihr oder wer weiß mit wem? in Jena gehabt. – Ach! Lieber! es sind so wenige, die noch Glauben an mich haben, und die harten Urteile der Menschen werden wohl so lange mich herumtreiben, bis ich am Ende, wenigstens aus Deutschland, fort bin.«

Hier erscheint keine Person als Bote, kein Vermittler, kein späterer Freund, hier werden seine Gedanken, Wörter selbst zu Boten, »bis ich am Ende, wenigstens aus Deutschland, fort bin«.

Über das Wochenende hatte Gontard, unter dem Vorwand, Susette aufzuheitern, wieder ein Fest gegeben. Die Kinder, auf ihre Zimmer oder in ein abgelegenes Garteneck abgeschoben, waren traurig und widerborstig. Henry hatte ihn zu seinen Silberpappeln gelockt. Im Westen, zum Taunus hin, säumten Silberpappeln einen Bach. Tagsüber, wenn die Sonne gegen sie stand, glitzerten sie und wurden zu schwerelosen Körpern. Henry liebte es, auf sie zuzuwandern: Weil sie immer wirklicher werden und weil sie, wenn man ihnen nah ist, zu flüstern beginnen. Pappeln sind die einzigen Bäume, die immerfort sprechen.

Gehst du mit zu den Pappeln, Hölder?

Gern, Henry.

Sie unterhalten sich über die Leute auf dem Fest, Henry beschwert sich über deren Hochmut: Sie tun so, als ob es keine Kinder gibt.

Weißt du, sie sind schon alt auf die Welt gekommen.

Das belustigt den Jungen.

So groß und alt wie sie sind?

Inwendig alt, Henry.

Und du, du bist inwendig jung?

Ich bin älter als sie alle.

Das glaub ich nicht. Du bist inwendig so wie ich.

Wenn du wünschst, will ich es wenigstens bis zu den Pappeln sein.

Und zurück, sagt Henry.

Ja, und zurück.

Den Tag darauf verließ er Hals über Kopf das Haus.

VIII *Die zwölfte Geschichte*

Er hatte es erwartet. Doch er war nicht vorbereitet.

Gontard ging an diesem Tag nicht ins Geschäft, wodurch das Haus durcheinandergeriet. Die Köchin erkundigte sich rundum, ob Gäste zu erwarten seien, der Gärtner grub mit wildem und unnötigem Eifer vor dem Aufgang eine Rabatte um; die Haushälterin schrie wirre Anweisungen für niemanden; Susette ließ sich nicht blicken; Henry erschien verspätet zum Unterricht; Jette und Male spazierten wie aufgezogene Püppchen auf dem Sandweg rund ums Haus.

Er bemühte sich, Henry von der ungewohnten Unruhe abzulenken, erzählte ihm, ohne ins Buch zu sehen, von der Gründung Roms, womit sie eine Stunde herumbrachten, dann bat er den Jungen, ihm aus der Küche ein Glas Wasser zu holen. Sein Mund sei vom vielen Reden trocken geworden. Der Bub kam nicht wieder.

Er wartete, ordnete grundlos die Bücher und Papiere, stapelte sie auf dem Tisch, öffnete das Fenster, sah unter den Kastanien Henry mit seinen Schwestern spielen, rief nach ihm, doch das Kind reagierte nicht, auch der Gärtner hob nicht den Kopf.

Er lief auf den Gang, klopfte an die Tür von Susettes Zimmer, bekam keine Antwort, ging einige Male auf dem Korridor hin und her, endlich die Treppe hinunter. Aus dem kleinen Saal, dessen Tür offenstand, rief ihn Jakob Gontard. Er mußte erwartet haben, daß Hölderlin, beunruhigt über das störrische Fernbleiben Henrys, herunterkomme.

Herr Hölderlin!

Die Szene ist gestellt. Gontard steht neben dem Schreibtisch, den er nie benützt, auf dem nun aber Papiere ausgebreitet sind, Susette sitzt, ein wenig abgerückt von ihm, auf einem der hochlehnigen Stühle, die sonst an der Längswand aufgereiht stehen. Sie hält den Kopf gesenkt, die Hände im Schoß gefaltet.

Ja, bitte?

Er bleibt, kaum ist er über die Schwelle, stehen. Weiter will er nicht gehen.

Er hat keine Angst, doch in seinem Kopf sirrt es, und eine jähe Wut preßt ihm die Kehle.

Sie suchen Ihren Schüler, nicht wahr?

Ja, er ist mir davongelaufen.

Nein, Sie haben ihn wie einen Lakaien nach einem Glas Wasser geschickt.

Das stimmt. Doch nicht wie einen Lakaien. Er hat mir schon öfter –

Um so schlimmer.

Er tat es mir zuliebe, weil er mich gern hat.

Er hat Sie gern? Gontards Stimme wurde schrill. Wer hat Sie nicht gern in diesem Haus, mein Herr, wer wünscht sich nicht, Sie zu bedienen?

Monsieur Gontard...

Sie verziehen und verzärteln den Jungen. Ihre häßliche, sinnliche Phantasie ist Gift für ihn.

Monsieur!

Ich erlaube Ihnen nicht, mich zu unterbrechen. Ihre falsche Moral hat, wie man sehen kann, das Kind krank und ungezogen gemacht...

Von welcher Moral sprechen Sie, Monsieur? Er sah Gontard nicht mehr. Von meiner? Wie können Sie sich anmaßen, darüber zu urteilen. Sie verachten den Menschen, Sie gebrauchen ihn. Ihre Kälte hat mich viele Male erschreckt, Sie und Ihre Freunde sind nichts als lauter ungeheure Karikaturen. Mir wird kalt, wenn ich in ihre Nähe gerate. Reden Sie von Ihrem Herzen, dann reden Sie von Ihrem Geld. Wir alle, ich, Madame – die Kinder sind Ihr Besitz, mehr nicht. Sie verfügen über uns. Es ekelt mich...

Gehen Sie, sagte Gontard leise, gehen Sie, verlassen Sie unverzüglich mein Haus.

Und Susette sagt, zu seiner Verwunderung: Gehen Sie. Bitte.

Mit offenem Mund lauscht er in die plötzliche Stille, noch immer blind. Sie hat gesagt, was er gesagt hat.

Ja. Ich gehe. Er nickt. Wie Sie es wünschen.

Mit einem eigentümlich verzerrten Satz dreht er sich um, rennt die Treppe hinauf, rafft seine Kleider zusammen, bündelt die Bücher, die Manuskripte, läuft zu Susettes Zimmer, wo seine Flöte liegt, nimmt sie, sieht in die Stube zurück, leer und viel zu aufgeräumt geht sie in sein Gedächtnis ein, rafft zusammen, was er tragen kann, das andere wird man ihm nachschicken, rennt die Treppe hinunter, zögert einen Moment im Entree, erwartet, sie zu hören, verläßt das Haus, rennt durch das Portal, die Kinder, noch immer bei der Kastanie in ein Spiel vertieft, bemerken ihn nicht, er redet vor sich hin, adieu, adieu, rennt weiter, auf die Stadt zu, durchs Eschenheimer Tor, bleibt stehen, die Leute schauen ihn mißtrauisch an, wohin, fragt er laut, wohin denn? Er wollte nach Nürtingen. Doch wie soll er sein unerwartetes Auftauchen erklären? Er wird die Mutter traurig machen. Ich geh zu Sinclair, sagt er, kehrt um, macht einen Umweg um den Adler-flychtschen Hof, sieht das Dach von ferne, schluchzt, er rennt, es ist ein wolkenloser Tag, die Taunusberge sind nahgerückt, wieder rennt er, rennt, meint, daß er aus sich hinausrenne, in seinem Kopf setzt sich ein Wort fest, wird größer, füllt den Schädel, das ganze Bewußtsein, füllt ihn aus: Äther, Äther. Und das Wort zieht Sätze an, die er, ohne sie zu verstehen, aufsagt: Verloren ins weite Blau, blick ich oft hinauf in den Äther, verloren hinauf in den Äther, verloren in den Äther, ins weite Blau, in den Äther.

Bei Sinclair bricht er zusammen.

Sie haben mich davongejagt, Isaac, rausgeworfen, davongejagt.

Sei ruhig Hölder.

Ich will hierbleiben.

Das kannst du. Ich werde dafür sorgen.

Sinclair hält ihn in den Armen, wiegt ihn, redet auf ihn ein. Ich werde jetzt gehen, eine Wohnung für dich suchen.

Hölderlin beharrt darauf, ihn zu begleiten, er könne nicht allein sein, jetzt nicht. Aber das Gepäck solle er hier lassen. Nein ich will alles bei mir haben. Ich will auch alles selber tragen.

Sie gehen in die Stadt. Sinclair stellt keine Fragen. Sie schweigen. Er trottet, die Last des Gepäcks spürend, neben dem Freund. Manchmal setzt er an zu reden, doch mit einem Kopfschütteln zwingt er sich, zu schweigen.

Bei zwei Leuten fragt Sinclair vergebens nach einem Zimmer.

Du wirst nichts finden, sagt Hölderlin.

Er hört nicht zu, wie Sinclair und der Mann miteinander verhandeln.

Ist ihr Freund krank, fragt der Mann.

Nein. Er hat eine längere Reise hinter sich. Er braucht nichts als Ruhe.

Die kann er bei uns haben.

Wird der Herr Magister sich für längere Zeit in Homburg aufhalten?

Ja.

Dann verlange er fünfzig Gulden fürs Jahr.

Wieviel voraus?

Die Hälfte.

Sinclair verspricht ihm, das Geld am nächsten Tag zu bringen.

Das ist der Glaser Wagner, sagt Sinclair.

Wagner führt sie in das Zimmer. Es liegt im Parterre und zum Garten, »ich wohne gegen das Feld hinaus, habe Gärten vor dem Fenster und einen Hügel mit Eichbäumen, und kaum ein paar Schritte in ein schönes Wiestal«.

Der Hauswirt will Hölderlin erklären, wo er die Küche finde, den Abtritt, doch der winkt ab: Ich werde mich schon zurechtfinden. Nun möchte ich alleine sein.

Er zieht einen Stuhl ans Fenster, setzt sich, achtet nicht auf Sinclair und Wagner.

Als Sinclair anderntags zu einem kurzen Besuch kommt, er wolle ihn nicht stören, trifft er ihn so an, wie er ihn verlassen hatte. Das Bett ist unberührt.

Hast du dich nicht schlafengelegt?

Ich habe nachgedacht und ich habe an nichts gedacht. Vielleicht hab ich auch ein wenig geschlafen. Es ist ruhig hier und der Blick gefällt mir.

Soll ich dich zum Essen abholen?

Nein. Ich danke dir.

Es kommt Sinclair vor, als warte er auf etwas.

Willst du heute Abend zu mir kommen?

Laß mir Zeit.

Er wartet, wartet auf nichts.

Wagner bringt ihm Brot und einen Krug Apfelwein, wagt aber nicht, ihn anzusprechen.

Ich fürchte, sagt er zu Sinclair, der sich bei ihm nach Hölderlins Befinden erkundigt, ohne nach dem Freund zu sehen, ich fürchte, daß er schreien könnte, wenn ich ihn anrede.

Er hat noch nicht ausgepackt. Er packt aus, legt die Kleider in den Schrank, stellt die Bücher aufs Fensterbrett. An diesem Abend legt er sich schlafen. Er steht früh auf, wartet.

Gegen Mittag bringt ein Bote, von Sinclair weitergeschickt, ein Päckchen, in dem er einen Beutel Tabak, »Posselt's Annalen« und einen Brief von Henry findet. Nichts von Susette. Sie wird ihm nicht schreiben dürfen. Sie hat etwas gesagt, das sie nicht hat sagen wollen. Sie wird Zeit brauchen.

Henry schreibt unter dem Datum des 27. September 1798 (da war er zwei Tage aus dem Haus): »Lieber Holder! Ich halte es fast nicht aus, daß Du fort bist. Ich war heute bei Herrn Hegel, dieser sagte, Du hättest es schon lange im Sinn gehabt... Der Vater fragte bei Tische, wo Du wärst, ich sagte, du wärst fort gegangen, und Du ließt Dich ihm noch empfehlen. Die Mutter ist gesund, und läßt Dich noch vielmals grüßen, und Du möchtest doch recht oft an uns denken, sie hat mein Bett in die Balkonstube stellen lassen und will alles, was Du uns gelernt hast, wieder mit uns durchgehn. Komm' bald wieder bei uns, mein Holder; bei wem sollen wir denn sonst lernen?«

Diese liebe Stimme schmerzt ihn derart, daß er, den Brief in der Hand, aus dem Haus auf die Wiese läuft, wo er sich allmählich beruhigt. Er wird dem Buben gleich via Hegel schreiben, um auch Susette Nachricht zu geben. Damit die Post rascher sei, entschließt er sich, nach Frankfurt zu Hegel zu gehen.

Hegel, bei dem er sich nicht lange aufhält, versichert ihm, Henry den Brief bei dessen nächster Aufwartung zu geben.

Hast du gehen müssen?

Ja.

Man redet viel in der Stadt über eure Geschichte.

Ich kann's mir denken.

Bleibst du in Homburg?

Eine Weile. Dann will ich weiter. Ins Ausland.

Auf dem Rückweg, abends, geht er an dem Haus vorüber. Die Laterne unter den hohen Bäumen brennt schon. Das Haus liegt still.

Von Henry hört er nichts mehr. Durch Susettes ersten Brief erfährt er, weshalb: »Jetzt bekam *Henry* Deinen Brief, welcher mich sehr aufrichtete, ich hatte immer nur Deine neue Freyheit, und Unabhängigkeit vor Augen, Dein häuslich Leben Deine stillen Zimmer und Deine grünen Bäume, am Fenster, Deinen Brief, diesen lieben Trost behielt ich aber kaum eine Viertelstunde, indem *Henry* ihn mir sehr gewissenhafft zurück foderte, um ihn zu zeigen, und so bekam ich ihn nicht wieder. Ich weis nicht was *Henry* bey dieser Gelegenheit, alles verbothen wurde, ich fand ihn aber nach her sehr verändert, und er scheute sich Deinen Nahmen zu nennen. Du kamest nach F... und ich sah Dich nicht einmal von weitem, das war mir sehr hart! ich hatte immer auf den Sonnabend gerechnet, doch mußte ich eine Ahndung von Dir haben den ich öfnete, am Abend wie Du vorbey giengest, ungefähr um halb 9 Uhr das Fenster und dachte, wenn ich Dich doch im Schein der großen Lanterne erblickte. Einige Zeit nach her, als ich *Henry* zum *Hegel* schicken wollte antwortete er es sey ihm nicht mehr erlaubt, ich sagte ihm sehr ernsthafft, daß er ein undankbares Herz hätte wenn er gegen dieses Verboth gar keine Einwendung gemacht, und wenn es ihm nicht sehr leid wäre, es half aber nichts, er sagte, er müsse doch gehohrsam seyn.«

Hölderlin fragt sich, was gegen ihn gesagt, wie sein Bild gelöscht würde. Der Vater hat das Kind sicher traktiert mit Verdächtigungen, mit Angst.

Susette wird ihm siebzehn Briefe schreiben; sie werden sich heimlich treffen.

Die selige Gegend, die er für sie entworfen hatte, werden sie nie betreten.

Komm, sagt Sinclair, ich will dir Laune machen.

Sechster Teil
Unter Freunden
Homburg, Stuttgart, Hauptwil,
Nürtingen (1798–1801)

I *Einwurf*

Ich kann nicht ohne Einwurf weiterschreiben, denn ich merke, daß ich von seiner Gestalt immer mehr mitgenommen werde, daß der Abstand zwischen ihr und dem Erzähler kleiner wird. Die Spanne, in der ich ihn begleiten, mit ihm denken, seinem Denken und Handeln folgen kann, wird kurz. Es sind nur noch wenige Jahre bis zum Ausbruch seiner Krankheit. Ich habe schon zwei-, dreimal geschrieben: Sein Leben beschleunigt sich. Nun wird es unstet, zu einer Flucht ohne offenbaren Grund. Gegen diese Unrast, dieses hochschnellende Fieber reden mit einer wunderbaren Ruhe die Gedichte an, die er in den folgenden Jahren schreibt. Nahezu alle Texte, die ihn haben groß und unvergleichbar werden lassen, entstehen jetzt. Sie nehmen die Spannung auf, halten sie aus. Sie führen sogar, wie im Fall des »Empedokles«, diese Spannung vor. Von dem Trauerspiel sind drei Fassungen erhalten, wobei »Fassungen« eine unzutreffende Bezeichnung ist: Es sind drei Anläufe, eine ihn »hinreißende« Gestalt zu erfassen und sich mit ihr zu erklären. Dreimal bricht er ab und hat doch dreimal erreicht, was er wollte. Das endgültig Unausgeführte, das Fragment wird mit dem »Empedokles« zu seiner Ausdrucksweise. Es gibt den Prozeß seines Denkens, seiner Entwicklung wieder, ist Bestandteil seines Fortganges. Was er in Bruchstücken lebte, erscheint nun als Bruchstück. Dennoch weiß er, wie beim »Empedokles«, daß die Teile zu einem Ganzen gehören. Er ist nicht mehr mächtig genug, das Ganze zu erkennen, so hofft er, daß die Teile es ahnen lassen und daß die Ahnung genüge, es bewußt zu machen. Die Epoche, deren Kind er ist, die er leidenschaftlich beobachtet, wünscht wie keine andere ein mit der Idee identisches Menschenbild und verrät es wie keine andere. Er hat diesen Bruch geschrieben. Der »Empedokles« des ersten Anlaufs, der beredte Tribun, maßt sich noch an, allein Gott zu sein, und bricht aus dem Einverständnis mit dem Volk und der Natur aus; der des zweiten Anlaufs wird zum Mittler, der sich im hybriden Anspruch vom Menschen entfernt: »Was sind / Die Götter und ihr Geist, wenn ich sie nicht / Verkündige.« / Der des dritten Anlaufs entfernt sich ganz vom Menschen in die Idee, abstrahiert sich: »Denn viel hab' ich von der Jugend auf gesündiget. / Den Menschen menschlich nie geliebt, gedient, / Wie Wasser nur und Feuer blinder dient. / Darum begegneten auch menschlich mir / Sie nicht…« / Die Kluft ist unüberbrückbar. Sie kann überwunden, gesühnt, versöhnt werden allein durch den letzten Sprung. Empedokles, der Verführer, Vermittler, Verräter stürzt sich in den Ätna, vereint sich mit der Natur und mit dem Gedächtnis der Menschen. Als Mythe findet er zurück, wird er zur einenden Idee.

Für die dritte Fassung braucht Hölderlin kaum mehr als zwanzig Seiten.

Mit dem »Empedokles« ist er dort, wo er hin wollte. Er hat sich entschieden. Für ihn ist das Fertige, Ausgesprochene, Geschliffene unwichtig geworden. Das Gedicht will nicht mehr sein als ein Entwurf (wie die Geschichte, der er zusieht). Ein Entwurf allerdings, der immerfort, mit einer inständigen Geste, über sich hinausweist.

Das kann ich nicht nacherzählen. Ich hole ihn mir zurück: Eine Figur, mit der ich zu entwerfen versuche. Ein Vergangener, der noch nicht zu Ende ist. Ich erläutere nicht seine Gedichte, sondern mit seinen Gedichten allenfalls sein Leben. Ich weiß nicht, ob es mir gelingen wird, die zwei Tempi anschaulich zu machen, die Hast seiner Existenz und den Widerstand seiner Gedichte.

II *Die Prinzessin*

Meistens sind es kleine Zimmer, Kammern, in denen er haust. Die Bequemlichkeit ist nicht groß, die Enge kann bedrückend werden. Doch er kennt es nicht anders. Unwirtlichkeit ist ihm selbstverständlich. Das Zimmer in Glasermeister Wagners Haus am Rande Homburgs ist eines seiner behaglichsten. Er richtet sich darin so ein, als wüßte er, daß es doch für längere Zeit sei. Sinclair hilft ihm. Aus dem Haushalt seiner Mutter, die zum zweiten Mal Witwe geworden ist, schafft Sinclair eine kleine Truhe heran, in der Hölderlin Bücher und Manuskripte verwahrt; auch, in einer zusätzlichen, doppelt verschließbaren Schatulle, die Briefe Diotimas.

Es gelang Sinclair, ihn, nach der ersten Erschütterung, zu überzeugen, daß er um seine Liebe kämpfen müsse. Susette würde eine weitere Flucht nie verstehen können. Nun richteten sich alle seine Gedanken auf sie, und er grübelte, wie er sie sehen könnte. Er wußte, daß sie regelmäßig am ersten Donnerstag eines Monats das Schauspiel besuchte, so gut wie nie in Begleitung ihres Mannes, der sich wenig aus »komödiantischem Firlefanz« machte und es vorzog, mit Freunden Karten zu spielen. Dort könnte er sie sehen! Er fragte, noch unsicher, Sinclair, ob er diesen Plan für sinnreich halte, und der bestärkte ihn voller Eifer. Diese Affäre regte Sinclair, der sich aus Frauen wenig machte, auf, erschien ihm verwegen, und es reizte ihn, gleichsam Regie führen zu können. Er riet Hölderlin, über Nacht im »Weidenhof« zu bleiben und auf eine mögliche Nachricht von Susette zu warten. Denn ansprechen könne er sie vor den hungrigen Augen der Frankfurter Schwätzer nicht. Die Aussicht, Susette wenigstens sehen zu können, gab ihm neue Kraft. Sinclair begleitete ihn ein Stück und entließ ihn mit Wünschen und Ratschlägen. Du mußt ihr getrost erscheinen, Hölder. Du darfst dir nichts von deiner Wehmut anmerken lassen. Ich bitte dich, tausche Blicke mit ihr, mehr nicht.

Zeig ihr allein dadurch, daß du auf ein Billett von ihr wartest. Sie wird von alleine darauf kommen. Sie will dich ja sprechen. Ich hoffe, sie wird da sein. Rede dir nur immer ein, daß sie da sein werde! Solche Wünsche werden gehört.

Hölderlin hält es im Hotel kaum aus. Aber in die Stadt will er auch nicht; er möchte nicht vorzeitig entdeckt werden. Als er das denkt, kommt er sich kindisch vor. Diese Geschichte entstellt ihn.

Im Theater drückt er sich in eine Ecke, Gogels sehen ihn, grüßen ihn zurückhaltend, erst kurz vor Beginn nimmt er seinen Platz ein, hält verstohlen Ausschau. Er wird sich an solche Geheimniskrämerei erst gewöhnen müssen. Susette ist da. Sie trägt ein weißes Kleid, hebt sich unwirklich von dem Hintergrund ab. Sie ist weit weg, doch er spürt ihren Blick. Sicher wird er beobachtet. Er kauert sich zusammen, wagt nur einige Male nach ihr zu schauen. Er wird von allen, auch von den Ahnungslosen, gepeinigt. Nach der Aufführung kommt er in ihre Nähe, sie streicht sich, als sei es ein Zeichen, vielleicht ist es eines, mit der Hand über die Stirn. Er bleibt, scheinbar in Gedanken versunken, stehen, sieht ihr nicht nach. Er war nahe daran zu schreien.

Am Freitag bringt ein Bote gegen Mittag den erwarteten Brief. »...Die Hoffnung hält uns allein im Leben.« Susette macht den kühnen Vorschlag, er solle sie am »Nachmittag ein viertel nach 3 Uhr« auf ihrem Zimmer im Weißen Hirsch besuchen. Er ist sich nicht sicher. Soll er es wagen? Wenn er jemanden trifft? Wie soll er sich verhalten? Hab ich denn die Pest? Wer hat mich denn krank gemacht? Und hat Susette nicht geschrieben?: »Sollte Dich sonst auch jemand sehen, tuht das gar nichts, Es kann nicht auffallend seyn, wenn Persohnen welche 3 Jahre unter einem Dache lebten 1 halbe Stunde zusammen zubringen, das Gegentheil viel mehr.« Er hält sich an ihre Vorschriften, geht »unverstohlen« durch die »hintere Thüre«, läuft »leicht und schnell die Treppe herauf wie sonst«, es regt sich nichts im Haus, entweder lauscht alles oder alles ist ahnungslos. Die Tür zu ihrem Zimmer ist angelehnt. Sie erwartet ihn.

Er hatte sie gleich in die Arme nehmen wollen. Nun kann er es nicht. Sie steht mitten im Zimmer, blaß, hebt die Arme ein wenig, läßt sie wieder hängen. Sie stehen sich gegenüber, brauchen Zeit. Danach kann er sich nicht mehr daran erinnern, was sie geredet haben. Er weiß nur, daß sie flüsterten, fortwährend auf Geräusche im Haus horchten, die ganze Zeit darauf warteten, entdeckt, erschreckt zu werden, daß sie ihm am Ende den Satz sagte, den er mitnahm, der alles andere verdrängte: Hätte ich gewußt, wie es kommt, Hölder, ich hätte dich ganz gewollt.

Niemand hat ihn gesehen. Als er am Haus entlang eilte, hörte er aus einem geöffneten Fenster die Stimmen der Kinder.

Das wiederholt sich, im November, im Dezember, stets am ersten Donnerstag des Monats. Die Sprachlosigkeit wird größer werden, nur die Angst, daß sie sich verlieren könnten, wird Sätze finden, beschwichtigende, beschönigende, entrückende, zornige, mutlose, hilflose, bettelnde: »Aber diese Beziehung der Liebe bestehet in der Würklichen Weldt die uns einschließt nicht nur durch den Geist allein, auch die Sinne (nicht Sinnlichkeit) gehören dazu, eine Liebe die wir ganz der Würklichkeit entrücken, nur im Geiste noch fühlen keine Nahrung und Hoffnung mehr geben könnten, würde am Ende zur Träumerey werden oder vor uns verschwinden«, schreibt sie ihm. Er antwortet ihr: »...Es ist auch fast nicht möglich, in einem Schicksal, wie das meinige ist, den nötigen Mut zu behalten, ohne die zarten Töne des innersten Lebens für Augenblicke darüber zu verlieren«. Die Geschichte zieht sich hin; sie wird immer mehr von der Wirklichkeit, an die beide sich klammern, verlieren und schließlich in eine Erinnerung aufgehen, die Mühe hat, nicht nur schiere Verzweiflung zu sein. Er hatte ihr das erste Gedicht mitgebracht, das er in Homburg schrieb. Sie hat es zur Seite gelegt, ihn nicht, wie sonst, aufgefordert, es ihr vorzulesen.

Schau mich nur an, Hölder.

Kaum war er fort, las sie es: »Herrlicher Göttersohn! da du die Geliebte verloren, / Gingst du ans Meergestad, weintest hinaus in die Flut.«

Verspätet unterrichtet er Johanna über den Umzug. Es wäre ihm in den ersten beiden Wochen nicht möglich gewesen, so beherrscht zu schreiben, daß sie ihm die Veränderung nicht übel nähme. »...der unhöfliche Stolz, die geflissentliche tägliche Herabwürdigung aller Wissenschaft und aller Bildung, die *Äußerungen*, daß die Hofmeister auch Bedienten wären, daß sie nichts Besonders für sich fordern könnten, weil man sie für das *bezahlte*, was sie täten, u.s.w. und manches andre, was man mir, weils eben Ton in Frankfurt ist, so hinwarf – das kränkte mich, so sehr ich suchte, mich darüber weg zu setzen, doch immer mehr...« Da er weiß, wie sehr die Mutter um seinen Lebensunterhalt besorgt ist, ihn der Unfähigkeit und des Leichtsinns verdächtigt, beruhigt er sie. Er habe in den anderthalb Frankfurter Jahren fünfhundert Gulden zusammengespart und mit denen könne er, da Homburg längst nicht so teuer sei wie Frankfurt, ein gutes Jahr leben.

Die Anspannung läßt nicht nach. Er gewöhnt sich an sie. Und er kann schreiben. Sinclair sorgt für seine Ruhe, doch auch Wagner und dessen Familie, die über manche Eigenheit ihres Mieters gutwillig hinwegsieht: daß er oft laut mit sich spricht; daß er manchmal nachts das Haus verläßt und erst am hellen Morgen von einem Spaziergang heimkehrt; daß er unverhältnismäßig viel Kaffee und Tee trinkt und die Kammer verqualmt.

Du siehst, man kann auch mit einem halbierten Herzen leben, sagt er zu Sinclair. Wenn er mit Sinclair durch den Ort ging, freute er sich, daß sein Freund von jedermann gekannt und gegrüßt wurde.

Das ist wie bei uns in Nürtingen.

Nur daß Nürtingen keine Grafschaft ist.

Sinclair, der seinen Dienst ernst nahm und den Widerspruch seiner Haltung eingestand, verehrte den Landgrafen: Er sei kein Frömmler, sondern tatsächlich fromm, sei gebildet und einsichtig und ohnehin in vielem von seinen mächtigeren Darmstädter Verwandten abhängig.

Ich vertrete ein wenig und verhandle für nichts.

Hölderlin mochte es nicht, wenn Sinclair sich so zynisch verteidigte.

Sinclair drängte, ihn der Fürstenfamilie vorzustellen oder doch wenigstens denen, die von ihr derzeit vorhanden seien, der Landgräfin und einer ihrer Töchter. Dem Namen nach sei er der fürstlichen Familie bekannt, man wisse, daß er in Homburg wohne, und die Prinzessinnen hätten den »Hyperion« und viele seiner Gedichte gelesen. Hölderlin zauderte. Er wollte sich nicht abhängig machen und er hatte nicht die geringste Neigung, Hofdichter zu werden, oder Favorit verwöhnter Prinzessinnen. Er erinnerte sich, wie er in Maulbronn vor Carl Eugen und Franziska sich als Lobsänger produziert hatte und fühlte sich noch nachträglich gepeinigt. Sie könnten mich gebrauchen, sagte er, ich will aus meinem republikanischen Denken kein Hehl machen.

Und ich? fragte Sinclair. Willst du mir mein Republikanertum abstreiten?

Hölderlin merkte, daß er daran war, Sinclair zu verletzen. Nein, Isaac, ich wüßte keinen glühenderen Demokraten als dich, nur kannst du spielen, dich verbergen, bist viel geschickter als ich Tölpel. Mich kann man so leicht einfangen.

Dich? Sinclair war verblüfft. Dich kann keiner einfangen, Hölder, manchmal meine ich sogar, du seiest ein Luftgeist und nicht einer von uns.

Sinclairs Mutter, die dem Ende der Unterhaltung zugehört hatte, lachte, versicherte, sie werde Hölderlin, wenn er es wünsche, aufs Schloß begleiten. Er stimmte, erleichtert, zu. Im Schutz dieser großmütigen Frau würde er sich nichts vergeben.

Die Unterhaltung auf dem Schloß verlief zu seiner Überraschung ungezwungener als die Vorstellung bei den Gontards. Der Landgraf selbst hielt sich, verärgert über die häufige Einquartierung französischer Offiziere auf dem Schloß, in Frankfurt auf. Hölderlin hatte mit einer größeren Gesellschaft gerechnet, doch außer einer so schweigsamen wie häßlichen Hofdame hatte die Landgräfin nur noch eine ihrer Töchter, die Prinzessin Auguste, bei sich. Es wurde Tee serviert, Sinclairs Mutter wußte durch Fragen und Anekdoten geschickt die Gespräche zu beleben, so daß Hölderlin nach der Verabschiedung die geradezu familiäre Freundlichkeit lobte. Sinclair war zufrieden mit ihm.

Er hatte eine Geschichte begonnen, deren Mittelpunkt er war und von der er nichts wußte. Sie kommt später ans Licht, wird zu einem Bild, das in seiner idyllischen Stille der Zeit ebenso verhaftet wie entronnen ist:

»Gestern aß der diesjährige *rector Magnificus* bei uns, der weltberühmte Professor Hegel – mir war das eigentlich fatal – und ich schämte mich fast, viel mit ihm zu reden, . . . da fing er von Hölderlin an, der für die Welt verschollen ist – von seinem Buch Hyperion – alles das hatte *époque* in meiner Kindheit mir gemacht wegen Schwester Auguste in Beziehung auf sie . . . Es war eine Art Erinnerung erweckt wie sonst als durch einen Geruch oder Melodie oder Ton. Ich sah auf einmal das Buch Hyperion, wie es grün eingebunden lag auf dem Fenster der Schwester Auguste, und die schönen Weinranken am Fenster, den Sonnenschein hindurch, den kühlen Schatten in den dunklen Kastanien allén vor dem Fenster, hörte die Vögel – kurz die ganze Vergangenheit ging mir auf in dem befreundeten Nahmen.« Das trägt Augustes um neun Jahre jüngere Schwester Marianne, die mit dem Prinzen Wilhelm von Preußen verheiratet und, nach dem Tod der Königin Luise, die Erste Dame am Preußischen Hofe ist, am 6. März 1830 in ihr Tagebuch ein. Zweiunddreißig Jahre sind seit der Vorstellung Hölderlins im Homburger Schloß vergangen, seit er die damals einundzwanzigjährige Prinzessin Auguste zum ersten Mal sah, sprach. Die Zeit hat sie auseinandergerissen, vergessen sind alle Aufbrüche: Hegel wurde zum bewunderten, gefürchteten Staatsphilosophen in Berlin, Hölderlin dämmerte schon vierundzwanzig Jahre in seinem Tübinger Turm. Marianne wird

sich, als sie dies niederschrieb, an das »Testament« ihrer Schwester erinnert haben, zu dem sie, ungewollt, 1816 den Anstoß gab.
In diesem Jahr hatte der greise Landgraf seine Familie nach
Homburg gerufen, um die wiederhergestellte Souveränität Homburgs zu feiern. Die Ära Napoleons war vorüber. Die Kleinstaa-
terei fand sich wieder in ihr Recht gesetzt. Von den neun Kindern
kamen sechs. Einer der Söhne war gefallen, zwei der Töchter
entschuldigten sich. Es muß ein sie alle bewegendes Fest gewesen sein; sie wanderten, angeleitet von den Eltern, durch Jugend
und Kindheit. Marianne und Auguste riefen sich gegenseitig das
Vergangene ins Gedächtnis, spazierten nachts im Schloßgarten,
und wie ein Nachhall zu dieser genossenen Gemeinsamkeit klingt
die Frage, die Marianne ihrer Schwester kurz darauf in einem
Brief stellt: »Wie hattest Du Hölderlin geliebt?« Für Auguste kam
das unerwartet. Sie hatte diese Liebe verborgen, verdrängt. Erst
drei Monate danach antwortete sie – eben mit ihrem »Testament«. Sie zieht einen Schlußstrich. Die Frage muß sie mit Gewalt getroffen haben. Nun will sie dieses Leben gelebt, diese
Liebe geliebt haben und neu beginnen. Das war gewesen. Aber
es war so gewesen, daß es ihr noch immer viel zu nah geht und sie
noch immer manches mit Verschweigen schützen muß. Ihr war,
ehe sie Hölderlin kennenlernte, der »Hyperion« in die Hände gefallen: »Den ganzen Tag las ich, und ich dachte mich in diese Gedanken hinein – es war mir wie aus dem Herzen gesprochen. So
las ich es wohl zwanzig Mal durch – Was fernen Bezug darauf
hatte, wurde mir heilig... Was war aber natürlicher, als daß der
dieses geschrieben für mich, auch ohne ihn gesehen zu haben,
eins mit dem Inhalt wurde. – Er wohnte bald darauf einige Jahre
hier. – Ich höhrte von seinem Freunde, wenn ich wollte von ihm
reden. (Dieser selbst hatte keine Ahndung meines Interreße.) –
Gesprochen habe ich ihn in diesen paar Jahren drei oder vier Mal,
eigentlich *gar nicht* – gesehen vielleicht sechs Mal. Aber die Einbildungskraft hatte freies Spiel – und was sie leisten kann, das hat
sie treulich geleistet! ... Dies belebte Bild nährte das Verlangen

nach Liebe in mir – ohne welchem man doch glaube ich nicht Mensch werden kann... Denke, wenn ich hierbei mir so erinnere was ich mir in ihm vorspiegelte – so finde ich gerade das, was mich so unerwartet, so mächtig *jezt ergrif*. Ich *lüge* – und *träume nicht* – auch fällt es mir in dem Augenblick als ich es da schreibe zum Erstenmal ein. – das ist doch recht sonderbar.«

Die in tiefer Frömmigkeit erzogene Frau hatte ihre Liebe widerrufen, weil sie nicht erfüllbar war, weil sie beim zweiten Aufenthalt Hölderlins in Homburg, als seine Verstörung für jedermann sichtbar wurde, einsah, daß sie ihn nie erreichen könnte. Er »ist ein Narr geworden. – Er hat wohl die Tiefe seines Gefühls zu sehr durch Träume *isolirt*. –« Da redet sie auch von sich selbst.

Marianne weiß es genauer und korrigiert. Auch ihr habe Hölderlin gefallen und sie habe seine Nähe und seine Aufmerksamkeit gesucht. Und Auguste um so mehr! Eine der Schwestern, Amalie, sei eingeweiht gewesen und habe von der »großen heftigen Leidenschaft« Augustes zu Hölderlin gesprochen. Auguste täusche sich, sie könne, weil sie verletzt sei, nicht so »unendlich klar und deutlich« über sich urteilen. »Der Schmerz als er wahnsinnig wurde, muß doch sehr groß für Dich gewesen sein! –«

Hat sie, als er ihr und ihrer Mutter gegenübersaß, überhaupt ein Wort gesprochen? Hat sie ihm sagen wollen: Ich las Ihren »Hyperion« – viele Male? Wahrscheinlich wußte die Landgräfin von alledem nichts.

Aber er, der sich ein wenig schüchtern mit ihrer Mutter unterhielt, glich dem Bild, das sie sich von Hyperion gemacht hatte. Seine anfällige Schönheit, seine ausdrucksvolle, etwas zu hoch liegende Stimme. Die Übereinstimmung von Phantasie und Wirklichkeit machte sie hilflos. Sie liebte ihn mit dem ersten Blick, und so heftig, daß sie in ihrem ganzen Körper einen brennenden Schmerz verspürte. Hätte er ihr in diesem Augenblick ein Zeichen gegeben, sie hätte sich an ihn verloren. Aber er bemerkte nichts.

Ist ihm nichts aufgefallen? Er war doch empfindlich, spürte Spannungen. Und war, da er ihnen ausgeliefert war, manchmal darüber ärgerlich. Allerdings waren alle seine Gedanken auf Susette gerichtet, und die Angst, sie verlieren zu müssen, wuchs. Dennoch wurde er auf Auguste aufmerksam. Ihr betontes, geradezu störrisches Schweigen irritierte ihn. Schaute er sie an, senkte sie den Blick. Sie wirkte außerordentlich kindlich auf ihn, und ihre sonderbaren aus der Symmetrie fallenden Gesichtszüge fesselten ihn. Er kannte diese fragende Zurückhaltung. Er konnte sie sich erklären. Nur war er nicht mehr ansprechbar. Er hatte alle Liebe vergeben; im Grunde war er schon nicht mehr fähig zu lieben.

Mit Sinclair unterhielt sie sich über ihn, fragte nach seinem Befinden, ließ wissen, daß sie den »Hyperion« gelesen habe und liebe.

Den »Hyperion«, nicht ihn.

Hielt Hölderlin sich in der Schloßbibliothek auf oder besuchte er, mit Sinclair, eine der Hofdamen, erschien auch bald die Prinzessin. Sie war in ihrer Erwartung so angespannt, daß sie, hätte er sie nur flüchtig berührt, ohnmächtig geworden wäre. Er versuchte, besonders gelassen zu wirken, sie zu beruhigen.

Sie hat sicher oft von ihm geträumt.

Sie hat sich Szenen ausgedacht, die sie beschämten.

Sie hat gegen ihn und für ihn gebetet.

Es war sein Glück, daß er nicht ansprechbar war. Er wäre dieser Affäre nicht mehr gewachsen gewesen.

So zog sie sich mit einer Idealgestalt, Hyperion, zurück. Darin waren sie sich gleich, und die Stimmung der Zeit begünstigte ihre Flucht: Aus ihrem unerfüllten Begehren abstrahierte sie ihren Hyperion, er seine Diotima.

Die Wunden schlossen sich nicht.

Er hat ihr fast zärtlich zu erkennen gegeben, daß er sie verstand. Zu ihrem dreiundzwanzigsten Geburtstag widmete er ihr ein Gedicht: »O daß von diesem freudigen Tage mir / Auch meine Zeit beginne, daß endlich auch / Mir ein Gesang in deinen Hainen, / Edle! gedeihe, der deiner wert sei.« Darauf antwortet sie ihm kurz und streng, stemmt sich mit höflichen Sätzen gegen das, was sie sagen, flüstern, schreien möchte, und ganz kann sie es nicht auskühlen: »Ihre Laufbahn ist begonnen, so schön und sicher begonnen, daß sie keiner Ermunterung bedarf; nur meine wahre Freude an Ihre Siege und Fortschritte wird sie immer begleiten. Auguste –«

Den zweiten Band des »Hyperion« schenkt er ihr mit einer Widmung, ebenso die Sophokles-Übersetzung.

Und als Sinclair den bereits Kranken wieder nach Homburg holt, er, ohne Pflichten, als Hofbibliothekar angestellt wird, läßt sie ihm ein Klavier auf sein Zimmer stellen, denn sie weiß ja mehr von ihm: auch, daß er sich an der Musik erholt, daß er seiner Bewegung beim Musizieren Herr wird.

Sie hat ihn tiefer geliebt, als sie zugeben durfte.

III *Der kleine Kongreß*

Sinclair bereitete sich auf seine Mission in Rastatt vor. Der Landgraf hatte ihn als seinen Vertreter für den Kongreß bestimmt. Seine Aufgabe war nicht leicht. Die Stimmung war gegen die kleinen, über die Kriegsschäden klagenden Fürstentümer. Das Reich hatte keine Kraft mehr, sich zu widersetzen. Die Österreicher nannten Rastatt höhnisch »eine Börse«. Vielen Delegierten waren die Verhandlungen und der Schacher allerdings weniger wichtig als die Konspiration mit Gleichgesinnten. Dabei taten sich, gefördert von einflußreichen Franzosen, besonders die Sprecher der württembergischen Landstände hervor, die die Bevölkerung gegen den Herzog aufzuwiegeln versuchen. Sinclair war Feuer und Flamme, freute sich, einige Freunde wiederzusehen, lud Hölderlin ein, gleich mitzureisen.

Ich verspreche dir, dich nicht mit politischen Geschäften zu belästigen. Du wirst genügend Zeit für dich haben. Und du kannst mit mir im »Bären« wohnen. Ich bitte dich!

Hölderlin dachte an Susette. Es war das erste Mal, daß er sich gleichsam aus ihrem Bereich entfernte. Sinclair hingegen legte sein Zögern anders aus: Er brauche sich der Ausgaben wegen nicht zu sorgen.

Du beschämst mich, wie so oft, Isaac. Aber laß mich dir nachkommen. Es fällt mir, du weißt es, alles schwerer als früher.

Er reiste Sinclair eine Woche später nach. So, auch ohne Freund, der für ihn den Kontakt nach außen bedeutete, konnte er sich ganz verschließen. Zu seiner Verblüffung wurde aus der Leblosigkeit, gegen die er mühsam gehandelt hatte, eine wunderbare, sprechende Ruhe. Alle Sätze, die er schon einmal geahnt, auf die er gehofft hatte, stellten sich wie selbstverständlich ein. Er arbeitete ohne Störung, und jeder einzelne Vers zog ihn aus der Monate dauernden Wehrlosigkeit. »Und daß mir auch, zu retten mein sterblich Herz, / Wie andern eine bleibende Stätte sei, / Und heimatlos die Seele mir nicht / Über das Leben hinweg sich sehne // Sei du, Gesang, mein freundlich Asyl!«

Er spielte mit dem Gedanken, von Rastatt aus nach Nürtingen zu wandern, endlich die Heimat wiederzusehen, kündigte sich an, wünschte der Mutter die neu gewonnene Gelassenheit vorzuführen, unterließ dann aber, Johanna enttäuschend, den Abstecher. Das Wetter sei schlecht, die abgelegeneren Wege in Württemberg würden noch immer von Räubern unsicher gemacht.

Er hatte, dank Sinclairs Großzügigkeit, genügend Mittel, um mit der Post nach Rastatt zu fahren. Dennoch war die Reise beschwerlich. Ihn plagten Nervenschmerzen, die vom Schädel bis in den Rücken strahlten, jeder Stoß der Kutsche marterte ihn. Überdies war es kalt, regnete und schneite; die schützende Decke wurde rasch feucht. Er fürchtete, mit Fieber in Rastatt anzukommen. Kaum da, hatte er alles vergessen, fühlte sich wieder wohl. Im Gasthof »Zum Bären« schien offenbar ein Fest ohne Ende gefeiert zu werden. Er hatte Mühe, sich nach Sinclair durchzufragen. Er sei auf seiner Kammer; nein, noch im Schloß, hieß es erst, ein Sachse behauptete, den Herrn von Sinclair seit zwei Tagen nicht mehr gesehen zu haben, doch dann hörte er ihn, selbst hier, in dieser lärmenden Versammlung von Männern, die mehr oder weniger eitel ihre Uniformen zur Schau trugen: sein Gelächter, dieses unverkennbare satte Wiehern. Sinclair ließ ihn gar nicht zur Ruhe kommen, stellte ihn vor, reichte ihn herum, hänselte, war sarkastisch: Laß dich nicht täuschen, Hölder, hier wird nur gespielt, geblendet, was in Wirklichkeit passiert, merken die meisten der hier Anwesenden nicht. Ein paar Franzosen und Österreicher spinnen die Fäden, unsereiner ist dazu berufen, sich zu wundern.

Er übertrieb, denn am Rande des Kongresses hatten sich Gruppen gebildet, die nicht ohne Einfluß waren und durchaus für die Stimmung in den von ihnen vertretenen Ländern sorgen konnten. Hölderlin war das diplomatische Gepränge ungewohnt, auch der Jargon, mit dem man sich untereinander verständigte. Die Stadt, eine sonst wohl arg verschlafene Residenz, platzte von Leben. Der Kongreß, dieses Treffen der Einflußreichen und solcher, die sich einbildeten, es zu sein, hatte Händler und Diebe angezogen, vor allem aber viele junge Frauen, die sich unverhohlen anboten und deren Dienste, je länger der Kongreß dauerte, um so bedenkenloser in Anspruch genommen wurden. Sie waren auch die Zuträger von Nachrichten und Gerüchten.

Wer wissen will, was die Österreicher noch nicht vorhaben, der muß mit einer Dirne nur die Nacht verplaudern, konstatierte Muhrbeck, dem er flüchtig einige Male in Jena begegnet war und der nun hier das Wort führte. Muhrbeck gehörte zu den zahlreichen selbsternannten Beobachtern, Stimmungsmachern, Souffleuren. Mit ihren nächtelangen Diskussionen stimulierten sie die Unterhändler, die sich über das Hin und Her ärgerten und sich den Franzosen von vornherein unterlegen sahen. Sinclairs Runde hielt Abend für Abend in der Gaststube eine »Ecke« besetzt, die berüchtigt war und der man nachsagte, dort werde mehr philosophiert als politisiert. Hölderlin waren zumindest die Namen vertraut; nun lernte er sie kennen. Muhrbeck war mit seinen dreiundzwanzig Jahren der Jüngste, allerdings schon weit herumgekommen und wie der Sekretär des dritten preußischen Gesandten, Fritz Horn, Mitglied des Bundes der freien Männer in Jena gewesen. Beide wiederum waren befreundet mit dem Poeten Böhlendorff, den Hölderlin kurz danach in Homburg kennenlernte. Muhrbeck, dessen Vater in Greifswald Philosophie lehrte und der später das Amt seines Vaters übernahm, hielt enge Freundschaft zu Ernst Moritz Arndt, was ihn wiederum mit dem Sekretär der Vorpommerschen Gesandtschaft, Johann Arnold Joachim von Pommer-Esche verband, der seine Jugend mit Arndt in Stralsund verbracht hatte. Dieses Netz von Beziehungen riß nicht, hielt allem Druck stand, und Hölderlin mußte sich oft auf die Redeweise der Freunde einstellen: sie unterhielten sich häufig in Abkürzungen, Hinweisen auf gemeinsame Vergangenheit. Er hörte sich rasch ein, hatte sein Vergnügen an parodistischen Verzerrungen von Fichtes Gedanken, am spielerischen Umgang mit der Kantschen Terminologie. Alle lösten sie sich mit Witz und politischer Aktivität von ihren geistigen Vätern und Förderern.

Neben Sinclairs Freunden, die auch die seinen wurden, lernte er andere Delegierte kennen, darunter den Abgeordneten der württembergischen Landstände, Jakob Friedrich Gutscher, der sich in den jungen schwäbischen Literaten vernarrte, ihn zu Spaziergängen einlud und in sein Vertrauen zog. Sinclair unterstützte diese Bekanntschaft, denn von den Württembergern erhoffte man sich am ehesten revolutionäre Einsicht, und zu Gutschers Kampfgefährten rechnete man Baz, dessen aufrührerische Schriften Hölderlin sich über den Bruder verschafft hatte und der nun öfter in Rastatt erschien.

Während Gutscher, leidenschaftlicher Kenner und Ausleger der schwäbischen Verfassung, Distanz zu den jungen Leuten hielt, war Baz leicht zu gewinnen. Er war sich mit Sinclair einig, daß nur eine »gewaltsame Umkehrung« helfen könne. Gutscher hingegen wünschte mit einer gründlichen Kenntnis der Verfassung »den Gemeingeist« zu beleben.

Auf vieles hörte Hölderlin nicht; manchmal saß er, mit geschlossenen Augen, Pfeife rauchend; manchmal umwarben ihn Sätze, setzten sich fest, und es war gleichgültig, wer sie gesprochen hatte. Dann mischte er sich, zu aller Überraschung, ein. Muhrbeck, dieser »rastlosen Seele«, gelang es am ehesten, ihn herauszufordern. Wenn sie aneinandergerieten, wurden die übrigen still, und es traten noch andere hinzu, um dem Streitgespräch zu lauschen.

Nein, Hölderlin, es geht mir nichts über das Individuum als treibende Kraft. Es macht Geschichte und es ist die Geschichte.

Wäre es so – Hölderlin spricht wie zu sich selbst, erklärt sich noch einmal, was er geschrieben hat, entfernt sich von dem ihn mitunter beengenden Wirklichkeitssinn Sinclairs – wäre es so, Muhrbeck, hätten wir zwar Geschichte, doch wir wüßten sie nicht. Und sie hätte uns nicht. Ich will dem Individuum nicht seinen Rang bestreiten, aber es kann in die Geschichte nur eingehen als ein Teil, ein Teilchen, das sich auf ein Ganzes bezieht. Und das Ganze kann und will nicht wissen, wonach jedes einzelne trachtet.

Das sagst gerade du, der Dichter des »Hyperion«, des handelnden und liebenden Einzelnen!

Ihr habt meinen »Hyperion« offenbar alle unwissend gelesen. Er droht doch dem Ganzen verlorenzugehen – darum sein Schmerz. Wenn ihr hier politisiert, Freunde, so doch nicht, um das Einzelne zu bestärken, sondern um einer Idee willen, einer Vision. Ihr bezieht eure Erfahrungen auf etwas, das noch nicht ist, das ihr aber haben wollt, ihr müht euch, Gedanken zu vereinigen zur Idee. Die Geschichte, die nichts war, die jeden einzelnen von uns quälte, könnte zu einer werden, die wir sind.

Das Subjekt wird dem Objekt allein gerecht, wenn es dieses aus-
füllt, endlich erfüllt.

Prägt uns denn nicht eben dieser Widerspruch?

Nicht dieser, Muhrbeck. Du bist ein Demokrat, ich bin es auch.
Wir alle hier wollen es sein. Sind wir's denn wirklich? Die wahre
Demokratie, Lieber, der wir zustreben, löst nämlich den Widerspruch zwischen Mensch und Natur, zwischen Plan und Idee,
zwischen Subjekt und Objekt auf...

Er spricht vom Paradies, ruft Fritz Horn. Er ist ein verkappter
Theologe.

Wenn du das für Theologie hältst, dann soll die Politik meinet-
halben zur Theologie werden oder umgekehrt. Du hast recht,
ich meine ein Paradies. Ich meine das Vaterland des verwirk-
lichten Menschen, in dem die Idee zum Recht geworden ist und
das Recht zur Idee – es ist die wiederhergestellte Überein-
kunft.

Und wann, mein Hölder? Sinclair fragt mit großer Zärtlichkeit.

Hölderlin schaut vor sich hin, zuckt mit den Schultern, lächelt.

Kann ich es wissen, Isaac, da wir doch Menschen sind?

Er hat ihnen die Spannung genommen, sie lachen, prosten sich
zu, fühlen ein Glück, das sie noch nicht haben, richten sich für
diese Stunde darin ein.

So sollte es bleiben.

Er muß nach Homburg, nach Frankfurt. Susette wartet auf ihn.
Er darf den ersten Donnerstag im Dezember nicht versäumen,
diesen Tag, den er vier Wochen lang ersehnt, der in seiner
Phantasie zu einem Fest wird, und dann ist es nur eine halbe
Stunde voll gehetzter Wörter, die nichts mitteilen können,
flüchtiger Zärtlichkeiten, die ihn aushungern.

Ich muß gehen.

Sinclair und die anderen wollen ihn halten.

Er hört sie nicht einmal. Er hastet durch einen Alptraum.

Wie immer übernachtet er in Frankfurt. Wie immer stiehlt er
sich zum Weißen Hirsch, fürchtend, daß ihm Bekannte begeg-

nen könnten, am Hintereingang spähend und horchend, ob der Weg frei ist. Daß er sich so benehmen muß, kränkt ihn.

Die Tür ist angelehnt. Sie stehen sich gegenüber. Bald finden sie keine Wörter mehr.

Soll ich dir erzählen?

Was machst du?

Wen hast du in Rastatt gesehen?

Dein Gedicht...

Ja...

Male lernt jetzt sticken.

Und Henry?

Du mußt gehen.

Ja. Schreibst du mir?

Ja.

»Es bleibt uns nichts, als der seeligste Glaube aneinander, und an das allmächtige Wesen der Liebe das uns ewig unsichtbar leiten und immer mehr und mehr verbinden wird.«

Es ist diese einzige Stimme, die ihn beherrscht, wegreißen will, taub macht. Wenn er ihre Briefe liest, hört er tagelang nur sie. Was ihn umgibt, ist für ihn nicht vorhanden. Hin und wieder wehrt er sich, lenkt sich ab, besucht Sinclairs Mutter, wiederholt sich die Rastatter Unterhaltungen, versucht, mit dem »Empedokles« weiterzukommen.

Er geht viel spazieren, genießt den Frost. Allmählich findet er sich, kann wieder eigene Gedanken fassen. Es wird ein Auf und Ab bleiben.

Johanna hatte ihn aufgefordert, zum zweiundsiebzigsten Geburtstag der Großmutter Heyn ein Gedicht zu schicken. Mit keinem anderen Geschenk könnte er sie so erfreuen. Es fällt ihm nicht leicht, und er ist mit den Versen nicht zufrieden, aber es werden Vergangenheiten geweckt, er sieht sich mit Köstlin lernen, weiß plötzlich ganze Vokabelreihen wieder, hört die Mutter über den Hof rufen, geht mit Karl zum Grasgarten, riecht das Treppenhaus, dieser etwas mostige Duft der im Keller gelagerten Äpfel;

oder die vom Waschen offenen Hände der Großmutter, lauter vom Blut unterlaufene Risse; er steht, klein geworden, neben dem hohen Bett, in dem der Vater stirbt, der zweite Vater, und er kehrt zurück bis in den Lauffener Garten, den er nicht sieht, sondern nur denkt: wie eine Umhüllung von Licht und Schatten, das Rauschen sehr hoher Bäume und die Geräusche aus dem Dorf; Wärme und Ruhe. Es könnte auch der Grasgarten sein. »Und ich denke zurück an längst vergangene Tage, / Und die Heimat erfreut wieder mein einsam Gemüt, / Und das Haus, wo ich einst bei deinen Segnungen aufwuchs, / Wo, von Liebe genährt, schneller der Knabe gedieh.«

Er schreibt Sinclair, den er vermißt, die Rastatter Themen aufgreifend: »Es ist auch gut, und sogar die erste Bedingung des Lebens und aller Organisation, daß keine Kraft monarchisch ist im Himmel und auf Erden. Die absolute Monarchie hebt sich überall selbst auf, denn sie ist objektlos...« Ob sie das weiterbereden, ob er Muhrbeck damit überzeugen könnte?

»Ich habe sehr an Glauben und Mut gewonnen.«

Durch den Schnee wandert er zum Adlerflychtschen Hof. Ihm fremde Männer stehen vor dem Portal, streiten sich offenbar. Er bleibt an der Hecke, neben der Laube stehen, sieht zum Fenster hinauf, hinter dem er lebte, einer der Männer fragt ihn, ob er jemanden suche, er schüttelt den Kopf, nein nein, das Anwesen gefalle ihm, der verschneite Garten. Sie sollten es im Sommer erleben, sagt der Mann. Ja, sagt er, es muß dann besonders schön hier sein, ich kann es mir denken.

Er nimmt sich vor, sich in diesem Jahr zu beschränken, oder wenigstens nur das zu planen, was seine Sicherheit fördert.

Sinclair bringt aus Rastatt Muhrbeck mit. Beide stecken voller Anekdoten, wiegeln ihn auf, setzen die Unterhaltungen aus dem »Bären« ohne Unterbrechung fort.

Ob er Rebmanns unerhörte Schelte des Direktoriums gelesen habe?

Muhrbeck war Feuer und Flamme. Welch eine edle, die Gemeinheiten ausräumende Gesinnung! Hör nur zu: »Bald kam es so weit, daß der Name eines Republikaners zum Schimpfwort, der Bürgertitel zum Ekelnamen, Gefühl fürs Vaterland zur Schande, Lob der Ausgewanderten zur Mode und die Krieger, die die Freiheit mit ihrem Blute erkämpft hatten, wie Elende behandelt wurden. Die Lieder, welche die Söhne der Freiheit unüberwindlich gemacht und die verbündeten Heerscharen aller europäischen Tyrannen in die Flucht gejagt hatten, durften nicht mehr gesungen werden, ohne daß der, welcher sie anstimmte, sich Beleidigungen aussetzte. Ein neues, furchtbares Schreckenssystem wurde gegen alle gebraucht, die ihr Vaterland liebten.«

Stimmt es denn nicht? Muhrbeck ereiferte sich. Sinclair fand diese Charakterisierung übertrieben, aber Hölderlin, der sich in ihren Auseinandersetzungen zurückgehalten hatte, fuhr ihn heftig an: Das ist mir zu diplomatisch, Isaac. Muhrbeck hat recht, wenn er sich mit Rebmanns Trauer verbündet. Sie könnte, sie müßte zur rächenden Wut werden. In der Revolution gibt es nur Rigorismus. Wer abschwächt, hat schon verloren. Wer meint, Grau könne auch Weiß werden, irrt sich fürs Leben.

Muhrbeck jubelte. So wolle er es hören. Sinclair, in seiner Empfindlichkeit getroffen, wies ihn und Hölderlin zurecht: Meinetwegen könnt ihr mich einen Diplomaten schimpfen. Doch euer Purismus bringt nichts ein, allenfalls unnötige und unschuldige Opfer.

Und jetzt? Hölderlins Melancholie verwirrte sie beide.

Bist du dir denn so sicher? fragte Sinclair.

Wäre ich der Engel der Geschichte, wüßte ich's.

Susette, die sich, wie er, gefangen hat, seine fragenden Zärtlichkeiten fast begehrlich erwidert, sich gelassen über die Gefahren ihres Rendezvous hinwegsetzt, über mögliche Horcher spottet, heiter ist wie nie seit seinem Weggang, Susette verspricht ihm, daß man sich im Sommer an der Hecke des Adler-flychtschen Hofs häufiger treffen, Briefe austauschen könne.

Er unterläßt es, sich über die Heimlichkeiten zu beklagen.

Grüß deinen Sinclair. Dir ist wohl, Lieber, nicht wahr?

Er sagt ihr nichts von der kurzen, heftigen Krankheit, die ihm derart zugesetzt hatte, daß es auch Sinclair und Muhrbeck nicht gelungen war, ihn zu trösten. Der von Sinclair geschickte Doktor Müller sprach von einer Gallenkolik, mehr aber von Hypochondrien. Er habe eine überaus empfindliche Konstitution und müsse sich vor Aufregungen hüten.

Mir geht es wohl. Schlegels Kritik seiner Gedichte habe dazu beigetragen. Schlegel habe zwar über Neuffers Almanach abwertend geurteilt, doch seine Gedichte gelobt. Er habe ihr die Kritik abgeschrieben.

Sie dankt ihm. Er fragt sie, wo sie seine Briefe und Zettel verberge.

Niemand kann sie finden, auch der Schlaueste nicht, beruhigt sie ihn.

Du mußt gehen. Sei vorsichtig.

Er legt die zusammengebundenen beiden Bände des »Hyperion« auf den Sekretär und bittet sie, erst wenn er fort sei, die Widmung zu lesen.

Auf das Vorsatzblatt hat er geschrieben: »Wem sonst als Dir!«

IV *Böhlendorff*

Böhlendorff hatte sich bei Sinclair angekündigt, der Dichter, den Sinclair über Muhrbeck kennengelernt hatte und von dem er behauptete, er sei unter den freien Seelen eine der freiesten. Böhlendorff hatte vor, den Sommer in Homburg zu verbringen, und da er auch Muhrbeck und Hölderlin dort wisse, falle es ihm leicht, so weitgehend zu disponieren. Hölderlin kannte den jungen baltischen Dichter nur aus Schilderungen Sinclairs, die ihn freilich neugierig gemacht hatten. Er sei ein entschiedener Demokrat wie sie alle; seine Rastlosigkeit mitunter beängstigend. Sinclair hatte für Böhlendorff ein Logis in der Nachbarschaft Hölderlins gefunden, so daß sie sich, wann immer sie dazu aufgelegt waren, würden sehen können.

Sie verstanden sich gleich. Die Briefe beider lassen diesen Schluß zu.

Wenn ich mir Böhlendorff vorstelle, den Schattenriß betrachte, den es von ihm gibt, ein herb und stolz geschnittenes Profil, denke ich an Stäudlin, der schon nicht mehr am Leben ist, und ich bin sicher, daß sich auch Hölderlin des ruhelosen Stuttgarter Freundes erinnerte. Wie Stäudlin wird sich Böhlendorff, dem es nicht gelang, in seiner baltischen Heimat Fuß zu fassen, das Leben nehmen. Und in der Reinheit und Arglosigkeit seiner politischen Träume überbot Böhlendorff wahrscheinlich noch den Stuttgarter. Das zog Hölderlin brüderlich an.

Ich bin nicht sicher, ob er Böhlendorffs Dramen und Gedichten viel abgewann. Böhlendorff wollte viel, und man liest die Anstrengung seinen Versen ab, die sich dennoch konventionell fügen. Sein Talent war »forciert« wie das Stäudlins auch.

Sie waren schnell beim Du. Die ersten Tage saßen sie ununterbrochen zusammen, als hätten sie etwas nachzuholen. Allerdings wurde zu Hölderlins Mißfallen nur politisiert, Muhrbeck und Sinclair gaben, bis in die Einzelheiten, die Rastatter Erfahrungen wieder. Zu Widersprüchen kam es kaum, sie bestätigten sich gegenseitig, und Hölderlin, um den neuen Freund nicht vor den Kopf zu stoßen, ließ sich auf die oft zermürbenden Debatten ein. Böhlendorff spürte aber seinen inneren Widerstand. Als sie allein waren, fragte er ihn danach.

Hast du von der Politik genug, Friedrich? (Er nennt ihn Friedrich, nicht, wie die anderen, Hölder, und er bleibt dabei.) Fallen wir dir zur Last?

Aber nein, ich frage mich bloß, ob es Sinn hat, fortwährend darüber zu grübeln, ob das Direktorium richtig handelt oder nicht, ob Moreau oder Buonaparte geschickt operieren oder nicht, ob die Franzosen sich in Rastatt von den Österreichern übertölpeln lassen oder nicht. Das, Ulrich, können wir nicht ändern. Alle, über die wir uns den Kopf zerbrechen, nehmen unsere Gedanken nicht auf. Aber die Zeit läßt sich bewegen, die allgemeinere Stimmung ist beeinflußbar. Dazu braucht es zusammenfassende Sätze und keine Schlachtbeschreibungen.

Ich verstehe dich. Wir sind nicht so weit. Wir sind in den Tag verstrickt. Sieh dir Isaac an. Es ist seine Arbeit, diplomatische List ist seine tägliche Übung. Er handelt für den Landgrafen, muß es, und denkt wie dessen Gegner. Ist das einfach?

Ich könnte es nicht.

Ich auch nicht, Friedrich, ich versuche ihn zu verstehen.

Aber über die Ermordung der beiden französischen Gesandten in Rastatt hast du dich erregt wie keiner von uns.

Ja, meine aber nur nicht, daß ich dem Kongreß nachtraure. Dort hat man den Frieden nicht finden können. Er war eine Farce und fürs Volk eine Zumutung. Doch diese beiden Männer sind vielleicht ohne ihr Wissen und ohne ihren Willen Märtyrer für den Sieg der Republikaner. Aus ihrem Geist sollten wir handeln.

Böhlendorff berichtete einem Schweizer Freund über seinen Homburger Aufenthalt, charakterisiert Sinclair und Hölderlin: »Ich habe hier einen Freund, der Republikaner mit Leib und Leben ist – auch einen andern Freund, der es im Geist und in der Wahrheit ist – die gewiß, wenn es Zeit ist, aus ihrem Dunkel hervorbrechen werden; der letzte ist *Dr. Hölderlin*...« Als Böhlendorff das schreibt, ist er vierundzwanzig Jahre alt. Und den Empfänger des Briefes hat Hölderlin vor Jahren kennengelernt und seither nicht mehr gesehen: Es ist Fellenberg, der Pädagoge und Gründer der Erziehungsanstalt in Hofwil bei Bern, dem Hölderlin in Tübingen, um sein Einkommen aufzubessern, Nachhilfestunden gegeben hatte. So tauchen manche Figuren, wenngleich am Rande, auf, und ich muß nicht, wie beim Romanschreiben, besorgt sein, sie aus dem Blick zu verlieren.

Muhrbecks und Böhlendorffs aufgeregte Teilnahme an den Ereignissen in der Schweiz führte zu einer Kontroverse, die sie merkwürdig einigte. Beide hatten sich in der Schweiz aufgehalten, als die französischen Truppen einmarschierten und die Eidgenossenschaft sich aus eigenem Entschluß zur Republik erklärte. Sie sahen hier ein anfeuerndes Beispiel für die deutschen Länder und fürchteten, daß die Österreicher den großen Anfang zerschlagen könnten.

Böhlendorff war nahe dran, sich zu den helvetischen Truppen zu melden. Sie alle ereiferten sich, und in diese, nicht zuletzt durch die widersprüchlichen Nachrichten gespannte Stimmung redete ein Brief Siegfried Schmids, des Friedbergers. Er habe seinen Dienst bei einem österreichischen Regiment aufgenommen, desgleichen ein anderer Freund, Jacob Zwilling.

Böhlendorff wütete. Muhrbeck wollte mit den Verrätern nichts mehr zu tun haben. Sinclair hielt sich zurück. Und Hölderlin, der nicht weniger erschrocken und verbittert war als sie, entgegnete ihnen:

Haben wir eigentlich Grund, mit ihnen zu rechten?

Hölder, wie kannst du so nur fragen.

Im Ernst, was maßen wir uns an?

Sie wanderten, wie oft, auf den Feldwegen zwischen Homburg und Bonames, manchmal im Gänsemarsch, und wenn es der Weg zuließ, nebeneinander. Gingen sie hintereinander, mußten sie mit erhobener Stimme sprechen, schrien beinahe und machten auf andere den Eindruck, als befänden sie sich in einem dauerhaften, endlosen Streit.

Wir verlangen von ihnen nichts als die Treue zur Sache.

Zu welcher, Ulrich?

Zu der unseren, der republikanischen.

Ist die denn so einfach, wie du vorgibst, wie du sie machst? Wessen Anhänger bist du gewesen, als im Konvent noch alle vorhanden waren? Brissots oder Dantons? Hast du dich, als die beiden Gegner wurden, zerrissen? Sprichst du einem von den beiden jetzt ab, Republikaner gewesen zu sein? Oder Sinclair?

Nicht mich, Hölder. Sinclair warnte noch scherzhaft.

Doch! Gut, dein Fürst kennt deine Gesinnung. Er weiß, daß du Republikaner bist. Dennoch traut er dir. Weil du die Pfründe deines Vaters übernommen hast? Weil ein Sinclair gar nicht anders als loyal sein kann?

Laß es Hölder, ich bitte dich.

Ihr laßt es auch nicht, über Schmid herzuziehen.

Da ist der Gegensatz offener.

Ob offen oder nicht. Die Widersprüche sind da.

Hast du dich den Österreichern verpflichtet, Hölder?

Ich würde es nie tun. Ich könnte ohnedies nicht Soldat sein. Das ist eine andere Sache. Aber denkt, ich bitte euch, an Isaac, den Republikaner des Landgrafen. Er ist an dem Gegensatz nicht erstickt. Laß mich ausreden, Isaac. Ich wäre der Letzte, der dich beleidigen wollte. So wenig, wie ich den Friedberger beleidigen möchte. Ich habe Schmid nach seinen Beweggründen nicht gefragt. Jetzt läßt er sich von der Zeit aushalten. Ist das nichts? Geht der Riß nicht durch jeden von uns? Wir leiden. Wenn Leid, wie ich meine, das Bewußtsein der Nöte ist, dann schließe ich Schmids Entschluß in mein Wissen ein, denke ihn mit. Allein so kann sichtbar werden, was die Epoche bedeutet.

Ich geb ihm recht, rief Döhlendorff.

Ich nicht! Sinclair lachte unwillig. Aber eigentlich ist unser Freund schon wieder bei seinem »Empedokles«, und die Gedanken, die ihn dort weiterbringen, will ich ihm nicht ausreden.

Hölderlin hatte mittlerweile die erste Fassung aufgegeben, schrieb an der zweiten und zweifelte daran, ob sie ihm genügen könnte.

»...mich erheitert nichts so sehr«, schreibt er an Karl, die Gespräche mit den Freunden nur fortsetzend, »als zu einer Menschenseele sagen zu können: ich glaub an Dich! und wenn mich das Unreine, Dürftige der Menschen oft mehr stört, als notwendig wäre, so fühl ich mich auch vielleicht glücklicher als andre, wenn ich das Gute, Wahre, Reine im Leben finde, und ich darf deswegen die Natur nicht anklagen, die mir den Sinn fürs Mangelhafte schärfte, um mich das Treffliche umso inniger und freudiger erkennen zu lassen, und bin ich nur einmal so weit, daß ich zur Fertigkeit gebracht habe, im Mangelhaften weniger den unbestimmten Schmerz, den es oft mir macht, als genau seinen eigentümlichen augenblicklichen, besondern Mangel zu fühlen und zu sehen, und so auch im Bessern seine eigene Schönheit, sein charakteristisches Gute zu erkennen, und weniger bei einer allgemeinen Empfindung stehen zu bleiben, hab ich dies einmal gewonnen, so wird mein Gemüt mehr Ruhe, und meine Tätigkeit einen *stetigeren Fortgang* finden.«

Böhlendorff war auf die Idee gekommen, Hölderlin solle eine Zeitschrift herausgeben, eine poetische Monatsschrift. Er sei sicher, daß ihm auch die Großen ihre Mitarbeit nicht versagen würden. Die Freunde hatten, nachdem Muhrbeck über seine miserable Finanzlage geklagt hatte, über Hölderlins Situation gesprochen. Ihm gehe es gewiß schlechter als Muhrbeck. Seine Rücklagen aus der Frankfurter Arbeit seien bald aufgezehrt, und die Mutter wolle er nicht um Hilfe angehen. Wenn Sinclair nicht ab und zu einspränge . . . Böhlendorffs Vorschlag berauschte sie geradezu. Jeder könnte seinen Teil beisteuern. Aber keiner wäre ein geeigneterer Herausgeber als der Hölder! Er wehrte ab: Er wolle es überschlafen. Aber er hatte sich schon entschlossen. Gelänge es ihm, einen Verlag und wichtige Mitarbeiter für die Zeitschrift zu finden, so könnte er länger in Homburg und in der Nähe Susettes bleiben. Dies war eine Gelegenheit, vielleicht die letzte. Und er wußte auch schon, wer ihm helfen könnte: Neuffer, der bei dem Stuttgarter Verleger Steinkopf seine Almanache veröffentlichte. Er könnte die Verbindung herstellen; also schrieb er ihm gleich, legte den Plan dar: »Das Journal wird wenigstens zur Hälfte wirklich ausübende Poesie enthalten, die übrigen Aufsätze werden in die Geschichte und Beurteilung der Kunst einschlagen.«

Endlich hat er wieder Auftrieb, die Ängste vor der Zukunft sind verflogen und in den folgenden Sitzungen schreiben sie Listen von Autoren und Themen, erhitzen sich über Bücher, die besprochen werden könnten, grübeln über den Namen der Zeitschrift, die sich vor allem an Damen wenden solle. Sinclair dachte an »Hebe«, Muhrbeck schlug »Symposium« vor, doch das erschien ihnen zu trocken, allzu männlich, und Hölderlins Vorschlag »Iduna« fand erst allmählich Zustimmung.

Er überredete sie mehr, als daß er sie überzeugte. Herder erzähle von Iduna, der Gemahlin des Gottes der Dichtkunst. Ihr hätten die Götter die Äpfel der Unsterblichkeit anvertraut, und fühlten sie das Alter nahen, kämen sie zu ihr, äßen von den Früchten und verjüngten sich. Man sollte Herders Erzählung als Motto verwenden.

Und als der Stuttgarter Verleger Steinkopf, wenn auch halbherzig, zustimmte, sich freilich eine populäre und mit Berühmtheiten glänzende Schrift wünschte, sah Hölderlin sich schon als Herausgeber. Nur Sinclair mahnte, nicht voreilig zu handeln. Doch Hölderlin hatte es eilig, alle, die oft an ihm haben zweifeln müssen, die Mutter, den Bruder, über diese Wende zu unterrichten. Er wird fünfzig Karolin fürs Jahr bekommen, fünfhundertfünfzig Gulden, das wird ihm ausreichen. Bald hat er auch die erste Liste der Beiträger: Conz, Jung (dessen Ossian-Übersetzung). Und zu Jung, dem einstigen Hofrat, der inzwischen Polizeikommissar in Mainz geworden ist, reist er auch. Der Besuch bei Jung könnte ihm Gelegenheit geben, sich in der Mainzer Republik umzusehen, die ihm mehr und mehr zu einem Vorbild für ein neues Gemeinwesen geworden ist. Dazu kommt es nicht. Jung, umgeben von Wachen und Boten, undurchschaubaren Zuträgern und devoten Schreibern, nimmt ihn in Beschlag. Er liest wieder aus dem »Ossian« vor, den Hölderlin schon gut kennt, preist sein Glück, in einer solchen Umgebung zum ersten Mal literarisch auftreten zu können, flüstert zwischendurch über irgendwelche Marodeure und Agenten, die er verfolgen müsse und die ihm nach dem Leben trachteten, zeigt einen Brief, in dem Fichte um einen republikanischen Paß bittet, da er durch das Gebiet der Fränkischen Republik in die Schweiz reisen wolle. Das macht mir keine Schwierigkeiten, sagt Jung, das nicht, aber hören Sie nur, wie Fichte sich bekennt, das sollte verbreitet werden: »Wohl aber hat durch die Greueltat zu Rastatt sich meine Ansicht der Dinge völlig umgeändert. Der Despotismus wird nun konsequent. Er hat sich... in die absolute Notwendigkeit versetzt, jede Äußerung der Vernunft und des Gefühls zu unterdrücken. Es ist klar, daß von nun an nur die Französische Republik das Vaterland des rechtschaffenden Mannes sein kann, nur dieser er seine Kräfte widmen kann, indem von nun an nicht nur die teuersten Hoffnungen der Menschheit, sondern die Existenz derselben an ihren Sieg geknüpft ist.« Hölderlin schreibt die Sätze für Sinclair ab, der sich aber an ihnen nicht freuen kann. Hat Fichte nicht gekuscht? Hat er sich nicht einfach davongestohlen, als wir rebellierten, Hölder? Ich habe den Professor nicht unter meinen Verteidigern entdecken können, als man mich von der Universität warf. – Wir schreiben nicht nur für und gegen die Zeit, Isaac, oft schreiben wir mit ihr, und können gar nicht anders. Der eine nennt es dann Verrat, der andere Verstand. – Wenn du so redest, Hölder, kann ich dich nicht lieben. – Du wirst es einmal können, Isaac. Weiter nennt die Liste: Sophie Mereau, Heinse, Schelling, August Wilhelm Schlegel. Alles Freunde und Bekannte, nicht aber die Großen, Schiller oder Goethe. An sie hat er sich gewandt, selbst an Goethe, und die Bitte fiel ihm nicht leicht: »Ich weiß nicht, Verehrungswürdiger! ob Sie sich meines Namens so weit erinnern, daß es Ihnen nicht auffallend ist, einen Brief und überdies eine Bitte von mir zu lesen.« Die Bitte wird ihm nicht erfüllt, Goethe würdigt sie nicht einmal einer Antwort. Und Schiller, der ihn mit seinem Schweigen verstört, dessen unerklärliche Ablehnung ihn noch immer bedrückt, Schiller winkt ab: »Gern, mein werthester Freund, würde ich Ihr Verlangen wegen der Beiträge zu Ihrer Zeitschrift erfüllen, wenn ich nicht so arm an Zeit und so eng an mein gegenwärtiges Geschäft gebunden wäre.« Sie schlagen ihm, ohne es zu wollen, eine erhoffte, denkbare Zukunft aus, stoßen ihn zurück in die Unsicherheit. Ohne die Mitwirkung der Berühmten wagt Steinkopf die Monatsschrift nicht. Das Unternehmen ist gescheitert.

Hölderlin ist das Geld ausgegangen. Er muß Johanna um Unterstützung bitten. Sie schickt ihm zweimal hundert Gulden.

Die Freunde resignieren, ziehen sich vorsichtig zurück, die Gespräche brechen ab. Aus der gemeinsamen Hektik stürzt er in die alte unvertraut gewordene Einsamkeit: »Ich lebe so sehr mit mir allein, daß ich oft jetzt gerne in einer müßigen Stunde mit einem unbefangenen Freunde mich über Gegenstände unterhalten möchte, die mir nahe liegen«, schreibt er, voller Sehnsucht nach unwiederholbar Vergangenem, an Neuffer. Alles, was ihm nun zugetragen wird, was er, nach seiner bittren Meinung, auf sich zieht, bedroht ihn, schnürt ihn ein. Er überlegt, ob er nicht nach Stuttgart zu Landauer oder nach Jena zu Schiller ziehen solle. Es gelingt Sinclair, ihm das auszureden. Von Zuhause erfährt er, daß sein Schwager Breunlin schwer erkrankt sei, Rike in Sorge. Die Kämpfe in Württemberg zwischen den Österreichern und den Franzosen nehmen zu, er ängstigt sich um Johanna. Buonaparte, dieser Genius der allgemeinen Erwartung, dessen strahlenden Weg er verfolgt hatte, macht sich zum Ersten Konsul, gewinnt durch einen Staatsstreich die Macht. Auch dieses Bild verfinstert sich. Er ist eine Art von Diktator, sagt Hölderlin, gleichsam abschließend, zu Sinclair; doch Ebel, dem Paris zur Zumutung geworden ist, der den Gral der Revolution nicht gefunden hat, versucht er zu trösten: »Ihr Urteil über Paris ist mir sehr nahe gegangen. Hätte mir ein anderer, der einen weniger großen Gesichtspunkt, und nicht nur Ihr klares vorurteilsloses Auge hätte, dasselbe gesagt, so hätte es mich weniger beunruhiget. Ich begreife wohl, wie ein mächtiges Schicksal, das gründliche Menschen so herrlich bilden konnte, die schwachen nur mehr zerreißt, ich begreife es umso mehr, je mehr ich sehe, daß auch die größten ihre Größe nicht allein ihrer eigenen Natur, sondern auch der glücklichen Stelle danken, in der sie tätig und lebendig mit der Zeit sich in Beziehung setzen konnten, aber ich begreife nicht, wie manche große reine Formen im Einzelnen und Ganzen so wenig heilen und helfen, und dies ists vorzüglich, was mich oft so stille und demütig vor der allmächtigen, alles beherrschenden Not macht.«

Die Verhältnisse werden zur Gefangenschaft. Er weiß, er muß ausbrechen. Aber diese neuen Erfahrungen sind auch ein Gewinn. Zweimal besucht ihn Landauer, der ihm in seinem Haus Unterkunft bietet.

Komm nach Stuttgart, dort bist du den Deinen nah, und du bist mit allen vertrauter.

Wie kann er fort, wenn Susette ihn braucht. Er hat Susette einige Male an der Hecke, wie verabredet, getroffen, sie haben sich angstvoll und heftig umarmt, und es kam ihm vor, als stünden sie in einer Arena vor tausenden tobenden, schmähenden Zuschauern, besudelt und ausgesetzt. Sie hat ihm immer wieder geschrieben, und er ihr geantwortet, als der zweite Band des »Hyperion« ohnehin schon verspätet erschienen und es ihm schon gleichgültig war, mit ihm den Ruhm zu gewinnen, auf den er so ausschließlich gesetzt hatte: »Es ist himmelschreiend, wenn wir denken müssen, daß wir beide mit unsern besten Kräften vielleicht vergehen müssen, weil wir uns fehlen ...«

Am 2. März 1800 stirbt Breunlin. Die Schwester zieht zur Mutter und Großmutter nach Nürtingen. Es ist wieder, wie es war: die drei Weiber seiner Kindheit. Ich muß gehen, sagt er zu Sinclair. Diesmal widerspricht der Freund ihm nicht. Nach Nürtingen?

Nach Nürtingen oder nach Stuttgart zu Landauer. Aber heim.

Er schreibt an Susette, verspricht ihr, wie ausgemacht am 8. Mai an der Hecke zu sein, zur verabredeten Stunde, ein letztes Mal, wenn du nicht Gäste hast, wie so oft, und durch Billigeres aufgehalten bist.

V *Die dreizehnte Geschichte*

Sie haben diese Liebe der hastigen Rendezvous, der flehenden und bestreitenden Briefe lange ertragen, fast zwei Jahre, vom September 1798 bis zum Mai 1800. Sie haben von Begegnung zu Begegnung gehungert, sich nichts erfüllen können. Und am Ende waren sie zwei Stimmen ohne Körper. Vielleicht würde ihn der wieder ausgebrochene Krieg aufhalten. Moreaus Truppen sind vom Oberrhein bis tief hinein nach Oberschwaben vorgedrungen. Aber er hat sich fest vorgenommen, sich zu verabschieden, so weit fortzugehen, wie es ihm die Kriegshandlungen eben erlauben, wenigstens bis Markgröningen oder Löchgau, zu den Majers.

Er muß weg. Er ist schon auf dem Sprung.

Jede seiner Bewegungen verlangsamt sich. Die Landschaft hält still. Sie hatte gelärmt, mit Farben geprotzt. Jetzt war sie allein für ihn da. Den Weg kannte er auswendig, eine einfache Strophe.

Er sieht schon das Dach des Hauses, die große Laterne am Weg, unter der er abends einige Male für einen Augenblick gestanden hatte, damit Susette ihn sehe. Er weiß, sie steht am Fenster, wartet, bis er am Beginn der Hecke auftaucht. Nun muß er anhalten und warten, bis sie am Eingang erscheint. Er hört die Kinder. Sie spielen in dem schattigen Gartenstück zwischen Haus und Wirtschaftsgebäude.

Sie steht in der Tür, trägt das weiße Kleid mit der lila Borte, ihm zuliebe, und wenn sie, wie absichtslos, über den Rasen schlendert, manchmal anhält, muß er die Hecke entlanggehen, zu dem schmalen Durchschlupf neben dem Pavillon. Da wartet sie schon. Sie steht mit dem Rücken zu ihm. Sie hört seinen Schritt, wendet sich um. Erst können sie nicht sprechen. Sie nimmt seine Hand, führt sie zum Mund, küßt sie.

Gehst du? fragt sie. Dann sagt sie: Geh nicht. Er kann nicht antworten, zieht hilflos die Schultern hoch, sie fragt: Wohin soll ich dir schreiben?

Schreib nicht.

Ich werde ersticken, Hölder.

Ich weiß nicht, wo ich leben werde.

Laß es mich doch wissen.

Ich werde keine Boten haben.

Über Sinclair.

Vielleicht.

Der Gärtner kommt aus der Scheuer auf sie zu.

Hölderlin zieht ein Blatt aus der Weste.

Es ist für dich.

Sie gibt ihm ihren Brief.

Lies ihn zu Hause, nicht jetzt gleich, Hölder, ich hab ihn gestern abend geschrieben, als ich nicht wußte, ob du kommen würdest.

Der Gärtner bleibt stehen.

Leb wohl.

Sie küßt ihn.

Achte auf dich, Lieber.

Ja.

Er läuft unvermittelt los, sie tritt in die Hecke zurück, als wolle sie da festwachsen.

Er liest, gegen ihre Bitte, den Brief unterwegs, im Gehen, liest ihn immer wieder, redet ihn sich laut vor. Er redet mit ihrer Stimme: »Wirst Du nun kommen! – – – Die ganze Gegend ist stumm, und leer, ohne Dich! und ich bin so voll Angst wie werde ich die starken Dir entgegenwallenden Gefühle, wieder in den Busen verschließen und bewahren? – wenn Du nicht kömmst! – – – Und wenn Du kömmst! ist es auch Schwer das Gleichgewicht zu halten und nicht lebendig zu fühlen. Versprich mir daß Du nicht zurückkommen, und ruhig wieder von hier gehen willst, denn wenn ich dieß nicht weiß, komme ich in der grösten Spannung und Unruhe bis morgen früh nicht vom Fenster, und am Ende müssen wir doch wieder ruhig werden, drum laß uns mit Zuversicht unsern Weg gehen und uns in unsern Schmerz noch glücklich fühlen und wünschen, daß er lange lange noch für uns bleiben möge weil wir darinn vollkommen Edel fühlen und gestärkt...«

Seine Antwort hatte er ihr gegeben: »...Wehe! Du liebender / Schutzgeist! ferne von dir spielen zerreißend bald / Auf den Saiten des Herzens / Alle Geister des Todes mit mir. // O so bleiche dich denn, Locke der mutigen / Jugend! Heute noch, du, lieber als morgen mir // ...hier, wo am einsamen / Scheidewege der Schmerz mich, / Mich der Tötende niederwirft.«

Den Kriegsverlauf doch abwartend, hält er sich noch fast einen Monat in Homburg auf, ohne daß sie es erfährt. Das Warten läßt ihn erstarren.

Sie wird nicht mehr am Fenster stehen, sie hat sich abgewendet. Gontard wird versuchen, sie ins Gespräch zu ziehen, Feste für sie zu veranstalten, aber nun, nach der Trennung, heuchelt sie nicht mehr. Sie zieht sich in ein immer kraftloser werdendes Verstummen zurück. Wie ein hämisches Echo halten sich die Gerüchte, wird geflüstert, gehechelt, wird den Freunden, Gästen, Neuankömmlingen die Geschichte verzerrt vorgetragen, so daß Bettina von Brentano verstört an Karoline von Günderode schreiben kann: »...Ich darf ihn hier in Frankfurt gar nicht nennen, da schreit man die fürchterlichsten Dinge über ihn aus, blos weil er eine Frau geliebt hat um den Hyperion zu schreiben.«

VI *Der Friedensbote*

So sind Sinclair und er noch nie auseinandergegangen; beinahe ängstlich vor Gefühlen, sie haben Strapazen hinter sich, brauchen beide Ruhe.

Laß von dir hören.

Du von dir.

Und komm, wenn du mich brauchst, Hölder.

Ja.

Nicht nur sein Geist, auch sein Körper ist so erschöpft, daß keine Anstrengung ihm mehr etwas anhaben kann. Er taumelt mehr als daß er läuft. Am Nachmittag des dritten Tages hat er, von den Fildern kommend, Nürtingen vor sich.

Sechs Jahre war er nicht hier. Städte wie diese verändern sich nur allmählich. Der Krieg hatte kaum sichtbare Spuren hinterlassen. Doch von den Frauen hörte er, wie unaufhörlich requiriert wurde, wie sie sich bis an den Rand des Hungers einschränken, wie sie zusammenrücken mußten, um den einquartierten Soldaten Platz zu machen, die keine Rücksichten nahmen, die Mädchen und Frauen belästigten und sich um die Nöte der Bevölkerung nicht kümmerten.

Vor der Neckarbrücke waren zwei Häuser neu gebaut. Waren sie neu? Oder hat er sie nur vergessen?

Er läuft, wie von einer Schnur gezogen, seiner Kindererinnerung nach: Durchs Neckartor, das verfällt und das man bald abbricht, zum Kirchturm hinaufschauend, dann die Neckarsteige, bis zum Hoftor. Den klobigen Türklopfer erinnert er. Oder die Diele im ersten Stock mit den schiefen Türrahmen links und rechts, dort zu Rike, da zu mir.

Das hat er nicht mehr.

Er muß anders heimkommen. Er macht einen Umweg über den Kirchberg, die Marktstraße, geht durch das Höfle, zwischen Bürgermeisteramt und Henzlerschem Haus, bleibt vor der Lateinschule stehen, geht, wie früher, genau dem Schatten der Kastanien nach, erst die Gerade des Stammes, dann den Kreis der Krone, biegt in die Kirchgasse ein und hat plötzlich das Verlangen, am Breunlinschen Haus vorbeizurennen, aus der Stadt hinaus, niemanden zu sehen, zu begrüßen.

Im Haus riecht es anders als im Schweizerhof, nicht nach Winteräpfeln und Wein. Er lehnt sich ans Treppengeländer, wartet. Nach einer Weile ruft er: Ist hier jemand?

Des isch d'r Fritz, hört er Heinrike.

Sie kommen die Treppe herunter, alle in Schwarz, zerren an ihm, reißen ihn an sich, schleppen ihn hoch, lassen nicht ab von ihm, bis er lachend ruft: Ihr bringt mich um.

Bist du müd?

Da bist du endlich.

Hast du Durst, Hunger?

Willst du ausruhen?

Laß di agucke.

D'r Fritz.

Sie kommen nicht zur Ruhe, bringen Most und Brot, schleppen sein Gepäck weg, stecken die Köpfe zusammen, schlüpfen vor seinen Augen in ein einziges, wallendes schwarzes Gewand, hasten wieder auseinander.

Setzt euch doch hin.

Er sieht sich in der Stube um. Die Möbel kennt er, den Tisch, den großen Schrank. Doch sie sind aus einem fest erinnerten Bild in ein unvertrautes, engeres gerückt.

Sie reden weiter auf ihn ein, erzählen ihm wirre Neuigkeiten aus der Stadt, daß der Kraz so krank war, die Breunlins Einquartierung gehabt hätten, sie selber gottlob nicht.

Die Mutter ist sich gleich geblieben, doch Heinrike hat ein Lebensalter übersprungen und ist zur Zwillingsschwester Johannas geworden.

Wo sind deine Kinder, Rike?

Im Garten hinterm Haus. Soll ich sie holen?

Noi, jetzt net.

Wieder begleiten ihn alle drei Frauen die Stiege unters Dach hinauf. Dort habe er sein Zimmer. Die Mutter, sagt Rike, habe darauf bestanden, daß man es eigens für ihn einrichte und freihalte. Die Kammer ist winzig, gerade so lang wie ein Bett und breit genug für Tisch, Stuhl und eine niedrige Stellage, auf der Krug und Waschschüssel stehen. Es ist sehr heiß.

Sie wollen nicht gehen, wollen ihn ansehen, ihn reden hören. Noch einmal betasten und umarmen sie ihn.

Du warst schon lang weg.

Ja.

Jetzt bleibsch e Weile.

Das besprechen wir morgen.

Er drängt sie aus dem Zimmer, schieb den Riegel vor, zieht sich ganz aus, atmet gegen die Hitze, wäscht sich, aber auch das Wasser ist abgestanden und warm, legt sich aufs Bett. Sie flüstern. Er kann sich denken, was sie reden:

Schlecht sieht er aus.

Wie ein alter Mann mit seinen dreißig Jahren.

Was haben sie bloß mit ihm angestellt?

Das Gesicht ist schon voller Falten.

Er isch nimmer schö.

Auf sei Art doch no.

Er isch krank.

Jetzt laß i den Fritz nimmer fort.

Er schläft lange, wacht ständig aus jagenden, fast bilderlosen Träumen auf, weiß dann nicht, wo er ist, muß es sich erklären, schläft wieder ein, hört wieder das Getuschel, auch noch als es dunkel ist, und manchmal tastende Schritte und Atmen vor der Tür.

Johanna will ihn nicht gleich wieder ziehen lassen, auch nach Stuttgart nicht.

Aber das sei mit Landauer schon besprochen.

Er müsse sich auskurieren. Auf ihre Bitte läßt er sich von Doktor Planck untersuchen, der eine generelle Schwächung feststellt.

Ob er die Nervenschmerzen dauernd habe oder ob sie in Perioden wiederkehrten?

Sie quälten ihn seit Wochen ohne Unterbrechung.

Ob nur der Kopf schmerze?

Das wechsle. Manchmal schmerzten auch die Arme und der Rücken.

Ob er Halluzinationen habe?

Oft, und manchmal scheine es ihm, er trete aus sich heraus.

Dies kennzeichne einen hohen Grad von Erschöpfung.

Johanna, Kraz und Köstlin haben ihn in Nürtingen berühmtgeredet. Jeder weiß, daß seine Gedichte in Schillers, Stäudlins, Neuffers Almanachen erschienen sind. Kaum einer hat sie gelesen.

Des isch au besser, sagt Kraz, die tätet staune und nix verstehe.

Vorsichtig erkundigt sich Köstlin nach seiner republikanischen Gesinnung. In Nürtingen gebe es allenfalls ein Dutzend Republikaner und die seien allesamt Spinner. Die Österreicher und die Franzosen, alle beide, hätten so auf die Leute eingehaust, daß man nur noch den Frieden und eine freundliche Herrschaft wünsche. Mehr nicht. Ruhe, sag ich dir. Und ihr Demokraten gebt ja keine.

Frieden schon, Verehrter, doch Ruhe nicht. Das ist zweierlei.

Zehn Tage später bricht er nach Stuttgart auf. Er hat den Vorsatz, dort, in der Obhut Landauers, »eine Zeit im Frieden zu leben und ungestörter als bisher mein Tagewerk tun zu können.«

Er kannte das Haus der Landauers aus seiner Zeit mit Stäudlin und Neuffer, es war eines der stattlichsten am Großen Graben (der heutigen Königsstraße), neben dem Gymnasium illustre und an der Hauptwache, mit drei Stockwerken, dem geräumigen Tuchladen im Parterre und an der Rückseite eines kleinen, aber üppigen, von den Mauern der umliegenden Häuser eingeschlossenen Garten. Und obwohl die Neuffers schon damals mit den Landauers verkehrten, war er nie in das Haus eingeladen worden.

Die große Familie nahm ihn selbstverständlich auf.

Christian Landauers Bruder Christoph war einige Tage zuvor gestorben, und der alte Vater lag krank. Die Trauer dämpfte aber nicht die Herzlichkeit. Er hatte mit Landauer abgesprochen, für sein Logis zu zahlen, und Landauer wiederum sollte ihm bescheinigen, daß er als Lehrer der vier Kinder angestellt sei, von denen das Jüngste freilich noch kein Jahr und das Älteste eben sechs war. So konnte ihm das Consistorium nichts anhaben.

Sein Zimmer im zweiten Stock ging zum Garten. Hier wollte er sich auf längere Zeit einnisten. Es kann sein, sagte er zu Neuffer, der ihn gleich besuchte und ihm mit seinem Überschwang lästig war, daß mir eine Rast gewährt ist. Er würde noch einmal schreiben können, ohne Irritationen, »wie daheim«. Er hatte, sagte er sich, die Hälfte des Lebens hinter sich, nur Fluchten, nur Niederlagen, ein Dasein als Gast und Domestik. Hier befand er sich unter Freunden. Er richtete sich mit der Hilfe von Christian und Luise Landauer in seiner »kleinen Wirtschaft« ein, war mit allem zufrieden, nur fehlte ihm ein Schreibtisch.

Zum Schreiben brauch ich Platz. Da bin ich eigen.

Landauer verstand es, schlug ihm vor, sich einen Tisch anzuschaffen, in dem er, da er keine weitere Schubladen habe, auch einen Teil seiner Kleider verwahren könne. Er dachte, als sie darüber sprachen, an alle die Tische, an denen er schon geschrieben hatte, an jenen, der ihm weggenommen worden war, oben im Gontardschen Haus.

Immer wieder verlangte es ihn, Susette zu schreiben. Er fing Briefe an, legte sie zur Seite. Welchem Boten sollte er sie anvertrauen?

Sie musizierten zusammen: Landauer, dessen Frau Luise, deren Schwester, die mit dem Bildhauer Scheffauer, dem großen Rivalen Danneckers, verheiratet war und die Schwägerin, die nach dem Tode Christophs den anderen Bruder Landauers, Ludwig, heiratete. Fast jeden Abend erschienen Gäste, auch tagsüber kam es mitunter zu turbulenten Familientreffen, in die Hölderlin sich hineinreißen ließ, wenn er nicht schreibend auf seiner Kammer bleib, was von jedermann respektiert wurde. Solche Heiterkeit war ansteckend. Er war Teil der großen, das Leben genießenden Familie. Als der alte Landauer starb, wurde er auch in die Trauer einbezogen. Zum Andenken an den Patriarchen und an dessen im selben Jahr gestorbenen Sohn schrieb er ein Epitaph, das Landauer auf den Grabstein gravieren ließ: »Einen vergänglichen Tag lebt ich und wuchs mit den Meinen, / Eins ums andre schon schläft mir und fliehet dahin. / Doch ihr Schlafenden wacht am Herzen mir, in verwandter / Seele ruhet von euch mir das entfliehende Bild.«

Was er in der Hast plante, kann er nun ruhig ausbreiten. Es entstehen viele Gedichte, die er, wie früher, den alten Freunden vorliest, Neuffer und Conz. Zwar sind beide, auch Landauer, über den Wechsel in Hölderlins Stimmungen, über seine anfällige Gesundheit besorgt, reden manchmal auf ihn ein, wollen ihn dazu bewegen, sich endgültig niederzulassen, was er ablehnt – er antwortet ihnen mit der großen Ruhe seiner Gedichte.

Seit Marengo herrscht Waffenstillstand. Er gibt sich, wie alle, dem trügerischen Gedanken des Friedens hin. Die Hoffnung auf Frieden zieht eine Spur durch viele seiner Gedichte und Briefe der nächsten zwei Jahre, bis zum Frieden von Lunéville. Er war ausgehungert nach Frieden.

Durch den geselligen Landauer fand er neue Bekannte, Freunde, von denen jeder mit Gestalten seiner Vergangenheit zu tun hatte. Professor Strohlin, der am Gymnasium klassische Sprachen und Französisch lehrte, und von Conz »schnaufende Ehrwürden« genannt, beherbergte in seinem Hause regelmäßig Gastschüler, und unter ihnen waren die zwei »Riedesels« gewesen, Schellings Zöglinge, die Hölderlin in Frankfurt besucht hatten. Zu Scheffauer, dem Schwager Luise Landauers, fühlte er sich besonders hingezogen. Stundenlang saß er in dessen Werkstatt, ihn bei der Arbeit beobachtend.

So wie Sie, auf der Kommode, hat auch Goethe gesessen, erzählte Scheffauer, und ich erinnere mich, daß ich damals an einer liegenden Venus arbeitete und Goethe sie lobte. Scheffauer merkte, in seiner Erinnerung an den Berühmten schwelgend, gar nicht, daß Hölderlin, als der Name Goethe genannt wurde, aufstand und die Werkstatt verließ.

Mit Ludwig Ferdinand Huber dagegen, der Cottas »Allgemeine Zeitung« redigierte, unterhielt er sich häufig über Schiller, denn Huber hatte vor fünfzehn Jahren in Leipzig, zusammen mit Körner, zu Schillers »Leibwache« gehört. Vor fünfzehn Jahren, sagte Hölderlin, war ich als Seminarist in Maulbronn und dachte an Schiller wie an einen Helden aus einem Freiheitslied. Und Haug schließlich, der sanfteste unter Landauers Freunden, war der Gefährte Schillers auf der Karlsschule gewesen. Ihn wagte Hölderlin zu fragen, warum Schiller sich so unerklärlich von ihm abgewendet und zu seiner Dichtung kein Zutrauen mehr habe.

Er übt sich halt mit Goethe jetzt im Schattenwerfen –
Haug wußte keine bessere Antwort.

Landauers Freunde verehrten Hölderlin; bei den vielen Festen, die die Familie plante und feierte, war Hölderlin Mittelpunkt. An den Sonntagen zog man vor die Stadt, kehrte in ländlichen Gasthöfen ein, trank Wein, sang, wanderte, redete sich über politische Dinge die Köpfe heiß, wobei es sich herausstellte, daß Landauer seine demokratischen Ansichten nicht nur hinter vorgehaltener Hand aussprach. Conz und Hölderlin unterstützten ihn, die anderen hielten sich mehr oder weniger zurück. Es sei, wetterte Conz, die schwäbische Art von Demokratie: Man tritt leise auf, um jedermann zu schonen, sich selbst am meisten. Es könnte ja einer wach werden, der anders denkt.

Am 11. Dezember 1800 feierte Landauer seinen einunddreißigsten Geburtstag. Soviel Lichter auf dem Kuchen, soviel Gäste! Nach diesem Gesichtspunkt lud Landauer ein. Wenn ich hundert werde, brauche ich eine Halle.

Der Geburtstag des Hausherrn wurde für Hölderlin zum Abschiedsfest. Mit der Ruhe hatte er sich betrogen, sie hatte ihm, für eine kurze Spanne, zur Arbeit genützt. Die Schmerzen ließen kaum mehr nach. Nachts wachte er an schrillen Stimmen auf – es waren seine, die sich spalteten, vermehrten. Das Wohlwollen und die Güte seiner Umgebung kamen ihm nun bieder und einengend vor.

Solche Feste wie bei Landauers hatte es auch bei den Gontards gegeben. Dort hatte er sich, Susette zuliebe, am Rand gehalten oder war ferngeblieben. Ob sie an ihn denkt? Sie weiß nicht, wo er lebt, mit wem er sich abgibt. Vielleicht hat ein Geschäftsfreund von Gontard ihn als Hausgast Landauers erwähnt. Wahrscheinlich nicht.

Hier, bei Landauer, wird ihm gehuldigt, und man erwartet, daß er dem Freund zum Geburtstag eine Rede halte. Conz, angetrunken, ein schwankender Koloß, bereitet mit Getöse Hölderlins Auftritt vor. Jetzt hört doch, jetzt seid doch still. Schick und Scheffauer, ihr könnt doch nachher singen. Herrgott, jetzt paßt doch auf, der Hölder will dem Christian ein Gedicht vortragen!

Es ist in Reimen. Er hat seit langem nicht mehr gereimt und tut es erst wieder in Tübingen, dann sind die Gedichte Hülsen, die, einander ähnelnd, aus seinem Gedächtnis fallen. Bei den Geburtstagsstrophen für Landauer hat ihn die gesellige, den Tübinger Jugendjahren gleichende Stimmung animiert. »Sei froh! Du hast das gute Los erkoren, / Denn tief und treu ward eine Seele dir; / Der Freunde Freund zu sein, bist du geboren, / Dies zeugen dir am Feste wir. // ... / Und sieh! aus Freude sagen wir von Sorgen; / Wie dunkler Wein, erfreut auch ernster Sang; / Das Fest verhallt, und jedes gehet morgen / Auf schmaler Erde seinen Gang.«

Er hat Abschied genommen. Droben, im tiefverschneiten Oberschwaben, holen ihn winterliche Bilder der Vergangenheit ein. Er denkt an alle seine Abschiede, Aufbrüche. Seltsam, immer ist er im Frost, zu Beginn eines neuen Jahres aufgebrochen, nach Waltershausen, nach Frankfurt und nun in die Schweiz, nach Hauptwil. Doch dieses Mal ist er zufrieden mit dem Herbst. Die entstandenen Gedichte reden ihm nach, wissen den Winter voraus: »Weh mir, wo nehm ich, wenn / Es Winter ist, die Blumen, und wo / Den Sonnenschein, / Und Schatten der Erde? / Die Mauern stehn / Sprachlos und kalt, im Winde / Klirren die Fahnen.«

In Stuttgart hatte er mit dem Sohn seines zukünftigen Patrons, Anton von Gonzenbach, verhandelt und, anders als bisher, rasch eine Zusage bekommen. Das Gehalt war mit 500 Gulden fürs Jahr höher als bei Gontards. Nach zehntägiger Wanderung erreichte er die Herrschaft Hauptwil in Thurgau. Er mußte sich nicht umständlich nach dem »Schlößli« und dem Kaufhaus der Gonzenbachs durchfragen. Die Gonzenbachs beherrschten den Ort. Das obere Schloß bewohnte die ältere Linie der Gonzenbachs, die Familie des Hans Jakob, der in der Eidgenossenschaft als Gerichtsherr, in der Republik als Statthalter der Regierung amtierte; im unteren Schloß lebte die Familie des Kaufherrn Anton Gonzenbach, des Dienstherrn Hölderlins. Von den neun Kindern waren die beiden Jüngsten, die fünfzehnjährige Barbara und die vierzehnjährige Augusta seine Schülerinnen.

Er wurde mit freundlicher Zurückhaltung aufgenommen. Sein Zimmer lag, wie in Homburg, Waltershausen und Jena zum Garten, »da wohne ich, . . ., wo unter meinem Fenster Weiden und Pappeln an einem klaren Wasser stehen, das mir gar wohlgefällt des Nachts mit seinem Rauschen, wenn alles still ist, und ich vor dem heiteren Sternenhimmel dichte und sinne.«

Gonzenbach, anders als Gontard, hatte Kunstverstand, spielte vorzüglich die Violine, musizierte manchmal gemeinsam mit seinem Hauslehrer, doch die Geschäfte bestimmten, anders als in Frankfurt, selbst den häuslichen Tag. Da wurde nicht listig und elegant bei Soupers ganz zufällig über Transaktionen philosophiert, sondern Gonzenbach und seine ihm auch im Geschäftlichen gewachsene Frau Ursula handelten handfest, stritten über die Qualität von Produkten, überboten sich gegenseitig im Hersagen von Preislisten. Der ganze Ort war für sie tätig, niemand konnte ohne die Gonzenbachs auskommen, »Hauptwil erhält sich aufrecht durch den Handel und die Tätigkeit dieser Familie«. Diese Geschäftigkeit, die auch die Unterhaltungen an der Mittagstafel bestimmte, an denen sich die Kinder durchaus wissend beteiligten, Lehrstunden für zukünftige Kaufherrn, gefiel ihm, weil eben alles offen ausgesprochen und nicht, als brächte der Handel Schmutz ins Haus, vertuscht wurde.

Seine Schülerinnen machten es im leicht. Sie fügten sich, lernten mühelos, duldeten eine Zeitlang seine Eigenheiten. Daß er nachts in seiner Kammer oft mit sich selber sprach, manchmal auch weinte, klagte, kam ihnen allerdings unheimlich vor. Das paßte nicht in ihre tüchtige Wirklichkeit.

Er ging viel weniger spazieren als früher, so daß er für einen Stubenhocker gehalten wurde; die Mädchen wollten ihm gar nicht glauben, daß er schon so weit unterwegs gewesen sei, die Natur als »Lebenselixier« brauche.

Er ließ die Mädchen Klopstocks »Ode auf den Zürichsee« abschreiben und auswendig lernen. Wenn es ganz still in seinem Zimmer war, er nur das Kratzen der Feder und den angestrengten Atem der Kinder hörte, fühlte er sich in den Weißen Hirsch versetzt und ertrug es kaum, so stillzuhalten. Dann begann er leise zu stöhnen, und die Mädchen schauten ihn erschrocken an. Fehlt ihnen etwas, Herr Magister?

Sind Sie krank?

Er schüttelte nur unwillig den Kopf. In einem Augenblick so gequälter Abwesenheit griff er nach Barbaras Hand und küßte sie. Das Mädchen sprang auf, die Schwester ebenso, sie rannten empört aus der Kammer. Von Gonzenbach zur Rede gestellt, wußte er sich nicht zu verteidigen, stammelte von einer törichten, ihm selbst unverständlichen Anwandlung, doch Gonzenbach drohte ihm, sollte es sich wiederholen, mit der Entlassung.

Am 9. Februar 1801 wurde zwischen der Französischen Republik und dem Deutschen Reich der Frieden von Lunéville geschlossen. Wieviele Frieden waren ihm vorangegangen und gebrochen worden. Dieses Mal schien er gefestigt. Das Reich trat seine linksrheinischen Gebiete an Frankreich ab. Die Nachricht versetzte Europa in einen Freudenrausch. Und Hölderlin, der den Frieden als individuelle Erlösung erhoffte, fühlte das Einverständnis zwischen sich und der Welt wiederhergestellt. »Ich glaube, es wird nun recht gut werden in der Welt«, schrieb er an Rike. »Ich mag die nahe oder die längstvergangene Zeit betrachten, alles dünkt mir seltne Tage, die Tage der schönen Menschlichkeit, die Tage sicherer, furchtloser Güte, und Gesinnungen herbeizuführen, die ebenso heiter als heilig, und ebenso erhaben als einfach sind.«

Einmal hatte er den Frieden gesehen, ist er nicht nur Einbildung gewesen, damals, in Frankfurt, als der Reitende Bote Buonapartes die Truppen vorm Tor aufgehalten hatte. Als man schrie: Es ist Frieden! Es ist Frieden! Und er hat dann doch nicht gehalten. An diesen Boten dachte er, den sichtbar gewordenen Frieden, an diesen in die verdorbene Wirklichkeit einbrechenden Abgesandten des Ideals, an Buonapartes Reiter. »Versöhnender, der du nimmer geglaubt / Nun da bist, Freundesgestalt mir / Annimmst...«

Es könnte dauern. Es dauert nicht. Aus der Hochstimmung fällt er in finstere Einbildungen. Die beiden Mädchen spürten ihm nach, lauerten ihm auf, wenn er sie fragte, weshalb sie ihn verfolgten, grinsten sie, dieses Grinsen vergrößerte sich zu drohenden Masken.

Geht fort, laßt mich in Ruhe! schrie er.

Es ist die Erschöpfung. Nichts als das. Gonzenbach ließ sich nicht mehr beschwichtigen. Es sei besser, wenn er die Stellung aufgebe, besser für ihn wie für die verschreckten Mädchen.

Gonzenbach schrieb ihm ein Zeugnis, in dem er erklärte, was Hölderlin Johanna erklären kann: »Sie werden sich erinnern, mein hochgeschätzter Herr und Freund, daß sowohl mein Sohn, als auch ich, Ihnen von zwey jungen Knaben meiner Familie gesprochen, welche zu mir kommen sollten und die eigentlich der Gegenstand meines Erziehungsplans waren«, diese Buben könnten nun nicht nach Hauptwil kommen und damit habe er, Hölderlin, keine Pflichten mehr. Diese wohltätige Lüge mußte ihm helfen.

Ich habe den Frieden nicht ausgehalten, sagte er zu Karl. Wenn man ihn so erwartet wie ich und vom Ganzen viele Male enttäuscht wurde, gerät man aus dem Gleichgewicht. So findet auch der Frieden seine Opfer.

VII *Die vierzehnte Geschichte*

Es war nicht mehr weit bis Nürtingen. Am Bodensee war der Frühling üppig gewesen, im Oberland und auf der Alb karger, doch wenn die Täler sich öffneten, rollte sich der Blütenteppich über Gärten, Baumwiesen und Weinbergen aus. Er hatte viel rasten müssen, manchmal war ihm jeder Schritt schwergefallen. Die vergangenen Wochen stauten sich zu einer Schicht von ungenauen Bildern. Er redete mit sich wie mit einem Kind: Du bist nicht brav gewesen. Du hast nicht auf dich aufgepaßt. Hättest du nur auf den Landauer gehört.

In Hülben, als es nicht mehr weit zur Neuffener Steig war, und er Nürtingen schon im Tal hätte liegen sehen können, stellte sich ihm ein Gendarm in den Weg. Der Mann war sichtlich übel gelaunt, brauchte jemanden, an dem er seine Wut auslassen konnte.

Zeigen Sie mir Ihre Papiere.

Das ist mir noch nie passiert.

Ihre Papiere.

Ich bin von hier.

Von Hülben?

Nein, von Nürtingen.

Die Papiere, aber geschwind.

Er stößt den Gendarmen vor die Brust, der greift zum Säbel. Stehen bleiben!

Endlich bricht, was er geschluckt, was ihn gewurmt hatte, aus ihm heraus. Er sieht und hört sich selber zu: Auf dich hab ich gewartet, du Hanswurst. Grad auf dich. Du mußt mir über den Weg laufen. Ja, die Welt ist voller Büttel. An jeder Ecke lauert einer. Im Auftrag seines Herrn, vor den Mächtigen zu dienern, die Schwachen zu treten. Wenn schon der Gott sich nicht zu erkennen gibt, dann soll's wenigstens der König der Herzog der Landgraf der Kurfürst sein. Oder der Bischof. Oder der Herr Professor. Oder der Hofrat. Oder der Herr Kammerrat. Und wenn der sich nicht zeigt, wenigstens der Schultheiß. Vor einem müßt ihr euch krumm machen. Trifft euch auch nur ein Hauch von Freiheit, bekommt ihr die Schwindsucht. Nicht die! Nein. Die nicht! Jede Kammer wird nach euerm Verstand zum Gefängnis, jeder, der euch nicht weicht, zum Gefangenen. Die Herren findet ihr leicht, die Knechte ebenso. Die Welt schüttelt euch nicht ab. Die Revolution hat es nicht geschafft. Überall habt ihr eure Pfründen. Und ich fürcht, selbst die Freiheit werdet ihr schützen mit eurer Enge, werdet sie kleindenken mit euerm Verstand und wohnlich machen mit Zellen und Kasematten – ja, ihr werdet es schaffen.

Der Gendarm dreht ihm den Arm so auf den Rücken, daß er dem Schmerz davonlaufen möchte.

Der feine Herr kann ja springen, wenn er will.

Es sagt nichts mehr.

Aber einer der Gendarmen auf der Wache kennt Hölderlin.

Ich bin der Steidle. Meine Mutter hat auch an der Neckarsteige gewohnt.

Es ist, erklärt er seinen Kameraden, der Magister Hölderlin, der Stiefsohn vom Bürgermeister Gok.

Ganget Se no, des war e Versehe.

Der Grobian entschuldigt sich nicht, geht vor ihm wortlos aus dem Wachraum. Die Wut ist weg. Langsam trottet er die Steige hinunter, das blühende Tal vor sich, Neuffen, Linsenhofen, Frickenhausen und, im Dunst aufgehend, die Nürtinger Stadtkirche.

I komm hoim, sagt er laut.

»Heimzugehen, wo bekannt blühende Wege mir sind, / Dort zu besuchen das Land und die schönen Tale des Neckars, / Und die Wälder, das Grün heiliger Bäume, wo gern / Sich die Eiche gesellt mit stillen Birken und Buchen, / Und in Bergen ein Ort freundlich gefangen dich nimmt.«

Zu seinem Erstaunen macht ihm Johanna keine Vorwürfe, fragt ihn nicht aus. Sie hat sich anscheinend daran gewöhnt, daß er so heimkommt.

VIII *Stimmen von gestern*

Johanna nimmt an, er habe keine Kraft mehr, von neuem aufzubrechen. Er solle sich erholen und dann dem Consistorium seinen guten Willen mitteilen. Es werde ihn auf Dauer nicht mehr freistellen. Dann müsse er eine Pfarrstelle annehmen. Liebevoll richtet sie ihm seine Kammer ein. Den neuen teuren Schreibtisch, der unbenutzt bei Landauer steht, will sie nach Nürtingen spedieren lassen, aber er untersagt es ihr. Köstlin weiß von einer freien Pfarrstelle in Neckartailfingen; Johanna drängt den Sohn, sich darum zu bemühen. Er lehnt ab. So weit bin i no net. Sie hätte merken können, daß er nur Station macht, nun auch noch vor der Schweizer Niederlage davonläuft, nicht daheim bleiben kann, sich, bei einem kurzen Besuch in Stuttgart, wieder nach einer Stelle im Ausland erkundigt. Das will sie nicht wissen.

Unterhaltungen mit den Nürtinger Freunden weicht er aus. Er wendet sich seiner »besseren« Vergangenheit zu. Charlotte von Kalb, unterwegs wie er, kaum mehr in Waltershausen, kränklich und von finanziellen Sorgen geplagt, schreibt ihm aus Mainz, nachdem sie den »Hyperion« gelesen hat. Die geschriebene Hast erinnert ihn an die Zeit bei Kalbs. Das möchte er nicht. »Es ist wohl wunderbar daß mit dem reinsten Egoismus sich endlich die Seele sagt – du kannst nichts mehr verlieren – aber leider wirst du noch leiden!« So hat Charlotte von Kalb geredet, diese huschenden, sich verhaspelnden Gedanken. Er antwortet ihr nicht. Mit Siegfried Schmid, dem Friedberger, um dessenwillen er sich mit Böhlendorff und Sinclair angelegt hatte, korrespondiert er dagegen fleißig. Schmids ungebrochener Enthusiasmus tut ihm gut, da kann er herzlich antworten.

Charlottes unvermuteter Brief hat ihm dennoch ein Stichwort gegeben: Jena. Könnte er dort nicht Vorlesungen halten? Könnten ihm Schiller und Niethammer nicht behilflich sein? Er bittet beide, schlägt sich als Dozent für griechische Literatur vor, »ich glaube, im Stande zu sein, Jüngeren, die sich dafür interessieren, besonders damit nützlich zu werden, daß ich sie vom Dienst des griechischen Buchstabens befreie und ihnen die große Bestimmtheit dieser Schriftsteller als eine Folge ihrer Geistesfülle zu verstehen gebe«. Es ist sein letzter Versuch, mit Schiller wieder Verbindung aufzunehmen. Schiller antwortet nicht. Die tatsächlichen oder eingebildeten Verankerungen beginnen eine nach der anderen zu reißen.

Eine andere Aussicht, neu zu beginnen, Bestätigung zu finden, zerschlägt sich ebenfalls: Huber, dem Redakteur der »Allgemeinen Zeitung«, den er von Landauer kannte, war es gelungen, Cotta für Hölderlins Gedichte zu interessieren. Cotta ist bereit, einen Band in tausend Exemplaren und zu einem Honorar von neun Gulden für den Bogen zu verlegen. Hölderlin macht sich Hoffnungen, sammelt die Gedichte.

Dann kommt es doch nicht dazu.

Er kann nicht bleiben, ihn hält nichts mehr.

Du bisch krank, Fritz, du kannsch net weg.

I woiß ja au net wohin.

Du darfst nicht weg.

Professor Ströhlin, den Landauer über Hölderlins Stellungssuche unterrichtet hat, bietet den Ausweg. Hölderlin könne bei dem Hamburger Konsul in Bordeaux, Daniel Christoph Meyer, eine Stelle antreten. Außer einem Jahresgehalt von fünfzig Louisd'ors biete Meyer noch fünfundzwanzig Louisd'ors Reisegeld.

Die letzte Wartezeit ist zu Ende. Hölderlin kann, ein triftiges Ziel vorweisend, aufbrechen. Am 10. Dezember 1801 beginnt er seine Wanderung. Wieder flieht er in den Winter hinein. Die drei Frauen begleiten ihn bis Neckarhausen, winken ihm, weinend und ohne Verständnis für diese Trennung, nach.

Bei Böhlendorff, der ihm seine dramatische Idylle »Fernando und die Kunstweihe« zur kritischen Lektüre geschickt hatte, verabschiedet er sich: »Dein Fernando hat mir die Brust um ein gutes erleichtert. Der Fortschritt meiner Freunde ist mir so ein gutes Zeichen. Wir haben Ein Schicksal.« Das ist wahr. Es wird ihnen beiden nicht gelingen, »vernünftig« mit dem Leben zurechtzukommen. »Und nun leb wohl, mein Teurer! bis auf weiteres. Ich bin jetzt voll Abschieds. Ich habe lange nicht geweint. Aber es hat mich bittre Tränen gekostet, da ich mich entschloß, mein Vaterland noch jetzt zu verlassen, vielleicht auf immer. Denn was habe ich Lieberes auf der Welt? Aber sie können mich nicht brauchen.«

Siebter Teil
Die letzte Geschichte
Bordeaux, Nürtingen, Homburg
(1802–1806)

I

In Straßburg halten ihn die Behörden lange auf. Sie müssen ihn, als Ausländer, überprüfen. Seine Papiere sind in Ordnung. Er wartet. Es ist kalt. Er muß sparen. Er hat sich in einer billigen Herberge ein Zimmer genommen. Die ganze Zeit friert er. Nach zehn Tagen wird ihm Bescheid gegeben. Er dürfe reisen, jedoch nicht über Paris. Bis Besançon nimmt er die Post, über Kolmar und Belfort. Auf diesen Strecken gibt es noch regelmäßigen Postverkehr. Im Landesinnern sei er weitgehend zusammengebrochen. Auf Anraten eines französischen Beamten, den er in seinem Gasthof kennengelernt hatte, und der sich auf dem Rückweg von Mainz in die Heimat befand, hatte Hölderlin sich eine Pistole gekauft. Im Gebirge trieben sich noch immer versprengte Royalisten und Banditen herum, die den Ärmsten die letzte Habe raubten. Hölderlin solle sich vorsehen. Nun befand er sich in der Republik. Aber darüber redete kaum einer. Es störte ihn, daß es fast jeder vermied, über Politik zu sprechen.

In Besançon fragte er vergebens nach einem Wagen. Die Landschaft drängte sich mit schroffen Bergen vor seinen Augen, wiederholte sich. Sah er von weitem Menschen, machte er einen Umweg. Es war feucht, kalt, mitunter schneite es, die schmutzig grauen Wolken zogen tief. Oft wußte er nicht, ob er den richtigen Weg eingeschlagen hatte. Die Kälte drang ihm bis in die Knochen; selbst wenn er in warmen Gasthöfen schlief, wachte er am Schüttelfrost auf. Er fürchtete, krank zu werden. Er war Johanna dankbar, daß sie ihm noch einen Mantel hatte nähen lassen, ein ungefüges Stück, das ihm, schwer von Nässe, um die Knie schlappte. Doch nachts, wenn er sich darin einrollte, trocknete der klamme Stoff an ihm.

Er hatte sich daran gewöhnt, Französisch zu sprechen und gleich als Allemand erkannt zu werden. In einem Fall hatte es ihm geholfen, Ausländer zu sein. Doubs und Saône waren weit über ihre Ufer getreten, schoben dünne Schollen über den Weg. So mußte der Neckar gewütet haben, als der zweite Vater sich den Tod holte. Unweit von Châlon wurde er von zwei Männern aufgehalten, die ihn mit ihren Gewehren bedrohten. Sie verlangten seine Reisetasche. Er überlegte, ob er die Pistole ziehen sollte, unterließ es, hielt die Reisetasche fest – sie fragten ihn, woher er komme. Aus Stuttgart. Er befinde sich auf dem Weg nach Bordeaux. Also ein Royalist, ein Königstreuer. Er antwortete nicht. Einer der Männer sagte, er habe in Rottenburg gedient, als Réfugié. Es sei schon eine Weile her. Haben Sie mit den Österreichern gekämpft? Hölderlin antwortete nicht, gab vor, schlecht zu verstehen. Sie ließen ihn ziehen, einem Kameraden wollten sie seine Habseligkeiten nicht abnehmen.

So also sah es auch in der Republik aus. Das hatte er nicht geahnt. Die Republik hatte ein räudiges Fell, voller Ungeziefer, und sie schien sich nur schwach wehren zu können, denn wo immer er sich in Gespräche einließ, vor allem mit Bauern, bekam er Widerwillen gegen die Revolution und die Demokratie zu hören. Buonaparte – vielleicht. Ihm erschien es, als wandere er durch eine von Krankheiten heimgesuchte Gegend und könnte sich anstekken. Wie oft hatte er behauptet, selbst der gute Krieg erzeuge Gemeinheit. Das waren eher phantasievolle Überlegungen gewesen. Jetzt erfuhr er es. Mit niemandem konnte er reden, sich von dem Alp erlösen. Er gewöhnte sich daran zu schweigen, oft, wenn er Gefahren vermutete, den Stummen zu spielen, den wandernden Blöden, und die Stimme, die in ihm fortwährend redete, wurde immer schriller.

Nach neun Tagen erreichte er, wie es ihm vorgeschrieben war, Lyon, meldete sich sogleich auf der Gendarmerie. Er atmete auf, nahm ein Zimmer im Hôtel du Commerce, das bei weitem wohnlicher war als alle Unterkünfte zuvor. Hier konnte er sich ruhiger unterhalten, die meisten setzten auf die Republik und auf den Ersten Konsul, Buonaparte. Er hörte lieber zu, gab seine Meinung nie zu erkennen. Er nahm sich vor, eine Woche auszuruhen. Von allen, denen er erzählte, daß er nach Bordeaux wollte, wurde er gewarnt. Die Berge der Auvergne lägen unter tiefem Schnee, dort seien selbst die Hirten zu Banditen geworden, weil sie keinen Unterhalt mehr hätten. Die Gendarmerie gestattete ihm einen Aufenthalt von nur vier Tagen, was ihn derart in Wut brachte, daß er bereits einen Tag später weiterzog. Er hatte sechshundert Kilometer vor sich.

Manchmal zählte er seine Schritte, stundenlang. Manchmal hatte er die Schmerzen gespürt, in den Beinen, im Rücken, im Kopf; manchmal nicht, da sein ganzer Körper allmählich schmerzte und er sich daran gewöhnte.

Er ist achtzehn Tage, achtzehn Nächte unterwegs.

Was er wahrnimmt, ist Schnee, sind Wälder, schmale rutschige Wege, Menschen, deren Armut er wittert, aber er gleicht sich ihnen immer mehr an, seine Empfindungen schwinden, er schläft, stets angespannt und lauernd, in Hirtenhütten, Scheunen, kleinen Dorfgasthöfen. Den Aufstieg zu den Monts Dômes, ins Bergland der Auvergne, merkt er kaum, doch auf den Höhen muß er sich durch einen Schneesturm kämpfen. Hier oben gibt es in Trümmer geschossene, von ihren Bewohnern verlassene Weiler, in denen Hunde hausen, die vor Hunger den Mut von Wölfen haben. Zweimal muß er Rudel mit Schüssen vertreiben.

In einem dieser Weiler sucht er Unterschlupf in einem leerstehenden Haus, dessen Dach zerschossen ist. Er ist nicht allein. In dem anderen Raum lagert ein Dutzend Männer, die Gesichter vom Schmutz unkenntlich, die Hände und Arme überzogen von Krätze – es schreckt ihn nicht mehr, alle sind dreckig und grindig, grau vom Winter, der nicht endet. Sie rufen ihn, bieten ihm Tee an, den sie auf einer Feuerstelle kochen. Er stellt sich taub, stumm, hat keine Angst mehr. Einer der Männer, der eine zerlumpte Uniform trägt und dem Anschein nach der Anführer ist, lädt ihn ein, zu übernachten, hier, in der Nähe des Feuers, das ihn warmhalte. Er nickt, spielt den Stumpfen, ist es im Grunde. Sie singen, murmeln miteinander, er versteht sie nicht. Vielleicht werden sie ihn ermorden. Den ganzen Weg schon hat er auf seinen Mörder gewartet. Vielleicht ist es besser, er übergibt ihnen seine Pistole, bietet ihnen sein Gepäck an – er tut es nicht. Er will wach bleiben, rückt näher ans Feuer, sie machen ihm sogar Platz. Er sieht, über die Männer hinweg, deren Schatten das Feuer verzerrt, eine Frau im Eingang, die ihm zuwinkt. Er steht nicht gleich auf, wartet, schlendert dann hinaus, als müsse er nur Wasser abschlagen. Die Frau zerrt ihn am Ärmel, nimmt ihn mit.

Das sind die schlimmsten Marodeure der Gegend, Monsieur, Sie würden die Nacht nicht überleben. Kommen Sie.

Sie führt ihn in eine Hütte, die sie nicht allein bewohnt. Auf den Bänken und auf dem Ofen schlafen Kinder. Eines wacht auf, ruft. Die Frau beruhigt es, gibt ihm Brot.

Haben Sie Hunger, Monsieur? Mögen Sie ein Glas Wein?

Er spricht zum ersten Mal seit Tagen, und seine Stimme kommt ihm häßlich, ungeübt vor. Wo ist Ihr Mann, Madame?

Er ist bei der Armee, wenn er noch bei der Armee ist. Sie sind nicht von hier? Sie sind ein Fremder.

Ich komme aus Deutschland.

Ein Allemand.

Ihr fällt keine Frage mehr ein, und er kann wieder schweigen.

Sie steht auf, zeigt ihm eine Kammer, in die eben ein Bett paßt. Schlaf, sagt sie. Er fragt nach Wasser. Sie nimmt einen Krug vom Ofen. Er wäscht sich, hat aber das Gefühl, daß der Schmutz haften bleibt. Er zieht Mantel, Jacke und Hose aus, legt sich, schläft sofort ein. Später liegt die Frau bei ihm, weckt ihn. Mach's, sagt sie. Er schüttelt den Kopf. Sie streichelt ihn, dann schlägt sie mit der Faust gegen seine Brust. Ich hab dich geholt, ich hab dich vor diesen Schweinen gerettet. Komm! Ich kann es nicht, sagt er. Ich kann dich nur in die Arme nehmen, nicht mehr.

Warum macht euch der Krieg alle zu Steinen?

Ja, wir sind Steine, sagt er.

Er legt den Arm um sie, schläft ein. In der Früh wacht er daran auf, daß sie sich vorsichtig aus seiner Umarmung löst. Steine, flüstert sie, verdammte Steine. Sie erklärt ihm einen abkürzenden Weg in das Tal der Isle.

Hier gibt es keinen langsamen Übergang vom Winter zum Frühjahr. Der warme Wind vom Meer bringt dem Tal eine jähe Blüte. Der Weg ist weniger beschwerlich. Er friert nicht mehr. Keine eisigen Winde stellen sich ihm entgegen, die entsetzliche Kruste von Schnee und Schmutz löst sich. Er kann wieder in Sätzen denken, nicht nur in hilflosem, zornigem Gestammel. Und die Sätze reden Landschaft und Menschen an, »in einem schönen Frühlinge«.

Vor Libourne wandert er am Ufer der Dordogne, erfährt von einem Fischer, daß er sich in der Stadt mit einer Fähre über den Fluß setzen lassen kann. Der Wind riecht salzig, nach Meer. Er ist noch nie am Meer gewesen, nur seine Phantasie kennt es, mit dem »Hyperion« hat er sich ihm anvertraut. Dies ist ein anderes Meer.

In einem Gasthaus an der Grand Place von Libourne übernachtet er, schläft schlecht, steht noch vor Tagesanbruch auf, läßt sich von der Fähre ans andere Ufer bringen. Die letzte Strecke rennt er beinahe. Er will endlich ankommen.

Bordeaux ist noch nicht ganz wach. Er fragt nach dem Haus des Konsuls, bekommt ungenaue Auskünfte, wird ruhiger, sieht plötzlich alles nicht mehr verzerrt, den dramatischen, vom Meer feuchten Himmel mit rasch treibenden Wolken, die Häuser, die ihm alle ein wenig zu hell erscheinen, vom Licht getüncht. Auf der Place de la Comédie steht er staunend vor dem Grand Théâtre, dessen Kolonnade seiner Vorstellung von einem griechischen Tempel entspricht, ein mit dem Raum spielender Säulengang, und ebensolche Säulen tragen auch den Balkon überm Portal des großen Hauses, das dem Konsul gehört. Er hatte ohne Mühe hingefunden, mußte nur die Allées des Tourny hinuntergehen.

Die Familie hat ihn so früh am Morgen nicht erwartet, aber der Konsul empfängt ihn sogleich in einem mit Seidentapeten ausgeschlagenen Zimmer, in dem er tagsüber offenbar arbeitet, läßt Hölderlin ein Frühstück auftragen, erkundigt sich nach den Beschwernissen seiner Reise, stellt ihn seiner Frau und den fünf Mädchen vor, die er zu unterrichten habe, freilich erst vom nächsten Tag an, er müsse sich von den Strapazen erholen.

Sein Zimmer ist groß, elegant eingerichtet, »fast wohn ich zu herrlich«. Er zieht sich nicht aus, legt sich nicht hin.

Die Erschöpfung hält ihn wach. Sie werden glücklich sein, hat der Konsul zu ihm gesagt. Glücklich? Wie glücklich? Er beginnt einen Brief an die Mutter, versucht zu berichten, doch nicht einer der Sätze faßt die vergangenen Ungeheuerlichkeiten, dieses Traumgeröll, so wiederholt er den Satz des Konsuls: »Sie werden glücklich sein.« Mit Meyer würde er, dessen war er sicher, nicht warm werden können, doch vielleicht könnte ein bewußter Abstand auch hilfreich sein. Von Ströhlin wußte er, daß Meyer in Hamburg sehr erfolgreich mit Wein gehandelt und sich vor siebenundzwanzig Jahren in Bordeaux niedergelassen und, wiederum vom Glück begünstigt, ein Weingut im Medoc erworben hatte. 1797 war er Konsul geworden. Meyers Frau war eine Französin. Die herrenhafte Zurückhaltung, mit der der Konsul ihn willkommen geheißen hatte, ließ die Eitelkeit des Mannes spüren. Meyer wußte, wie er wirkte; er war gut einen Kopf größer als Hölderlin, mit »einem nicht gut zu Beschreibenden Air«, einer, dessen Ansichten immer gleich zu Befehlen wurden. Madame Meyer beherrschte geschickt und leise den häuslichen Hintergrund. Sie half Hölderlin, sich einzuleben, lobte sein korrektes Französisch, erklärte ihm die Eigenarten der Mädchen, nannte ihm die wichtigsten Geschäfte in der Stadt und die Etablissements, wo er sich abends unterhalten könne.

Dazu werde es ihm an Zeit fehlen.

Oft aber spazierte er auf den Quais an der Garonne, und als die Kinder mit einem Wagen zum Meer fuhren, schloß er sich der Gesellschaft an. Zu Beginn des Ausflugs war der Himmel klar gewesen, dann trübte er sich ein, und als sie das Meer vor sich hatten, war es eine aufgewühlte, graue, sich in den Horizont verlierende Wüste: So antwortete die Natur, der er jede Herrlichkeit zutraute, seinem Befinden.

Es fiel ihm nicht schwer, die Kinder zu unterrichten. Madame Meyer, die ab und zu an den Schulstunden teilnahm, lobte, daß er so anschaulich erzählte und daß er aufpaßte, die ungeübten Mädchen nicht übermäßig anzustrengen.

Ihn bedrückte es, daß, trotz der komfortablen Umgebung, die Gleichgültigkeit in ihm wuchs, er immer häufiger Halluzinationen hatte. Er ging neben sich her, hörte seine Schritte als die eines anderen und sein ängstlicher Atem wurde zu einem Hecheln neben seinen Ohren. Er bemühte sich, seine Angst vor den Meyers zu verbergen. »Ich bin nun durch und durch gehärtet und geweiht, wie Ihr es wollt«, hatte er der Mutter am Tag der Ankunft geschrieben, nicht ohne leisen Vorwurf: Hatte sie von ihm nicht gefordert, er müsse zum Mann werden? »Ich denke, ich will so bleiben, in der Hauptsache. Nichts fürchten und sich viel gefallen lassen.« Diese Sicherheit war gespielt. Johanna antwortete ihm erleichtert, gab Ratschläge, doch in dem kurz darauf folgenden Brief wußte sie selbst nicht mehr ein und aus: Ihre Mutter, die Großmutter Heyn, war im Februar gestorben. Er hatte sie geliebt, sie war gütiger zu ihm gewesen als die meisten. Aber er konnte nicht trauern. Der Mutter wagte er nicht zu schreiben; er hätte sie nicht trösten können. Erst am Karfreitag schrieb er: »Verkennen Sie mich nicht, wenn ich über den Verlust unserer nun seligen Großmutter mehr die notwendige Fassung als das Leid ausdrücke, ... aber ich meines Orts muß mein so lange nun geprüftes Gemüt bewahren und halten ...« Er wagte es nicht mehr, aus der Tonlosigkeit, in der kein Ereignis, kein Wort einen Widerhall finden kann, auszubrechen. Seine Verschlossenheit fällt auch den Meyers auf. Sie versuchen ihn umzustimmen, nehmen ihn mit nach Blanquefort, auf ihr Weingut im Medoc. Man müsse für den Sommer Vorsorge treffen. Das Pathos der Landschaft, der hohe, in mittäglicher Glut gerinnende Himmel, sein

»Feuer«, die »Stille der Menschen« überwältigten ihn. Hier ist das Meer ein »gewaltiges Element«. Die Kinder finden, Hölderlin sei wie verwandelt. Er könne sogar wieder lachen.

Das hält nicht lange an. Auf der Rückfahrt sinkt er in sich zusammen, reagiert nicht auf Ansprache, nimmt die Umgebung nicht wahr. Einige Sätze reden in ihm weiter, schon Bilder des Abschieds; er hat sich vorgenommen, auszuhalten, sich nicht durch Geringfügigkeiten und flüchtige Stimmungen verstören zu lassen – aber er kann sich gegen nichts mehr wehren. »Geh aber nun und grüße / Die schöne Garonne, / Und die Gärten von Bordeaux / Dort, wo am scharfen Ufer / Hingehet der Steg und in den Strom / Tief fällt der Bach . . .«

Der Konsul bittet ihn zu einem der abendlichen Feste, er dürfe sich nicht so in seiner Einsamkeit vergraben, sein Trübsinn sei den Kindern schädlich. Die Älteste der Töchter bleibt wie zufällig neben ihm, macht ihn bekannt, ihre Ungezwungenheit schützt ihn. Aber sie kann ihn nicht bewahren vor seinem suchenden, mit Bildern der Vergangenheit vergleichenden Gedächtnis: Eine der jungen eleganten Frauen ähnelt Susette. Wie Susette hebt sie beim Lachen unwillkürlich den Arm. Wie sie beugt sie sich beim Zuhören ein wenig vor.

Mademoiselle Meyer, der seine Aufmerksamkeit für die Frau nicht entgeht, fragt ihn, ob er die Dame kennenzulernen wünsche. Sie sei die Frau des reichsten Tuchhändlers von Bordeaux.

Ich bitte – nicht.

Er stottert vor Erregung. Lassen Sie mich hinaufgehen, ja?

Fühlen Sie sich nicht wohl, Monsieur?

Ich bin nur sehr müde. Entschuldigen Sie mich.

Am anderen Tag beantragt er, schon auf der Flucht, bei der Gendarmerie einen Paß von Bordeaux nach Straßburg.

Direkt? fragt der Gendarm.

Vielleicht möchte ich noch nach Paris.

Also »librement circuler«?

Er kann sich – und schämt sich deswegen – nicht ruhig halten, Arme und Beine zucken.

Der Offizier bemerkt es, bietet ihm einen Stuhl an und stellt die üblichen Fragen:

Haarfarbe?

Braun.

Braun? Kastanienbraun.

Augenbrauen?

Wie?

Farbe der Augenbrauen.

Kastanienbraun. So wie das Haar. So wie Sie sagten.

So sagte ich. Form des Gesichts?

Hölderlin schweigt, und der Gendarm gibt sich selbst die Antwort: Also oval. Stirn?

Wieder schweigt Hölderlin, aber lächelnd.

Hoch. Ja, hoch. Augen?

Braun.

Nase?

Sehr lang.

Schreiben wir: Lang. Mund?

Hölderlin kneift den Mund ein wenig zusammen. Der Offizier sieht ihm prüfend auf die Lippen, scheint sich nicht schlüssig zu sein: Mittelgroß, meine ich.

Kinn? Hier gibt sich der Polizist ohne Zögern die Antwort: Rund – Sie können den Ausweis in zwei Tagen abholen, Monsieur.

Erst in zwei Tagen?

Vielleicht schon morgen.

Ist es sicher?

Wenn Sie in Eile sind?

Ich bin es.

Dann morgen.

Ich danke Ihnen.

Während des Abendessens bemerkt Hölderlin nebenbei, daß er bereits morgen aufbreche, aufbrechen müsse. Merkwürdiger-

459

weise erkundigt sich Meyer nicht nach dem Grund. Ich habe es erwartet, Monsieur. Ich wünsche Ihnen einen angenehmen Heimweg und fürs Weitere wenig Verdruß. Meyer bittet Hölderlin, am nächsten Morgen zu ihm ins Arbeitszimmer zu kommen, damit er ihm das Honorar, sowie ein Reisegeld überreichen kann.

Hölderlin packt, findet erst keinen Schlaf, dann, auf der Grenze zwischen Wachsein und Bewußtlosigkeit, träumt er, daß ihm an einem Strand, der dem in der Nähe des Meyerschen Weingutes gleicht, Susette und die Französin, die ihr ähnlich ist, Hand in Hand entgegenkommen. Beide tragen durchsichtige Gewänder, die der Wind an ihre Körper drückt. Sie schweben auf ihn zu. Das verdoppelte Gesicht ist seltsam entstellt. Er will fortlaufen. Es gelingt ihm nicht, denn er ist bis zum Knie in den Sand eingesunken. Sie haben ihn fast erreicht. Aber dann bewegen sie sich auf der Stelle. Der durchsichtige Stoff verschmilzt mit der Haut. Jetzt sind beide Gestalten nackt. In der Nähe werden ihre Gesichter undeutlich. Die Gedanken, die er nun groß und verzweifelt in seinem Kopfe *sieht*, geben ihm Bescheid, daß es die Leiber von Susette und der Französin sein müssen. Sobald er das weiß, werden auch die Gesichter wieder kenntlich, die Frauen können sich wieder bewegen. Sie ziehen ihn aus, wie ein Kind, das gebadet werden soll. Er weiß, daß sie keine Stimmen haben, nicht mit ihm sprechen können. Susette zwingt ihn, sich auf die Französin zu legen. Er versucht sich zu wehren. Warum sie zuerst? schreit er. Weil ich sie bin, hört er eine Stimme; aber die Lippen Susettes haben sich nicht bewegt. Er fühlt die andere Haut unter der seinen, die Frau räkelt sich, eine ungeheure, sprachlose Lust überkommt ihn. Er gibt ihr nach. Als er aufschaut, ist Susette verschwunden. Er schlägt die andere Frau ins Gesicht. Wo ist sie? Warum ist sie weg? Sie spürt offenbar seine Schläge nicht und gleicht jetzt wieder vollkommen Susette. Er sagt sich: Sie ist es, aber sie ist es nicht. Sie sagt, mit der Stimme einer Somnambulen,

460

jedes Wort betonend: Ich habe es für Sie getan, Monsieur, und geht in dem feuchten, kühlen Sand unter. Er wacht auf an dem Nachhall seines Schreis.

Ich will mit niemandem darüber sprechen, sagt er laut.

Er zieht sich an, rückt den Stuhl zum Fenster, legt die Hände auf die Knie, wartet bis es hell wird. Er hört Schritte, Türen schlagen. Nun kann er sein Geld holen. Der Konsul hält es schon bereit, ist überaus freundlich, wohl auch besorgt. Hölderlin könne sich, wenn er wolle, noch einige Tage im Hause aufhalten, ohne die Mädchen unterrichten zu müssen.

Es geht nicht, Euer Hochwohlgeboren. Der Konsul schaut ihn nachdenklich an: Sie scheinen mir nicht gesund zu sein.

O doch. Meyer ruft seine Frau, auch die zwei älteren Mädchen kommen. Sie verabschieden sich freundlich, beinahe mitleidig von ihm, verlassen aber das Zimmer gleich wieder.

Sie haben Ihre Weste nicht geknöpft, Herr Hölderlin. Hölderlin lächelt und antwortet: Da müßte ich mich entschuldigen, Eure Exzellenz.

Sie haben schlecht geschlafen, mein Freund.

Nein, allerbestens.

Gehen Sie. Der Herr sei mit Ihnen.

Ach, nun hab ich zu predigen vergessen.

Sie werden es zu Hause nachholen können.

Ich bin Ihnen zu Dank verpflichtet, Euer Hochwohlgeboren.

Auf der Gendarmerie hält man ihn nicht auf, der Paß ist bereits ausgestellt. Bis Angoulême geht er zu Fuß. Er hat sich die Namen der Städte eingeprägt, die an der großen Straße nach Paris liegen, sagt sie sich im Gehen vor. Stunden hat er nichts anderes im Kopf als diese Namen. Manchmal hält sein Blick Bilder fest. »Ist der einfältige Himmel / Denn reich? Wie Blüten sind ja / Die silbernen Wolken.« Oder er sagt Äther vor sich hin, Äther, oder Fürst. Die Wörter sind rund, bringen nichts mit, sie sind Wörter für sich, wie Steine, nichts sonst. Zwischen Poitiers und Orléans verkehrt wieder die Post. Manche Ortschaften sind von den

Kämpfen verwüstet. Einem Mitreisenden will er erzählen: Unweit von hier, in der Vendée ...

Ich weiß Monsieur, ich bin von dort.

... hat mein Freund, Baron Isaac von Sinclair, ein Stück geschrieben gegen die Aufständischen.

Der Angeredete, anscheinend kein Freund der Republik, lehnt sich zurück, achtet nicht mehr auf ihn.

Von Orléans nach Paris geht er wieder zu Fuß. Die Wagenreisen sind ihm zu teuer. In Paris kommt er am späten Abend an, wird, wegen seiner verschmutzten, vernachlässigten Kleidung aus einem Gasthof gewiesen. Er wehrt sich nicht, verneigt sich vielmehr übertrieben vor dem Wirt: Es könnte sein, mein Herr, es könnte sein, Sie sind im Recht, mein Herr, ich will Ihre Bildung ja nicht anzweifeln und Ihren Anstand auch nicht.

Er schläft in einem Hauseingang, wird am frühen Morgen auch von dort vertrieben.

Erst fragt er Passanten nach der Adresse eines gewissen Ebel, der inzwischen sicher berühmt ist, danach nach dem Haus des hochgeschätzten Deputierten Brissot. Die Angesprochenen lachen, klopfen sich mit dem Finger gegen die Stirn. Brissot? Den haben sie geköpft.

Geköpft?

Ein junger Deutscher, der seinem Treiben eine Weile zugesehen hat, redet ihn an, gibt ihm ein Stück Brot, das er, schon ohne Hunger, hinunterschlingt.

Leben Sie in Paris?

Ich befinde mich auf der Durchreise, mein Herr.

Die unerwartete Freundlichkeit beruhigt ihn, die Häuser rücken wieder an ihre Stelle, die Straßen erscheinen ihm nicht mehr eng und verfinstert, er hat seine Schritte nicht mehr neben sich. Er fragt den Jungen, ob er sich ihm anschließen dürfe, der aber, erschrocken über diesen Wunsch, schützt Pflichten vor.

Wissen Sie denn keine gescheite Galerie? Als er mit Susette die Statuen auf der Wilhelmshöhe betrachtet hatte, hatte Tischbein gesagt: Die schönsten Antiken haben die Franzosen gesammelt. Der junge Mann führt ihn zum Musée Napoléon und verabschiedet sich. Hölderlin geht durch die Säle. Es ist wohltuend kühl. Die Figuren, jede in ihrer Bewegung innehaltend, still, greifen sein Gedächtnis doch zu sehr an. Allein kann er ihre Größe nicht aushalten.

An den Rest des Weges erinnert er sich nicht mehr, nur daß ihn der Beamte in Straßburg, der ihm die Ausreisegenehmigung erteilte, in Wut versetzte; zwei Gendarmen schleppten ihn über die Grenze. Er möge bloß nicht wiederkommen. Von solchen Lumpen hätte man genug.

Es ist besser, ich geh zum Landauer, der kennt micht, sagte er sich. Wer kennt mich schon.

Um sich aus seiner Erregung zu lösen, geht er, an Landauers Haus vorüber, einige Male um die Hauptwache, versucht die Kleidung in Ordnung zu bringen, wäscht sich an einem Brunnen Hände und Gesicht. Dann tritt er in das Geschäft im Parterre, in dem Landauer sich zu dieser Zeit im allgemeinen aufhält. Landauer sieht ihn, erschrickt.

Hölder!

Ja, Christian. Hölderlin beobachtet seinen Freund, weiß, welchen Eindruck er macht.

Landauer will ihn in die Arme nehme, doch Hölderlin schiebt ihn von sich weg: Ich stink. Laß.

Landauer schwatzt, ohne Pause, über seinen Schrecken hinweg, erzählt von Conz, Neuffer, von den Kindern, was inzwischen vorgefallen ist, daß die Hauptwache abgerissen werden soll, denk! Daß Ströhlin Krach mit der Regierung hat und daß Sinclair zu Besuch gewesen ist, gemeinsam mit Baz, denk! Daß sein Zimmer für ihn bereitstehe, so wie er es verlassen habe, mit dem neuen schönen Schreibtisch, daß er ganz ungestört schreiben könne, sich mit den Kindern nicht mehr beschäftigen müsse, die seien gut versorgt, daß Huber Anstände mit der Zensur habe, denk! Und daß er den besten Rotwein seit Jahren im Keller habe, daß

sie ihm nun ein Bad bereiten müßten, daß Matthisson ein neues
Bändchen mit Gedichten veröffentlicht habe, denk!
Und daß . . .
Matthisson geh ich jetzt besuchen.
Warum das?
Ja, warum das?
Das kannst du nicht, Hölder, du mußt deinen Anzug wechseln,
dich erfrischen. Du bist sicher hundemüde.
Ich bin ganz wach, Christian, wach wie selten. Dem Matthisson
muß es doch eine Freude machen, mich so zu sehen.
Bitte, bleib bei uns.
Ich komm gleich wieder.
Wann?
Erst muß ich auch nach Nürtingen.
Du kannst dich doch kaum auf den Beinen halten.
Oh, meine Füße sind schon ärmer drangewesen.
Komm, bleib bei uns.
Grüß die Luise und die Mädchen.
Bei Matthisson muß er durch den Garten, ein geschniegelter
Herr fängt ihn ab. Zu wem er wolle?
Er möchte den Herrn Hofrat Matthisson besuchen.
Der Mann mustert ihn abfällig. Er könne nicht annehmen, daß
Herr Hofrat ihn empfangen wolle.
Nicht wahr, in diesem Aufzug? Die Situation beginnt ihn zu
vergnügen.
Wen kann ich denn melden?
Wenn Sie könnten, wie Sie wollten, würden Sie, mein Herr,
niemanden melden. Jetzt kann er auch wieder ohne Stockung
reden.
Ich bitte Sie, mein Herr.
Melden Sie Herrn Hölderlin aus Bordeaux.
Herrn Hölderlin? Friedrich Hölderlin?
Eben jenen. Ist der Herr Ihnen bekannt?
Einige seiner Gedichte. Ich bin der Sekretär des Herrn Hofrat.

Meinen Sie, der Herr Hofrat empfängt mich im Garten oder im Hause?

Es scheint mir...

Sie ziehen den Garten vor, wie ich merke.

Der Sekretär eilt aufgeregt ins Haus, kehrt in der Begleitung Matthissons gleich wieder. Der große Mann hat sich wenig verändert, der ihn in Tübingen in die Arme schloß und die Zukunft versprach, der ihn vergaß und nicht vorhanden war, als er Hilfe gebraucht hätte. Aber das Spiel, das Hölderlin hatte spielen wollen, gelingt ihm nicht. Die Sprache gehorcht ihm nicht mehr, er fühlt, wie sich sein Gesicht verzerrt, wie eine grundlose, doch übermächtige Wut seinen Leib beben läßt. Er bemüht sich, einen Bückling zu machen, schlenkert ausholend mit den Armen.

Matthisson bleibt in einem Abstand von ihm stehen.

Hölderlin, lieber Himmel! Matthisson ist sich nicht sicher, ob er den verwildert aussehenden, sichtlich kranken Mann ins Haus führen solle. »Er war leichenblaß, abgemagert, von hohlem wilden Auge, langem Haar und Bart, und gekleidet wie ein Bettler.«

Matthisson muß sich nicht weiter Gedanken machen, denn Hölderlin verläßt wortlos den Garten, macht auf der Straße eine Art von Bocksprung, rennt, die Arme in die Luft reißend, davon.

Bei Hardt übernachtet er in einer Scheune, kommt erst am andern Tag in Nürtingen an. Er nimmt die Abkürzung über den Galgenberg, ohne Vorsatz, so wie er es gewohnt war, die Leute in der Stadt weichen vor ihm zurück, die meisten erkennen ihn nicht, wieder hält er erst vorm Schweizerhof, bleibt eine Weile, mit sich murmelnd, stehen, wird von Kindern ausgelacht, geht weiter, in die Kirchgasse, schreit, als er ins Haus tritt: Naus, alle naus! schlägt, als Hände nach ihm fassen, um sich, glaubt die Stimme Johannas zu hören, es ist ihm gleichgültig, sie schleifen ihn eine Treppe hoch, werfen ihn aufs Bett, ziehen ihn aus, Johaanna und Heinrike, beide schluchzen, lassen aber nicht ab davon, ihm die Fetzen vom Leib zu reißen, ihn mit Tüchern abzureiben, zu waschen.

Wie mager er ist.

Er mußt seit Tagen nicht mehr gegessen haben.

Des isch's Gemüt.

Wer isch des g'wese?

Da hat niemand Schuld.

Wär er nur daheim geblieben. Ich hab ihn angefleht.

Er ist krank. Geh den Doktor Planck holen.

Sie sollten ihm Brühe einflößen, in Ruhe lassen, sagt der Arzt. Wenn er Anfälle bekomme, sollten sie nach ihm rufen.

Auf Zehenspitzen gehen die beiden Frauen hinaus, in die Küche, dort sitzen sie regungslos, warten, lauschen auf ein Geräusch aus seinem Zimmer, rühren sich aus Angst nicht fort.

Er schläft nicht lang, hat, sagt er, das ruhige Schlafen verlernt, bittet Heinrike, mit ihm spazierenzugehen, am liebsten zum Maulbeerbaumhain am Neckar.

Ist denn Maientag schon gewesen? fragt er.

Vor sechs Wochen.

Ich bin im Winter gegangen und im Sommer heimgekehrt. Heinrike versucht ihn vorsichtig auszufragen, weshalb er Bordeaux verlassen habe, doch er weicht aus, man habe seine Gründe, es seien allzu viele.

Er erholt sich rascher, als Doktor Planck vermutet hat. Der Arzt warnt freilich Johanna, er halte es für eine Scheinbesserung, rechne eher mit einem bösen Rückfall. Ich kann keine Briefe schreiben, klagt er. Wahrscheinlich ist es vernünftig, ich ziehe wieder zu Landauers, dort habe ich meinen schönen Schreibtisch und die nötige Ruhe.

Die hast du doch auch bei uns.

Er läßt sich von seinem Entschluß nicht abbringen. Landauer ist zwar über Hölderlins unangekündigtes Auftauchen überrascht, nimmt ihn aber mit aller Fürsorge auf.

Hölderlin spricht mit Scheffauer über Gedichte, die er zu schreiben vorhabe, die mit der üblichen Poesie nicht zu vergleichen seien.

So wie der Geist sich entwickelt und seine Erfahrung macht, werden meine Gedichte sein, werter Freund, sie sollen nicht mehr nach Vollendung streben, sondern den Lauf der Geschichte in sich aufnehmen und wiederholen, ihn sichtbar machen als einen herrlichen Entwurf, den keiner vollenden kann. Das Gedicht kann ein getreuer Begleiter der Zeit sein. So wie ich es nun schreibe: »Nämlich es reichen / Die Sterblichen eh an den Abgrund. Also wendet es sich, das Echo / Mit diesen. Lang ist / die Zeit, es ereignet sich aber das Wahre.«

Scheffauer will wissen, was er unter dem Wahren verstehe.

Darüber, mein Herr, möchte ich mich nicht weiter auslassen. Es steht ja geschrieben. Oder haben Sie denn nichts mit den besseren Menschen zu tun?

Anfang Juli bekommt Landauer von Sinclair einen Brief, den Landauer an Hölderlin weiterschicken solle, weil Sinclair dessen Adresse in Bordeaux nicht kenne. Landauer bringt ihn lachend Hölderlin: Siehst du, da kommst du schneller zu einer Nachricht von Sinclair, als der erhoffen kann. Hast du ihm nie aus Bordeaux geschrieben?

Dazu bin ich nicht gekommen.

Hölderlin legt das Kuvert mit einer Pedanterie, die Landauer ärgert, genau an eine Ecke des Schreibtischs.

Willst du ihn nicht lesen?

Ich habe jetzt keine Zeit.

Kaum ist Landauer aber aus dem Zimmer, reißt er den Brief auf. Er liest, was er nicht gewußt und was ihn krank gemacht hat. Seine Lippen bewegen sich mit den Wörtern: »Homburg vor der Höhe, den 30ten Jun. 1802. – Lieber Hölderlin! – So schrecklich mir die Nachricht ist, die ich Dir zu geben habe, so kann ich doch nicht das dem Zufall überlassen, wogegen die Hülfe der Freundschaft zu gering ist ... Der edle Gegenstand Deiner Liebe ist nicht mehr, aber er war doch Dein, und wenn es schrecklicher ist, ihn zu verlieren, so ist es kränkender, nicht der Liebe würdig geachtet zu werden... Trost weiß ich Dir keinen zu geben, besser, als Du selbst hast. Du glaubtest an Unsterblichkeit, da sie noch lebte, Du wirst gewiß itzt mehr denn vorher glauben, da das Leben Deiner Liebe sich vom Vergänglichen geschieden hat... Am 22ten dieses Monats ist die G. gestorben, an den Rötheln, am 10ten Tag ihrer Krankheit. Ihre Kinder hatten sie mit ihr und überstanden sie gücklich. Sie hatte den verflossenen Winter einen gefährlichen Husten gehabt, der ihre Lunge schwächte. Sie ist sich bis zuletzt gleich geblieben. Ihr Tod war wie ihr Leben...«

Ohne eine Nachricht zu hinterlassen, flieht Hölderlin aus dem Haus. Er muß nach Nürtingen! Alles, was ihn in den letzten Tagen belebt, seine Gedanken erfrischt hatte, ist geschwunden. Er ist leer, ein leerer Raum, in dem einige Sätze lauter und lauter werden und widerhallen. Die Trauer springt um in Wut. Nicht die Welt, nicht die mißgünstige Zeit ist es gewesen, die Gefälligkeiten, die Geselligkeiten haben sie umgebracht. Jene, die ihn zur Seite gedrückt, vertrieben hatten. Die Namenlosen, die Schrecklichen, die Mächtigen. Er läuft wortlos die Stiege zu seinem Zimmer hinauf, öffnet das Fenster, stößt einen Schrei aus, den Johanna ihr Leben lang nicht vergessen würde, trommelt sich mit den Fäusten gegen die Brust, reißt sich Haare aus, schreit, nimmt einen Stuhl, schlägt ihn gegen die Wand, wirft ihn aus dem Fenster, danach die Waschschüssel, den Krug, die kleine Stellage. Die Frauen trauen sich nicht, zu ihm in die Stube zu gehen. Planck kommt in Begleitung von drei Männern. Sie drehen ihm die Arme auf den Rücken. Wieder sind es seine Widersacher, selbst die hier, wieder wollen sie ihn wegdrängen, zum Schweigen bringen. Eine Hand legt sich auf seinen Mund, droht ihn zu ersticken. Allmählich gibt er nach. Sie legen ihn aufs Bett, binden ihn mit Stricken fest. Planck flößt ihm ein beruhigendes Mittel ein. Der Arzt hebt ein Buch auf, das zu Boden gefallen war und beginnt daraus vorzulesen. Es ist Homers Ilias. Er liest, die Wirkung stellt sich bei dem Kranken augenblicklich ein. Sein verkrampfter Körper entspannt sich, die geballten Hände öffnen sich, nach einer Weile spricht er die griechischen Sätze mit.

Dieses Mal schläft er die Nacht und den folgenden Tag durch, erwacht gegen Abend, sehr ruhig, bittet Heinrike, die sich auf eine lange Wache eingerichtet hatte, um etwas Wein und eine Suppe, fragt nach Tabak für seine Pfeife.

Die Wutausbrüche wiederholen sich in größer werdenden Abständen. Eine der beiden Frauen ist stets in seiner Nähe. Sie haben ihn dazu überredet, bei schönem Wetter im Garten hinterm Haus zu sitzen, ihm auch einen kleinen Tisch hinuntergetragen. Aber er schreibt nichts. Manchmal liest er. Und wenn er steif wird und nur noch das Weiße seiner Augen zu sehen ist, rennen Rike oder die Mutter quer über die Kirchgasse zu der Lateinschule und rufen nach dem Vorleser. So hat es Planck mit dem Nachfolger von Kraz besprochen. Einer der Schüler, die nichts zu fürchten hätten, müßte unverzüglich kommen und aus dem Homer vortragen. Die Buben wechseln einander ab; sie halten es für eine Auszeichnung, den Dichter, von dem der Dekan Klemm behauptet, daß er seinesgleichen nicht habe, zu beruhigen, zu heilen. Sie sind auch die einzigen, mit denen er sich in ein Gespräch einläßt. Er erzählt von seiner Zeit an der Lateinschule von Kraz und Köstlin, von einem gewissen Schelling, der besonders gescheit, aber auch besonders eitel gewesen sei.

Sein Befinden bessert sich. Aber er hat wenig Lust, mit Menschen zu verkehren. Kraz und Köstlin möchte er nicht sehen.

Sinclair, von Landauer unterrichtet, bittet Hölderlin dringlich, einen Aufenthalt in Homburg zu erwägen: »Du bist mir itzt näher und ich hoffe itzt mehr Dich zu sehen und zu besitzen. Wenn Du willst, so hole ich Dich ab.« Noch will er die gewohnte Umgebung nicht verlassen. Er weiß, sie schützt ihn. Seine Anfälligkeit ist noch groß, er ist noch immer nicht imstande zu arbeiten. Sinclair läßt nicht locker, es gelingt ihm auch, den verstörten Freund aus dem Unterschlupf zu locken: mit der Aussicht auf eine Reise und der Begegnung mit Freunden. Sinclair werde, zusammen mit dem Landgrafen, vor der Reichsdeputation in Regensburg um eine Vergrößerung der Landgrafschaft streiten. Karl wußte über die Regensburger Sitzungen Bescheid: Nach dem Frieden von Lunéville und der Abtretung der linksrheinischen Gebiete sei es die Aufgabe der Reichsdeputation, Benachteiligungen durch neue Grenzen auszugleichen.

Der Bruder hatte sich seit der Heimkehr Hölderlins im Hintergrund gehalten. Ihm flößten die Anfälle nicht nur Angst sein, er war auch, nachdem er nun einen Blöden in der Familie hatte, um seine Reputation in der Stadt besorgt. Inzwischen hatte er es vom Schreiber zum Substituten gebracht. Karl überredete Johanna, dem Drängen Hölderlins nachzugeben und ihn, da Sinclair ja auch für die Reisekosten aufkommen wolle, nach Regensburg fahren zu lassen.

Erst nahm er die Fahrt eher gleichgültig hin. Aber als der Wagen in Blaubeuren hielt, wo die Pferde gewechselt werden mußten und er sich erinnerte, wie er hier Schwager und Schwester besucht hatte, lebte er auf, schaute fast unentwegt aus dem Wagen, auf Landschaften, die er, sobald die Kutsche Ulm verlassen hatte, nicht mehr kannte, die »bairische Ebene« und die »fränkischen Hügel«. Er machte sich Notizen, schrieb über die Zeilen, die sich noch nicht zusammenfügten, »das nächste Beste«, womit er das meinte, was ihn umgab, umgeben hat, was die unverständige Zeit verdarb, was nun als reine Anschauung wiederkehrte, Europa, das Vaterland, das er durchwandert oder durchdacht hatte, vernünftiger und reiner denn je: Von den Orten in der Gascogne, »wo viel Gärten« und »das Herz der Erde tuet / Sich auf, wo um / Den Hügel von Eichen / Aus brennendem Lande / Die Ströme und wo / Des Sonntags unter Tänzen / Gastfreundlich die Schwellen sind« zu dem »Gebirg, wo auf hoher Wiese die Wälder sind wohl an / Der bairischen Ebene«. Er hat seine Stimme wieder.

Im Gasthof trifft er Sinclair nicht an. Er halte sich mit dem Fürsten noch bei den Verhandlungen im Rathaus auf. Es ist Hölderlin eher angenehm. So kann er sich von der Reise erholen, noch ein wenig weiterschreiben.

Auf dem Gang zu seinem Zimmer spricht ihn ein Herr an, der sich lebhaft freut, ihn wiederzusehen, Sinclair habe schon alle Freunde auf Hölderlins Ankunft vorbereitet – er kann sich an den Mann nicht erinnern, der sich jedoch aus Hölderlins Zurückhaltung nichts macht, sondern sich, die Beklemmung überspielend, vorstellt: Ich bin Fritz Horn, denk an Rastatt.

Ja, du bist der Horn, sagt Hölderlin, doch der Name bekommt in seinem Gedächtnis kein Echo. Horn, dem die Verwirrung Hölderlins nicht entgeht, erzählt, daß er nicht mehr in preußischen Diensten stehe, wie seinerzeit, sondern daß er in Regensburg für Bremen auftrete.

Wir müssen unser Wiedersehen feiern!

Hätte ihn sein Gewissen nicht gedrückt, wäre Hölderlin dieser Einladung nicht gefolgt. Aber Stück für Stück setzt sich die Gestalt wieder zusammen. Gesten werden bekannt, die Redeweise, das Gelächter. Es fällt Hölderlin schwer, der sprudelnden Erzählung Horns zu folgen. In der Gaststube setzen sie sich in einen Erker, sie sind die einzigen Gäste, nun fällt ihm ein, daß es so auch in Rastatt gewesen war, ihr Tisch, Sinclair, Muhrbeck und die andern. Offenbar hält sich seine Erinnerung nur noch an solche bewegungslosen Bilder, kann sie nicht mehr mit Zeit verbinden. Er trinkt hastig, ruft nach einem zweiten Glas, wedelt fahrig mit dem Arm, sieht sich selbst, drückt den Arm fest gegen den Leib. Horn achtet anscheinend nicht auf diese Unsicherheit, diesen Kampf mit sich selbst, und Hölderlin ist dem wiedergefundenen Freund dankbar für diese Diskretion. Betont, beinahe wie ein Schüler, rezitiert Horn Zeilen aus Gedichten Hölderlins, die er in den letzten Jahren in Almanachen und Zeitschriften gelesen und für seine Sammlung abgeschrieben habe.

So sind wir doch verbunden gewesen, sagt Hölderlin. Er stellt es nicht fest, der Satz wird zu einer Frage.

Er erhebt sich, trinkt das halbvolle Glas in einem Zug aus, wischt mit der Hand über den Tisch, verläßt Horn ohne ein Wort der Erklärung. Den Nachmittag wartet er auf seinem Zimmer. Die Notizen von der Reise, mit denen er sich hatte beschäftigen wollen, erscheinen ihm mißlungen, die Zeilen haben ihren Sinn verloren, er weiß nicht mehr, woher sie kommen, weshalb sie ihm wichtig gewesen waren.

Es hat an der Tür geklopft.

Er war im Sitzen eingeschlafen.

Es klopft noch einmal, ungeduldiger, aber er kann nicht reagieren. Sinclair reißt die Tür auf, stürzt auf ihn zu. Sie begrüßen sich nicht, halten sich nur fest. Er möchte sprechen, aber Sinclair schüttelt, um ihn in seinem Schweigen zu bestärken, den Kopf, streichelt ihn. Sie waren allzu lang getrennt gewesen.

Lieber! Sinclair sagt es ein um das andere Mal. Dann sieht Hölderlin, über die Schulter Sinclairs, einen Schatten im Gang, jemanden, der ihnen zuschaut. Er macht sich aus Sinclairs Umarmung frei, sagt, es ist der erste Satz, den Sinclair seit dem Abschied aus Homburg von ihm hört: Wir werden verfolgt! Beobachtet! Dort lauert einer! Er sagt es aus einer wütenden Angst, als peinigte ihn schon seit längerer Zeit der Argwohn.

Aber..., sagt der Mann, tritt in das Licht, das aus der offenen Tür in die Diele fällt, und Sinclair ergänzt, was der sagen will: Es ist mein Fürst, Hölder, der Landgraf.

Hölderlin ist verlegen, stammelt, sucht nach einer Entschuldigung, aber der Landgraf beschwichtigt, er könne jene, die sich im Halblicht herumdrückten, ebenso wenig ausstehen, also sollten sich alle besser im Hellen begrüßen, und er wäre erfreut, dürfte er Hölderlin zum Abendessen einladen.

Hölderlin redet zu Beginn kaum, gibt karge Antworten, weiß, daß er mit seiner Verstocktheit stört, daß Sinclair ihn ab und zu prüfend von der Seite ansieht, seinem Gesicht ablesen will, wie krank er ist.

Er sagt: Es ist mir besser. Ich habe mich erholen können.

Sinclair, der sich ertappt fühlt, versucht auszuweichen, klagt über die Hartnäckigkeit der Badener, Darmstädter und Württemberger, die den Kleinen bei der Umverteilung nichts ließen, sie womöglich noch betrügen wollten. Homburg habe so gut wie keine Aussichten. Der Graf läßt sich seltsamerweise auf dieses Thema nicht ein, sondern fragt Hölderlin, durchaus behutsam, nach »seinen Schicksalen«. Hölderlin hatte angenommen, daß ihn jede Erkundigung nach den letzten Jahren schmerzen werde, keiner hat es bisher gewagt, zu fragen, nicht einmal Johanna.

Er sagt auf, wo er gewesen ist, in Stuttgart, Hauptwil, Bordeaux und Nürtingen. Er habe freundliche, ausgezeichnete Menschen kennengelernt, die sich bemüht hätten, ihn zu unterstützen. Und Landschaften bereist von verwegener, tiefgründiger Schönheit, und, werte Freunde, ich habe die Grenze zwischen Kälte und Hitze durchschritten wie eine Wand.

Damit erklären Sie Religion, sagte der Landgraf.

Finden Sie? Mir schien es damals, die Götter hätten mich verlassen.

Sinclair lachte erleichtert auf, die Spannung ließ nach, der Landgraf erzählte, »um doch bei der Religion zu bleiben«, wie er den alten Klopstock angeregt habe, ein großes Gedicht zu schreiben, in dem Zeitgeist und Religion zueinander fänden, weltliche und geistliche Hoffnung. Doch Klopstock habe die Anregung nicht aufgenommen.

Das ist ein Stichwort. Vielleicht ist er deshalb nach Regensburg gereist, um einen Auftrag zu haben – wenn sie ihn schon fürsorglich aus allen politischen Debatten aussparen, wenn schon Sinclair darüber wacht, daß Horns derbe Wut über die Aristokraten ihn nur in witzigen Verkürzungen erreicht. Nein, er braucht das nicht mehr, er möchte nicht in undurchschaubare Geschichten verwickelt sein. Was der Landgraf andeutet, fesselt ihn. Zwar läßt er sich noch zu abendlichen Trinkrunden verführen, genießt Sinclairs brüderliche Zärtlichkeit, gibt dem mit seinen Einflüssen protzenden Horn seine Sophokles-Übersetzung zu lesen, aber alle seine Kräfte konzentriert er auf den Vorschlag des Landgrafen.

Nach seiner Heimkehr ist Johanna verblüfft über die Änderung zum Guten. Er besucht Kraz und Köstlin, spricht über seine Kindheit, als wäre es die eines andern. Er ist kalt, sagt Kraz. Wie haben sie ihm mitgespielt, jammert Köstlin. Karl ist der einzige, den er nicht abwesend freundlich behandelt. Ihn will er aus dem Haus treiben, von den Rockzipfeln der Weiber weg. Hier bringst du es zu nichts. Hier wirst du immer der kleine Gok sein, der Sohn vom großen Gok. Karl wiederum, mißtrauisch, vermutet, daß der Kranke Johanna für sich allein haben möchte.

Ich kann noch nicht gehen.

Ich bin immer gegangen.

Du kannst sehen, was aus dir geworden ist.

Keiner will ihm wohl, findet Hölderlin. Der Bruder nicht, aber auch nicht Johanna, die ihm in einer Litanei vorrechnet, was sie für ihn ausgegeben hat, ohne daß es ihm etwas eingebracht hätte.

I bin net verrückt, bin net blöd, murmelt er manchmal. Dann versichern gleich alle: Nein nein, du bist nur ein bißchen krank. Du wirst bald wieder gesund sein.

Er ahnt nicht, daß Johanna mittlerweile auch über seine Liebe zu Susette Bescheid weiß. Der Koffer, in dem er auch die Briefe Susettes in einer doppelt verschlossenen Schatulle aufbewahrt und den er absichtlich in Bordeaux zurückgelassen hatte, war ihm vom Konsul Meyer nach Nürtingen nachgesandt worden und traf ein, als er nach Regensburg unterwegs war. Johanna packte die schmutzige, modrig stinkende Wäsche aus und fand das Kästchen. Sie ließ es, mit schlechtem Gewissen, von einem Schlosser aufbrechen, las die Briefe, ohne erst zu verstehen, da sie vergeblich nach einem Namen der Absenderin suchte, doch aus den genannten Namen und Orten erklärte sie sich die Geschichte und beschloß, sie Heinrike und Karl zu verschweigen.

Sie stellen ihm nach, er weiß es.

Dauernd versuchen sie in ihn zu dringen, ihn auszufragen. Er läßt Johanna und Heinrike nur noch in seine Kammer, wenn sie putzen wollen, verläßt den Raum nicht, beobachtet sie mißtrauisch.

Alles, was er schreibt, schließt er, wenn er ausgeht, weg, und seine Briefe gibt er den Boten, ohne daß die anderen sie zu sehen bekommen.

Sie sind neugierig, sie wollen ihm übel.

Oft schließt er sich ein, lehnt es ab, zum Essen zu kommen.

Er hat in einem Schwung schreiben wollen, der Einfall, mit dem er dem Landgrafen hatte antworten wollen, erschien ihm reich, unerschöpflich. Auch der Apostel Johannes war von seiner Zeit ausgespien worden, ein Verbannter, auch ihm, dem die Tat mißlang, blieb als einzige Waffe das Wort, die furchtbare Einsicht auf Patmos, die Vision der Apokalypse. Aber die ersten Verse, die ihm noch in Regensburg gelangen, waren so übermächtig, daß er nur mit äußerster Anstrengung dagegen anschreiben konnte, so daß er sich wünschte, die Zeilen nicht nacheinander zu schreiben, sondern übereinander, wie Schichten, die sich miteinander verbinden oder gegenseitig zerstören. Er hatte dem Landgrafen das Gedicht versprochen. Er mußte es fertigstellen. Man hatte ihn herausgefordert, gegen Klopstock anzutreten. »Gütig sind sie, Ihr Verhaßtestes aber ist, / Solange sie herrschen, das Falsche, und es gilt / Dann Menschliches unter Menschen nicht mehr.«

Was sind die neuesten Nachrichten von der Republik? schreit er ins Haus.

Pst! ruft Heinrike, das könnten die Breunlins hören.

Und Karl antwortet: Die Republik steht im elften Jahr und wir rechnen das eintausendachthundertdritte.

Hölderlin schlägt die Tür zu, dreht den Schlüssel um.

Tagelang fällt ihm kein Wort ein.

Sinclair wünscht erneut, daß er nach Homburg komme.

Er ist nicht in der Lage, sich zu entscheiden. Johanna erwidert an seiner Stelle, bedankt sich für Sinclairs »mehr als brüderliche Gewogenheit«, läßt aber deutlich erkennen, daß sie den Sohn nicht aus ihrer Hut geben möchte, nicht mehr, er ist ihr zu oft davongelaufen, hat Schaden genommen. »Ich berge nicht, daß ich sehr viele sorge habe, wan die traurige umstände bey meinen l. Sohn sich nicht beserten, weil er so groses Verlangen bezeugt, auf das komende Frühjahr von der gnädigsten Erlaubniß, u. freundschaftlichste Einladung zu provitieren, u. einen Besuch bey Ihnen zu machen, welches doch unter solchen traurigen Umständen nicht möglich wäre ... solte es aber wieder beser werden, welches der l. GOtt geben wollte ..., so wolte ich mit Vergnügen beytragen, weil ich an seiner Rettung, u. Genesung gewis nichts ermangeln lasse, was in meinen Kräften steht. Der hiesige H. Doctor Planck u. seine übrigen Freunde sagen daß er bey uns benglichen Frauenzimer, so schonend wir ihn auch behandeln, sich nicht leicht besern werde, da wir nicht imstande sind ihn zu unterhalten, u. zu zerstreuen, so sey er zu viel sich selbst überlassen, auch nimt er weder von meiner l. Tochter die sonst sehr viel bey ihm sich weiß beliebt zu machen. noch von mir etwas an, das ihm dienlich wäre.«

Nur Heinrikes Kinder haben stets Zutritt zu seinem Zimmer. Vor ihnen muß er sich nicht verstecken.

Christoph, Rikele, Fritz! Wenn er nach ihnen ruft, kommen sie gleich, denn er denkt sich spannende Spiele aus, erzählt, aber nur wenn sie besonders lieb sind, Geschichten aus Frankreich, von flötenden Hirten, schwarzhäutigen Feen und gutmütigen Räubern. Mit ihnen traut er sich auch in die Stadt, zeigt ihnen die Verstecke, die er und Onkel Karl bevorzugt hätten, hüpft Figuren auf dem Pflaster vor der Stadtkirche.

Du hasch net recht, Mamma, d'r Onkel Fritz isch net verrückt.

Nein, für euch ist er das nicht.

Am liebsten haben sie es, wenn er ihnen auf der Flöte vorspielt, traurige und lustige Melodien, die ihm einfallen, wenn er, wie er geheimnisvoll andeutet, an seine besseren Tage denkt, an den gütigen Äther, den schönen Himmel über der Charente.

Jetzt hab ich genug. Jetzt müßt ihr gehen. Jetzt bin ich müd.

Er nimmt sich vor, jemandem zu schreiben, sich mit jemandem auszusprechen, doch nicht mit einem, der alles von ihm weiß, wie Sinclair oder Landauer, mit einem anderen, dessen Freundlichkeit ihm in Erinnerung geblieben ist, vielleicht Böhlendorff, dessen Unruhe auch die seine ist – ja, Böhlendorff! Und es gelingt ihm, ohne daß sich die Wörter widersprechen, in einem Brief von Frankreich zu erzählen, Vergleiche zu finden, die ihm gefallen, über zwei Seiten, in einem Schwung, bis die andere Stimme stärker wird und er ihr, gegen die Vernunft, nachgibt: »Die heimatliche Natur ergreift mich auch um so mächtiger, je mehr ich sie studiere. Das Gewitter, nicht bloß in seiner höchsten Erscheinung, sondern in eben dieser Ansicht, als Macht und als Gestalt, in den übrigen Formen des Himmels, das Licht in seinem Wirken, nationell und als Prinzip und als Schicksalsweise bildend, daß uns etwas heilig ist, sein Drang im Kommen und Gehen, das Charakteristische der Wälder und das Zusammentreffen in einer Gegend von verschiedenen Charakteren der Natur, daß alle heiligen Orte der Erde zusammen sind um einen Ort, und das philosophische Licht um mein Fenster ist jetzt meine Freude; daß ich behalten möge, wie ich gekommen bin, bis hieher!«

Muß er so schreiben, weil sie ihn aushorchen wollen? Kraz, der zufällig im Hause ist und ihm auf der Treppe begegnet, verwickelt er in ein schwindelndes philosophisches Gespräch.

Warum hören nur die Winter nicht mehr auf, Verehrtester?

Aber wir haben erst November, Fritz.

Es ist kein Ende abzusehen.

Bis zum März werden wir noch mit Frost rechnen müssen.

Mit Frost wohl, Herr Magister, und länger noch, doch nicht mit März.

Ist dir denn kalt, Fritz?

Der Mensch, die Bestie, hat den Sommer geplündert, Herr Diakon, und die Republik dem Winter überlassen.

Das wird mir zu schwierig, Fritz.

Zu schwierig? Haben alle vergessen, mit welchen Jahreszeiten wir zu rechnen haben und sich nun nicht darauf eingerichtet. Das ist arg.

Ja, das ist arg. Ade Fritz.

Ade Herr Diakon. Erlauben Sie mir, daß ich mich bei Gelegenheit wieder mit Ihnen unterhalte?

Soll ich dich besuchen kommen?

Lieber nicht.

Mit dem Gedicht für den Landgrafen kommt er jetzt besser voran. Zu Weihnachten schenkt er den Kindern bizarre Männchen, die er aus Kastanien und Holzstäben gebastelt hat, und für Sylvester bekommt er von der Schwester die Erlaubnis, mit den Kleinen durch die Stadt zu gehen, Lichter zu betrachten, um Mitternacht den Turmbläsern zuzuhören. Die Brunnen sind alle zugefroren.

Eis ist die Erinnerung an das Wasser, nicht das Wasser selbst, erklärt er den Kindern. Was dem Befinden des heutigen Menschen gleicht.

Sing lieber was, Onkel Fritz.

Am 13. Januar 1803 sendet er Sinclair die Hymne »Patmos« für den Landgrafen. Sinclair überreicht die Handschrift dem Fürsten zu dessen fünfundfünfzigstem Geburtstag. Der Landgraf habe sie mit Freude und Dank aufgenommen und freue sich, Hölderlin in Homburg zu sehen. »Sobald die rauhe Witterung vorüber ist, rechne ich mit dem Frühling auf Deine Ankunft.«

Die Freunde haben ihn nicht vergessen. Böhlendorff bemüht sich um einen Verlag für die Sophokles-Übersetzung, Charlotte von Kalb, die einige Wochen in Homburg wohnt, eine der zahllosen Stationen ihres Reisedaseins, läßt sich »bestens empfehlen«, und »um ihretwillen auch wird es mir sehr lieb sein, wenn Du kommst: ihr lebhafter Geist erfordert mehr als einen Gegner, und bei ihrer Bildung wird nichts verschwendet, wie in ihrem Umgang nichts versäumt wird.« Landauer, einer der Treuesten, ist bekümmert über sein Schweigen, wirbt um ihn: »Was machst du? Wahrscheinlich arbeitest Du den ganzen Tag und die halbe Nacht, daß Du gar keine Kunde von Dir giebst, mich so gar nicht mehr besuchst. Ich gestehe Dir, Freund, es thut mir offt schmerzlich wehe, wenn ich daran denke, daß Deine Freunde Dir nichts mehr zu seyn scheinen, weil Du es nicht für die Mühe werth hältst, Dich um sie zu erkundigen.«

Sobald der Winter vorbei sei, kündigt er den Kindern an, wolle er aufbrechen und nach seinen Freunden sehen. Augenblicklich, fügt er hinzu, macht es mir noch Mühe, auf andere zu hören.

Klopstock ist gestorben. Hölderlin liest es in der Zeitung, rennt so unglücklich in der Stube auf und ab, daß Johanna und Rike nach ihm sehen.

Ich habe ihn verehrt.

Wen, Fritz?

Klopstock. Klopstock ist tot. Wenn ich dem Karl nur wieder vorlesen könnte. Weshalb verreist er zu dieser ungünstigen Zeit.

Doktor Planck erwartet neue, schreckliche Anfälle.

Selbst die Kinder läßt er nicht mehr zu sich. Die Vorleser aus der Lateinschule haben nun Angst vor ihm.

Geht es ihm ein wenig besser, stellt er sich in die Küche zur Mutter, bettelt um Neuigkeiten. Sie sagt, was ihr eben einfällt. Der Köstlin hat ein Enkelchen gekriegt. Unsere Breunlins sorgen sich so um ihre Tochter. Die Kühe vom Kurz haben eine Seuche. Der Sohn vom Doktor Planck ist jetzt der Beste auf der Lateinschule. Die Mathilde, Schellings Tante, hat gesagt, daß dein Freund in Murrhardt seine Eltern besucht. Er will sich verheiraten, denk nur.

Ich geh.

Wohin?

Nach Murrhardt.

Bleib, Fritz.

Er läßt sich nicht aufhalten, sie rufen, laufen ihm nach. Was er sich denn denke. Schelling werde überhaupt keine Zeit für ihn haben. Laß es doch, Fritz. Wann kommst du zurück?

Er läuft, den Wegen nicht folgend, über Felder, an Köngen, Plochingen, Schorndorf vorüber, dann durch den Wald bis Ebni und Murrhardt. Wie ein Geist steht er plötzlich im Garten hinter Schellings Haus.

Hölder? Das kann nicht wahr sein.

Ich muß dich sprechen.

Gewiß, komm ins Haus.

Schelling stellt ihn seiner Mutter, seinem Vater und Caroline Schlegel vor.

Sie wird meine Frau. Du bist noch gar nicht verheiratet?

Nein. Wieso?

Ich hab's halt gehört.

Schelling gibt sich Mühe mit ihm, er könne bei ihm, auf seinem Zimmer, übernachten, sie hätten sich ja viel zu sagen – das letzte Mal sahen wir uns in Frankfurt. Hölderlin fürchtet, falsche Antworten zu geben, und schweigt. Er wird erst lebhafter, als sie auf seine Arbeit zu sprechen kommen, zieht aus einer Tasche die Sophokles-Übersetzung, den Ödipus und die Antigone, liest daraus vor, bringt die Blätter durcheinander, sucht, Schelling hilft ihm, die Seiten zu ordnen, er habe auch eine Erläuterung zu dieser Übersetzung verfaßt, und die sei besonders wichtig: »In der äußersten Grenze des Leidens bestehet nämlich nichts mehr, als die Bedingungen der Zeit oder des Raumes. In dieser vergißt sich der Mensch, weil er ganz im Moment ist; der Gott, weil er nichts als Zeit ist; und beides ist untreu, die Zeit, weil sie in solchem Momente sich kathegorisch wendet, und Anfang und Ende sich in ihr schlechterdings nicht reimen läßt; der Mensch, weil er in diesem Momente der kathegorischen Umkehr folgen muß, hiermit im Folgenden schlechterdings nicht dem Anfänglichen gleichen kann.« Hölderlin fügt in die Pause, die eintritt, hinzu: Es handelt sich, wie man sehen kann, um die doppeltgewirkte Wahrheit.

Was verstehst du darunter, fragt Schelling.

Ich hab's erlebt.

Danach ist er nicht mehr zu einem Gespräch zu bewegen.

Er nimmt freundlich schweigend an den Mahlzeiten teil, anderntags an einem Ausflug, den Schellings Familie unternimmt, wobei sie Hölderlin mehrfach drängen, heimzukehren, aber er tut nichts dergleichen, bleibt die zweite Nacht, verabschiedet sich am frühen Morgen darauf: die Begegnung sei ihm ein Gewinn gewesen.

Zu Hause schließt er sich wieder ein. Johanna, die wissen will, was Schelling gesagt habe, wie es ihm gehe und der jungen Frau, erfährt nichts. »Der traurigste Anblick, den ich während meines hiesigen Aufenthalts gehabt habe, war der von Hölderlin«, schreibt Schelling an Hegel. »Seit einer Reise nach Frankreich... ist er am Geist ganz zerrüttet, und obgleich noch einiger Arbeiten, z. B. des Übersetzens aus dem Griechischen bis zu einem gewissen Puncte fähig, doch übrigens in einer vollkommenen Geistesabwesenheit. Sein Anblick war für mich erschütternd: er vernachlässigt sein Äußeres bis zum Ekelhaften und hat, da seine Reden weniger auf Verrückung hindeuten, ganz die äußeren Manieren solcher, die in diesem Zustande sind, angenommen.« Hegel, der, wie Schelling, inzwischen Privatdozent in Jena war, solle doch erwägen, Hölderlin nach Jena zu holen, vielleicht fände sich eine Hofmeisterstelle. Man müßte Hölderlin jedoch »von Grund aus wieder aufbauen. Hätte man erst über sein Äußeres gesiegt, so wäre er nicht weiter zur Last, da er still und in sich gekehrt ist«. Hegel gibt vor, sich um die Angelegenheit zu kümmern, schreibt aber keine Zeile an Hölderlin.

Sie tuscheln hinter seinem Rücken, setzen sich, vorsichtig, von ihm ab. Er ist aus dem Kreis gefallen, nicht mehr fähig, voranzukommen, Gleicher unter Gleichen zu sein. Nur Sinclair meint es ernst. Er drängt weiter. Es ist Sommer geworden, Hölderlin könne in Homburg »bequem und wohlversorgt« wohnen und werde eine Besoldung von zweihundert Gulden erhalten. Johanna wehrt weiter ab. Hölderlin erfährt von diesem Briefwechsel nichts. Die Mutter will, kann ihn nicht fortgeben.

Ein Brief des Frankfurter Verlegers Friedrich Wilmans reißt Hölderlin aus der abweisenden Untätigkeit. Wilmans ist bereit, die Sophokles-Übersetzung in seinen Verlag zu nehmen und bittet ihn außerdem, Gedichte für ein von ihm herausgegebenes Taschenbuch zu senden.

Jetzt muß er arbeiten, zwingt sich dazu, fordert von den Frauen noch größere Ruhe als zuvor, läßt sich jedoch häufiger sehen, ist mitteilsamer. Köstlin legt er ab und zu Verse aus dem Ödipus zur Prüfung vor, er achtet auch mehr auf seine Kleidung.

Planck, der einen merklichen Fortschritt im Befinden seines unwilligen Patienten feststellt, täuscht sich. Der Rückfall tritt ohne die üblichen Wutausbrüche ein. Es ist ein sprachloser Krampf. Hölderlin wendet sich abrupt von seiner Umgebung ab. Was er in seiner Stube treibt, wissen die Frauen nicht. Nun dürfen sie auch nicht mehr aufräumen. In dem Zimmer stinkt es unerträglich. Auf dem Fensterbrett sammelt der Kranke in einer Schüssel Speisereste, die in der Sonne faulen und gären. Als im April 1804 die Belegstücke der beiden Sophoklesbändchen aus Frankfurt kommen, Johanna ihm das Paket geben will – Es sind deine Bücher, Fritz! – reagiert er überhaupt nicht. Sie pocht an die Tür, ruft noch einige Male, immer lauter: Deine Bücher! Deine Bücher!, legt dann das Paket auf die Schwelle. In der Nacht nimmt er es hinein, stapelt die Bände akkurat aufeinander, zählt sie mehrfach, beginnt, eine Liste derer aufzustellen, an die er Exemplare schicken will. Magenau, Neuffer, Conz, die Tübinger, kommen nicht vor. Aber Schelling und Hegel. Sie sind weiter mit ihm gegangen und in seinem Gedächtnis geblieben; Goethe, der Ungeliebte, wohl, aber nicht Schiller, der ihn fallengelassen hatte. Seckendorf, der inzwischen Regierungsrat in Stuttgart ist und den er vergeblich hatte aufsuchen wollen. Und am Ende: Sinclair, »der Einzige«.

Gegen Sinclairs Hartnäckigkeit ist Johanna schließlich machtlos. Hölderlin werde eine Position als Hofbibliothekar bekommen, müsse den damit verbundenen Pflichten aber nicht nachgehen.

Lieber nicht! Johanna ist in den Ausreden virtuos, ihr Sohn sei nicht in der Lage, »diese Stelle anzunehmen, nach meiner geringen Einsicht erfortert solche doch einen geortneten Verstand, u. laider ist mein 1. Sohn so unglücklich daß seines Verstandes Kräften sehr geschwächt sind«; sie habe die Sorge, daß ihr Sohn »sein Amt nicht mit gehöriger Aufmerksamkeit versehen könnte, u. eine baldige Entlassung zu befürchten wäre«, diese »würde seinem zu grosem Ehrgefühl, welches ich als seine Mutter gestehen muß seine Schwache Seite ist, auf neue wieder einen zu harten Stoß geben...« Sinclair läßt sich auf keine neuen Diskussionen ein; er überrumpelt sie.

Er reist nach Stuttgart. Die sich verschlechternde Lage der oppositionellen Abgeordneten zwingt ihn, selbst zu erscheinen, obwohl er gefährdet ist, Kurfürst Friedrich ihn möglicherweise festnehmen könnte. Er konspiriert mit Baz und Seckendorf. Sie suchen nach einer Möglichkeit, der Auflösung des Landtags und Entmachtung der Stände durch den Kurfürsten mit einem Staatsstreich gegen Friedrich und seinen Minister Graf Wintzingerode zuvorzukommen. Im Juni taucht Sinclair, ohne sich vorher angekündigt zu haben, in Nürtingen auf, überredet Johanna, den Kranken versuchsweise für einen Tag freizugeben. Johanna ist außer sich, holt Heinrike zur Hilfe, die sich jedoch zurückhält, da sie eher froh wäre, wenn sie den Bruder wenigstens für eine Zeit los hätte. Die Kutsche ist für den nächsten Morgen bestellt. Sinclair müsse einen Abstecher nach Tübingen machen, von da aus gehe es nach Stuttgart.

Was sollen wir packen? fragen die Frauen. Wie lange wird er sich in Homburg aufhalten? Es ist nicht alles gewaschen.

Sie können ihm, was er braucht, nachschicken, Frau Kammerrat.

Es ärgert Johanna, daß Hölderlin unbeteiligt herumsteht.

Tu doch was, Fritz!

Ja, gleich.

Sinclair ist entsetzt über den wüsten Zustand von Hölderlins
Kammer, sagt dem Freund rasch gute Nacht; Johanna hat Sinclair in Großmutter Heyns ehemaligem Zimmer untergebracht.

Hölderlin verschließt die Tür hinter sich, legt sich nicht schlafen.
Vor sich hinmurmelnd, räumt er das Zimmer auf. Sie sollen ihm
nichts nachsagen können. Er kniet sich hin, wischt mit einem
Lumpen den Boden. Danach sortiert er die Bücher und Manuskripte aus, die er mitnehmen will, bindet sie zusammen.

Wieder, wie so oft, setzt er sich ans Fenster, wartet, bis es hell
wird. Die Kinder klopfen als erste an. Sie sind traurig und aufgeregt.

Kommst du bald wieder?

Wer weiß es.

Du mußt aber!

Man sagt es.

Er umarmt eins nach dem andern, verspricht, bei der Heimkehr
die allerschönsten Geschenke mitzubringen.

Johanna freut sich, daß er den neuen Anzug trägt, den er die letzten Jahre nicht ein einziges Mal aus dem Schrank geholt hatte.

Sie weint, hat den Kampf um ihn aufgegeben. Sinclair versichert,
er werde ihr regelmäßig über das Ergehen Hölderlins schreiben.

Heinrike, Karl, die Kinder winken. Johanna läuft bis zur Neckarsteige neben dem Wagen her.

Ade.

Er wird Nürtingen nicht wiedersehen.

Ich hoffe, die Reise wird dir nicht zuviel. Sinclair legt den Arm
um Hölderlins Schulter, wartet eine Antwort nicht ab, erzählt von
den sich türmenden Schwierigkeiten, zwar hätte man in Baz,

Seckenkendorf, Gutscher und einigen anderen Männern aus dem Landschaftsausschuß entschlossene Verteidiger der Demokratie, doch die Angst mache eben aus manchen Zuträger und Spitzel.

In Tübingen übernachten sie im »Lamm«. Weißt du noch? Sinclair will Hölderlins Erinnerung wachrufen, doch der verneint: Ich weiß nichts mehr, und es ist auch nicht wichtig.

Sinclairs Berichte haben ihn erregt. Er fühlt sich in eine Verschwörung von Namenlosen gezogen, austauschbaren Schatten; vielleicht weiß Sinclair gar nicht, wie sehr seine Ideale besudelt und verhöhnt werden. Auf der Fahrt nach Stuttgart, wo der Anblick von Bebenhausen Hölderlin doch dazu bringt, von den guten alten Tagen zu schwärmen, dem Jugendrausch, und allen heiligen Hoffnungen, fängt er plötzlich an, über Politik zu sprechen, über die Zeit: Ich zweifle nicht, Isaac, ich nicht, und wenn du annimmst, ich hätte mich zurückgezogen, ich bemerkte die Zeit nicht mehr, so irrst du. Keiner von euch hat soviel mit den Unbelehrten, den Ängstlichen geredet wie ich, Männern in der Charente, die es nicht fassen konnten, daß man ihnen ihren König geraubt hat und die dennoch auf die Republik schwuren. Aus Furcht, Sinclair! Und niemand hat ihnen das Bessere erklärt, den wunderbaren Sinn der Verfassung, alle jene Aussichten, die uns aus der Trägheit befreien. Niemand! Sie sahen immer nur Soldaten, die im Namen der Republik zu Dieben wurden, folterten und mordeten. Der Widerspruch, Isaac... Ich...

Er bricht ab, horcht seiner Stimme nach. Seit langem hat er nicht mehr zusammenhängend geredet, nicht geglaubt, daß er es noch könne. Er kann es auch nicht mehr. Es war ein Rest.

Ich will's erleben, sagt er mehrmals nacheinander.

Was, Hölder?

Wart ab!

Solche Fahrten gehen jetzt über seine Kraft. Als der Wagen in Stuttgart vorm Gasthof, dem »Römischen Kaiser« anhält, zittert er, Schweiß steht ihm auf der Stirn. Er will Sinclair von seiner Schwäche ablenken und sagt: Da, um die Ecke, wohnt Landauer.

Er wird dich besuchen kommen.

In der Gaststube wird Sinclair von einem Herrn schon erwartet.

Ich will nicht mehr mit Leuten zusammenkommen, ich will niemanden mehr kennenlernen. Es ist mir zuviel.

Hölderlin sagt es so laut und heftig, daß ihn der Unbekannte hören muß. Sinclair nimmt ihn am Arm, zieht ihn mit sich. Wolltest du nicht aus deiner Einsiedelei heraus, Hölder? Sollte ich dir nicht helfen?

Der Mann stößt ihn ab. Blankenstein, Alexander Blankenstein, stellt Sinclair vor. Und das ist mein Freund Friedrich Hölderlin.

Im Gespräch gewinnt Blankenstein eigentümlich, er verhält sich, im Widerspruch zu seiner stutzerhaften Kleidung, bescheiden, aufmerksam, läßt die anderen reden, gibt knappe Auskünfte. Freilich begreift Hölderlin mehr und mehr, daß Blankensteins Lauschen ein Lauern ist, daß er alles festhält, was ihm zugetragen wird, um es irgendwann böse zu verwenden.

Blankensteins Geschichte muß Hölderlin sich selber zusammentragen. Sinclair hat wenig Neigung, ihm über diesen Mann Auskunft zu geben. So hört Hölderlin manches von Baz, in Homburg von Sinclairs Mutter, der Frau von Proeck, und seinem Zimmerwirt, dem Uhrmacher Calame. Die Geschichte Blankensteins verwirrt sich ihm, wird bedrohlich und rätselhaft. Er fürchtet, daß Blankenstein nicht nur Sinclair verfolge, sondern auch ihn, ein finstrer, sich tarnender Geist, einer jener Dunkelmänner, die ihn seit Frankfurt nicht in Ruhe lassen wollen. Dann berichtigt er sich wieder: Wie kann ein Mann von einundzwanzig Jahren, zwar eine abenteuerliche Natur, doch nicht mehr, ihm gefährlich werden? Durchtrieben ist er auf jeden Fall. Er hat Sinclair in dem knappen Jahr, seit sie sich kennen, in Machenschaften verwickelt, die Hölderlin unklar bleiben, Lotterien, Finanzprojekte, den Plan eines Komitees, das den verschuldeten Fürsten helfen soll, diese Fürstenlotterie, von der Blankenstein dauernd faselt. Woher dieser Mann kommt, daß er ein getaufter Jude ist und Sinclair sein Pate, läßt Hölderlin gleichgültig; nicht aber, daß er dominiert, daß er Sinclair leitet und beeinflußt. Um so erleichterter ist Hölderlin, als Sinclair ihm eingesteht, sich von Blankenstein trennen zu wollen. Das könne allerdings nicht gleich geschehen und werde Folgen haben.

Die politischen Gespräche, in die er einbezogen wird, erlebt Hölderlin als Rituale, sich beschleunigende Wiederholungen von Vorsätzen und Sätzen, von Hoffnungen und Niederlagen. Er lernt es, achtzugeben, wachsam zu sein, sich nach Spitzeln umzusehen, Türen zu öffnen, ob nicht Lauscher hinter ihnen stehen, fast jedem zu mißtrauen. Im Grunde braucht er es nicht mehr zu lernen, er bringt diese dumpfe, sich duckende Angst mit, sie hat ihn in den letzten Jahren begleitet. Nur die Bedrohung nimmt zu. Was er hört, lähmt ihn. Daß in Stuttgart Baz und Seckendorf ein Attentat auf den Kurfürsten vorschlagen, Sinclair darauf eingeht und alles in der Frage endet: Wer soll es tun? Daß Blankenstein lauernd anwesend ist, daß Landauer hinzugezogen wird, ein plötzlich ängstlicher Landauer, der den Plan für undurchführbar hält, die Freunde Tollköpfe nennt und Hasardeure, daß irgendeiner leise und nachdenklich »aber die Republik« sagt, daß sich in seinem Kopf dieser Satz festsetzt, ausweitet, zur Frage wird, die ihren Sinn verloren hat: Aber die Republik?, daß ein Unbekannter die Gespräche, die sich wiederholenden Sätze grob auseinanderreißt mit der Nachricht, der Kurfürst habe den Ständen die Auflösung des Landtags verkündet, daß nun alle durcheinanderschreien: Der Staatsstreich! Der Staatsstreich! Daß sie hastig, fahrig werden, den Zugriff des Fürsten erwarten, daß sie die Abreise, die Flucht planen, daß sie Stuttgart überstürzt verlassen und Blankenstein auf der Reise in finsteren Vermutungen schwelgt – wenn es nur nicht Landesverrat ist, Landesverrat –, daß Sinclair Hölderlin in Homburg keine Ruhe läßt, ihn anfleht, mit nach Mainz zu reisen, Sinclair müsse mit Jung die Lage besprechen, daß das Wiedersehen mit Jung, auf welches er sich freute, zur Enttäuschung wurde, denn wieder tritt ein Beengter, Gejagter, Zweifelnder auf, ein bucklicht Männlein, daß Jung, der Polizeikommissar der Republik, keinen Rat wußte, daß er vorhatte, seine Stelle aufzugeben, daß sie nur noch von Buonaparte sprachen, von Napoleon, der seine Krönung vorbereitete, daß sich Hölderlin, der die ganzen Tage geschwiegen und an dessen Schweigen sich Sinclair gewöhnt hatte, der Mund mit Galle und Wut füllt und er zu schreien anfängt, sich mit den Fäusten gegen die Brust schlägt: Ein König genügt der Republik nicht, nein, ein König nicht, die Republik braucht einen Kaiser.

Dann hört er nichts mehr. Er spürt, wie er angefaßt wird, behutsam, er macht Schritte, die ihm andere vormachen. Sinclair? Bist du bei mir?

Ja. Monsieur Calame wird dir Wein bringen, und bevor du schlafen gehst, sehe ich nach dir.

Er ist wieder in Homburg, in seinem Zimmer in der Neugasse.

Herr Calame, sein Wirt, ist Franzose; mit Franzosen hat er umzugehen gelernt, also wird er mit ihm auskommen.

Sie müssen mit mir nicht Französisch sprechen, Monsieur le docteur.

Sie können auch Deutsch – wie sonderbar.

Gleich in den ersten Tagen hat er wieder zu arbeiten begonnen. Er hat Sätze mitgebracht, Entwürfe, die er weitertreiben will. Er denkt schöne, sanftstimmende Bilder aus der Vergangenheit: »Und Thills Tal, das …« Oder es reden immerfort Bitten in ihm: »Laß in der Wahrheit immerdar mich bleiben …«

Es sei eine Besserung eingetreten. Sinclair beruhigt Seckendorf, Landauer und Johanna, die sich um das »lange Stillschweigen« des Sohnes »bange Besorgniss macht«, jedoch stolz ist über die Anstellung Hölderlins als Hofbibliothekar und das großzügige Salär von zweihundert Gulden, das allerdings von Sinclair stammt, der eine vom Landgrafen gewährte Besoldungszulage an den Freund auszahlen läßt.

Vieles ist eine Erfindung, sagt er zu Sinclair.

Und als Sinclair ihn erstaunt ansieht, fügt er erklärend hinzu: Daß ich, zum Beispiel, bei dir bin.

Aber es ist doch die Wirklichkeit, Hölder.

Die haben nicht wenige, wie mir bekannt ist, verlassen.

Sinclair hatte sich geirrt, als er einen Fortschritt in der Gesundung Hölderlins festzustellen glaubte. Hölderlin schloß sich wieder ein, wie in Nürtingen, und Calame mußte, wie Johanna, die Speisen auf die Türschwelle stellen. Nur mit einer List gelang es Sinclair, den Kranken herauszulocken: Er verspricht ihm, ihn mit einem Herrn bekanntzumachen, einem gewissen Gerning, der seit langem ein geradezu hitziger Verehrer von Hölderlins Dichtung sei.

Will er sich mit mir über Dichtkunst unterhalten?

Er hat dich und mich eingeladen.

Nur über die Dichtkunst?

Über nichts anderes.

Weil sich ihm schon Personen und Dinge verzerren, erscheint ihm der Gastgeber als ebenbürtig: Johann Gerning, ein reicher Frankfurter Kaufmann, der sich in Homburg ein Haus baute, das er als Kunsttempel bezeichnete, ein Pfau, ein Schönredner, gefühllos in seiner Eitelkeit und zu jeder Gelegenheit Reime schmiedend, denen er Unsterblichkeit beimaß.

Mit dem sitzt Hölderlin bei Tisch.

Läßt sich Gedichte vorlesen.

Läßt sich gönnerhaft behandeln.

Ich hoffe doch auf eine Widmung von Ihnen, Herr Hölderlin, wie freue ich mich, einen lyrischen Menschen bei mir zu haben.

Läßt sich auf das alberne Spiel ein, preist die Reimereien seines Gönners: Sie sollten unbedingt mit Ihrem Lehrgedicht beginnen, nur darf es nicht zu moralisch werden, Herr Gerning, Sie verstehen mich.

Wie sollte ich Sie nicht verstehen.

Nicht zu moralisch, wie ich schon sagte.

Aber nein. Ich werde mich bemühen, Ihrer Anregung zu folgen, Herr Hölderlin.

Es könnte Ihnen behilflich sein.

Ich bin sicher.

Denn die guten Gedanken kommen nicht von allein, und Moral schädigt im allgemeinen.

Ja, so könnte man es ausdrücken.

Nicht wahr, Sie haben mich verstanden, Herr Gerning?

Manchmal, wenn er in die Bibliothek geht, sich freut, als Herr Hofbibliothekar begrüßt zu werden, sich an den für ihn bestimmten Tisch setzt, die Hände flach auf die Platte legt, eine Weile still sitzen bleibt, kommt die Prinzessin Auguste vorüber, wagt es nicht, ihn anzusprechen, und er erzählt Sinclair danach von einer lieben Frauensperson, an die er sich von einst erinnere.

Du meinst die Prinzessin Auguste?

Sie hat mir geschrieben, Isaac.

Fortwährend behelligen sie ihn mit Neuigkeiten.

Warum willst du nach Paris, Isaac? Was willst du dort? Willst du dich dem Kaiser unterwerfen?

Er müsse den Landgrafen bei der Krönung vertreten.

Geh nicht!

Es ist meine Aufgabe, Hölder!

Ich bitte dich, geh nicht!

Mama wird sich um dich kümmern.

Von nun an sind es Stimmen, seine inneren Stimmen, die ihm folgen, die ihn verfolgen und die Stimmen anderer, die er nicht mehr auseinanderhält.

Ich handle, sagt er zu Calame, gewissermaßen im Auftrag, und meine Tätigkeiten dürfen Sie nicht betrüben, mein Herr.

Mit Frau von Proeck geht er höflich um, nennt sie einige Male die »zartfühlende Vertreterin meines Freundes«.

Ihm fällt ein, daß es für seine Reputation als Hofbibliothekar nützlich sei, der Prinzessin den Sophokles zu widmen. Es sei wichtig, schreibt er ihr, die antiken und die gegenwärtigen Zustände aufmerksam zu vergleichen.

Können Sie mir sagen, ob wir den Kaiser schon haben? fragt er in dem übertrieben höflichen Ton, den er jetzt anschlägt, Sinclairs Mutter.

Noch nicht, Herr Hölderlin. Napoleon soll am 2. Dezember gekrönt werden.

Ist das die bekannte Neuigkeit?

Ja, so hört man.

Und wie lauten die Nachrichten aus der Republik?

Ich kann es Ihnen nicht sagen.

Ich verstehe durchaus.

Über Frau von Proeck erfahren der Landgraf und Prinzessin Auguste, wie es Hölderlin geht, was er schätzt, wogegen er sich wehrt. Als Auguste hört, daß Musik für ihn das beste Heilmittel sei, stellt sie ihm ein Klavier zur Verfügung, und der Landgraf schenkt ihm eine Virgil-Ausgabe.

Hölderlin trägt Frau von Proeck auf, dem Landgrafen und der Prinzessin seine tiefste Verehrung auszurichten. Er wolle, zum Dank, über Fürsten im besonderen schreiben. Ich habe mir die schönsten Verse ausgedacht. »Vatersegen aber bauet / Den Kindern Häuser, aber zu singen...«

Johanna drängt ihn, öfter zu schreiben, ihr genüge dieser eine Brief nicht, der ihre »Schnsucht zu wenig befriedigt«.

Endlich, im Januar, kehrt Sinclair heim. Er bringt nichts mit als Stimmen, furchtbares Gewisper und Angst.

Komm, laß uns spazierengehen, Hölder, wie früher.

Aber nicht nach Frankfurt, dort, wo ich die Pappeln sehen könnte.

Auf einem der Taunushügel fängt Hölderlin an, von der Teck,

vom Neuffen, von der Achalm zu schwärmen, die ihm unersetzlich geworden seien, da er eine Ansicht von Landschaft gewonnen habe, die nicht mehr nach Vergleichen suche.

Die Gerüchte über Sinclairs Schwierigkeiten erreichen ihn bruchstückhaft, denn Sinclair verschweigt ihm, um ihn zu schonen, vorerst die Affäre.

Man sagt, Sinclair habe mit Blankenstein gebrochen.

Es heißt, Blankenstein habe Sinclair bei dem Kurfürsten von Württemberg wegen Verschwörung angezeigt. Man sagt, Sinclair habe Unterschlagungen begangen.

Sagt man? Sagt man?

Woher soll man denn so viele Republikaner nehmen bei so vielen Fürsten? Er schreit, schlägt auf das Klavier, weigert sich, Sinclair, den Calame in höchster Aufregung gerufen hat, zu sehen.

Er wird still. Er lauscht. Sinclair bittet ihn, zu öffnen, es rührt sich nichts.

Frau von Proeck wird sich Ihrer annehmen, sagt Calame vor der Tür.

Vielleicht meinen die Verfolger ihn und gar nicht Sinclair. Nein, es gibt keine Jakobiner mehr, seitdem die Republik ihren Kaiser hat, Württemberg seinen Kurfürsten, Homburg seinen Landgrafen, viele haben von einer Republik geträumt, es ist wahr, er könnte es bezeugen, doch er wird es nicht tun, nein, denn mit den Jakobinern hat er nichts gemein, man muß es verschweigen; er reißt die Tür auf, stößt den verstört wachenden Calame zur Seite, rennt auf die Gasse, brüllt: Ich will kein Jakobiner sein! Ich will kein Jakobiner sein! Vive le roi.

Passanten helfen Calame, Hölderlin ins Haus zu zerren. Er wehrt sich, schreit weiter. Was ist aus ihm geworden, sagt Frau von Proeck, die gemeinsam mit Madame Calame dem Erschöpften Tücher auf Brust und Stirn legt. Was haben sie aus ihm gemacht.

Was mit Sinclair geschieht, wird er nie genau erfahren, für ihn verkürzt es sich zu einer undeutlichen Drohung.

Überall werden sie ihm auflauern, er ist sich dessen sicher.

Blankenstein, voller Zorn, daß ihm Sinclair die Geschäfte zu verderben trachtete, hatte seinen Förderer tatsächlich beim Kurfürsten Friedrich angezeigt. Er habe keinen Zweifel, so hatte er seine Denunziation begründet, »daß Sinclair und Baz durch eine Verwirrung in Schwaben ein allgemeines Feuer anzufachen glauben und daß man bey einer Staatsumwälzung daselbst nicht stehengeblieben wäre ...«

Der Kurfürst schickt seinen Minister Wintzingerode nach Frankfurt, um mit dem Landgrafen über die Auslieferung zu verhandeln. Sicher ist es dem Landgrafen schwergefallen nachzugeben, doch Wintzingerode argumentierte geschickt, setzte den Fürsten unter Druck, holte sich die Genehmigung ein, Sinclair sofort verhaften zu lassen und nach Württemberg auszuliefern. Das geschah. In der Nacht vom 25. auf den 26. Februar 1805 holte man Sinclair aus dem Haus, versiegelte seine Privatpapiere und nahm sie mit. Seiner Mutter soll Sinclair beim Abschied beteuert haben: Unschuldig bin ich zwar, aber ich war doch sehr leichtsinnig. Hölderlins Name wurde schon von Blankenstein genannt: »Sein Cammerad, Friderich Hölderlin von Nürtingen, der von der ganzen Sache ebenfalls unterrichtet war, ist in eine Art Wahnsinn verfallen ...«, und deshalb handeln sie über Hölderlins Kopf hinweg, sparen ihn aus, ziehen jedoch, mißtrauisch, Erkundigungen über den verrückten Mitverschworenen ein. Die unter dem Vorsitz des Staatsministers Wintzingerode nachforschende Untersuchungskommission erhält vom Consistorium wie vom Nürtinger Bürgermeister Volz Auskünfte, die eine Verschonung Hölderlins nahelegen. Nach der Beurteilung des Consistoriums habe Hölderlin »während seines Laufs durch die Clöster immer eine untadelhafte Aufführung gehabt. Bei seinen guten Gaben und Fleiß seyen seine Studien vorzüglich beschaffen; nur sey zu bedauern, daß die sehr kranke Thätigkeit seiner Phantasie bald seine Haupt Bestimmung entrückt habe, so daß er bei Kirchen Geschäften, und auf Vikariaten nicht habe gebraucht werden können«. Volz schreibt von einer traurigen »Gemüthskranken Lage« und dem großmütigen Handeln des Justizrats Sinclair, der sich die Mühe gegeben habe, »ihn durch Anstellung als Bibliothekar in Homburg in eine glücklichere Lage zu versezen und deßen Geist wieder in die vorige gute Richtung zu bringen...« Wintzingerode gibt sich mit diesen Auskünften nicht zufrieden. Die rächende Gründlichkeit will ihren Tribut. Der Ausschuß fordert Homburg auf, ein ärztliches Attest über den Zustand Hölderlins beizubringen. So bedrängt, gibt der Landgraf nach. Doktor Müller, der Hölderlin bereits beim ersten Homburger Aufenthalt untersucht hatte, diagnostiziert derart anschaulich, daß es die Stuttgarter aufgeben, dem Verdacht weiter zu folgen. »Wie erschrake ich... als ich den armen Menschen so sehr zerrüttet fande, kein vernünftiges Wort war mit ihm zu sprechen, und er ohnausgesetzt in der heftigsten Bewegung. Meine Besuche wiederholte ich einigemal fande den Kranken aber jedesmal schlimmer, und seine Reden unverständlicher, Und nun ist er, so weit daß sein Wahnsinn in Raserey übergegangen ist, und daß man sein Reden, daß halb deutsch, halb griechisch und halb Lateinisch zu lauten scheinet, schlechterdings nicht mehr versteht.«

Angeklagt bleiben Sinclair, Baz, Seckendorf und der Jurist Jakob Friedrich Weishaar, den Sinclair vom Studium her kannte. Die Verhandlungen finden erst in Ludwigsburg statt, danach auf dem Schloß Solitude, wo die Verschwörer in »strengerer Haft« festgehalten wurden. Nach zwei Monaten beendete die Kommission ihre Untersuchung. Blankenstein hat alles, wenn nicht mehr als alles, zum besten gegeben. Der Kurfürst weiß nun, daß Sinclair und die anderen »revolutionäre Gesinnungen verbreitet haben, erklärte Demokraten« sind und Sinclair im besonderen als »Republikaner« weithin bekannt ist. Seckendorf, als Württembergischer Regierungsrat, wurde am härtesten bestraft. Er wurde »neben dem Verlust der von ihm bekleideten Hof- und Zivilstellen zu einem zweijährigen Festungsarrest und anschließender Landesverweisung« verurteilt, allerdings schon im Oktober 1805 begnadigt. Sinclair entließ man auf Drängen des Landgrafen Anfang Juli. Die Affäre hatte ein Ende. Die Träume der Männer verrotteten in den Akten.

Zu Hause trifft Sinclair den Freund nicht mehr in der Obhut Calames. Der Uhrmacher hatte sich geweigert, den Tobsüchtigen, der ihm noch die ganze Einrichtung zerschlagen werde, weiter zu beherbergen. Mit Hilfe der Prinzessin Auguste war es Frau von Proeck gelungen, bei dem aus Württemberg stammenden Sattlermeister Lattner eine Wohnung zu finden.

Das Zimmer liegt im ersten Stock. Dort findet ihn Sinclair. Er hat sich, um den Freund nicht zu erschrecken, durch seine Mutter ansagen lassen. Hölderlin ist magerer geworden, steht gebeugt am Tisch, sieht Sinclair erwartungsvoll entgegen.

Du Lieber, sagt er. Wo bist du nur gewesen? Und wie lange.

Der Fürst hatte mich auf Reisen geschickt.

Er ist ein weitblickender Herr. Willst du, daß ich dir vorspiele?

Er setzt sich an das Klavier, an dem kaum eine Taste mehr heil ist.

Ich will nicht, Isaac, sagt er ruhig und bestimmt, daß du öfter kommst. Ich will lieber allein sein, ich habe auch zu tun.

Anderntags tobt er, schreit Unverständliches aus dem Fenster, und Doktor Müller muß ihm beruhigende Mittel geben.

Als Sinclair wenig später nach ihm sehen will, rührt sich nichts hinter der Tür. Er ruft leise: Hölder!, hört Schritte, es wird ein Papier unter der Tür hindurchgeschoben, das er aufhebt und auf dem Heimweg zu lesen versucht, denn es stehen Sätze scheinbar ohne Sinn unter- und übereinander geschrieben, ein Muster, dessen Regel sich ihm nicht erschließt, aber manche Zeilen treten hervor, und die Reinheit dieser Stimme ergreift ihn: »Denn furchtbar gehet es ungestalt«, »Und Schnee, wie Majenblumen«, »Am Feigenbaum ist mein / Achilles mir gestorben«.

Johanna, die den Beteuerungen Sinclairs und seiner Mutter nicht mehr traut, schreibt nun an den Sohn selbst, obwohl sie nicht weiß, ob er noch lesen kann und will: »Allerliebster Sohn! ob ich schon nicht so glücklich Bin auf mein wiederholtes Bitten auch einige Linien von Dir mein Lieber zu erhalten, so kan ich es doch nicht unterlaßen, Dich manchmahl von unserer vordauernden Liebe, u. Andencken zu versichern. wie sehr würde es mich freüen und erheitern, wan Du mir auch wieder einmahl schreiben woltest, daß Du die L. Deinige noch liebst, u. an uns denckest. Vielleicht habe ich Dir ohne mein Wisen, u. Willen Veranlasung gegeben, daß Du empfindlich gegen mich bist, u. so bitter entgelten läsest, seye nur so gut, u. melde es mir, ich will es zu verbesern suchen.«

Sinclair ist wieder unterwegs, in Berlin, er wohnt bei Charlotte von Kalb, für die Hölderlins Wahnsinn ein Auswuchs seines Genies ist und der sich das Waltershauser Jahr ins Ideale verklärt; keine Rede von den finstern Streichen des Sohnes und ihrer Eifersucht auf Wilhelmine. Sie erzählt die Geschichte um seinetwillen um. Sinclair hört ihr geduldig und zustimmend zu, obwohl er insgeheim schon den Plan gefaßt hat, sich von Hölderlin zu trennen. Eine politische Änderung dient ihm als Vorwand. Er verhandelt in Berlin über die Auflösung der Landgrafschaft. Nach den Beschlüssen des Rheinbundes geht die Landgrafschaft in dem neuen Großherzogtum Hessen auf. Sinclair muß zwar nicht um seine Stellung bangen, da er dem Großherzog weiter dienen kann – aber die Veränderung ist ein Anlaß, und so erklärt er auch Johanna in einem angestrengt frostigen Brief, daß Hölderlin nicht länger eine »Besoldung beziehen« und in Homburg bleiben könne.

Seit drei Wochen tobt der Kranke fast ohne Unterbrechung. Er und sein Zimmer sind verschmutzt, ein ekelhafter Gestank dringt denen entgegen, die sich zu ihm wagen. Er erkennt nun auch Sinclair nicht mehr.

Am 11. September wird Hölderlin abgeholt. Man hat beschlossen, ihn nach Tübingen, in die Autenriethsche Klinik zu bringen, in die Nähe der Verwandten. Sinclair hat Mühe, einen Begleiter für die Reise aufzutreiben.

Es ist noch nicht Tag. Aber er ist längst wach. Mit einem Mal sind viele schwere Schatten um ihn. So wie er es erwartet hatte. Sie rücken die Wände auf ihn zu und wollen ihn zerquetschen. Er hat es gewußt. Keiner hat es ihm glauben wollen. Er wehrt sich, muß sich wehren, schlägt, beißt, kratzt. Die Schatten sind auch Männer, alle diese Verräter, die er gefürchtet hat, Royalisten, Marodeure.

Sie binden ihm Beine und Arme, tragen ihn hinaus, werfen ihn in eine Kutsche. Er hat Kraft, die Furcht macht ihn stark, es gelingt ihm, die Fesseln an den Beinen zu sprengen und einige Schritte zu fliehen.

Aus einer unfaßbaren Ferne, durch viele Welten hindurch, dringt eine Stimme in sein Bewußtsein, die ihm vertraut war, und ihr Schmerz verwundet ihn noch mehr: Mein Hölder!

Sinclair steht neben der Kutsche, er hat die Fassung verloren, weint, schlägt die Hände vors Gesicht. Der Weißbinder Hammelmann, der sich bereiterklärt hatte, den Irren nach Tübingen zu begleiten, stößt Sinclair an und bittet den Herrn Regierungsrat um die versprochene Vorauszahlung.

Die Kutsche fährt durch, nur die Pferde werden zweimal gewechselt.

Er schreit, der Schrei verfolgt ihn, holt ihn ein und füllt ihn aus.

Am 13. September 1806 wird er in die Tübinger Klinik eingeliefert.

II *Die erste Widmung (Sinclair)*

So will ich Sinclair nicht aus meiner Erzählung gehen lassen. Sein letzter Brief an Johanna entstellt das Bild. Man hat ihm Arroganz, geschäftsmäßige Kälte vorgeworfen. Ich bin sicher, Sinclair hat Angst gehabt, die Angelegenheit wuchs ihm über den

Kopf. »Wie sehr es mich schmerzt, können Sie glauben, aber der Nothwendigkeit muß jedes Gefühl weichen, und in unsern Tagen erfährt man nur zu oft diesen Zwang.« Er verteidigt sich, indem er verallgemeinert. Wahrscheinlich hat Johanna ihn nicht verstanden. Aber mit diesem Satz gibt er sich zu erkennen: Viele Male hat er sich Zwängen widersetzt, hat gegen sie angekämpft und neue Zwänge geschaffen. Er, der inspirierte Täter, war dennoch ein Träumer. Mehr als sein geliebter Freund. Denn Hölderlin hatte viel früher als Sinclair erkannt, daß die Verhältnisse nicht günstig waren, das Volk nicht bereit zu einer Revolution. Beide litten sie unter diesem Widerspruch. Hölderlin konnte ihn immerhin aussprechen und projizierte ihn schließlich, bevor er zerbrach, in das unendliche, vieldeutige, doch nach einem einzigen Ziel suchende Gedicht. Dazu war Sinclair nicht fähig. Die besessene Täterschaft »verrückte« freilich auch ihn. Sein Landgraf, dem er, entgegen seinen politischen Vorstellungen, treu diente, hatte, als Sinclair in Stuttgart angeklagt war, bei der Heidelberger Juristischen Fakultät ein Gutachten über die Umtriebe seines Regierungsdirektors bestellt. Die Professoren befürworteten Sinclairs Entlassung »wegen der Unwahrscheinlichkeit daß ein Mann, den Amt und Geschäft mit der Zeit bekannt gemacht hätten, so ausschweifende Pläne, wie sie ihm zur Last gelegt werden, mit so eingeschränkten Mitteln auszuführen hoffen sollte«. Mit Logik war Sinclairs Vision nicht zu fassen. Er handelte unvernünftig. Ich weiß nicht, ob er sich darüber im klaren war, ob man sich, so entschlossen für die Tat lebend, überhaupt darüber im klaren sein kann. Darum sind Träumer und Täter sich nahe. Der Zwiespalt dieser großen Freundschaft wird nachträglich konstruiert, um Hölderlin aus der Umarmung des schmutzigen Zeitgeistes zu lösen. Hölderlin wußte es besser, er verstand die dialektische Spannung ihrer Freundschaft. In der Ode »An Eduard«, die Sinclair gewidmet und mit der ihre Freundschaft gemeint ist, vertraut er sich einer stürmischen Hoffnung an: ». . . doch öfters kömmt / Aus fernetönendem Gewölk die /

Mahnende Flamme des Zeitengottes. // Es regt sein Sturm die
Schwingen dir auf, dich ruft, / Dich nimmt der mächtge Vater
hinauf; o nimm / Mich du, und trage deine leichte / Beute dem
lächelnden Gott entgegen.«

Um den Verwirrten im Tübinger Turm hat sich Sinclair kaum
gekümmert, ihn nie besucht. Ist es ihm anzurechnen, vorzuwer-
fen? Der Wahnsinn Hölderlins hatte ihn von seinem »Wahnsinn«
geheilt. Mit der ihm aufgedrängten Vernunft mußte er allein bleiben. Die Gemeinsamkeit war nun aufgehoben. Dennoch war er,
unter allen Freunden, »der Einzige«. Und so habe ich ihn, erzählend, verstanden.

Achter Teil
Im Turm
Tübingen (1807–1843)

I *In der Klinik*

Ich erreiche ihn nicht mehr, er hat sich verschlossen. Ich weiß nicht, wie ich dieses Ende, das nicht enden will, erzählen soll.

Die zahllosen Anekdoten fassen ihn nicht. Der arme Hölderlin. Der alte Mann im Turm. Der Vielbesuchte, Vielbestaunte. Das Schaustück: Der wahnsinnige Dichter.

Ich weiß nicht, ob er sich erinnert; was er erinnert. Er hat die Welt, die er packen wollte und die ihm mitspielte, verlassen; vielleicht hat er sie auch nur genarrt.

Die Zeit geht ihn nichts mehr an; sie murmelt erbärmlich das weiter, was er kannte, nur werden neue Namen eingesetzt: Metternich, Wellington, Blücher, Fouché.

Noch als er in Homburg war, schlug Napoleon die Österreicher und Russen bei Austerlitz.

Und kurz vor seinem Tod, im Jahre 1843, zwischen Nürnberg und Fürth fährt schon die Eisenbahn, beginnen junge Leute wieder auf Umsturz zu hoffen, auf Revolution, geht womöglich Sinclairs, Muhrbecks, Seckendorfs Saat auf.

Vielleicht tarnt er sich? Namen kann er sich nicht merken, Gesichter doch. Namen ersetzt er durch hohe, ihn erniedrigende Anreden wie »Majestät« und »Euer Hochwohlgeboren«. Und oft, wenn man ihn Hölderlin nennt, wird er böse. Er zieht es vor, Scardanelli oder Buonarotti zu sein. Hat er wirklich keine Erinnerung? Hat die ungeheure Wut ihm alle Bilder aus dem Kopf gefegt? Spielt er, will er Rätsel aufgeben? War Buonarotti nur ein klangvoller Name, der in seinem zerstörten Gedächtnis übriggeblieben war? Oder doch eine Botschaft? Verbrüderte er sich wissentlich, den Narren spielend, mit seinem Leidensgenossen, jenem Buonarotti, einem Toscanischen Revolutionär, der erst Robespierre, dann Gracchus Babeuf anhing, dessen »Verschwörung für die Gleichheit« und der, als man ihn, Babeuf und andere vor

Gericht stellte, nicht eine seiner Ideen preisgab und auf die Insel Oléron verbannt wurde? Spielt er, weiß er es?

Er hat geschwiegen, und, wenn nicht, in fremden Sprachen geredet oder in sardonisch gestelzten Wendungen. Meine Erzählung wehrt sich gegen diese Geschichten. Man hat sie gutwillig, staunend, verehrend in diesen sechsunddreißig Tübinger Jahren gesammelt, verbreitet, bis zur Unkenntlichkeit weitergesponnen, den Narren mystifiziert. Sie geben nichts von ihm wieder.

Drei Männer müssen ihn aus dem Wagen in die Klinik schleppen. Die Anfälle haben ihn geschwächt. Die ihm fremd gewordene Welt schrumpft auf das alte, ihm ehemals vertraute Planquadrat: Die Bursagasse, an der die Klinik steht und die zum Stift führt, der Markt, die Stiftskirche, das Schloß, der Zwinger, die Gassen am Neckar, das Neckartor. Vermutlich hat ihn Sinclair bei Autenrieth angekündigt.

Dem Namen nach war Hölderlin dem Arzt sicher bekannt, der, zwei Jahre jünger als Hölderlin, zwar nicht in Tübingen, sondern an der Karlsschule studiert hatte, aber seit 1797 in Tübingen Anatomie und Chirurgie lehrte, belesen war und sicher mit einigen der alten Freunde Hölderlins verkehrte, zum Beispiel mit Conz, der nun ebenfalls eine Professur hatte. In dem Gebäude der alten Burse richtete Autenrieth das erste Tübinger Klinikum ein. Mit Geisteskranken hatte er sich seit seinem Studium beschäftigt, auch drei Zimmer in seiner Klinik speziell für Wahnsinnige freigehalten. Anschauung und Anleitung dafür fand er weniger in den Tollhäusern seiner Heimat, die er scharf kritisierte, sondern, bei einem zweijährigen Aufenthalt, in Nordamerika. In Philadelphia hatte er das Pennsylvania-Hospital besucht. Es war von Benjamin Franklin gegründet worden, der als Vater der amerikanischen Psychiatrie galt, und wurde ungleich aufgeschlossener, menschenfreundlicher geführt, als es Autenrieth sich bis dahin vorstellen konnte. Autenrieths bemerkenswerte Unbefangenheit spricht sich auch in einem Aufsatz »Über die im

Clinicum in Tübingen getroffenen Einrichtungen für Wahnsinnige« aus. Er weiß bereits, daß die »gewöhnlichen Irrenhäuser«, diese Krankenpferche, eher noch kränker machen; »laut fordert also die Menschlichkeit, die Irren vertheilt zu lassen, und nur wenige auf einmal oder in Zwischenräumen, wo der Arzt sich selbst wieder erholen kann, einem einzelnen Arzte zur Besorgung zu übergeben, was schon durch das Vertheiltbleiben der Wahnsinnigen im Lande erreicht würde«. Und er weiß ebenso, was noch erstaunlicher ist, daß solche Kranken stark von ihrer Umgebung abhängig sind und beeinflußt werden: »Nie vielleicht wird ein Wahnsinniger im Schooße seiner Familie wieder hergestellt; weil der Kranke, ergriffen anfangs von einer unbestimmten Verstimmung, häufig in seinen Umgebungen die Ursache aufsucht, die doch in seinem Innern liegt, immer wieder durch Anblick und den Umgang mit diesen Gegenständen erinnert wird an seine falschen Vorstellungen; bald den Widerspruch seiner Verwandten, welche ihm seine verwirrten Ideen ausreden, und durch Zanken, Gebett oder Überredung ihn zur Vernunft zurückbringen wollen, und ihn hindern, unsinnige Handlungen zu begehen, unerträglich findet; und einen umso größern Haß auf sie wirft, als er gerade von ihnen hoffte, sie sollen ihm helfen, das Ziel seiner ihn beherrschenden Neigungen zu erreichen.«

Er tobte noch immer, unansprechbar und sprachlos.

Die Ärzte versuchten, seine Wut mit Medikamenten zu dämpfen. (Eigentümlich, selbst so spät noch erscheint ein Vermittler, ein Bote: Unter den Medizinstudenten, denen Hölderlin vorgeführt wurde, befand sich Justinus Kerner. Er gehört zu den Literaten, die in der folgenden Generation das Andenken an Hölderlin wach halten, und Kerner ist es auch, der diese Geschichte mit einer anderen verknüpft. Als Nikolaus Lenau in die Irrenanstalt Winnenthal eingeliefert wird, schreibt Kerner über dessen Tobsucht: »Je heftiger solche Anfälle sind, je eher lassen sie nach. Bei Hölderlin war es doch ganz anders. Ich mußte ja damals sein Krankentagebuch führen . . .«)

Man gab ihm allenfalls drei Jahre.

In der Klinik hielt man ihn zweihunderteinunddreißig Tage, dann resignierte Autenrieth und überließ ihn jemandem zur Pflege, der sich nicht nur für Hölderlin interessierte, seinen »schönen, herrlichen Geist«, sondern auch vorhatte, besser und liebevoller mit ihm umzugehen als jeder andere. Es war der Schreinermeister Ernst Zimmer.

II *Die zweite Widmung*
   (Ernst und Charlotte Zimmer)

Ernst Zimmer ist fünfunddreißig Jahre alt, als er Hölderlin zu sich nimmt. Eben hat er ein Haus bezogen, das vor neun Jahren auf der Zwingermauer über dem Neckar erbaut wurde. Damals hatte man den Stadtturm, der noch an diesem Platz stand, abbrechen müssen und auf das so entstandene »Steinerne Rundell« einen »Anbau aufgeführt«, das Türmchen, in dessen erstem Stockwerk Hölderlin wohnte, in einem, wie Waiblinger es schildert, »kleinen geweißneten amphitheatralischen Zimmer«. So ist es. Ich bin oft dort gewesen, habe aus dem Fenster auf den Neckar geschaut, auf die inzwischen gelichteten Alleen, auf den Spitzberg und auf die Alb. Es ist sein Ausblick. Sie seien anmutig, sagt man von solchen Landschaften; sie muten einen an wie von Kindern gemalt: Ohne alles Pathos, ein wenig verrutscht und zu eng geraten, doch hell und fast schwerelos.

Viele Jahre befand sich die Werkstatt Zimmers im Erdgeschoß, später wurden an deren Stelle Wohnräume eingerichtet, das Haus mehrfach erweitert, da die Familie größer wurde und Zimmer, um zuzuverdienen, Studenten beherbergte.

Von Hölderlin hatte Zimmer bald nach dessen Einlieferung bei Autenrieth erfahren, da er die Schreinerarbeiten für das Klinikum besorgte. Er wußte, um wen es sich handelte; er hatte gerade mit der Frau Hofbuchbinder Bliefers den »Hyperion« gelesen.

Von Zimmer kenne ich kein Porträt. Wenn ich an ihn denke, sehe ich einen kleinen, zartgliedrigen, doch durchaus kräftigen Mann mit einem schmalen Kopf und einem Gesicht, in dem sich um oft lächelnde, geduldige Augen schon früh Falten und Fältchen ziehen. Er neigt zum Schwärmen, hat einen »Sinn fürs Höhere«, liest viel, kann ausdauernd grübeln.

Bei den Ärzten fragt er nach, ob es sich tatsächlich um *den* handle. Ja, es sei der Dichter des »Hyperion«. Man läßt ihn zu Hölderlin in die Zelle. Der Kranke beachtet ihn so wenig wie alle; schnauft, verdreht die Augen, stöhnt oder macht einen Bückling nach dem anderen und komplimentiert den Besucher auf diese Weise aus dem Zimmer.

Noch immer ist er tagelang außer sich, nur schwer und mit Gewalt zu besänftigen.

Zimmer bemüht sich, Hölderlins Vertrauen zu gewinnen, ohne sichtbaren Erfolg, doch er läßt in seiner Aufmerksamkeit nicht nach, und Autenrieth, der diese sonderbare Freundschaft beobachtet, schlägt Zimmer vor, den Kranken zu sich zu nehmen. Sicher wird sich Zimmer mit seiner Frau, Maria Elisabeth, beraten haben. Es kann sein, sie hat ihm die Sache ausreden wollen: Das schaff ich nicht, denk an die Kinder! (Christian Friedrich ist zu diesem Zeitpunkt noch nicht einmal ein Jahr alt, Christiane vier. Und Charlotte, die Lotte, kommt erst sechs Jahre nach dem Einzug Hölderlins auf die Welt. Die Kinder wachsen mit ihm auf, werden mit ihm erwachsen. Sie sehen ihn nicht altern. Er bleibt für sie immer gleich. Sie hören, daß er verrückt sei. Für sie ist er es nicht, höchstens ein schwieriger Hausgenosse, der Hölderlin, der Onkel Fritz. Sie kennen ihn nicht anders, sie lieben ihn, wollen ihn nicht verlieren. Hat er, wenn er mit ihnen spielte, wenn sie zu ihm kamen, zutraulich, ohne die Beklommenheit der Erwachsenen, sich vage erinnert an seine pädagogischen Mühen, an die

Kinder, die in seinem ersten Leben eine so bedeutende Rolle spielten? Karl und Rike im Grasgarten, Fritz von Kalb, Henry und Jette Gontard, die Breunlin-Kinder?) Zimmer wägt ab. Er wird sich nicht überstürzt entschieden haben, er war ein bedächtiger Mann.

Die Familie nimmt Hölderlin auf. In den ersten Jahren wechseln die heftigen, ihn tief erschöpfenden Anfälle mit Phasen einer »kalten und einsilbigen« Ruhe. Zimmer schafft ein Klavier an, auf dem Hölderlin viel spielt. Da er niemandem etwas antut, ganz mit sich selbst beschäftigt ist, darf er im Haus und vor dem Haus frei umhergehen, aber die vielen Besucher führt man, nach einem erprobten Ritual, stets in das runde Zimmer. Viele kommen: Conz und Haug, Uhland, Kerner und Schwab. In den späteren Jahren Mörike, Waiblinger und Gustav Schwabs Sohn, Christoph Theodor, zu dem Hölderlin besonderes Vertrauen faßt. Nie empfängt er die Betrachter seines Wahnsinns sitzend. Er hat sich eine Szene zurechtgelegt, steht, den einen Arm gestützt auf ein halbhohes Wandschränkchen, nachlässig und aufmerksam, und läßt nichts zu als den Austausch von Höflichkeiten. In den späteren Jahren erzählt er mitunter, oder er liest aus seinem »Hyperion« vor. Bittet man ihn aber um ein Gedicht, so schreibt er rasch einen Vierzeiler, jene Strophen des Herrn Scardanelli, die aus einer rätselhaften Mechanik entstehen, schön und unfaßbar, Spieluhrenverse – wie die für Zimmer: »Die Linien des Lebens sind verschieden, / Wie Wege sind, und wie der Berge Grenzen. / Was hier wir sind, kann dort ein Gott ergänzen / Mit Harmonien und ewigem Lohn und Frieden.«
Manchmal nimmt die Familie ihn mit aufs Feld, in den Garten, zur Zwetschgenernte. Er darf die Kinder im Wagen ziehen, vergnügt sich an ihrem Lachen, grüßt angeregt nach allen Seiten, begegnet Majestäten, Päpsten und Hofräten, und im Garten sieht er der Arbeit zu, läuft täppisch herum »und lachte recht, wenn man schüttelte und die Zwetschgen ihm auf den Kopf fielen«.

Nach fünf Jahren, im Frühling 1812, wird Zimmer furchtbar auf die Probe gestellt; Hölderlins Krankheit erreicht ihren kritischen Höhepunkt. Mit dem Brief, in dem er Johanna die Krankheit schildert, hat er sich selbst, seiner Liebe und Geduld, das Denkmal gesetzt: »Morgens wurde Er dann ruhig, bekam aber große innerliche Hize und Durst, wie einer im starken Fieber nur immer haben kann, und einen Durchlauf dazu, Er wurde dadurch so schwach das Er im Bett bleiben mußte, Nachmittags einen sehr starken Schweiß. – Den 2ten Tag noch eine stärkere Hize und Durst, nachher einen so starken Schweiß das das Bett und alles was Er anhatte ganz durchnäßt wurde, diß daurte noch einige Tage so fort, denn bekam Er einen Ausschlag am Mund, Durst Hize und Schweiß blieben nach und nach weg, aber Leider der Durchlauf nicht, diesen hat Er noch immer fort, doch nicht so stark mehr. – Jetzt ist Er wieder den ganzen Tag auser dem Bette und äusert höflich, der Blik seines Augs ist freundlich und Liebreich auch spielt und singt Er, und ist überigens sehr vernünftig. – Das merkwürdigste dabey ist, daß Er seit jener Nacht keine spur von Unruhe mehr hatte sonst hatte Er doch wenigstens alleander Tag eine Unruhige Stunde. Und auch der eigene Geruch der besonders des Morgens in seinem Zimmer so auffallend war hat sich verlohren. – Ich habe den Herrn Professor Gmelin, als Arzt zu Ihrem Lieben Sohn hohlen laßen, dieser sagte mann könne über Ihres Sohnes würklichen Zustandt noch nichts bestimtes sagen es scheine ihm aber ein Nachlaß der Natur zu seyn, und Leider gute Frau bin ich in die traurige Nothwindigkeit versetz es Ihnen zu schreiben das ich es selbst glaube.«

Begonnen hat es damit, daß Zimmer ihn in der Werkstatt rumoren hörte, schreien. Er lief hinunter, Hölderlin war mehr erregt als sonst, redete unverständlich mit sich selbst, Zimmer fragte ihn leise, um die Aufmerksamkeit des Tobenden zu gewinnen, was ihm denn fehle und zu seiner Überraschung antwortete der ebenso leise: Gehen Sie nur wieder zu Bett. Ich kann halt nicht schlafen, muß herumlaufen. Das ist so. Gehen Sie nur wieder, mein lieber Herr. Ich tu niemandem was, Sie können alle wirklich ganz ruhig schlafen. Ich werde nicht bös, nein.

Doch vom nächsten Morgen an waren sie unaufhörlich beschäftigt, ängstigten sich, beteten, wuschen ihn, legten ihm Wickel, hoben den leichten Körper, um die von Kot verdreckten Laken aus dem Bett zu ziehen, kämpften gegen Übelkeit, ertrugen kaum den Gestank, redeten auf ihn ein, es ist schon besser, lieber Hölderle, es wird besser, es ist schon gut, beruhigten die zeternden Kinder, wechselten sich in der Wache ab, stemmten sich gegen die Müdigkeit, redeten auf ihn ein, Zimmer rannte zum Arzt, während seine Frau bei dem Kranken blieb, ihm aus dem »Hyperion« vorlas, und sie fürchteten noch immer, er könnte in ihrem Hause sterben, bis sich alles unvermutet besserte, sie einen anderen Hölderlin hatten, still, aber auch dumpf, mit einem Mal viel älter.

Im Jahr darauf wird Lotte geboren. Sie zeigen ihm den Säugling. Er schnalzt mit der Zunge und spricht von den arglosen Kindern, den lieben Geschöpfen der Natur.

Inzwischen gedeiht draußen der Plan, seine Gedichte zu veröffentlichen. Sie erscheinen 1826.

Er läßt nun, ohne aufzubegehren, viel mit sich geschehen. Wenn er betrübt scheint, sich niemandem zuwenden will, sitzt er Tag für Tag am Klavier. Die Studenten im Haus holen ihn manchmal auf ihre Zimmer, er spielt ihnen auf der Flöte vor. Ich kann auch Walzer, sagt er, tanzt mit ihnen, die Augen geschlossen, entzückt über sein Können.

Waiblinger nimmt ihn mit in sein Gartenhaus auf den Österberg; da ist der Kranke plötzlich umgänglich, kann ein wenig erzählen und läßt sich ausfragen. Waiblinger fragt viel, wie auch der junge Schwab.

Manchmal besuchen ihn Gestalten seiner Vergangenheit, und er muß sich wehren, er gibt vor, sie nicht zu erkennen. Zimmer kündigt sie an: Demoiselle Lotte Stäudlin möchte Sie besuchen. Hölderlin hält sich, wie immer, am Schränkchen, rührt sich nicht,

lächelt. Lotte sieht ihn, wie viele andere ihn sehen, nach vorn gebeugt und mit einem von den Anfällen und vom Alter vergröberten Gesicht. Sie redet mit ihm. Stäudlin? Ich bin die Lotte. Weißt du, die Schwestern – wir drei?
Er reagiert nicht.
Wiederum führt Zimmer einen Gast in die Stube, ruft Hölderlin, der eben Klavier spielt, zu: Ein Herr Immanuel Nast. Der Kranke schlägt auf die Tasten ein, senkt seine Stirn gegen sie, zieht Grimassen. Es ist allzu lange her und den hat er nicht nur vergessen, er hat ihn fallenlassen. Nast schluchzt, fällt Hölderlin um den Hals, fragt: Lieber Hölderlin, kennst du mich denn nicht mehr? Kennst du mich denn nicht mehr? Der Kranke spielt weiter, nimmt keine Notiz von seinem Besuch.
»Wenn aus sich lebt der Mensch und wenn sein Rest sich zeiget, / So ists, als wenn ein Tag sich Tagen unterscheidet, / Daß ausgezeichnet sich der Mensch zum Reste neiget, / Von der Natur getrennt und unbeneidet.« Im November 1838 stirbt der achtundsechzigjährige Zimmer. Ist dem Kranken der Verlust klargeworden? Oder ist er, wie beim Tod der Mutter, scheinbar unerschüttert geblieben? Hat er verstanden, was Zimmer für ihn gewesen war: Nicht nur ein Pfleger, Hauswirt und Freund, sondern jener, der ihm auf seine verzweifelte Frage nach dem besseren Menschen mit seiner Liebe und Ausdauer verspätet eine ganz einfache Antwort gab.
Die Familie verschont ihn mit der Trauer. Weint nicht vor dem Hölderle! Das könnte ihn aufregen. Und er nahm es als selbstverständlich hin, daß ihn von nun ab Lotte morgens weckte, für ihn sorgte. Sie führt jetzt den Briefwechsel mit den Verwandten, wie sie es beim Vater gesehen und gelernt hat. »Heilige Jungfer Lotte« ruft er sie.
Nichts ändert sich. Vieles ändert sich. Christian, der älteste Sohn Zimmers, ist aus dem Haus. Christiane heiratet drei Jahre nach dem Tod des Vaters den mit ihr entfernt verwandten Pfarrer August Zimmer und erklärt sich bereit, Hölderlin in ihren neuen

Haushalt mitzunehmen. Das läßt Lotte, die inzwischen fünfundzwanzig Jahre alt ist, nicht zu. Sie will ihn, zusammen mit der Mutter (die 1849 stirbt) weiter hüten, wie es der Vater getan hat.

In diesen Jahren schreibt Hölderlin viel, wenn man es von ihm verlangt. An seinen Federkiel hat er eine Fahne aus Papier befestigt, die hin und her weht, wenn er sorgfältig Buchstaben malt.

In den letzten Jahren besucht ihn, neben Christoph Schwab, gelegentlich ein junger, aus Geislingen stammender Lehrer, Johann Georg Fischer, der mit seinen behutsamen, genauen Fragen in die zerstörte Erinnerung des Greises dringen kann. Zum Schluß gibt sich der Flüchtling noch einmal preis – in einer sonderbaren Parodie der Gestalt, auf die sein Leben zugelaufen und nach der es vergangen war:

»›Ihre verherrlichte Diotima muß ein edles Geschöpf gewesen sein?‹

›Ach meine Diotima! Reden Sie mir nicht von meiner Diotima; dreizehn Söhne hat sie mir geboren: der eine ist Papst, der andere Sultan; der dritte Kaiser von Rußland. Ond wisset Se, wies no ganga ischt? Närret isch se worde, närret, närret, närret.‹«

Er zieht den Stuhl ans Fenster, sieht, was er seit Jahren sieht, ein ins Fensterkreuz gespanntes Bild.

Kommen Sie, mein Hölderle, wir wollen spazierengehen. Lotte steht unter der Tür und wartet auf ihn.

Lotte hat sich nicht verheiratet. Nach seinem Tod achtete sie darauf, daß das Turmzimmer so erhalten blieb, wie er es bewohnt hatte: »da ich ... an die Zeiten zurückdenke, da ich die Pflegerin des unglücklichen Dichters sein durfte«.

Sie blieb in dem Haus auf der Zwingermauer bis zu ihrem Tode im Jahre 1879.

Man kann nicht allen Figuren zugeneigt sein, die man beschreibt. Diese beiden, Ernst und Lotte Zimmer, habe ich, schreibend, zärtlich geliebt.

III *Die dritte Widmung (Johanna Gok)*

Weit am Anfang, schon unendlich entfernt, steht das Bild, das ihr erster Mann von ihr malen ließ: die junge Frau im Feststaat. Damals hatte sie sich, verführt von der Zuversicht ihres ersten Mannes, ein sorgloses, vielleicht sogar üppiges Leben erwartet. Die Nürtinger kannten die zweifach Verwitwete, die Frau Kammerrat, anders. Eine stets dunkel gekleidete Frau, auf ihre Würde bedacht, zwar gesellig, aber auch abwartend und mißtrauisch. Man achtete sie, sie hatte immer Umgang mit den Wortführern der Stadt, den Pfarrern, dem Schultheiß, dem Stadtschreiber. Früh, wahrscheinlich nach dem Tod Goks, wendete sie ihre ganze Liebe dem ältesten Sohn zu. Er sollte erfüllen, was ihren beiden Männern verwehrt gewesen war. Heinrike und vor allem Karl litten ohne Zweifel unter dieser Besessenheit. Doch sie konnte, wie sie oft erklärte, es sich nicht leisten, auch Karl eine solche Ausbildung zu bezahlen. Da sie sich einschränkte, fortwährend mit jedem Kreuzer rechnete, mußten die Kinder und Verwandten annehmen, es stünden ihr nur geringe Mittel zur Verfügung.
Sie spielte arm, raffte, sammelte, hortete und verleugnete, zugunsten des Ältesten, ein beträchtliches Vermögen, das jedes Jahr genug Zinsen brachte, um die Ausgaben »vor den L. Fritz« zu decken. Hölderlin hat das nie durchschaut und deshalb, selbst wenn er als Hofmeister darben mußte, sie nur in Notfällen um einen Zuschuß gebeten. Sie hat für ihn gehortet, nicht für sich und die beiden anderen Kinder; als hätte sie geahnt, daß er einmal, mehr als die anderen, auch den materiellen Schutz benötige. Doch noch in den Jahren seiner Krankheit mußte das Vermögen nicht angetastet werden, da es mittlerweile so angewachsen war, daß die Zinsen sogar für die Versorgung des Kranken ausreichten. Außerdem war es Johanna gelungen, andere Pfründen zu erschließen, vom Landesherrn ein Gratial, eine ehrende Beihilfe von jährlich hundertfünfzig Gulden, zu erbitten.

Eigentlich ist es eine Liebesgeschichte. Die fromme, der Enge und Strenge des Pietismus verpflichtete Frau, die sich Träume verbieten muß, die auf keine Zärtlichkeit mehr warten kann, wählt den Ältesten, den Schönen und Hoffnungsvollen, zu ihrem Geliebten. Er durfte nicht mehr nur der Sohn sein, sondern der Mann, den sie sich gewünscht hatte. Ihre Liebe wurde schrecklich geprüft. Aber sie bestand, wie alle großen Liebenden. Und als sie mit der Vernunft, auf die sie ständig pochte, nicht mehr auskommen konnte, als der Sohn nicht die von ihr vorgezeichneten Wege ging, die von ihr angebotenen, eingerichteten Wirklichkeiten ausschlug, folgte sie ihm, unter der wachsenden Entfernung leidend, die Sprachlosigkeit und die für sie unverständliche Wut auf sich nehmend. Sie hat ihn geliebt, sie hat sich um seinetwillen unzählige Male verraten müssen.

Ihr Leben hat niemand beschrieben.

Auf die Kehrseite hat keiner geschaut.

Die Briefe, die sie an Karl, Heinrike, die Verwandten schrieb, sind verlorengegangen. Das Geschwätz der Stadt ist längst verhallt.

Aber das kann ich mir ausdenken – und ihre Qualen dazu.

Nichts, was Hölderlin trieb, nachdem er das Stift verlassen hatte, entsprach den Vorstellungen der Bürger.

Wie geht's dem Fritz?

Er ist Hofmeister in Waltershausen.

Will er denn nicht Pfarrer werden?

Doch. Nur möchte er seine Freiheit ein wenig genießen und sich weiterbilden.

Wie geht's dem Fritz?

Er ist Hofmeister in Frankfurt.

Hat er denn die Genehmigung des Consistoriums?

Ja ja.

Wie geht's dem Fritz?

Er ist Hofmeister in Bordeaux.

So, nach Frankreich ist er gegangen? Er hat wohl keine Neigung, eine Pfarrstelle anzunehmen.

Ich kann's auch nicht sagen.

Und dann das, was man ihr nicht mehr sagt, was sie nur noch hört, die wispernden, hechelnden Geräusche der Stadt: Der Hölderlin soll eine Affäre in Jena gehabt haben. Mit einer verheirateten Frau. Er soll sich mit dem Mann geschlagen haben. Und dies sei nicht das erste Mal, denken Sie, nicht das erste Mal. Haben Sie gehört, der Hölderlin soll in eine Verschwörung verwickelt sein. Er ist ein Revolutionär, ein Jakobiner. In Ludwigsburg wird jetzt der Prozeß gegen seine Freunde gemacht. Sogar den Bürgermeister hat man seinetwegen befragt. Aber der Hölderlin spinnt ja jetzt, er ist verrückt geworden. Das kommt von alledem. Das kommt, weil er nicht auf seine Mutter gehört hat, die arme Frau Kammerrat. Die ist so stolz auf ihn gewesen. Haben Sie denn sein Buch gelesen? Da kann man sehen, weshalb er verrückt geworden ist.

Das Gerede verletzt sie, sie zieht sich zurück. Ihr Mißtrauen wächst.

Der Fritz! Der Fritz! Immer nur der Fritz. Nun weiß sie, daß sie ihn auch vor dem Neid der Geschwister bewahren muß. Mir hast du nie geholfen. Karl hat recht.

Aber sie hat ihre Liebe nicht teilen können.

Sie ist früh gealtert. Mit vierzig gleicht sie einer Sechzigjährigen. Von da an wird sie sich nicht mehr ändern, wird sich gleichbleiben bis zu ihrem Tod, wie viele Frauen, die von Jugend auf hart haben arbeiten müssen.

Nicht ein einziges Mal hat sie ihn in Tübingen besucht. Zimmer unterrichtete sie regelmäßig über den Zustand des Sohnes, sie wiederum sorgte dafür, daß alle Ausgaben und Schulden korrekt beglichen wurden. Zimmer schickte ihr die Rechnungen für Wohnung, Pflege, Kost, für den kargen Luxus, Tabak und Wein. Aber sehen wollte sie ihn nicht mehr. Er lebte und war dennoch gestorben. Sie sorgte für sein Leben und zehrte von seinem Andenken. Das Bild des Geliebten wollte sie sich nicht zerstören lassen – so ging sie nicht zu dem, der er nicht mehr sein konnte. Wenigstens einmal könnten sie auch zum Fritz reisen, Mamma. Laßt mich in Frieden. Es geht ihm gut, schreibt der Herr Zimmer, es geht ihm nichts ab.

Wenn sie allein ist und nicht überrascht werden kann, liest sie in seinen Briefen und in den Gedichten, die er ihr geschickt hatte, auch in den Briefen Susettes. Alles ist ihr fremd, bedrückt sie, sie macht sich auch nicht die Mühe, Zusammenhänge auszudenken. Wie kann man nur so leben?

Sie hat ihm das Leben, zu Hause und auf den Schulen, beibringen und ihn begleiten wollen. Sie wollte den Weg übersehen, so wie sie es gelernt hatte. Als er sechs Jahre alt wurde, begann sie die Ausgaben »vor den L. Fritz« zu notieren, die ihm, »wann er im Gehorsam bleibt«, nicht vom Erbe abgezogen werden sollten. Eine ähnliche Liste legte sie auch für Karl an. Jede Kleinigkeit hält sie vierzig Jahre lang fest, dann führt Fritz Breunlin die Liste für die Großmutter fort. Für die Schulzeit in Nürtingen mußte sie hunderteinundzwanzig Gulden aufwenden, für die Studienjahre in Denkendorf, Maulbronn, Tübingen und Jena zweitausendfünfhundertfünfundsiebzig Gulden, für die Hofmeisterzeit in Frankfurt, Homburg, Stuttgart, Hauptwil und Bordeaux elfhundertsechsundzwanzig Gulden, für den Kranken sechstausendfünfhundertsiebenundvierzig Gulden. Das Vermögen griff sie nicht an, die Zinsen und das Gratial reichten aus. Sie hatte klug vorgesorgt, konnte zufrieden mit sich sein. Ihr planender Geiz mußte freilich den Streit unter den Geschwistern herausfordern. Was braucht ein Verrückter so viel Geld?

Sie ahnte, befürchtete es. Von 1808 bis 1820 schreibt sie an ihrem Testament, es immer neu fassend, darauf bedacht, so genau und gerecht wie nur möglich zu sein, keines der drei Kinder zu kurz kommen zu lassen, doch allem voran den wehrlosen Ältesten in seinem Recht zu bewahren. Ihm sollte auch nach ihrem Tode nichts abgehen. »Solte es wie zu vermuthen ist, mein

l. Sohn mich über leben« – dennoch erhofft sie das Gegenteil. Und sie hält aus. Diese gichtige, hinfällige Wächterin ist stark, trotzt sich Monat für Monat, Woche für Woche ab. In ihrem achtzigsten Jahr muß sie aufgeben; am 17. Februar 1828 stirbt sie. Sie ist die Johanna meiner Erzählung geworden. Es fragt sich, ob sie so gewesen ist: Hier war sie das, was sie wohl auch sein wollte, eine übermächtige Mutter und eine verschwiegene Liebende.

Zimmer hatte seinen Pflegling immer wieder anhalten müssen, der Mutter zu schreiben. Manchmal folgte Hölderlin, wie ein unwilliger Schüler, und dann erhielt Johanna eine jener kurzen Mitteilungen eines Geistes, der sich über seine Verwirrung rätselhaft im klaren ist: »Verzeihen Sie, liebste Mutter! wenn ich mich Ihnen nicht für *Sie* sollte ganz verständlich machen können. – Ich wiederhole Ihnen mit Höflichkeit was ich zu sagen die Ehre haben konnte. Ich bitte den guten Gott, daß er, wie ich als Gelehrter spreche, Ihnen helfe in allem und mir. – Nehmen Sie sich meiner an. Die Zeit ist buchstabengetreu und allbarmherzig. – Indessen Ihr gehorsamster Sohn Friederich Hölderlin.«

Karl und Heinrike zögerten nicht, vom Argwohn der Mutter befreit, das Testament unverzüglich anzufechten. Sie stritten, obwohl Karl inzwischen als Domänenrat ein gutes Einkommen hatte und Heinrike durch das Erbe gesichert war, um jeden Gulden, versuchten die Zuwendungen an Zimmer einzuschränken, mißgönnten dem kranken Bruder unnötige Genüsse wie Wein und Tabak. Dabei konnten sie zufrieden sein, waren unversehens wohlhabend geworden. Die Hinterlassenschaft belief sich auf neunzehntausend Gulden. (Das sind in heutigem Geld ungefähr dreihunderttausend Mark). Davon wurden neuntausendvierundsiebzig Gulden Hölderlin zugesprochen, die man allerdings nicht anzutasten brauchte, da das jährliche Gratial weitergezahlt wurde und Karl außerdem die steigenden Einkünfte aus den Werken verwenden konnte. Beim Tod Hölder-

lins war sein Anteil durch Zinsen auf zwölftausendneunhundert-
neunundfünfzig Gulden angewachsen. Er war den Geschwistern
nichts schuldig geblieben.

Zum amtlichen Interessenvertreter Hölderlins wird der Nürtinger Oberamtspfleger Burk bestimmt. Er handelt gewissenhaft,
weist die Ansinnen der Geschwister zurück, verbündet sich mit
Zimmer, der, als Heinrike ihn auffordert, an Burk die Vierteljah-
resabrechnung zu senden, unverhohlen seinen Abscheu über das
Verhalten der Geschwister ausspricht: »Ich weiß nicht, ob Sie
den lieben Unglüklichen Hölderlin können, und Antheil an Ihm
nehmen. Er verdient es gewiß in jeder Rüksicht. Die neusten
Tag Blätter nennen Ihn den ersten Elegischen Dichter Deutschlands, schade vor seinen herlichen, und großen Geist, der jezt in
Feßlen liegt… Da Seine Edle nun Volendete Mutter, schon
lange vor ihrem Hingang, für seine Bedürfniße hinlänglich gesorgt, wie sie es mir auch mehrere mahl geschrieben hat, so ist es,
Traurig das mann ihm nicht einmahl daß was Seine Mutter für
Ihn angeordnet hat, zuerkennen will, und auch da ihn noch daß
Schiksal verfolgt. Was wird Sein künftiger Biograph sagen, der
wie ich hofe nicht ausbleiben wird, über diese Geschichte.«

IV *Fast noch eine Geschichte*

Ich fange beinahe von vorn an, im Stift, auf einem der düsteren
Gänge, vor einer der Stuben. Es herrscht der übliche Betrieb.
Ein paar Studenten stehen in einer Gruppe, unterhalten sich, un-
ter ihnen der zwanzigjährige Gottlob Kemmler aus Reutlingen.
Sie werden unterbrochen von einem atemlos hinzugekommenen
Kameraden, der ihnen mitteilt, daß Hölderlin gestorben sei.
Einige von ihnen, auch Kemmler, haben Hölderlin manchmal
besucht, ihn oft vor dem Zimmerschen Haus gesehen. Für sie

war er mehr, sie kannten, in Bruchstücken, seine Geschichte, wußten manches seiner Gedichte auswendig. Und er war ein Stiftler gewesen.

Sie werden still, das Gelächter bricht ab, sie ziehen sich zurück auf ihre Stuben. Am Nachmittag geht Kemmler zum Zimmerschen Haus, bittet die alte Frau Zimmer, den Toten betrachten zu dürfen. Hölderlin liegt aufgebahrt, die Hände überm weißen Leinen gefaltet, einen Lorbeerkranz um die Stirn. Dies sei ein Einfall von Lotte und den Studenten im Hause gewesen.

Er ist gestern nacht um elf gestorben, sagt Frau Zimmer.

Am 7. Juni 1843.

Es isch schnell gange. Er hat net leide müeße nach so viel Leid. Unser lieber Hölderle.

Kemmler ist gerade noch rechtzeitig gekommen. Der Leichnam werde in das Klinikum geholt, da die Professoren nachsehen wollten, woran der Ärmste gelitten habe. Am 10. Juni um zehn Uhr findet die Beerdigung statt.

Auf dem Friedhof wartet Kemmler mit Freunden auf den Leichenwagen. Studenten, die im Zimmerschen Haus ihr Logis haben, heben den Sarg auf ihre Schultern, tragen ihn bis zu der Grube unmittelbar an der Mauer. Dem Sarg folgen Fritz Breunlin und die Zimmerschen Frauen. Karl und Heinrike sind nicht gekommen. Auch nur drei Professoren vom Stift. Dafür viele Studenten.

Der Regen hört auf

Christoph Schwab spricht.

Der Liederkranz singt zwei Choräle.

Die Studenten ziehen an Frau Zimmer vorüber, drücken ihr die Hand.

Kemmler rennt zurück ins Stift, will mit niemandem reden, schließt sich ein, versucht in einem Gedicht die ihm gar nicht begreifliche Trauer zu fassen. Ab und zu sieht er aus dem Fenster. So hat es auch Hölderlin gesehen, den Fluß, die Hügel unter dem vom Regen ausgewaschenen Blau. Die Sätze stellen sich wie von selbst ein. Kemmler antwortet auf eine Geschichte, in die er für einen Moment aufgenommen war: »Ihn erschlug die gealterte Zeit, da er sich in den Weg ihr / Warf und entgegen ihr hielt zürnend ihr jugendlich Bild / ... / Und schon hören wir fern den verstopften Born der Geschichte / Wieder rauschen dem Volk, öffentlich Leben erblüht: / Daß nicht mehr sich selbst umkreise der Dichter und schmerzlich / Todtem leihe sein Blut...« Nur die Feder hört man auf dem Papier, von draußen Rufe und Lachen, Schritte der heimkehrenden Studenten. Zwei Bilder, das Vergangene und das Gegenwärtige, gehen ineinander auf, werden sich gleich. So kann es gewesen sein; hier kann es enden.

Nachbemerkung und Dank

Als Grundlage dienten mir:
Sämtliche Werke. (Große Stuttgarter Ausgabe) Hg. von Friedrich Beißner und Adolf Beck. Stuttgart 1943 ff.
Sämtliche Werke. (Kleine Stuttgarter Ausgabe) Hg. von Friedrich Beißner und Adolf Beck. Stuttgart 1944 ff.
Werke und Briefe. Hg. von Friedrich Beißner und Jochen Schmidt. Frankfurt am Main 1970.
Sämtliche Werke. (Frankfurter Ausgabe) Hg. von D. E. Sattler. Frankfurt am Main 1975 ff. (Während ich an diesem Buch schrieb, lag mir nur der »Einführungsband« vor.)

Hölderlin. Eine Chronik in Text und Bild. Herausgegeben von Adolf Beck und Paul Raabe. Frankfurt am Main 1970.
Hölderlin. Eine Ausstellung zum 200. Geburtstag. Katalog herausgegeben von Werner Volke unter Mitarbeit von Heidi Dick, Barbara Götschelt, Ingrid Kussmaul. Marbach am Neckar 1970.

Die Werke und Briefe Hölderlins zitierte ich nach der »Kleinen Stuttgarter Ausgabe«: der leichteren Lesbarkeit und Verständlichkeit wegen, wobei es mich schmerzte, daß notgedrungen solche charakteristischen Schreibweisen wie »Schiksaal« verlorengingen.

Unzähligen, die sich mit Leben und Werk Hölderlins beschäftigt haben, verdanke ich Anregungen. Für sie alle seien stellvertretend genannt: Theodor W. Adorno, Beda Allemann, J.-F. Angelloz, Adolf Beck, Friedrich Beißner, Walter Benjamin, Pierre Bertaux, Walter Betzendörfer, Ernst Bloch, Hans Brandenburg, Martin Brecht, Wolfgang Binder, Bernhard Böschenstein, Walter Bröcker, Maurice Delorme, Gerhard Fichtner, Ulrich Häussermann, Michael Hamburger, Norbert von Hellingrath, Käthe

Hengsberger, Alfred Kelletat, Walter Killy, Werner Kirchner, Anatolij Lunatscharski, Georg Lukács, Wilhelm Michel, Robert Minder, Ernst Müller, Klaus Pezold, Ludwig von Pigenot, Paul Raabe, D. E. Sattler, Friedrich Seebass, F. Stöffler, U. Supprian, Claus Träger, Peter Szondi, Carl Viëtor, Werner Volke, Martin Walser, Peter Weiss, Franz Zinkernagel.

Allen voran freilich danke ich Adolf Beck, ohne dessen bewunderungswürdige Edition und Kommentierung der Briefe Hölderlins sowie der Lebensdokumente ich dieses Buch kaum hätte schreiben können.

Peter Härtling

im Luchterhand Literaturverlag

»Er ist präsent. Er mischt sich ein. Er meldet sich zu Wort und hat etwas zu sagen. Er ist gefragt und wird gefragt. Und er wird gehört. Peter Härtling, der Lyriker und Republikaner, der Erzähler und Demokrat, der Kritiker und Publizist, der Intellektuelle und der Literat. Er ist in den letzten Jahren zu einer Instanz unserer (nicht nur. literarischen) Öffentlichkeit geworden.«
Martin Lüdke

Anreden
Gedichte aus den Jahren 1972–1977
64 Seiten. Broschur

Felix Guttmann
Roman. 318 Seiten. Leinen

Die Mörsinger Pappel
Gedichte. 80 Seiten. gebunden

Nachgetragene Liebe
172 Seiten. gebunden

Vorwarnung
Gedichte. 68 Seiten. Broschur

Waiblingers Augen
Roman. 208 Seiten. Leinen
»Härtling erzählt Dichterleben aus dem schwäbischen Umkreis, um solchen Vergangenheiten den Glücksanspruch zu entlocken, der in ihnen verborgen ist, den die Literatur vorspricht und nicht das wirkliche Leben.«
Wilfried F. Schöller, Die Zeit

Der Wanderer
160 Seiten. Leinen
»Fremd bin ich eingezogen/Fremd zieh ich wieder aus.« Das Lied aus Schuberts Winterreise steht am Anfang von Peter Härtlings Buch über Wanderschaft und zunehmende Fremde. Peter Härtling erzählt von seinen Fußmärschen durch das zerbombte Europa, heimat- und elternlos.
Wen aber besingt das Lied noch? Peter Härtling sah, daß er nicht der einzige war, der Familie und Heimat verloren hatte. Wie erging es den Emigranten? Tödliche Wanderungen, tödliche Fremde, von Machtwahn und Politik erzwungen und bis heute hingenommen. So unmaskiert wie in diesem Buch hat Peter Härtling noch nie geschrieben.

Luchterhand Literaturverlag

Hölderlin lesen lernen

Doch uns ist gegeben,
Auf keiner Stätte zu ruhn,
Es schwinden, es fallen
Die leidenden Menschen
Blindlings von einer
Stunde zur andern,
Wie Wasser von Klippe
Zu Klippe geworfen,
Jahr lang ins Ungewisse hinab.

Friedrich Hölderlin
Einhundert Gedichte
Herausgegeben und kommentiert
von D. E. Sattler
SL 808
Einhundert Gedichte von Friedrich
Hölderlin, ausgewählt, eingeleitet,
mit erläuternden Hinweisen und
 einer ausführlichen Zeittafel
versehen von dem Herausgeber
der neuen Hölderlin-Ausgabe D. E.
Sattler, der hier auf der Grundlage
seiner langjährigen Hölderlin-Arbeit
ein umfassendes Bild des singulären
Lebens und Werkes dieses verkannten
und fast unbekannten Dichters vermittelt. Ein Buch, nicht nur für Schüler und Studierende, sondern für alle,
die Hölderlin kennenlernen oder
wiederlesen und verstehen wollen.

Friedrich Hölderlin

Friedrich Hölderlin
Sämtliche Werke
Kritische Textausgabe in
20 Bänden
Hg. D. E. Sattler

Die *Kritische Textausgabe* ist als handliche, erschwingliche *Studienausgabe* konzipiert. Sie entspricht dabei den aufwendigen historisch-kritischen Ausgaben älterer Prägung und unterscheidet sich von diesen dadurch, daß ihre Varianten und Textstufen im Zusammenhang lesbar, Text und Apparat nicht mehr getrennt sind. Sie bietet darüber hinaus die Gelegenheit, mit dem poetischen auch dem editorischen Fortgang zu folgen: mitlesend, Schritt für Schritt. Ihr kontinuierliches Erscheinen lädt dazu ein. *D. E. Sattler*

Bereits erschienene Bände:

Band 2: **Lieder und Hymnen**
1979. Broschiert. 192 Seiten.

Band 3: **Jambische und hexametrische Formen**
1979. Broschiert. 128 Seiten.

Band 4: **Oden I**
1985. Broschiert. 236 Seiten.

Band 5: **Oden II**
1985. Broschiert. 221 Seiten.

Band 6: **Elegien und Epigramme**
1979. Broschiert. 144 Seiten.

Band 9: **Dichtungen nach 1809 / Mündliches**
1984. Broschiert. 275 Seiten.

Band 10: **Vorstufen zum Hyperion**
1984. Broschiert. 288 Seiten.

Band 11: **Hyperion**
Durchgesehene Druckfassung.
1984. Broschiert. 216 Seiten.

Band 12: **Empedokles I**
1986. Broschiert. 240 Seiten.

Band 13: **Empedokles II**
1986. Broschiert. 200 Seiten.

Band 14: **Entwürfe zur Poetik**
1984. Broschiert. 199 Seiten.

Band 15: **Pindar**
1988. Broschiert. 318 Seiten.

Danach erscheinen jeweils in Abständen von einem Jahr:

Band 17: **Paralipomena**

Band 16: **Sophokles**

Band 7/8: **Gesänge I und II**

Band 18/19: **Briefe I und II**

Band 1: **Einleitung / Gedichte 1784–1789**

Band 20: **Briefe III, Quellenverzeichnis, Register**

Ebenfalls lieferbar:

D. E. Sattler
Friedrich Hölderlin
144 fliegende Briefe
2 Bände zus. 656 Seiten. Brosch.
In bezogenem Schuber

Friedrich Hölderlin
Einhundert Gedichte
Hg. D. E. Sattler
SL 808

Frauen der deutschen Romantik

in der Sammlung Luchterhand

Karoline von Günderrode
Der Schatten eines Traumes
Gedichte, Prosa, Briefe, Zeugnisse
von Zeitgenossen
Hg. von Christa Wolf. SL 348
Karoline von Günderrode (1780–
1806) gehört zu den zu Unrecht vergessenen Dichterinnen deutscher
Sprache. Sie war Zeitgenossin
Hölderlins, den sie verehrte, ohne
ihn zu kennen, und von Novalis;
befreundet mit Clemens und Bettina
Brentano, Carl von Savigny, Achim
von Arnim. Christa Wolf versucht
in ihrem großen Einleitungsessay
herauszuarbeiten, inwieweit die
Zeitumstände beitrugen zu dem
Entfremdungs- und Vergeblichkeitsgefühl, das für die Generation der
Günderrode bezeichnend ist. Es gelingt ihr dabei aber auch, die vergessene Vorgängerin an ihren Platz in
der Literaturgeschichte zu stellen.

Caroline Schlegel-Schelling
»Lieber Freund, ich komme weit her
schon an diesem frühen Morgen«
Briefe. Hg. und mit einem Essay
eingeleitet von Sigrid Damm
SL 303
Caroline Michaelis-Böhmer-Schlegel-Schelling (1763–1908) war eine
der faszinierendsten Frauenpersönlichkeiten ihrer Zeit. An der Seite
Georg Forsters, des deutschen Jakobiners, mit dem sie eng befreundet
war, hatte sie 1792/93 die

Mainzer Republik erlebt. Als

Frau August W. Schlegels wurde sie
zum Mittelpunkt jener frühromantischen Kulturrevolution, die, in unmittelbarer Nachfolge der gescheiterten Französischen Revolution,
mit den Waffen der Kritik gegen das
alte offizielle Deutschland antrat.
Zusammen mit Schelling, den sie
1803 heiratete, erlebte sie danach
die drückenden Jahre der Restauration in Deutschland.

Rahel Varnhagen/Pauline Wiesel
Ein jeder machte seine Frau aus mir
wie er sie liebte und verlangte
Ein Briefwechsel
Hg. von Marlis Gerhardt. SL 708
Pauline Wiesel gehört zum Umfeld
der Berliner Romantik. Sie ist keine
Intellektuelle, sondern bekennt sich
offen zu ihrer libertinen Lebenspraxis, die sie zur Femme fatale, zu
einer Abenteurerin macht. Frauen
wie Pauline Wiesel gibt es sonst in
der deutschen Romantik nicht. Sie
ist eine singuläre Persönlichkeit. In
ihrer Korrespondenz, vor allem in
den Briefen an Rahel Varnhagen,
reflektiert sie ihre Lebenspraxis,
ohne ihre abweichende Position und
Moral zu verschleiern.